# 民法総則

平野裕之
Hiroyuki Hirano

## DROIT CIVIL

日本評論社

# はしがき

　本書の前身（『民法総則［第3版］』［2011年］）は、辞書的に使用でき実務家による調査用にもなることを意図した欲張った内容になっていたが、本書はコンセプトを全く変更して、通読用の学習書とした。すでに出版されている『物権法』および『担保物権法』と同じ基本方針により執筆されており、体裁も全面的に改めている。2017年に成立した民法改正との関係を一言しておくと、本書では改正法のみの説明に限定している。確かに改正法施行前の事例は、何年後であろうと改正前の民法規定によるため、改正前の規定またその議論も調べる必要性は今後も変わらない。しかし、それは旧版を参照してもらえば足りると考えたからである。2017年改正法については、改正法、改正規定などと略称している。

　体裁だけでなく、内容も当然変更して、最低限必要な情報に限定し、どうしても説明に必要な場合に限り比較法や起草過程の説明を最小限行うことにした。また、学説の説明は網羅的ではなく、原則として2、3の学説に限定して説明することにした。異説で説明する価値のあるものは場合により注において説明するにとどめることにした。単に参考文献を表示するだけの注も原則として削除し、民法総合シリーズに譲ることにした。

　実は2015年に民法改正がされるという話であったため、この校正はすでに2015年に行われ、早稲田大学および慶應義塾大学のゼミの当時3年生に目を通してもらい読者としての感想や改善すべき点の指摘などをしてもらった。民法改正が遅々として審議されないため、本書の出版が遅れに遅れ、校正を担当してくれた学生らは2017年3月には卒業し、就職した者、法科大学院に進学した者、また、卒業前に司法試験や予備試験に合格した者もいる。校正に際して貴重な意見を出してくれた、加瀬由美子、鴨下領平、川上剛章、木村栄太、栗尾早紀、小林巧、永井花梨、中澤美羅乃、吉成愛（以上、早稲田大学）、今澤誠也、加藤大地、上村祐聖、神戸陽介、瀬沼隼、田村海

i

人、乗田明彦（以上、慶應義塾大学）のゼミ生諸君に遅ればせながら感謝したい。

　本書も編集の室橋真利子さんに大変お世話になった。室橋さんからは旧著からの徹底したダイエットを求められ、通読できる基本書として求められる内容を追及するという本書のコンセプトに合格するよう多くの指導を受けた。引き続いて『債権総論』、『債権各論Ⅰ（契約法）』そして『債権各論Ⅱ（事務管理・不当利得・不法行為）』も順次完成させていく予定である。

2017 年 8 月
平野裕之

# 目次

## 第1章 民法総論

§Ⅰ 民法の意義 …………………………………………………………… 2
  (1) 民法の意義・構成  (2) 実体法としての民法
§Ⅱ 民法における要件・効果の構造 ……………………………………… 3
§Ⅲ 裁判の判断構造と民法上の権利の分類 ……………………………… 4
  (1) 請求――攻撃的主張  (2) 防御的主張

## 第2章 民法の基本原則

§Ⅰ 私権の公共性 ………………………………………………………… 10
§Ⅱ 信義誠実の原則（信義則） …………………………………………… 11
  1 信義誠実の原則（信義則）の意義 ………………………………… 11
  2 信義則の機能 ………………………………………………………… 11
    (1) 信義則の機能とその許容性  (2) 契約の解釈基準  (3) 任意規定の法創造の根拠を付与する機能
§Ⅲ 権利濫用の禁止 ……………………………………………………… 15
  1 権利濫用法理の意義 ………………………………………………… 15
  2 権利濫用の要件
    ――権利濫用法理の外縁の不明瞭性と要件論への影響 ………… 15
    (1) 権利行使者の主観的事情――必須の要件か  (2) 客観的事情――客観的利益考量による判断
  3 権利濫用法理の効果 ………………………………………………… 21
    (1) 権利行使としての保護の否定  (2) 損害賠償責任の成立――違法性の法理への解消
  4 権利濫用法理の機能の分類 ………………………………………… 23
    (1) 強制調停機能――超法規的法理としての運用  (2) 権利の限界づけ――通常の

iii

原理としての利用　(3)　他の法理の代用（権利濫用法理の借用）

§Ⅳ　自力救済の禁止 ································································ 25
　1　原則としての自力救済の禁止 ··········································· 25
　　(1)　自力救済の意義　(2)　原則としての自力救済の禁止
　2　自力救済が例外的に許される場合 ····································· 27
　　(1)　民法上認められる場合――正当防衛など　(2)　解釈上認められる場合　(3)　自力救済に抵触しない場合

# 第3章　人（自然人）

§Ⅰ　自然人の権利能力およびその始期 ···································· 32
　1　権利能力ないし法人格の意義 ············································· 32
　2　3条1項の規定する2つの原則 ············································ 32
　　(1)　法人格ないし権利能力の始期についての原則　(2)　法人格ないし権利能力平等の原則
　3　胎児についての「出生」擬制 ············································· 34
　　(1)　民法における個別主義の採用　(2)　民法が「出生」をみなす3つの事例
　　(3)　胎児の出生擬制の法的構成

§Ⅱ　自然人の権利能力の終期（死亡） ·································· 38
　1　死亡による権利能力の消滅と相続の開始 ··························· 38
　2　同時死亡の推定制度 ·························································· 40

§Ⅲ　失踪宣告制度 ···································································· 41
　1　失踪宣告制度の必要性 ························································ 41
　2　失踪宣告の要件 ·································································· 42
　　(1)　実体的要件（失踪者の一定期間の生死不明）　(2)　手続的要件（家庭裁判所による宣告）
　3　失踪宣告の効力 ·································································· 44
　　(1)　擬制主義の採用――過去の法律関係との関係における死亡擬制　(2)　死亡とみなされる時期
　4　失踪宣告の取消し ······························································· 45
　　(1)　失踪宣告の取消しの要件　(2)　失踪宣告の取消しの効果

§Ⅳ　自然人の住所 ……………………………………………………… 51
　1　住所の意義 ………………………………………………………… 51
　　(1)　住所確定の法的意義　(2)　住所の意義　(3)　住所の個数
　2　住所と区別すべき概念 …………………………………………… 52
　　(1)　公法上の制度　(2)　居所

# 第4章　法人

§Ⅰ　法人の意義と種類 ………………………………………………… 54
　1　法人の意義と法人制度の機能 …………………………………… 54
　　(1)　形式的概念としての法人　(2)　法人をめぐる法の態度の変遷
　2　法人の種類とその規律 …………………………………………… 54
　　(1)　制度による分類──社団法人と財団法人　(2)　目的による分類──公益法人・営利法人・中間法人
　3　法人制度の意義ないし機能 ……………………………………… 57
　　(1)　法人制度の機能の分類　(2)　法人の技術的性格
§Ⅱ　法人法定主義および権利能力なき社団 ………………………… 61
　1　法人法定主義 ……………………………………………………… 61
　2　権利能力なき社団総論・内部関係 ……………………………… 62
　　(1)　問題点　(2)　権利能力なき社団の成立要件　(3)　権利能力なき社団の内部関係──組合と社団の区別
　3　権利能力なき社団をめぐる権利関係 …………………………… 64
　　(1)　権利の帰属──所有権　(2)　債権・債務の帰属──社団債務についての社員の責任　(3)　権利能力なき社団をめぐるその他の問題
§Ⅲ　法人の設立 ………………………………………………………… 74
　1　設立からみた法人の種類 ………………………………………… 74
　　(1)　設立を行政庁のチェックに服せしめられる法人　(2)　準則法人──自由な設立が認められる法人
　2　一般社団法人および一般財団法人の設立行為 ………………… 75
　　(1)　一般社団法人の設立行為　(2)　一般財団法人の設立行為　(3)　法人設立の無効・取消し

v

§Ⅳ　法人登記 ················································································· 78
§Ⅴ　法人の活動 ················································································· 79
　　1　法人のなしうる行為および取得しうる権利義務 ························· 79
　　　(1)　性質または法令による制限　(2)　目的による制限
　　2　法人の不法行為 ··································································· 86
　　　(1)　法人が不法行為責任を負う諸類型　(2)　一般法人法の代表者の不法行為
§Ⅵ　一般法人の組織 ··········································································· 89
　　1　一般法人に共通の組織 ··························································· 89
　　　(1)　理事　(2)　監事および会計監査人
　　2　一般社団法人に特有の機関──社員総会 ··································· 92
　　　(1)　社員および社員総会　(2)　社員総会の権限　(3)　社員総会の招集・議決
　　3　一般財団法人に特有の機関──評議員会 ··································· 94
§Ⅶ　一般法人の定款の変更 ································································· 94
　　1　一般社団法人における定款の変更 ············································ 94
　　2　一般財団法人における定款の変更 ············································ 94
§Ⅷ　一般法人の消滅 ··········································································· 95
　　1　一般法人の解散原因 ······························································ 95
　　　(1)　一般社団法人の解散原因　(2)　一般財団法人の解散原因
　　2　一般法人の清算 ··································································· 96
　　　(1)　清算法人としての清算結了　(2)　清算手続

# 第5章　物

§Ⅰ　「物」の意義 ················································································ 98
　　　(1)　「物」の章の位置づけ　(2)　「物」の意義
§Ⅱ　動産および不動産 ····································································· 100
　　1　不動産──土地およびその定着物 ·········································· 100
　　　(1)　土地　(2)　土地の定着物
　　2　動産 ················································································· 102
§Ⅲ　従物についての法理 ·································································· 103
　　1　主物・従物という概念 ························································· 103

2　従物についての規律 ……………………………………………… 104
§Ⅳ　果実の意義とその帰属 …………………………………………… 105
　　1　果実の意義——2つの果実 …………………………………… 105
　　　(1)　天然果実　(2)　法定果実
　　2　果実の帰属 ……………………………………………………… 106
　　　(1)　天然果実の帰属　(2)　法定果実の帰属

# 第6章　法律行為（契約）

## 第1節　契約の成立と内容の確定 …………………………………… 110
§Ⅰ　私的自治の原則および契約自由の原則 ………………………… 110
　　1　私的自治（ないし意思自治）の原則 ………………………… 110
　　2　契約自由の原則 ………………………………………………… 110
　　　(1)　契約自由の原則の必要性　(2)　契約自由の原則の内容
§Ⅱ　契約の成立要件——契約の拘束力の根拠 ……………………… 114
　　1　契約の成立——諾成主義 ……………………………………… 114
　　　(1)　諾成主義の原則　(2)　諾成主義に対する例外
　　2　契約の成立の認否——意思の合致か表示の合致か ………… 115
§Ⅲ　契約内容の確定（契約の解釈） ………………………………… 117
　　1　契約解釈の出発点 ……………………………………………… 117
　　　(1)　契約解釈は当事者の主観的意思の探求か　(2)　当事者の意思が食い違っている場合（第2類型）——意思の優劣決定の問題　(3)　当事者の意思が明確ではない場合（第3類型）
　　2　契約解釈に名を借りた契約外の法規範の適用（第4類型） … 121
　　　(1)　補充的解釈の可否——信義則との関係　(2)　補充的解釈は解釈かまたその限界
　　3　契約内容の契約外規範による補完 …………………………… 123
　　　(1)　任意規定による契約内容の補完　(2)　慣習による契約の補完

## 第2節　法律行為（契約）の無効 …………………………………… 124
§Ⅰ　法律行為 …………………………………………………………… 124
　　1　法律行為の概念 ………………………………………………… 124

2　法律行為の分類 ································· 125
　　　(1)　単独行為・契約　(2)　要式行為・不要式行為　(3)　債権行為・物権行為・準物権行為　(4)　その他の法律行為の分類

§Ⅱ　公序良俗および強行規定 ································· 128
　1　公序良俗違反 ································· 128
　　　(1)　公序良俗論の推移　(2)　公序良俗の内容による分類　(3)　動機の不法（ないし違法）　(4)　公序良俗違反「無効」
　2　強行規定違反 ································· 141
　　　(1)　強行規定と任意規定──無効の条文根拠　(2)　取締法規（行政的取締法規）違反

§Ⅲ　心裡留保および虚偽表示 ································· 146
　1　心裡留保 ································· 146
　　　(1)　心裡留保の意義と民法上の原則　(2)　相手方の悪意または有過失と無効
　2　虚偽表示（通謀虚偽表示） ································· 150
　　　(1)　当事者間の効力　(2)　虚偽表示無効の第三者への対抗不能
　3　94条2項の類推適用──登記の公信力欠缺を補完する準公信制度 ································· 161
　　　(1)　原則としての「無権利の法理」と94条2項の拡大可能性　(2)　94条2項の類推適用による拡大　(3)　94条2項・110条の法意と両者の類推適用

§Ⅳ　意思無能力無効 ································· 175
　　　(1)　意思無能力の意義　(2)　意思無能力無効

§Ⅴ　消費者契約および定型約款における不当条項規制 ································· 178
　1　不当条項の問題点 ································· 178
　　　(1)　付合契約　(2)　約款における2つの要請の調和
　2　約款の拘束力の根拠 ································· 179
　3　不当条項の規制 ································· 179
　　　(1)　民法と消費者契約法における規制　(2)　合意内容からの排除──民法による定型約款規制　(3)　不当条項の効力規制──消費者契約法による規制

§Ⅵ　無効の分類および無効をめぐる法律関係 ································· 183
　1　法律行為（契約）の不成立と無効 ································· 183
　　　(1)　成立要件と有効要件との区別　(2)　法律行為（契約）の成立要件
　2　無効の分類 ································· 184
　　　(1)　無効（原始的無効）および取消しによる無効（後発的無効）　(2)　無効の人的

制限　(3)　無効行為の追認可能性　(4)　全部無効・一部無効

 **3　無効の場合の原状回復義務（給付利得の返還）** ……………… 190
  (1)　原則としての原状回復義務　(2)　現存利益の返還へと軽減される場合

## 第3節　法律行為（契約）の取消し
### ——契約の拘束力からの解放 …………………………… 192
### §Ⅰ　取消しが認められる場合 ……………………………………… 192
 **1　契約拘束力の原則——その例外としての取消し** ……………… 192
 **2　制限行為能力取消し（取消原因1）** …………………………… 192
  (1)　「無能力者」制度から「制限行為能力者」制度へ　(2)　未成年者（制限行為能力者1）　(3)　成年被後見人（制限行為能力者2）　(4)　被保佐人（制限行為能力者3）　(5)　被補助人（制限行為能力者4）　(6)　制限行為能力者による詐術に基づく取消権の否定

 **3　詐欺または強迫——瑕疵ある意思表示（取消原因2）** ……… 201
  (1)　詐欺による意思表示　(2)　強迫による意思表示

 **4　錯誤取消し** ……………………………………………………… 207
  (1)　錯誤の要件論総論　(2)　錯誤取消しの要件1——「錯誤」の存在　(3)　錯誤取消しの要件2——「錯誤」の内容以外の要件　(4)　相手方の抗弁事由——表意者の重過失　(5)　錯誤の効果——取消権の付与

 **5　消費者取消権——消費者の誤認・困惑を理由とした取消権** …… 223
  (1)　消費者契約法の目的　(2)　消費者取消権　(3)　消費者取消権をめぐるその他の問題

### §Ⅱ　取消権成立後および取消後の法律関係 ……………………… 227
 **1　取消権者** ………………………………………………………… 227
  (1)　制限行為能力者および瑕疵ある意思表示者　(2)　代理人および承継人

 **2　追認権、相手方の催告権および取消しの期間制限** ………… 228
  (1)　取り消しうる行為の追認——取消権の放棄　(2)　不安定な法律関係に対する相手方の保護

 **3　取消しの効果** …………………………………………………… 231
  (1)　取消しによる無効の遡及効　(2)　第三者保護——取引の安全保護（95条4項・96条3項）　(3)　取消しと物権変動　(4)　給付利益の返還

### 第4節　意思表示の効力発生時期など ……………………………… 241
§Ⅰ　到達主義の原則 ……………………………………………………… 241
　　(1) 到達主義とは　(2)「到達」の意義　(3) みなし「到達」
§Ⅱ　意思表示の効力発生をめぐるその他の問題 …………………… 247
　　(1) 発信後の表意者の死亡・行為能力喪失　(2) 公示による意思表示　(3) 意思表示の受領能力──制限行為能力者に対する意思表示

# 第7章　代理

### 第1節　代理制度序説 …………………………………………… 252
§Ⅰ　代理総論 …………………………………………………………… 252
　1　代理とは──債権関係（内部関係）と代理関係（対外関係）… 252
　　(1) 他人の労力の利用（債権関係）　(2) 代理関係（代理効の問題）
　2　代理の要件・効果 ………………………………………………… 253
§Ⅱ　代理の分類および社会的意義・機能 …………………………… 256
　1　代理の分類 ………………………………………………………… 256
　　(1) 法定代理・任意代理　(2) 能働代理・受働代理
　2　代理の社会的意義 ………………………………………………… 258
　　(1) 私的自治の補完──法定代理の意義・機能　(2) 私的自治の拡大──任意代理の意義・機能

### 第2節　代理の効果が発生するための要件 ……………………… 259
§Ⅰ　代理の効果の根拠──代理の法的構成 ………………………… 259
　1　代理本質論の意義 ………………………………………………… 259
　2　代理人行為説の通説化 …………………………………………… 260
　3　代理人行為説に対する反対学説の登場 ………………………… 260
§Ⅱ　本人・代理人間における要件──代理権の存在 ……………… 261
　1　代理権の発生原因 ………………………………………………… 261
　　(1) 法定代理の場合　(2) 任意代理の場合──代理権授与行為の法的性質
　2　代理権の範囲 ……………………………………………………… 265
　　(1) 法定代理の場合　(2) 任意代理の場合──代理権授与行為の解釈

3　自己代理の原則――復代理 ................................................ 267
　　　(1)　復代理の意義　(2)　復代理の可否　(3)　復代理人と本人の関係―― 106 条 2 項
　　　の直接訴権　(4)　代理人の復代理人の行為についての責任　(5)　復代理の終了
　　　――原代理に対する付従性
　　4　本人の利益保護のための代理権の制限 ................................ 274
　　　(1)　自己契約および双方代理の禁止　(2)　共同代理
　　5　代理権の濫用 ........................................................... 276
　　　(1)　問題点――代理意思と顕名　(2)　改正前の議論と改正法
　　6　代理権の消滅 ........................................................... 280
　　　(1)　任意代理・法定代理に共通の消滅原因　(2)　任意代理に特有の消滅原因
§Ⅲ　代理行為 .................................................................... 282
　　1　顕名が代理行為の要件――顕名主義の採用 ......................... 282
　　　(1)　顕名主義の採用・根拠　(2)　黙示の顕名が認められる場合　(3)　顕名がされなか
　　　った場合　(4)　顕名と署名代理
　　2　代理行為の瑕疵など ................................................... 289
　　　(1)　原則としての 101 条 1 項　(2)　101 条 1 項の例外 1 ―― 101 条 3 項
　　　(3)　101 条 1 項の例外 2 ―― 102 条

**第 3 節　有権代理行為の効果** ............................................... 294

**第 4 節　無権代理行為の効果** ............................................... 295
§Ⅰ　本人への効果不帰属 ...................................................... 295
　　　(1)　無権代理と表見代理　(2)　無権代理「無効」――効果不帰属
§Ⅱ　本人の追認権・追認拒絶権（無権代理による契約） ............... 296
　　1　本人の追認権 ........................................................... 296
　　2　本人の追認拒絶権および相手方の催告権・取消権 ................ 298
§Ⅲ　無権代理人の責任 ......................................................... 298
　　1　無権代理人の責任の特則 ............................................. 298
　　2　無権代理人の責任の要件 ............................................. 301
　　　(1)　117 条 1 項の基本的要件　(2)　117 条 2 項の免責事由

§Ⅳ　単独行為の無権代理 ……………………………………………… 303
§Ⅴ　無権代理と相続 …………………………………………………… 304
　　1　無権代理人による本人の単独相続 …………………………… 305
　　　(1)　本人の追認拒絶前に本人を無権代理人が単独相続した場合　(2)　本人の追認拒絶後に本人を無権代理人が単独相続した場合
　　2　本人による無権代理人の単独相続 …………………………… 311
　　　(1)　２つのジレンマ　(2)　本人の追認拒絶前に無権代理人を本人が単独相続した場合　(3)　本人の追認拒絶後に無権代理人を本人が単独相続した場合
　　3　特殊な事例 ……………………………………………………… 314
　　　(1)　無権代理人が本人を共同相続した事例（①ケース）　(2)　無権代理人を相続してから本人を相続した事例（またはその逆）（②ケース）

### 第5節　表見代理 ……………………………………………………… 318
§Ⅰ　授権表示による表見代理（109条1項）………………………… 319
　　1　109条1項の表見代理の意義・根拠 ………………………… 319
　　2　109条1項の表見代理の要件 ………………………………… 320
　　　(1)　本人による授権表示──容認型・放置型への類推適用　(2)　109条のその他の要件
§Ⅱ　越権行為による表見代理（110条）…………………………… 327
　　1　110条の表見代理の意義・根拠 ……………………………… 327
　　　(1)　110条の意義と根拠　(2)　110条の判例による拡大──起草者による狭い理解
　　2　110条の表見代理の要件 ……………………………………… 331
　　　(1)　基本代理権の存在　(2)　基本代理権と代理行為との関連性　(3)　代理権があると信じる「正当な理由」──代理権についての正当な権利外観　(4)　「第三者」であること──転得者等も含まれるか
　　3　110条の類推適用 ……………………………………………… 341
　　　(1)　本人を装った場合　(2)　自己の所有名義に移転登記をして売却した場合
§Ⅲ　代理権消滅後の表見代理（112条1項）………………………… 343
　　1　112条1項の表見代理の意義・根拠 ………………………… 343
　　2　112条1項の表見代理の要件──第三者の善意無過失 …… 344

## §Ⅳ 表見代理の重畳適用 ——— 345
1 109条と110条の重畳適用（109条2項） ——— 345
2 112条と110条の重畳適用（112条2項） ——— 347

### 第6節 表見代理と無権代理 ——— 348
## §Ⅰ 表見代理の効果 ——— 348
1 表見代理の効果の規定方式 ——— 348
2 表見代理の効果の構成 ——— 349
## §Ⅱ 表見代理と無権代理 ——— 349
1 117条以外の規定――相手方の取消権 ——— 349
2 117条1項 ——— 350

# 第8章　条件、期限および期間の計算

## §Ⅰ 条件 ——— 354
1 条件の意義および種類 ——— 354
　(1) 条件の意義　(2) 条件の種類
2 条件のその他の分類 ——— 357
　(1) 既成条件の合意の効力　(2) その他の条件とその効力
3 条件付き法律行為の効力 ——— 360
　(1) 条件成就の効力　(2) 条件成就の妨害または不正な方法による条件成就
　(3) 条件成就未確定の間の効力
## §Ⅱ 期限 ——— 362
1 期限の意義 ——— 362
2 期限の利益 ——— 363
　(1) 期限の利益の意義　(2) 期限の利益の放棄　(3) 期限の利益の喪失
## §Ⅲ 期間の計算 ——— 366
　(1) 期間計算の基準の必要性　(2) 期間計算の方法

# 第9章 時効

## 第1節 時効制度総論 …… 370

### §Ⅰ 時効の種類——消滅時効と取得時効 …… 370
(1) 2つの時効制度 (2) 2つの時効制度の規定

### §Ⅱ 時効制度の根拠・存在理由 …… 371
1 時効の3つの根拠 …… 371
2 時効の根拠論についての疑問 …… 373
(1) 2つの両極端な時効観からの評価 (2) 根拠の検討

### §Ⅲ 時効は権利得喪の原因か——実体法説と訴訟法説 …… 376
1 2つの法的構成 …… 376
(1) 実体法説（権利得喪説） (2) 訴訟法説（法定証拠説）
2 類型的考察の必要性 …… 378

## 第2節 時効の基礎理論 …… 379

### §Ⅰ 時効の援用・時効利益の放棄（時効の基本概念①） …… 379
1 時効の「援用」の法的性質——時効完成の効力 …… 379
(1) 問題の提起——時効の実体規定 vs 145条 (2) 訴訟法説と145条——援用＝攻撃防御方法 (3) 実体法説と145条
2 時効の援用の場所・時期および撤回 …… 384
(1) 時効の援用の場所——訴訟上の主張 (2) 時効の援用の時期 (3) 時効の援用の撤回
3 時効の援用権者 …… 385
(1) 援用＝攻撃防御方法説（訴訟法説 or 解除条件説） (2) 援用＝意思表示説（停止条件説・要件説）
4 時効の利益の放棄 …… 390
(1) 時効の利益の放棄 (2) 時効の利益の放棄とはならない場合——時効完成後の債務承認
5 時効の援用および放棄の効果 …… 394
(1) 時効の援用の効果 (2) 時効利益の放棄の効果

## §Ⅱ 時効の完成猶予・更新（時効の基本概念②） …… 399
### 1 時効の中断・停止から完成猶予・更新へ …… 399
(1) 改正前の時効の中断・停止 (2) 完成猶予・更新制度の導入
### 2 完成猶予事由①──権利行使型の完成猶予事由 …… 401
(1) 裁判上の請求等（147条1項） (2) 強制執行等および仮差押え等（148条・149条） (3) 催告（150条）──裁判外の請求 (4) 協議を行う旨の合意（151条）
### 3 完成猶予事由②──権利行使障害型の完成猶予事由 …… 410
(1) 時効の完成停止から完成猶予へ (2) 権利行使障害型の完成猶予事由
### 4 時効の更新──旧時効期間の無効化と新たな時効の進行 …… 412
(1) 更新制度 (2) 時効の更新事由
### 5 完成猶予および更新の効力の及ぶ範囲 …… 415
(1) 完成猶予および更新の人的効力の及ぶ範囲──相対効の原則（153条）
(2) 完成猶予の物的効力の及ぶ範囲──一部請求

## 第3節 消滅時効 …… 422
## §Ⅰ 債権の消滅時効 …… 422
### 1 債権の消滅時効期間 …… 424
(1) 総論──単純化（統一化）と短期化 (2) 原則的時効期間ないし普通時効期間（166条1項） (3) 確定債権についての特則（169条）
### 2 消滅時効の起算点──二重の時効期間 …… 429
(1) 主観的起算点による5年の時効期間（166条1項1号） (2) 客観的起算点による10年の時効期間（166条1項2号）
## §Ⅱ 除斥期間および形成権の期間制限 …… 438
### 1 除斥期間──消滅時効との差異 …… 438
(1) 除斥期間の意義 (2) 除斥期間の特徴──消滅時効との差異 (3) 除斥期間と消滅時効との区別の基準
### 2 取消権の存続期間 …… 441
(1) 二重の期間制限 (2) 期間制限の法的性質と適用範囲──取消後の原状回復請求権への適用 (3) 取消後の原状回復請求権
### 3 取消権以外の形成権 …… 445

§Ⅲ　債権以外の権利の消滅時効 ················································· 447

**第4節　取得時効** ·························································· 448
§Ⅰ　所有権の取得時効 ······················································ 448
　1　原則としての 20 年の取得時効 ········································ 448
　　(1)　「他人の物」の占有（要件①）　(2)　所有の意思が認められる占有＝自主占有であること（要件②）　(3)　20 年間の占有の継続（要件③）──前主の占有の併合主張
　2　10 年の短期取得時効 ················································ 455
　　(1)　短期取得時効制度の位置づけ　(2)　短期取得時効の要件
　3　取得時効の効果 ····················································· 459
§Ⅱ　所有権以外の財産権の取得時効 ········································· 460
　1　所有権以外の財産権の取得時効 ········································ 460
　2　不動産賃借権の取得時効 ············································· 461

事項索引 ································································ 465
判例索引 ································································ 474
条文索引 ································································ 486

# 文献等略記

**【教科書】**

| | |
|---|---|
| 幾代 | 幾代通『民法総則〔第2版〕』（青林書院・1984年） |
| 石田喜 | 石田喜久夫『口述民法総則〔第2版〕』（成文堂・1998年） |
| 石田文 | 石田文次郎『現行民法総論』（弘文堂・1934年） |
| 石田穣 | 石田穣『民法総則』（信山社・2014年） |
| 今泉 | 今泉光太郎『新民法総則』（泉文堂・1956年） |
| 内田 | 内田貴『民法Ⅰ総則・物権総論〔第3版〕』（東京大学出版会・2005年） |
| 梅 | 梅謙次郎『民法要義 巻之一』（有斐閣・1911〔明治44〕年版復刻版） |
| 近江 | 近江幸治『民法講義Ⅰ〔第5版〕』（成文堂・2005年） |
| 岡松 | 岡松参太郎『註釈民法理由 総則編』（有斐閣・1899〔明治32〕年） |
| 於保 | 於保不二雄『民法総則講義』（有信堂・1966年） |
| 加藤 | 加藤雅信『民法総則〔第2版〕』（有斐閣・2005年） |
| 川井 | 川井健『民法概論1〔第3版〕』（有斐閣・2005年） |
| 河上 | 河上正二『民法総則講義』（日本評論社・2007年） |
| 川島 | 川島武宜『民法総則』（有斐閣・1965年） |
| 近藤 | 近藤英吉『註釈日本民法〔総則篇〕』（厳松堂・1932年） |
| 佐久間 | 佐久間毅『民法の基礎1総則〔第2版〕』（有斐閣・2005年） |
| 潮見 | 潮見佳男『民法総則講義』（有斐閣・2005年） |
| 四宮 | 四宮和夫『民法総則〔第4版〕』（弘文堂・1986年） |
| 四宮・能見 | 四宮和夫＝能見善久『民法総則〔第8版〕』（弘文堂・2010年） |
| 鈴木 | 鈴木禄弥『民法総則講義〔改訂版〕』（創文社・1990年） |
| 田山 | 田山輝明『民法総則〔第4版〕』（成文堂・2010年） |
| 辻 | 辻正美『民法総則』（成文堂・1999年） |
| 富井 | 富井政章『民法原論 第1巻上』（有斐閣・1919年） |
| 中島 | 中島玉吉『民法釈義 巻之一 総則編』（金刺芳流堂・1912〔明治45〕年） |
| 中舎 | 中舎寛樹『民法総則』（日本評論社・2010年） |
| 鳩山 | 鳩山秀夫『増訂改版 日本民法総論』（岩波書店・1930年） |
| 広中 | 広中俊雄『民法綱要 第1巻上』（創文社・1989年） |
| 船越 | 船越隆司『民法総則〔改訂版〕』（尚学社・2001年） |
| 星野 | 星野英一『民法概論Ⅰ』（良書普及会・1971年） |
| 穂積 | 穂積重遠『改訂 民法総論』（有斐閣・1936年） |
| 松坂 | 松坂佐一『民法提要 総則〔3版増補〕』（有斐閣・1981年） |
| 薬師寺 | 薬師寺志光『〔改訂〕日本民法総論新講上・下』（明玄書房・1970年） |
| 山本 | 山本敬三『民法講義Ⅰ総則〔第3版〕』（有斐閣・2011年） |
| 曄道 | 曄道文芸『日本民法要論 第1巻 総論』（弘文堂書房・1920年） |

| | |
|---|---|
| 米倉 | 米倉明『民法講義総則(1)』（有斐閣・1984年） |
| 我妻 | 我妻栄『新訂民法総則』（岩波書店・1965年） |

**【注釈書】**

| | |
|---|---|
| 注民(1)［筆者］ | 谷口知平編『注釈民法(1)総則(1)』（有斐閣・1964年） |
| 注民(2)［筆者］ | 林良平編『注釈民法(2)総則(2)』（有斐閣・1974年） |
| 注民(3)［筆者］ | 川島武宜編『注釈民法(3)総則(3)』（有斐閣・1973年） |
| 注民(4)［筆者］ | 於保不二雄編『注釈民法(4)総則(4)』（有斐閣・1967年） |
| 新注民(1)［筆者］ | 谷口知平＝石田喜久夫編『新版注釈民法(1)総則(1)［改訂版］』（有斐閣・2002年） |
| 新注民(2)［筆者］ | 林良平＝前田達明編『新版注釈民法(2)総則(2)』（有斐閣・1991年） |
| 新注民(3)［筆者］ | 川島武宜＝平井宜雄編『新版注釈民法(3)総則(3)』（有斐閣・2003年） |
| 新注民(4)［筆者］ | 於保不二雄＝奥田昌道編『新版注釈民法(4)総則(4)』（有斐閣・2015年） |

**【論文集など】**

| | |
|---|---|
| 内池・歴史的課題 | 内池慶四郎『消滅時効法の原理と歴史的課題』（成文堂・1993年） |
| 大村・契約正義 | 大村敦志『公序良俗と契約正義』（有斐閣・1995年） |
| 於保・序説 | 於保不二雄『財産管理権序説』（有信堂・1954年） |
| 金山・軌跡 | 金山直樹『時効理論展開の軌跡』（有斐閣・1994年） |
| 菅野・研究 | 菅野耕毅『信義則および権利濫用の研究』（信山社・1994年） |
| 小林・到達 | 小林一俊『意思表示了知・到達の研究』（日本評論社・2002年） |
| 佐久間・代理取引 | 佐久間毅『代理取引の保護法理』（有斐閣・2001年） |
| 高森・研究 | 高森哉子『代理法の研究』（法律文化社・2008年） |
| 椿編・無効の研究 | 椿寿夫編『法律行為無効の研究』（日本評論社・2001年） |
| 樋口 | 樋口範雄『アメリカ代理法』（弘文堂・2002年） |
| 福地・理論 | 福地俊雄『法人法の理論』（信山社・1998年） |
| 藤原・諸問題 | 藤原弘道『取得時効法の諸問題』（有信堂高文社・1999年） |
| 松久・構造と解釈 | 松久三四彦『時効制度の構造と解釈』（有斐閣・2011年） |
| 松本・時効 | 松本克美『時効と正義』（日本評論社・2002年） |
| 山本・再構成 | 山本敬三『公序良俗論の再構成』（有斐閣・2000年） |

＊判決の引用文について
　判例の引用において、大審院時代のカタカナ表示の判決文については、ひらがなに変更しかつ適宜句読点を付けた。また、判決文における下線および①②等の追加はすべて著者によるものであることを予めお断りしておく。

＊法令や出典表示について
　法律編集者懇話会編「法律文献等の出典の表示方法」に従った。

# 第1章
# 民法総論

# §Ⅰ
# 民法の意義

## 1-1 (1) 民法の意義・構成

　法は、①国家の組織、国家と市民（私人）との議員の選挙、罷免、租税等の関係を規律する**公法**（憲法・行政法・刑法・訴訟法）と、②私人間の法律関係を規律する**私法**とに分けられる。民法は、私人間の法律関係を規律する私法の一般法ないし原則法である[1]。

　民法（民法典）は、①総則、②物権、③債権、④親族、および、⑤相続の5編により構成されている。②③の財産的法律関係を規律する**財産法**と、④⑤の身分的法律関係を規律する**身分法**ないし**家族法**とに分けられ、①の総則は財産法と身分法の通則として位置づけられているが、基本的には財産法総則としての色彩が強い。財産法は、**物権法**（民法第2編）と**債権法**（民法第3編）に分かれ、また、身分法は、夫婦、親子といった身分にかかわる**親族法**（民法第4編）と相続にかかわる**相続法**（民法第5編）とに分かれる。

　個別的な民事特別法があるほか（農地法、工場抵当法、借地借家法等）、債権法については、**商法、労働法（労働私法）**そして**消費者法（消費者私法）**といった、私人間の債権関係の規律について民法とは異なる独自の法領域が存在している。

　そして、法は、その形式により、条文の形で制定された**実定法**ないし**制定法**と、**不文法**たる**慣習法**および**判例法**とに分けられる。1804年にフランス民法典が制定されたのを契機として、整備された法典を持つ大陸法と判例法による英米法とが、世界における私法の法体系を2分している。

## 1-2 (2) 実体法としての民法

　民法はその適用により裁判所による判決の基準とされるという意味で、**実体法**といわれ、判決の手続を規律する**手続法（ないし訴訟法）**と対置されるものであり[2]、裁判所が判決を出す際に基準とされる裁判規範である。訴え

---

[1] 判例法である英米法は、民法・商法といった区別を知らない。法典を持つ大陸法でも、スイス債務法、オランダ民法など、民商法統一の法典が導入されている。

を提起する者を**原告**、相手方を**被告**という。訴訟において、管轄裁判所や訴訟手続を規律するのが手続法である**民事訴訟法**である。また、手続法には、訴訟手続法とは別に、判決を強制的に実現するための**民事執行法**がある。

> §Ⅱ
> # 民法における要件・効果の構造

1-3　民法の規定するそれぞれの**法律効果**（単に**効果**といわれる[3]）が生じるためには、そこに規定された**要件**を満たさなければならない。この要件を**法律要件**といい、その要件に該当する事実を**要件事実**という。訴訟の場面では、原告がある効果を主張する場合に、その効果を基礎づける要件に該当する事実（**請求原因事実**。これに関する規定を**権利根拠規定**ともいう）を証明する必要がある。次の設問を用いて説明しよう。

> **設問**　AはBに対して、売買契約の代金50万円の支払を請求したい。
> ① Aはその請求のために何を主張・立証しなければならないか。
> ② これに対するBの対応にはどのようなものが考えられるか。

　売買代金を売主が買主に請求する場合、原告となる売主Aは売買契約（555条）の成立を主張・立証しなければならない。
　Aが売買契約の成立を証明できたとしても、当然にAが勝訴するわけではない。Bから抗弁が出される可能性がある。すなわち、Bが、代金を支払った、免除を受けた、消滅時効が完成したなど、一旦成立した代金債権がその後に消滅したという**権利消滅事実**（その規定を**権利消滅規定**という）を主張することが考えられる。これは、Bからの新たな効果の主張であり、その要件充足はBの側で主張・立証しなければならない。さらにこれに対して、Aが否認、自白、不知のいずれかをすることになる。また、Bは、目的

---

2) 条文規定により規律されているという意味で、判例法に対して、**実定法**という概念があるが、それと混乱しないこと。
3) 民法の条文では、効果ではなく「効力」という言葉が使われるが（例えば、97条1項・3項）、要件事実論では、要件・効果と「効果」という言葉が慣用されている。

物の引渡しを受けていないとして同時履行の抗弁権（533条）を主張することも考えられる（**抗弁権の主張**）。抗弁権の主張についても、その成立要件が満たされていることはBが主張・立証しなければならない。

　このように、裁判における判断、そしてそのための審理の整理は、①いかなる効果が主張されているのか、また、②その効果が生じるための要件は何かを明確にしておく必要がある（以上は、条文の解釈）。③そして、その要件がその事例において満たされているか、**事実認定**がなされることになる。

## §Ⅲ 裁判の判断構造と民法上の権利の分類

### 1-4 (1) 請求——攻撃的主張

　訴訟は、法律関係の確認を求めるだけの確認訴訟は別にして、原告が被告に対して、貸した金を返せ、代金を払えといったように一定の行為を求める**請求訴訟**の形をとるのが普通である（他に形成訴訟というものもある）。したがって、まず、訴訟では、原告が自分にその主張する請求権があることを明らかにすることになる。そこに、先に述べた「要件・効果」の判断をあわせてみると、原告はその主張する請求権を成立させる要件が満たされていることを証明しなければならない。この請求権を根拠づける主張には種々のものがあって、①それが債権の行使であれば、契約や不法行為責任などといった債権の発生原因を主張・立証することが必要であり、②権利の侵害に対する妨害排除の請求であれば、原告はその権利が自分に帰属しそれが被告により侵害されていることを主張・立証する必要がある。

### 1-5 (a) 保護が与えられる権利——財産権・人格権・身分権

　(ア) **財産権**　財産的価値を有する権利を**財産権**という。民法上の財産権は、以下にみるように物権と債権とに分けられ、物権でも債権でもない特別法上の財産権として、著作権、特許権などの知的財産権（知的所有権）がある。物権においても、物は権利の目的物であり、物権は思考による創造物であり、物理的に存在するものではなく、その内容をどのようなものとするかは、法律また解釈によって決められることになる。

1-6 　(ⅰ)　**物権**　**物権**は、物に対する直接支配権であり、物についての使用・収益・処分の全ての利益を実現できる所有権が、その最も完全な形である（206条）。所有権以外にも、所有権の中の利益を一部独立させた**制限物権**ないし**他物権**として、用益価値を目的とする地上権などの**用益物権**、および、債権担保のために物の交換価値ないし担保価値を目的とする抵当権などの**担保物権**がある。物権は全ての者に対する**対世権**ないし**絶対権**であり、全ての者がその侵害をしてはならない義務を負う。そして、物権に基づく請求が問題となるのは、いわゆる物権的請求権が問題となる場面である。例えば、自分の所有の土地を他人が利用権限なく占有している場合に、所有者は所有権に基づいて占有者に対してその返還を請求することができる。

1-7 　(ⅱ)　**債権**　売主の買主に対する代金債権のように、その権利を有する者（これを**債権者**という）がその相手方である義務者（これを**債務者**という）に対して、給付をなすことを請求できる権利（請求権）を**債権**という。特定の人と特定の人との関係で成立する権利である（**対人権**ないし**相対権**）。義務の側から**債務**といわれる。債権では、債権者の債務者に対する履行請求を求める訴訟が問題になる。ただし、債権でも、不動産賃借権については、その利用を第三者が妨害している場合に、賃借権に基づく妨害停止請求権が認められる（605条の4）。また、金銭の支払を目的とする金銭債権は、それ自体を1つの財産として取引や担保の対象とすることができる。

1-8 　(ⅲ)　**無体財産権**　著作権のように、物権と同じく権利の性質は支配権であるが、その権利の対象が物権のように物（ないし物的利益）ではなく、一定の無体の利益、すなわち知的創造物などを対象とする権利がある。かつては、支配権といえばすなわち所有権ということで、所有権に似た支配権ということから知的所有権という用語も使われていた。ここでも、その侵害に対して、損害賠償請求と共に、妨害排除請求をすることができる。

1-9 　(イ)　**人格権**　生命、身体、名誉などといった人格的な利益を目的とする権利を**人格権**という。この侵害に対しては、慰謝料の請求が問題になるが、休業や労働能力の喪失・減少による逸失利益の賠償も問題になる。また、雑誌などによる名誉の侵害に対しては、事前の発行差止め、発行後の回収を求めることができる。人格的な利益には、権利とまで確立していないものが多く、例えば、癌により死亡した患者が、もっと早くに癌を発見し直ちに適切

な治療を受けていれば、死は免れなかったがより長く生きられた「相当程度の延命可能性」が利益として認められている（最判平12・9・22民集57巻7号2574頁）。

1-10　**（ウ）　身分権**　親子といった親族関係（身分関係）から相続権、認知請求権等の種々の権利が認められ、身分関係に基づく権利を**身分権**という。扶養請求権、同居請求権など身分と結び付いた権利は、その者限りの一身専属的な権利であり、権利者の死亡により消滅し相続されることはない。一身専属権という点では、人格権も同様であるが、その侵害による慰謝料請求権については、代位行使や相続が認められる余地がある。判例は、死亡慰謝料については、当然の相続を認めているが、名誉毀損による慰謝料請求権については代位行使を否定している。

1-11　**(b)　形成権と請求権**　権利の自分への帰属が、契約や相続といった原因によるのではなく、いわゆる形成権の行使によって生じる場合がある。例えば、売主が買主の詐欺によって土地の売買契約をさせられた場合、その売買契約を取り消すことができるが（96条1項）、この取消しにより、自分の土地であると主張して、その土地返還を請求できることになる。この場合、取り消して返還請求できるということは、いつでも返還請求できるというのに等しい。このように、形成権はそれ自体財産権として意味のあるものではなく、請求権を基礎づける請求権に対して手段としての存在でしかない。

1-12　◆**形成権の分類**
**(1)　形成内容による分類**
「形成」権は、一方的意思表示により広く新たな法律関係を作り出す権利であり、既存の法律関係をどう変更するかで、次のように発生、変更、消滅の3つに分けることができる。したがって、形成権を定義づけてみると、一方的意思表示により、法律関係の発生、変更、または、消滅を生じさせることのできる権利ということができる。

1-13　**(a)　積極的に新たな法律関係を作り出すもの**　例えば、売買予約の完結権では、形成権の行使によって新たな法律関係（売買契約の成立）が作られる。条件成就とみなすことができる権利（130条1項）も、成就の効果が形成的効果ならばこの類型になる（同条2項は(c)型）。第三者のためにする契約における、第三者の受益の意思表示をする権利（537条3項）も同様である。請求権と名づけられていても、造作買取請求権、建物買取請求権は、一方的意思表示により賃借人が賃貸人との間で造作や建物の売買契約を成立させる形成権である。

1-14　(b)　**法律関係の内容を変更するもの**　すでに成立している法律関係の内容を変更するものである。例えば、建物の賃貸借の家賃の増額請求権（請求権といわれてはいるが、性質は形成権である。このような例は意外と多いので注意）がその例である。民法上は、一部他人物の買主の代金減額請求権（563条1項）、目的物の一部滅失などによる賃料減額請求権（611条）などが認められている。

1-15　(c)　**すでに作られた法律関係を消滅させるもの**　先に挙げた取消権のように、すでに成立して存在するところの法律関係を消滅させるものがある。法定または約定の解除権もこの類型の形成権である。契約関係の消滅だけでなく、相殺権（505条）、消滅時効の援用権のように権利を消滅させるだけの形成権もあり（取得時効に(a)型）、債権の準占有者への弁済なども、当事者の意思表示により初めて免責の効力が生じると解釈により再構成すれば、この類型の形成権となる。

1-16　**(2)　裁判外の行使が可能かによる分類**

形成権の行使は、私人により裁判外で自由にできるのが原則であるが、形成権の中には、その内容である形成を求める訴訟（形成訴訟という）を提起し、裁判所がその形成を宣言する判決をして初めて法律関係の形成が認められるものがある。それは、離婚を一方的に求める場合や（770条）、債権者が債務者のなした詐害行為を取り消す場合（424条）であり、その効果の重大性に鑑みて、私人が勝手にそのような効果の主張をすることを認めず、必ず後見的に裁判所を関与させて裁判所の判断を仰ぐべきものとしたのである。

1-17　**(2)　防御的主張**

原告により何らかの請求がされた場合に、被告の側からその請求を退ける主張がされることになる。その主張の仕方についても、さらに以下のようにいくつかに分けることができる。いずれも、民事訴訟法において原告の主張に対して被告から出される防御方法であるが、抗弁に対しては原告からさらに再抗弁が出されることになる。これに対し、被告が再々抗弁を出すこともある（☞1-19）。

1-18　(a)　**否認──請求権の要件の充足を争うもの**　まず、原告の主張する請求権を成立させるのに必要な要件が満たされていないと主張することが考えられる。これは、訴訟上、**否認**といわれる。例えば、売買契約の成立を主張して、売主が買主に対して代金の支払を請求したのに対して、買主が、そのような契約を締結したことはないと主張するのがその例である。否認に対して、被告側が原告主張の事実を認めることを**自白**といい、自白がされた場合にはその証明は不要となる。また、否認も自白もせず、どちらか知らないと主張するのを**不知**といい、被告が自白をしていないので原告はその事実の証

明責任を負ったままである。

1-19　(b)　**抗弁——請求権の要件の充足は争わないもの**
　(ア)　**請求権の消滅原因を主張するもの**　まず、請求権の成立要件を満たしているが、請求権は消滅したと主張することが考えられる。例えば、売買代金の請求であれば、買主がすでに代金は支払っており代金債権は消滅したと主張することがその例である。弁済という、債権の消滅という新たな効果を買主が主張することになるので、買主が弁済について証明責任を負うことになる。免除、取消し、解除、消滅時効なども同様である。また、例えば、錯誤取消し（95条1項）の抗弁に対して、原告がさらに被告には重大な過失があったと**再抗弁**を主張することが考えられる（同条3項柱書）。被告からこれに対し、原告が被告の錯誤を知っていたと**再々抗弁**がさらに出されることが考えられる（同条3項1号）。

1-20　(イ)　**抗弁権を主張するもの**　これに対して、その請求権の消滅を主張するのではなく、その請求権があることは認めるものの、請求権の行使を阻止する防御的権利（これを**抗弁権**という）を主張することも考えられる。例えば、売買代金の支払請求訴訟であれば、いわゆる同時履行の抗弁権（533条）を買主が主張して、自分の買った物の引渡しを受けない限り代金を支払わない、と主張して代金の支払を拒絶できる。同時履行の抗弁権の成立要件が満たされていることは、同時履行の抗弁権を主張する買主が証明責任を負う。留置権（295条）、解釈によって認められる不安の抗弁権、自然債務を主張することなども、同様である。

# 第2章
# 民法の基本原則

# §1
# 私権の公共性

2-1　民法は、1条1項に「私権は、公共の福祉に適合しなければならない」という規定を置いている。1条と2条は、戦後の憲法改正にあわせて追加された規定であり、1条1項は、憲法12条を民法に具体化した規定である[4]。私権（私法上の権利）が自由勝手なものではなく、他の者の権利・利益との衝突に対する調整が必要なだけでなく、社会全体の利益との調整もされるべきことを確認したものである。日常生活の場面においては、隣接居住者間の関係はいわゆる受忍限度論により調整されるが、空港や鉄道といった場面では、私人間の利益の調整にとどまらず公共の福祉といった社会全体の利益を考慮することが必要となる。しかし、「公共の福祉」とは公益優先という全体主義的な思想を表したものではなく、この規定の運用には慎重さが要求される（1条1項を適用した判決は少ない[5]）。

2-2　◆一般条項
　1条の公共の福祉規定、信義則規定、権利濫用規定のような民法の根幹にかかわる包括的規定を**一般条項**という[6]。信義則による判決は、正義や条理による判決に等しく、公共の福祉による判決と共に、具体的な規定がないやむをえない場合に限るべきである（伝家の宝刀規定。石田喜38頁）。一般条項による裁判という形で、裁判所に白紙委任をすることは、裁判所ごとに判決がまちまちになる可能性があり、裁判の予測可能性を保障しようとした実定法国の法治主義の思想に反するからである（山本622頁以下も参照）。特に公共の福祉そのものは、宣言規定にすぎず、個別具体的規定の運用に際してその趣旨が考慮されれば足り、1条1項そのものを適用して裁判がなされるべきではない。

---

[4] 戦後、憲法規定を具体化する規定として民法に導入された規定として、ほかに民法の解釈の指針を設定した規定があり、「この法律は、個人の尊厳と両性の本質的平等を旨として、解釈しなければならない」と規定している（2条）。

[5] 上流のダム建設により、下流の住民が流水を利用して木材を流送できなくなった者が、ダムに流水路を設けて常時木材を流水するに足りる水量を放出することを求めたのを、戦後の電力事業の重要性を理由に1条1項を根拠として退けた原判決を支持した判決がある（最判昭25・12・1民集4巻12号625頁）。

[6] 1条1項の私権の社会性の規定と、2項の信義則および3項の権利濫用の規定の関係については、各項は独立したものとみるべきであり（我妻38頁以下）、公共の福祉は憲法上の要請を受けたもので、他の2つの原則とは次元を異にする規定である（川井11頁）。

# §Ⅱ 信義誠実の原則（信義則）

## 1 信義誠実の原則（信義則）の意義

2-3 「権利の行使及び義務の履行は、信義に従い誠実に行わなければならない」（1条2項）。この原則は、**信義誠実の原則**、さらに略称して**信義則**と呼ばれる。本規定も、戦後の民法改正により導入された規定であるが、信義則そして次に述べる権利濫用禁止は、フランス法やドイツ法を参考に、戦前から解釈論として主張され[7]、また判例でも認められてきた法理である[8]。ただ、明文化されることにより裁判所に大きな実定法上の武器を与えることになり、戦後の裁判における信義則への依存度は飛躍的に高まっている。

## 2 信義則の機能

2-4 **(1) 信義則の機能とその許容性**

信義則は、当初は契約解釈の基準として考慮されていたが、契約の履行さらには債務の履行の行為規範として一般化されていき、現在の日本ではさらには信義則それ自体が裁判規範として用いられている（☞6-28）[9]。すなわち、①契約や意思表示の解釈の基準とされるだけでなく、②債権関係における実定法にない義務を認める根拠、③債権関係における実定法にない権利を

---

[7] わが国において、信義則を本格的に議論したのは、大正13年における鳩山秀夫「債権法に於ける信義誠実の原則」（同『民法研究一巻』『債権法に於ける信義誠実の原則』所収）であった。契約関係は信義則を最高理念として、特に継続的契約関係に妥当するものとし、自由主義に対する修正原理、すなわち「個人の自由、個人の意思を基本とすることから社会、団体の尊重へ」という理念の変遷として位置づけた（不動産賃借人保護の原理としての役割を期待）。

[8] 明文規定が置かれる前の判例として、計算ミスにより弁済金に僅かな不足があった場合に、弁済の無効を主張することは信義則に反するとした判決（大判大9・12・18民録26輯1947頁）、弁済場所の指示が明確でない場合に、債務者が債権者に問い合わせるという一挙手一投足の労を惜しむのは信義則に反するとした判決（大判大14・12・3民集4巻685頁［深川渡し事件］）などがあった。

[9] 信義則の機能については、①4つに分類する学説として、ⓐ法具体化機能、ⓑ正義衡平的機能、ⓒ法修正機能、および、ⓓ法創造機能に分類する学説がある（菅野・研究8頁）。②3つに分類する学説としては、ⓐ権利義務の具体化、ⓑ規範の創設、および、ⓒ法律行為の解釈基準の3つに分けるものがある（四宮＝能見16頁）。②2つに分類する学説としては、ⓐ規範形成的機能（積極的機能）＝義務者側の行為準則とⓑ規範抑制的機能（消極的機能）＝権利者側の行為準則とに分けるもの（辻33頁）、ⓐ信義則の本来の機能とⓑ欠缺補充機能とに分けて体系化を図ろうとするもの（広中俊雄『民法綱要第1巻総論上』120頁以下）などがある。

認める根拠、④債権関係における実定法の権利の制限の根拠として、信義則が用いられるに至っているのである。①でも契約解釈に名を借りて任意規定を創造するに等しくなっており（☞ 2-7）、②〜④は任意規定の欠缺を信義則を用いて補充しているに等しく、いずれも実質的には、信義則を根拠にした法創造を裁判官に認めるものである（石田穣『法解釈の方法』109頁以下参照）。

2-5 **◆信義則の妥当範囲**

信義則は広く「権利の行使及び義務の履行」を規律する原理として規定されているが、取引を離れて適用される広汎な行為規範と考えるべきであろうか。例えば、隣接した土地所有者間、アパートの隣り合わせの居住者間で、相互に迷惑をかけない義務を負うが（区分所有法6条1項は「共同の利益に反する行為」を禁止）、これを信義則上の義務と構成する必要はない。かといって、狭く債権の行使と債務の履行に適用場面を限定する必要はなく、例えば、取引における自由競争を規律する行為規範して機能することを認めるべきである（177条の背信的［＝信義則に背く］悪意[10]）。

ただし、同じ行為規範である権利濫用との関係も考えなければならない。権利濫用法理を例外法理として抑止的に運用すれば両法理の抵触は問題にならないが、権利濫用法理を不適切な権利行使を広く規制する通常原理にしてしまうと、両法理の抵触は避けられない。この点、権利濫用は後述のように例外原理として抑止的に用いるべきであり、また、信義則は取引関係を規律する原理として限定すべきである（☞ 2-10）。債権関係を超えて信義則を拡大することは、条理に等しい一般的行為規範として承認することになってしまうからである。

2-6 **(2) 契約の解釈基準**

契約内容は、信義則を考慮して解釈され確定されることは、信義則の本来の機能である。債務不履行に関しても、ある履行が適切な履行か不履行（不完全履行）かを判断する基準は債務の内容であり、どのような内容の債務が引き受けられているのか、とりわけサービス給付（例えば、教育債務）においては解明することが必要になる。信義則の内容は、公平、正義、取引通念などを参照して決められる。改正法は「取引上の社会通念」を重視した運用をしている。合意の内容を明確化することを越えて、いわゆる補充的解釈まで認めるかどうかの問題は後述する（☞ 6-26以下）。

---

[10] 資本主義社会における基本原理である自由競争ということを信義則により限界づけることも考えられる。177条の議論における背信的悪意者排除の法理（最判昭43・8・2民集22巻8号1571頁など）は、その例である。

2-7 **(3) 任意規定の法創造の根拠を付与する機能**

　**(a) 信義則上の義務の根拠づけ**　取引関係（契約、契約締結前また後の法律関係）の行為規範を信義則が規律し、取引関係における当事者の義務は信義則によって根拠づけられまたその内容も信義則に従って明らかにされる[11]。契約で合意されている場合には、解釈により解明されるが、契約で取り決められていない場合には、実質的にそのような義務を規定する任意規定を創造するのに等しい。**信義則上の義務**として、**安全配慮義務**（最判昭50・2・25民集29巻2号143頁）、**保護義務**、契約締結段階における相手方の利益への配慮義務（契約締結上の過失につき最判昭59・9・18判時1137号51頁）、情報提供義務、**説明義務**、投機的取引につき適合性のない者との契約を回避する義務などが認められている。信義則上の義務は、一般的生活関係における不法行為法上の行為義務（不可侵義務）が、権利や法律上保護される利益を侵害しないという消極的な義務であるのに対して、積極的な配慮義務である点で、債務に準ずるものである。

2-8 **(b) 債権関係における権利の根拠づけ**　さらに、あるべき法が存在しないいわゆる**法の欠缺**問題に対して、欠缺補充の方法として、信義則を解釈基準とした黙示の意思表示だけでなく、信義則そのものを直截の条文根拠として、例えば事情変更の原則による契約改定権や解除権などを認めることが考えられている（広中149頁以下の欠缺補充機能）[12]。あるべき法規定がない法の欠缺事例において、結局は条理による判決を信義則を根拠とすることにより、法による裁判を要求する法治国家の要請を形式上満たす判決にするためのものである（川島26頁）。否定はしないが、それを認めなければ正義に反するような事例に限定して認めるべきである（☞6-25以下）。

2-9 **(c) 権利制限の根拠づけ**　さらには、実定法によって認められている債権関係上の権利の行使を制限するために、信義則が機能することもある。例え

---

11)　債権関係を規律する信義則上の義務は、単なる一般市民生活関係を規律する一般的不可侵義務（自動車を運転中に不注意で事故を起こさない等）とは異なり、特定人に対する相対的義務でありその違反は不法行為ではなく、債務不履行責任を導くことになる。また、契約関係にある当事者間だけでなく、契約交渉段階も信義則の支配領域にあることが認められている。

12)　例えば、事情変更の原則に基づく解除権を認める民法規定がないのに、これが信義則の名の下に肯定されている（最判昭29・2・12民集8巻2号448頁など）。その他、包括根保証において、保証人の任意および特別解約権、信義則による責任制限等も、信義則を根拠にするものである。

ば、Aが提供するNTT回線を利用したダイヤルQ2サービスにおいて、契約者の息子（未成年）の無断利用により高額な料金が発生した事例で、通話料金の全額を加入電話契約者に負担させることは「信義則ないし衡平の観念に照らして直ちに是認し難い」として、5割のみを負担するとされている（最判平13・3・27民集55巻2号434頁）。権利行使制限を信義則に委ねるとなると、権利濫用との関係がますます不明瞭になる。また、権利濫用法理を抑止的に考える判例もある（最判昭31・12・20 ☞ 2-16）。権利濫用法理は抑止的に適用されるべきであり、債権関係ないし取引関係における行為規範の規律に関しては信義則によるべきであり（☞ 2-5）、このような棲み分けがなされるべきである[13]。

2-10 ◆信義則と権利濫用禁止の関係
❶ **適用領域区分説**　一般規定が濫用的に利用されることに対する危惧から、それぞれの適用領域を異なるものと考え、2つを厳密に区別する主張がなされている（学説につき詳しくは、菅野・研究84頁参照）。信義則は、特別の権利義務で結ばれた対人関係すなわち債権法を支配する原理であり、他方で、権利濫用禁止は、対社会関係、すなわち主として物権法を支配する原理としたり、より広げて、信義則は契約当事者のみならず特別の権利関係で結ばれた者（場合によっては契約の交渉開始だけでもよい）の間を支配し、権利濫用はそのような関係にない者の間を支配する原理であるという主張がされている（我妻栄『民法研究Ⅱ総則』34〜35頁、我妻38頁。同様の学説として、川島44頁［債権および債権関係の変動を生ぜしめる形成権に主として適用されるという］、幾代15頁、四宮36頁）。本書はこの立場である（☞ 2-5）。

2-11 ❷ **重複規定説**　しかし、❶のように厳密に区別することを疑問視する考えもある。この立場では、権利の行使が信義則に反する場合に権利濫用になり、信義則と権利濫用は共通のものを異なった方向から規定しているにすぎないという理解がされる（川井12頁、船越27頁、辻36頁）。この結果、信義則に反する権利行使は権利濫用ともなり、信義則のみが問題になるのは、法律や契約の解釈基準として機能する場合だけといわれる（田山15頁）。信義則による権利行使制限と説明するか、権利濫用と説明するかで、内容・効果にとりたてて差は生じるとは思われない。いずれの法理によるかで効果に差が生じないので、神経質に使い分ける必要ないという考えも可能であるが、本書としては、両法理の重複は基本的には認めない（☞ 2-5）。

---

[13] 権利の行使または法的主張が、先行行為と矛盾するために、先行行為を信じた相手方などの保護のために否定されることがある（矛盾行為禁止）。時効完成後の債務承認（☞ 9-50以下）についてこの原理が信義則を根拠に援用されている。他方、矛盾行為禁止が、第三者に対する権利行使について問題とされる場合には、権利濫用で規律されている（☞ 2-21）。

# §Ⅲ 権利濫用の禁止

## 1 権利濫用法理の意義

2-12　1条3項は、「権利の濫用は、これを許さない」と規定している。これを**権利濫用禁止の法理**ないし単に**権利濫用法理**という。この規定も、戦後追加された規定であるが（1947年[昭和22年]改正）[14]、すでに戦前から、権利濫用法理が解釈によって認められていた。

①権利濫用法理は、権利行使は適法＝違法性なく不法行為にならないという原則に対して、権利行使であっても専ら他人に損害を与える目的でなされた場合には違法性が認められ不法行為になるという、不法行為についての原理として登場した。例えば、ドイツ民法では、「権利の行使は、それが他人に対して損害を与える目的のみで行われる可能性があるときは、許されない」と、いわゆる**シカーネ禁止**規定が置かれているにすぎない（ド民226条）。

②これに対し、スイス民法には、そのような主観的な要件を設定することなく、権利の明確な濫用は法の保護を受けないという一般規定が置かれている（スイス民法2条2項）。わが民法が1947年の改正で信義則と共に導入した権利濫用禁止規定も、このスイス民法型の広い権利濫用禁止規定である。権利濫用法理が、相手方や社会一般に生じる損失を回避するための超法規的原理であれば、伝家の宝刀として温存される原理にとどまるはずであった。

③ところが、現在の権利濫用法理は、ⓐ所有地上の建物建設も権利濫用であれば、例えば隣地の日照権を侵害すれば違法になる、ⓑ解雇権の行使も濫用になれば無効であるといったように、例外原理を越えて、社会における行動を規律する通常規範として用いられるまでになっている。

## 2 権利濫用の要件——権利濫用法理の外縁の不明瞭性と要件論への影響

2-13　権利の濫用が認められるための基準を明記するのは困難であるため、民法

---

14)　政府原案には権利濫用禁止規定はなく、国会審議の過程で追加されたものである（池田恒男「日本民法の展開(1)」広中俊雄＝星野英一編『民法典の百年Ⅰ』41頁以下に審議過程が紹介されている）。

は何ら基準を規定せず、判例の積み重ねに委ねている。2-12に述べたように、①②が例外法理であるのに対して、③は通常の権利の適正化法理にすぎずまたはその類型は多様であり、①～③に通じる統一的な要件の設定は適切ではなく、さらには権利濫用法理によるべきではない事例も判例には含まれており[15]、それまで含めて分析・整理するのは無意味どころか有害である。特に③については権利濫用法理の転用法理であるということができ、それぞれの類型に応じて濫用になるか否かの基準が模索されるべきである[16]。

また、③ⓐの事例は権利の範囲に含まれず、違法性が認められるかは、権利濫用法理ではなく受忍限度論といった不法行為法原理に解消されるべきである（☞2-34）。

2-14 **(1) 権利行使者の主観的事情──必須の要件か**

ドイツ民法は、他人に損害を与えることのみを目的とする権利の行使を禁止しているだけであるが（シカーネ禁止）、日本の権利濫用禁止規定は、広い権利濫用規制を認めまた主観的な悪質性を必須の要件とはしていない。ただし、権利者の主観的な悪質性は、権利濫用を肯定する方向に大きく影響を及ぼす要素であることは疑いない[17]。権利行使者の主観的悪性が大きく考慮された事例として、**宇奈月温泉事件**（☞2-15）がある。

2-15

> ●大判昭10・10・5民集14巻1965頁（宇奈月温泉事件）[事案] Yが温泉源から黒部渓谷の山間を縫って温泉管を施設し、温泉村までお湯を引いたが、管が約2坪程度無断でAの土地に施設されてしまっていた。この話を知っ

---

15) 権利濫用は、解雇権濫用等雇用関係で問題とされることが多く、労働契約法14条～16条に権利濫用という構成が採用されている。しかし、ここでの権利濫用は、不適切な権利行使を規制するだけのものであり、強い禁止の印象を与えるために使われているものといえよう。
16) 権利濫用判断の中核は、権利者の受ける利益vs相手方および社会の受ける不利益の衡量であり、相手方の主観的事情は否定のために副次的に考慮される。マイナスに考慮されるのは主観的事情だけでなく、例えば、内縁の妻Yに対して、夫Aの相続人X（養女）からの建物の明渡請求を権利濫用として退けるに際して、①Xが特に本件建物が必要ではなく、②Yが幼い子もいて居住が必要なことのほか、③XがAと不仲であり離縁の手続を考えており、離縁していれば相続人になっていなかったことが考慮されている（最判昭39・10・13民集18巻8号1578頁）。
17) 権利濫用法理は、相手方とされた者の保護を目的とする法理である。そのため、悪意で違法な状態を導き、また、受ける損失が相手方個人に限られる場合には、権利濫用法理による保護を与える必要はない。例えば、最判平3・9・3民集163号189頁は、234条1項の規定に違背して建物を築造した者が、隣地所有者に完成前に抗議を受けさらには裁判所の建築工事続行禁止の仮処分決定を受けたのに竣工させた事例で、境界から50cmを超える部分の収去費用等がどれほど高額になろうと隣地所有者によるその除去請求は権利濫用にはならないとする（権利濫用を肯定した原審判決を破棄）。

たXがAからその周辺の土地を購入し、Yに対して土地を法外な値段で買い取るよう求め、買い取らないのであれば管を除去するよう迫った。管を設置し直すとかなりの遠回りを強いられ費用もかかるが、他方で問題の場所は渓谷であり管があっても支障があるわけではない。Yは買取りに応じなかったために、XがYに対して管の除去を求める訴えを提起した。大審院は、以下のように判示して権利濫用法理によりXの請求を退けている。

[判旨]「侵害の除去著しく困難にして縦令之を為し得るとするも莫大なる費用を要すべき場合に於て、第三者にして斯る事実あるを奇貨として不当なる利得を図り殊更侵害に関係ある物件を買収せる上、一面に於て侵害者に対し侵害状態の除去を迫り他面に於ては該物件其の他の自己所有物件を不相当に巨額なる代金を以て買取られたき旨の要求を提示し他の一切の協調に応ぜずと主張するが如きに於ては、該除去の請求は単に所有権の行使たる外形を構ふるに止まり真に権利を救済せむとするにあらず。即ち如上の行為は全体に於て専ら不当なる利益の掴得を目的とし所有権を以て其の具に供するに帰するものなれば社会観念上所有権の目的に違背し其の機能として許さるべき範囲を超脱するものにして、権利の濫用に外ならず。従て斯る不当なる目的を追行するの手段として裁判上Yに対し当該侵害状態の除去並来に於ける侵害の禁止を訴求するに於ては該訴訟上の請求は外観の如何に拘らず其の実体に於ては保護を与ふべき正当なる利益を欠如する」。

### 2-16 (2) 客観的事情——客観的利益考量による判断
#### (a) 不動産所有権の制限については超法規的解決原理
##### (ア) 適切な権利行使への制限ではない——正義を実現するための最終兵器

現在では権利濫用判断においては、①一方で、権利者側が権利を行使することにより受ける利益・行使が認められないことによる不利益、②他方で、相手方の利益・権利行使を受けることにより受ける不利益、③また、権利行使が認められることによる相手方また社会への影響（特に差止訴訟で考慮される）が総合的に考慮されている。**板付飛行場事件**（☞2-18）など、実際には権利者の悪性がみられない事例においても、権利濫用が認められており、(1)の権利者の主観的悪性は必須の要件ではない[18]。

しかし、不動産所有権の侵害に対する救済場面では、権利行使を適切な範囲に限定する場面とは一線を画されるべきことは、最判昭31・12・20民集10巻12号1581頁の判旨から垣間見ることができる。本判決は、「①もし権利の行使が社会生活上到底認容し得ないような不当な結果を惹起すると

か、②或は他人に損害を加える目的のみでなされる等公序良俗に反し道義上許すべからざるものと認められるに至れば、ここにはじめてこれを権利の濫用として禁止するのである」として、無断転貸を理由とした解除・土地明渡請求を権利濫用とした原審判決を破棄している。この判決が、権利濫用法理が安易に認められるべきものではないことを宣言した意味は大きい。

2-17　**(イ) 社会に与える不利益の重大性の考慮　板付飛行場事件**判決は（☞2-18）、権利者の主観的悪性がないが、その権利行使を認めることの社会的不利益の重大性から、権利行使として明渡しを否定した。土地収用法により土地使用権を成立させる代用として、権利濫用が用いられたに等しい。また、権利濫用とは構成されていないが、電力会社が他人の土地に無断で発電所用水路（トンネル）を開設してしまった事例（**発電用トンネル事件**）で、その撤去の請求が、巨大な物資と労力の空費を来たし社会経済上の損失は少なかざることを考慮して、妨害排除は「最早不能に帰し」損害賠償の請求しかなしえないとして退けられている（大判昭11・7・10民集15巻1481頁。類似のものに、**高知鉄道線路無断敷設事件**→2-19、注18の最判昭43・11・26）。鉄塔による送電線が上空を通る土地について、一部分だけ誤って地上権設定などの手続をしていなかった場合には、権利濫用で解決を図るしかない。故意または重過失による場合には、制裁的慰謝料、ないし財産権侵害でも例外的に慰謝料請求を認めることで調整すべきである[19]。また、2-18のように、公共の利益を保護するために権利行使を制限する場合には、権利濫用ではなく、1条1項を根拠にするべきである。

2-18

●**最判昭40・3・9民集19巻2号233頁（板付飛行場事件）**　国YはXから借りた土地を戦争中飛行場として使用し、戦後は占領軍の飛行場として同土地

---

18）　ほかにも、最判昭43・11・26判時544号32頁は、山林を取得した者による配水管等の撤去請求を権利濫用としており、「上告人が右配水管等の撤去によって受ける利益は比較的僅少であるのに、右配水管等の設備は、仙台市の南地区市民約7万人の利用のため巨額の資金、多数の日子を費し、敷設、掘鑿され、これを連繋して同一大規模の総合水道幹線の枢要部分を形成して、これを撤去して、原状に回復し、新たに替地を求めて同一設備を完成するには相当多額の費用と日子を要するばかりか、右撤去によって、給水の機能が停止し、近い将来その再現は望みえず、市民一般に不測かつ重大な損害が生ずる」ということが理由である。

19）　ただし、権利濫用判断においてあまり客観的事由を重視すると、相手方が意図的に不法な既成事実を築いておいて権利濫用という主張をすることを保護しかねないことになる。悪意で不法な行為をした場合には、どんなに莫大な損害を受けるとしても、権利行使に応じなければならないことが原則であり、やり得を阻止すべきである（注17の最判平3・9・3参照）

を提供していた。その後、契約期間が切れYはXに契約の更新を求めたが、Xはこれを拒否し土地の返還を求めた。Xの土地は飛行場の滑走路の所にあり、これだけを返還するわけにはいかないものであった。XのYに対する返還請求は、国が特別措置法に準拠して土地の使用または収用の手続をとらなかった落ち度があるが、「手続をとらなかったことによる本件土地所有権の侵害については、不法行為または不当利得に関する法規により救済を求めるのであれば格別、原状回復を求める本訴のような請求は、私権の本質である社会性、公共性を無視し、過当な請求をなすものとして、認容しがたい」と退けられる。

2-19 ●**大判昭13・10・26民集17巻2057頁（高知鉄道線路無断敷設事件）**
　[事案]　線路開設のために、原告の土地に無断で埋立工事を行った鉄道会社に対して、埋立工事禁止の仮処分を申請し決定を受けたが、鉄道会社が仮処分の取消判決を得て工事を完成させたので、原告が原状回復を求めて訴えを提起した事例である。大審院は、鉄道会社の主張を認めている。
　[判旨]　「鉄道線路を現状の儘にて上告人所有地より埋立土砂を取除き之を現状に回復することは技術上不可能に属し、強て之を除去せんとせば同地方に於ける重要交通路に長期に亘り著しき不便と危険を招来し、一般公共の利益を阻害すること甚しきのみならず、該工事も亦技術上至難にして尠からざる日時と費用とを要するものなることを看取するに難からざるべく、斯くの如き特段の事情の存する本件の場合に於ては、上告人の主張に係る本件原状回復の如きは社会通念上不能に属すと為すを相当とす。従て……損害の賠償を求むるは格別、本件の如く不能なる原状回復を訴求するは失当なり」。

2-20 **(b)　超法規的解決原理以外の権利濫用法理**
　　　**――権利の適切な行使制限法理への転用**
　**(ア)　矛盾行為禁止（禁反言の原則）**　権利者側としては、害意がなくてもその矛盾した先行行為が考慮されることがある。例えば、自動車のディーラーXが、サブディーラーAに代金完済まで所有権を留保した上で自動車を販売しながら、①さらにユーザーYへの販売を許容しその履行に協力し、Yが、②所有権留保を知らず、③Aに代金を完済した場合につき、XがAから代金の支払を受けなかったため、留保した所有権に基づき自動車の引渡しをYに請求したが、「みずから負担すべき代金回収不能の危険をユーザー……に転嫁しようとするものであり」権利濫用として退けられている（最判

昭 50・2・28 民集 29 巻 2 号 193 頁）[20]。X と Y の間には取引関係はないため権利濫用法理によったものと思われる。

2-21　**(イ)　暴利行為**　一介の従業員を一時的に取締役にして、断れないようにして無償で会社の債務について連帯保証をさせた事例についても、債権者による保証債務の履行請求が権利濫用とされている（☞2-22）。結局は、断れない状況を利用し、大した利益も得ていないのにそれに対応するリスクとしてはあまりにも巨大な責任を負わせるものであり、むしろ暴利行為により無効とすべきであるが、この関係が主債務者と保証人の関係にあるために、権利濫用によったのである。暴利行為の事例は、契約を直截に全部または一部無効とすべきであり（ホステス保証事例、祈祷師事例等☞6-56 以下）、権利を認めその行使を権利濫用により規制するのは適切ではない。

2-22
> ●最判平 22・1・29 判タ 1318 号 85 頁　「X の Y に対する保証債務の履行請求は、M 社が既に事業を停止している状況の下において、A 社グループに属する各社が M 社の事業活動から経営顧問契約等の各種契約に基づき顧問料等の名目で確実に収入を得ていた一方で、<u>わずかの期間同社の代表取締役に就任したとはいえ、経営に関する裁量をほとんど与えられていない経営体制の下で、経験も浅く若年の単なる従業員に等しい立場にあった Y だけに、同社の事業活動による損失の負担を求めるもの</u>といわざるを得ず、Y が同社の代表取締役に就任した当時の同社の経営状況、就任の経緯、X の同社に対する金員貸付けの条件、Y は本件保証契約の締結を拒むことが事実上困難な立場にあったことなどをも考慮すると、<u>権利の濫用に当たり許されない</u>」。

2-23　**(ウ)　その他の事例**　その他、先にみたように、労働関係において権利濫用法理が多用され、適切な範囲への権利の限定がこの法理により図られている。公序良俗を最高原理として（☞6-51）これにより権利内容を規制するのに等しく、また、取引関係においては、権利濫用ではなく信義則により行為規範が設定されるべきである。その意味で、2-12③ⓑの事例は権利濫用法理の転用ともいうべき事例であり、可能な限り他の法理に任せて権利濫用

---

20)　その後、最判昭 57・12・17 判時 1070 号 26 頁は、事案は不明であるが権利濫用を否定した原審判決を支持する。同判決は、①「ディーラーがサブディーラーに「営業政策として、ユーザーに対する転売を容認しながら所有権留保特約付で本件各自動車を販売し」、②「ユーザーである被上告人らは、右所有権留保特約を知らず、また、これを知るべきであったという特段の事情なくして本件各自動車を買受け、代金を完済して引渡しを受けた」ことを要件とし、その充足を否定している。

法理のスリム化を図ることが望ましい。

　権利「濫用」というのは印象度が強烈な表現であるため、取引的不法行為では、権利濫用が違法性を根拠づける際の説明として用いられることもあり、また、「濫用」条項といった表現のように不適切な内容の条項を、事業者がその地位を利用して押し付けていることを揶揄して「濫用」といわれたりする。また、次の判例のように、超法規的な解決事例ではなく、本来の土俵は借地権の対抗力の問題として解決されるべき事例もある。しかし、例外的原理たるべき権利濫用を徒に借用・転用することは好ましくない。

2-24
> ●**最判平9・7・1民集51巻6号2251頁**　「建物の所有を目的として数個の土地につき締結された賃貸借契約の借地権者が、ある土地の上には登記されている建物を所有していなくても、他の土地の上には登記されている建物を所有しており、これらの土地が<u>社会通念上相互に密接に関連する一体として利用されている場合</u>においては、借地権者名義で登記されている建物の存在しない土地の買主の借地権者に対する明渡請求の可否については、<u>双方における土地の利用の必要性ないし土地を利用することができないことによる損失の程度、土地の利用状況に関する買主の認識の有無や買主が明渡請求をするに至った経緯、借地権者が借地権につき対抗要件を具備していなかったことがやむを得ないというべき事情の有無等を考慮すべき</u>であり、これらの事情いかんによっては、これが権利の濫用に当たるとして許されないことがある」[21]。

## 3　権利濫用法理の効果

2-25　**(1)　権利行使としての保護の否定**

　　**(a)　請求権について権利行使が認められず請求が棄却される**　まず、宇奈月温泉事件など物権的請求権の行使が権利濫用とされる事例に典型的にみられるように、権利の行使として他人に対する請求が権利濫用とされ、訴えが

---

[21]　地下でのレストラン営業に不可欠な看板設置のために建物の一部の賃貸借がなされた場合に、その部分の建物譲受人へ対抗できずこれによる撤去請求につき、看板を撤去せざるをえないことになると、「本件建物部分で本件店舗を営業していることを示す手段はほぼ失われることになり、その営業の継続は著しく困難となる」こと、買主は売買契約の際に看板設置が建物所有者の承諾を得たことを知りえた、また、看板が建物の設置されているからといって建物使用に支障を生じないことから、看板撤去請求は権利濫用とされているが（最判平25・4・9判時2187号26頁）、これも従たる賃貸借への対抗力の拡大によるべきである。

棄却されることになる[22]。しかし、占有者は不法占有（不法行為）のままであり[23]、目的物の使用収益権限は認められず、不法に設置した施設を維持・管理し使用をいつまでも継続することはできない。このような状態を打開するためには、最終的には合意による解決を期待するしかない。

2-26 **(b) 形成権の場合には権利の行使としての効果が認められない**　解除権、時効援用権、雇用契約の解雇権（最判昭50・4・25民集29巻4号456頁など）や減給などの懲戒権などの形成権の行使が権利濫用とされる場合には、権利行使の効果、解除であれば契約の解消、消滅時効であれば債務の消滅といった効果が認められないことになる。じん肺事例で安全配慮義務違反を理由とした損害賠償請求につき、雇用者側の10年の時効援用権の行使を権利濫用として退ける下級審判決がある（福島地いわき支判平2・2・28判時1344号53頁など）。

2-27 **(2) 損害賠償責任の成立──違法性の法理への解消**

　ローマ法では「権利者は不法をなさず」といわれ、権利行使は適法であり違法性がなく、たとえそれにより他人に損害を与えても不法行為は成立しないと考えられていた。そのため、権利行使でも例外的に違法性が認められるための要件として、権利濫用に該当することが必要とされ、そして権利濫用とされるためには害意が必要とされたのである（シカーネ禁止）。戦後の判例にも権利濫用の名残で日照被害の事例において、権利濫用を問題にする判決が出されたが（☞2-29）、近時は受忍限度を直截に問題としている。

　この問題は、受忍限度論といった権利・利益と他の権利や活動・営業の自由等の利益との調整原理（違法性判断）により解決が図られるべきである。権利行使や活動・営業の自由が認められる行為は、それにより損害を受ける者がいても、権利や自由の保障が優先され違法性が否定される。例えば、新

---

[22]　権利濫用は親族法上の権利についても考えられる。妻が婚姻中に夫以外の男性との間にもうけた子について離婚後にこの子の監護費用の分担を夫に求めることは、妻が出産後ほどなくその事実を知ったのにこれを夫に告げず、1年以内の夫の嫡出否認の訴えを提起できなくしたこと、夫は離婚までその子の養育・監護の費用を負担してきたこと、また、離婚に際する財産分与により妻は相当多額の財産分与を受けることなどから、これを権利濫用に反して許されないとされている（最判平23・3・18判時2115号55頁）。

[23]　そのため、2-18判決がいうように、不当利得返還義務・損害賠償義務を免れない。その後も、最判昭43・9・3民集22巻9号1767頁は、建物収去・土地明渡請求を権利濫用として退けたが、「直ちに、その土地占有が権原に基づく適法な占有となるものでないことはもちろん、その土地占有の違法性が阻却されるものでもない」、「不法行為の要件としての違法性をおびると考えることは、被上告人の本件建物収去・土地明渡請求が権利の濫用として許されないとしたこととなんら矛盾するものではない」という。

たなラーメン屋の出店により元からあったラーメン屋の売上が減少しても、自由競争として適切である限り違法性は認められない。これは近隣住民同士の騒音なども同様である。責任が認められる場合には、権利行使であるが違法というのではなく、そもそも権利内容とは認められない逸脱行為であると考えるべきである。

2-28
> ●**大判大 8・3・3 民録 25 輯 356 頁（信玄公旗掛松事件）** ［事案］鉄道会社の蒸気機関車の排煙により、沿線の信玄公旗掛の松が枯れてしまい、国（当時は国鉄）の責任が問題とされた事例である。原審判決は「権利の濫用にして違法」と説明した。
> ［判旨］「然れども、権利の行使と雖も法律に於て認められたる適当の範囲内に於て之を為すことを要するものなれば、<u>権利を行使する場合に於て故意又は過失に因り其適当なる範囲を超越し失当なる方法を行いたるが為め他人の権利を侵害したるときは、侵害の程度に於て不法行為成立することは当院の認むる所なり</u>」（大判大 6・1・22 民録 23 輯 14 頁を援用）として、権利濫用を問題にせず不法行為の成立を認めた。

2-29
> ●**最判昭 47・6・27 民集 26 巻 5 号 1067 頁（世田谷砧日照権訴訟判決）**
> 「居宅の日照、通風は、快適で健康な生活に必要な生活利益であり、それが他人の土地の上方空間を横切ってもたらされるものであっても、法的な保護の対象にならないものではなく、<u>加害者が権利の濫用にわたる行為により日照、通風を妨害したような場合には</u>、被害者のために、不法行為に基づく損害賠償の請求を認めるのが相当である。……日照、通風の妨害も、土地の利用権者がその利用地に建物を建築してみずから日照、通風を享受する反面において、従来、隣人が享受していた日照、通風をさえぎるものであって、土地利用権の行使が隣人に生活妨害を与えるという点においては、騒音の放散等と大差がなく、被害者の保護に差異を認める理由はない」。

### 4　権利濫用法理の機能の分類

2-30 **(1) 強制調停機能──超法規的法理としての運用**

　まず、宇奈月温泉事件、板付飛行場事件など、土地所有権に基づく妨害排除請求の事例において、妨害排除請求権の行使を権利濫用により制限する場合に、所有権の限界を画するというよりは、権利者の主観も考慮に入れた上で、強制的に賃貸借を成立させたとでもいえる解決となっている。

調停ならば法を厳格に適用することなく、当事者の納得のいくように法の厳格な適用を度外視して妥当な内容で解決を図ることができる。権利濫用法理は、判決によりながらも同様の結果を実現するのに等しい。しかし、依然として不法占有のままであり利用権限はない状態が続くことになり、また、このような解決が裁判所の恣意により運用されるのは危険である。この分野での権利濫用法理は、極めて厳格に運用されなければならない。さらにいえば、事後の法律関係を考えれば[24]、裁判所に強制調停権限（私的収用としての使用権の設定）を認める立法をする必要がある。

2-31 **(2) 権利の限界づけ──通常の原理としての利用**

　労働関係では、不適切な権利行使として認められないといった程度で「権利濫用」による解決が多用されている。(1)の場面とは異なり社会全体の利益との調整から、基本権である土地所有権を制限するものではなく、転用事例ないし普及版の拡大類型である。

　権利の調整ないし権利の限界づけは、種々の場面で問題になる。社会生活においては、権利の行使や活動・営業の自由と他人の利益とが衝突することは避けられない。その場合には、双方が無制限に自分の権利・自由を主張できたら、矛盾・衝突が起きることになる。そのため、それぞれの権利・自由の限界を画して調整を図る必要がある。相隣関係の規制のように明文規定が置かれている事例もある。

　では、相隣関係の規定では対応できない事例は、権利濫用法理の力を借りて規制すべきであろうか。日照権の事例、土地を掘削して地下水を汲み上げて、周りの湧き水を涸らしたり地盤沈下をもたらすような場合も、所有権の行使として無制限に許されるわけではない。これも従前は権利濫用法理により規律されていたが、損害賠償について述べたように（☞ 2-27）、権利の範囲の限界づけの問題として解決されるべきである。そもそもそのような内容は土地所有権の内容として認めない、すなわち所有権の権利行使の範囲内ではないという規制こそがされるべきである。

---

24) 永遠に不法占有のままであり、また、賃料請求とは異なって支払期日が定まっているわけではない。賃料不払による契約解除もない。

2-32 **(3) 他の法理の代用（権利濫用法理の借用）**
　2-24 の事例は、そこにも述べたように借地権の対抗力を認めるべきであり、権利濫用により権利行使ができない反射として借地権の対抗力を実現したようなものである。しかし、その後の権利関係の不明瞭さを考えれば、権利濫用法理の借用は避けるべきである。また、自動車の所有権留保事件についても、これも留保所有権のユーザーへの対抗の問題である。実質担保権である留保所有権をユーザーに対抗できず、その結果、ユーザーは何らの制限も受けない所有権を取得するものと構成すればよく、使用利益の不法利得返還請求も認められないことになる。何度もいうように、他のあるべき解決法理の代用として安易に権利濫用を用いることは、事後の権利関係の不明瞭さを考えるならば避けるべきである。信義則とは異なり、権利濫用法理は伝家の宝刀法理としてその利用は抑止的であるべきである。

# §Ⅳ 自力救済の禁止

## 1　原則としての自力救済の禁止

2-33 **(1) 自力救済の意義**
　権利者が、強制執行制度によることなく自ら実力でもって権利の実現をすることを、**自力救済**という。①ＡはＢに対して 100 万円の貸金債権を有しており、Ｂの持っている財産をＢの制止を無視して持ち出して売却して債権の回収に充てた事例、または、②骨董品商を営んでいるＡが、窃盗団により店の商品が盗み出され、後日、店から盗まれた掛け軸が露店で売られているのを偶然発見し、実力で掛け軸を取り戻した事例がその例である。権利者は、債務者や権利侵害者が債務を履行しない、権利の侵害を止めない場合には、強制執行制度を利用し、国家権力の力を借りて権利を強制的に実現することができる。では、権利者は強制執行制度を利用するかどうかは任意であり、私人が実力をもって権利内容を実現することが許されるのであろうか。自力救済は、次の２つの観点から議論されている（明石三郎『自力救済の研究［増補版］』281 頁）。

> ① 権利の行使として有効か
>    担保権の実行などで問題となり、実力で目的物の引渡しを受けることが、有効な担保権の実行として認められるかといった議論である。
> ② 権利の行使が違法性阻却事由となるか
>    自力救済行為により他人に損害を与えた場合に、違法性が阻却され損害賠償義務を免れるのかが議論されている（この点では、刑法と共通の議論である。佐伯仁志＝道垣内弘人『刑法と民法の対談』220頁以下参照）。

2-34 **(2) 原則としての自力救済の禁止**

　民法に規定はないが[25]、自力救済は原則として禁止されるものと考えられている。正当防衛や緊急避難を民事また刑事で規定し、私人による実力行使が違法性を阻却されることを例外として位置づけているのは、原則として違法視しているからにほかならない。権利があれば実力によってその実現ができるというのでは、権利行使の名の下に暴力行為が誘発されることになり（権利者と相手方との衝突のみならず、権利者同士の衝突も起きる）、さらには、権利を有しているのか否かについて争いのある場合もあり、裁判所の判断を介させるルールが必要である。また、私人の実力行使が許されるとなると、それを業とする良からぬ輩が跋扈することは目に見えている。しかし、軽微な事例まで（自分の土地に自転車が無断で止められているので、道路に出すなど）一切自力救済が許されないという必要はなく、社会通念上許容しうる程度ならばこれを認めるべきである。問題は、例外をどのような場合に、どのような要件の下に認めるかである。許容限度を超える自力救済は原則として不法行為となり、損害賠償責任を生じさせることになる[26]。

---

[25]　ドイツ民法やスイス債務法には自力救済についての規定がある。ドイツ民法では、229条で適時に公権力の救済を得られず、かつ、即時に行わなければ請求権の実現が不能または著しく困難になることを、自力救済の違法性が阻却されるための要件とする。また、同法230条では、そのおそれを回避するために必要な限度を超えてはならないことを規定する。

[26]　貸金業者の取立てについては2-35、自力救済条項がある事例につき2-36で判例を紹介したが、その他、アパートの賃貸人が家賃を滞納する賃借人を実力で貸室から追い出し、鍵を交換し、家財道具を搬出して劣悪な状態で保管した行為を不法行為と認め、実行した管理会社の使用者責任、管理委託していた賃貸人の共同不法行為を認めた判決がある（大阪高判平23・6・10判時2145号32頁）。

2-35 ◆サラ金業者による違法な取立禁止

　貸金業者による強行な取立てが社会問題となり、現在では、貸金業者による取立行為が規制されている。貸金業法21条1項は、「……貸付けの契約に基づく債権の取立てをするに当たって、人を威迫し、又は次に掲げる言動その他の人の私生活若しくは業務の平穏を害するような言動をしてはならない」と規定し、具体的に10個の禁止行為を列挙している。さらに通達により具体的に禁止行為が明らかにされている。これに違反すれば、損害賠償責任が生じる。

　例えば、貸金業者の従業員が、債務者を深夜その意に反して外に連れ出し、借金の返済を迫り、金がないなら借りて来いと言い、近くの商店に連れていき面識もない商店主に借金を懇願させるなどした事例で、違法な取立行為として、使用者責任により貸金業者に30万円の慰謝料の支払が認められている（大阪高判平11・10・26判タ1031号200頁）。貸金業者の店舗まで連れていき支払を迫り暴行をした事例では、100万円の慰謝料が認められている（神戸地判平14・3・15消費者法ニュース52号81頁）。9時を過ぎても債務者の自宅を退去せず、娘を保証人にするよう執拗に要求した事例でも、30万円の慰謝料が認められている（宮崎地判平14・2・15消費者法ニュース52号72頁）。

2-36 ◆自力救済条項

　自力救済の禁止は公益にかかわる事項であり、自力救済を認める特約をしても、90条に違反し無効である。例えば、自力救済条項に基づき、管理会社が賃借人の居室に立ち入り、居室内の水を抜き、ガスストーブのスイッチを切るなどをして、ドアロックし立入りを禁止した事例で、賃借人からの損害賠償請求が認められている（札幌地判平11・12・24判時1725号160頁）。例外として自力救済が許される緊急やむをえない特別の事情がない場合にまで適用される限度で、自力救済条項は公序良俗に反し無効であるとしている。また、コンビニのフランチャイズ契約について、問題とされた条項を自力救済を認めた条項ではないと解釈して、フランチャイザーがフランチャイジーの店から、反対を押し切って店舗施設・在庫品・レジスター内の現金を回収した行為を不法行為として、50万円の慰謝料を認めた判決もある（名古屋高判平14・5・23判時1798号86頁）。

## 2　自力救済が例外的に許される場合

2-37 **(1)　民法上認められる場合——正当防衛など**

　まず、泥棒から所有物を盗まれるのを阻止する行為は正当防衛と認められている（720条1項、刑法36条1項）。720条1項は、損害賠償責任を問われないということが規定されているが、それは「不法」行為にならないことを意味するものである。したがって、窃盗団から実力でもって商品の窃盗を防ぐ

ことができ、窃盗団が負傷しても過剰防衛でない限りは免責される。

　また、竹や樹木の枝が土地の境界を越えて繁茂している場合に、侵害されている土地所有者はあくまでも隣地の所有者に対して枝を切るよう請求できるだけであるが（233条1項）、根については、自ら切ってよいものとされている（同条2項）。なお、その切った根などの所有権は切った者に帰属すると考えられている（自分の敷地に隣の竹やぶのタケノコが出てきた事例など）。

2-38　**(2)　解釈上認められる場合**
　**(a)　自力救済についての基本姿勢**　英米法では原則と例外が入れ替わり、原則として自力救済が認められており、わが国では自力救済の「禁止」があまりにも強調されすぎていると評し、見直しを図る提案がされている（米倉51頁以下）。厳格な運用を志向するのは、暴力団による債権取立て、整理屋による横行というわが国特有の事情を懸念したものであるが、そのような悪質な例は別として自力救済を徒に敵視する必要はない。特に私的実行が可能という利点を持つはずの譲渡担保や所有権留保等につき、いちいち執行手続を要求するのは本末転倒である（☞2-42）。その意味で、緩和しようとする学説に賛成しておこう（石田穣107頁以下も緩和しようとする）。以下には例外として自力救済が認められる場合を説明する。

2-39　**(b)　自力救済が認められる場合（各論）**
　**(ア)　裁判所の助けを待っていては権利の実現が著しく困難になる場合**
2-33②の例でいえば、盗まれた商品を発見したが、その場で取り戻さないと逃げられて再度見つけることができるかわからないのである。この場合には、相当性の範囲内で、取り戻すために実力行使が容認される[27]。窃盗犯が盗もうとしているのを阻止するのは正当防衛であるが、盗まれた後にこれを追いかけて取り戻すのは、もはや正当防衛の域を越える。しかし、例外として、**占有の自力救済**については、緊急性という要件は不要と考えられている（☞物権法18-21）。その結果、占有を奪われた場合に占有を実力で取り戻す

---

[27]　判例も、「私力の行使は、原則として法の禁止するところであるが、法律に定める手続によったのでは、権利に対する違法な侵害に対抗して現状を維持することが不可能又は著しく困難であると認められる緊急やむを得ない特別の事情が存する場合においてのみ、その必要の限度を超えない範囲内で、例外的に許されるものと解することを妨げない」とする（最判昭40・12・7民集19巻9号2101頁）。これは一般論を述べたにすぎず、土地に不法に設置された板囲を土地所有者が実力で撤去した事例で、撤去行為を「私力行使の許される限界を超えるものというほかはない」と判断している。

行為は遅滞なくなされた限り適法であり、その後に再度占有が奪取されても（交互侵奪）、当初の占有者にのみ占有訴権の保護が与えられるのである[28]。

2-40　**(イ) 社会的に容認される場合**　緊急の必要性がある事例以外には、自力救済が絶対に認められないと考える必要はない。例えば、自分の土地に勝手に自転車を駐車している者があれば、所有者はこれをどかすことができると考えるのは、われわれの常識であろう[29]。ただし、できる行為には限度があり、自転車を勝手に粗大ごみとして回収に出すことはできない。契約関係でも、クリーニングに出した衣類を客が取りに来ない、建物の賃借人が荷物を放置して夜逃げした場合、適切な方法で保管するならば、他の場所に移して保管することは許されるべきである。

2-41　**(ウ) 非典型担保権の私的実行――自力執行権**　抵当権は競売手続を通して実行することが必要であり、また、質権については質屋について特別法により質流れという私的実行が許されているが、民法上の質権はやはり正規の手続を経ないと実行はできない（349条）。これに対して、私的実行を可能とすることが目的とされている譲渡担保や所有権留保といった非典型担保権は、裁判手続を経ないで担保権の実行＝債権回収ができることに実益がある。確かに、競売手続を経ないで私的に売却して清算ができるという点の利点だけでも十分であろうが、債務者から目的物を取り上げるところまで、立法例によっては容認されている[30]（佐伯・道垣内・2-33文献225頁［道垣内］）。

　非典型担保権の私的実行については、債務者の承諾を得ないで持ち去るこ

---

[28]　東京高判昭31・10・30高民集9巻10号626頁は、「ある物件の占有が交互に侵奪奪還されてきた場合には、当初の占有侵奪者は……社会の秩序と平和を濫すものであって、その後その占有が相手方に侵奪され、しかも右侵奪が法の許容する自救行為の要件を備えない場合であっても、当初の占有侵奪者（後の被侵奪者）の占有は法の保護に値せず、反って占有奪還者（後の占有侵奪者）の占有を保護することが、社会の平和と秩序を守るゆえんであるから、当初の占有侵奪者（後の占有被侵奪者）は占有訴権を有しない」とする。

[29]　例えば、大判昭12・3・10民集16巻313頁は、Y所有の土地（田地）をAが所有者と偽ってXに賃貸し、Xが耕作をしていたが、YがXの植え付けた稲の苗を掻き廻して泥に踏み込めたため、XがYに対して損害賠償を請求した事例で、Xは「現に右土地を占有使用耕作すべき何等の権利を取得したるものに非ず。されば縦令Yが公力に頼ることなく自ら実力を行使して其の土地に対するXの占有使用耕作を妨げたればとて、Xは之に因り何等正当の利益を害せられるものとして、Yに対して損害の賠償を請求し得べきものに非ざる」と判示している。

[30]　UCC第9編609条(b)は、担保物の占有取得について、担保権者は司法手続に従って、または、「もし平穏秩序を破ることなく進める場合には、司法外の手続で」行うことができるものと規定する（田島順訳『UCC12001――アメリカ統一商事法典の全訳』506頁の訳による）。

とをもう少し広い範囲で認めるべきことが主張されており（佐伯＝道垣内・2-33 文献 246 頁以下）、判例によっても不法行為の成立が否定されている[31]。

2-42 **(3) 自力救済に抵触しない場合**

　例えば、売買契約において、目的物に瑕疵があり買主が売主に修理を請求できたり、賃貸借契約において建物に瑕疵があり賃借人が賃貸人に修理を請求できる場合、請求しても売主や賃貸人が修理をしない場合には、訴訟を提起して裁判所の許可を得て代替執行という形で強制するしかないのであろうか。確かにまずは売主や賃貸人に修理のチャンスを与えるべきであるが、請求しても修理をしない場合には、買主や賃借人に自ら修理をする権限を容認すべきである。賃貸借では他人の物であるが、請求しても修理をしない場合には修理をすることのできる管理権を取得するとでもいうべきであろう（607 条の 2 で、賃借人の修繕権限が明記された）。

---

31) 工場の機械が譲渡担保に供された事例においても、抵当権者が代わりに債務を支払うから持っていかないでくれと懇願したのに担保権者が持ち出した事例で、この行為が不法行為に該当するかどうかが争われた。処分清算という権利を実行するための必須の行為であり不法行為ではないとされている（最判昭 43・3・8 判時 516 号 41 頁）。また、債務者が行方不明になった事例で、機械を譲渡担保者が持ち出したため、他の債権者が債務者の承諾を得ていないとして損害賠償を請求したのに対して、①その搬出が債務者（会社）または授権を受けた者の抵抗を実力をもって排除してなされたとか、②債務者が当該機械を使用してその業務を正常に運営しうる状況にあった等の特段の事情が認められない限り、不法行為とはならないとされている（最判昭 53・6・23 判時 897 号 59 頁）。

# 第3章
# 人（自然人）

## §Ⅰ 自然人の権利能力およびその始期

### 1 権利能力ないし法人格の意義

3-1　民法第1編第2章「人」第1節は、「権利能力」という表題の下に、「私権の享有は、出生に始まる」(3条1項)、「外国人は、法令又は条約の規定により禁止される場合を除き、私権を享有する」(同条2項)という2つの規定を置いている。

　第2章の表題の「人」とは、続く第3章「法人」に対してわれわれ人間のことであり、法人と区別して、講学上**自然人**と呼ばれる。**権利能力**とは、法主体たりうる能力ないし資格であり、義務を負担すること、これらの原因行為をする能力ないし資格も含む概念である。講学上**法人格**という表現も使われている。権利能力が認められるのは、自然人と法人だけであり、動物やロボットには権利能力は認められない（「物」にすぎない☞ 5-3）。

### 2 3条1項の規定する2つの原則

3-2　**(1) 法人格ないし権利能力の始期についての原則**

　「私権の享有は、出生に始まる」とは、われわれ「人」の権利能力が「出生」によって初めて取得されることを規定したものである。「人」となり権利能力が認められるためには「出生」が必要であり、出生前の「胎児」はいまだ「人」ではなく権利能力は認められないことになる。しかし、胎児は権利の客体たる「物」ではなく、母親の一部であるが近い将来独立した「人」となる特殊な存在である。ところが、死産となり「人」として生まれてこない可能性もある。そのため、民法は、胎児の相続などを可能にするために、3つの事例に限って胎児を「人」とみなしつつも、死産の場合にその擬制をなかったものと扱っている（☞ 3-13）。

3-3　　◆「出生」とは

　　「出生」の意義については議論がある。母体から胎児が取り出されその段階で生存の徴候が見られたが、呼吸を開始せず死亡した場合、出生を認めれば、人になってからの死亡なのでこれにつき相続が認められる。条文解釈としては、胎児

の出生擬制を覆す「死体で生まれた」(886条2項)のか否かにかかる問題である。刑法では一部露出説が通説であるが、これは独立した加害の対象となるか否かを考慮したものであり、民刑法の整合性を気にする必要はない。

3-4　❶ **独立呼吸説（旧通説）**　古くには母体から離れかつ自分で呼吸を開始した時点を「出生」と考え、呼吸を始めた時点で「人」となるという考えがあった（鳩山43頁、岩田44頁、勝本53頁）。この立場では、呼吸をしない限りは、例えば帝王切開により取り出され、しばらくは生存の徴候を示していたが呼吸を開始せず死亡した場合には、出生とは認められないことになる。呼吸の停止が死亡だとすると、呼吸を開始することが生きて生まれたというための要件になる。

3-5　❷ **全部露出説（現通説）**　現在では胎児が生きて母体から全部露出した時点を「出生」と考え、その時点で生存していれば「人」と認める立場が通説である（我妻51頁、石田穣119頁、川井23頁等）。生きて全部母体から独立することが「出生」の要件であり、呼吸を始めずに死亡しても生まれた後に死亡したことになる。この立場の根拠は、呼吸は生命の存在の一徴表にすぎないということにある。母体から分離後、呼吸しなくても少しでも生存の徴表を表す以上は、生きて生まれたものといってよいと説明される（四宮39頁）。戸籍実務もこれに依拠している[32]。超低出生体重児が帝王切開にて肺の発達が未熟な状態で取り出され、集中治療室で管理したが結局死亡した場合には微妙である。

## 3-6　(2) 法人格ないし権利能力平等の原則

　3条1項の現代的意義は上記の説明に尽きるが、同規定は歴史的に重要な意味を有している。同規定は、ローマ法に存在し近世まで認められてきた奴隷制度を廃止し、全て「人」（自然人）は出生すればそして生きている限りは権利主体となることも意味しているのである。例えば、フランスでも植民地での奴隷制を廃止し、奴隷に法人格を認めたのは、1848年3月5日のデクレによる。人であれば、日本国民に限らず、外国人また無国籍人であっても、人種にかかわらず、等しく権利能力が認められる。3条2項は、このことを確認しつつ、外国人については「法令又は条約」により取得できる権利の制限や、特別の義務を負わせる等の制限がありうることを規定するものである[33]。

---

[32]　昭和21年厚生省令第42号（死産の届出に関する規程）2条は、「死産とは妊娠第4月以後における死児の出産をいひ、死児とは出産後において心臓膊動、随意筋の運動及び呼吸のいづれをも認めないものをいふ」と規定している。妊娠第4月以後に限定しているのは、それまでは妊娠中絶が可能であり、その場合には、取り出した胎児に生命反応があっても出生とは扱わないことを意味している。

[33]　例えば、鉱業権については、「日本国民又は日本国法人でなければ、鉱業権者となることができない。但し、条約に別段の定があるときは、この限りでない」と規定されている（鉱業法17条）。例外として相互保証のある相手国の国民または法人には保有が認められる（特許権について特許法25条も同様）。

## 3 胎児についての「出生」擬制

### 3-7 (1) 民法における個別主義の採用

AはBと婚姻関係にあり、Bの子（仮にCとしておく）を懐胎し出産予定日まであと1ヶ月ほどの段階で、①Bの父親Dが、その所有地を生まれくる子Cに贈与したいと申し出てきた事例、②Bが、Cの出生前に事故により死亡した事例（Bには1000万円の預金がある）、また、③Bが、Cの出生前に、Eの過失による交通事故により死亡した事例の法的問題点を考えてみよう。①では胎児と契約ができるのか、②では胎児も相続人になれるのか、③では胎児が損害賠償請求権を取得しうるのかがそれぞれ問題になる。

3条1項の結果、出生によって「人」になり権利義務の主体となるので、胎児には権利能力は認められない（☞3-2）。胎児に権利能力を認めなくても、通常は不都合でない。①では、Dが胎児に贈与したければ、生まれるのを待ってからすればよい。ところが、Dが癌の末期で胎児の出生まで待てない場合には、そうはいかない。DがCに財産を与える旨の遺言を書いても、Cの出生前にDが死亡してしまうと、この遺贈は効力を生じないのである（994条1項）。Dが死亡した時に胎児であれば——遺言書作成は懐胎前でもよい——、遺贈の効力を認めることが望まれる。さらに、②の相続の事例では、胎児についての例外を認めるべき実際上の要請は高い。

そのため、民法は相続、遺贈および損害賠償の3つに限って胎児についての特例を認めた（個別主義）[34]。3つの例外以外については、3条1項が貫かれることになる。したがって、①では、贈与については例外が認められないので、DはCが生まれてくるまで待ってから贈与をするしかない。

### 3-8 ◆科学技術の進歩による問題の広がり——死後懐胎子

現在では、生命医学にかかわる科学技術の進歩により、問題は拡大している。例えば、精子や卵子を凍結保存しておいて父親または母親死亡後に受精させ、死亡した父親または母親の子を出産する——母親死亡の場合には、国内では禁止されているため海外で代理母による出産——ことも考えられるようになっている。

---

[34] ①かつては、無事に出生する率が今よりも低かったため、胎児に一般的な権利能力までは認めないが、いくつかの場合に限定して胎児の「出生」を擬制して、それぞれの効果を認めるにとどめる立法が多かった（**個別主義**）。わが国もこの方式によった。②しかし、立法には、権利能力の始期を出生時とはせず、胎児に一般的に権利能力を認める立法がある（**一般主義**［スイス民法31条2項、旧民法人事編2条］）。

ここに至ると、父親ないし母親が死亡した時点では胎児にさえなっていなかったのである。しかし、相続を否定するのはわれわれの感情に反しよう。かといって相続を可能としたのでは、冷凍保存により相続後長年して子が出生した場合に、はるか昔の相続を覆すというのも法的安定性を害すこと甚しい。胎児の出生擬制の規定を類推適用すべきか悩ましい問題であるが、判例は、父親の死後懐胎子が死後認知を求めた事例で、傍論的にこれを否定し相続を否定している[35]。

### 3-9 (2) 民法が「出生」をみなす３つの事例

(a) **相続人となること** 民法は、３条１項に対する例外として、「胎児は、相続については、既に生まれたものとみなす」と規定した (886条1項)。もし３条１項の原則を貫くと、胎児の父親が出生前に死亡した場合、胎児の兄弟は父親の財産を相続できるが、その後に出生した子は同じ子でありながら、相続財産を取得できないという不合理な結果になる。これを避け、被相続人死亡時に胎児であった者にも相続を可能にしたのが上記の規定である。胎児の出生前の遺産分割については、3-14 以下に述べる学説によって分かれる。被相続人死亡時に「胎児」であったことについては厳密に考える必要はなく、死後に出産がされればよい。

### 3-10 (b) **遺贈を受けること** 相続についての886条は、遺贈の受遺者に準用されている (965条)。胎児に対して遺贈がなされ、その胎児が出生する前に、この遺贈者が死亡し遺言の効力が発生した場合、その時点でいまだ胎児であってもその財産を取得することができる。3-7 の①の事例においてDがCに遺贈をすれば、C出生前でもDが死亡した時に遺贈は効力が生じる。ところで、死因贈与は遺贈の規定に従うことになるが (554条)、あくまでも贈与「契約」であり遺贈のように遺贈者が単独でできるものではなく、胎児の母親が代理して贈与契約を締結しなければならないので、３条１項の原則通りということになる。

### 3-11 (c) **損害賠償請求権の取得** 民法は、「胎児は、損害賠償の請求権については、既に生まれたものとみなす」と規定する (721条)。この規定の意義は微妙である。3-7 ③の場合、不法行為と相当因果関係にある損害と認められ

---

35) 最判平 18・9・4民集60巻7号2563頁は、「死後懐胎子については、その父は懐胎前に死亡しているため、……相続に関しては、死後懐胎子は父の相続人になり得ないものである。また、……被代襲者である父を相続し得る立場にない死後懐胎子は、父との関係で代襲相続人にもなり得ない」と判示する。

ればよいのであり、不法行為後に生まれた子がその時に損害賠償請求権（711条の慰謝料請求権）を取得するという結論は、3条1項に対する例外規定がなくても認められる。出生前に不法行為と同時に損害賠償請求権（711条）を取得し、その行使を認めて初めて721条を置いた意義が認められることになる。しかし、どこまで起草者が意識して本規定を置いたのかは不明である。724条1号をめぐって、損害賠償請求権の時効の起算点がいずれの学説かにより異なってくる。

3-12 **◆胎児に対する不法行為**
　①胎児が医療機関の過失、交通事故の衝撃などで死産となった場合には、胎児自身の慰謝料請求は考えられず、親が慰謝料請求をできる（田井義信「不法行為における法主体・保護法益」『変わりゆく人と民法』264頁以下参照）。711条を類推適用して、両親のみに請求権者を制限すべきである。②胎児が医療ミスなどで障害を負って出生した場合には、3条1項の原則通りでも出生後には損害賠償を請求できる。本文に述べたように解除条件説でのみ意味のある議論であるが、721条は胎児自体への不法行為を想定した規定ではないが、文言からはこのような事例への適用は可能である。判例も傍論であるが、「民法721条により、胎児は、損害賠償の請求権については、既に生まれたものとみなされるから、胎児である間に受けた不法行為によって出生後に傷害が生じ、後遺障害が残存した場合には、それらによる損害については、加害者に対して損害賠償請求をすることができる」と、721条の適用を肯定している（最判平18・3・28民集60巻3号875頁）。

3-13 **◆3つの例外事例における胎児の死産──胎児に相続なし**
　胎児が、886条1項の規定により、父親の財産を相続したが、結局生まれる前に死亡してしまった場合、胎児について相続が生じることはない。民法は、「前項の規定は、胎児が死体で生まれたときは、適用しない」と規定した（886条2項）。この規定は遺贈には準用されるが（965条）、886条2項を準用していない721条の不法行為による損害賠償請求権についても、886条2項は確認規定にすぎず類推適用してよい。相続原因である「死亡」は、現実に出生した「人」についてのみ考えられる概念だからである。

3-14 **(3) 胎児の出生擬制の法的構成**
　胎児についての出生擬制規定は、あくまでも3条1項の胎児の間には権利能力はないという原則を変更することはなく、胎児が出生したら遡及的に、例えば相続ならば相続していたと擬制するだけにすぎず、胎児の間に権利の取得を認め法定代理人（親権者）による管理、処分を認めるものではな

い。次の2つの事情は、このことを当然の前提としている。判例はこのように考えているが（停止条件説）、学説は分かれる。

① 民法には胎児の間の財産管理についての規定がない。
② 胎児について相続は生じない（☞ 3-13）。

3-15　❶ **停止条件説（人格遡及説）**　3-14の理解通りに、胎児には権利能力は認められず、出生擬制規定は、不法行為、相続および遺贈の3つの法律効果について相続等の効果を遡及的に認めるだけの規定と理解する学説があり、かつては通説であった（穂積110頁、石田文52頁、田島128頁、鳩山44頁など）。これを**（法定）停止条件説**（ないし**人格遡及説**）という。その理由は、①出生まで長くかかるわけではないこと、②また、胎児の間の権利行使についての規定が何ら用意されていないこと、さらには、③もし出生前に権利保存の必要性がある場合には、停止条件付き権利（将来の権利）のための保存行為を認めることが可能なこと、④死産の場合に、胎児につき相続が生じないことを説明しやすいということ等である。この解決が民法に整合的であり、本書もこれを支持したい。判例もこの立場である（☞ 3-16）。

3-16　●**大判昭7・10・6民集11巻2023頁（阪神電鉄事件判決）**　[事案] Aが電柱を運搬中にY（阪神電鉄）の電車と衝突し、死亡したが、その当時、内縁の妻$X_1$はAの子$X_2$を懐胎していた。Aの父親Bが$X_1$の同意を得て、$X_1 X_2$の請求分も含めて賠償交渉をし、Bは金1000円の給付を受けそれ以上の請求をしない旨の示談を行った。その後、$X_1$は$X_2$を出産するが、金額に不満な$X_1$は$X_1$自身および$X_2$の親権者としてこれを代理して、Yに対して損害賠償を求めて訴訟を提起した。これに対して、Yはすでに示談により解決がされていると主張して、Xらの請求の棄却を求めた。原審判決はXらの請求をいずれも棄却する。大審院は、$X_1$の請求を棄却した部分は維持したものの、$X_2$の請求を棄却した部分については原審判決を破棄し、停止条件説に則りBによる示談は出生前の胎児$X_2$の権利については無効であるとした。
　[判旨] 721条は「胎児が不法行為のありたる後生きて生れたる場合に、不法行為に因る損害賠償請求権の取得に付きては出生の時に遡りて権利能力ありたるものと看做さるべしと云うに止まり、胎児に対し此の請求権を出生前に於て処分し得べき能力を与へんとするの主旨にあらざる」ものと宣言する。また、仮に制限的権利能力が認められるとしても、「我民法上出生以前に其の処

分行為を代行すべき機関に関する規定なきを以て」、有効なる代理行為とは認められない[36]。

3-17 ❷ **解除条件説（制限的人格説）** これに対して、胎児にそれぞれの規定により取得した権利義務に関する限りでは権利能力を認め、ただ出生しないで死産となることを解除条件とする考えも近時は有力である（川井24頁、須永32頁、近江33頁など）[37]。これを**（法定）解除条件説**（ないし**制限的人格説**）という。この考えによれば、胎児の間に権利義務が帰属し、親が法定代理人として、胎児を代理してその権利の行使ができることになる。この説の根拠として、①出産に至る確率の方がはるかに高いこと、また、②胎児中に必要な法的措置をとりうることが挙げられる。しかし、胎児中に法定代理人の代理権を認めたら、胎児に権利能力なしという原則が実質的に骨抜きになる。というのは、例えば、胎児について相続があった場合、母親が法定代理人として、相続により取得した財産の売却、賃貸、抵当権設定、相続財産である預金を使って証券投資に使う等々、何でもできてしまうことになるからである。このようなことを民法は予定しているとは思われず、相続を認めるのに必要な限りでの擬制にとどめる停止条件説によるべきである。

# §Ⅱ 自然人の権利能力の終期（死亡）

## 1 死亡による権利能力の消滅と相続の開始

3-18 第1編第1章「人」第1節「権利能力」の所では、権利能力の終期、すなわち、いつ「人」でなくなるのかについては規定がされていない。しか

---

36) それ以前の判例においても、相続に関する例外について、「胎児は出生により始めて相続開始の時に遡り相続権の主体と為るものにして開始前に於て人格を享有するものに非ざる」ものと、停止条件説が採用されている（大判大6・5・18民録23輯831頁）。
37) 解除条件説には、胎児の間の権利能力を、保存行為を行う権利能力に限定する考えがある（**保存行為限定説** ［四宮40頁、我妻52頁、鈴木6頁、幾代28頁、米倉64～5頁、石田穣124～5頁等]）。保存行為に限る条文上の根拠としては、胎児の間についての法定代理権の内容につき規定がないため、103条を類推適用することが示唆されている（米倉65頁）。しかし、代理権の範囲を制限する根拠は十分ではないと批判される（川井24頁）。

し、権利能力を失うということは、その者の権利義務すなわち財産について相続が開始することであるから、相続開始時期についての規定が結局は権利能力の終期についての規定といってよい。そうすると、「相続は、死亡によって開始する」（882条）のであり、「死亡」が権利能力の終期となる。死亡により「人」という権利主体ではなくなり、死体という「物」になるが、特別な物であり自由な処分は許されず、喪主等による埋葬という形での処分の対象になるにすぎない（☞注86、物権法1-3）。

3-19 **◆死亡の意義——脳死の問題**
　「死亡」の理解については議論がある。脳が機能を停止＝死亡し本来ならば脳からの指令がなくなり心臓そして肺の呼吸も停止するはずなのに、心臓そして肺を人工的に（機械により）動かしておくことができる。いくら機械の助けによるとはいえ心臓と肺が動いている以上、死んでいると考えることはためらわれよう。その結果、**脳死**は人の死ではなく、心臓が停止する（＝**心臓死**）までは死亡していないと考えるべきかが問題とされている。刑法上は、1997年の「臓器の移植に関する法律」（いわゆる臓器移植法）によって、臓器移植との関係では脳死が人の死亡と扱われることになった（同法6条）。しかし、民法上では依然として882条の「死亡」の解釈に任されている[38]。

3-20 **❶ 心臓停止説**　伝統的な理解は、心臓の停止によって、血液が体に循環しなくなり体が壊死し始めるので、その時点を死亡とするという考えである。このような考えは、①客観的かつ簡明に死亡の認定ができること、また、②日本人の死亡観に合致するということが、根拠となる。この問題は、死亡を生物学的・科学的に解明する問題ではなく、われわれの社会通念の問題であり、究極的には立法で解決することが望ましい。

3-21 **❷ 脳死説**　心臓の停止は脳が死亡するために起きるものであり、脳の死亡を人間の死亡とみる考えもある。通常は、脳が死亡すれば心臓が停止するが、機械の助けで心臓だけは動かしておくことができるのである。その後の回復はありえず、死んだ人間を機械的に動かしているだけであり、脳死の段階で死亡とみるのである。ただし、脳死の判定が容易ではないという難点がある。先の臓器移植法では、「脳死した者の身体」の定義のところで、「脳死した者」を「脳幹を含む全脳の機能が不可逆に停止するに至ったと判定されたもの」と定義している（同法6条2項）。そして、脳死の判定基準につき臓器移植法の施行規則2条2項の規定を置き、また、その具体的認定のためのガイドラインが設定されている。

---

38）2014年2月に、脳死状態となったカナダの女性が帝王切開で男児を出産したと報じられている。脳死を人の死と考える限り、母親が死亡した時にはいまだ胎児であったことになり、母親の相続について胎児の例外規定を適用する必要がある。

## 2 同時死亡の推定制度

3-22　Aとその成年の子Bは、小型漁船に乗り漁に出たが悪天候のため船が転覆し行方不明となり、2日後に2人共に遺体で発見され、ABの死亡の先後は不明であるとする。Aには子としてBのほかにCがおり、すでに妻は他界しており、Aは不動産等相当額の財産を保有しているが、Bにはみるべき財産はなく、妻Dがいるが子はいないものとする。この場合、どちらが先に死亡したかで相続が変わってくる（相続分につき900条参照）。

> ① Aが先に死亡した場合
>   Aが先に死亡した場合には、BCがAの財産を2分の1ずつ相続した後に、Bの相続分を妻Dが4分の3そして兄弟のCが4分の1の割合で相続し、合計D8分の3対C8分の5で、Aの財産を相続する。
> ② Bが先に死亡した場合
>   逆に、Bが先に死亡した場合には、Bの財産を妻Dが3分の2、親Aが3分の1の割合で相続した後、Aの財産についてはCが単独で相続する。したがって、Bの妻Dは、Aの財産を一切取得できない。

どちらが先に死亡したか不明の場合について、民法は、当初何らの規定も置いていなかった。1959年（昭和39年）の伊勢湾台風による家族ぐるみの被害を教訓として、1962年（昭和37年）の民法改正により32条の2が新設され、「数人の者が死亡した場合において、そのうちの1人が他の者の死亡後になお生存していたことが明らかでないときは、これらの者は、同時に死亡したものと推定する」と規定された。AB間では相互に相続は生じないことになる。推定にすぎないので、例えばDはAが先に死亡したことを証明して、①のような相続を主張することができる。

> ③ AB同時死亡と扱われる場合
>   AB間には相続はなく、Aの財産は全てCだけが相続し、Bの財産は妻Dが4分の3、兄弟のCが4分の1の割合で相続することになる。

第 3 章 人（自然人）

## §Ⅲ 失踪宣告制度

### 1 失踪宣告制度の必要性

3-23　人は「死亡」（882条）により権利能力を失うため、ある者が失踪し生きているか否か不明な状態になっても死亡が認定されない限り、その者の財産について相続は開始せず、代々その子孫が管理しなければならないというのは不合理である。そこで、一定の要件が満たされた場合には、その者を法律上死亡したものと扱い、相続などの法的効果を生じさせる制度が必要になり、これを**失踪宣告制度**という。また、民法は、失踪者の財産管理について、利害関係人または検察官の請求により財産管理人を選任して、これに失踪者の財産を管理させる**不在者の財産管理制度**を用意している（☞ 3-24）。

3-24　**◆不在者の財産管理制度**
　　失踪者（不在者）が生死不明になってから、失踪宣告がされるまでの間の失踪者の財産管理の問題が残されるが、これについては**不在者の財産管理制度**が用意されている（25条～29条）。利害関係人または検察官の請求により、家庭裁判所が、管理につき必要な処分を命じることができ、管理人を選任してこれに管理させることができる（25条1項）。また、失踪者が管理人を置いて出かけた後に生死不明の状態になった場合にも、利害関係人または検察官の請求により、家庭裁判所が管理人を改任することができる（26条）。家庭裁判所により選任された不在者管理人は、103条の権限のみが認められ、これを超える行為をするには家庭裁判所の許可が必要である（28条前段）。失踪者が置いた管理人が失踪者との契約により付与された権限を越える行為をする場合にも、家庭裁判所の許可を得て行うことができる（同条後段）。管理人には、失踪者の財産から相当な報酬が支払われる（29条2項）。

3-25　**◆失踪宣告による死亡擬制後になされていた行為の効力**
　　不在者がその後に失踪宣告を受けた場合に、失踪宣告による死亡擬制時から失踪宣告までの間において、不在者財産管理人が不在者を代理して行った行為の効力が問題になる。遡及的に死者の代理人としての行為となり無効になるのであろうか。この点、失踪宣告があり死亡と擬制された以降についても、不在者財産管理人の管理権は遡及的に消滅していたものと扱われないと考えるべきであり（これは失踪宣告がなく、不在者が死亡していた後についても同様）、また、任意代

理人については112条により、いずれにせよ相続人を当事者とする契約として有効のままと考えるべきである。

## 2 失踪宣告の要件

3-26 **(1) 実体的要件（失踪者の一定期間の生死不明）**

　民法は、危難失踪と普通失踪の2種類の失踪宣告制度を認め、失踪宣告ができるための期間（失踪期間）[39]また死亡とみなされる時期が異なっている。失踪宣告の申立権者は「利害関係人」[40]に限られている（30条1項）。1962年（昭和37年）改正前は検察官も申請権者になっていたが、親族が本人の帰りを待っているのにその意思を無視して検察官が失踪宣告を申し立てることができるというのは適切ではないため、検察官は申立権者から削除された。この結果、誰も失踪宣告を申し立てないことも起きるが、後述のように認定死亡や職権消除といった公法上ないし戸籍上の制度が用意されている。

3-27　**(a) 危難失踪（特別失踪）**　「戦地に臨んだ者、沈没した船舶の中に在った者その他死亡の原因となるべき危難に遭遇した者の生死が、それぞれ、戦争が止んだ後、船舶が沈没した後又はその他の危難が去った後1年間明らかでないとき」、「家庭裁判所は、利害関係人の請求により、失踪の宣告をすることができる」（30条2項〔1962年の改正前は3年〕）。遺体が発見されていなくても普通は死亡したと考えるような事故に巻き込まれた場合には、事故から1年しても生存が確認されなければ、利害関係人は家庭裁判所に失踪宣告の申請ができることになる。炭坑の落盤事故、船舶の沈没事故、火山噴火に巻き込まれた、津波に流された事例がその例である。「死亡の原因となるべき危難」は、「地震、火山の噴火等の一般的事変のほか、海中への転落、猛獣による襲撃等の個人的遭難を含む」（福岡高決平8・9・19家月49巻1号126頁）。

---

39) 普通失踪では、7年の期間経過は失踪宣告のための要件として規定されている。①この通りに考える**宣告要件説**もあるが（石田穣134頁）、②失踪期間の経過は、利害関係人の請求のための要件と考える**申請要件説**もある（幾代35頁、川井57頁など通説）。
40) 大決昭7・7・26民集11巻1658頁は、法律上の利害関係を必要とした上で、XがAが自己の子なのに失踪者Bの子として戸籍上届けられているため、失踪宣告がされるとB死亡から2年後にAが生まれたことになるので、失踪者の子であることを否定するためにXがBの失踪宣告を申し立てたのを、Bの失踪宣告によって当然に親子関係が確定するのではないとして、利害関係を否定して退けている。

## ◆認定死亡制度

### (1) 認定死亡の意義

3-28　失踪宣告といった法律上失踪者を死亡と擬制する制度とは別に、**認定死亡**という戸籍上死亡の取扱いをする公法上の制度がある（国民年金法18条の3などは、個別に死亡推定規定を置く）。死亡届のためには本来ならば、死亡診断書ないし死体検案書を添付しなければならず、死体が発見されなければこれらを添付できず、死亡届ができないはずである。ところが、諸般の事情からして死亡が確実とみられる場合には、失踪宣告なしに、海難、火災等の取調べをした官庁が、死亡の「認定」をして、死亡地の市町村長に死亡の報告をし、これに基づき戸籍上死亡の記載がされることになっている[41]。死亡時期は、反証がない限り戸籍記載の日とされる（最判昭28・4・23民集7巻4号396頁）。認定死亡では死亡擬制の効力は生ぜず、真実を証明して戸籍の訂正を申し立てることができる。

### (2) 32条の類推適用の可否

3-29　認定死亡の扱いがされたが本人が生存していた場合に、32条1項後段を類推適用できるかが議論されている。

①まず、虚偽の申請がされて誤った記載がされた場合に戸籍の記載に公信力のような効力は認められていないので、32条の類推適用は否定すべきであるという考えも強い（幾代47頁、近江35頁、石田穣146頁）。②しかし、官庁または公署の届出に基づくものであり、戸籍に誤った届出がされた場合とは同列には扱えず、公の報告を信じた利害関係人の利益を保護するために、また、認定死亡は死亡の高い蓋然性のある場合に厳格な要件の下に行われるものであることから、32条を類推適用する考えもある（我妻113頁、鈴木9頁、石田喜90頁、川井66頁、船越80頁）。類推適用を肯定してよいであろう。

3-30　**(b) 普通失踪**　危難にあった場合でなくても、長年その生存が不明となっている場合には、残された家族のためにも失踪宣告によりその者を死亡として扱う必要がある。どの程度の失踪期間を要件とするかは立法により異なり、民法は7年間を失踪期間として必要とした（30条1項）。公法上の制度として、危難にあっていなくても戸籍上死亡と扱う制度として、行政による高齢者の戸籍消除について**職権消除**という制度がある[42]。

### (2) 手続的要件（家庭裁判所による宣告）

3-31　失踪者が生死不明になってから失踪期間を経過すると、当然に死亡とみな

---

41）　戸籍法89条は、「水難、火災その他の事変によって死亡した者がある場合には、その取調をした官庁又は公署は、死亡地の市町村長に死亡の報告をしなければならない……」と規定している。「死亡した者がある場合」が、戸籍実務により、死体の確認がなされなくても、死亡したと考えるに十分な状況があれば足りるとして運用されている。

されるわけではない。家庭裁判所の死亡擬制をもたらす失踪宣告が必要である。失踪宣告には、利害関係を有する者による申立てが必要である[43]。

　失踪宣告の申立てがあると、家庭裁判所は、失踪者の消息を知っている者は申し出るように求める公示催告の手続をとる。公示催告をしてから、普通失踪の場合には6ヶ月、危難失踪の場合には2ヶ月を経過しなければ家庭裁判所は失踪宣告をすることができない。民法は、「失踪の宣告をすることができる」と規定しているが（30条1項）、家庭裁判所は、要件が満たされている以上は失踪宣告をしなければならない。

## 3　失踪宣告の効力

3-32　**(1)　擬制主義の採用――過去の法律関係との関係における死亡擬制**

　失踪宣告により、失踪者は「死亡したものとみな」される（31条）。失踪宣告制度によらずに一定期間経過による死亡推定制度による立法もあるが、わが国では、確実性・画一性を重視して失踪宣告による**死亡擬制**主義を採用したのである。推定とは異なり、個々の訴訟で反証を挙げても覆すことはできない。したがって、失踪宣告を受けた者が実は生きていて、失踪宣告の取消しを受けずに財産の返還を請求しても、死亡の擬制がされたままであり、返還請求は認められない。死亡擬制主義では、失踪宣告の効力を覆すためには、必ず裁判所による失踪宣告の取消しが必要となる（☞3-35以下）。

3-33　**(2)　死亡とみなされる時期**

　①危難失踪では、失踪者は「その危難が去った時に、死亡したものとみな」される（31条後段）。危難にあったために死亡したものと扱われるのであるから、その危難の時に死亡したものと扱うのが常識に合致する。②普通失

---

[42]　死亡届も出されず失踪宣告の申立てもされないと、永遠に戸籍上生存している者が出てきてしまう。年金の関係で生存確認手続を定期的にしていても、遺族が生存を装って年金を受給する事例がままみられる。そのため、戸籍実務において「高齢者の戸籍消除」（**職権消除**）の取扱いが認められている（木村三男＝竹澤雄一郎『戸籍における高齢者消除の実務』参照）。昭和32・1・31付民事甲第163号民事局長回答により、100歳以上の高齢者について、「その者が所在不明で、且つ、その生死及び所在につき調査の資料を得ることができない場合に限り」、監督法務局または地方法務局の長による消除の許可を認めている。

[43]　申立てに必要な費用は、①収入印紙800円分、②連絡用の郵便切手、および、③官報公告料4179円（失踪に関する届出の催告2650円および失踪宣告1529円の合計額）である。申立てに必要な書類は、①不在者の戸籍謄本（全部事項証明書）、②不在者の戸籍附票、③失踪を証する資料、④申立人の利害関係を証する資料（親族関係であれば戸籍謄本［全部事項証明書］）である。利害関係人には法人も含まれる（昭和37・4・3付民事甲第962号民事局長回答）。

踪ではいつ死亡したものと扱うかは政策的に決められる問題である。失踪宣告の時としたのでは、いつ失踪宣告を申し立てるかによって死亡擬制時期が左右されてしまい適当ではない。そこで、民法は、いつ失踪宣告がされようと7年の失踪期間が経過した時に死亡とみなすことにした (31条前段)。

　失踪宣告があると、死亡擬制時点以後の財産管理は必然的に死亡後の財産管理行為になるが、すでになされた不在者財産管理人または任意財産管理人の行為の効力は影響を受けないと考えるべきである (☞ 3-25)。

3-34　◆死亡とみなされる時期が遡及することにより第三者が害される
　32条1項後段により、失踪宣告の取消しにより失踪宣告を信じて第三者が行った契約は保護されているが、失踪宣告自体の遡及効から債権者らを保護する規定は置かれていない。例えば、失踪後に、失踪者の債権者が失踪者に支払請求訴訟を提起し、失踪期間経過後に、失踪者が生存しているものとして失踪者に対する勝訴判決を得たとしよう。その後に失踪宣告がされ、失踪期間経過時に死亡していたものとみなされると、死者に対する判決として無効になり、無効な判決に基づく強制執行も無効とされ、買受人は所有権を取得しえないことになる (大判大5・6・1民録22輯1113頁)。ただし、不在者財産管理人の行為については、3-25のような保護が認められるべきである。

## 4　失踪宣告の取消し

3-35　**(1)　失踪宣告の取消しの要件**
　①失踪宣告を受けた者が生きていた場合や、②死亡していたことがわかったが、死亡擬制時とは異なる時に死亡していたことが確認された場合には (実体的要件)、本人または利害関係人は失踪宣告の取消しを申立てにより (手続的要件)、家庭裁判所は失踪宣告を取り消すことになる (32条1項)。②の場合でも取消しを求めることができるのは、死亡時期により相続の順序が変わってくることがあるからである[44]。

---

44) 例えば、Aには身内として弟Bと子Cの2人しかいない事例で、失踪から8年後にAの失踪宣告がされ、CがAを相続した後に、それから1年後にCが死亡し、Cをその妻Dが相続したとしよう。この場合には、Aの財産はCの相続を経てDが取得している。ところが、その後に、実はAは失踪から10年後に死亡していたことが判明したとする。真の死亡時期に従えば、AはCの後に死亡していたことになり、Aの死亡時には親族相続人は弟Bであることになる。そのため、Bは失踪宣告の取消しを申請して、Dから相続財産を取り戻すことができる。

§Ⅲ 失踪宣告制度

3-36 **(2) 失踪宣告の取消しの効果**

　家庭裁判所による失踪宣告の取消しによって、失踪宣告による死亡擬制の効果がなくなる。そのため、原則としては、①失踪者が生存していた場合には、失踪者本人が、また、②失踪者が異なる時期に死亡していたため、相続関係が異なってくる場合には、失踪宣告の取消しにより新たに相続人となる者が、失踪宣告により相続人と扱われた者またはこの者から相続財産を取得した第三者に対して、相続財産の返還を求めることができる。しかし、これらの者を保護する必要があり、民法は特別規定を設けている。

3-37 **(a) 失踪宣告により得た利益の返還──相続人および受遺者らの保護**

　Aにつき失踪宣告があり、Aの兄Bは唯一の相続人としてAから相続した銀行預金1000万円を解約してこれを自己名義の預金に移し、この預金から、①借金の返済に100万円を充て、②生活費として合計100万円を費やし、③競馬に100万円を費やし、④自宅に置いていた使用予定の100万円は泥棒に入られ盗まれ、預金口座には600万円が残っているとする。その後、Aは生存していてAの失踪宣告が取り消されたとして、BがAの生存を知っていた場合、知りえた場合、全く知りえなかった場合とに分けて、AのBに対する不当利得返還請求について考えてみよう。

　民法はこの問題に関する規定として、「失踪の宣告によって財産を得た者は、その取消しによって権利を失う。ただし、現に利益を受けている限度においてのみ、その財産を返還する義務を負う」という規定を置いた（32条2項）。したがって、Bは受け取った1000万円ではなく、「現に利益を受けている限度においてのみ」（**現存利益**）の返還でよいことになる。問題は、①現存利益の意義、②受益者の善意が要件とされていないが（32条1項と対比せよ）、悪意でも現存利益の返還だけでよいのか、という点にある。

3-38 **(ア) 現存利益とは**　3-37の事例では、Bは400万円は使ったり盗まれてなくなってしまったので、現存利益はなく、残った預金600万円のみを返還すればよいのであろうか。現存利益に限定するのは、121条の2第2項・703条にもみられるが、その内容は解釈に任されている。

　「現に利益を受けてい」ればよいのであり、受けた「財産」そのものが残っている必要はない。預金を相続しそれを払い戻して絵画等の財産を取得した場合、金銭自体はなくなっているが、その利益が絵画等の財産に形を変え

て残っている。この場合には、絵画の現在の価値が現に受けている利益となる。相続財産を売却していても、その代金が預金されて残っていればよい。また、借金の返済に充てる、必要品の購入に使用するなど、必ず支出しなければならない支払に充てた場合には、その分につき自分の財産が節約されているので、利益が残っていると考えてよい（通説）。

3-37 の事例では、①②については利益が残っているが、③は浪費として判例によれば現存利益なし、また、④も現存利益なしとなり、預金 600 万円 + 200 万円（合計 800 万円）を返還すればよいことになる。ただし、③で賞金を獲得しそれが残っていれば、それを現存利益に算入してよい。

3-39　(イ)　**悪意でもよいのか**

❶　**善意・悪意不問説（異説）**　32 条 2 項の文言通り、相続人の善意・悪意を問わず、すなわち悪意の相続人でも現存利益だけ返還すればよいという学説がある（田島 210 頁、穂積 187 頁、高島 88 頁、四宮 72 頁等）。その理由は、①失踪宣告は不確定な法律関係を画一的に決済しようとする制度であること、②この場合の善意・悪意の帰責性の差はそれほど大きくないこと、また、③失踪者にも原因があるので、全てを返還させて保護されるだけの資格はないこと、などである。

3-40　❷　**悪意者排除説（通説）**　32 条 2 項を善意（過失は問わない）の場合にのみ適用するのが通説である[45]（判例はない）。問題を解く鍵は不当利得の規定にある。不当利得の規定に目を転じると、703 条が 32 条 2 項と全く同様に、善意・悪意を問わずに現存利益の返還のみを義務づけているが、これは次の 704 条の悪意利得者についての全面的返還義務の規定を前提にしており、善意者についての規定ということになる。32 条 2 項は 703 条を確認しただけの規定であり、悪意の場合には 704 条が適用されることがやはり前提となっていると考えるべきである。3-37 の事例では、B が悪意であれば、1000 万円全額の返還義務を負うことになる（利息も付けて返還する）。過失があるにすぎない場合には、704 条が適用にならず、32 条 2 項に

---

[45]　古くからの通説であり（石田文 106 頁、鳩山 129 頁、中島 216 頁、我妻 112 頁など）、現在でも支持が多い（鈴木 11 頁、川井 66 頁、米倉 195 頁、四宮＝能見 75 頁、中舎 50 頁など）。善意であれば過失があってもよいと考えるのが一般であるが、有過失の場合にも 704 条を適用する学説もある（石田穣 145 頁）。過失があれば不法行為による損害賠償義務が成立するが（709 条）、703 条・32 条 2 項の趣旨が没却されるので、不法行為責任も免責すべきである。

より現存利益の返還のみを義務づけられる。

3-41　**(b)　第三者の取引安全保護**

　Ａにつき失踪宣告がなされ、これを単独相続したＡの弟Ｂは、Ａ所有の甲地を相続を原因として所有権移転登記をした上でＣに売却し代金を受領し所有権移転登記を済ませたが、その後、実はＡは生存していて、Ａの失踪宣告の取消しが言い渡されたとしよう。ＡはＣに対して土地の明渡しおよび所有権移転登記の抹消登記を請求することができるであろうか。

　失踪宣告が取り消され相続がなかったことになれば、相続人から財産を取得した第三者は無権利者から財産を取得したことになり、財産を取得しえないことになる。しかし、それでは取引の安全を害するので、民法は、失踪宣告の「取消しは、失踪の宣告後その取消し前に善意でした行為の効力に影響を及ぼさない」と規定した（32条1項後段）[46]。

　取引の安全保護のためだけの規定ならば、相手方たる「第三者」の善意だけでよく、また、第三者に「対抗することができない」とでも規定すればよいはずである（93条2項・94条2項・95条4項・96条3項参照）。ところが、32条1項後段は、その「行為」を「善意でした」ことを要求しており、問題となる行為が契約であれば、両当事者の善意が必要になるかのようである。

3-42　**❶　両当事者善意説**　判例は、失踪宣告を受けたＤの土地がＡ（相続人）→Ｂ→Ｃと転々売却された事例で、ＡとＣの悪意が認定されており、契約の場合には両当事者の善意が必要であるとして、ＤのＣに対する所有権移転登記の抹消登記請求を認めている（大判昭13・2・7民集17巻59頁）。両当事者の善意を要求するのが、古くは通説であり（穂積186頁、鳩山128頁、中島216頁等）、近時でも判例を支持する学説は少なくない（米倉202頁、船越78頁、内田99頁）。取引安全保護制度であれば、第三者の善意だけを問題にすべきであるとの批判に対しては、第三者の善意だけでは本人を犠牲にするのは酷であること等を理由として、反論することになる。

3-43　**❷　第三者善意説（多数説ないし通説）**　現在では、条文の差に大きな意

---

[46]　Ａにつき失踪宣告がされ、Ｂが相続により取得した土地をＣに売却したが、その後に失踪宣告が取り消された場合には32条1項後段が適用されるが、失踪宣告取消し後にこれを知らずにＢからＣが土地を取得した場合はどう考えるべきであろうか。失踪宣告取消し後の第三者については、94条2項の類推適用によって第三者の保護を図るしかない。

味を認めない不要説が多数説ないし通説となっており（星野97頁、川井63頁、四宮＝能見73頁等）、本書もこれに従う。無過失まで必要とする学説もある（石田穣145頁）。対抗不能形式になっていないのは、取消しが裁判所の行為でありその対抗不能というのは適切ではないためであると説明できよう。第三者善意説では、第1譲受人が悪意でも、それからの転得者も32条1項後段により保護される利点もある。他方で、受益者Cは善意であるが、転得人Dが悪意であった場合に、Dには32条1項後段が適用にならず、AはDに対しては甲地の返還を求めうるのかという問題が残される（☞3-44）。

3-44 **◆転得者——絶対的効力説 vs 相対的効力説**
**(1) 受益者悪意・転得者善意ケース**
　第三者善意説でのみ問題になる議論であるが、例えば、Aの失踪宣告がありBが相続し、相続で取得した土地をCに売却したが、Cは悪意であるが、その後CはこのZ土地をDに売却し、Dは善意であるとする。
　32条1項後段で問題になるのは、相続人Bの関わっているBC間の売買契約でありCD間の売買契約ではない。そうすると、Cが悪意である以上、Cは無権利であり、Dは善意でも土地の所有権を取得できないことになるのであろうか。しかし、取引の相手方の善意のみを必要とする第三者善意説（☞3-43）では、94条2項や96条3項の「第三者」に転得者を含めるのと同様に、直接の相手方Cが悪意である場合には、転得者Dについて相対的に32条1項後段の適用を認めるべきである。

3-45 **(2) 受益者善意・転得者悪意ケース**
　**❶ 絶対的構成（通説）**　一度、Cが善意で土地を有効に取得した以上、Cの所有権取得はその後の失踪宣告の取消しがあっても覆されない確定的取得である。このように一度善意者が登場した場合には、もはや失踪宣告の取消しがあっても影響を受けないことに確定するのであり、Dは所有者であるCから買い取ったのであり、Dが32条1項後段の効果を受けるために所有権を取得できるのではない。Cが32条1項後段の保護を受けた反射としてそれ以降の第三者は保護されるだけである。このような理解をする学説を**絶対的構成**という（米倉208頁、川井64頁、河上123頁、石田穣141頁等）。本書もこの立場を支持するが、ただし、善意の第三者Cを藁人形に用いた場合には、悪意転得者Dとの関係では32条1項後段の適用を否定する相対的構成を例外的に認めるべきである。

3-46 　**❷ 相対的効力説（少数説）**　これに対して、悪意の人間は転得者といえども保護に値しないとして、AのDに対する返還請求を肯定する考えもある（高島83～84頁、近江86頁、加藤105頁、中舎51頁）。保護に値する者か否か、受益者、転得者ごとに相対的に考察することになる。BC間の効力をAC間では有効である

が、悪意のDについてはAD間では無効とし、Dは無権利のCから買い取ったことになると、法律関係を極端までに人的・相対的に考察する考えである。これを**相対的構成**という。相対的効力説は、いわばDがCの32条1項後段の保護を援用することを否定することになる。

3-47 ◆**身分行為（婚姻関係）**
　失踪宣告により死亡とみなされることにより婚姻関係は解消されるが、配偶者が再婚していなければ、失踪宣告の取消しにより婚姻関係が復活する。では、配偶者が失踪宣告後に再婚していて、その後に失踪者が戻ってきて失踪宣告の取消しがされた場合はどうなるのであろうか。32条1項後段は、財産行為にのみ適用されるのか、それとも身分行為にも適用されるかは議論がある。

3-48 　❶ **32条1項後段適用説**　32条1項後段を適用して解決する考えがある。ただし、財産の取得を争う関係とは異なり、前婚が復活して重婚関係になるか、それとも32条1項後段により前婚は復活しないことになるかという問題になる。学説は、善意要件をめぐって分かれる。
　①まず、両当事者善意説を婚姻にも当てはめ、32条1項後段の適用のためには、両当事者の善意を必要とする学説がある（睡道164頁、我妻111頁、川井65頁、船越78頁）。②他方で、婚姻の両当事者が悪意である場合にだけ、前婚が復活し重婚になるが、両当事者が善意である場合のみならず、いずれかが善意であればその者の保護のために、前婚は復活しないという異説もある（石田穣143頁以下）。

3-49 　❷ **32条1項後段不適用説**　32条1項後段は身分関係には適用されず、この規定を離れて解決を模索する学説がある。この考えも、さらに法律関係の処理については分かれる。①まず、常に後の婚姻だけが有効であり、前の婚姻関係は復活しないという学説がある（内田99頁、四宮＝能見74頁）。身分関係については、現在の事実状態を優先すべきことが理由である。本書もこちらを支持する。なお、残存配偶者が失踪者との元の婚姻関係に戻りたいと考えるならば、後婚については770条1項5号により離婚ができる（四宮＝能見74頁）。②これに対して、後婚につき善意・悪意を問わず常に前婚姻を復活させ重婚とし、当事者の協議によって解決すべきであるという考えもある（近江82頁、北川64頁）。

## §Ⅳ
# 自然人の住所

### 1 住所の意義

3-50 **(1) 住所確定の法的意義**

　住所とは人の「生活の本拠」のことをいい (22条)、民法上は、不在および失踪の基準 (25条・30条)、債務の履行地 (484条1項)、相続の開始地 (883条) において法的意味があり、民事訴訟法においても裁判管轄の基準とされる (同法4条2項)。さらに、公法上も選挙権および選挙権行使において住所が基準とされるなど (公職選挙法9条2項・3項・20条〜23条)、住所は重要な意義を有している。これら全ての法に関係する「住所」という概念につき、民法に規定が置かれており、上記のように「生活の本拠」されているのである。しかし、全ての法に通じる住所概念を民法で定めることは無意味であり、裁判管轄、準拠法など問題となるそれぞれの法ごとに合目的的に「住所」概念を考えるべきであると評されている (川島武宜「民法体系における『住所』規定の地位」『民法解釈学の諸問題』227頁以下)。

3-51 **(2) 住所の意義**

　住所は上に述べたように「生活の本拠」とされているが、「定住の事実」さえあればよいのか (客観説)、それとも、本人にそこでの「定住の意思」があることが必要か (主観説) は、民法はいずれを採用したかを明らかにしておらず解釈に任されている。学説としては、客観説が通説であり、①必ずしも定住の意思がある必要はないし、また、②そのような主観は外部からはわからないので、第三者に不測の不利益を与える可能性があることがその根拠とされている (須永85頁)。

3-52 **(3) 住所の個数**

　また、住所の意義との関係では、住所が1個しかありえないか (単一説)、それとも、複数の住所を考えることができるのか (複数説) が問題とされている。複数説が通説である。現在の複雑な生活関係においては、人の活動の場所的中心は1個に限らず、各種の生活関係についてそれぞれの中心が認められるべきであるからである。例えば、自宅とは別に店舗を構えて

寿司屋を経営している個人の場合、寿司屋営業に関しては店舗のある場所を「生活の本拠」と考えてよい。また、東京に家を持ちながら軽井沢に別荘を持っていて、1年の3分の1程度そちらで過ごす者は、別荘での取引に関しては東京ではなく軽井沢を住所とすべきであろう。

## 2　住所と区別すべき概念

3-53 **(1)　公法上の制度**

(a) **本籍**　本籍とは、戸籍法上の概念であり、夫婦およびこれと氏を同じくする未婚の子の戸籍所在地というだけであり、そこでの居住の事実また意思とは全く関係がない。どこを本籍とするかは自由であり、届出によって形式的に決定される。したがって、本籍を住所と推定することはできない。皇居所在地を本籍とする者が多いことは有名である。

3-54　(b) **住民票**　住民票は、原則として世帯主からの届出に基づいて、市町村の区域内に住所を有する者を世帯単位で登録しておくというものであり、住所と必ずしも一致するものではない。愛人を作って家を飛び出て別の所で住んでいても、住民票はそのままになっているし、地方から出てきた学生が、東京で生活していても住民票を移さなければ、住民票はそのままである。このように住民票もあくまでも形式的に定まるものであり、実質的な概念である住所とは一致しないものである。

3-55 **(2)　居所**

「住所が知れない場合には、居所を住所とみなす」と規定されている（23条1項）。また、「日本に住所を有しない者」についても、「日本における居所をその者の住所とみな」されている（同条2項）。地震の被災者が、住宅を失い避難所で暮らしている場合には、その避難所が居所になる。公園や地下道に寝泊りしているホームレスのように住所不定の者のように、住所どころか居所さえない場合もある。「居所」については、民法は住所とは異なり定義規定を置いていない。居所といえるためには、住所とまではいえないが、ある程度継続的に居住している程度の場所であればよい。

# 第4章
## 法人

# §Ⅰ 法人の意義と種類

## 1 法人の意義と法人制度の機能

4-1 **(1) 形式的概念としての法人**

　**法人**とは、人（自然人）以外で法律規定により権利能力（法人格）を認められた団体ないし財産（運用組織）である。団体が社会的に実在して活動していても、それだけでは法人とは認められない。例えば、高校や大学のOB会は法人化の手続がとられていない限り法人とは認められない。法人化の手続を経たOB会と実体また活動が変わらないとしても、法人化の手続をとっていない限り法人ではない。法人とはそのような形式的・技術的概念である。そのため、実体は必須のものではなく、財団法人という財産そのものを法人とする制度も認められている。さらには、相続人が不明な場合に、相続財産の暫定的な帰属先を求めて、相続財産自体を法人としてそこに相続財産を帰属させる相続財産法人という制度さえある（951条）。

4-2 **(2) 法人をめぐる法の態度の変遷**

　ローマ法では、法人制度は認められておらず、中世においては、ギルドや教会財産などが特権を振るい自由な経済活動を阻害したことから、個別に許された事例にのみ法人が認められたにすぎない。しかし、「法人」を法律により認められたものに限定しようとする思想は、"法人は個人の権利・自由を制約するものとして抑制すべきである"という前提に基づいたものであり、もはや過去の誤った評価である。法人を抑制しようとしていた時代の名残である法人法定主義が日本法でも採用されているが（33条）、営利法人、非営利法人（一般法人）共に準則主義により自由に設立が可能になっており、法人法定主義はもはや形骸化され、法の要求する手続を経ないと法人になれないという程度の意義しか認められなくなっている。

## 2 法人の種類とその規律

4-3 **(1) 制度による分類——社団法人と財団法人**

　**(a) 社団法人**　法律により法人格が付与された団体を**社団法人**という。団

体自体が法主体になれるため、その団体の名で契約等を行い団体に権利・義務を帰属させることが可能になる。当初は、民法に**公益社団法人**、商法に**営利社団法人（会社）**が規定されていたが、現在では社団法人をめぐる法状況は大きく変わっている。まず、商法の会社編が削除され、**会社法**が独立した。また、民法の法人規定が総論規定を残して削除され、後述の**一般法人法**に**一般社団法人**（非営利社団法人）が制定された。そして、一般社団法人が公益認定を受けると**公益社団法人**と扱われるという構造になった（☞ 4-7）。

社団法人は、定款作成、総会、代表者等の団体としての組織が備わっていなければならないが、それは形式だけの問題であり、実体のない団体でも、定款作成、代表者選定等の形式を満たして法人登記をすれば法人となれる。団体とはいうが、法人を構成員とするものでもよい（各種の業界団体）。

4-4　(b)　**財団法人**　財産を出資しその財産自体を法人として、法人の機関により財産を運用する形をとる場合、その法人を**財団法人**という[47]。法人を設立し財産をそこに帰属させ、設立者個人の財産から独立した財産を作り出す法技術としては、他に英米法の制度たる信託という方法がある（☞ 4-5）。財団法人には、営利法人は認められておらず、民法に公益財団法人が規定されていたがこれは削除され、後述の一般法人法に**一般財団法人**の規定が置かれた。そして、一般財団法人が公益認定を受けると**公益財団法人**になる。

4-5　**◆信託制度（公益信託）**
　　独立した財産関係を人為的に作り上げる方法としては、大陸法の財団法人とは別に、英米法の**信託**制度がある。信託とは、出資者が、他人（受託者）に財産を帰属させるが、受託者のその固有財産とは分別管理して、受託者がその信託された目的のために信託財産を運用する法制度である。信託財産を実質的法主体とするものと比喩されている（四宮和夫『信託法〔新版〕』90頁）。いわば、同一人に実質的に複数人の法人格を認めるのに等しい。
　　日本では、民法で財団法人制度（現在は一般法人法）、特別法（1926年〔大正15年〕制定の信託法）で信託制度を導入したが、目的財産の独立性を明確にするという点では、財団法人方式の方がすっきりすると評価されており（幾代89頁）、また、実際の利用度は、財団法人による方が圧倒的に多数である。なお、公益信託には、主務官庁の許可が必要であり、主務官庁の監督に服するなど、公益財団法人と同様の規制がされている（公益信託ニ関スル法律）。

---

47）　社団法人と財団法人の区別については、社団法人も物的要素を不可欠とし、財団法人も管理のために人的要素を不可欠とするため、その限界をある程度相対化することができる（福地・理論311頁）。

§1 法人の意義と種類

4-6 **(2) 目的による分類――公益法人・営利法人・中間法人**
　**(a) 営利法人**　33条2項は、「公益を目的とする法人、営利事業を営むことを目的とする法人その他の法人」と、法人を目的により3つに区別しているが、営利を目的とする法人を**営利法人**という。営利法人については、2005年に商法から独立して制定された「会社法」により規律されており、「会社」と称され「株式会社、合名会社、合資会社又は合同会社」が認められている（会社法2条1号）。特別法であった有限会社法は廃止された。社員（構成員）は営利目的で出資をするため、営利法人では非営利法人とは異なり、①配当、②脱退による払戻し、および、③清算時の分配がなされる。

4-7　**(b) 非営利法人（一般法人）**
　**(ア) 公益法人**　営利法人以外の法人（**非営利法人**）の中で、公益を図ることを目的とする法人を**公益法人**という。公益法人には社団法人と財団法人の両者が認められ、当初は民法により規律されていたが、現在では平成18年（2006年）制定の「一般社団法人及び一般財団法人に関する法律」（一般法人法）により規律され、一般法人が、同時に制定された「公益社団法人及び公益財団法人の認定等に関する法律」（公益法人認定法）に基づいて行政庁により公益認定されて公益法人となる仕組みになっている。また、特別法が制定されている公益法人もあり、宗教法人（宗教法人法）、社会福祉法人（社会福祉法）、学校法人（私立学校法）、医療法人（医療法）がその例である。

4-8　**(イ) 一般法人（中間法人）**　民法の起草者は、営利を目的とする営利法人、営利を目的としない非営利法人＝公益法人と2分していたようであるが、公益法人は営利を目的としないだけでなく積極的に公益を目的としなければならないため、非営利法人も公益法人と中間法人の2つに分けて考えられるようになる。中間法人は、営利も公益も目的せず、構成員の親睦・地位の向上等の共通の利益を目的とするにすぎない法人である。

　民法に公益法人、商法に営利法人が規定されていた時代には、中間法人は個別の特別法がない限り設立が認められなかったが（消費生活共同組合、農業共同組合、労働組合、NPO等）、2001年に中間法人法が制定され、2006年に中間法人法に代わる一般法人法の制定により（中間法人法は廃止された）、全ての非営利団体が法人化できることになった。この結果、現在では、法人化できない団体はなくなっている。

## 3 法人制度の意義ないし機能

### 4-9 (1) 法人制度の機能の分類

もし法人制度がなければ、契約等は全て自然人がその名で行い、契約によって取得した権利、負担した義務はその自然人に帰属させて処理しなければならないことになる。団体活動は、全員を契約当事者とし、全員が権利者でありまた義務者となり、極めて面倒なものになる。ところが、法人制度を認めれば、以下のような結論を実現でき、法人制度にはそれらを実現する機能が認められるのである（相本宏「法人論」『民法講座1』131頁以下参照）。

4-10　(a) **社団法人に特有の機能——法律関係の単純化機能**　団体を法人とすることにより、法人に権利義務を帰属させ、法人を土地などの所有者とし、法人を預金者としたり、債務者とすることができる。また、これらの原因たる契約の契約当事者とし、債権の行使や債務の履行だけでなく、契約解除や取消し等一切の行為を法人の名で行えるようになる。もちろん、租税法上も法人が納税主体となる。

4-11　(b) **法人に共通の機能**

(ア) **財産の分離機能**　学術振興などの目的に使ってもらうために財産を拠出しようとしても、法人という制度がないと、自分で管理するか信託制度によらざるをえない（☞ 4-5）。自分で管理する場合には、そのための財産がいつ自分の債権者による強制執行の対象とされるかわからず、安定した財産の運用ができない危険がある。ところが、財団法人を設立しそこに財産を帰属させ管理運用させるならば、設立者の債権者の責任財産から切り離すことができる。また、社団法人でも、構成員の個人財産とは別主体に属する財産であると構成することにより、構成員から独立した財産関係が実現できる。

4-12　(イ) **構成員の責任の限定**　(ア)の帰結として、例えば、個人事業者AがB会社を設立すれば、個人財産と会社財産は別となり、個人債権者が会社財産を責任財産とはできないだけでなく、逆に、会社の債権者はB会社の財産のみが責任財産となり、Aは債務者とならずその個人財産は責任財産とはならないため、会社の運営にかかわらず個人財産は安泰である（財団法人でも同様）。しかし、これは例外を否定するものではなく、合名会社では社員が補充的な連帯責任を負わされている（会社法580条）。このことは、権利能力な

き社団の法理を考える上で参考になる（星野英一「いわゆる『権利能力なき社団』について」同『民法論集第 1 巻』268 頁以下参照）。

4-13 **(2) 法人の技術的性格**

　財団法人は、信託と並んで独立財産を作り出すための法技術にすぎず、財団法人は目的財産の設立者の財産から独立した運用を可能とするために、便宜的に「財団」に法人格を認めてその財産を法人に帰属させるものである。立法によっては個人営業のまま、個人財産と営業財産とを分離して相互に他方の債務の責任財産にならないものとする制度が導入されており（フランスの EIRL ☞ 注 55）、財団法人は信託も含め財産を独立するための法技術の 1 つでしかない。また、「社団」法人では、社団の形式さえ整えればよく、団体としての実体は法人格のための要件ではない。法人格否認の法理が認められているが（☞ 4-18 以下）、法人格自体を否定する法理ではないし、また、同法理は後述のような異例な事例に適用を限定すべきである。

4-14 　◆**法人本質論（法人学説）**

　ローマ法にはなかった法人を正当化するために、19 世紀のドイツ法学においては、法人（社団法人）に権利能力が認められるのは、団体に主体としての実体があるからなのかが盛んに議論された（**法人学説**という）。個人主義・自由主義を理念とする当時の思想からは、共有や法人といった法制度は個人の自由を制限するものと懐疑的に理解されていたため、法人制度の正当性を論証する必要もあったのである（4-3 も参照）。しかし、現在では、法人の存在が当然視されており、法人とりわけ会社なしには、資本主義社会の発展は考えられない。そのため、今ではこのような議論をする必要はない（内田 215 頁）。また、法人本質論は、個々の法律問題の解決にとって意義があるともいえない（北川 68 頁、石田喜 104 頁）。そのため、この議論は 4-15 に簡単に言及するにとどめる。

4-15 　◆**法人の行為・占有**

　**(1) 法人の行為——法人の行為能力・不法行為能力**

　法人が 1 つの社会的実在であると考えれば、法人自体の「行為」が考えられ、取引行為また不法行為が法人の行為と認められることになる。法人の行為を認めるかどうかの議論は、**法人の行為能力**また**不法行為能力**の認否として議論されている（☞ 4-66、79 以下）。法人の「行為能力」というと自然人の行為能力と紛らわしいが、このような問題であることを注意すべきである。①法人に社団といった実在を認め、法人（社団）としての活動を認めれば（**法人実在説**）、法人の行為能力肯定説また不法行為能力肯定説となり、法人の代表と代理、法人の代表

者の不法行為と従業員の不法行為とは、理論的に区別されることになる。②これに対し、社団法人も単なる1つの法技術にすぎないと考えれば（**法人擬制説**）、法人の行為能力・不法行為能力共に否定説となる[48]。代理と代表はパラレルな制度ということになり、代表者の不法行為と従業員の不法行為についての法人の責任も同様となる。意味のある議論ではないが、本書は否定説を支持したい。

4-16　**(2) 法人の占有**

❶　**法人の占有肯定説**　法人実在説では、法人の占有も考えられる。代表者が法人を代表して活動しているので、その占有は法人の占有それ自体ということになり、代表者自体は占有を有しないことになる。独自の占有訴権は認められず、代表者として法人の占有訴権を行使するだけである。なお、法人自体の占有そのものが認められるかは別の議論であり、例えば、会社の建物は会社そのものが占有しており、その内部に保管されている動産も特定の個人の占有と離れて、法人自体の占有の成立を認めることができる。これは、法人は代表者を通じて活動をするという議論を越えた、まさに法人自体の占有や活動を問題にする議論であり、不法行為においては、法人自体の不法行為（過失）を問題にする議論に通じる問題である（☞4-80）。

4-17　❷　**法人の占有否定説**　これに対して、法人擬制説では、代表者は賃借人等と同様に法人に代わって占有しているだけであり、代表者占有の代理占有にすぎないことになる。従業員による会社の物の占有と変わらないことになる。ただし、❶に述べたように法人自体の占有や不法行為を認めるかという議論は、代表者の行為、占有が法人の行為、占有になるのかという議論とは別であり、法人擬制説でも団体としての1つの活動、占有というものを認めることは矛盾ではない。本書としては、法人の行為能力等の問題は否定するが、法人自体の不法行為や占有は認めてよいと考えている。

4-18　◆**法人格否認の法理──他の法主体との一体的処理**

法人とは名ばかりで実体がなくても、法人という概念は技術的・政策的な概念にすぎず（☞4-13）、有効に設立された法人と考えざるをえない。その上で、不合理な結論を回避するために考え出されたのが、**法人格否認の法理**である。名称は誤解しやすいが、法人格を否定するのではなく、法人格を認めつつ、経営者個人や他の法人と1つの主体であるのと同様に処理することを認める法理である。

---

[48]　梅博士は、法人を「人に非ざるものを以て法律上或範囲内に於て人と同一視したるもの」と定義する（梅78頁）。人が本来の法主体であり、法人は法律によって人と同一視＝擬制されるものと理解しており、法人擬制説的な発想に依拠している。33条についても、「法人は事実上人に非ざるもの法律の仮定に因りて人と同一視するものなるがゆえに、法律が特に之を認むるに非ざれば成立することを得ざるものなり。……学者中往々法人を以て法律の認許を待たず自然に存在するものの如く説く者少からざるが故に、本条に於て特に法人の成立には必ず法律の規定を要することを明言せり」という（梅79頁以下）。また、43条（現34条）については 4-66 参照。

判例がこの法理を認めたのは、①法人格が形骸的であり個人事業と変わらず、取引の相手方の信頼を保護すべき事例（☞ 4-19）と、②ある会社が、自己への強制執行手続を妨害するために、別の会社を設立した事例（☞ 4-20）である。①の場合には、取引に際して個人か会社か当事者が明確ではなかったという、顕名を含めた契約法理による入口での絞りが必要であると考えるべきである。

4-19
**(1) 個人会社の場合——法人・個人の一体化**

　Aは電機屋（甲電機）を経営していたが、税金対策のために株式会社Y（甲電機）を設立し代表取締役となり、Xから甲電機の名で店舗を借りて電器店を営んでいたが、Xから明渡しを求められAは裁判上の和解により明渡しを約束した。その後、Aは店舗の賃借人はYであるので、Aを当事者とする和解の効力がYに及ぶことはないと主張したが、XのYに対する明渡請求が認められている（最判昭44・2・27民集23巻2号511頁）。最高裁は、「①法人格が全くの形骸にすぎない場合、または②それが法律の適用を回避するために濫用されるが如き場合においては、法人格を認めることは、法人格なるものの本来の目的に照らして許すべからざるものというべきであり、法人格を否認すべきことが要請される場合を生じる」と宣言する。そして、「株式会社の実質がまったく個人企業と認められる場合には、これと取引をした相手方は、ⓐ会社名義でされた取引についても、これを背後にある実体たる個人の行為と認めて、その責任を追求することができ、また、ⓑ個人名義でされた取引についても、商法504条によらないで、直ちにこれを会社の行為と認めることができる」。「このように解しなければ、個人が株式会社形態を利用することによって、いわれなく相手方の利益が害される虞があるからである」[49]として、Aとの和解のYへの効力を認めている。

4-20
**(2) 濫用目的の法人設立——法人・ダミー法人の一体化**

　4-19判決は濫用目的の法人設立も同様に扱われるべきことを宣言していたが（☞②）、実際にこれが認められる。Y会社が賃貸人Xから賃貸借解除の通知を受け、かつ占有移転禁止の仮処分を執行されたところ、Y会社代表者Aは、翌月にY会社の商号を変更しその登記をなすと共に、同日Y会社の前商号と同一の商号を称し、その代表取締役、監査役、本店所在地、営業所、什器備品、従業員が旧会社のそれと同一で営業目的もほとんど同一の新会社Bを設立し、B会社が本件居室を占有使用しているという形にした。XのY会社に対する明渡請求に対して、占有しているのはB会社であると争ったが、最高裁はYに対する明渡請求を認容する（最判昭48・10・26民集27巻9号1240頁）。

　「取引の相手方からの債務履行請求手続を誤まらせ時間と費用とを浪費させる

---

49) 最高裁は本文に続けて、「Y会社は株式会社形態を採るにせよ、その実体は背後に存するA個人に外ならないのであるから、XはA個人に対して右店舗の賃料を請求し得、また、その明渡請求の訴訟を提起し得る」、「XとAとの間に成立した前示裁判上の和解は、A個人名義にてなされたにせよ、その行為はY会社の行為と解し得る」という。

手段として、旧会社の営業財産をそのまま流用し、商号、代表取締役、営業目的、従業員などが旧会社のそれと同一の新会社を設立したような場合には、形式的には新会社の設立登記がなされていても、<u>新旧両会社の実質は前後同一であり、新会社の設立は旧会社の債務の免脱を目的としてなされた会社制度の濫用であって、このような場合、会社は右取引の相手方に対し、信義則上、新旧両会社が別人格であることを主張できず、相手方は新旧両会社のいずれに対しても右債務についてその責任を追求することができる</u>」と判示された。

## §Ⅱ 法人法定主義および権利能力なき社団

### 1　法人法定主義

4-21　民法は、「法人は、この法律その他の法律の規定によらなければ、成立しない」と規定している（33条1項）。このように、法人を法律で認めたものに限定する立法を、**法人法定主義**という。法人が認められるためには、①法人を認める法律があり、かつ、②それぞれの法律で法人として認められるための実体要件および手続要件を満たすことが必要になる。例えば、OB会は設立登記をして初めて一般社団法人となるのであり（一般法人法22条）、設立登記をしなければただの団体にすぎない。この結果、団体として社会的に1つの社会的存在として活動していても、法人化の手続を経ていなければ、法人とは扱われない。これを**権利能力なき社団**（または**法人格なき社団**）という。

4-22　◆**権利能力なき財団**

同様の問題は、財団についても議論されている（**権利能力なき財団**）。判例は、設立手続中の財団の代表者がその肩書で手形を振り出した事例につき、「個人財産から分離独立した基本財産を有し、かつ、その運営のための組織を有していた」ため「いわゆる権利能力なき財団として、社会生活において独立した実体を有していた」として、代表者に対して振出人としての責任を認めた原審判決を、代表者は「個人として、当然右振出人としての責任を負いわれはな」いと破棄している（最判昭44・11・4民集23巻11号1951頁［清水育英会事件］）。このように、①個人財産から独立した十分な財産があり、②その財産を運用する組織が存在している場合には、財団法人に準じて独立した財産と認めてよい。

## 2 権利能力なき社団総論・内部関係

4-23 **(1) 問題点**

法人化していない団体がその名で活動していることはよくみられるところである[50]。現在では全ての団体が法人化でき、法人化していないのはその団体の選択による自己責任である。ところで、法人化していない団体については、民法の契約編に「組合」の規定があり（667条以下）、法人ではない団体は組合と扱われ、その規律を受けるのではないかという疑問を生じる。そこで、まず、組合と社団の関係について確認することにしたい。

4-24 **(2) 権利能力なき社団の成立要件**

**(a) 社団と組合の関係について** 現在は一般法人法に移されたが、民法の法人の章に「社団」法人の規定があった。起草者は、組合と社団法人との関係について、法人化した団体が社団法人、法人化していない団体が組合といった程度の理解であった[51]。団体として「社団」と「組合」を区別する発想はなかった。ところが、民法施行後に、ドイツの「社団」理論を導入して、団体自体を社団と組合とに分ける考えが導入される。法人化していない社団に組合規定を適用するのは適切ではないため、法欠缺領域の問題として権利能力なき社団の問題が議論されることになったのである（山田誠一「団体、共同所有、および、共同債権関係」『民法講座別巻1』285頁以下参照）。

4-25 **◆組合・社団峻別論**
**(1) 組合・遮断峻別論の導入**

ドイツでは19世紀にギールケにより組合と団体とが峻別されるようになり、日本でも、民法施行後に組合と社団を団体として区別する考え方が導入される（石田文次郎「権利能力なき社団」『民法研究』所収）。社団に組合規定を適用することが不適切であることが気付かれ[52]、権利能力なき社団という概念が提唱される。こ

---

50) 権利能力なき社団一般論については、星野・4-12論文のほか、阿久澤利明「権利能力なき社団」『民法講座1』237頁以下参照。
51) 起草者は、組合のうち法人となっているものが「社団法人」であるといった程度の理解であった（梅782頁）。団体それ自体を組合と社団に分けるという思考は起草者の意識にはみられない（星野・注50論文268頁以下、高田晴仁「会社、組合、社団」法学研究83巻11号1頁参照）。
52) 組合については、「その団体組織は構成員（組員）相互の権利義務として構成されているので、ある意味で契約的色彩をもち、社団と対立」し、「構成分子たる個人がなお独立の存在を有し、ただ共同目的を達成するために必要な限度で統制され、そこに団体性を取得するに過ぎない」といわれる（我妻栄『債権各論中二』754頁）

の立場によれば、起草者の「法人に非ざれば組合」といった扱いは適切ではないと批判がされ（我妻132頁等）、法人化されていない社団につき、内部関係については社団としての規律をし、外部関係についても、社団としての実体に即した扱いがされるようになる。すなわち、社団という実体を有する以上、1つの法的主体を実質的に容認する運用が考えられ、学説や判例は、総有という形で独立した権利義務の帰属を実現しようとしている（☞4-34）。

4-26 **(2) 組合・社団峻別論への批判またその緩和**

組合・社団峻別論は特殊ドイツ的な思考であり（新注民(17)5頁［福地俊雄］）、フランスや英米法では組合と社団を区別することはない。実定法上も、法人の前提として社団性が要求されているわけではなく、社団と組合とを峻別する理由はほとんどないともいわれている（内田220頁）。そして、社団法人と同じ規則を有するものを社団と呼び、組合の規定と同じ規約を有する団体を組合と呼ぶことは差し支えないが、条文ごとに個別的にその妥当性を判断して決めるべきであり、双方の規定を混合的に適用しても全く構わないともいわれる（内田221頁）。こうして、組合と社団を断絶した理解を止め、近時は両者の連続性を認めた柔軟な解決をしようとする傾向が強くなってきている。

4-27 **(b) 権利能力なき「社団」の成立要件** 組合は「各当事者が出資をして共同の事業を営むことを約する」だけでよく（667条1項）、定款作成も総会も不要である。それを越えて社団と認められるためには、どのような要件が必要になるのであろうか。この点、判例は下記の①〜④を要件としている[53]。比喩的には、「法人格を与えてもおかしくはないような活動をしている団体」といわれている（内田220頁。福地・理論15頁参照）。

判例は、「権利能力のない社団というためには、<u>団体としての組織をそなえ、そこには多数決の原則が行なわれ、構成員の変更にもかかわらず団体そのものが存続し、しかしてその組織によって代表の方法、総会の運営、財産の管理その他団体としての主要な点が確定しているものでなければならない</u>」と判示している（最判昭39・10・15民集18巻8号1671頁）[54]。この判決に

---

[53] この基準により権利能力なき社団を認めた判例として、最判昭42・10・19民集21巻8号2078頁、最判昭55・2・8民集34巻2号138頁（沖縄の門中という血縁団体）、最判平6・5・31民集48巻4号1065頁がある。他方、社団性が否定された事例も多数あり、例えば、大学公認サークルである「お笑い研」が、部員が7名にすぎず、設立当初に作成された規約が存在するが、学生課が学生団体結成の承認手続の際に配布している規約例をほぼそのまま踏襲して作成されたものにすぎない事例がある（大阪地判平11・1・21判夕1053号111頁）。

[54] これは、我妻133頁の「団体としての組織を供え、代表の方法、総会の運営・財産の管理、その他社団としての主要な点が、規則によって確定しているもの」という要件を参考にしたものと思われる。

① 「団体としての組織をそなえること」
② 「多数決の原則」が行われること
③ 「構成員の変更にもかかわらず」団体そのものが存続すること
④ 「代表の方法、総会の運営、財産の管理その他団体としての主要な点が確定している」こと

4-28 (3) **権利能力なき社団の内部関係──組合と社団の区別**

民法施行当初は法人化されていない団体は組合と考えられていた（☞4-24）。その後、団体自体が社団と組合とに区別され、社団の場合には組合規定ではなく、社団法人の内部規定を適用（類推適用）すべきであると考えられるようになる（我妻133頁、松坂122頁）。しかし、社会に存在する団体は、組合か社団か一線を画せるものではなく、その境界線上のグレーゾーンに属する団体も考えられる（☞4-26）。そのため、組合は組合の規定、社団は会社または一般社団法人の規定によって規律するのではなく、柔軟に対処する必要がある（福地・理論306頁以下）。こう考えれば、権利能力なき社団にも、場合によっては組合の規定を類推適用してよいことになる（松坂122頁）。

## 3 権利能力なき社団をめぐる権利関係

4-29 A大学OB会は、50万人以上の会員を持つ団体であり、BがOB会長に選任されているが、法人化されておらず、OB会員であるCから贈与を受けた甲地にOB会館の建設を決め、その建築を建築業者Dに依頼し、DによりOB会館が建設されたとする。①契約の当事者は誰か、A大学OB会の名義でした契約は有効か、②取得した甲地またOB会館の所有者は誰か、③甲地またOB会館の登記はどのような名義でなされるべきか、④Dの建設した建物に瑕疵があった場合に、誰がDに対して損害賠償を請求できるか、また、⑤建築業者Dは誰に対して建築請負代金の支払の請求ができるのであろうか。

A大学OB会は法人格がないため、権利義務の主体たりえず、また、契約の当事者となることもできない。とはいえ、A大学OB会は法人ではな

いが、実在しない仮装の団体ではなく実際に団体は存在する。では、OB 会員全員を主体とし、所有物は全員の共有、債権・債務も全員に帰属すると考えるべきであろうか。

　確かに法人化するかどうかは自由であるが、法人化できるのにしないのは自己責任である。かといって、50 万人の会員に権利・義務を帰属させるのには違和感がある。会員は OB 会の財産に持分を持つことも、OB 会の債務について責任を負うことも考えていない。法人格はないとしても、社会的に独立した団体であり、その実体に合致した法的扱いが必要となる。権利能力なき社団も訴訟の当事者（原告・被告）となることが認められ（民訴 29 条）、また、納税義務が認められている（所得税法 2 条 1 項 8 号、法人税法 2 条 8 号）。

4-30　◆**法人格（権利能力）肯定説**
　　33 条 1 項の法人法定主義を無視して、法人ではない団体に法人格を認める異説もある。法人以外の法主体たるにふさわしい団体にも、法人格ないし権利能力を認めるのである。この立場では、「権利能力なき」社団という名称は適切ではなく、法人でない社団にも法人格を認めるため、「非法人社団」と称されている（鍛冶良堅「いわゆる権利能力なき社団〔非法人社団〕について」『民法論集』27 頁）。組合規定しかなく法人規定のなかったフランス民法典では、19 世紀末に議論の末、判例により組合に法人格が解釈により認められたが、日本では法人法定主義の規定があるという大きな差がある。そのため、この学説に対しては、33 条（法人法定主義）の趣旨に反し解釈論として承認するのは無理であると批判されている（近江 104 頁）。法人また法人格は「独立した財産関係」を認めるための法技術であり、合有や総有によっても実質的に実現できるのである[55]。

4-31　◆**自治会（地縁による団体）**
　　町内会などの**自治会**は権利能力なき社団にすぎないが（最判昭 42・10・19 民集 21 巻 8 号 2078 頁）、平成 3 年の地方自治法の改正により法人化せずに権利能力の取得が可能となっている。すなわち、地方自治法 260 条の 2 は、**地縁による団体**として、自治会に権利義務の帰属主体となることを認めている。同規定は、①「町又は字の区域その他市町村内の一定の区域に住所を有する者の地縁に基づいて形成された団体」を地縁による団体とし、②これが、「地域的な共同活動のた

---

[55] 独立財産を創設する方法として、フランスでは、2010 年に EIRL（有限責任個人事業者）という制度が導入され、個人財産と事業用財産を分離し、事業上の債務についてはその事業用の財産だけを責任財産にできる。会社を作ることもできるが、フランスでは自分の財産が別の帰属にされることを好まないので、個人に帰属したまま独立した財産を創設する方法が模索されたのである。

めの不動産又は不動産に関する権利等を保有するため市町村長の認可を受けたときは」、「その規約に定める目的の範囲内において、権利を有し、義務を負う」ことを認めている。認可を受けた地縁団体は、法人ではなく、市町村長が作成する台帳に登録される。公益法人とは異なり、市町村の監督に服することはないが、規約変更は総構成員の4分の3以上の賛成と、市町村長の認可が必要になる。

## 4-32 (1) **権利の帰属──所有権**

4-29 の事例において、A 大学 OB 会が贈与を受けた土地、D に建築させた建物の所有者は誰であろうか。組合では、例えば AB によるラーメン屋の共同経営では、所有権も債権も組合員 AB に帰属しつつも、組合財産と構成するために、AB に 1 つの権利・義務として「合有」的に帰属すると考えられている（668 条の「共有」の解釈）。組合員の個人財産と組合財産とは区別され、組合員の債権者が組合財産を差し押さえることはできない（677 条）。法人化しなくても独立財産性が解釈により認められているのである。では、A 大学 OB 会のような社団についてはどう考えるべきであろうか。

## 4-33 ❶ **合有説**　学説には、権利能力なき社団への権利義務の帰属を、組合同様に合有により説明する少数説がある（川島139頁[56]）。本書は、この立場を採用する。組合では、解散した場合に組合員には残余財産が分配され、また、組合員が脱退した場合には出資金の払戻しがされるが、それは営利組合を念頭に置いた考えである。公益的な団体では、組合・社団を問わず残余財産は分配されず公益目的に使用される。つまり団体の性質により差を設けるのではなく、団体の目的により差を認めるべきである。4-29 では 50 万人という会員全員に 1 つの所有権、1 つの債権、1 つの債務が合有的に帰属し（427 条により分割されることはない）、業務執行権者により社団財産として管理され、債権の回収も代表者が社団業務として行うことになる。

## 4-34 ❷ **総有説（通説・判例）**　通説・判例（☞ 4-35）[57]は、権利能力なき社団の財産は、構成員全員の**総有**になると考えている（我妻 133〜4 頁、松坂 122

---

[56] 「法人格のない社団の性質につき共有が制限され、分割請求の禁止を定める 676 条 2 項の類推適用を認めるという意味で合有に近い性質を持つ」という説明もされている（川井 108 頁）。
[57] このほかにも、労働組合に対する 510 名の脱退員（組合の分裂の事例）による財産分与請求が、「総有の廃止その他右財産の処分に関する定めのなされない限り、現社員及び元社員は、当然には、右財産に関し、共有の持分権又は分割請求権を有するものではない」として否定されている（最判昭 32・11・14 民集 11 巻 12 号 1943 頁）。

頁、石田喜141〜2頁等)[58]。共有は、共有者ごとに持分権が成立しその合計が1つの所有権に等しい状態であるが、総有では、1つの所有権が構成員全員に帰属し、個々の構成員に潜在的にも持分権が認められない。しかし、1つの所有権等が全員に帰属するというのは合有においても同様であり、潜在的な持分の規律は団体の規模・性質ではなくその目的により差を認めるべきである。また、総有理論を認めることには疑問が提起されている。本来ゲルマン社会の前近代的村落共同体の所有形態を説明するための総有概念が、日本では、まず入会団体に導入され、さらに権利能力なき社団へと一般化されたのである。現在ではドイツでも否定されている総有論を権利能力なき社団に持ち込むことは疑問である（広中俊雄『物権法 [第2版]』421頁)[59]。

4-35 ●**最判昭39・10・15民集18巻8号1671頁** ［事案］杉並区に居住する戦地からの引揚者の更生に必要な各種の経済的行為をするために結成された団体Aが、不動産を所有者から賃借した後、X会社が設立され、XがAから賃借権を譲り受けた。Aから脱退したYらがその敷地に建物を有していたため、XがYらに建物収去土地明渡しを請求した事例で、YがAは権利能力のない団体であり賃借権を取得できず、したがって、XがAから賃借権を取得することもないと主張して争った。最高裁は、以下のように判示して、総有と構成しAによる有効な賃借権の取得・譲渡を認める。

［判旨］「権利能力のない社団の資産は構成員に総有的に帰属する。そして権利能力のない社団は『権利能力のない』社団でありながら、その代表者によってその社団の名において構成員全体のため権利を取得し、義務を負担するのであるが、社団の名において行なわれるのは、一々すべての構成員の氏名を列挙することの煩を避けるためにほかならない」。Aは権利能力のない社団としての実体を備えており、Aの代表者がAの名で締結した本件土地賃貸借契約により、Aの構成員全体は本件土地の賃借権を取得したものと認められる。

4-36 ◆**不動産の登記名義**

不動産が社団財産である場合に、その登記名義はどのようにされるべきであろ

---

[58] 社団か組合か微妙なものも多く、類型に応じて、総有になったり、合有になったり、また中間的な処理をしたり柔軟に使い分ける学説もある（福地・理論329頁)。社員が有限責任かどうか、分割請求権があるかなどの問題に応じて、それぞれの問題につき個別的に適切な処理を考えればよいという立場もある（星野152頁、四宮86頁、近江104頁など)。

[59] 総有理論は現在ではドイツ学説によっても否定されている（岡田康夫「ドイツと日本における共同所有論史」早稲田法学会誌45巻47頁以下)。

うか。①合有説では、現行不動産登記法には、1つの所有権が構成員全員に帰属するという合有登記は認められていないので、構成員全員を列挙してなす共有登記を転用するしかない（組合財産ということは表示されない）。しかし、構成員が多数でありまた流動する場合には、それは実際的ではない。②総有説でも総有登記が不動産登記法上認められていない点は同じである。そのため、判例は代表者の個人名義での登記をすべきであると判示している（最判昭47・6・2民集26巻5号957頁。学説としては、四宮85頁、石田喜145～146頁）[60]。社団名義で登記することができない理由としては、ⓐ社団自体が所有者ではないこと、ⓑ社団名義での登記を許すと、登記官に実質的審査権がなく、法人登記がないため、虚偽の団体による登記を阻止しえないこと[61]、ⓒ不動産登記令7条の登記申請のための添付情報において権利能力なき社団は念頭に置かれておらず、法人登記のような団体としての存在を公証する方法がなく登記申請がそもそも論としてできないことがある。しかし、登記を欲するならば法人化すべきである。

4-37 **◆代表者名義で登記した場合のその基礎となる法律関係**
**(1) 代表者名義の登記の効力**
　判例では構成員全員の総有なのにやむをえず代表者の名義で登記することになるが、その場合の法律関係はどう理解すべきであろうか。①代表者に信託的に所有権を帰属させているのであれば、代表者の所有となり、登記と実体関係とに齟齬はないことになる。②しかし、代表者個人に所有権を移転させてその名で管理させるという信託契約があるわけではなく（北川93頁）、実体との齟齬は避けられない。そのため、信託的にも代表者に帰属しておらず、実体に齟齬があるが、判例が認めているので虚偽の登記として無効とならないと考えるしかない。なお、代表者が変更されれば、それを原因として新代表者から旧代表者に対する登記名義の変更が認められている（所有権移転登記ではない）。

4-38 **(2) 代表者と取引をした第三者保護について**
　代表者個人の登記になっているため、その所有と信じて代表者とその不動産につき取引をした第三者の保護については、どう考えるべきであろうか。信託関係の成立を認めるか否かで、解決が変わってくる。また、代表者の債権者が差し押さえた場合に、社団が第三者異議を主張できるのかも問題になる[62]。
　①代表者に所有権を移転して、その名で管理をすることを認めて信託的法律関

---

60) 権利能力なき社団の債権者は、代表者名義で登記されている社団財産に対して強制執行が許されるべきである（☞4-44）。したがって、もし第三者名義になっている場合には、債権者はその第三者に対して債権者代位権により代表者名義への移転登記を請求できる（東京地判平21・3・26判タ1314号237頁）。
61) 代表者の個人名義に肩書を付して登記ができるべきであるという主張がある（幾代150頁、近江106頁、北川93頁）。しかし、判例は、架空の団体の代表として登記することにより資産隠しに使われる可能性がある点は同じであるので、このような登記も認めていない（最判昭47・6・2☞4-36）。現行不動産登記法では肩書付きの登記申請は認められない。

係を認めるならば、所有者は代表者ということで登記と実体との齟齬はない。その上で、代表者が勝手に処分した場合には、信託法27条1項の規定を類推適用し取消しを認めて団体を保護できる。②これに対し、代表者に信託的に所有をさせているのではないとすると、代表者名義の登記は実体と齟齬することになる。団体名義での登記ができないという点をどう考慮すべきであろうか。

この点、94条2項の類推適用には、真の権利者の意思に基づいて虚偽の登記をした帰責事由が必要であり、権利能力なき社団の場合には代表者名義での登記しかできないため、94条2項の類推適用に反対する学説がある（石田喜147頁以下）。しかし、法人化して法人名義での登記ができるのであり、帰責事由が全くないわけではない。そのため、94条2項の類推適用を肯定しつつも、権利能力なき社団の不動産であることは現地を見れば容易にわかるため、第三者に無過失を要求し過失の認定により不都合な結果を回避すればよいと思われる。

4-39 **(2) 債権・債務の帰属——社団債務についての社員の責任**

**(a) 債権の帰属** 債権が複数人に帰属する場合には、分割債権になるのが原則である（427条）。しかし、権利能力なき社団の財産は、構成員全員に1つの債権として総有（本書の立場では合有）的に帰属しており、代表者が社団財産として社団の業務執行として債権回収をすることになる。逆にいうと受領権限を持つのは代表者または受領の代理権を与えられた者ということになる。個々の構成員は債権者としてその行使をすることはできない。そして、回収された金銭や財産もまた総有財産になる。総有財産として構成員個人の財産とは独立した財産となるので、社団債権の債務者が構成員個人に対して債権を有していても、相殺適状（505条1項）は認められず、その債務者または構成員からの相殺は認められない（組合については677条）。

4-40 **(b) 債務の帰属** 4-29の事例で、①A大学OB会の名でした建築請負契約の請負代金債務の債務者は誰であり、②構成員はこの債務につきどのような責任を負うのであろうか。分割主義の原則（427条）が適用になり、構成員の数だけの債務に分割されるのであろうか。この問題は、先に述べた権利の裏返しであり、先の権利の帰属についての学説によって異なってくる[63]。な

---

62) 権利能力なき社団の総有財産である不動産について無効な登記がされている場合に、請求できる登記の内容は代表者個人名義への移転登記になるが、権利能力なき社団にも訴訟当事者能力が認められているので（☞4-29）、誰が原告となるべきであろうか。最判平26・2・27民集68巻2号192頁は、「権利能力のない社団は、構成員全員に総有的に帰属する不動産について、その所有権の登記名義人に対し、当該社団の代表者の個人名義に所有権移転登記手続をすることを求める訴訟の原告適格を有する」と判示した。社団が原告になり、代表者個人名義への移転登記を請求できることになる。

お、持分会社にみられるように（会社580条）、構成員が債務者にならないことが当然に個人的責任の免責を意味するものではない。

4-41　❶ **合有債務説**　合有説では、1つの所有権や1つの債権が構成員全員に合有的に帰属するのと同様に、債務も1つの債務として構成員全員に合有的に帰属することになる（川島139頁）[64]。本書もこの立場である。組合の場合には、営利組合か否かを問わず組合員は分割無限責任を負わされている（675条1項）。この規定を社団にも類推適用すべきであろうか。この点、社団であるとしても、営利団体である場合には、利益を受ける以上負担も分担すべきであり、675条1項を類推適用してよい。しかし、非営利団体については、社団である以上、構成員の個性に着目している組合とは異なり、構成員が利益を受けない反面として免責を認めるべきである。その意味で、公益目的の社団の構成員の個人責任を免責した4-43判決は妥当である。

4-42　❷ **総有債務説**　総有説に立つ判例は、社団の債務を1つの債務として構成員全員に総有的に帰属させ、社団財産のみを責任財産としている（☞4-43）。構成員は、社団の積極財産について持分を持たない反面、消極財産についても責任を負うことはない[65]。学説としても、これが通説である（我妻134頁、川島139頁、川井109頁、内田229頁等）。相手方は、法人ではないことは調べれば容易にわかるのであり、法人と異なり社団資産が明確ではないとしても、不安ならば担保の提供を求めるべきであるといわれる。しかし、営利団体についてまで、利益を受けながら個人財産による責任を一切負担しないというのは衡平なのかは疑問であり、総有債務説においても、事例によっては構成員の責任を認める主張がある（☞4-45）。

4-43
●**最判昭48・10・9民集27巻9号1129頁（東北食品栄養協会事件）**
［事案］秋田県内の集団給食の栄養管理の向上、県民に対する栄養知識の普及等を目的として、同県内の栄養士ら63名によりA（東北食品栄養協会）が

---

63) 組合については、組合財産は目的財産として組合員の財産から独立性を有することは、組合債務についても認められ、1つの合有債務となり分割債務とはならないが（大判昭11・2・25民集15巻281頁）、構成員は組合債務について分割責任のみを負うにすぎない（675条。補充性は認められない）。
64) 公益社団か営利社団かで債務の総有、合有を使い分ける学説もある（福地・理論332頁以下）。中間的目的の団体については、労働組合型の社団では公益社団に準じて扱い、協同組合型の社団では営利社団に準じて扱い、経済的取引も行うが、社会福祉的性格を持つ社団については公益社団に準じて扱われる。
65) 債務のみならず、物権的請求権に対応する義務や、不法行為責任の過失の前提となる注意義務についても、構成員全員に総有的に帰属する。

設立されたが（昭和40年8月）、事業実績がなければ設立許可を得られないという監督官庁の方針から、とりあえず法人格を持たずに実績を積む予定で活動をしていた。しかし、Aは昭和41年末取引停止処分を受け、その後何らの事業を行わず資産も皆無であった。そのため、Aに食品を販売したXらが、Aの会員Yら17名に対して連帯して支払うよう訴訟を提起した。原判決は、Yらの個人責任を否定し、Xの請求を棄却した。最高裁は、Xの上告を棄却する。
　[判旨]「権利能力なき社団の代表者が社団の名においてした取引上の債務は、その社団の構成員全員に、一個の義務として総有的に帰属するとともに、社団の総有財産だけがその責任財産となり、構成員各自は、取引の相手方に対し、直接には個人的債務ないし責任を負わないと解するのが、相当である」。原判決が、YらがAの名で負担した債務につき直接の義務を負わないとしたのは正当である。

4-44 ◆**社団財産に対する強制執行**
　権利能力のない社団を債務者とする金銭債権を表示した債務名義を有する債権者が、構成員の総有不動産に対して強制執行をしようとする場合、不動産が第三者の登記名義とされているときは、「債権者は、強制執行の申立書に、①当該社団を債務者とする執行文の付された上記債務名義の正本のほか、②上記不動産が当該社団の構成員全員の総有に属することを確認する旨の上記債権者と当該社団及び上記登記名義人との間の確定判決その他これに準ずる文書を添付して、当該社団を債務者とする強制執行の申立て」をしなければならない（最判平22・6・29民集64巻4号1235頁）。他方、仮差押えについては、「仮差押命令の申立書に、上記不動産が当該社団の構成員全員の総有に属する事実を証する書面を添付して、当該社団を債務者とする仮差押命令の申立てをすることができ」、「上記書面は、強制執行の場合とは異なり、上記事実を証明するものであれば足り、必ずしも確定判決等であることを要しない」（最決平23・2・9判時2107号112頁）。

4-45 ◆**構成員の責任を場合により認める学説**
　総有債務説、合有債務説さらには社団債務説でも、構成員の個人責任が事例によっては認められると考えられているが、その基準をめぐっては争いがある。
　①まず潜在的持分の有無を基準とし、構成員が潜在的持分を持たない場合には、総有財産のみが責任財産になるが、構成員が潜在的持分を有する場合には、組合と同様の出資義務を限度とした有限責任を負うものと考える学説がある（社団債務説であるが、森泉章「権利能力なき社団の法律関係」『民法基本論集第1巻総則』114頁）。しかし、潜在的持分の有無はどう判断されるのか、結局はそこに究極的な基準が求められざるをえない。②次に、利益が構成員に分配されるとか、脱退に際して

§Ⅱ 法人法定主義および権利能力なき社団

持分の払戻しが認められる営利的団体に限り、構成員の無限責任を認める学説もある（四宮86頁、松坂123頁、須永104頁、四宮＝能見152頁）[66]。営利団体については、組合か社団かを問わず、利益の帰するところに損失も帰するものとするわけである。本書は、営利・非営利かを問わず潜在的持分を認めるが、営利目的で配当や解散の際の清算がある社団には、675条2項を類推適用する（☞4-41）。

4-46 ◆代表者の補充的責任

例えば、ある地域の八百屋で構成する団体Aがあり、その代表者Bが団体Aを代表してCから融資を受けたが、その返済ができず、団体Aが解散してしまったとしよう。団体Aの財産を全部処分しても、Cに借金を返せない場合に、Cは契約を行った代表者Bに対して支払を求めることができるであろうか。

4-47 ❶ 否定説　合有説、総有説、社団債務説を問わず、権利能力なき社団への権利義務の帰属ないし実質的な帰属を認め、その総有財産だけが責任財産になるにすぎず、ありもしない団体をあるかのように装ったわけでもないので117条の類推適用の余地もなく、代表者の責任を認めることはできないというのが通説である（川井109頁、内田229頁、河上195頁）。相手方としては、法人ではないことはわかり、その責任財産を調査して取引をするかどうか決定すべきであり、適切な担保をとればよい。何度もいうように団体自体は存在しているのである[67]。

4-48 ❷ 肯定説　①他方で、権利能力なき社団の債務につき、代表者に補充的責任を肯定する学説がある（川島139頁、大学双書126頁［鍛冶良堅］、須永104頁）。その理由は、相手方の保護の必要性である。しかし、ない団体をあるかのように装ったのではなく117条の類推適用は無理であり、条文上の根拠づけがない。②また、ⓐ営利団体には社員の無限責任を肯定することにより社団の債権者の保護を図り、ⓑ社団構成員の責任が認められない非営利団体については、代表者の補充的責任を肯定する学説もある（星野・4-12論文298頁、松坂123頁、四宮＝能見153頁）。③代表者の補充責任を営利社団にのみ認める学説がある（福地・理論335頁）。しかし、いずれにしても条文上の根拠づけがないという難点は避けられない。

---

[66]　判例の分析であるが、23名による定置漁業組合について、権利能力なき社団の基準からいうとそれに該当する事例なのに、最判昭38・5・31民集17巻4号600頁は、組合員の責任を認めた原審判決は正当であるとしており、判例は営利社団か否かで分けて、営利社団の構成員については個人責任を負わせているという評価がある（河内宏『権利能力なき社団・財団の判例総合解説』9頁、11頁）。

[67]　代表者の補充的責任を肯定する学説の問題点は、条文上の根拠づけに欠ける点である。虚無人の代理人を名乗った者と同様に、権利能力なき社団を法人と偽ったわけではない。社団がないのにそれを虚構したわけでもない。実体がないのに、団体を虚構したのであれば117条の類推適用は可能であるが（福地・理論334頁）、社団という実在があるので、117条の類推適用の基礎を欠く。結局、代表者の責任を認めるのは困難である。会社法429条1項、一般法人法117条1項を類推適用するにとどめるべきである。

4-49 **(3) 権利能力なき社団をめぐるその他の問題**
　**(a) 契約当事者**　以上まで契約当事者という権利義務の帰属の入り口の問題に触れることなく、権利義務の帰属の問題を論じてきた。しかし、顕名の問題も含めてそもそも誰が契約当事者なのか、法主体性の認められない社団名義でなした契約が有効なのかという疑問がある。権利義務の帰属についての議論から推察すると、次のような考えが可能である。
　判例は、権利能力なき社団が代表者により社団の名で行為をするのは、「一々すべての構成員の氏名を列挙することの煩を避けるために外ならない」という（最判昭39・10・15民集18巻8号1671頁）。法人ではない団体が団体名で契約をするのは、構成員全員を当事者とする旨の表示であることを認めている。構成員全員が契約当事者となることを当然の前提としているが、その構成については沈黙している。権利・義務が合有的に構成員全員に帰属するとしても（判例では総有）、当事者は誰がどのような形でなっているのであろうか。1つの権利や義務が構成員全員に帰属するように、1つの契約当事者たる地位が構成員全員に合有的に帰属すると考えるべきである（判例では総有[68]）。契約の解除や取消しなどについて、業務執行として過半数で意思決定し、代表権限がある者が代表してこれを行使することになる。

4-50 　**(b) 不法行為責任**　権利能力なき社団の代表者がその職務を行うにつき不法行為を行った場合、または、社団の職員がその職務を行うにつき不法行為を行った場合、不法行為者本人と共に誰が損害賠償義務をいかなる根拠で負担するのであろうか。代表者の行為については、非営利団体であれば一般法人法78条、営利団体であれば会社法350条の類推適用により、また、被用者の行為については、715条1項により不法行為責任を負うと考えるべきである（椿369頁、四宮＝能見154頁）[69]。この場合の損害賠償義務も社団債務として、構成員全員に合有（判例では総有）的に帰属する。

---

68)　「対外的な活動の面におきましては、会長あるいは代表者が、理事が法人を代表するのと同じような意味で、構成員全員を代表して行う。その法律効果は構成員全員に総有的に帰属するということになるわけであります。代表者は構成員全員の代表といってもよい」（石田喜143頁）とか、「代表機関は、社団（総構成員）の名において（社団の代表者）として法律行為をすることができる」（四宮87頁）などと説明されている。
69)　数人の組合であれば、組合員全員が相互に密接な監督関係・利益享受関係を有し、相互に使用者責任に準じた責任を認めるのが適切な場合もありえよう。

## §Ⅲ 法人の設立

### 1 設立からみた法人の種類

4-51 **(1) 設立を行政庁のチェックに服せしめられる法人**

(a) **許可法人** 法人の設立に行政庁の許可が必要とされる立法方式を、**許可主義**といい、これによって設立される法人を**許可法人**という。次の認可とは異なる点は、認めるか否かは行政庁の自由裁量という点にある。削除される前の民法の公益法人の設立にはこの方式が採用されていた（旧34条）。現行法では、まず一般財団法人また一般社団法人が次の準則主義により設立され、一般法人が公益認定法に従い、行政庁により公益法人の認定を受けに公益社団法人・公益財団法人へと昇格することになる[70]。

4-52 (b) **認可法人** 法人の設立が行政庁の**認可**にかからしめられ、その認可を得て法人の設立が認められる立法方式を、**認可主義**といい、これによって設立される法人を**認可法人**という。法人の設立に行政庁のチェックを通すが、許可のように自由裁量ではなく、法の要求する要件を満たしさえすれば認可されることになる。例えば、公益法人の一種であるが、学校法人については文部科学省の認可によることになっている（私立学校法31条）。認可手続をより簡易化して、主務官庁の**認証**を必要とした**認証法人**というものもあり、宗教法人がその例である（宗教法人法12条）。

4-53 **(2) 準則法人──自由な設立が認められる法人**

いちいち行政庁のチェックを必要としたら、法人の設立に時間がかかり時代のニーズにあわせた会社を臨機応変に設立できず、また、行政庁がパンクしかねない。そこで、法定の要件さえ満たして設立手続を経て、法人登記さえすれば、それだけで当然に法人になることを認める立法形式が導入され、これを**準則主義**という。これにより設立される法人を**準則法人**という。会社がその代表例である（会社法49条）。労働組合（労働組合法11条）、区分所有者の

---

[70] 公益法人とは別に、**特定非営利活動促進法（NPO法）** が1998年（平成10年）12月に施行され、一般法人法制定後も存続している（認証法人である）。その後、税制上の優遇措置が付与される**認定特定非営利活動法人**（認定NPO法人）という制度も創設されている。

団体である管理組合法人（区分所有法47条1項）、一般法人（一般法人法22条・163条）、弁護士法人（弁護士法30条の9）なども、準則法人である。法人法定主義が採用されているものの、準則主義による設立ができる法人が多くなっており、法人設立の自由が広く保障されているといえる。

4-54 ◆**その他の特殊な法人**
　①政府が国策として特に重要な政府系の法人を設立する場合に、その法人を設立・運用するための法律が作られる。例えば、日本銀行は日本銀行法により設立され、国民生活センターは独立行政法人国民生活センター法によって設立されている。このようにして、個別の法律により法人の設立を認める立法方式を**特許主義**といい、この立法方式で設立された法人を**特許法人**という。②特異な法人として、相続人が不明の相続財産につき、被相続人が死亡しその財産の法主体がなくなったため、その管理を可能とするために、相続財産自体を法人としてしまうという、相続財産法人という制度がある（951条）。このように、形式的要件を一切不要とし、法の要求する要件が満たされさえすれば当然に法人の成立を認める方式を、**当然成立主義**といい、これにより成立した法人を**当然成立法人**という。

## 2　一般社団法人および一般財団法人の設立行為

4-55 **(1)　一般社団法人の設立行為**

　非営利目的の一般社団法人の設立のためには、発起人（法人でもよい）が法人の定款を作成して、団体の基本原理を確立しておく必要がある。定款で必ず記載しなければならないのは（**必要的記載事項**）、①目的、②名称、③主たる事務所の所在地、④設立時社員の氏名または名称および住所、⑤社員の資格の得喪に関する規定、⑥公告方法、および、⑦事業年度の7つである（一般法人法［以下「法」で引用］11条1項）。これら以外にも、社団法人の根本規則として規定するにふさわしい事項については、定款で規定をしておき、定款変更によらなければ変更ができないようにしておくことができる（**任意的記載事項**）。

4-56 ◆**一般社団法人の設立行為の法的性質**
　一般社団法人の設立のプロセスは、①設立者が集まって一般社団法人を設立することを合意し、②この合意に基づいて定款を作成すると共に出資をし、そして、③設立登記をするというものである（☞4-59）。②の社団の骨格を作り上げる点を捉えて設立行為というのが一般であり、①の合意は、社団を設立するため

§Ⅲ　法人の設立

に発起人が協力することを約束する組合契約（設立発起契約）であり、その履行としてなされる社団設立行為とは区別される（川島108頁）。②の社団設立行為を、法的にどう理解すべきかについては学説上争いがある[71]。

4-57　❶ **契約説**　社団設立行為も、組合契約と同様に契約の一種と理解する学説がある（四宮144頁、石田穰279頁）。例えば、「契約とは、主体者が相互にその意思を媒介として規範関係を設定する行為であり、社団設立行為にあってはただその法的効果が団体法的な複雑なものであるだけである」などといわれる（川島108頁）。「広義の組合契約の一亜種」というものもある（鈴木71頁）。ただし、同じ合意＝「契約」だとしても、売買などとは随分異なったものである。

4-58　❷ **合同行為説**　社団設立行為は、売買契約などのように一方が売る、他方が買うといった合意ではなく、全員の意思表示が社団を設立しようというものである。そのため、社団設立行為を、合意ではあるが契約とは区別して合同行為に分類するのが古くからの通説である（鳩山164頁、我妻147頁、於保96頁、161頁、川井76頁）。合同行為説の利点としては、当事者の1人の行為が無効であったり取消しがされたとしても、設立行為に影響を与えないことが指摘されている。しかし、契約説でも、一部無効・取消しにより対処しうること上記のようである。その意味では、議論の実益は乏しいといわざるをえない。

4-59　◆**法人成立までのプロセス――法人の権利能力の始期**
　一般社団法人が成立するまでのプロセスを敷衍するとこのようである。①まず、発起人らにより、社団を作りこれを法人とすることについて合意がされる。そして、これに基づいて、団体を作り上げる準備がされる。この段階の団体は**発起人団体**しか存在せず、これは民法上の組合である。②次に、発起人らによって法11条の必要的記載事項を満たした定款が作られ（法13条により定款は公証人の認証が必要）、社団の構成員を募集し、設立集会が開催され設立が決議され、設立時理事を選任した段階で社団が成立する（組合は目的を達し解散）。いまだこの段階では権利能力なき社団にすぎない。③最後に、法人を代表すべき者（設立時理事または設立時代表理事）により、法定の期限内に、主たる事務所の所在地を管轄する法務局または地方法務局に設立の登記の申請を行い、これが受け付けられて一般社団法人が成立する。

4-60　**(2) 一般財団法人の設立行為**

　財団法人の設立行為[72]（削除前の民法規定では「寄付行為」と称されてい

---

71)　組合契約についても同様の議論があるが、民法改正により、法的性質については明らかにせずに、組合契約の履行、一部の当事者の意思表示の無効や取消しの契約への影響などについて規定が設けられた（667条の2・667条の3）。

た）は、以下のようである。①設立者（法人でもよい）が定款を作成し（定款の必要的記載事項は法153条に規定）、公証人の認証を受け（法155条）、②設立者が財産（価額300万円以上）の拠出の履行を行い、③定款の定めに従い、設立時評議員、設立時理事、設立時監事（設立時会計監査人を置く場合は、この者も）を選任し、④その後、設立時理事および設立時監事が、設立手続の調査を行い、⑤法人を代表すべき者（設立時代表理事）が、法定の期限内に、主たる事務所の所在地を管轄する法務局または地方法務局に設立の登記の申請を行うことになり、この登記が受け付けられて、一般財団法人が成立する（法163条）。設立中の財団は、権利能力なき財団と考えられている（最判昭44・6・26民集23巻7号1175頁。森泉章『公益法人判例研究』18頁）。

4-61 **◆寄付行為の仮装行為——無効の制限**

当事者が通謀して財団法人の設立を仮装した場合の法的扱いについては、判例に変遷がある。4-62の無効・取消しの制限には虚偽表示は含まれていない。

①仮装の合資会社を設立した事例につき、大判昭7・4・19民集11巻837頁は、「定款の作成は合同行為にして各社員の意思表示は併行するが故に、其の意思表示に付ては相手方なるもの在ることなく」、94条の通謀虚偽表示の規定の適用はなく、各社員が心裡留保で意思表示をしたものであり93条1項本文（改正前93条本文）により有効であるとされている。93条1項ただし書（改正前93条ただし書）は、合同行為には適用にならないとされている。

②その後、仮装して財団法人AをYらが設立した事例について、94条1項が類推適用されている。財団法人Aに対する手形債権者Xが、債権保全のために財団法人Aに代位して、Yらに対して寄附債務の履行を求めた事例である。最判昭56・4・28民集35巻3号696頁は、「財団法人を設立するためにされる寄附行為は、相手方を必要としない単独行為であるが、その一環をなす財産出捐行為が、現実には財団法人設立関係者の通謀に基づき出捐者において真実財産を出捐する意思がなく単に寄附行為の形式を整える目的で一定の財産を出捐する旨を仮装したというにすぎない場合においては、右事実関係を実質的に考察し、<u>当該寄附行為について民法94条の規定を類推適用してこれを無効</u>」とし、94条2項により第三者への無効の対抗を制限した。この構成が適切である。

---

72）寄附行為の法的性質については、単独の設立者の場合には単独行為と考えるしかないが、複数の設立者が共同で出資して財団法人を設立する場合には、どう考えるべきであろうか。①この場合は、合同行為とは考えられず、単独行為が単に競合しているだけと考えるのが多くの学説であるが、②設立者間にまず財団法人設立のための合意があり、広い意味で契約であるという考えもある（石田穣286頁以下）。

### 4-62 (3) 法人設立の無効・取消し

　法人設立行為に錯誤、詐欺または強迫があった場合に、設立者が設立行為の無効や取消しを主張することが考えられる。民法の原則通りにこれらの主張を認めたのでは、法人の存在を信じて取引関係に入った第三者が不測の損害を受けるし、また、いつまでも設立の無効を主張しうるとすると、法律関係の混乱を招くおそれがある。

　そのため、会社法では設立無効は訴訟によることを必要とし、また成立から2年という期間制限が設けられている（会社法 828 条 1 項 1 号）。一般社団法人についても、「一般社団法人等の設立」の無効は、「一般社団法人等の成立の日から2年以内」に「訴えをもってのみ主張することができる」と制限されている（法 264 条 1 項 1 号）。一般財団法人については、「設立者（……［遺言による場合は］、その相続人）は、一般財団法人の成立後は、錯誤を理由として財産の拠出の無効を主張し、又は詐欺若しくは強迫を理由として財産の拠出の取消しをすることができない」ものとされた（法 165 条）。

# §Ⅳ 法人登記

### 4-63

　法人がどのようなものなのか、法人と取引をしようとする者が容易に確認することができるよう、**法人登記**という制度が設けられている（36 条）。一般法人についても、法 316 条により、「登記所に、一般社団法人登記簿及び一般財団法人登記簿を備える」ものとされている。登記事項に変更が生じた場合には、2週間以内に変更登記をしなければならない（法 303 条）。

　一般法人登記の効力については、登記の対抗力と虚偽の登記の対抗不能とが規定されている。まず、一般法人登記の対抗力については、「この法律の規定により登記すべき事項は、登記の後でなければ、これをもって善意の第三者に対抗することができない。登記の後であっても、第三者が正当な事由によってその登記があることを知らなかったときは、同様とする」と規定されている（法 299 条 1 項）。次に虚偽の登記の対抗不能については、「故意又は過失によって不実の事項を登記した者は、その事項が不実であることをもっ

て善意の第三者に対抗することができない」とされている（法299条2項）。94条2項とは異なり、過失により誤った登記がされた場合にも適用される。

§Ⅴ
## 法人の活動

### 1 法人のなしうる行為および取得しうる権利義務

4-64 **(1) 性質または法令による制限**

　法人は、婚姻、養子縁組といった自然人の人格を前提とする身分行為はできないし、身分関係を前提とする親権等の権利義務の帰属も認められない[73]。夫婦、親子、兄弟といった身分を前提とする相続は法人には考えられない。これに対し、遺贈を受けることは可能である。また、自然人を前提とした、大学受験、司法試験等の資格試験の受験、運転免許の取得等は不可能である。以上については、規定はないが当然のことである。雇用契約の被用者は自然人を前提とし、法人の場合には人材派遣といった別の契約になる。後見人、取締役、破産管財人等々については微妙であり、成年後見人については法人も就任可能と考えられている。

　また、法人は、34条に規定するように、その権利の取得や義務の負担について「法令の規定に従」うことになるが、法人・自然人を問わず取締法規による行為制限に服することは当然である。

4-65 **(2) 目的による制限**

　**(a) 規定の沿革および運用の指針**　民法は、「法人は、法令の規定に従い、定款その他の基本約款で定められた目的の範囲内において、権利を有し、義務を負う」(34条)、と規定している。3人の現行民法原案起草者の中で唯一イギリスに留学した穂積陳重により、イギリス法の**ウルトラ・バイレス ultra vires 法理**が導入されたものである[74]。これは、19世紀半ばにおけ

---

73) また、人格を前提とする、名誉、プライバシーなどの人格権も法人には認められないはずであるが、判例・通説は、名誉に信用を含め財産的損害を問題にすることを認めるため、法人にも名誉を認めている（最判昭39・1・28民集18巻1号136頁）。

る、法人特に株式会社をその定款の目的の範囲でしか活動ができないものとして抑圧しようとした法理である。その後、資本主義社会の発展の中核を株式会社が支えるようになり、法人抑圧政策が180度転換されるようになると、この法理には疑問が提起され、アメリカではこの法理を廃止する州が増えている。そのため、34条は現在では立法論的に疑問視されている[75]。

34条をめぐる問題点は、①「目的」の範囲内か否かの判断、および、②これに違反して目的外の行為がされた場合の効果の2つであるが、本規定が立法論としては疑問視されることから、抑止的に解釈運用されるべきである。以下の3つがこの点の解釈をめぐっては考慮されるべきである。

> ① **法人および社員保護** 法人が定めた目的を離れて、代表者らにより法人活動が運用されることにより、法人の設立者や株主等の利益が害されないようにする必要性がある。
> ② **公益法人の特殊性** 公益法人については、公益目的ということが隠れ蓑に使われることを回避する必要性がある。
> ③ **取引の安全保護** 他方で、外部の者に法人の定款を調べることを要求するのは、取引の安全保護また取引の迅速性という要請に反する。

4-66　**(b)　34条は何を制限しているのか——違反の効力**

❶　**権利能力制限説**　民法の起草者は、34条を法人の取得しうる権利義務の範囲を規定したもの、すなわち法人の権利能力を制限した規定と理解していた。梅は、34条（旧43条）は、「法人の仮定の範囲を定めたるものなり。法人は法律の仮定なるが故に其目的の範囲内に於てのみ人に均しき効力を有するものにして、其目的以外に於ては法律の仮定なく全く人格なきもの

---

74) 34条につき詳しくは、河内宏「民法43条・53条〜55条」『民法典の百年Ⅱ』1頁以下、前田達明『民法のなぜがわかる』322頁以下参照。
75) 34条（当初43条）の趣旨について、広中俊雄編『民法修正案（前三編）の理由書』99頁以下では、「法人は固と法律の創設に係り或目的の為めに存するものなるを以て其権利能力も法律の規定及び其目的の範囲内に於てのみ存し其界以外に於ては法律上の存在を有することなし」、「中世以来往々法人の擬制を不当に拡張し法人は自然人に均しき能力を有するものなりとしたれども近世に至りては法人は限定能力を有し其能力は其設立の目的に因りて限界せらるるものなりとの説は殆ど疑を容るる者なきに至れりゆえに法人の行為にして設立の目的の範囲外に在るものは謂はゆる越権行為にして（Ultra Vires）之を無効とすべきや固より論を俟たざるなり」と説明されている。

と看做さざるを得ず。是れ本条の規定の主旨とする所なり」と述べている。古くはこの理解が通説であり（梅89頁、富井251頁、鳩山139頁）、現在でも支持者がある（石田穣300頁、川井82頁、船越404頁など）。違反してなされた行為は無効となる。最判昭45・6・24など判例は（☞4-75）、会社の「権利能力の範囲内」かどうかを問題としており、この立場といえる。

4-67 **❷ 行為能力制限説** 4-15に述べた法人の行為能力を肯定する説では、代表者の行為が法人の行為となるが、34条はそのためには代表者の行為が法人の目的の範囲内の行為でなければならないことを規定したものと考える（新注民(2)226頁［高木多喜夫］、石田喜122頁、近江111頁、北川76頁など）。法人の目的外の代表者の行為は、「法人の行為とはならない」ことになる。①法人実在説は、代表者の行為を法人自体の行為と認めるので（鳩山180頁［**法人の行為能力肯定説**］）、この説になじみやすい。②他方、代表と代理の差を否定し「法人自体の行為」なるもの否定する学説もあり（幾代117頁、川島122頁［**法人の行為能力否定説**］）、この立場では、行為能力の制限とは異なる説明が必要になる[76]。

4-68 **❸ 代表権制限説** 以上に対して、34条は目的の範囲内の行為に代表権を制限しているものと考える学説もある（星野132頁、川島112頁、鈴木77頁、須永119頁、四宮＝能見112頁など）。この考えによると、先の事例は、理事がその代表権の範囲外の行為をしたことになり、無権代表であり法人にその効力は「帰属しない」ことになる[77]。目的外の行為は無権代表になるので、追認の余地はあるが、定款の目的の変更に準じて総会の決議が必要になる。

4-69 **(c) 目的の範囲内か否かの判断基準** 例えば、「日本における法律学における学術振興」のための公益財団法人Ａが設立されたとしよう。法人の行為は、目的との関係でみると、次の２つに分けることができる。

> **① 目的達成のために直接に必要な行為** このＡ財団が、法律学の振興を

---

[76] 法人が国家試験を受験できないというのも、権利能力というよりもなしうる行為の制限であり、自然人において制限行為能力者や破産者が破産管財人になれないというが、権利能力の制限というよりも、なしうる行為の制限であるのと同様である。法人の行為能力否定説でも、このような特殊な行為制限を認めることは可能である。あえて行為能力という必要はない。

[77] 定款の目的による制限は、法人の代表機関の法人に対する内部的義務を定めたものにすぎず、その違反により内部的に理事の法人に対する責任が生じるにすぎないという学説もある（**内部的責任説**）。これは、商法学者により営利法人を念頭にして主張されている学説である。

直接の目的とするところの行為、すなわち優れた法律学の論文に奨学金を与えるとか、法律学の大学院生に奨学金を貸与する、法律学の研究書の出版助成をするなどといったことができるのは当然である。

② **目的達成のために必要な行為または関連する行為**　A財団は財産の運用また①の事務処理のためには、従業員を雇い入れたり、建物を事務所として賃借したり、事務機器を購入したりできて当然である。さらに、目的達成に間接的に必要な行為、例えば法律学川柳を公募する行為は、市民に法律学に関心を持ってもらう契機になり、許される。

　判例は、②について、「定款の記載自体から観察して、客観的に抽象的に必要であり得べきかどうかの基準に従って決すべき」であると述べており（最判昭27・2・15民集6巻2号77頁）、目的達成のために客観的・抽象的に必要で「あり得べき」行為という基準を設定している。代表者が事業に失敗した場合は、株主の代表者に対する責任追及さえ認めればよい。このように、「客観的に抽象的に必要であり得べき」ということは広く解釈されるべきであり、公益法人とは異なって、営利法人については今や目的による制限はなきに等しくなっている。会社では代表者が、自分のファンの歌手に会社を代表して資金援助をしても、内部的な責任が残されるだけになる。

4-70　◆**目的の範囲内か否かについての判断**
　(1) **営利法人について──制限なきに等しい**
　　初期の判例は、定款に記載した目的を厳格に解しており、会社の功労者に功労金を贈与することをできないと判断したが（大判明36・1・29民録9輯102頁）、その後、鉄道会社が石炭採掘事業を行うことを認め（大判昭6・12・17新聞3364号17頁）、戦後もこの傾向が拡大され、会社が他人の債務の連帯保証をすること（最判昭30・10・28民集9巻11号1748頁）、会社が平素取引関係にある会社を支援するために自己の不動産に抵当権を設定すること（最判昭33・3・28民集12巻4号648頁）、製鉄会社が政治献金をしたことが問題になった八幡製鉄政治献金事件でも、政治献金は可能であるとされている（最判昭45・6・24☞4-75）。この結果、34条の制限は営利法人に関する限り、有名無実になっている。

4-71　(2) **非営利法人について──制限が残されている**
　　公益法人を中心とする非営利法人についても、同様に拡大がされてきているが、営利法人とは異なり歯止めがかけられている。初期には、厳格な運用がされたことは、営利法人と同様である（大判大1・9・25民録18輯810頁）。ところが、

その後、目的に厳格に縛られない運用をしながらも（例えば、最判昭35・7・27民集14巻10号1913頁[78]）信用共同組合が、法定の例外に当たらない非組合員から預金を受け入れる行為を有効と認める）、他方で、目的外の行為と認定されている事例が少なくない。例えば、農業共同組合が、非組合員に対して資金を貸し付けた行為（最判昭41・4・26 ☞ 4-72）、労働金庫が非組合員に資金を貸し付けた行為（最判昭44・7・4 ☞ 4-73）が、目的外の行為とされている。

このように非営利法人では、目的による限界づけをある程度堅持する背景には、法人の財政的基盤の安定を図り、それによって構成員の利益を保護しようとする後見的保護の考えによるものという評価がされている。

4-72　**(a) 抵当権実行前の事例**　農協 X の非組合員 $Y_1$ への貸付がなされ、また、$Y_2$（X の代表理事）がこの債務につき保証をし保証債務を担保するために抵当権の設定が合意された事例で、X が $Y_2$ に対して保証債務の履行および抵当権の設定登記を求めたのが、退けられている（最判昭41・4・26民集20巻4号849頁）。

最高裁は、①上記金員貸付が組合員でない者に対してなされたことのみならず、②$Y_2$ も本貸付が X 組合の目的事業とは全く関係のないものであり、組合定款に違反することを承知して貸し付け、また $Y_1$ も上記事情を承知してこれを借り受けたことから、「右貸付が組合の目的範囲内に属しないことが明らかであることを理由に、右貸付が無効である」とした原審の判断を是認している。原審は、「右消費貸借が原判示の理由により無効である以上、右保証もまた無効であり、従って右保証債務を担保するためなされた右抵当権設定契約もまた無効であると判断して」おり、審理不尽、理由不備の違法は認められないという。

4-73　**(b) 抵当権実行後の事例**　ところが、その後、抵当権実行後の事例で、員外貸付を無効としつつそのために設定された抵当権またその実行の無効を主張することが退けられている（最判昭44・7・4民集23巻8号1347頁）。

最高裁は、「労働金庫法が58条においてその事業の範囲を明定し、その99条において役員の事業範囲外行為について罰則を設けていること、同法がその会員

---

[78]　員外貸付については、最判昭33・9・18民集12巻13号2027頁は、農協 X が非組合員たるりんご移出業者 Y にりんご買付資金を貸し付けて集荷させ、Y から X が販売委託を受けて手数料を収受する契約をしたが、員外貸付であり無効（保証契約も）とした原審判決を破棄し、販売委託契約が中心でありその資金として貸し付けたのであり、「事業に附帯する事業の範囲内に属するもの」としている。員外貸付についての判例をまとめると、次のようにいえる。①労組の場合には員外貸付というだけで目的外とされ無効になる。②農協の場合には、ⓐ目的事業と関係する場合には、目的外とはされず有効となる。ⓑ目的事業と関係ない場合には、目的外となり無効である。無効となる場合にも、ⅰ担保実行後は無効の主張が制限される。抵当権実行後は競落人を保護する必要があり、悪意の第三者の提供した法人に対する預金債権を担保にとり、相殺により実行をした場合に無効の主張が制限されている。ⅱ担保実行前の事例では、法人側が善意である場合には、無効の主張が制限され、法人が悪意の事例には、無効の主張が制限される。信用組合が、非組合員の債務につき併存的債務引受けをした事例につき、相手方債権者は債務者が組合員であると思っていたのであり、信用組合が、本件保証または債務引受けがその目的範囲内に属しないことを理由として効力を否定することは、信義則上許されないものとした判例がある（東京高判昭59・8・30判時1128号48頁）。

の福利共済活動の発展およびその経済的地位の向上を図ることを目的としていることに鑑みれば、労働金庫におけるいわゆる員外貸付の効力については、これを無効と解するのが相当であ」る。しかし、X（債務のために抵当権を設定し、その実行がなされた後に、競落人に競売を無効と主張し移転登記の抹消登記手続を求めた事件）は「自ら虚無の従業員組合の結成手続をなし、その組合名義をもって訴外労働金庫から本件貸付を受け、この金員を自己の事業の資金として利用していた」ため、「Xは右相当の金員を不当利得として訴外労働金庫に返済すべき義務を負って」おり、「本件抵当権も、その設定の趣旨からして、経済的には、債権者たる労働金庫の有する右債権の担保たる意義を有するものとみられるから、Xとしては、右債務を弁済せずして、右貸付の無効を理由に、本件抵当権ないしその実行手続の無効を主張することは、信義則上許されない」とされた[79]。

4-74 ◆**法人の政治献金など**

判例は、営利法人による政治献金については会社の目的の範囲内としたが（☞4-75）、設立が法により強制されている非営利法人では（☞4-76）目的の範囲外としている。他方で、災害義援金の支出については、設立が法により強制されている非営利法人でも目的の範囲内とされている（☞4-77）。

学説をみると、34条の解釈論として政治献金を目的の範囲外というのは無理があるという評価もあるが（内田238頁）、これを目的外として無効とするのが通説である（山田創一「政治献金と法人の目的の範囲」山院43号49頁以下参照）。目的範囲外とする理由は、①取引の安全保護を強調する必要がないこと、②会社財産が定款所定の目的を逸脱して濫費されないという社員の利益の保護が重視されるべきこと（これは営利会社について）、③参政権に連なる投票の自由ひいては思想・信条の自由、政治的行為をなす自由は多数決原理によっても奪われない構成員の固有権に当たることなどである。法人の政治献金は、見返りを期待して行えば贈賄となるし、見返りが全くなく法人にメリットがなければ背任になるという性質を有しており、アメリカでは禁止されている（山田・前掲論文47頁）。政治献金は、営利法人・非営利法人を問わず法人の目的の範囲外と考えるべきである[80]。

---

79) 抵当権設定契約につき、不当利得返還請求権のために無効行為の転換をすることまで明言はしていない。実行後にその無効を主張できないというだけである。4-72の事例は、抵当権設定登記を求める事例でこれを否定したが、実行前というだけでなく、借主の不当利得返還義務の保証として保証を無効行為の転換により有効にし、抵当権を有効にすることが問題とされている。

80) ただし、例外として、①傾向企業による政治献金、②法人の構成員全員が賛成して行う政治献金、および、③法人が構成員から任意の寄付を徴収し、その協力を得られた構成員から得た金額を献金する場合については、構成員の思想・信条の自由、政治的行為をなす自由を侵害しないので政治献金ができるものとされている（山田・4-74論文45頁）。

4-75　**(1) 会社の事例（八幡製鉄政治献金事件［目的内］）**
　　会社については、政治献金も目的の範囲内と認められている（最判昭45・6・24民集24巻6号625頁）。次のようである。
　　「ある行為が一見定款所定の目的とかかわりがないものであるとしても、会社に、社会通念上、期待ないし要請されるものであるかぎり、その期待ないし要請にこたえることは、会社の当然になしうるところである」。「会社にとっても、一般に、かかる社会的作用に属する活動をすることは、無益無用のことではなく、企業体としての円滑な発展を図るうえに相当の価値と効果を認めることもできるのであるから、その意味において、これらの行為もまた、間接ではあっても、目的遂行のうえに必要なものであるとするを妨げない。災害救援資金の寄附、地域社会への財産上の奉仕、各種福祉事業への資金面での協力などはまさにその適例であろう。会社が、その社会的役割を果たすために相当な程度のかかる出捐をすることは、社会通念上、会社としてむしろ当然のことに属するわけであるから、毫も、株主その他の会社の構成員の予測に反するものではなく、したがって、これらの行為が会社の権利能力の範囲内にあると解しても、なんら株主等の利益を害するおそれはない」。

4-76　**(2) 非営利法人の事例**
　　**(a) 政治献金の事例（南九州税理士会政治献金事件［目的外］）**　Y（南九州税理士会）が、税理士法改正運動に要する資金に充てるため、A政治連盟へ配布するという使途を明示して、総会により会員から特別会費5000円を徴収する旨の議決をしたことは、法人の目的外とされている（最判平8・3・19民集50巻3号615頁）。Xは特別会費の納入を拒否したため、YがXの選挙権、被選挙権を停止したまま役員の選挙を実施したことから、XがYに対して、特別会費納入義務の不存在の確認、選挙権、被選挙権停止処分の無効の確認、役員選挙の無効、慰謝料500万円の支払を求めて訴訟を提起した事例である。最高裁は、4-75 八幡製鉄政治献金事件判決を確認した上で、以下のように政党への寄附を税理士会の目的範囲外の行為とし、議決を無効とする。
　　「税理士会が前記のとおり強制加入の団体であり、その会員である税理士に実質的には脱退の自由が保障されていないことからすると、その目的の範囲を判断するに当たっては、会員の思想・信条の自由との関係で、次のような考慮が必要である」。「政党など規正法上の政治団体に対して金員の寄付をするかどうかは、選挙における投票の自由と表裏を成すものとして、会員各人が市民としての個人的な政治的思想、見解、判断等に基づいて自主的に決定すべき事柄である」。「公的な性格を有する税理士会が、このような事柄を多数決原理によって団体の意思として決定し、構成員にその協力を義務付けることはできない」。

4-77　**(b) 復興支援拠出金の事例（群馬司法書士会復興支援拠出金事件［目的内］）**
同様の強制加入団体である司法書士会について、義援金への拠出は法人の目的内

とされている（最判平 14・4・25 判タ 1091 号 215 頁）。Y（群馬司法書士会）が、阪神・淡路大震災により被災した兵庫県司法書士会に 3000 万円の復興支援拠出金を寄附することとし、会員から登記申請事件 1 件当たり 50 円を徴収することを決定したのが、目的の範囲内と認められている。

　最高裁は、「司法書士会は、……その目的を遂行する上で直接又は間接に必要な範囲で、他の司法書士会との間で業務その他について提携、協力、援助等をすることもその活動範囲に含まれるというべきである。そして、3000 万円という本件拠出金の額については、それがやや多額にすぎるのではないかという見方があり得るとしても、阪神・淡路大震災が甚大な被害を生じさせた大災害であり、早急な支援を行う必要があったなどの事情を考慮すると、その金額の大きさをもって直ちに本件拠出金の寄付が Y［群馬司法書士会］の目的の範囲を逸脱するものとまでいうことはできない」として、「本件拠出金を寄付することは、Y の権利能力の範囲内にある」とした。

## 2　法人の不法行為

4-78　**(1)　法人が不法行為責任を負う諸類型**

　**(a)　特定の個人の不法行為によるもの**　会社法 350 条は「株式会社は、代表取締役その他の代表者がその職務を行うについて第三者に加えた損害を賠償する責任を負う」と規定しており、一般法人についても「一般社団法人は、代表理事その他の代表者がその職務を行うについて第三者に加えた損害を賠償する責任を負う」と同様の規定がある（法 78 条。一般財団法人に準用される［法 197 条］）。従業員の不法行為については、法人か自然人かを問わず使用者が責任（使用者責任）を負うことになっている（715 条 1 項本文）。以下には、一般法人法についてのみ説明したい。

4-79　　**◆法人の不法行為能力**

　法人の不法行為能力の問題は、4-66 以下に説明した法人の行為能力とパラレルな問題である。すなわち、代表者の不法行為は法人の不法行為と考えるべきか、それとも、代表者の行為についても、使用者責任と同じように他人の行為についての代位責任の問題なのか、という議論である（自然人についての責任能力とは異なる問題である）。①法人実在説の有機体説の立場からは、社会的活動の単位として法人を認め、その行為というものを認めるため、法人自体の不法行為が認められている（鳩山 147 頁）。②しかし、法人擬制説では、法人自体の行為は認められず、使用者責任同様の代位責任であることになる（川島 127 頁）。本書は後者の立場である。なお、代表者の不法行為を法人の不法行為と認めるかという

問題は、次に述べる法人自体の不法行為を認めるのかという問題とは異なり、②説でも、法人自体の不法行為を認めることは矛盾ではない。

4-80　(b)　**特定の個人の不法行為を問題にする必要のないもの**　①717条の土地工作物責任は、法人が所有する土地の工作物の瑕疵により損害を受ければよく、特定人の行為を問題にする必要はない。製造物責任も、製造物責任法（PL法）の「製造者」といった主体に該当すれば、法人も製造物責任を負う。無過失責任なので、誰かの過失を問題にする必要がないが、製造・販売という不法行為をしたのは誰かは問題にでき、法人自体が製造・販売者と考えられる。②さらには、709条の過失責任についても、例えばスーパーでの事故発生防止のために人的・物的組織を整備すべき義務のように、法人自体の義務違反＝過失を認めることができ（組織過失）、**法人自体の不法行為**を理由にその709条の責任を認めることが可能になっている。

4-81　(2)　**一般法人法の代表者の不法行為**

(a)　**成立要件**

(ア)　**「代表理事その他の代表者がその職務を行うについて第三者に加えた損害」**　法人の代表者が「その職務を行うについて」第三者に加えた損害であることが必要である（法78条・197条）。この「その職務を行うについて」とは、「行うために」では狭すぎ（そのような主観的意図がなくてもよい）、「行うに際して」では広すぎる（理事が外回りの仕事中に泥棒に入っても法人に責任なし）ためにこのような表現が採用されており、715条の「その事業の執行について」と同様である。ここでも715条同様に広く解されており、その職務の範囲の行為に厳格に限られるものではなく、その地位を利用して権限を越える行為をした場合にも、第三者からみて権限内の行為と思われるような行為については、それを法人との取引と信じた第三者を保護するために法人の責任が認められている（旧44条時代の判例）。

4-82　　◆**本来の地位・権限を利用した濫用行為（取引的不法行為）**

問題となるのは、法人のために行動している最中ではなく、代表者がその地位を悪用した行為をした場合である（理事が無権限で手形を振り出したり、他人から預かっている財産を着服した場合）、理事の職務行為との適当な関連性があるか否かを基準として判断すべきである（四宮＝能見138頁）。例えば、理事が権限外の取引行為をした場合にも、法人が法78条により責任を負うべきである。この場合には、報償責任というほかに、そのような者に法人の運営を総会により委ね

たリスクであることのほかに、取引の安全保護という考慮が必要になる。そのため、民法に規定されていた時代の判決であるが、①行為の外形からその職務に属するとみられるか否かで判断し（最判昭41・6・21民集20巻5号1052頁等）、かつ、②相手方が理事の越権行為であることにつき、悪意または重過失がないことが必要とされる（最判昭50・7・14民集29巻6号1012頁）。

4-83　**(イ) その代表者に709条の要件が満たされていること**　代表者の行為に709条の不法行為責任の要件も満たされていることが、法78条の適用のために必要となる。代表者の行為が何らかの原因になっているからといって、不法行為として責任が問題とならない行為について、法人が責任を負わされるいわれはないからである。

4-84　**(b) 代表者の不法行為の効果——代表者個人の責任**　上記の要件が満たされると、一般法人は損害賠償責任を負うことになる。損害賠償の範囲等その内容については、不法行為法によって規律される（例えば、消滅時効は724条による）。法人が責任を負う場合に、問題の行為をした代表者自身は、法人に対して債務不履行責任を負うことになるが（対内的責任）、被害者に対しても不法行為責任を免れない（対外的責任）。法人の不法行為能力肯定説では、代表者の行為は法人の行為になるので、法人だけが責任を負い、個人の不法行為ではないので理事自体は責任を負わないのかが議論されたが、判例は代表者の責任を認めている（大判昭7・5・27民集11巻1069頁〔「あゝ玉杯に花うけて」事件判決。著作権を侵害して出版した会社の代表者の責任を肯定〕）。

4-85　**◆代表者個人の責任**
　①代表者により不法行為がされた場合、法人が責任を負うと共に代表者も709条の責任を負うことは4-84に述べた通りである。②従業員の不法行為について、会社が使用者責任を負うのと共に、代表者が代理監督者としての責任を負うことも考えられる（715条2項）。③会社が倒産し、顧客が建物の建築を受けられない、売主が代金を受けられない等の債務不履行による損害を受ける場合、代表者が第三者に対して責任を負うことはないのが原則である。ところが、法人に対する義務違反について悪意または重過失があれば、役員等は第三者に損害賠償義務を負うものとされている（会社法429条1項）。会社法429条1項については、政策的に特別の責任を認めたものであり（**法定責任説**といわれる）、「その任務懈怠につき取締役の悪意または重大な過失を主張し立証しさえすれば、自己に対する加害につき故意または過失のあることを主張し立証するまでもなく……賠償を求めることができ」る（最判昭44・11・26民集23巻11号2150頁）。**間接損害**といわ

れる事例である。④このほかに、法人自体の不法行為が問題になる場合に、著作権や名誉を侵害しないようチェック体制を十分組織すべき会社自体の義務違反が問題になり、代表者にはそれを実現すべき会社に対する義務違反が認められる。この場合にも、会社法429条1項が適用され、**直接損害**といわれる事例である。以上の議論は、一般法人にも当てはまる（法117条1項）。

## §Ⅵ 一般法人の組織

### 1 一般法人に共通の組織

4-86 **(1) 理事**

**(a) 選任など** 理事は、社団法人か財団法人かを問わず一般法人の業務執行者であり（法76条・197条）、一般法人には、必ず1人または数人の理事を置かなければならない（法60条1項・197条）。理事を複数置く場合には、4-89に述べるよう代表権を持つ代表理事とそうではない理事とを選任できる[81]。理事の氏名、代表理事の住所は法人登記の公示事項である（法301条・302条）。理事は法人との委任契約に基づいて、理事としての職務を執行するものである。その選任、依頼される内容などについては、定款によるが、そこに規定がない事項については委任契約の規定が適用される（法64条・172条1項）。理事の義務については、善管注意義務（644条）に加えて、忠実義務（法83条・197条）および報告義務（法85条・197条）が特に規定されている。

4-87 **◆利益相反行為の禁止**

理事は、①「自己又は第三者のために一般社団法人の事業の部類に属する取引」、②「自己又は第三者のために一般社団法人と取引」、および、③「一般社団法人が理事の債務を保証することその他理事以外の者との間において一般社団法人と当該理事との利益が相反する取引」をしようとする場合には、「社員総会において、当該取引につき重要な事実を開示し、その承認を受けなければならな

---

[81] 理事が複数選任される場合には、定款によって**理事会**を置くことができる（法60条2項）。理事会は、全ての理事で組織され（法90条1項）、業務執行の決議、理事の職務の監督、代表理事の選定（理事の中から代表理事を選任しなければならない）および解職を職務とする（同条2項）。理事会は、法定の事項その他重要な業務執行を理事に一任することは許されない（同条4項）。

い」(法84条1項・197条)。理事の忠実義務に違反し、一般社団法人の利益を犠牲にして自己または第三者の利益を図ろうとするおそれがあるため、これを禁止し、総会の承認を必要としたのである。ほぼ会社法356条の取締役についての規定に等しい。禁止に違反してなされた利益相反行為は無権代表になるが、特別法が問題となった事例で無効の主張が制限されている（☞4-88)[82]。

4-88

> ●**最判昭58・4・7民集37巻3号256頁** ［事案］農業協同組合（農協）の理事が、農業共同組合法旧33条の「組合が理事と契約するときは、監事が組合を代表する」という規定に反して、農協から融資を受けた事例で、理事の債務のため自己の農協に対する預金を担保として提供した者が、農協の理事に対する本件貸付は無効であると主張し、担保の実行（相殺）を理由に払戻しに応じない農協に対して、預金の払戻しを求めた訴訟につき、最高裁は請求を棄却した原判決を支持している。
> ［判旨］農業協同組合法33条（旧規定）の趣旨は、「組合と理事との間で利害の対立する契約について、理事の代表権を制限することにより、理事が組合の利益の犠牲において私利をはかることを防止し、組合の利益を保護することを目的とするものであるから、同条の右趣旨からすると、<u>組合が理事との間で締結された消費貸借契約を有効なものとして扱い、右契約に基づく理事の債務の担保として提供された第三者の組合への預金をもつて右債務の弁済に充当した場合には、理事はもちろん、右担保の提供者である第三者においても、右消費貸借契約が前記規定に違反することを理由としてその無効を主張することは、許されない</u>」。

4-89　**(b) 理事の代表権**　理事は、原則として一般法人の代表権を持ち（法77条1項本文・197条)、理事が複数いる場合にも各理事が「各自」代表権を持つ（法77条2項・197条)。ただし、代表権を持つ理事（代表理事）を特に定めた場合には、それ以外の理事には代表権は認められない（法77条1項ただし書)。「代表理事は、一般社団法人の業務に関する一切の裁判上又は裁判外の行為をする権限を有する」（法77条4項)。代表理事に認められる包括的代表権に定款や総会決議で制限を加えても、「善意の第三者に対抗することができない」

---

82) 米倉教授は、追認を問題にすると、実際に監事が追認をしたか定かではない場合に、擬制を図らざるをえないことになるが、「広く『無効』といっても、この場合の無効は第三者が主張することを許されない『無効』なのだということによって、Xの無効主張を封ずる方が」はるかに直截であるとして判例を支持している（米倉明「判批」『民法判例研究(1)』17～18頁)。

(法77条5項・197条☞4-91)。

4-90 **◆法人代表と代理**
　従業員とは異なり、理事については代理ではなく「代表」と表現されている（法77条等参照）。代表の理解については、法人学説との関係で理解が分かれる。
　①まず、法人実在説では、代表者の行為は法人の行為となるものと考え、代表は代理と本質的に異なるものと考える（我妻159頁以下、於保105頁、北川81頁、近江109頁以下）。とはいえ、法的には、別の者が実際に行為を行うのであるから、代表への代理規定の類推適用を認めている。
　②これに対して、現在の学説の多くは、代表と代理は本質的に異ならないと考えている。理事の行為の効力が法人に帰属するのであり、代理と異ならないと考えている（石田喜130頁）。顕名の方法が「代表」と表示される形式的な差があるにすぎない。理事も代理という言葉で説明する徹底した学説まである（石田穣341頁）。本書も代表＝代理説を支持するが、法律で「代表」という用語が使われており、また、すでに定着した表現であり、代表という用語によっておく。

4-91 **◆代表権の定款による制限の第三者への対抗**
**(1)　代表権制限の対抗不能制度の趣旨**
　4-89に説明したように、代表理事の代表権に制限をしても善意の第三者には対抗できない。取引安全保護のための規定であるが、110条とは異なり、第三者の無過失までは要求されていない。表見代理とは微妙に異なる制度である。①表見代理は、私的自治の原則から代理権がないのを出発点とし、ある者に代理権が与えられたことへの信頼を保護する例外的制度であり、相手方に無過失が必要とされる。②他方、法人の代表者の場合には、包括的な代表権があるとの信頼が与えられ、例外的に定款により代表権が制限がされていてもそれを知らない限り保護すべきである。定款に記載されているので、無過失まで要求したら保護されることはほとんどなくなるという事情がある。

4-92 **(2)　定款については悪意だが、理事会等の承認を得ていると信じた場合**
　第三者が、定款による代表理事の権限の制限について知っていたが、理事が理事会の承認を経ていると説明をして、偽造した理事会の議決書を示したため、それを信じて取引をした場合には、どう処理されるべきであろうか。
　①法77条5項を類推適用すると、過失があってもよいことになる。しかし、4-91に述べた同規定の趣旨に鑑みると、例外的に個別的に承認を得ているという信頼は、個人において個別的に代理権が与えられているというのに匹敵する信頼である。相手方の注意義務は高められてしかるべきである。②そのため、むしろ110条を適用ないし類推適用すべきである（石田穣345頁等）。判例も、民法の旧54条[83]（法77条5項の前身）によらずに、110条を類推適用している（最判昭

60・11・29民集39巻7号1760頁)。

4-93 **(2) 監事および会計監査人**

　**(a) 監事**　監事の設置は原則として任意であるが(法60条2項)、理事会を設置する場合および会計監査人を設置する場合には、監事を置くことが義務づけられている(法61条・197条)。「監事は、理事の職務の執行を監査」し、監査報告を作成しなければならない(法99条1項・197条)。「監事は、理事が監事設置一般社団法人の目的の範囲外の行為その他法令若しくは定款に違反する行為をし、又はこれらの行為をするおそれがある場合において、当該行為によって当該監事設置一般社団法人に著しい損害が生ずるおそれがあるときは、当該理事に対し、当該行為をやめることを請求することができる」と(法103条1項・197条)、監事には理事の行為の差止請求権が認められている。

4-94 　**(b) 会計監査人**　会計監査人も、原則としてその設置は任意であるが(法60条2項・197条)、大規模一般社団法人または財団法人の場合には(法2条2号)、会計監査人を置くことが義務づけられている(法62条・197条)。会計監査人は、一般社団法人の計算書類およびその附属明細書を監査し、会計監査報告を作成しなければならない(法107条1項・197条)。

## 2　一般社団法人に特有の機関——社員総会

4-95 **(1) 社員および社員総会**

　社団法人の構成員のことを「社員」と呼ぶ。その資格の得喪は定款の必要的記載事項である(法11条1項5号)。日常用語では、OB会、自治会、趣味の会、学会などの「会員」といった呼び方がされている。社団では法人化されているか否かを問わず、社員総会が社団の最高の意思決定機関である。株式とは異なって、社員たる地位は一身専属的なものであり、相続や譲渡の対象とはならない。例えば、○○大学OB会の会員は、その人限りである。

4-96 **(2) 社員総会の権限**

　社員総会は社団の最高の意思決定機関であり、法に規定する事項および一般社団法人の組織、運営、管理その他一般社団法人に関する一切の事項につ

---

83)　民法旧54条は、「理事ノ代理権ニ加ヘタル制限ハ之ヲ以テ善意ノ第三者ニ対抗スルコトヲ得ス」と規定していた。

いて決議をする権限を有する（法35条1項）。ただし、理事会を設置した一般社団法人では、社員総会は、一般法人法に規定する事項と定款で特に総会権限と定めた事項に限って決議をすることができるにすぎない（同条2項）。そして、いずれにせよ、社員総会は、社員に剰余金を分配する旨の決議をすることができない（同条3項）。社員総会は頻繁に開催できるものではないため、重要な事項についてのみその決定を必要とし、それ以外の事項は理事等に一任することが便利である。しかし、必ず社員総会の決議を経るべき事項として一般法人法に法定されている事項については、「理事、理事会その他の社員総会以外の機関が決定することができることを内容とする定款の定めは、その効力を有しない」ものとされている（同条4項）。

4-97 **(3) 社員総会の招集・議決**

　**(a) 社員総会の招集**　①定時社員総会（**通常総会**）は、毎事業年度の終了後一定の時期に招集しなければならない（法36条1項）。②また、必要がある場合には、いつでも、社員総会を招集することができ（同条2項）、これを**臨時総会**という。招集者は理事であり、総社員の議決権の10分の1（5分の1以下の割合に定款で変更可能）以上の議決権を有する社員は、理事に対し、社員総会の目的である事項および招集の理由を示して、社員総会の招集を請求することができる（法37条1項）。この招集請求後、①遅滞なく招集の手続が行われない場合、または、②請求があった日から6週間（定款でこれを下回る期間を定められる）以内の日を社員総会の日とする社員総会の招集の通知が発せられない場合には、総会の招集を請求した社員は、裁判所の許可を得て、社員総会を招集することができる（同条2項）。

4-98 　**(b) 議決権、定足数、議決**　社員の議決権は1人1票と平等であるが、「定款で別段の定めをすることを妨げない」ものとされている（法48条1項）。総会の定足数は、定款に別段の定めがある場合を除き、総社員の議決権の過半数を有する社員が出席することが必要である。そして、出席した社員の議決権の過半数をもって決議される（法49条1項）。ただし、法定された7つの重要事項については[84]、総社員の半数以上であり、かつ、総社員の議

---

[84] ①社員の除名決議、②監事の解任の決議、③役員等の責任免除の決議、④定款変更の決議、⑤事業の全部譲渡の決議、⑥解散の決議および解散を決議した後の事業継続の決議、および、⑦吸収合併（存続する法人、消滅する法人のいずれも）の決議および新設合併の決議である。

決権の3分の2（定款でこれを上回る変更は可能）以上の特別多数決によらなければならない（同条2項）。

### 3　一般財団法人に特有の機関——評議員会

4-99　民法にはなかった制度であるが、一般法人法には、一般財団法人に評議員会という機関が導入されている（法178条以下）。社団とは異なり、財団の場合には社員また社員総会という機関はなく、設立者が財団法人を設立した後はその意思は定款によって実現されることになる。そのため、一般財団法人設立後に、法人の業務執行機関に対するチェック機関として機能させるために、評議員会という制度を設けたのである。詳細は省略する。

## §Ⅶ　一般法人の定款の変更

### 1　一般社団法人における定款の変更

4-100　定款はその団体の根本準則であるが、社員の変動や法人が置かれている社会状況が変更すれば、社団もそれに応じて変わっていく必要があり、定款を社員総会で変更することが認められている（法146条）。その議決は総社員の半数以上であって、総社員の議決権の3分の2以上でなければならないが、後者については議決をより慎重にするためこれを上回る割合とし定款で変更をすることが認められている（法49条2項4号）。定款変更は、社員総会の法定議決事項であるため、理事会等社員総会以外の機関によって定款変更が可能とするものと定款で定めることは許されない（法35条4項）。

### 2　一般財団法人における定款の変更

4-101　財団法人は、設立者が設立したものであり、その後にその意思を無視して定款変更が安易にできては不都合であるが、かといって、時代の変化にあわせて財団法人を変更していく必要性もあり、全く変更できないというのもまた不都合である。そのため、一般法人法では、評議員会という機関を設けて、これによる定款の変更を可能とした。

①一般財団法人は、評議員会の決議によって、定款を変更することができるが、法人の目的と評議員の選任および解任の方法は対象から除外される（法200条1項）。定款変更の決議は、議決権を持つ評議員の過半数が出席して、出席評議員の過半数で議決する原則（法189条1項）に対する例外として、議決に加わることができる評議員——出席評議員ではなく——の3分の2以上の議決が必要とされている（同条2項）。②法人の目的と評議員の選任および解任の方法については定款変更ができないことに対しては、2つの例外が認められている。ⓐまず、設立者が法人の目的と評議員の選任および解任の方法についても評議員会の決議によって変更することができる旨を定款で定めたときはである（法200条2項）。ⓑまた、「その設立の当時予見することのできなかった特別の事情により」、法人の目的と評議員の選任および解任の方法「を変更しなければその運営の継続が不可能又は著しく困難となるに至ったときは、裁判所の許可を得て、評議員会の決議によって」これを変更することができる（同条3項）。

## §Ⅷ 一般法人の消滅

### 1　一般法人の解散原因

4-102　**(1)　一般社団法人の解散原因**

一般社団法人の解散原因は、①定款で定めた存続期間の満了、②定款で定めた解散の事由の発生、③社員総会の決議、④社員が欠けたこと、⑤合併によって吸収される場合、⑥破産手続開始の決定、および、⑦解散を命ずる裁判の7つである（法148条）。社員総会の決議は特別過半数決議によることは、4-98に述べた。社員が欠けたことが解散原因なので、社員が1人になっても存続することになる。なお、休眠一般社団法人を解散したものとみなすことを認める規定が導入された（法149条）。

4-103　**(2)　一般財団法人の解散原因**

一般財団法人は、①定款で定めた存続期間の満了、②定款で定めた解散の事由の発生、③基本財産の滅失その他の事由による一般財団法人の目的であ

る事業の成功の不能、④合併によって吸収される場合、⑤破産手続開始の決定、および、⑥解散を命ずる裁判により解散する（法202条1項）。⑦また、ある事業年度およびその翌事業年度に係る貸借対照表上の純資産額がいずれも300万円未満となった場合においても、当該翌事業年度に関する定時評議員会の終結の時に解散することが規定されている（同条2項・3項）。⑧休眠一般財団法人を解散したものとみなす規定も導入されている（法203条）。

## 2 一般法人の清算

4-104 **(1) 清算法人としての清算結了**

　一般法人に解散事由が発生した場合には、法人を解散して清算しなければならない。清算開始原因は、解散だけでなく、設立無効の訴えを認容する判決が確定した場合、および、設立取消しを求める訴訟を認容する判決が確定した場合にも、一度成立した法人は清算手続に入る。自然人の死亡のように解散原因の発生により即時に法人が消滅し、権利能力を失うわけではない。一般法人は、「清算の目的の範囲内において、清算が結了するまではなお存続するものとみなす」ことになっている（法207条）。これを**清算法人**といい、この「清算の目的」による能力制限については、34条の目的による制限と同様の問題がある。

4-105 **(2) 清算手続**

　解散前の理事に匹敵する、清算法人の代表者が清算人であり、清算法人は1人または2人以上の清算人を置かなければならない（法208条1項）。大規模一般社団法人または財団法人の清算の場合には、必ず監事を置かなければならない（同条2項）。清算人の職務は、①現務の結了、②債権の取立ておよび債務の弁済、および、③残余財産の引渡しである（法212条）。

　①残余財産の帰属は、定款で定めるところによる（法239条1項）。②定款によって残余財産の帰属が定まらないときは、「その帰属は、清算法人の社員総会又は評議員会の決議によって定める」ことになる（同条2項）。③以上によって帰属が定まらない残余財産は、国庫に帰属する（同条3項）。

# 第5章 物

# §I
# 「物」の意義

5-1 **(1) 「物」の章の位置づけ**

　民法は、第1編「総則」の第4章を「物」と題して、①物の定義（85条）、②不動産と動産の区別（86条）、③主物・従物という区別と従物についての法理（87条）、そして、④果実（88条・89条）について規定をしている。「物」の章の規定は、契約解釈規定として機能する規定もあるが、「物」を含む「財産」の問題は、本来は物権法の講義で扱うのが適切である。そこで、ここでは、85条～89条までの規定の解説にとどめ、債権総論また物権法（☞物権法1-1以下）に物に関連した説明を行なう。

5-2 **(2) 「物」の意義**

　民法は、「物」の章の冒頭に「物」の定義規定を置き、「この法律において『物』とは、有体物をいう」と規定をした（85条）[85]。

　有体物とは、固体、液体、気体であり、無機物でも有機物でもよく、植物や動物も含まれる[86]。これに対して、著作物、美術的創造物、作曲された音楽、CDなどに吹き込まれた歌声、制作された映画、テレビ番組などは、有体物ではないので「物」ではない。これらについての権利は物権・債権のいずれにも属さず、その性質は物権に準ずるものである。「物」を「無体物」に拡大しその上に所有権を認める立法もある（フランス）。現行民法はこのような立法は採用せず（☞5-4）、無体財産については特別法の規律に委ねることにした（特許法、意匠法、著作権法など）。

5-3 　◆**動物**

　動物も「物」であり、動物についても所有権（206条）が成立し、所有者が自由

---

[85] このほか、「物」の要件として、排他的支配可能性を挙げるのが通説である。地上の空気のような排他的支配のできない**公共用物**を除外するためである。

[86] 人間も「有体物」であるが、この点は制限解釈がされ、人間は「物」ではなく物権の客体にはならない。死体、遺骨は「物」になるが、特殊な規律を受ける（鈴木龍也編著『宗教法と民事法の交錯』211頁以下参照）。血液、頭髪、臓器など、人間から分離された人間の細胞や組織の一部は、公序良俗に反しない限りまた法令の限度内で「物」となり所有権の客体となり、取引の対象となる（臓器については、臓器移植法11条により取引が禁止されている）。

第 5 章 物

に使用・収益・処分できる。しかし、動物には、人間同様に身体・生命・健康また感情が考えられ、動物を「物」とせず、「物」の規定を準用するにとどめる立法もある（オーストリア民法285a条、スイス民法641条、ドイツ民法90a条）。動物を物ではないとは宣言せず、動物を保護する法律の適用に服するという条件付きで物についての法律の適用を認める立法もある（フランス民法515-14条）。日本では、民法には特別規定はないが、動物の愛護及び管理に関する法律（いわゆる**動物愛護法**）により、「愛護動物をみだりに殺し、又は傷つけた者」、「愛護動物に対し……虐待を行った者」、「愛護動物を遺棄した者」にそれぞれ刑事罰が用意されている（同法44条1項〜3項）。これは所有者にも適用され、この結果、「愛護動物」（同条4項）の所有権はこのような法令の制限を受けることになる。

5-4 ◆ 「無体物」

　旧民法財産編6条は、「物に有体なる有り無体なる有り」（1項）とし、無体物として、「物権及び人権」（1号）、「著述者、技術者及び発明者の権利」（2号）、および、「解散したる会社又は清算中なる共通に属する財産及び債務の包括」（3号）の3つを掲げていた。しかし、現行民法においては、物に無体物を含め権利まで物としたのでは、物権まで物になってしまい（例えば、地上権に対して所有権が成立する）、また、債権に対して物権が成立することになってしまい混乱を来たすため、ドイツ民法草案のように物を有体物に限定する方が適切であるとして、85条は物を「有体物」に限定したのである。

5-5 ◆ 「所有権」と権利の「帰属」

　債権そのものは請求権であり、債権を債権者は譲渡や質権設定といった「処分」ができるのは債権そのものの内容ではなく、債権を目的とした別の権利（財産権）があるためであろうか。物とそれを目的とする所有権のような関係が債権でも認められるのではないか（債権の上の所有権論）が、わが国でも議論された。しかし、5-4に述べたように、これを否定する趣旨で物を有体物に限定したのである。また、物でも「処分」（206条）は物理的に処分（廃棄、加工、消費等）することに限定し、譲渡等の法的処分はその権利の帰属者に「帰属」ということから当然に導かれる権限であると考えれば十分である。そうすれば、債権や無体財産権もその「帰属」者が処分できるといえばよいのであり、所有権があるから処分できると物以外について無用な概念を取り込む必要はなくなる。身体についても所有権は考えられないが、自分の身体であり、身体の帰属する者にその身体についての自己決定権を導くことができる（☞物権法1-4）。また、幼児につき親権者に、監護の権限から（820条）、幼児の身体についての管理権が導かれる。

## §Ⅱ 動産および不動産

5-6　民法上、動産と不動産とは、権利の公示制度が異なり、また、財産価値や重要性も異なるため、その取扱いについて種々の差が設けられている。例えば、動産については即時取得制度があるが（192条）、不動産については登記に公信力は認められていない（94条2項の類推適用がこれを補完している☞6-116以下）。また、動産については民法上、質権設定しか担保制度がないが、不動産では質権と抵当権のいずれの設定も可能である。物権変動の対抗要件は、動産は引渡しであるが（178条）、不動産は登記である（177条）。

### 1　不動産──土地およびその定着物

5-7　**(1)　土地**

　　民法は「土地及びその定着物は、不動産とする」と規定し（86条1項）、①「土地」、および、②土地の「定着物」を不動産としている。土地の定義規定はない。土地も「物」なので有体物でなければならず、土地を構成する地盤が土地であるかのようである。土地が所有権の客体で、その効力が空中にも及んでいることになる。しかし、むしろ土地については、地上も含めて「空間」の支配権であり、土地所有権は有体物という概念では捉えきれないものを含んでいると考えるべきである。①一方で、有体物である地盤に尽きず、流動する大気（注85参照）を客体とするのではなく地上の空間を支配することもでき、②他方で、地下についてもどこまでも支配が及ぶのではなく[87]、相当の範囲に限られるのである[88]。また、地震により地盤自体が動いても、もとの空間に所有権が認められ、地盤と共に所有地が動くことはない。

---

87)　＊**大深度地下の公共的使用に関する特別措置法**（平成12年制定）により、政令により指定された地域（東京、大阪、名古屋）について、政令で定める深度（40m以下）の地下について、国土交通大臣または知事が国や公益事業について優先利用権を持ち、収用といった補償手続を必要とせずに利用を可能としている。リニア新幹線はこの制度を利用して作られる。

88)　また、未採掘の鉱物は、国にこれを採掘し取得する権利を賦与する権能が認められているため（鉱業法2条）、土地所有権の対象とはならず鉱業権の対象とされる（同法3条・5条）。

5-8 **(2) 土地の定着物**

　**(a) 土地の定着物の意義**　土地の「定着物」は、土地の上に置かれているだけの「動産」(例えば、自転車)とは異なり、土地に定着しかつ独立性を失い土地の一部になっている物である[89]。

　定着物には、土地の構成部分となるコンクリ部分から、経済的に独立した価値が認められる立木や農作物、また、固定したまま独立した価値が認められる建物など多様なものが含まれる。これらを定着物として一律に規律するべきではなく、それぞれの特性に応じ独立した所有権の認否、付合の例外の認否などの規律がされるべきである。なお、定着物ではないが、従物(庭石、石灯籠等)は、土地と一体的に扱われる(☞ 5-15 以下)。

5-9 　**(b) 土地の定着物の分類**

　**(ア) 土地の構成部分(土地所有権に吸収される場合)**　駐車場の舗装として施されたアスファルト、玄関前に設置されたタイルなど、動産であったが設置により土地の一部となり動産としての独立性を失うものは、土地とは別の物として独立した所有権を考える必要はない。地中にあっても、例えば、土地に穴を掘って壺に入れた財宝を埋めても、その埋められた財宝は動産のままであり、土地の定着物となり土地所有権に吸収されることはない。また、苗木販売用の仮植えにすぎない樹木も土地の一部とはならない。

5-10 　**(イ) 独立した物として土地とは別個の所有権が成立する定着物**

　**(i) 建物(土地とは独立した不動産)**　欧米の法制度では、建物は土地の一部にすぎず、土地と同一所有者に属する場合に土地とは独立した所有権は認められない(土地と建物は1つの物)。日本でも起草当初の計画では、これにならう予定であった。ところが、現行370条についての法典調査会での審議に際して、委員から土地の抵当権の効力がその後に建築された建物に及ぶことに異議が出され、建物は土地とは別の不動産とすることが了承され、「建物を除き」という文言が370条に明記された。建物が土地と別の不動産とされることの民法上の根拠条文はこれだけであるが、その後、不動産登記法により、土地と建物とが別の不動産であることが確立されている[90]。

---

[89] 石油タンクについては、「地上に附置されているに過ぎず、特別の基礎工事により土地に固着されたものではないから」土地の定着物ではないとされている(最判昭37・3・29民集16巻3号643頁[地方税法上の不動産取得税の対象になるかが争われた])。

5-11　**(ii) 立木・未分離果実など（分離を前提とした準動産）**　立木についても、わが国の慣習上、土地とは別の物と考えられており、土地とは独立して処分し、立木の所有権だけを移転することが認められる[91]。また、収穫前の野菜や果実についても、性質上は分離される前は土地または樹木に定着しているが、これも分離される前から独立した価値が認められ、独立して処分することができる（準動産）。法令はないが慣習法といってよい。立木や未分離果実の所有権を独立させこれを移転させることの対抗要件としては、動産化して引渡しを受けるか、明認方法を施すことが必要である。

## 2　動産

5-12　「不動産以外の物は、すべて動産とする」（86条2項）。不動産以外の有体物は、全て**動産**である。動産の場合には、権利の公示は、①自動車、船舶、飛行機など、行政による情報管理が必要であり、他方で、価値が高くそれに抵当権を設定して自分で使用を続けながら融資を受ける要請がある物は、登録制度が設けられており、不動産に準じた対抗要件主義が採用される（公信力はなし）。②登録のない動産は、本に名前を書く等の明認方法や、占有をしているという事実により、所有者かどうかを判断するしかなく、引渡しが譲渡の対抗要件とされ（178条）、また、即時取得制度に服する（192条）。動産であっても不動産の従物は、法的には不動産と一体的に扱われる（☞5-15）。

5-13　**◆金銭（金銭所有権）**
**(1) 貨幣も物であるが支払手段という特殊性がある**　貨幣は、その物自体に価値があるのではなく、貨幣に付与されている支払手段としての通用力[92]に着目される特殊な動産である。Aの所有物（例えば絵画）を、BがCに引き渡した場合、それが取引に基づき即時取得（192条）が成立しない限り、所有者Aは所有権に

---

90)　「建物」の定義規定はなく解釈に任される。木造家屋の事例で、屋根と壁ができ雨風を防げるようになっていれば、天井や床がいまだできていなくても「建物」と認められるとした古い判例がある（大判昭10・10・1民集14巻1671頁）。展望台付きの菩薩像は建物ではないが、モスク、通天閣、東京スカイツリー等は建物と認めてよい。大阪城も建物として登記されており、また、神社やお寺の本堂だけでなく五重塔なども建物として登記されているものがある（宇都宮地判昭45・4・9判時594号35頁参照）。
91)　明治42年制定の「立木ニ関スル法律」（**立木法**）により、「樹木ノ集団」の所有権登記がされていれば、「土地ト分離シテ立木ヲ譲渡シ又ハ之ヲ以テ抵当権ノ目的ト為ス」ことができ（同法2条2項）、他方で、「土地所有権又ハ地上権ノ処分ノ効力ハ立木ニ及」ばないものとされている（同条3項）。
92)　強制通用力は、紙幣については制限がないが、硬貨については通貨の単位及び貨幣の発行等に関する法律7条により、額面の20倍までに限定されている。

基づいて占有者Cにその返還を求めることができる。では、Aの金銭をBが盗んでないし横領して、自分の債権者Cに支払った場合にも、即時取得が成立しない限り（Cが悪意の場合）、A所有のままであり弁済は無効で、Aは金銭の所有権に基づいてCにその返還を請求できるであろうか（☞物権法19-12以下）。

**(2) 金銭は占有あるところ所有あり** 当初の判例は、金銭を特別扱いせず、即時取得を問題としていた（大判大9・11・24民録26輯1862頁）。しかし、その後、「金銭は、特別の場合を除いては、物としての個性を有せず、単なる価値そのものと考えるべきであり、価値は金銭の所在に随伴するものであるから、金銭の所有権者は、特段の事情のないかぎり、その占有者と一致すると解すべきであり、また金銭を現実に支配して占有する者は、それをいかなる理由によって取得したか、またその占有を正当づける権利を有するか否かに拘わりなく、価値の帰属者即ち金銭の所有者とみるべきものである」とされている（最判昭39・1・24判時365号26頁）。Aは、Cが悪意または重過失であれば不当利得返還請求ができる。

## §Ⅲ 従物についての法理

### 1 主物・従物という概念

5-15　民法は、まず従物の定義規定を置き、「物の所有者が、その物の常用に供するため、自己の所有に属する他の物をこれに附属させたときは、その附属させた物を従物とする」、と規定している（87条1項）。この「付属させた物」を**従物**、その付属先を**主物**という。例えば、自動車は社会通念上は1つの物と考えられているが、本体が主物、タイヤは従物といった合成物である[93]。タイヤなどの従物に本体とは別個の所有権が成立しているが、1つの物といった社会通念に沿った扱いをしているのである（☞5-18以下）。不動産でも、石材店の商品置場に置いてある石灯籠や五重塔は単なる動産であるが、旅館の日本庭園に設置されている石灯籠や五重塔は、土地の従物である。母屋と離れの茶室のように、建物が従物となることも考えられる。

---

93) 従物と認められた物としては、建物抵当権の効力が問題となった事例で、建物に増築された茶の間（大決大10・7・8民録27輯1313頁）、庭園の備わった日本式建物の土地建物の賃貸借における庭の鯉（東京地判昭35・3・19判時220号31頁）などがある。87条2項の適用は目的物の性質によって判断されるべきであり、中古住宅の売買では、池の鯉は従物ではないが、料亭や旅館では従物というべきであろう。

§Ⅲ　従物についての法理

5-16
◆**不動産の従物と即時取得**
　87条1項では主物の所有者と従物の所有者とが一致することが要求されているが、従物について即時取得（192条）の可能性がある。主物が動産であれば、従物部分に192条を適用するだけでよい。不動産の従物については、①他人の不動産を売却した場合には、不動産の引渡しを受け従物の占有を取得しても、従物だけについて192条の適用を認めるべきではない（87条2項の趣旨から、主物の運命に従うべきである）。また、他人の不動産に自己所有の動産を従物として設置して売却しても、従物だけ取得することを認めるべきではない。②不動産に94条2項ないしその類推適用がされる場合には、従物にも適用してよく別個に192条の適用を問題にする必要はない。③自己の不動産に他人の従物を設置して売却した場合には、従物だけについて192条の適用を認めてよいであろう。不動産の移転登記では足りず、現実の占有取得が必要である。

5-17
◆**従物と構成部分を分ける基準**
　従物と構成部分の区別について、最判昭44・3・28民集23巻3号699頁は、「本件石灯籠および取り外しのできる庭石等は本件根抵当権の目的たる宅地の従物であり、本件植木および取り外しの困難な庭石等は右宅地の構成部分である」と、同じ庭石でも取り外しが容易か困難かで、従物と構成部分とを分けている。他方で、大判昭5・12・18民集9巻1147頁は建物の建具類について、「畳建具の類は其の建物に備付けられたるときと雖、一般に独立の動産たるの性質を失はざるを通例とするも、雨戸或は建物入口の戸扉其の他建物の内外を遮断する建具類の如きは一旦建物に備付けらるるに於ては建物の一部を構成するに至るものにして、之を建物より取外し容易なると否とに不拘、独立の動産たる性質を有せざるものと云はざるべからず。蓋此等の建具類は取引の目的物たる建物の効用に於て其の外部を構成する壁又は羽目と何等の択ぶところなきを以てなり」、と判示している。

## 2　従物についての規律

5-18
　例えば、自動車の売買では、契約当事者は本体だけでなくタイヤ等の従物も売ったないし買ったと考え、また、自動車に抵当権を設定した場合にはタイヤ等の従物もひっくるめて担保にとったと考えているはずである。ただし、当事者は、土地建物の売買でいえば、庭石や石灯籠や五重塔の従物を除外するだけでなく、定着物である立木を除外することもできる。
　したがって、当事者の合意が優先されるが、それが明確ではない場合には、社会通念上1つの物として処分していると推定される。これが、「従物

は、主物の処分に従う」という規定である（87条2項）。明示または黙示の特約がない限りは、従物も処分の対象にされたことになる。なお、抵当権については、従物に効力を及ぼす根拠としては、87条2項ではなく370条が考えられている（☞担保物権法2-27以下）[94]。

5-19 ◆**従たる権利──建物と借地権**

87条2項は従たる権利に類推適用がされている。例えば、土地を借りて建物を建てて住んでいる者が、建物を売却した場合に、買主は借地権も取得しなければ意味がないので、従たる権利として、借地権も87条2項により売却したものと扱われる。抵当権の設定も同様であり、建物に抵当権を設定した場合には、抵当権の効力はその建物のための借地権に及び、抵当権者は建物と借地権をあわせて競売に付することができ、競落人は建物と借地権とを取得する（最判昭40・5・4民集19巻4号811頁[95]）。ところが、判例は、建物につき94条2項および110条の類推適用により、競落人が所有権を取得することを認めながら、借地権については別個に94条2項および110条の類推適用が認められない限り、借地権の取得が当然に認められるものではないとした（最判平12・12・19 ☞ 6-142）。

## §Ⅳ 果実の意義とその帰属

### 1 果実の意義[96]── 2つの果実

5-20 **(1) 天然果実**

**天然果実**とは、「物の用法に従い収取する産出物」である（88条1項）。①有機的な産出物として、ⓐ動物の生んだ子ども、卵、牛乳、羊毛、ⓑ山菜、松茸等のキノコ、タケノコ、果樹になった実、植物の種、土地の農作物、②

---

94) 抵当権の効力が従物に及ぶことの対抗要件について、宅地に設定された根抵当権は、「本件宅地に対する根抵当権設定登記をもって、その構成部分たる右物件についてはもちろん、抵当権の効力から除外する等特段の事情のないかぎり、民法370条により従物たる右物件についても対抗力を有する」ことが認められている（最判昭44・3・28民集23巻3号699頁）。この論理は譲渡についても応用可能である。
95) 「建物を所有するために必要な敷地の賃借権は、右建物所有権に付随し、これと一体となって一の財産的価値を形成しているものであるから、建物に抵当権が設定されたときは敷地の賃借権も原則としてその効力の及ぶ目的物に包含される」と説明するだけで、条文上の根拠づけは示していない。
96) 物の**利用利益**（ないし**使用利益**）は果実に準じて考えられており、果実についての民法の規定は利用利益にも類推適用がされる。

無機的な産出物として、山から切り出される石材、湧水、天然ガス等が、天然果実の例である（鉱物については鉱業法に特別規定がある☞注88）。産出する元の物を**元物**という。元物が残っていて産出することが必要であり、鶏や鮪を捌いて解体して各部分に分けるのは果実の産出ではない[97]。

5-21 **(2) 法定果実**

**法定果実**とは、「物の使用の対価として受けるべき金銭その他の物」である（88条2項）。賃料がその代表例である。しかし、これを「物」として位置づけるのは適切ではない。民法は、賃料として受ける「金銭」を問題にして「物」に位置づけているが、むしろ賃料債権、すなわち債権を問題にすべきである。304条の物上代位も「金銭その他の物」と規定がされていながら、その支払を求める債権が抵当権の対象と考えられるのと同様である。

## 2 果実の帰属[98]

5-22 **(1) 天然果実の帰属**

**(a) 原則は元物の所有者に帰属**　「天然果実は、その元物から分離する時に、これを収取する権利を有する者に帰属する」（89条1項）。果実が分離される前は、元物の一部であり、元物の所有権がこれに及ぶので、その部分が分離独立しても、例えば1つの石材の一部が岩山から切り取られても、分離独立たる天然果実は元物の所有者に帰属する。すなわち、収益の権限は原則として所有者に帰属する（206条）。ただし、賃貸借がされ「使用」だけでなく「収益」まで認められていれば（601条）、果実は賃借人に帰属することになる。ところが、動物のペアの賃貸借の場合には、「収益」を特約で排除し生まれた子どもは貸主に帰属することが合意されることが多い[99]。

---

97) 天然果実は「物の用法に従い収取」するものでなければならないため、盆栽の実は天然果実ではないと理解されているが、疑問も提起されている（舟橋諄一「天然果実の意義について」法政20巻2～4号317頁以下）。「物の用法に従い収取」するというのは、牛を屠殺・解体する場合、元物が残らず、肉等を取り分けてもそれを果実とはしないという程度に理解しておけば十分である（牛乳や羊毛との区別）。
98) 特定物の売買契約があった場合に、引渡までの果実は売主に帰属するものと規定されている（575条1項）。176条の意思主義によれば、売買契約と同時に元物の所有権が買主に移転することになるので、これも所有者でない者に果実収取権が認められる例外になる。養鶏場を鶏を含めて売却した場合、引渡までに鶏が産んだ卵は売主に帰属することになる。
99) 繁殖用に雄ないし雌だけが貸し出され、貸付先で子どもができた場合には、元物は雌になり、やはり特約がない以上は雌を所有する動物園が生まれた子どもの所有権を取得する。

5-23 **(b) 元物所有者以外に帰属する場合**

**(ｱ) 例外1――利用権者、青田売りの買主** ①農地の賃借人や永小作権者には付合の例外が認められるため（242条ただし書）、その栽培する農作物は農地賃借人らの所有であり、元物からの分離を問題にする必要はない。分離前から、農作物は農地賃借人らの所有である。②また、5-11に述べたように、農作物や立木を分離して譲渡することが可能であり、分離前に農作物などが譲受人の所有者となり、これを収取することができる。③賃貸借がされている場合には、賃借人が「収益」権限を持つことは5-21に述べた。

5-24 **(ｲ) 例外2――善意占有者** 元物の所有者や用益権者でなくても、他人の物を所有権または用益権を持つものと信じて占有する者（善意占有者）には、果実収取権が認められている（189条1項）。農地賃貸借が無効であっても、賃借人が有効と信じて耕作をしている場合、権原がないので農作物は土地に付合してしまうが、この規定により収穫した農作物の所有権を取得できることになる。ただし、この規定については、①果実の所有権取得を認めたと文字通りに理解するのが一般的であるが、②果実の収取権を認めた規定ではなく、善意で消費してしまった場合の不当利得の返還義務を免除したものと考える少数説もある（☞物権法18-5以下）。

5-25 **(2) 法定果実の帰属**

「法定果実は、これを収取する権利の存続期間に応じて、日割計算によりこれを取得する」（89条2項）。例えば、賃貸されている不動産が売却された場合に、不動産の所有権に従たる法律関係として賃貸人たる地位も移転するが、例えば月の途中で交代した場合には、日割りで賃料を割り振って旧所有者＝旧賃貸人はすでにその月の分受け取っている賃料を清算して、新所有者＝新賃貸人に清算しなければならないことになる[100]。

なお、利息は法定果実ではないが、89条2項が類推適用され、利息付きの債権が譲渡された場合に、利息についても同様に割り振ることになる（譲渡人は譲受後の利息のみを取得できるにすぎない）。

---

[100] このような日割計算による清算は、果実という利益側だけでなく、負担についても同様である。例えば、1年分の固定資産税を譲渡人がすでに支払っている場合、アパートの管理を管理会社に委託している場合にその月の管理料を譲渡人がすでに支払っている場合、これらの負担も清算されることになる。

§Ⅳ　果実の意義とその帰属

5-26
◆**将来の賃料債権の譲渡・差押え**
　将来の債権の譲渡も有効であり（466条の6）、また、差押えも可能である（民執151条）。他方で、賃料債権は賃貸物の所有者に帰属する。例えば、将来の賃料債権を2年分譲渡したり、賃貸人の債権者が将来の賃料債権を差し押さえた後に、賃貸人が目的不動産を第三者に譲渡した場合にはどう考えるべきであろうか。
　譲渡後に賃貸借契約が解除されれば、そもそもそれ以降の賃料債権は発生せず、譲受人が債権を取得したり、差押債権者が賃料の請求をすることはできない（差押えの事例につき最判平24・9・4金判1413号46頁）。労働者の賃金債権もそうであるが、解除により発生しなくなるリスクが内在しているのである。では、賃貸物が譲渡されるリスクはどう考えるべきであろうか。譲渡と差押えで以下のように異なった解決が採用されている。
　①債権譲渡については、「将来発生する賃料債権の譲渡は、譲渡の対象となった賃料債権を<u>譲渡人が将来取得することを前提としてなされるものである。したがって、賃料債権の譲渡人がその譲渡後に目的物の所有権を失うと、譲渡人はそれ以後の賃料債権を取得できないため、その譲渡は効力を生じない</u>」とする判決がある（東京地裁執行処分平4・4・22金法1320号65頁）。②他方で差押えについては、「建物所有者の債権者が賃料債権を差し押さえ、その効力が発生した後に、右所有者が建物を他に譲渡し賃貸人の地位が譲受人に移転した場合には、右譲受人は、<u>建物の賃料債権を取得したことを差押債権者に対抗することができない</u>」ものとされている。「賃料の差押えであるため、<u>建物自体の処分は妨げられない</u>けれども、右差押えの効力は、……、<u>建物所有者が将来収受すべき賃料に及んでいる</u>から（民事執行法151条）、<u>右建物を譲渡する行為は、賃料債権の帰属の変更を伴う限りにおいて、将来における賃料債権の処分を禁止する差押えの効力に抵触する</u>」ことが理由とされている（最判平10・3・24民集52巻2号399頁）[101]。

---

[101]　賃貸人による賃料債務の免除は差押債権者に対抗できないとされている（最判昭44・11・6民集23巻11号2009頁）。この場合には、差押えの対象になっている債権自体についての処分であるため、差押債権者に対抗できないのは当然である。本文の判決は、建物の譲渡は制限できないとしながら、将来の賃料債権の処分の範囲で差押えの効力による制限を受けるとしたのである。

# 第6章
# 法律行為（契約）

## 第 1 節 契約の成立と内容の確定

## §Ⅰ 私的自治の原則および契約自由の原則

### 1 私的自治（ないし意思自治）の原則

6-1 　近代自由主義思想では、人間が拘束を受ける根拠は、本人の「意思」に求められる。その私法学における発現が、"私人の法律関係はその自治に任されるべきである"という**私的自治の原則**である[102]。

　私的自治の原則は、①契約の拘束力の根拠を示し、他方で、②自分の意思＝契約に基づかないで自己の法律関係を変更されることを否定し[103]、また、③契約の内容の探求（＝契約解釈）は当事者意思の探求であるという契約解釈における指針（**意思主義**）を導くことになる。そして、この根本原理から、**無権利の法理、契約の相対効、利益といえども強制しえないという原則**等の派生原理が導かれる。これは権利保護という観点からは、**静的安全保護**につながるが、他方で、経済社会の発展にはこれを犠牲にしてでも取引の安全保護＝**動的安全保護**の要請に応える必要があり（私的自治の原則に対して例外原理）、私的自治の原則と取引安全保護との対立・緊張関係の中で、両者の調整を立法論・解釈論として探っていく必要がある。

### 2 契約自由の原則

6-2 **(1) 契約自由の原則の必要性**

　私的自治（ないし意思自治）の原則は、契約の場面において、6-3 の 4 つの内容を持つ**契約自由の原則**を導き出す。契約自由の原則は、「社会関係、とりわけ経済体制に関する政策の次元の問題」といわれ[104]、資本主義経済

---

102) "私人の法律関係は本人の意思によって決められるべきである"という意味で、**意思自治の原則**とも呼ばれる。
103) 一方的意思表示により債務を負担する可能性を認めてよいが（メーカーによる商品の消費者への品質保証等）、一方的意思表示により他人に債務を負担させることは許されない。無断駐車に対して罰金 10 万円と掲示しても無効である。
104) 星野英一「民法における契約」『民法論集第 6 巻』210 頁以下参照。

原理に色づけられたものである。レッセフェール（自由放任主義）という古典的経済原理が私法理論において発現した原理が契約自由の原則であり、私人の自由を確保することが国家の任務であり、私人の自由な活動（自由競争）に委ねることにより経済社会が発展し、国家の干渉は極力控えられるべきであると考えられた[105]（安価な国家論）。意思自治また契約自由の原則は、近代私法学の出発点をなし現在でも基本原則たる地位は揺るぎないが、種々の修正を受けている。

6-3 **(2) 契約自由の原則の内容**

契約自由の原則の内容は、次の4つに分けられる。

---

① 契約をするか否かの自由
② 契約内容決定についての自由
③ 契約の方式についての自由
④ 契約の相手方選択の自由

---

民法は当初、契約自由の原則について規定を置いていなかったが、改正法は、「何人も、法令に特別の定めがある場合を除き、契約をするかどうかを自由に決定することができる」(521条1項)、「契約の当事者は、法令の制限内において、契約の内容を自由に決定することができる」(同条2項) と、契約締結および内容決定の自由を明記した（①と②）。また、③の方式自由についても明記した (522条2項)。

①については、各種業法により正当事由なしに契約締結を拒絶できないものとして、契約の承諾（契約締結）が義務づけられている（☞6-4）。②については、公序良俗違反 (90条)、強行規定違反 (91条) という制限がある。安価な国家論ではこの制限は極めて抑止的であったが、経済発展に国家の後見的介入は不可欠であり、ますます立法また解釈によるこの点の例外は広がりつつある。③については、業法等で事業者に消費者への契約書の交付義務を負わせることがあるが、要式契約は少ない（☞6-12）。④については、明

---

105) 私的自治の原則と契約自由の原則とは、必ずしも明瞭には区別されていない。この点につき、山本・再構成18頁以下参照。例えば債権者代位権は私的自治の原則に対する例外とはいえるが、契約自由の原則に対する例外ではない。

文規定はないが、不法行為規範として不合理な差別は禁止され（明文規定のあるものとして、障害者差別禁止法 8 条 1 項、男女雇用機会均等法 5 条）、違反は不法行為となり損害賠償義務が成立する[106]。悪臭のする浮浪者に公衆浴場の入場を拒む等、正当な理由に基づく契約締結の拒絶は不法行為にはならない。

6-4 ◆**契約の締結拒絶を禁止または締結を義務づける立法**

医師については、医師法 19 条 1 項が「診療に従事する医師は、診察治療の求があった場合には、正当な事由がなければ、これを拒んではならない」と規定している。諸外国にはない立法例であるといわれる（村山淳子『医療契約論』20 頁以下参照）。司法書士法 21 条、歯科医師法 19 条 1 項、公証人法 3 条、社会保険労務士法 20 条等の専門的職業者についても同様の義務が規定されている。

また、生活に必要なガス、電気などの供給についても、例えば、ガス事業法 16 条 1 項は、「一般ガス事業者は、正当な理由がなければ、その供給区域又は供給地点における一般の需要に応ずるガスの供給を拒んではならない」と規定する。電気事業法 17 条 1 項や電気通信事業法 25 条 1 項も同様の規定を置く。その他、独占的事業ではないものとして、道路運送法 13 条・65 条、海上運送法 12 条、旅館業法 5 条も同様の締結義務を認める。資格を有する者による団体への加入申請を正当な理由なしに拒めないものとする立法として、農業協同組合法 19 条、水産業協同組合法 25 条、森林組合法 35 条、消費生活協同組合法 15 条 2 項等がある（☞ 6-8）。

NHK との受信契約については議論がある（☞ 6-7）。自動車保有者も自賠法により損害保険を締結することを義務づけられている。文化財保護法 46 条 1 項は、文化財を譲渡しようとする場合には、「まず文化庁長官に国に対する売渡しの申出をしなければならない」と規定している。

6-5 ◆**締約強制の違反に対する効力**

締約強制もその趣旨は多様であるが、その違反に対してどのような効力が認められるのかは、必ずしも明確ではない（刑事責任や行政処分は明記されることが多い）。①私法上は何らの効果を生じないのか、②法的義務であるが、ⓐ契約締結義務違反により不法行為責任を生じさせるだけか、それとも、ⓑ法定の契約締結義務そのものを規定したものであり、相手方はその意思表示によりまたは承諾に代わる判決を得ることにより、契約を成立させることができるのであろうか。

---

[106] 外国人を理由に公衆浴場への入浴を拒否された原告ら（ドイツ人とアメリカ人合計 3 人）が、浴場の経営者に対して損害賠償と謝罪広告の掲載を請求した事例で、外国人一律禁止は不合理な差別であり違法であるとして、原告らに各 100 万円の慰謝料の支払が命じられている（札幌地判平 14・11・11 判時 1806 号 84 頁［**小樽公衆浴場事件**］）。

## 第6章 法律行為（契約）

6-6 **(1) 医師の応召義務**

医師法 19 条 1 項に基づく医師の応召義務については、公法上の義務にとどまり、契約を強制的に成立させることはできず、この義務違反については、直ちに私法上の効果を発生させることはないというのが通説である。ただし、患者の病状・緊急性等からして、場合によっては不作為による不法行為を成立させる可能性は認められている（村山・前掲書 22 頁以下参照）。

6-7 **(2) NHK との受信契約**

放送法 64 条 1 項は、「協会の放送を受信することのできる受信設備を設置した者は、協会とその放送の受信についての契約をしなければならない」と規定する。この規定の意義については議論がある。いまだ最高裁判決はない。

①「受信契約の締結に応諾する意思表示を命ずる判決を得ることによって、当該受信契約を締結させ」ることができるという判決がある（横浜地相模原支判平 25・6・27 裁判所ウェブサイト）。② NHK による申込みから「通常必要と考えられる相当期間を経過した時点で受信契約が成立し」、その期間は長くても 2 週間と認めるのが相当であると、一方的意思表示により契約の成立を認める判決もある（東京高判平 25・10・30 判時 2203 号 34 頁）[107]。③他方で、学説では消極的意見が有力である。例えば、放送法 64 条 1 項は国民の努力義務を定めた訓示規定にすぎないと主張されている[108]。

6-8 **(3) 組合等への加盟の申込み**

水産業協同組合法 25 条は、組合員たりうる資格を有する者が組合に加入の申込みをしたときは、組合は正当な理由がなければ加入を拒んではならない旨を定めている。最判昭 55・12・11 民集 34 巻 7 号 872 頁は、水産業協同組合法 18 条・25 条は、「漁業協同組合の組合員たる資格を有する者を一定の範囲に限定する反面、右資格を有する者に対しては、その者が欲する限り、組合に加入してその施設を利用し、組合事業の恩恵を受けることができるようにしたもの」であり、「組合員たる資格を有する者……が組合加入の申込みをしたときは、正当な理由がない限り、その申込みを承諾しなければならない私法上の義務を組合に課したものと解するのが相当である」とする。(3)と次の(4)では、契約の成立を認める必要性が高く、判決による契約の成立を認めるべきである。同様の問題は登録が活動のために必要な弁護士会、司法書士会等にも起こりうる。

---

[107] その理由は、「受信契約を成立させてこれに基づき受信者に受信料を支払う債務を発生させること」が目的であり（契約の成立というが一方的に受信料支払義務が成立するだけ）、「受信者に対して受信契約締結を承諾する意思表示を強制して契約を成立させる手続を要求することは、実際上意味のない……判決を要することになり迂遠な方法であ」り、「上記判決の確定まで受信契約の成立が認められないことになる点において不合理であり、かつ他の受信料を支払っている受信者との間で不公平である」ことである。

[108] 例えば、谷江陽介「放送法 64 条 1 項違反の私法上の効力」東海 45 号 132 頁以下。本書も、テレビ受信機を NHK 視聴以外の利用に供する可能性を奪うものであり、その効力は認められないと考える。

### (4) 水道供給契約

6-9

①東京地八王子支決昭50・12・8判時803号18頁は、水道法15条1項を根拠に、マンションの建築業者が市に対して水道の供給を申し出たのに対して、市がこれに応じなかったが、適法な建築確認の下に建築工事に着工され95％程度完成し、本件建物が直ちに取り壊されるべき法律関係の存在等特段の事由がないとして、「水道事業は……需要者の給水契約の申込みに対し水道事業者が全く正当な理由がないのにこれを拒んだ場合には、<u>右申込がなされた日に給水契約が成立した</u>と認めるのが相当である」と述べる。②他方で、福岡地判平4・2・13判時1438号118頁は、「水道事業が国民生活に直結し、その健康で文化的な生活に不可欠のものであることに鑑みれば、需用者の給水申込みに対し水道事業者が正当な理由なくこれを拒否した場合には、民法414条2項の『債務者の意思表示』に代わる<u>裁判を請求できる</u>」と、承諾に代わる判決を必要とする。

# §Ⅱ 契約の成立要件──契約の拘束力の根拠

## 1 契約の成立──諾成主義

### (1) 諾成主義の原則

6-10

契約は申込みと承諾とがあれば成立し (522条1項)、法令で要求されていない限り、契約書の作成は契約の成立要件ではない (同条2項)。合意だけで成立する契約を**諾成契約**といい、民法は諾成契約を原則とする立法、すなわち**諾成（契約）主義**を採用している。ローマ法では、契約成立のためには、合意のほかに3種類の一定の形式が要求されていたが、近世になって、中世教会法の影響および意思自治の哲学的原理から、合意だけで契約が成立することが原則とされるようになったのである。諾成主義に対しては、以下のように要物契約と要式契約という2つの例外がある。

### (2) 諾成主義に対する例外

6-11

**(a) 要物契約** 合意だけでは契約は成立せず、金銭その他の物の支払ないし引渡しが契約の成立要件として要求されている契約があり、これを**要物契約**という。要物契約とされる根拠は、それぞれの制度により異なっている。

①質権設定契約 (344条) は、抵当権のように合意だけで有効に成立することはなく、債務者から質物の引渡しを受けて初めて成立する (☞担保物権法

3-4)。②消費貸借契約（587条）、改正前の使用貸借契約（旧593条）および寄託（旧657条）は無償契約であり当事者間の情誼的関係に基づいて行われるため、合意のみによる拘束力を否定するため要物契約とされていた。しかし、改正法により、贈与同様に諾成契約とし書面がないと解除できるものとされるか（593条の2・657条の2）、書面を作ったならば拘束されることになった（587条の2）。③そのほかに、手付けの交付に際しての有償の解除権留保契約、すなわち手付契約（557条）も要物契約と理解されている。

6-12　**(b)　要式契約**　契約書の作成を成立要件とする契約を、**要式契約**という。民法には、2004年（平成16年）の改正により保証契約が要式契約とされたのが唯一の要式契約であり（446条2項）、比較法的にみて方式自由が徹底している。特別法の例外として、例えば、借地借家法では定期借地ないし定期借家契約は契約書の作成が必要とされている（借地借家22条・38条）。

　要式契約が採用される根拠は、①贈与契約のように無償契約における拘束力の否定（欧米では贈与は要式契約）、②保証契約のように保証人が軽率に保証を引き受けることの予防、③重要な契約につき証拠を残させ、後日の争いを未然に防止すること、また、④不動産取引のように登記と関係する取引について、公証人による契約書の作成を要求し、虚偽の登記がされることを防止することなどである。

## 2　契約の成立の認否──意思の合致か表示の合致か

6-13　XがYに生糸製造権を1万290円で売却する契約を結び、その際、Xは繰糸釜の権利の譲渡も含まれこれに対する全国蚕糸業組合連合会からXに支払われる譲渡の補償金2000円は代金とは別に受けられると考えていたが、Yは同連合会が2000円を負担し8290円だけ支払えばよいものと思っていたとする。そのため、Yが8290円しか支払わず、支払額につき争いになり、Xが残額2000円の支払を求めて訴訟を提起したしよう。

　契約が成立するためには当事者のなした表示が合致していることは必須である。①売主が100万円で売る申込みをしたのに対して、買主が80万円なら買うと表示しても契約は成立しない。これに対して、②売主からある絵画を100万円で売るつもりだったのに1桁間違えて10万円での販売を申し込むメールを送ってしまい、これを受けた買主が10万円で買うと承諾のメー

ルした場合、意思が合致していないので契約は成立しないのであろうか。意思に契約の効力の根拠を求めれば、合意（意思の合致）はなく契約成立しないことになりそうである。しかし、取引は表示を通して意思を伝達し合って締結されるのであり、私的自治の原理は取引安全の原理（外観法理、信頼原理）により修正がされるべきである。

6-14　**(a) 意思の合致は必須ではない**　大審院は 6-13 の事例について、申込みと承諾が合致しておらず契約不成立とした（☞ 6-16）。①の事例と同視したことになる。代金を 10,290 円とする売買の申込みと代金を 8,290 円とする承諾として、契約不成立としたのである。確かに意思自治の原則からは意思の探求がまず契約解釈としてはされるべきである。しかし、意思の探求を必要とするとしても、意思が食い違っている場合に、意思を基準に契約不成立と処理することを導くものではない。6-13 ②の事例につき、10 万円と書いてあり 100 万円で売る意思だとは、買主側はわからないのである。やはり、契約は客観的な表示どおりに、すなわち 10 万円での売買契約、10,290 円での売買契約が成立することを認めるべきである。

6-15　**(b) 意思が合致していない場合の法的処理**　民法自体が、当事者の一方に契約をする意思がなくても契約の成立を認めており（93 条 1 項本文・95 条 3 項）、意思の合致は契約の成立要件とはされていない。当事者の意思が合致していなくても客観的に契約の成立を認めてよい。一方で、表示に信頼した相手方を保護する必要があり（信頼）、他方で、意思がない契約当事者側は、そのような表示した責任があるからである（帰責性）。不成立として損害賠償義務を認めるよりも、いわば現実賠償的に表示どおりの契約を成立させるのが適切である。そして、表示の客観的意味は取引通念により決定されるべきであり、6-13 の事例は、両者の意思がくい違っていても、X の理解が通常の理解でありこれを基準として 1 万 290 円を代金とする契約を成立させ[109]、買主 Y については錯誤（動機の錯誤）を問題にすべきである。要するに 6-13 ②の事例（☞ 6-17 の第 1 類型）として処理すべきである。

---

[109] 売買代金の支払を「フラン」で行うことが合意されたが、買主はフランス・フラン、売主はスイス・フランと考えていたドイツの事例では、契約締結の場所、振込先とされた銀行の所在地などから、合理的な当事者であればどう考えたかにより契約内容が決められると考えられている（ケッツ［潮見佳男ほか訳］『ヨーロッパ契約法 I』［以下、**ケッツ**で引用］217 頁）。

6-16

> ●**大判昭19・6・28民集23巻387頁** ［事案］ほぼ6-13と同様の事例につき、売主AのBに対する代金支払請求に対して、Bが契約不成立または錯誤無効を主張したが、第一審判決および控訴審判決は、Aの主張のとおりの内容の売買契約の成立を認め、Bの錯誤は法律行為の要素の錯誤ではないとして、Aの請求を認容した。ところが、大審院はこれを破棄している。
> ［判旨］「Aに於ては契約の文言の通り生糸製造権利のみを譲渡し其の代金としてBより1万290円全額の支拂を受くる意思を以て右契約を爲したるに反し、Bに於ては生糸製造権利と共に繰絲釜に關する権利も共に譲渡せられ之に對しBより代金として1万290円中右補償金を控除したる残額のみを支拂ふべき意思を以て右契約を爲したること亦原判決の確定せる所なれば、……本件契約の文言に付ては當事者雙方に於て互に解釋を異にし雙方相異れる趣旨を以て右文言の意思表示を爲したるものにして、<u>両者は契約の要素たるべき點に付合致を缺き從て契約は成立せざりしものと云はざるべからず</u>」。

[
## §Ⅲ
## 契約内容の確定（契約の解釈）
]

### 1 契約解釈の出発点

6-17 **(1) 契約解釈は当事者の主観的意思の探求か**

**(a) 客観的解釈を原則とする学説（通説・判例）** 明治時代の末期頃から、信義則、取引安全ということが強調されるようになり、契約（法律行為）解釈は、当事者の内心の意図（内心的効果意思）の探求ではなく、表示から客観的に評価される効果意思（表示上の効果意思）の認定の問題と考えられるようになる[110]。その集大成が我妻博士の次のような説明である。

「意思表示ないし法律行為によって欲せられる効果は、<u>専ら表示行為によって</u>決定される」。「従って、法律行為の解釈とは、この表示行為の有する意味を明らかにすることである」。「内心的効果意思は、法律行為の効力を左右

---

[110] 単独行為である遺言については、遺言者の主観的意思の追及を旨とすべきである。例えば、自筆遺言書に「私が亡くなったら財産については私の世話をしてくれた長女のAに全てまかせますよろしくお願いします」と書かれている場合に、「まかせる」とは、作成当時の事情や文脈等からして包括遺贈の趣旨と解釈されている（大阪高判平25・9・5判時2204号39頁）。

することがあるだけで（……）、法律行為の内容に影響を及ぼすことは、絶対にないといってよい」(我妻 249 頁～50 頁)。

　現在では、表示の客観的な評価を原則とする契約（法律行為ないし意思表示）解釈論が、わが国の裁判実務には定着しているといってよい。契約解釈が問題となる事例を大雑把に整理してみると、次の4つの事例に分けることができる。実際に問題になるのは、第3類型と第4類型が多い。

> ① 当該争いになっている事項について表示がある場合
> 　ⓐ 表示の客観的意味と異なる当事者の意思の合致がある場合
> 　　（第1類型）
> 　ⓑ 当事者の意思（表示の理解）が食い違っている場合（第2類型）
> 　ⓒ 当事者の意思（表示の理解）が明確ではない場合（第3類型）
> ② 当該争いになっている事項について表示がないまたは明確ではない場合
> 　　（第4類型）

6-18　**(b)　当事者意思が合致している場合（第1類型）**　客観的解釈が、上記の類型を区別することなく適用される万能的な基準として適用されてきたが、契約解釈といっても一様ではなく、種々の作業に分類できることに気が付かれるようになる。第1類型では、当事者の意思が合致している以上それを尊重すべきであり、当事者の意思を無視して表示の客観的意味を押し付けるべきではない[111]。ドイツの判例では、売買契約の目的物である商品が「Haakjöringsköd」と表示され、そのオランダ語の意味は「鮫肉」であるが、当事者共に「鯨肉」として契約をした場合、当事者の意思どおり鯨肉の売買契約の成立が認められている(1920年のドイツ帝国裁判所の判決)。

6-19　**(2)　当事者の意思が食い違っている場合（第2類型）
　　　　──意思の優劣決定の問題**

　6-17の第2類型のように、表示についての当事者の理解（主観）が異な

---

111) フ民 1188 条 1 項は、「合意においては、その文言の字義に拘泥するよりもむしろ、契約当事者の共通の意図がどのようなものであったかを探求しなければならない」と宣言している（ド民 133 条なども同様）。起草者は、意思の探求という大原則は明文がなくとも疑いを容れないと考え、あえて規定を置かなかったのである。意思探求を原則とする大原則をすっ飛ばし、当事者の意思が明確ではない場合についての規律を原則にした日本の通説的説明は異例である。

る場合には、当事者のいずれかの理解を優先して契約内容が確定されるべきである。実際には第2類型と第3類型、さらにいえば第4類型の区別は困難なことが多く、そのことを考えればこれらは同一の規律がされるべきである。

　例えば、Aの個人情報にかかわる甲書類を有するBが、それを利用してマスコミに情報を提供してAのプライバシーを侵害したため、Bが甲書類を使用して同様のことをしないことを約束し、BがAに甲書類を「預ける」旨を一筆書いて渡したとしよう。「預ける」というので、Bは預けただけと考えたとする。寄託契約だとすると、Bはいつでも返還請求できてしまう (662条1項)。寄託契約が預かってもらう寄託者のためだからである。しかし、Aの考えは甲書類を利用できないように没収するというものであり、契約締結の経緯からしてAの意思を優先しこのような無名契約と考えるべきである。662条1項は適用されないと考えるべきである。

6-20　◆**表示の客観的意味と主観的意思のいずれの探求を原則とすべきか**
**(1)　客観的解釈原則説**
　極度に客観的解釈を重視する解釈が、大正時代から昭和初期にかけて「取引安全」ということが意識された時代に主張された。ドイツのダンツの影響を受けた鳩道論文後に、我妻博士がダンツの学説をわが国に導入したのである (山本敬三「補充的契約解釈(5)完」論叢120巻3号2頁以下参照)。ダンツ理論はドイツでは通説にはならなかったが、わが国では通説となっていく。契約の解釈とは「表示行為の有する意味を明らかにすることである」ということになり (☞6-17)、この解釈は表示主義と称されて定着していく。しかし、例外として、表示と異なる主観的合致がある場合に、それを優先することを否定するものではない。

6-21　**(2)　主観的合致原則説**
　**(a)　客観的確定説**　しかし、その後、外観というものは、当事者の主観的理解が一致しない場合に初めて契約の客観的解釈として登場するものであり、まずは当事者の主観的意思の探求を契約解釈としてなすべきであり、それで確定できない場合に、裁判所は初めて表示の客観的意味の確定をすべきであるとする学説が、主張される (星野175頁以下、米倉・法教74号66頁以下等)。(1)説と原則・例外を入れ替えるだけであり、実際の結論に(1)説と差が出るものとは思われない。

6-22　　**(b)　意思優劣決定説**　裁判所としてはまず契約当事者の主観的意思を探求すべきであるという点では、(a)説と同じであるが、本説はその後の説明の仕方が微妙に異なる。当事者の主観が合致しない場合に、(a)説のように客観的解釈を行うのではなく、両当事者の主観的理解のうち、いずれがより正当性を有するものか

優劣を決定するのである（賀集・前掲リマークス1号12頁、石田穣「意思主義と客観主義」『法協百年論集3巻』501頁など）。例えば商品についてのベトナム語の表示を、契約当事者の一方は鯨、他方は鮫の意味と理解していたが、ベトナム語の客観的意味はエイという場合に、(1)説および(2)(a)説ではエイの取引とされ（両者錯誤）、本説では取引の経緯などから鯨か鮫かに決定される（一方のみ錯誤になる）。

6-23 **◆作成者に不利にの原則**

「作成者に不利に」という契約解釈の原則があり、契約の両当事者の意思が合致していない場合に、その契約書を作成提案した側の理解ではなく、相手方の理解を優先させるという原則である。契約書の作成者は、自己に有利な契約内容を作成しがちであり、その内容を相手方に説明して同意を得るべき説明義務があり、それを果たしていない以上、自己に有利な契約内容を押し付けることは許されない。また、債務の内容については、特別の事情がない限り債務者に不利にならないように解釈をすべきものと考えられている[112]。

6-24 **(3) 当事者の意思が明確ではない場合（第3類型）**

表示があるがそれについての当事者の理解（意思）が明確ではない場合（→第3類型）と、表示自体さえない場合（→第4類型）とは、理念的には区別できるが、実際の事例においては区別が難しいことが少なくない。そのため、この2つの事例は共通の基準で解決されることが好ましい。

第3類型では表示の内容を解釈で明らかにする作業、他方、第4類型では表示がなされていない事項について、あるべき任意法規を創造して補充する作業が（規範的解釈）、裁判官のなすべき作業である。しかし、表示があるが意思の合致の認定も意思の優劣決定もできない第3類型では、いわば表示はないものとみなして規範的解釈によることになり、第4類型と同じ作業になるからである。そこで、次に規範的解釈を、第4類型を用いて検討していこう。

---

[112] 最判平10・9・3民集52巻6号1467頁は、賃貸借契約における敷引特約が、震災により建物が倒壊して賃貸借契約が終了した場合にも適用されるのかが問題になった事例で、当事者に明確な合意がない限り、災害により契約が終了した場合にまで敷引金を返還しない合意が成立していたとは考えられないとした。

## 2　契約解釈に名を借りた契約外の法規範の適用（第4類型）

### (1)　補充的解釈の可否──信義則との関係

6-25

6-17の第4類型では、当事者の合意がないので、任意法規（補充法規）や慣習法の適用により解決がされるべき事例である。しかし、全ての問題について任意法規を用意しておくのは不可能である。そのための対応策としては、なるべく幅の広い包括的な規定を置き、裁判所の柔軟な解釈運用を可能としそれに期待することも考えられる。しかし、これには、解釈の幅が広くなりすぎ裁判官ごとに解釈が分かれ、法的安定性が害されるという問題点がある。

任意法規がない場合には、あるべき結論は立法論だとして無視すべきであろうか。それが原則であろうが、それでは正義に反する場合には、何とかあるべき解決が実現されるべきである。

その方法としては、①ある条文の類推適用や法意により規定のない事由への拡大をする方法、②また、かろうじて条文を根拠とする解決として、信義則（1条2項）という一般条項によることが考えられる（☞2-7以下）。さらに、③契約の解釈により、契約内容を補充することが考えられる。黙示の意思表示または補充的解釈として行われる規範的解釈である。いずれも、実質的に、立法論として要請される任意法規を実現する作業であり、優先順位としては、まず①、それが無理な場合に②③という順になろう。しかし、③の補充的解釈を認めるべきかは検討を要する。

### (2)　補充的解釈は解釈かまたその限界

6-26

(a)　**黙示の意思表示 or 意思表示の推定と補充的解釈**　裁判でよく用いられる方法として、意思表示の推定、黙示の意思表示という方法がある。その取引における通常の意思を探求し、「もしその事項について当事者が取り決めていたならば、このように取り決めていたはずだ」と合理的意思による補充をする方法である。しかし、黙示の意思表示とはいえ、意思表示を事実認定しなければならないはずであり、意思表示の解釈という限界を超えるものである。そのため補充的解釈は、「解釈」とはいいながらも、存在しない表示を「黙示の」表示があるものと擬制するものであり、「慣習や任意規定を適用する以前になすべき、規範発見作業の一環」と考えられている（辻208

頁)[113]。任意規定を創造する作業でありながら、意思表示の客観的解釈という説明が隠れ蓑とされ、契約解釈の名の下に許されてきたのである。

6-27 **◆補充的解釈の権限を裁判官に付与する法律があれば可能**
　UNIDROIT4-8条は、次のような規定を置き補充的解釈を容認している。「契約の当事者が、双方の権利義務の確定にとって重要な条項について合意していないときは、当該状況のもとで適切な条項が補充されなければならない」(1項)。「何が適切な条項であるかを判断するにあたっては、他の要素とともに次の各号に定める要素が考慮されねばならない。(a)当事者の意思、(b)契約の性質および目的、(c)信義誠実および公正取引、(d)合理性」(2項)。
　このように補充的解釈を認める規定があれば、その規定を根拠に裁判官による契約の補完が可能となる。これは裁判官に契約解釈の名の下に任意規定を創造する権限を認めるものである。任意規定の立法を一切立法府に任せるのは限界があり、判例法による臨機応変な法創造が必要であり、UNIDROIT4-8条のような規定は必要である。しかし、直截に補充的解釈を認める規定がない現行法では、6-28のように考えるしかない。

6-28 **(b) 補充的解釈と信義則による解決**　現在では、補充的解釈が1つの独自の問題として議論されるようになっている[114]。補充的「解釈」は解釈に名を借りた任意規定の創造であり、法律によらない柔軟な処理が可能となる反面、適用される規範が不明瞭になる難点がある。裁判官にどこまでの自由裁量を認めるかという価値判断にかかる問題である。安易に許されるべきではない。幸い日本では類推適用と共に信義則に依拠することに抵抗感が少なく、裁判官の自由裁量を広く認める傾向にあるので、極めて例外にではあるが、むしろ法の欠缺を直截に信義則により補う作業(6-25の③ではなく②)によるべきである[115]。もちろんそこでの内容は補充的解釈と何ら異なるところはない。

---

113)　補充的解釈による契約内容の補充は、任意規定がない場合に限られるのか、それとも任意規定があってもそれが適切ではないと考えられる場合に、それと異なる補充的解釈をすることが許されるのかは1つの問題である。肯定的に考えられているといってよいが、その結果、消極的な法の欠缺の補充だけでなく、積極的な法の欠缺に対しても、補充的解釈による実質立法が可能になる。

114)　山本敬三「補充的契約解釈(1)〜(5)完」論叢119巻2号、4号、120巻1項、2号3号参照。近時の例としては、過払金の充当合意を認める最判平19・2・13民集61巻1号182頁、最判平19・6・7民集61巻4号1537頁等がある。

115)　なお、担保の付従性、複合契約論等、「法の一般原理」といえるものについては、あえて条文なしに認めてよいであろう。現行法の起草者も当然の原理は条文で規定するまでもないとして、条文を置かなかったのであり、条文がないから認めないなどとは考えていない。

6-29 ◆**修正的解釈——制限的解釈、例文解釈**

　　さらには、当事者が明示的に合意した契約内容が、裁判官により契約解釈の名の下に修正されることもある。その有名な例が、**例文解釈**である。例えば、「賃借人が、賃貸人の承諾を得ずに賃借建物に居住しないこと一カ月以上に及んだときは、賃貸人は、何ら予告することなく、賃貸借契約を解除することができる。」という契約条項について、「当事者が必ずしもこれに拘束される意思なくして書き込んだ例文的文言である」とされている（東京地判昭32・2・28判時120号20頁）。どのような場合にどのような根拠で許されるか、直截に契約内容の改訂の問題として考えていく必要がある。

## 3　契約内容の契約外規範による補完

6-30 **(1)　任意規定による契約内容の補完**

　　民法には、当事者が契約でその点について約束をしなかったときのために、契約による規律を補充する規定がある。契約で当事者が取り決めなかった部分の規律のための規定であるから、当事者がその規定と異なる内容を約束すればその約束が優先する（91条）。このような規定を**任意規定**ないし**任意法規**（ないし**任意規範**）、また、**補充規定**という。**推定規定**は、ある意思表示についてその内容の推定を行うものにすぎない。契約解釈による契約内容の確定である。これに対して、任意法規は契約内容を補完するものではなく、契約外の法律の適用による解決である。任意規定が完全に網羅されているわけではなく、6-25以下のように任意規定の補充がされるべきである。

6-31 **(2)　慣習による契約の補完**

　　当事者が契約に際して用いた表現の意味内容を慣習に従って解釈するのは、慣習を規範として適用しているのではない。ところが、契約で合意されていない事項については、慣習により直接当事者間の法律関係が規律されることが認められる。推定規定と任意規定の関係に類似し、この点につき関連する2つの規定がある。物権法では慣習が民法に優先することを明記することが多い（例えば、217条・219条3項など）。

　　まず、法の適用に関する通則法（通則法）3条は、「公の秩序又は善良の風俗に反しない慣習は、法令の規定により認められたもの又は法令に規定されていない事項に関するものに限り、法律と同一の効力を有する」と規定している。任意規定がある場合には、慣習よりも任意規定が優先されることにな

る。ところが、民法92条は、「法令中の公の秩序に関しない規定と異なる慣習がある場合において、法律行為の当事者がその慣習による意思を有しているものと認められるときは、その慣習に従う」と規定している。通則法3条と抵触するかのようであるが、「当事者がその慣習による意思を有している」という要件があるので、そのような要件を満たさない限り、通則法3条により任意規定が優先するので、矛盾・抵触はない。

## 第2節　法律行為（契約）の無効

## §I
## 法律行為

### 1　法律行為の概念

6-32　民法第1編「総則」の第5章「法律行為」において、その第1節「総則」の次に第2節「意思表示」と表題が付されている[116]。法律行為の定義も、意思表示の定義も民法にはされていない。意思表示は、法律効果の発生を欲する意思の表示であり、その意思に従った効果が生じるものである（取消し・解除・申込み・承諾など）。法律行為は、意思表示の上位概念である。

契約という法律行為は、申込みと承諾という2つの意思表示により構成されているが、1つの意思表示そのものが法律行為とされる単独行為もある。単独行為の例は、解除、取消し、追認、放棄、遺言等である。契約と単独行為の効力規制を各所で全て別々に行うのは煩雑であり、これらを「法律行為」という上位概念により括って統一的に規律することを可能にした、便宜的な整理概念が法律行為である。とはいえ法律行為規定では、主として契約が念頭に置かれており、単独行為に全面的に適用してよいかどうかは規定ごとに検討されるべきである。

---

[116]　民法では意思表示、法律行為、契約という概念があるが、会社法には「取引」という用語が採用されている。有償取引に限定されるのか疑問を生じよう。民法でも、2004年の現代語化に際して192条に「取引行為」という用語が導入されている。近時の特別法では「取引」という用語が用いられる傾向にある。

6-33 ◆**準法律行為**
　**準法律行為**は、意思に基づく行為であるが、ある条文規定でそれがある効果を生じさせる要件とされているにすぎないものであり、例えば、債権譲渡通知がその例であり、債権譲渡の対抗力取得（467条）といった法定の効果をもたらすにすぎない。その効果が、法律行為のように意思内容によって定まるのではない（その他に催告、提供などが準法律行為。弁済は議論がある）。しかし、意思に基づく行為であるという点で、意思表示また法律行為と共通するものである。そのため、準法律行為に意思表示また法律行為の規定がどこまで類推適用できるかが問題になる。基本的には錯誤、詐欺、強迫、代理、意思表示の効力発生時期などの規定の準法律行為への類推適用を肯定してよい。

## 2　法律行為の分類

6-34 **(1)　単独行為・契約**
　(a)　**単独行為**　解除、取消し、撤回、予約完結、遺言等のように、単一の意思表示だけで構成されている法律行為を**単独行為**という。これも、**相手方のある単独行為**と**相手方のない単独行為**とに分かれる[117]。解除や取消しのように、解除や取消しをされる相手方に対してされなければならないものが、相手方がある場合であり、相手方に意思表示が到達してその効力が生じる。これに対して、所有権の放棄（ごみ箱に物を捨てる）、相続の放棄、財団法人の設立、無主物先占などは、相手方のない単独行為である。

6-35　(b)　**契約ないし双方行為**　2つの意思表示が内容的に合致して初めて法律行為が成立する場合、これを**契約ないし双方行為**という。契約には、債権行為（☞6-39）である**債権契約**のほかに、物権行為（☞6-40）である**物権契約**（物権以外を対象とする場合には準物権契約）、また、身分行為（☞6-44）である身分契約（婚姻・養子縁組）もある。

6-36　(c)　**合同行為**　法人の設立のように、複数の者の合意ではあるが、しかし契約のように売る・買うという相対立する内容が合致して成立する合意ではなく、同一内容の複数の意思表示がいわば束になった合意があり、これを契約と区別して**合同行為**という。ただし、合同行為も「合意」であることには

---

[117]　90条では行為そのものの違法性が問題となるため、「法律行為」が問題とされ、他方、心裡留保、虚偽表示、詐欺、強迫また錯誤は、契約の当事者の一方の意思表示が問題になるため、93条から96条では「意思表示」が問題とされている。

変わりなく、合同行為も契約の一種に分類する学説もある（☞ 4-57）。共有者が共有不動産の売却、賃貸、地役権設定などの行為を共同して行うのは、合同行為という必要はない（新注民(3) 51 頁［平井］）。

6-37 **(2) 要式行為・不要式行為**

(a) **要式行為** 法律行為の成立のために、一定の方式が必要とされる法律行為を**要式行為**という。遺言は偽造や変造が問題になることが多いため原則として厳格な方式が要求されている（960 条以下参照）。契約の場合は要式契約といわれる（☞ 6-12）。事業用定期借地契約は公正証書によらなければならない（借地借家 23 条 3 項）。単独行為であるクーリング・オフ（特商法 9 条・24 条等）は、後日の争いを避けるために書面によることが要求されている。準法律行為であるが、債権譲渡通知は、債務者への対抗のためには不要式行為とされているが、第三者に対する対抗力を取得するためには、確定日付のある証書によることが必要である（467 条 2 項）。

6-38 (b) **不要式行為** 何らの形式を必要としない法律行為を、**不要式行為**という。特に方式が要求されていない以上は、法律行為は不要式行為と考えられる。契約の場合には**不要式契約**（ないし**諾成契約**）といわれる（☞ 6-10）。準法律行為も、催告や債務者に対する債権譲渡通知等も書面を必要としない。しかし、事後に紛争にならないように証拠を残すために、重要な契約では、実際には書面が作成され、単独行為では内容証明郵便で行われることが多い。

6-39 **(3) 債権行為・物権行為・準物権行為**

(a) **債権行為** 債権・債務の発生を目的とする法律行為を債権行為という（単独行為と契約に分かれる）。例えば、売買契約では、売主には目的物の引渡義務、買主には代金支払義務が売買契約の効力として成立する。贈与のように、贈与者のみに債務を負担させる場合もある。①一方的行為で他人に債務を負担させることはできないが（無断駐車に罰金 10 万円との掲示）、債務者が一方的に債務を約束することは有効と認めてよい（メーカーが契約関係にない消費者に対して製品の返品・交換を引き受ける行為）。

6-40 (b) **処分行為**

㋐ **物権行為** 物権の発生・変更または消滅を目的とする法律行為を**物権行為**という。所有権を移転する行為、抵当権や地上権を設定ないし放棄する

行為がその例である。合意による場合は物権契約という。単独行為である物権行為として、無主物先占や所有権、抵当権等の物権の放棄がある。無主物先占のように物権行為だけが問題になる場合もあるが、売買契約のように、物権行為が債権行為と競合することがあり、その場合、2つの行為の関係が議論されているが、物権法に譲る（☞物権法 4-1 以下）。

6-41　**(イ)　準物権行為**　債権の譲渡、債権への質権設定のように債権および物権以外の財産権を創設したり、物権以外の財産権（これは債権も含む）を処分したり内容を変更する行為を、いずれも支配、帰属といった要素が問題となる点で共通しているため、物権行為に準じて**準物権行為**という。代金債権の金額を変更する合意、代金減額請求等もこれに含まれる。契約によるほか、債権譲渡の取消しなどの単独行為もある。債権行為との関係については、物権行為と同じ問題がある。準物権行為と物権行為をひっくるめて**処分行為**という。

6-42　**◆保存行為・管理行為・処分行為**
権限の内容が不明な受任者（代理人）や不在者の財産管理人等については 103 条（28 条）により規律され、共有物については 252 条および 253 条により規律される。学理上財産行為は、**保存行為**、**管理行為**（保存行為も管理行為に含まれるが、252 条ただし書との関係で区別される）、および、**処分行為**に分類される。しかし、果樹園の果実を収穫時期に売却することは保存行為ともいわれるが、処分行為であるが保存行為に準じて扱うと説明すべきであろう。収益、改良が管理であるが、対抗力ある賃借権を設定したり、性質を変更してしまうような改良は、処分に準じて考えるべきである（103 条 2 号・602 条参照）。その意味で、限界づけが必ずしも明確な概念ではなく、それぞれの事例で、管理者としてどのような行為が認められるべきかを考えるべきである。

6-43　**(4)　その他の法律行為の分類**
**(a)　生前行為・死因（死後）行為**　行為者の死亡により、その法律行為の効力が生じる法律行為を**死因（死後）行為**という（遺贈や死因贈与、また、遺言による寄附行為）。それ以外の法律行為を、消去法的用語であるが**生前行為**という。

6-44　**(b)　財産行為・身分行為**　①その効果が財産上の法律関係にのみかかわる法律行為を**財産行為**という。債権行為、物権行為等の処分行為がこれに該当する。身分法上の行為でも、親権者の未成年者の法律行為への同意、追認、

取消し等、離婚に際する夫婦の財産分与も、また、相続の承認・放棄、遺産分割も、財産行為である。②これに対して、その効果が身分関係にかかわる法律行為を**身分行為**という。婚姻、協議離婚、養子縁組、協議離縁といった身分契約、認知などの単独行為がこの例である。身分行為は代理が許されず、代位行使もできず、相続の対象にならない――一身専属権――といった、特殊性が認められる[118]。

## §Ⅱ 公序良俗および強行規定

### 1 公序良俗違反

#### (1) 公序良俗論の推移

(a) **公序良俗総論** Aは、Bを痛めつけてくれる者をインターネットで募集し、これに応じてきたCに報酬100万円でBを痛めつけてもらうことを依頼し、CはBを襲撃し全治1ヶ月の負傷を負わせた。この場合、CはAに報酬の支払を請求できるであろうか。また、Aが着手金として10万円をCに支払ったが、CがBへの暴行を実行しない場合に、Aは契約を解除して支払った10万円の返還を求めることができであろうか。

この点につき、民法は、「公の秩序又は善良の風俗に反する法律行為は、無効とする」と規定している（90条）。改正前は「公の秩序又は善良の風俗に反する事項を目的とする法律行為」とされていたが、法律行為の行われた過程その他の諸事情を考慮して公序良俗違反を柔軟に認定できるように、下線部分が削除されている。

「公の秩序」と「善良の風俗」とが区別されているが、いずれに違反しても効果に変わりはなく、2つをあわせて**公序良俗**と略称されている（☞6-48）。上記のAC間の合意は、公序良俗に反する契約として無効である。BのAに対する報酬の支払請求は認められず、報酬の支払は無効である。

---

[118] 詐害行為取消権についての424条2項の「財産権を目的としない行為」の概念は必ずしも明確ではなく、身分行為に限定されず、相続放棄等の財産行為も含めて理解されている。

ただし、支払った報酬の返還を請求することはできない（☞ 6-71）。

6-46 ◆ 90 条および 91 条の沿革
(1) 旧民法
　旧民法財産編 328 条は、「当事者は合意を以て普通法の規定に依らざることを得又其効力を増減することを得。但公の秩序及び善良の風俗に触るることを得ず」と規定していた。これはフランス民法 6 条の「個別的な合意によって、公の秩序及び善良の風俗に関する法律の適用を除外することはできない」という規定にならった規定である。ところが、強行規定に違反する合意を無効とするだけでは狭すぎるので、法律がない場合にも無効とすることをできるように修正し、90 条を規定したのである（ドイツ民法に従った☞ 6-47）。ただし、起草者が、90 条の適用範囲として考えていた事例は非常に狭いものであった（大村・契約正義 11 頁以下参照）。

6-47 (2) 現行民法の制定過程
　90 条の原案 95 条は、「公の秩序又は善良の風俗に反する行為を目的とする意思表示は無効とす」という規定であった。フランス民法 6 条や旧民法とは異なり、ドイツ民法（草案☞ 6-48）に従い法律があることを必要としないことに変更したのである。その後、意思表示が法律行為と表現の修正がされる。原案では 91 条の元になる規定は存せず、現行 90 条だけで十分と考えられていたが、その後に現行 92 条と共に追加された。92 条を追加する前提として、91 条をあわせて規定したのである。もとから、91 条はなくても済んだのである。強行規定があるか否かを問わず、公序良俗に反する法律行為は 90 条で規律する予定であり、91 条は任意規定と異なる法律行為を認める規定として、任意規定と異なる慣習による意思に従う 92 条の前提として規定されたものにすぎない。

6-48 ◆ 公序と良俗
　90 条は、「善良の風俗または公の秩序に反する内容の法律行為は無効である」と規定していたドイツ民法第一草案 106 条にならったものである。ドイツ民法第一草案 106 条はフランス民法にならったものであるが、その後、公序に批判が出され、善良の風俗だけが残され公の秩序は削除されている（ド民 138 条 1 項）。日本の起草過程では、逆に、富井が起草した 90 条の原案に対して、梅は善良の風俗を削除し公序だけに限定する修正案を出している。しかし、梅修正案は否決され、原案どおりの現行法になった。このように、公序と良俗の関係はどれだけ意識されていたか不明である。
　そのため、通説・判例は、公序良俗と一括りにして両者の区別を問題にせずに運用している。ところが、近時これに対して反論も出され、両者は異なるものであり一括すべきではないという考えが主張されている。91 条では「公序」しか

規定されていないように、「公序」を強行規定と等値し、「良俗」を規定がない場合に適用するといった主張がされている（石田喜184等）。しかし、両者を特に区別せず公序良俗という法理を認めることで判例は確立しており、これを変更する必要性は見当たらない（山本・再構成59頁以下参照）。

6-49　**(b)　公序良俗法理の位置づけとその影響**

**㋐　契約自由の制限原理から私法の最高原理へ**　近代自由主義に依拠する民法では、自由が最高原理であり、公序良俗は自由を制限する例外的原理として位置づけられる（起草者の理解もそうであった）。この理解によれば、あくまでも契約自由の原則に対する例外的原理としてその運用は抑制的になる。しかし、その後に発想を逆転して、社会秩序の維持が根本原理であり、その制限の範囲内で私人の自由が保障されるという考えが提案される（**最高原理説**）。すなわち、「すべての法律関係は、公序良俗によって支配されるべきであり、公序良俗は、法律全体を支配する理念と考えられる」、「90条は、個人意思の自治に対する例外的制限を規定したものではなく、法律の全体系を支配する理念がたまたまその片鱗をここに示したに過ぎない」といわれている（我妻270頁以下）。この結果、公序良俗は、契約の効力を規律するだけでなく、不法行為においても行為規範として考慮されることになる。

6-50　**㋑　公序良俗法理の推移——公序良俗論の拡大**　公序良俗による規制は、契約自由を限界づける例外法理であるならば、最低限の社会秩序のために必要な規制に限定されることになる。これに対して、最高原理説では、公序良俗による規制を積極的に活用することが許されることになる。この意味で、公序良俗論の位置づけの転換は、公序良俗論の発展において大きな寄与をしている。判例も飛躍的に公序良俗を認める事例を拡大している。

また、学説により新たな公序良俗論が提案されており、例えば、大村教授は、契約正義＝経済的公序論に基づき公序良俗論を再構成している。①公序良俗は契約における公正さ（＝契約正義）を確保すると共に、取引における当事者の利益や競争秩序（＝経済的公序）も保護すべきものであり、②要件論としても、契約内容だけでなく、契約締結の態様や法令違反の有無もあわせて総合的に判断すべきであり、③効果論として、相対的無効や一部無効が認められる。詐欺や強迫に該当しないが、不公正な取引方法がとられ——老人への過量販売、次々販売等——、公序良俗の拡大による解決が提案された

のである。しかし、判例は公序良俗により不公正な取引を無効とするのには慎重であり、不法行為として損害賠償により解決することが多い[119]。

6-51 **(2) 公序良俗の内容による分類**[120]

**(a) 正義の観念に反するもの** 犯罪行為を依頼する契約は、私法上も禁止する必要がある。しかし、公序良俗に違反するとされる行為は、刑法上犯罪として禁止されている行為に限られない。正義の観念に反する行為であるが、刑法上犯罪とされていない行為はいくらでもある。例えば裏口入学の斡旋を依頼する契約は、正義・公正といった観念に反する行為であり、公序良俗に反して無効である（東京地判昭34・8・11判時203号17頁等）。また、違法な行為に対して報酬を支払う合意に限らず、違法な行為をしないことに対して対価を支払うことを約束することも正義に反し、公序良俗に違反する（大判明45・3・14刑録18輯337頁［名誉毀損行為］）。

正義の観念も時代と共に変遷しており、近時の新たに注目される判例として、男女差別をした就業規則を公序良俗に違反するものと認めた判決がある[121]。また、極めて違法性の高い建物の建築請負契約も、公序良俗違反とされている（☞6-52）。後述の消費者公序も（☞6-55）、この新しい正義の理念に関連する事例である。

6-52

> ●**最判平23・12・16判時2139号3頁** XY間の建物建築請負契約が締結されたが、それは確認済証や検査済証を詐取して違法建物の建築を実現するという、「大胆で、極めて悪質」な計画に基づくものであり、「その違法の程度は決して軽微なものとはいえない。X（請負人）は、本件各契約の締結に当たって、積極的に違法建物の建築を提案したものではないが、建築工事請負等を業

---

[119] 不法行為による利点として、オールオアナッシングの有効・無効という処理ではなく、過失相殺（722条2項）によって適切な調整が可能であるという点がある。

[120] 公序良俗の類型論については、四宮＝能見266頁以下は、①人倫に反する行為（ⓐ家族的秩序違反、ⓑ犯罪行為に関連する行為、ⓒ人格的利益を侵害する行為）、②経済・取引秩序に反する行為＝経済的公序（ⓐ活動の自由の制限・財産権処分の自由の制限、ⓑ暴利行為、ⓒ公正な競争・市場メカニズムに対する侵害行為、ⓓ著しく不公正な取引方法）、③憲法的価値・公法的政策に違反する行為（憲法的価値と抵触する行為、ⓑ取締規定違反）に分ける。新注民(3)132頁以下［森田修］は、①国家秩序、②市場秩序、③社会秩序に分類する。

[121] 定年差別を公序良俗違反として無効としたものとして、最判昭56・3・24民集35巻2号300頁がある。男女賃金差別についての最高裁判決はないが、差額を損害として不法行為を理由に賠償請求する事例が多く、賠償が認められている。なお、契約ではないが、入会権者を男子系に制限する慣習につき、「遅くとも本件で補償金の請求がされている平成4年以降において、性別のみによる不合理な差別として民法90条の規定により無効である」と判断されている（最判平18・3・17民集60巻3号773頁）。

> とする者でありながら、上記の大胆で極めて悪質な計画を全て了承し、本件各契約の締結に及んだのであり、Xが違法建物の建築というYからの依頼を拒絶することが困難であったというような事情もうかがわれないから、本件各建物の建築に当たってXがYに比して明らかに従属的な立場にあったとはいい難い」。「以上の事情に照らすと、本件各建物の建築は著しく反社会性の強い行為であるといわなければならず、これを目的とする本件各契約は、公序良俗に反し、無効である」（Xの請負代金請求を棄却した原審判決を支持）。

6-53　**(b) 人倫・家族秩序に反するもの**　倫理観念に反する契約も公序良俗に反するものと考えられる。親子なのに面会を絶対に禁止する契約などがこの例である。判例としては、多額の株券を与え認知請求をしないことを約束させた事例で、「子の父に対する認知請求権は、その身分法上の権利たる性質およびこれを認めた民法の法意に照らし、放棄することができない」と、認知請求権の放棄が無効とされている（最判昭37・4・10民集16巻4号693頁）。いわゆる芸娼妓契約も無効であり、親の借金の部分も無効とされる（☞6-179）。愛人になる対価として財産的給付をする合意は無効であるが（最大判昭45・10・21民集24巻11号1560頁）、手切れ金の交付は、正当な家族秩序に復帰するためのものであり有効と考えられる。また、妻子ある者Aによる愛人Bへの全遺産の3分の1の遺贈につき、①不倫な関係の維持継続を目的とするものではなく、専ら生計をAに頼っていたBの生活を保全するためにされたものであり、かつ、②遺言の内容が相続人らの生活の基盤を脅かすものとはいえないとして、90条に違反しないとされている（最判昭61・11・20民集40巻7号1167頁）。

6-54　**(c) 競争秩序に関連するもの（市場的公序・経済的公序）**　市場秩序ないし競争秩序を害する合意も、90条に違反して無効と考えられる。この点については、独禁法などの取締法規の違反が考慮されるべきである。例えば、入札の談合で、協議により落札者を決め落札者が他の談合業者に談合金の支払を約束する契約は、公序良俗に違反し無効である（大判昭14・11・6民集18巻1224頁）。経済的な取締法規違反の行為が、経済的公序違反の典型例である（☞6-72以下）。

雇用契約において退職後に従業員に競業避止義務を負わせることは、従業員の職業選択の自由に重大な制約を加えるものであるため、競業避止の内容

が必要最小限度であり、また当該競業避止義務が合理的な根拠によるものである必要がある。「2年間横芝町横芝東町町内においてXと同一業種のパチンコ店を営業しないことを約した」事例では、「このように、期間および区域を限定しかつ営業の種類を特定して競業を禁止する契約は、特段の事情の認められない本件においては、Yの営業の自由を不当に制限するものではなく、公序良俗に違反するものではない」とされた（最判昭44・10・7判時575号35頁）。他方、競業他社への就職禁止については、期間が6ヶ月と限定されていても公序良俗に違反し無効とされるが（大阪地判平12・6・19労判791号8頁）、競合関係にある事業を開業しない旨の合意は3年間でも有効とされている（東京地判平22・10・27判時2105号136頁）。

6-55 **(d) 消費者公序——内容だけでなく契約締結過程も考慮**　消費者と事業者との間の契約では、「消費者公序」という概念を認めて、契約内容だけでなく勧誘段階における不公正な行為も含めて90条違反の該当性を検討することが提案されている[122]（長尾治助『消費者私法の原理』253頁以下）。消費者公序においては、契約内容の不当性だけでなく、プロセスの不当性——欺瞞的勧誘、必要なリスクの説明をしないで投機的取引を勧誘する等——、不適切な者に投機的取引を勧誘する適合性原則違反等の種々の考慮がされることが特徴である。判例にも、契約勧誘段階におけるプロセスの不公正さを理由にして公序良俗違反無効を認めた判決もあるが（最判昭61・5・29判時1196号102頁［非公認市場における先物取引の事例］）、判例の傾向としてはこのような類型への公序良俗法理の活用には消極的であり[123]、提案された当初とは異なり、現在では消費者契約法等による立法的解決が図られている（☞ 6-262以下）。

---

122) しかし、より悪質な詐欺は公序良俗違反で無効とは考えられていないのであり、消費者公序は消費者保護のための転用にすぎない。むしろ、不作為による詐欺、説明義務違反や不実表示により錯誤の拡大や、過失相殺を活用した勧誘を不法行為とした損害賠償を活用すべきである。

123) 肝性脳症に罹患している女性に次々と高級な呉服を販売した販売業者との売買契約（過量販売）、また、これに与信をした信販会社とのクレジット契約につき、その不当性が著しいとして、販売契約およびクレジット契約が公序良俗に反して無効とされている（高松高判平20・1・29判時2012号79頁）。認知症の高齢者Xから不動産業を営むYが土地を購入したが、Xが認知症に罹患し他人に言われるままに迎合的に対応するのを利用したものであり、Xは土地を売却する必要性はなく、しかも、土地の適正価格の6割にも満たない価格であったため、売買契約は公序良俗に違反して無効とされている（大阪高判平21・8・25判時2073号36頁）。未成年者と知りながらまたは重過失により知らずに、未成年者とのキャバクラ接待契約を公序良俗に反して無効とした判決もある（京都地判平25・5・23判時2199号52頁）。

第 2 節　法律行為（契約）の無効　│　§Ⅱ　公序良俗および強行規定

6-56
◆**暴利行為論──給付の不均衡**
(1)　**比較法的動向**

　　給付の不均衡の問題については、特別規定を置いていない立法が多いが（日本も同様）、近時は特別規定を置く立法が増えている。ドイツ民法は 138 条 1 項の公序良俗の規定に続けて、2 項で暴利行為を無効とする規定を設けている。UNIDROIT では、一方当事者に過剰な利益を不当に与える契約につき、不利益を受ける契約当事者に契約取消権を与え[124]、また相手方が適正価格で契約を維持することを望むこともありうるので、取消権を持つ当事者の要請により裁判所が契約を改定でき、さらには取消しの通知を受けた当事者の要請によっても、裁判所は契約内容の改定ができることになっている（UNIDROIT 6-10 条 1 項～ 3 項［DCFR も同様］）。

6-57
(2)　**日本における判例の状況**

　　民法には暴利行為についての特別規定はなく、判例は、暴利行為を公序良俗（90 条）により規律をし、「他人の窮迫軽卒若は無経験を利用し著しく過当なる利益の獲得を目的とする法律行為は、善良の風俗に反する事項を目的とするものにして無効なり」としている（大判昭 9・5・1 民集 13 巻 875 頁）。暴利行為を理由とした契約の改定権については議論がないが、一部無効を活用できる事例では改定を認めたのと同様の結果が実現できる。

　　判例で問題とされている事例はほとんどが貸金関係の事例であるが[125]、他人の弱みに付け込んで無償契約をさせた事例で公序良俗に違反し無効とした判決がある（最判昭 30・7・15 ☞6-58）[126]。また、ホステスがクラブ側と採用契約の際に、客に掛けで飲食をさせる場合には自分が必ず保証することを約束している場合に、これが公序良俗に違反しないかが問題とされている。これを無効とする多くの判決があるが[127]、通常 20 ～ 30 万円以上は掛けでの飲食を認めないにもか

---

124)　UNIDROIT6-10 条 1 項は、考慮要素として、「(a)その当事者の従属状態、経済的困窮もしくは緊急の必要に、またはその当事者の無思慮、無知、経験の浅さもしくは交渉技術の欠如に、相手方が不当につけ込んだという事実。(b)その契約の性質および目的」を挙げている。

125)　なお、暴利的な代物弁済予約は公序良俗に違反し無効とされたが（最判昭 27・11・20 民集 6 巻 10 号 1015 頁、最判昭 35・6・2 民集 14 巻 7 号 1192 頁等）、その後清算義務を認めるという担保法理により解決がされ、仮登記担保法により立法的に解決された（☞担保物権法 4-106）。

126)　ほかにも、病院から治療不能とされた娘の先天的難聴の治療のため、藁にもすがる思いで祈祷師に 3 年間にわたり合計 737 回も娘を通わせて療術（祈祷）を受けさせ、親が合計 589 万円余を支払ったが、全く回復しなかった事例で、「人の困窮などに乗じて著しく不相当な財産的利益の供与と結合し、この結果当該具体的事情の下において、右利益を収受させることが社会通念上正当視され得る範囲を超えていると認められる場合には、その超えた部分については公序良俗に反し無効となる」とされている（名古屋地判昭 58・3・31 判時 1081 号 104 頁。71 万円だけ有効とし 518 万円余の返還を命じる）。

127)　クラブ経営者が回収不能の危険を回避しようとするものであること、雇用の際に経済的に有利な立場を利用して保証を約束させていること、退職する際には 5 日以内に未払債務の支払をしなければならず、実質的に退職の自由を制限することなどから、ホステス保証を公序良俗に反して無効とする多くの判決がある（東京地判昭 59・1・30 判時 1129 号 73 頁など）。

かわらず、ホステスとその客との親密な関係から店側も 300 万円ほどになるまで掛けでの飲食を特別に容認していた事例では、当該ホステス Y は「自己独自の客としての A との関係の維持継続を図ることにより X の経営するクラブから支給される報酬以外の特別の利益を得るため、任意に Y に対して A に対する掛売を求めるとともに本件保証契約を締結した」として、公序良俗に違反しないものとされている（最判昭 61・11・20 判時 1220 号 61 頁[128]）。

6-58

●最判昭 30・7・15 民集 9 巻 9 号 1086 頁（X から Y への無償使用の約束の履行請求）　「Y の罹災焼跡である本件土地に X が、応急的簡易住宅を建設してこれに居住し、本件土地を一時無償で使用することを許されたのは、親戚たる Y の情誼と同情に基いたものであること、この無償使用の契約については、Y において、さきに同地上で永年経営していた旅館業を再開するため、建築に着手する際には、X は直ちに無条件で右土地を明渡すべき約旨であったこと、しかるに、その後、Y において、旅館建築工事施工のため、X に対し土地の明渡を求めるや、X は約旨に反して容易にこれに応ぜず、折柄、諸物価賃金は日々に昂騰し、Y が工事遅延のため多大の損害を受くべきことを憂慮し、その処置に困惑していた状況に乗じ、結局、X は、Y をして、右土地の明渡を受けるため、Y の旅館経営上重要不可欠な帳場に充つべき玄関脇一室を X に無償で使用させるという苛酷な条項を受諾するの止むなきに至らしめたものであ」り、「原審が、右室の無償使用に関する本件契約は民法 90 条に照らし無効であると判断したのは正当であ」る。

6-59

**(3) 不法行為による処理**

暴利行為の被害者の救済としては、不法行為を理由に賠償請求することも考えられる。①相手方が会社である場合に、会社が倒産していれば代金等の返還請求を事実上受けられないが、関与した従業員や会社代表者個人に対して不法行為を理由に損害賠償を請求することができるので、被害者救済になる。②また、暴利行為は、給付の著しい不均衡をもたらさなければならないが、不法行為責任ではそれを緩和する余地がある。例えば、身体に障害を患い正常な判断能力が低下していた上に無収入である X に、不必要かつ高額な健康器具等を執拗な勧誘により購入する契約を強いた事例で、売主、販売に関与した従業員また代表者らに不法行為責任が認められている（東京地判平 23・11・28 判タ 1390 号 263 頁）。

---

[128] 契約後の事情により有効か否かを分けることには理論的な難点が伴う。というのは、雇用に際する包括的な保証の効力が問題にされており、これを契約時に有効か無効かを判断すべきだからである。

## (3) 動機の不法（ないし違法）

6-60　契約（法律行為）の内容自体には問題がないが、当事者の一方または双方の契約をする理由（動機）が不法なものである場合、その契約を公序良俗の観点からどう規律すべきであろうか。この問題は**動機の不法**（ないし違法）と呼ばれている。殺人に使用するための農薬の購入、改造して実弾を撃てるようにするためのモデルガンの購入がこれに該当する。農薬やモデルガンの売買契約自体は、法の禁止する行為ではない。犯罪資金を他人から借りて調達する場合も、同様に問題となる。

相手方である貸主や売主が借主や買主の動機を知らない場合、相手方に不法な動機があっただけで契約を無効とすることは適切ではなく、取引の安全保護との調整が必要である。90条は「公序良俗に反する法律行為」と規定されているにすぎないので、動機の不法も当然には排除されておらず、いかなる場合に90条が適用されるのか——その要件——は解釈に任されることになる。以下に、学説・判例を検討してみたい。

6-61　**(a)　画一的要件を設定する学説（旧通説）**　①不法な動機を有する当事者が動機を表示さえすればよく、契約内容にまでする必要はないという動機表示必要説が、それ以前の内容化必要説を乗り越える学説として登場する。ただし、この学説の中には、動機の不法性が強度である場合には、表示がなくても公序良俗違反になる可能性を認める主張もある（我妻285頁、船越109頁、川井144頁）。②しかし、動機の表示がなくても相手方がその不法な動機を知っていれば、正義の観点からいって不法な行為に手を貸すべきではなく、相手方が積極的に動機を表示している必要はない。そのため、学説はさらに一歩進めて、ⓐ相手方当事者が他方当事者の不法な動機を知っていればよいという学説（三潴290頁）、さらに拡大して、ⓑ知りえたならばよいという学説が主張されている（川島231頁、幾代219頁）。

しかし、動機の不法性の程度も千差万別であるのに、相手方の主観的事情のみを要件として考慮することが疑問視されるようになる。軽微な取締法規違反でも知っているまたは知りえただけでよいのか、違法性の程度によって悪意では足りず積極的な関与までして初めて無効とされるべきではないかといった疑問が提起される。そのため、次のような学説が登場する。

6-62　**(b)　総合判断説（判例・多数説）**　相手方が不法な動機を知っているまた

は知りえたかにより画一的に判断するのでなく、動機の不法性の程度、不法な動機を有する者の悪質性（詐欺の意図等）、他方当事者の関与の程度・態様を総合的に評価して、公序良俗違反を理由にその効力を否定するのが適切か否か柔軟に考えるべきである考えが、現在では多数説であり判例といえる（四宮204頁、幾120頁、内田282頁など[129]）。これを**総合判断説**ないし**相関関係説**という。6-64の苛性ソーダ密輸資金融資事件判決が、このような学説を登場させる契機となっている[130]）。原則として動機表示必要説に従いながら、諸事情により認識可能性説を採用する考えもこれに等しい（川井144頁）。

6-63 **◆動機の不法をめぐる判例の状況**

　賭博に負けた者が賭博で負けた債務の支払のためであることを告げて支払資金を借り入れた事例で、大審院は、原審が貸主の請求を「賭博の用に供する目的の下に借受くる旨を表示しX亦之を諒承の上敢て貸与するに至り」として棄却したのを支持し、「賭博の用に供する目的」というのを「賭博後の弁済の資に供する目的」の意味と善意解釈した上で、「賭博後の弁済の資に供する為め貸金を為すことは之により借主をして賭博を為すことを容易ならしめ、将来も亦其の資金の融通を受け得べきことを信頼して賭博を反復せしむるが如き弊を生ずるの虞なし」とし、「其の借入が賭博行為の前なると後なるとを問はず何れも之を以て公序良俗違反の法律行為として無効」とした（大判昭13・3・30民集17巻578頁）。不法な動機を「表示し」相手方が「之を諒承の上敢て貸与する」という原判決の説明部分は否定していない。

　しかし、これは事例判決であり要件について一般論を明らかにしたものではない[131]）。戦後の判例には、密輸入資金と表示されて貸付けに応じた事例で、金銭消費貸借への90条および708条のいずれの適用も否定する判決が出されている（最判昭29・8・31☞6-64）。この問題を考える際には、90条で無効とされた場合には708条本文が適用されることも考慮しなければならない。判例がそのような考慮を背景として90条違反を否定したことは評価できる。しかし、90条を適用しながら、返還請求については、708条ただし書を類推適用して、不当な結果を

---

129) また柔軟な運用ということは効果にも及び、90条に違反する場合にも、当然に708条本文の適用があると考えるべきではないと主張されている（鈴木126～7頁）。

130) 消費貸借契約において、借主の不当な使用目的を問題にするのではなく、偽物のブランド商品を販売している詐欺的商法を行っている事業者の顧客（被害者）に、事情を知りながら金銭を貸し付けていた業者について、売主の詐欺を幇助していたものとして、その行った金銭消費貸借契約が無効とされている（東京地判平16・8・27判時1886号60頁）。

131) Xが自宅で知人らを集めて賭麻雀を行い、負けたYに賭け金の支払のために80万円を貸した事例で、社会的妥当性を欠くものとはいえないとして、Yによる不法原因給付の主張を退け返還が命じられている（東京地判昭55・7・17判時989号69頁）。

避ければ十分である（河上277頁）。6-64の事例は無利息の貸付事例であり、また、「既に交付された物の返還請求に関する限り」と言っていて、射程は利息付きの事例にまでは及ばないというべきである。

6-64

●**最判昭29・8・31民集8巻8号1557頁（苛性ソーダ密輸資金融資事件）**　[事案] XはYの密輸出計画に一旦は賛同したけれども、後にこれを思いとどまりYへの出資を拒絶した。Yから「既に密輸出の準備を進めたことでもあるから、せめて一航海の経費として金15万円を貸与して貰いたい」と要請され、やむをえず金15万円を貸与したものであり、密輸出に対する出資ではなく金銭消費貸借である。すなわち利益の分配も損失の分担もなく、貸した金につきYがこれを密輸出に使用する義務を負担したとか、密輸出に使用することを貸借の要件としたということはない（また無利息）。Yはこれを遊蕩に費消。原審判決は、XからYへの返還請求を708条を適用して退けたが、最高裁は、これを破棄する。

[判旨] Xは、「<u>密輸出に使用することは契約の内容とされたわけではなく</u>、Xは只密輸出の資金として使用されるものと告げられながら貸与したというだけのことである。さればXはYの要請により<u>已むを得ず普通の貸金をしたに過ぎないもので</u>、<u>本訴請求が是認されてももともと貸した金が返って来るだけで何等経済上利益を得るわけではない</u>」。Yは、「Xを欺罔して15万円を詐取し、これを遊蕩に費消して居ながら（原審認定）民法90条、708条の適用を受けると右15万円の返還義務もなくなり、甚しい不法不当の利得をすることになる」。「Xが本件貸金を為すに至った経路において多少の不法的分子があったとしても、その不法的分子は甚だ微弱なもので、これをYの不法に比すれば問題にならぬ程度のものである。<u>殆ど不法はYの一方にあるといってもよい程のものであって</u>、<u>かかる場合は既に交付された物の返還請求に関する限り民法第90条も第708条もその適用なきものと解するを相当とする</u>」[132]。

6-65

◆**動機の不法による無効の理解——主張制限説**

動機の不法の事例において、90条の要件を満たせば無効と考えるのが判例・通説である。しかし、それを「論理的背理」と評して、一方当事者の動機に不法がある行為も社会的に許されるべきではなく、公序良俗に反する法律行為となるが、取引安全を保護するために不法動機を有する者は善意の相手方には無効を主

---

[132]　708条本文を2分の1のみ適用して、2分の1のみ返還請求ができるという処理をする判決がある（大阪地判平24・4・24判時2154号84頁）。

張できないと構成する学説が主張されている[133]。傾聴に値する提言であるが、公序良俗に反するかどうか、不法な動機を持つ者の事情だけで判断するのではなく、相手方の関与の態様なども考慮して総合的に判断すべきであり、動機の不法だけで当然に不法な契約となると考えるべきではない。繰り返すが、相手方が知って関与するなど、相手方の事情も相まって初めて不法性が認められるべきであり、申込みや承諾の意思表示だけを取り出すわけではなく、双方行為である契約の不法性を問題にするのである。判例・通説を支持しておこう。

6-66 **◆認識可能性の判断時期**

　90条適用の要件が満たされているかどうかの評価の基準時はいつと考えるべきであろうか。相手方の不法動機の認識ないし認識可能性を1つの重要な事情として考慮するため、例えば、①Aが賭博場に使用することを知らずに、Bが建物を賃貸したが、契約後にBとAの動機を知ったというように継続的契約関係だけでなく、②契約時には改造し殺人目的でモデルガンを買うという買主の動機を知らなかったが、引渡し前にその動機を知ったにもかかわらず、モデルガンを引き渡した場合にも問題になる。

　まず、契約の有効・無効は契約の成立時点を問題にするものであるため、契約の締結時を問題にすることが考えられる。そうすると、契約締結時にBがAの意図を知らなかったとすれば、賃貸借契約や売買契約は有効となり、その後にBがAの意図を知ったとしても、契約は有効なままということになる。しかし、契約が一旦有効に成立したとすると、Bは契約に拘束されることになり、Aに対してBも契約の公序良俗違反による無効を主張して履行を拒絶できないことになる（錯誤取消しを認めることは可能であろう）。

　しかし、悪意でなされた履行も非難され、また抑止されるべきであり、履行時を基準にして公序良俗違反を判断することも考えられる。問題はどのように法的に説明するのかである。主張制限説（☞6-65）では説明が可能である（内田282頁）。通説・判例の立場でも、不法な動機に手を貸すという履行こそが問題であることを考えれば、その性質上、有効かどうか未確定であり、履行前に悪意になれば無効となることを認めるべきである。

6-67 **(4) 公序良俗違反「無効」**

**(a) 絶対的無効**

**(ア) 履行請求はできない**　公序良俗違反の無効は、いわゆる絶対的無効

---

[133] 谷口知平「動機不法と詐欺」『民法演習1民法総則』89頁、近江155頁、石田穣577頁以下もこれを支持する。

(☞ 6-169) である。したがって、無効を主張する法的利益のある者は、その無効を自分の利益のために援用することができ[134]、第三者にも無効を対抗できる。無効の主張につき特に期間制限はない。また、公益的無効であり、追認により有効とはできず、私人が自由に処分できる利益にかかわる問題ではないために、弁論主義の適用は排除され、裁判所は当事者の主張がなくても職権で公序良俗違反無効を認定できる。

6-68　**(イ)　既履行給付の返還請求の制限**　公序良俗に違反して契約が無効であり履行義務がないのに履行がされた場合、債務がないので履行は無効であり不当利得返還請求ができそうである。しかし、民法は、「不法な原因のために給付をした者は、その給付したものの返還を請求することができない。ただし、不法な原因が受益者についてのみ存したときは、この限りでない」と規定し、原則として返還請求を否定した (708条)。このような制度を**不法原因給付**といい、いわゆる**クリーンハンズの原則**の思想に基づいている (☞債権各論Ⅱ)。708条ただし書が適用になり、返還請求が認められるのは、例えば犯罪行為を止めさせるために金銭を交付した場合である。6-64の事例は、90条違反を認めても、一方的に受益者側に不法性がある場合に準じる事例であるため、ただし書を拡大適用する余地があった。

6-69　**(b)　取引安全保護について**　90条については、後述の93条2項や94条2項のような第三者への無効の対抗不能規定はない。したがって、利益がある限り誰でもまた誰に対しても無効を主張することができる。ところが、既履行給付の返還請求については、6-68に述べたように返還請求ができないため、返還請求できない目的物が相手方によって第三者に売却された場合、第三者に対しては返還請求ができるのか疑問となる。

取引安全保護は、動産では即時取得 (192条) により図られるが、不動産については登記に公信力がなく、94条2項の類推適用 (☞ 6-116) の適用も微妙である。この点、判例は所有権を反射的に相手方に帰属させるという解決をしている。借地上の未登記建物が妾契約の対価としてXからYに引き

---

[134]　消費者公序 (☞ 6-55) のように、消費者に対してその契約を一方的に押し付けることが公序良俗違反になる場合には、消費者の側からのみ無効の主張ができるにすぎないという主張がある (石田穰578頁)。これに対しては、一方からの無効主張を封じる必要がある場合には、権利濫用によればよいという主張がされている (河上275頁)。

渡された事例で、「Xがした該贈与に基づく履行行為が民法708条本文にいわゆる不法原因給付に当たるときは、本件建物の所有権はYに帰属するにいたった」ものとする（最大判昭45・10・21民集24巻11号1560頁[135]）。その結果、相手方は所有者として有効に目的不動産を譲渡等でき、第三者は悪意でも有効に所有権等を取得できることになる。

しかし、相手方に所有権の取得まで認めるべきではなく、目的物が第三者に譲渡されても、所有者は第三者にも708条により返還請求ができないと考えれば足りる。所有権に基づく返還請求権はあり、この権利行使についても708条を類推適用すべきである。ただし、708条は給付者のみに当てはまり、給付者の債権者が代位行使するのには適用されないと考えるべきである。債権者の犠牲の下に受益者（相手方）が不当な利益を受けるのは不合理だからである。なお、契約が無効なので債権は発生せず、債権が譲渡されても、債権の譲受人は保護されない（468条1項）。

## 2　強行規定違反

6-70 **(1) 強行規定と任意規定──無効の条文根拠**

91条は、「法律行為の当事者が法令中の公の秩序に関しない規定と異なる意思を表示したときは、その意思に従う」と規定している。民法の規定には、公の秩序に関せずそれとは異なる合意をすることが可能な任意規定ないし任意法規と、公の秩序に関するそれと異なる合意ができない強行規定ないし強行法規とがあることになる。任意規定は6-30で説明したので、ここでは強行規定について解説をしていきたい。

強行規定に違反する契約が無効とされる条文根拠については、学説の変遷がある。起草過程から明らかになるのは（☞6-47）、91条の意義は、任意規定と異なる契約を有効と認める点にあり、法律があるか否かを問わず公序良俗に違反すれば無効となる（**90条適用説**）、ということである。

しかし、従来の学説は、強行法規違反による無効を91条の反対解釈によ

---

[135]　「給付者は、不当利得に基づく返還請求をすることが許されないばかりでなく、目的物の所有権が自己にあることを理由として、給付した物の返還を請求することも許され」ず、「その反射的効果として、目的物の所有権は贈与者の手を離れて受贈者に帰属するにいたったものと解するのが、最も事柄の実質に適合し、かつ、法律関係を明確ならしめる所以と考えられる」というのが理由である。

り導き（**91条反対解釈説**☞ 6-71）、法律行為の「社会的妥当性」（90条）と「適法性」（91条）とを区別していた。また、91条は「法令」となっているため、全ての法令が、行政的取締法規も含めて任意規定と強行規定とに分けられると考えられていた。しかし、判例は取締法規違反も90条により解決しており、近時は判例を是認する学説が有力である（☞ 6-73）。

なお、片面的強行規定もあり[136]、さらには、定型約款や消費者契約法では、任意規定が準強行規定としての機能を果たすことについては、6-160に述べる。脱法行為が禁止されることは6-78に述べる。

6-71　◆**強行規定違反を無効とする条文根拠（91条反対解釈説から90条適用説へ）**
　　強行規定に抵触して契約が無効とされる条文上の根拠については、本文に述べたように91条の反対解釈によっていた伝統的学説に対して、近時は90条を根拠とする提案がされている。沿革的には公序良俗に関する規定と異なる合意を無効とするフランス民法の規定を拡大し、規定の有無を問わず公序良俗に反する合意を広く無効としたのが90条であり（☞ 6-47）、90条で全て規律は可能であり、91条は任意規定と異なる合意を有効と確認する規定にすぎない。
　　現在では、強行規定違反も含めて90条で画一的に規律する学説が有力になっている（石田喜久夫「強行法と公序良俗」法セミ322号110頁以下、大村・消費者法へ191頁以下、203頁、新注民(3)244頁［森田修］）。本書も無効の条文根拠を90条に統一する立場に賛成するが、確認までにいうと、それは強行規定（強行法規）の意義を否定するわけではない。根拠は90条にせよ、強行法規違反というだけで無効判断ができ省力化ができる利点は残されるべきである。

6-72　**(2)　取締法規（行政的取締法規）違反**
　　**(a)　取締法規をめぐる伝統的学説――任意規定と強行規定に分ける**　古い学説は、91条は「法令」となっていて、民法また私法規定に限定していないため、全ての法律規定を強行規定と任意規定に分けて考えていた。いわゆる**行政的取締法規**（以下、**取締法規**という）までも任意法規・強行法規かを決定してから、その違反の効力を考えようとしていたのである。

　　例えば、道路運送法4条1項により、一般旅客自動車運送事業を行うためには、国土交通大臣の許可を受けなければならず、違反には罰則が用意さ

---

[136]　弱者保護の観点から規定されている強行規定は、それを賃貸人や使用者側に有利に変更する合意は無効であるが、賃借人や労働者に有利に変更する合意は有効となっている（借地借家法9条・16条・30条・37条等、労働基準法13条）。このような強行規定を、**片面的強行規定**という。保険法49条・65条・70条・78条・82条・94条も片面的強行規定である。

れている（同法 96 条 1 号）。これに違反し無許可で旅客運送事業が行われた場合（白タク、白バス）、その旅客運送契約は無効とされるかどうかは同規定が、強行規定か任意規定（単なる行政的取締規定）かに分類し、強行規定とされると 91 条の反対解釈により無効とされる。

6-73　(b)　**判例は 90 条を適用して解決（90 条適用説）**　ところが、判例は、取締法規違反を強行規定か否かに分類し 91 条の反対解釈により無効にするのではなく、90 条によりその効力を判断している（☞ 6-74 以下）。学説も、近時は、沿革研究から（☞ 6-46 以下）、90 条に一元化する考えが有力化している。本書も 90 条に一元化する 90 条適用説を支持し、強行規定違反による無効も 90 条により根拠づけ、また、取締法規違反はその取締法規の趣旨を考慮して公序良俗に違反するか否かを検討する。この結果、条文根拠はいずれも 90 条であるが、①強行規定はその違反だけで一発レッドカードで無効となるが、②取締法規については、その違反だけで当然に無効とはならず、総合判断して違法性が高い場合に限って無効となる[137]。

6-74
> ●**最判昭 39・1・23 民集 18 巻 1 号 37 頁（有毒アラレ事件）**　[事案] X が食品衛生法により禁止されている硼砂（ほうしゃ）を使用したアラレを製造し Y に販売した事例である。X は、当初は違反の事実を知らなかったものの、食品衛生法違反になることを知ったため、Y に当分アラレの売却を中止したい旨連絡したところ、Y から「今はアラレの売れる時期だからどんどん送って貰いたい、自分も保健所に出入りしているが、こちらの保健所ではそんなことは何も云っておらぬ、君には迷惑をかけぬからどんどん送ってほしい」と製造販売の継続を強く要請された。そのため、その後も取引が行われた。X から Y に対する、代金支払のためのに振り出された手形の支払請求がなされ、最高裁は、次のように判示し X の請求を認容した原審判決を破棄する。
> [判旨]「有毒性物質である硼砂の混入したアラレを販売すれば、食品衛生法 4 条 2 号に抵触し、処罰を免れない……が、①その理由だけで、右アラレの販売は民法 90 条に反し無効のものとなるものではない。しかし……、②アラレの製造販売を業とする者が硼砂の有毒性物質であり、これを混入したアラレを販売することが食品衛生法の禁止しているものであることを知りながら、敢えてこれを製造の上、同じ販売業者である者の要請に応じて売渡し、その取引を

---

[137]　取締法規違反の「無効」については、履行がされれば無効は主張できず対価を支払わなければならないが、履行前は代金支払請求を拒絶できる「履行請求制限法規」という提案がされている（川井健「物資統制法規違反契約と民法上の無効」『無効の研究』26 頁以下、80 頁以下）。

継続したという場合には、一般大衆の購買のルートに乗せたものと認められ、その結果公衆衛生を害するに至るであろうことはみやすき道理であるから、そのような取引は民法90条に抵触し無効のものと解するを相当とする」。

6-75 ●**最判平13・6・11判時1757号62頁（ポロにせ商品事件）**　不正競争防止法に違反して、Ｘが米国ポロ社のにせ商品ということを知りながら海外からにせ商品を輸入しＹに販売した行為につき、次のように90条違反を理由に売買契約が無効とされ、ＸからＹへの代金支払請求が退けられている。
「本件商品の販売は**不正競争防止法**に違反し、かつ、遅くとも平成６年８月以降は**商標法**にも違反するところ、本件商品の取引は、衣料品の卸売業者であるＸと小売業者であるＹとの間において、本件商品が周知性のある米国ポロ社の商品等表示と同一又は類似のものを使用したものであることを互いに十分に認識しながら、あえてこれを消費者の購買のルートに乗せ、米国ポロ社の真正な商品であると誤信させるなどして大量に販売して利益をあげようと企てたものというべきであり、この目的を達成するために継続的かつ大量に行われ、警察から商標法違反及び不正競争防止法違反の疑いで強制捜査を受けるに至るまで継続されたものであることからすれば、その犯意は強固なものであったといわなければならない。……本件商品の取引は、①単に上記各法律に違反するというだけでなく、②経済取引における商品の信用の保持と公正な経済秩序の確保を害する著しく反社会性の強い行為であるといわなければならず、そのような取引を内容とする本件商品の売買契約は民法90条により無効である」。

6-76 **◆取締法規違反をめぐるその他の判例**
　道路運送法に違反する白バスにつき、「それぞれの運送契約が私法上当然無効となるべき筋合のものではな」いとされ（最判昭39・10・29民集18巻8号1823頁）、また、食肉販売営業には食品衛生法により都道府県知事の許可が必要であるが、その許可を受けていない者のなした正肉の販売につき、「単なる取締法規にすぎない」として、「取引の私法上の効力に消長を及ぼすものではない」とされている（最判昭35・3・18民集14巻4号483頁）。導入預金取締法2条1項に違反する導入預金についても、私法上無効というべきではないとされる（最判昭49・3・1民集28巻2号135頁）。取締法規を強行法規と説明して違反行為を無効とする判決もある。最判昭45・2・26民集24巻2号104頁は、「宅地建物取引業法17条1項、2項は、宅地建物取引の仲介報酬契約のうち告示所定の額を超える部分の実体的効力を否定し、右契約の実体上の効力を所定最高額の範囲に制限し、これによって一般大衆を保護する趣旨をも含んでいると解すべきであるか

ら、同条項は強行法規で、所定最高額を超える契約部分は無効である」と判示している。近時の判例として、弁護士が委託を受けた債権回収等の手段として訴訟の提起等のために当該債権を譲り受ける行為は、公序良俗に反するような事情があれば格別、仮に「弁護士は、係争権利を譲り受けることができない」と定める弁護士法 28 条に違反するとしても、その私法上の効力が直ちに否定されるものではないとされる（最決平 21・8・12 民集 63 巻 6 号 1406 頁）。

6-77 **◆契約後の取締法規の改変**
　ある契約が取締法規に違反し 90 条により無効とされるかどうかは、契約当時の法令を基準として判断がされる。
　①契約時の法令により 90 条違反とされたが、その後その法令が廃止されたとしても、契約が有効になることはない。ただし、継続的契約関係では問題が残される。判例は契約の性質を区別することなく、寺院境内地の土地が大正 11 年に賃貸された事例で、当時、明治 6 年太政官布告第 249 号等によりこの賃貸借は無効であり、「法律行為の効力は、行為当時施行されていた法令によって定まるものであり、法令の改廃は、別段の定めがないかぎり、既往の法律行為の効力に影響を及ぼさない」とし、「行為当時の法令によって無効とされた右契約について、その瑕疵が治癒され、これが有効となるものと解することはできない」とした（最判昭 45・12・15 民集 24 巻 13 号 2051 頁）。ただし、賃借権の取得時効により賃借人の賃借権の取得を認めている（遡及効あり）。しかし、賃貸借のように継続的な契約関係では、履行が続けられていれば追完を認めるべきである。
　②他方、契約当時には規制する法令がなく 90 条に違反しなかったとしても、履行前に法令により規制されるに至った場合には、法令の効力は遡及させないので効力に影響はない[138]。しかし、例えば煙草の専売制が導入されれば、契約は有効でも履行不能となり、履行請求はできなくなる。

6-78 **◆脱法行為**
　強行規定や取締法規の適用を回避するために、違反していないような形を取りながらその禁止されている内容を実質的に実現しようとする行為を**脱法行為**という（刑事法も含めて、広く法的規制を回避することを脱法行為という。脱法行為の意義については、片山直也『詐害行為の基礎理論』401 頁以下参照）。例えば、恩給債権の譲渡・質入れは禁止されているが（恩給法 11 条）、これを回避するために、恩給受給者に対する債権者が、取立の委任を取り付けそしてその委任を

---

138)「法律行為の後の経緯によって公序の内容が変化した場合であっても、行為時に有効であった法律行為が無効になったり、無効であった法律行為が有効になったりすることは相当でない」と宣言されている（最判平 15・4・18 民集 57 巻 4 号 366 頁）。証券取引における損失保証契約について、行為の当時は無効とはいえなかったとされたが、その履行請求については、履行時の法律によって請求できないとされた。

債務の完済まで解除しない特約をさせることは、実質的に恩給を担保として奪い取る行為であり（受領した恩給を債務者に渡さずに相殺により債権を回収する）、このような約束は無効とされるべきである[139]（不法行為にもなる［大阪高判平16・9・9金判1212号2頁］）。しかし、それが社会経済的に相当な需要に基づき許容されるべき行為である場合、例えば、質権は要物契約とされまた流質が禁止されているが、動産を譲渡担保にとる行為は、それが担保制度の欠缺を埋める実務の要請から生じてきたものであり、脱法行為として無効とするに及ばない。

# §Ⅲ 心裡留保および虚偽表示

## 1 心裡留保

6-79 **(1) 心裡留保の意義と民法上の原則**

**(a) 心裡留保の意義と種類** ①AはBから試験前にノートを借りて明日返す約束をし、返すのが遅れたら1日当たり1万円の違約金を支払うと冗談で約束した、また、②Aは、その所有する甲画をBが購入したいと言ってきたのに対して、売る気もないのに代金を騙し取るためにこれに応じたとする。いずれのAの行為も「表意者がその真意ではないことを知ってした」意思表示である（93条1項）。これを**心裡留保**という。日本民法は心裡留保を区別していないが、ドイツ民法は心裡留保を次の2種類に分けており——①は相手方の意思を問題とせず無効とし（ド民118条）、②は相手方が悪意の場合にのみ無効とする（ド民116条）——、わが国でもこの2つを区別すべきである[140]。

---

139) 大判昭16・8・26民集20巻1108頁は、「恩給権者が其の恩給証書を債権者に交付して恩給金の受領を委任し、債権者其の受領したる恩給金を以て債権の弁済に充当すべきことを契約したる場合に在りては、縦令債権者が其の債権を他に譲渡し右恩給金の受領を譲受人に復委任し譲受人之を受領して債権の弁済に充当すべきことを恩給権者予め承諾し居る場合と雖、其の承諾及復委任は恩給を受くる権利を譲渡し又は担保に供することを禁ずる法律の精神に鑑み之を無効のものと解するを妥当とする」と判示する（大判昭7・12・20新聞3512号14頁がすでに同旨を述べている）。したがって、債権者は権限なく受領したものであり、債務者に受領した恩給の金額を返還すべきであるとした。なお、脱法行為を先回りして規制している例もある。例えば、金銭消費貸借では元本額により規制される利率が異なるが、50万円の貸付を2つ行ったことにしておけば、合計100万円を貸し付けながらそれぞれ1割8分の制限利率にとどまることになるが、利息制限法は、合計額を基準として規制利率を判断することにした（5条2号）。

140) 村田彰「心裡留保無効」椿・無効の研究334頁以下参照。

① **非真意表示（冗談など）** 表意者が相手方に真意の欠缺が知られることを予期して行われる心裡留保であり、要するに冗談の類の発言である。①の事例がこれに該当する。

② **詐欺的心裡留保（狭義の心裡留保）** 真意の欠缺が相手方に知られることを予期しておらず、表意者が多かれ少なかれ欺罔の意図を伴っている悪質な心裡留保である。②の事例がこれに該当する。

6-80　◆ **93条の沿革**
　現行93条の原案91条但書は、「但相手方が表意者の真意を知りたるときは其意思表示は無効とす」と規定され、悪意のみが例外とされていた。すなわち当初は②の詐欺的心裡留保のみを念頭に置いて、ド民116条と同一の処理をしようとしたものであった。ところが、法典調査会の整理会の段階に至って「笑談に意思表示をした」場合すなわち①の非真意表示を考えて、「又は之を知ることを得べかりし」ということを追加する提案がされ、これが可決されて現行93条1項ただし書になったのである（小林一俊「判批」金商525号6頁）。無過失を要求する規定は、非真意表示を念頭に置いて導入されたのである。そのため、今度は逆に詐欺的心裡留保の規律に法の欠缺が生じてしまったのである。解釈によりこの欠缺を埋め合わせる必要があり、詐欺的心裡留保は、相手方が悪意の場合にのみ無効とすべきである。

6-81　**(b) 原則は有効**　民法は、心裡留保であってもその効力には影響がないことを原則としている（93条1項本文）。ドイツ民法のような前提規定はないが[141]、効力を留保することも1つの意思表示の内容であり、そのことを合意しなければその効力（無効とする）は生じないことを確認する規定である。したがって、原則として、6-79①②いずれのケース共に、相手方は合意どおりの契約の成立を主張できることになる[142]。

---

141) 心裡留保の規定は、旧民法には対応する規定はなく、ドイツ民法の草案を参照して、現行民法で初めて盛り込まれた規定である。「留保」もその意思を表示しない限りその法律効果を生じないという法律行為の一般原則が確認され（ド民116条1文）、ただ相手方が留保を知っていれば、留保が表示されたのと同じ留保どおりの効力が生じる（同条2文）、というのがドイツ民法の構成である（原島重義『民法学における思想の問題』83頁、113頁）。虚偽表示が、フランスでは隠れた無効とする合意の効力で無効となると説明されているように、単純に意思がないから無効という意思ドグマによるのではない。

## (2) 相手方の悪意または有過失と無効

### (a) 93条1項ただし書について

**(ア) 非真意表示（冗談・戯言の場合）――相手方の善意無過失が必要**　通常、心裡留保は、6-79の①ケースのように、相手方も冗談だとわかる状況で行われるものであり、相手方もそれに応じても本気では約束していない。その場合には、次の虚偽表示のように通謀がないだけで、双方心裡留保とさえいってよい。また、普通ならば冗談であるとわかるのに、その相手が冗談の通じない者で本気にしたとしても、そのような信頼は保護に値しない。そのため、93条1項にただし書を設けて、相手方が悪意または有過失の場合には、その契約は無効とされることを確認した。ノートの使用貸借契約は有効であり、違約金の約束だけが無効になるので、一部無効である。

**(イ) 詐欺的心裡留保の場合**　6-79の①ケースでも、相手方に過失があったというだけで契約を無効としてよいかは疑問である。支払う意思がないのに愛人に多額の手切れ金を支払う約束をして別れる約束を取り付けたり、紛争をその場で解決するために、支払うつもりもないのに多額の賠償金を支払うと示談する場合等も同様である。詐欺的心裡留保については6-80に見たように立法過誤による法の欠缺があり、相手方に悪意がなければ有効とすべきである。東京高判昭53・7・19判時904号70頁は、手切れ金の事例に93条1項ただし書(改正前93条ただし書)を適用するが疑問である。詐欺的心裡留保については、93条1項ただし書を悪意に制限解釈をすべきであろう(遠田新一『代理法理論の研究』239頁)。

**◆空クレジットの名義貸――93条1項ただし書の類推適用**[143]
　空クレジットといって、資金に窮した販売業者が、資金を獲得するために、知人等に頼んで商品をクレジットで買ったことにしてもらい、買主がクレジット会社(信販会社)とクレジット契約(立替払契約)を結び、事情を知らないクレジット会社が代金を売主に立替払いをして、売主が代金名目で資金を獲得することが行われている。買主は、売主から「名義だけ貸してくれ、クレジットの返済は自分がするので迷惑をかけない」と頼まれ、その言葉を信じて応じているのであ

---

142)　善意無過失の相手方が後日事情を知り無効を主張できるかは議論がある。①相手方保護の規定であるから、相手方から無効の主張を認めてよいという主張(幾代242頁、内田49頁、村田・注140論文338頁以下、石田穣593頁)、および、②心裡留保の相手方は欲したとおりの契約が成立するのであり、契約拘束力の原則どおりでよく、完全に有効になると考える学説も有力である(近江163頁、川井153頁)。

る。ところが、売主が倒産し約束したクレジットの支払をしないため、クレジット会社から買主に請求がされ問題になる。

この場合、売買契約は虚偽表示で無効であるが、クレジット契約については買主に心裡留保はない。有効なクレジット契約が締結されているから、売主が有効に立替払金を受け取れるのである。しかし、買主は債務を法的に負担する意思はあるとしても、絶対に迷惑をかけないと言われ自分が実際に支払をするつもりはないのであり、代理権の濫用の場合に類似した齟齬がある。そのため、次のように心裡留保規定を類推適用する下級審判決がある[144]。

> ●**福岡高判平元・11・9 判時 1347 号 55 頁**　「仮に右立替金の爾後の返済は他の者の責任においてなされ、自らはその支払をする必要がないと考えていたとしても、右の点は単に立替払契約を締結するに至る一つの動機にすぎないものであり、<u>立替払契約を締結する意思そのものがあったことについてはこれを否定することはできない</u>」。「信販会社において立替払契約を締結するにあたりその当事者が右のような名義貸与者である事実を知り、あるいは知り得べきであった場合には、信販会社を当該立替払契約上保護すべき根拠は失われているのであって、名義貸与者にその契約上の債務を負担させることは著しく公正を欠くものであるから、<u>民法 93 条但書の規定を類推して、右立替払契約はその限りで効力を生じない</u>」[145]。

---

143)　93 条 1 項ただし書が類推適用された類似の事例として、迂回融資の事例がある。A 銀行（債権回収機構 X に債権譲渡）は、B カントリーへの融資ができないため（信用不安）、B から依頼を受けた Y に融資をした形にして、実際には融資金は B に交付された事例で、A は「単に Y の借主名義を借用したにすぎず、Y に返済を求める意思がなかったばかりか、Y に対しても、返済を求めない旨を約していたのであり、他方、Y も、返済義務がないものと信じてこれに協力し、それによって何らの利得も得ていないのである。……<u>金銭消費貸借契約を締結しながら、返済を求めないという点において、A 銀行と Y 双方の意思が合致していることに鑑みれば、民法 93 条ただし書が類推適用される</u>」とされた（東京地判平 17・3・25 金判 1223 号 29 頁）。A の債権を譲り受けた X による Y への請求が棄却されている。AY 間は虚偽表示で、隠匿行為として AB 間の消費貸借がされていると評価すべきである。

144)　93 条 1 項ただし書の類推適用を肯定するとしても、本書は心裡留保を 2 つに分けるので、それに対応して、①分け前を受けるような悪質な場合には善意無重過失、②そうではなく断れず名義を貸しただけの場合には善意無過失と、クレジット会社側の要件を柔軟に運用したい。

145)　住宅ローンに関する名義貸につき、金融機関が事情を知っていたとして 93 条 1 項ただし書の適用ないし類推適用により貸付を無効とした原審判決を支持した最高裁判決がある（最判平 7・7・7 金法 1436 号 31 頁）。不動産購入資金のための金銭消費貸借契約の名義貸（実際は暴力団の事務所購入資金）の事例につき、改正前 93 条ただし書（現行 93 条 1 項）の類推適用は否定され（大阪地判平 22・6・10 金法 1913 号 112 頁）、ただし傍論的に、「銀行が名義貸しを容認ないし助長する態度を名義借人たる借主に対して示し、その結果、借主において、銀行が専ら経済的利益の帰属先である名義借人から貸付金を回収する意思であって、名義を貸した借主にその返還を求めることはないとの正当な期待ないし信頼を抱き、銀行が借主に対してその返還を求めることが信義則上許されない」場合があることを認めている。

6-86 **(b) 93条1項ただし書の無効について** 心裡留保により意思表示をした者は、相手方が悪意または有過失であり契約が無効になる場合に、追認してこれを有効にできるだろうか。相手方が悪意の場合には通謀がないだけで双方心裡留保であり、一方の追認だけで契約を有効とすることはできない。119条を適用して再度契約をし直すことが必要である。

契約が旧93条ただし書により無効となる場合に、その無効を第三者に対して制限する規定はなく、94条2項を類推適用して第三者の保護が図られていた（判例として、最判昭44・11・14民集23巻11号2023頁）。改正法は、93条1項ただし書による無効は、「善意の第三者に対抗することができない」と明記した（93条2項）。

## 2 虚偽表示（通謀虚偽表示）

6-87 **(1) 当事者間の効力**

**(a) 虚偽表示は無効** Aは事業に失敗し、債権者がA所有の甲地を差し押さえてくる可能性が出てきたため、知合いのBと通謀して、甲地につき虚偽のAB間の売買契約書を作成しB名義に所有権移転登記をしたとしよう。この場合、①Aの債権者Cは、Bに対して甲地につきどのような法的主張をすることができるか、②Bが甲地をCに売却した場合、Cは甲地の所有権を取得できるか、また、Bの債権者Cが甲地を差し押さえた場合、Aはどのような主張ができるか考えてみよう。

「相手方と通じてした虚偽の意思表示」を**虚偽表示（通謀虚偽表示）**といい、これは無効とされている（94条1項）。通謀していれば意思表示は契約に限られず、単独行為[146]や法人設立などの合同行為でもよい（財団法人の設立につき☞4-60）。上記のAB間の売買契約は通謀虚偽表示として無効であり、Bへの所有権移転登記も無効となる。そのため、債権者Cは、Aを代位してBに対して所有権移転登記の抹消登記を請求できる。

6-88 **(b) 虚偽表示が無効とされる根拠** 虚偽表示では、当事者間に、①形だけの契約をする合意と、②その契約の効力を否定する合意とがあり、②の隠さ

---

[146] 判例は相手方ある単独行為である解除についても、当事者が通謀していることから94条2項の適用を肯定している（最判昭31・12・28民集10巻12号1613頁）。現在では、93条2項が規定されており、心裡留保により処理すれば十分である。

れた無効とする合意の効力により①の外観だけの契約の効力が否定されることになる。したがって、94条2項の第三者への対抗不能は、無効の対抗不能と規定されているが、正確には契約を無効とする合意の対抗不能である（武川幸嗣「民法94条2項の『対抗不能』の法構造」法学政治学論究17号202頁参照）。心裡留保も、表示をしつつ効力を留保する意思の効力を認めるものであり、虚偽表示とは「無効とする合意」がない点が異なっている。

6-89 **◆財産隠匿事例における返還請求の可否──708条の適用の可否**

　財産隠匿行為が刑法上の強制執行免脱罪（刑法96条の2）に該当する場合には、708条本文が適用されるのであろうか。しかし、返還請求を認めないと、害されるのはAの債権者であり、債権者の犠牲の下にBがいわれなき利得を受けることになる。この点も考慮に入れて考える必要がある。

　大判大5・11・21民録22輯2250頁は、「A及びY等の本件の所為が何れも右A家資分散の際に右Aの債権者の差押を免るる為めに為されたるもの」であり、「犯罪行為として罰せらるるものなるを以て、民法第708条に所謂不法の原因に該当し……之が為め本件の給付を為したる右Aは、受益者たるYに対し其給付したるものの返還を請求することを得ざるものとす」と、708条の適用を肯定した[147]。しかし、その後、「刑法は強制執行を免れる目的をもって財産を仮装譲渡する者を処罰するが（刑法96条ノ2）、このような目的のために財産を仮装譲渡したとの一事によって、その行為がすべて当然に、民法708条にいう不法原因給付に該当するとしてその給付したものの返還を請求し得なくなるのではない」とし、「一面においていわれなく仮装上の譲受人たるYを利得せしめ、他面においてX会社の債権者はもはや右財産に対して強制執行をなし得ないこととなり、その債権者を害する結果となるおそれがあるのである。これは、右刑法の規定による仮装譲渡を抑制しようとする法意にも反する」として、708条本文の適用を否定する判決が出されている（最判昭41・7・28民集20巻6号1265頁）。

　本書としては、債務者に708条を適用しても債権者による代位行使は認めるので、犯罪該当＝708条適用で構わないと考える。708条を適用しても、判例のように所有権の反射的な受益者への帰属は認めないため不都合もない。

6-90 **◆隠匿行為**
**(1) 隠匿行為は有効**

　虚偽表示は有効な行為をする合意が全く存在しない場合だけでなく、無効とす

---

[147] そして、「而して民法第423条の定むる代位訴権は債権者が其債務者に属する権利を行うに他ならざれば、債務者が請求することを得ざるものは債権者に於ても之を請求することを得ざるの筋合なり」と、代位行使も否定している。しかし、債権者が害されてよいのか甚だ疑問である。

る合意がされた外観だけの契約とは別に、有効な合意が隠されていることもある。例えば、不動産の贈与契約なのに売買契約と偽って登記を申請し所有権移転登記をした場合、売買契約は虚偽表示であり無効であるが（94条1項）、隠された契約（**隠匿行為**という）は有効である（登記も有効）。売買契約は無効であり、これを信頼して、代金を差し押さえた債権者には、94条2項により贈与であるということを対抗できない。隠匿行為は、ある行為についての規制を回避するために行われることが多く、脱法行為（☞ 6-78）と競合することが多い。

6-91　**(2) 金銭消費貸借の隠匿**

利率等のサラ金規制を回避するため、**チケット金融**という、金銭を渡さず、客にチケットを売却し（20万円）、客にこれを金券ショップで換金させ（10万円）、1週間後に代金名目で支払をさせたり、**家具リース金融**という、借主から家具を買い取ったことにして代金名目で融資金を交付し、買い取った家具を借主にリースしていることにして、リース料名目で貸付金を回収する行為が行われている。チケット金融の事例で、その実質は、通行券売買の名目の下に行われた金銭の貸付であり（金利に計算すると年利1043％）、契約は公序良俗に反し無効とされている（堺簡判平14・9・19消費者法ニュース53号36頁）。札幌簡判平23・1・14判時2105号103頁は、金貨を売却しその換金を名目として金銭を交付し、数日後に代金名目で高額の金員の回収を得ようとした事例で、実質上は金銭消費貸借契約であり、年率約2000％弱の割合の高額な利息であり暴利契約であるとして、売買契約（実質上は金銭消費貸借契約）を公序良俗に反し無効とした。

6-92　**(3) 主体についての隠匿行為**

隠匿行為には主体に関するものも考えられる（注143の迂回融資もこの類型）。例えば、Aが妻B名義でスナックを経営しており、その店舗改装費用をCから融資を受けるに際して、Cの勧めによりB名義で融資を受けることにした事例がある。この場合に、BC間の契約の形がとられているが、実際はAC間の消費貸借である。したがって、BC間の契約は無効で、AC間の消費貸借契約は有効なので、CはAに対してのみ貸金の返還を請求しうる（福岡高判昭51・11・22判時856号56頁）。この場合にも、94条2項により第三者保護は可能である。

6-93　**(4) 三者間の隠匿行為**

さらには、三者間の隠匿行為も考えられる。AがBCと通謀して、A所有の物件をAがB、BがCに売却し、さらにCがAに販売し割賦で代金を支払う形にして、AがダミーであるB経由でCから代金名目で融資を受ける場合がこれに該当する[148]（目的物はそのまま、BからAに代金名目で現金が入り、Aは代金の割賦払い名目でCに支払う）。BがCから受け取った金員をAに交付しなかったため、AがCに返済をせず、CがAに対して代金の支払請求をした事例で、最高裁は、「本件契約の実質は、……金銭消費貸借契約又は諾成的金銭消費貸借契約であ」り、Aは「融資金の交付を受けていないのであるから、本件契約に基づ

く右融資金を返還すべき義務がない」、と請求を退ける（最判平5・7・20判時1519号69頁）。AB、BC、CAの各売買契約は虚偽表示であり、AC間の消費貸借契約がされているにすぎないと認めており、適切な解決である。

6-94 **(2) 虚偽表示無効の第三者への対抗不能**

　**(a) 第三者への無効の対抗不能**　登記には公信力がないために（☞6-114）、6-87②ケースの問題については、Cが登記を見てBを所有者と信頼していたとしても、本来ならばCは所有権を取得しえないはずである。しかし、Aは自らBがそのような行為ができる状況を作り出しており重大な帰責事由があり、何の落ち度もないCを犠牲にしてまで保護されるに値する者ではない。Aの所有権の保護（静的安全保護）とCの取引安全の保護（動的安全保護）とが衝突し、いずれの保護を優先すべきか比較考量をするならば——これを**利益衡量**（ないし**利益考量**）という——、むしろCの保護が優先されてしかるべきである。

　そのため、民法は、94条1項に続けて、「前項の規定による意思表示の無効は、善意の第三者に対抗することができない」と規定した（94条2項）。BC間の売買契約は他人物売買であるが、債権契約としては有効であり、94条2項の法定の効果により補完されるのはCによる所有権取得という物権的効力である。AB間の契約の無効をCに対抗できず、Cとの関係ではAB間の売買契約は有効でありBは有効に所有権を取得しているものと扱われ、Cは有効にBから所有権を承継取得することができる（A→Cの所有権の移転という異論もある☞6-103）[149]。虚偽の法律行為への信頼保護であり、登記を伴う不動産取引に限定されず、動産、債権、無体財産権についても、虚偽表示による契約がなされた場合にも、94条2項が適用される。さらにい

---

[148]　つけ売買は微妙である。例えば、Aから機械を購入しようとしているCが、その購入資金の融資を受けて分割払いにしたいが、Aが分割払いにしたくなければ、第三者から融資を受けるしかない。**つけ売買**とは、商社Bが中間に介在し、BがCの依頼を受けて、AからBが機械を買ったことにして自己の代金債務として代金を支払い、これをCに転売して代金をCが分割払いするという形をとることで、第三者による融資を実質的に実現する取引である。Bは実質的には融資者にすぎないので、機械に瑕疵があってもAC間で処理され、CはBへの代金支払を拒めない。問題はこれをどう法的に説明するかであり、隠匿行為として、AC間の売買、BC間の融資を認めれば簡単であるが、リースや譲渡担保さらにはクレジット契約（立替払契約）のように、そのような形式の契約をする玉虫色の意思・合意はあるといえ、難問である。

[149]　要物契約についても94条2項は適用されると考えられており、金銭の交付がないとして消費貸借の不成立を主張できない（大判昭8・9・18民集12巻2437頁）。虚偽表示の撤回については、撤回の合意だけでは足りず、契約の外観（移転登記等）を除去しなければ、94条2項の適用を回避できない。

えば、不動産取引で契約書が作成されたが、登記がされていない段階でも94条2項の適用が認められる。

6-95　◆**他の第三者も無効を主張できない**
　　94条2項は、「善意の第三者に対抗することができない」と規定するだけで、誰が無効を主張できなくなるのか限定がない。虚偽表示の当事者に対する制限にとどまらず、第三者、例えば6-87②でいうとAの債権者Dやさらに Aから土地の売却を受けたEも、Cに無効を主張することができない。94条2項の趣旨は要するに取引安全保護であり、<u>全ての者との関係で保護されなければ意味がなく、何人も無効を主張しえないと考えるべきである</u>[150]（通説。大判明37・12・26民録10輯1696頁）。したがって、DE共、Cに対して所有権移転登記の抹消を請求することはできない。

6-96　**(b) 対抗不能の効果——第三者からの無効の主張は可能**　第三者は、94条2項を援用せず、同条1項の原則どおり無効——所有権取得という物権的効力について——を主張できるであろうか。6-87②ケースについては、善意の第三者Cは、94条2項を援用せず、不動産をAに返還して、Bに対して他人物売主の責任を追及することができるのであろうか（561条・415条・541条）。それとも、Cによる責任追及に対して、Bは94条2項を援用することができるのであろうか。

　古くから、第三者は94条2項の効果を援用するかどうか自由と考えられており、第三者Cは上記の選択ができ、CがBに対して他人物売買の責任追及をしたのに対して、Bが94条2項の効果を援用することはできないことに異論がない（穂積324頁、我妻292頁、内田52頁など）。「利益といえども強制しえない」というのが民法の書かれざる原則であり、BがCの意思を無視して強制できるのは不合理であり、他方で、94条2項は第三者を保護する規定であり、Bの責任を免責するための規定ではなく、Bの免責はCが94条2項を選択した場合の反射的な利益にすぎないからである。その法的構成については、学説に変遷がある（☞ 6-97以下）。

---

150)　Bの債権者は、94条2項の効果を主張するか否か自由であるが、①ある債権者は、無効を選択して支払った代金の返還請求をし、他方で、②他の債権者は対抗不能を選択して、目的物を差し押さえた場合、両者が認められるのは相手方Aに酷であり、Bの債権者に棚ボタ的な利益を与える必要もない。矛盾する主張が競合した場合には、対抗不能の主張が優先するというべきであろう。

## ◆第三者からの無効主張を認める法的構成

### (1) 形成権による説明

6-97 まず、第三者との関係でも虚偽表示は無効であるが、第三者は94条2項の対抗不能を援用して虚偽表示が自己との関係で有効にする権利が認められ、その行使の意思表示により94条2項の物権的効果が生じるという学説があった（鳩山358頁、石田文352頁以下）。形成権という概念は新しい概念であり、177条でも否認権説によったり、時効の効果についても援用権の成立にとどめる主張がされるが、94条2項も形成権により再構成するのである。しかし、善意が94条2項の適用のための要件なので、問題を生じない限り、援用の意思表示がないままになる可能性がある。積極的に援用を要求するのは不都合である。

### (2) 放棄による説明

6-98 他方で、虚偽表示が有効とされる効果は第三者の行為を要せずに当然に生じるが、第三者は「虚偽表示の有効を享受する権利を放棄して虚偽表示の無効を『承認』するを妨げない」という学説もある（薬師寺456頁）。その趣旨は明確とはいえないが、相続において当然に効力を認めて、相続人に放棄をするか否かの選択を認める、また、時効において、確定効果説により時効完成により債権消滅等の効力が生じるが、時効の利益を放棄できるというのと同様の構成である。そのため、確定的有効ではなく不確定的有効と説明されている（薬師寺795頁）。本書もこれに賛成し94条2項の効果は放棄できると考えたい。

## ◆他の表見法理への94条2項の趣旨の拡大

6-99 94条2項では第三者に善意のみが要求され、無過失は要求されていない（☞6-105以下）。これは本人に重大な帰責性があるためである。そのため、第三者を保護する表見ないし外観法理の適用につき、第三者に善意無過失が必要とされていても、真の権利者に虚偽表示に匹敵するような帰責事由がある場合には、その問題の規定に94条2項の法意を及ぼして、第三者の善意無過失という要件を緩和して善意無重過失とすることが考えられる。例えば、表見受領権者への弁済（478条）につき、第三者に代理権を与えていないのにこれを与えた旨の虚偽表示をしたならば、94条2項をそのまま適用してよいが、通謀はないが債権者に外観作出について重大な帰責事由があるならば、478条に94条2項の趣旨を及ぼして、弁済者の主観的要件を善意無重過失に緩和してよい。

### (c) 94条2項の「第三者」の要件

6-100 **(ア) 客観的要件──「第三者」とは（転得者も含む）** 「第三者」とは、広義では当事者およびその一般承継人（相続人や合併した会社）以外の全ての者である。しかし、世界中の者全てを問題にしてもしかたなく、無効の対抗不能を援用する正当な利益を有する者に限定する必要がある。そのため、

94条2項の「第三者」とは、「虚偽の意思表示の当事者又は其の一般承継人に非ずして、其の表示の目的に付き法律上利害関係を有するに至りたる者」と考えられている（大判昭8・6・16民集12巻1506頁）。「第三者」は、虚偽表示による仮装買主等の取引の相手方だけに限定されず、これから問題の権利を取得したいわゆる**転得者**も含まれる。6-87②ケースについては、仮装買主から甲地を買い取ったCが悪意で保護されなくても、Cからさらに不動産を取得した転得者Dが善意ならば94条2項の第三者として保護されるのである（☞6-110）。AB間の虚偽表示が除去されない限り、94条2項の適用の可能性は残されるためである。

利害関係は「法律上」のものでなければならず事実上のものでは足りない。また、保護に値する正当な利害関係であることが必要である。そのため、誰に返還や損害賠償をすればよいのか事実上利害関係があるにすぎない虚偽表示の対象となった不動産の不法占有者や不法行為者は、94条2項の第三者には該当しない。また、誰に賃料を支払えばよいのか登記で確認する利益を有する賃借人も同様である（177条と異なる）。差押債権者については議論がある[151]（☞6-101）。利害関係が問題になる対象は、売買などの目的物に限られず、売買契約から生じる代金債権でもよく、代金債権の譲受人も94条2項の「第三者」として保護される[152]。

6-101　**◆差押債権者および代位債権者**

6-89の③の事例で、甲地をBの財産だと信じて差押えをしたBの債権者Cは、「第三者」に該当するであろうか。旧民法では「債権者」が保護されることが明記されていた（証拠編50条2項）。判例・通説は、差押債権者を94条2項の第三者として肯定している（最判昭48・6・28民集27巻6号724頁）。新たな「法律上利害関係を有するに至りたる者」に該当するかどうかの問題であり、日本では、差押えにより差押質権や優先権などの新たな利害関係を取得しないのである[153]。差押債権者を94条2項の第三者として保護する必要はないと思われる。肯定するとAの債権者を犠牲にして、Bの債権者を保護することになり、不

---

[151]　6-97のように、第三者に94条2項の効果の援用権を認めるという構成によれば、取得時効において占有者の差押債権者に時効援用権を認めるべきかという問題とパラレルな議論となる。

[152]　大判明37・1・28民録10輯57頁は虚偽表示による契約上の債権の譲受人につき、468条1項（改正前2項）を適用して無効の対抗を認め94条2項の「第三者」には該当しないとしたが、大判大3・11・20民録20輯963頁はこれを変更し、94条2項の「第三者」と認め、反対に、虚偽表示無効を468条1項（旧2項）の対抗事由には含まれないとした。

合理である（否定説として、現代講義133頁［磯村］）。虚偽表示による売買契約上の代金債権を、虚偽表示たる者の債権者が債権者代位権を行使する場合の、代位債権者も94条2項の第三者に該当しないというべきである。判例も、差押債権者とは異なり、代位債権者については第三者性を否定している（大判昭18・12・22民集22巻1263頁）。学説は、差押債権者と同様に代位債権者も第三者と肯定している（山木戸克己「債権者代位と民法94条2項の適用」民商20巻3号34頁、石田穣613頁）。

6-102 **◆94条2項の「第三者」の権利取得の法的構成**
**(1) 対抗不能・承継取得説（順次承継取得説）**
　通説は、6-87②ケースで説明すると、AB間の契約の無効をCに対抗できず、Cとの関係ではAB間の売買契約は有効と扱われ、所有権移転という物権的効力を含めてAB間の契約の効力が相対的に扱われ、Bとの関係では無効、Cとの関係では有効になるものと考えている（相対的法律関係）。したがって、CはBから有効に所有権を承継取得することになる（武川幸嗣「民法94条2項の『対抗不能』の法構造」法学政治学論究17号232頁以下）。判例はこの点を明らかにはしていない。なお、BC間の売買契約は債権契約として94条2項を離れて有効であり、目的物に不適合があった場合には、Cに対して売主としての責任を負うのはBである（(2)説でも同じ）。

6-103 **(2) 直接の承継取得説**
　何度もいうように債権契約としてはBC間の売買契約は有効であり、即時取得（192条）同様に法定の効果として所有権取得等の物権的効力を生じさせる点に、94条2項の意義がある。この点を直視すれば、対抗不能という形式をとっているものの外観法理の一種であり、原始取得と承継取得を融合した構成をとることも考えられ、A→Cという物権変動（承継取得）と構成する提案がなされている（幾代通『不動産物権変動と登記』24頁、石田穣608頁）。ABは所有権移転の仮装、BCは制限物権の設定の場合を考えると、BからではなくAからの制限物権の取得とするほうが自然であるという[154]。物権的効力だけ直接の関係を認める点で授権（☞7-4）類似の関係になり、本書もこの構成に賛成したい。もしAに登記が残っていれば、CがAに対して所有権移転登記を求めることができる。

6-104 **◆94条2項の「第三者」の登記の要否**
　6-87②ケースのCはBの登記を信頼して売買契約をすればよく、いまだ所有

---

153) 比較法的には、先に差押えをした債権者を優先するために法定抵当権（フランス）や法定質権（ドイツ）を認めたり、または、群団優先主義といって一定の時期までに差押えをした債権者らをそれ以後に差押えをした債権者らに優先させたりする立法（スイス）が普通であり、日本ほど破産手続を越えて債権者平等を自由競争の場面である差押手続にまで貫く立法は極めて異例である（園尾隆司「近現代法制史からみた優先主義と平等主義(上)(下)」判タ1338号5頁、1339号5頁参照）。

権移転登記を受けていなくても 94 条 2 項により保護され、その後に、A が先に B から登記を取り戻しても、C は A に対して移転登記を請求できるのであろうか。AC は前主後主の関係（対抗不能・承継取得説）または当事者の関係にあり（直接の承継取得説）、対抗関係は問題にならない。そのため、いわば権利保護要件として、権利を失う所有者との関係において（利益衡量論としての評価）第三者に登記を必要とするかが問題とされる。

①対抗関係ではなく、また、本人の帰責性が大きいことから、登記なくして C は A に対して所有者であることを対抗できるものと考えるのが多数説といえる（幾代 260 頁、石田穣 616 頁、内田 58～59 頁、中舎 183 頁）。判例としては、その先例価値は疑問視されているが、最判昭 44・5・27 民集 23 巻 6 号 998 頁において対抗要件具備が不要とされている[155]。②他方で、権利保護要件として登記を要求する学説も有力である（川井 165 頁、同『法律行為無効の研究』122 頁以下）[156]。

6-105　**(イ)　主観的要件——無過失の要否**　94 条 2 項には、第三者の「善意」のみが要件とされ、無過失まで条文上必要とはされていない。必要ならば善意を善意無過失と制限解釈することは不可能ではなく、学説では議論がある。改正法は、96 条 2 項・3 項では善意のみが要件とされていたのを無過失まで要件として明記する変更をしたが、94 条 2 項については学説に争いがあるため、改正はされず解釈に任せることにした。ここでは、94 条 2 項の直接適用の場合に限定し、94 条 2 項の類推適用は除外して考える。

6-106　**❶　無過失不要説（無重過失必要説）**　まず、所有者が自ら虚偽の外観を作り出しており、自業自得であるため、第三者に無過失を要求してまで所有

---

154)　第三者 C が、B を所有者だと信じて不動産を賃借したり、抵当権や地上権の設定を受けた場合、①対抗不能・承継取得説では、AC 間では所有者 B から C に有効に抵当権や賃借権の設定があったことになり、B が担保価値保存義務や賃貸人としての修繕義務を負うことになる（A は、BC 間の賃貸借が続く限り、B に不当利得返還請求が可能である）。②直接の承継取得説では、A から B に有効に抵当権が設定されたことになるが（処分授権に類似する）、賃借権も C は A に対して取得することになるのであろう。本書は直接の承継取得説を採用し（C が悪意で、C からの転得者 D が善意の場合には、A から D への承継取得になる）、賃貸借は債権関係であるが、賃貸借の解除を転借人に対抗できない場合とパラレルに、便宜的に AC 間の賃貸借関係（BC 間で締結された内容の）が成立すると考えたい。
155)　仮装の抵当権が設定された後、事情を知らない債権者に転抵当権が設定された事例で、最判昭 55・9・11 民集 34 巻 5 号 683 頁は、「原抵当権が虚偽仮装のものであることにつき善意で転抵当権の設定を受けた者は、たとえ右転抵当権の取得につき民法 376 条［注：現 377 条］1 項所定の要件を未だ具備しておらず、したがって、右権利そのものを行使し、又は権利取得の効果を原抵当権設定者に主張することができない場合であっても、民法 94 条 2 項の関係では、すでに有効な転抵当権設定契約に基づき一定の法律上の地位を取得した者として同条項にいう善意の第三者に該当するものということを妨げない」と判示する。
156)　利益衡量という観点からは、①真の権利者の帰責性が高い場合には、A がたとえ直ちに登記を取り戻したとしても C の保護を優先させてよいが、②A の帰責性が低い場合には、C に登記を権利保護要件として要求するということによりバランスを図り、過失の要否も含めて柔軟な解決を図るべきである。

者を保護する必要はないので、条文どおり「善意」だけでよく、たとえ過失があっても第三者の保護を優先させてよいという考えが、かつての通説であり（我妻292頁、川島281頁など）、現在でも支持者は少なくない（近江171頁、石田穣615頁、川井160頁、新注民(3)355頁［稲本］など）。判例もこの立場である[157]。もっとも、重過失は悪意と同視されるべきであり、重過失があれば94条2項による保護は否定される[158]。しかし、虚偽表示といっても事例は千差万別であり、所有者が相手方に騙されて仮装譲渡をした事例も考えられる。詐欺では96条3項の第三者は無過失まで要求されることとのバランスからいうと、利益衡量的には疑問が残る。

6-107　❷ **無過失必要説**　外観法理では善意無過失が必要であるのが原則であること、また、無過失を要求したほうが柔軟な運用ができることから、第三者に無過失を要求する学説もある。①虚偽表示がされる事情はさまざまであり、種々の要因を考慮してどちらを保護するかを判断するための手がかりとして「過失」を利用することが考えられること、また、②真の権利者は自業自得かもしれないがその一般債権者にも不利益が及ぶこと、さらには、③93条1項ただし書とのバランスも挙げて、無過失の必要性を説明しようとする。近時は必要説が増えてきており、不要説と拮抗した状態にある（四宮163頁、幾代257頁、内田55頁、加藤250頁、山本174頁など）。

6-108　❸ **柔軟な運用をする学説（折衷説）**　確かに❷説の指摘は正当なものを含む。しかし、多様な事例があるからこそ、1つの基準で全ての事例を規律することにも逆に違和感が残される。そのため、折衷的な解決として、①原則として第三者の無過失を必要としながら、②所有者と第三者の状況は「相互に切離されて考えられるべきではなく、あい連関している」と考え、所有

---

[157]　大判昭12・8・10新聞4185号36頁は、「民法第94条第2項に所謂善意の第三者とは、当事者の意思表示が相通じて為したる虚偽表示なることを知らずして之に付法律上の利害関係を成立せしめたる第三者を指称するものにして、其の虚偽表示なることを知らざるに付過失ありたることは之を必要とするものに非ず」と、無過失不要説を明言する。

[158]　善意の証明責任については、判例は、①当初、権利者側が第三者の悪意を立証すべきであるとの立場をとっていたが（大判大11・5・23新聞2011号21頁など）、その後、②第三者が自ら善意の立証責任を負うとの立場に転換し（大判昭17・9・8新聞4799号10頁）、最高裁もこの立場を踏襲している（最判昭35・2・2民集14巻1号36頁など）。学説には、通謀しているのであるから、無効主張者の側が第三者の悪意の証明責任を負うという学説（石田穣616頁、幾代258頁など）、証明責任としては第三者に負わせつつ、登記には権利の推定力があるので、第三者の善意無過失が事実上推定されるという学説などがある（川井161頁、四宮＝能見180頁など）。

者に犠牲にされてもやむをえない強い諸状況がある場合（詐欺に近い形で虚偽表示をした場合を例とする）、第三者に過失（軽過失）があっても94条2項により保護されてよい、といった柔軟な解釈が提案されている（鈴木136頁〜7頁）。本書もこの立場を支持する。外観法理では保護される者には善意無過失が必要であるが、それは真の権利者が犠牲になるからである。静的安全保護と取引安全保護の調整は、両者の事情を総合考慮した利益衡量によるべきであり、虚偽表示者の帰責性が高い場合には、第三者の善意重過失、そうではない場合には第三者の善意無過失を必要と考えるべきである。

6-109　◆94条2項の「第三者」の善意の判断時期

取引安全保護制度では、善意の判断時期は契約時である。契約が有効として保護されるのであるから、その後に事情を知っても、その後の契約上の権利行使は保護された権利行使にすぎない。契約後に悪意になっても引渡しや移転登記などの請求ができるのは当然である（最判昭55・9・11民集34巻5号683頁）。賃貸借のような継続的契約関係も同様であり、悪意になった後には94条2項の適用がなくなるということはない。第三者が、登記を有する仮装譲受人から売買予約を受けた事例で、売買予約の時ではなく、予約完結権行使の時の善意を必要とした判例があるが（最判昭38・6・7民集17巻5号728頁）、疑問である。

6-110　◆絶対的構成 vs 相対的構成
(1) 善意転得者の保護

6-87②ケースで、悪意の第三者Cが、土地をさらに善意のDに転売したとしよう。DはBC間の売買の有効なことを信頼して取引をしたわけではない。しかし、Cが悪意で所有権を取得しえず登記は無効であるとしても、その前提にAB間の虚偽表示があり、Cからの転得者Dも94条2項の「第三者」として保護してよい（94条2項の類推適用と説明する余地もある☞最判昭45・6・2[6-135]）。転得者Dも94条2項の「第三者」として保護することは、通説・判例も認めている（最判昭45・7・24民集24巻7号1116頁☞6-100）[159]。

6-111　(2) 悪意転得者の処遇

では、逆にCが善意で94条2項の「第三者」として保護されるが、Cからさらにこの土地を買い受けたDが悪意である場合に（極端な例を挙げれば、BがCから買い取る場合も考えられる）、AはD（括弧の例だとB）に対して無効を

---

159)　その法的構成は、対抗不能・承継取得説では、Dとの相対的関係では、A⇒B⇒C⇒Dと有効に所有権が移転し承継取得したことになる。他方、直接の承継取得構成では、D⇒Aの土地所有権の承継取得になる。

主張して、土地を取り戻すことができるのであろうか。94条2項の第三者には転得者も含まれるのだとすると、相対的にAとの関係でDが保護されるべきかを改めて問題にすべきなのであろうか。

6-112　**(a) 相対的構成（相対的効力説）**　94条2項はAB間の無効の対抗不能であり、第三者との相対的な関係で有効と扱われる構成を根拠に、第三者ごとに94条2項の相対的扱いが受けられるのかを判断する学説がある（川島281頁、近江169頁以下）。全ての第三者につきAとの相対的法律関係における保護を問題にする考えを、**相対的構成**という。しかし、DがCに対して他人物売買の責任追及ができてしまい、それは結局はCの保護を奪うことになり適切ではない[160]。また、いつまでも権利関係が確定しないし、小さな町でAB間の仮装譲渡が知れ渡っていると、善意の買主はこの土地を売りたくても売れなくなってしまう。

6-113　**(b) 絶対的構成（絶対的効力説）**　確かに(1)のCが悪意の事例は、Dのところで94条2項を適用して保護を考えるしかない。しかし、Cが善意で94条2項の適用があるとCは所有者となり、Dは所有者Cから譲渡を受けたことになり、94条2項をDにつき問題にする必要はない。32条1項後段について述べたように（☞3-46）、DにCの94条2項の適用を援用することを認めれば済む問題である。したがって、Dに独自に94条2項の適用の有無を問題にする必要はなく、そもそも問題自体が生じないことになる。Cに94条2項が適用されると、その所有権取得をDも援用できる絶対的法律関係になると考えることになり、この考えを**絶対的構成**という。したがって、Dが悪意でも所有権取得が可能である[161]（石田穣618頁、内田57頁、須永199頁）。判例も転得者の悪意を問題にしない（大判大3・7・9刑録20輯1475頁[「其者は善意の第三者の権利を承継する」というのが理由]）。本書もこの立場であるが、例外を認める余地はある[162]。

## 3　94条2項の類推適用[163]——登記の公信力欠缺を補完する準公信制度

6-114　**(1) 原則としての「無権利の法理」と94条2項の拡大可能性**

　**(a) 原則としての「無権利の法理」**　まず、登記には公信力がないという

---

160) この点は、CD間では相対的に有効となり、他人物売買とはならず、DからCへの他人物売主の責任追及はできないので、Cの保護がないがしろになることはない。Dは、Bに不当利得に基づきBがCから受け取った代金を返還請求するしかない。

161) Dが善意の場合でも、94条2項で保護されたのではないため、Dが94条2項の保護を放棄して土地をAに返還して、Bに対して不当利得返還請求をすることはできない。

162) 絶対的構成では、BDが通謀して善意のCに買い取らせそして転売させたことにすることによって、Cの94条2項の保護をDが援用できてしまう。①Cが事情を知らないが、Dから名前だけ貸すことを依頼されその報酬として金銭がDから支払われる場合には、BC間およびCD間の売買契約はダミー（仮装）でありBD間の売買契約と認定すべきである。②そうではなく、Cもあくまでも売買契約と認識していた場合には、例外的に相対的構成を適用し、依然としてCのところで94条2項は確定しないと考えてよい。

原則を確認しておこう。例えば、Aの土地についてBがAの知らないうちにB名義に所有権移転登記をして、Cに自分の土地と信じ込ませて売却をしたとする。私的自治の原則からは、他人の権利を勝手に処分できるはずはないので、譲受人Cは無権利のBから所有権を承継取得することはできない。無権利者から権利を取得できるはずなく、「無から有は生じない」のであり、これを**無権利の法理**という。

無権利の法理を規定した民法規定はないが、当然の原則であり、例外規定がない限りこの原則が適用される。例外として、取引の安全保護のために**権利外観法理**[164]に基づいて、権利者らしい外観（権利外観）を信頼した第三者を保護する規定があり、動産については**即時取得**制度が認められている（192条以下）。しかし、不動産については、登記に対する信頼を保護する特則は規定されていない。登記に対する信頼を保護して取得できないはずの権利の取得を認める場合に、これを登記の効力として**登記の公信力**というが、日本では登記の公信力は認められていない。不動産については、真の権利者の静的安全保護を、取引の安全保護に優先させたのである。

6-115　**(b)　94条2項の類推適用の可能性——本人の重大な帰責事由に基づく外観法理**　登記に公信力はないというのが原則であるが、AがBに土地を仮装譲渡して移転登記をして、Bがこの登記を信頼させてCに売却をした場合には、94条2項によりCは土地を取得できる。94条2項は、AB間の虚偽表示の無効の対抗不能という形にはなっているが、不動産取引に関する限り、制限的に登記に公信力を認めるに等しい結果となる。

登記に公信力なしという原則に対して94条2項により例外が認められるのは、Aに権利外観作出につき重大な帰責事由がありCを犠牲にして保護されるに値しないため、Cの取引安全の保護が優先するという利益考量に基

---

163)　単独行為である共有持分の放棄についても、94条2項の類推適用が認められている。すなわち、判例は、「共有持分権の放棄は、……その放棄によって直接利益を受ける他の共有者に対する意思表示によってもなすことができるものであり、この場合においてその放棄につき相手方である共有者と通謀して虚偽の意思表示がなされたときは、民法94条を類推適用すべきものと解」している（最判昭42・6・22民集21巻6号1479頁）。

164)　権利者らしい外観を有する者が実は無権利者であったとしても、その外観を信頼してなされた取引安全保護を図る原理のことを、権利外観法理という。財産権の帰属だけでなく、代理権の帰属の外観への信頼保護も類似の制度であるが、処分権の帰属への信頼保護については、表見法理と称し、本人の外観作出についての帰責事由を必要として、外観法理と区別することがある。

づく。いわば、94条2項は、真の権利者の重大な帰責事由を要件とした特殊な外観法理である。そうすると、Aに虚偽表示に匹敵する重大な帰責事由があれば、94条2項を類推適用により拡大することが可能であり、これにより権利者の重大な帰責事由を要件とした特殊な外観法理を一般法理として実現できる。実際に、判例により94条2項の類推適用を認める判例法が形成されている（☞6-116以下）。さらには、94条2項と110条を類推適用する等の、＋αの付いた拡大もなされている（☞6-130以下）。

6-116 **(2) 94条2項の類推適用による拡大**[165]

　**(a) 所有者と登記名義人との通謀が存在する場合**

　　**（意思外形対応型1＝外形本人作出型1［名義人同意型］＝類型①）**

　**(ア) 移転登記の事例**　まず、AからBが不動産を取得したが、BがCと通謀して、Aに無断でAC間の売買契約書を作成して、AからCに移転登記をしたが、その後、Cがこの登記を利用してDに不動産を売却した場合に、94条2項の類推適用が認められている。一旦Bに所有権移転登記をして、BからCへの仮装の所有権移転登記をするのが省略されたに等しく、所有者Bが自ら虚偽の登記を作出しており、BよりもDの取引の安全を保護すべきだからである。判例は、まずこのような事例に94条2項を類推適用している。この論理でいえば、AがBに不動産を売って代金の支払また引渡しを終えたが、ABの協議によりAの登記名義のままにした場合にも、94条2項の類推適用の余地がある。Aからの譲受人の保護は177条ではなく、94条2項の類推適用によることになる。

6-117
> ●最判昭29・8・20民集8巻8号1505頁　［事案］AからXが購入した建物を、Xが妻Y₁の名義に所有権移転登記をしY₁に無償で使用させていたが、Y₁がこれをY₂に売却し移転登記をしてしまったため、XからY₁Y₂に対して所有権移転登記の抹消登記を求めた事例で、次のように判示されている。
> 　［判旨］「本件家屋を買受人でないY₁名義に所有権移転登記したことが、Xの意思にもとづくものならば、<u>実質においては、Xが訴外Aから一旦所有権移転登記を受けた後、所有権移転の意思がないに拘らず、Y₁と通謀して虚偽仮装の所有権移転登記をした場合と何等えらぶところがないわけであるから、民法</u>

---

[165] 94条2項の類推適用も「対抗不能」の法理で第三者を保護することになるが、直接適用の事例とは異なり法律行為の無効の対抗不能ではない。判例は、登記名義人が所有権を取得していないことの対抗不能と構成しており、これにより登記の無効を対抗できないことになり登記の公信力が補完される。

94条2項を類推し、XはY₁が実体上所有権を取得しなかったことを以て善意の第三者に対抗し得ないものと解するのを相当とする。」

6-118
●最判昭37・9・14民集16巻9号1935頁　[事案] XはA所有の本件土地の買取りをBに交渉させ、Bは契約を締結したが、土地売渡証書はBへの売渡しと記載されていた。Aはその後死亡し、Aの遺族αは所有権移転登記手続に応じない。Xは、B宛ての売渡証書となっていたため、Bが原告となってαに対して訴訟を提起し、判決によりB名義に所有権移転登記を受けたのちBからXに所有権移転登記をするとの合意をした。B勝訴の判決が言い渡され、Bへの所有権移転登記がされたが、Bが死亡し、Bを相続したCは本件土地をYに売り渡し、相続による所有権取得登記を経た上Yに所有権移転登記をした。XがYに所有権移転登記の抹消登記、Cに所有権移転登記を求めた。原判決は、Xの請求を認容した。

[判旨]（原判決破棄）「Aの家督相続人αよりCの先代Bに対する本件土地の所有権移転登記は、前記のような事情により、XがB名義で出訴せしめたる上確定判決に基づいて同人名義で所有権移転登記をすることを許したものであるから、それはひっきょうXの意思に基づきB名義に所有権移転登記をなさしめたものであって実質的にはあたかもXが、Bと通謀して同人名義に虚偽仮装の所有権移転登記をなした場合とえらぶところはなく、民法94条2項の法意¹⁶⁶⁾に照し、XはBが本件土地の所有権を取得しなかったことをもって善意の第三者に対抗しえないと解するのが相当である」。

6-119　**(イ)　保存登記の事例**　また、所有者が新築の建物について、同意を得て他人名義で所有権保存登記をした場合についても、次のように94条2項の類推適用が肯定されている。この判例についても、学説に異論はない。ただ借地であれば借地権にまで適用があるのかが問題になる（☞6-142）。

6-120
●最判昭41・3・18民集20巻3号451頁　[事案] Xが、金融公庫から建物建築資金の融資を受けるためY₁名義で融資を受けたため、建物についてもY₁名義で所有権保存登記をしたが（土地の利用関係は不明）、Y₁がこの建物を

---

166）「94条2項の法意」と94条2項の類推適用とがどう異なるのかは明らかではない。判例には、趣旨の類推といったり、類推適用といったり、法意の類推などの表現が使われている。「法意」による判決の多くは類推適用と同義であり、むやみにあいまいな「法意」を創造すると条理裁判になるため、「単純に民法94条2項の類推適用で十分」だと批判されている（川井健「判批」NBL793号71頁）。

$Y_2$に売却し移転登記をしたため、$Y_1Y_2$に対して所有権保存登記、移転登記の抹消を請求した。第一審判決はXの請求を認容したが、控訴審判決は民法94条2項を類推してXの請求を棄却した。最高裁は、Xの上告を棄却する。

　[判旨]「未登記の建物の所有者が、他人に右建物の所有権を移転する意思がないのに、右他人の承諾を得た上、右建物について右他人名義の所有権保存登記を経由したときは、実質において、右建物の所有者が、一旦自己名義の所有権保存登記を経由した後、所有権移転の意思がないのに、右他人と通謀して所有権を移転したかのような虚偽仮装の行為をし、これに基づいて虚偽仮装の所有権移転登記を経由した場合となんら異ならないから、民法94条2項を類推適用して、右建物の所有者は、右他人が実体上右建物の所有権を取得しなかったことをもって、善意の第三者に対抗することができない」。

6-121　**(b)　所有者が登記名義人に無断で虚偽の登記をした場合（意思外形対応型2＝外形本人作出型2［名義人同意不存在型］＝類型②）**　(a)の場合とは異なり、Aから不動産を取得したBが、Cに無断でAからC名義への移転登記をしてしまい、これに気が付いたCがDにこの土地を売却した場合、94条2項の類推適用には通謀が必須の要件だとすると、BC間に通謀はないので類推適用はできないことになる。しかし、所有者Bの帰責性は(a)の事例と変わりないのであり、名義人とされる者との通謀の有無で差を設ける必然性はない。6-122の判例も一般論として94条2項の類推適用を認める（最判昭47・2・17金法643号32頁も同旨）。

6-122　●**最判昭45・7・24民集24巻7号1116頁**　[事案] ①AからBに売買を原因とする所有権移転登記がなされている甲不動産は、もともとXの所有のものであり、XがAから所有名義の回復を受けるにあたり、自己の二男Bの名義への移転登記を経由し、また、②その余の2筆もCからBに売買を原因とする所有権移転登記がされているが、XがCから買い受けたにもかかわらず、CからB名義への所有権移転登記がされていた（Bは通謀していない）。その後、BがYに本件各不動産を売却し、Yへの所有権移転登記がされたため、XがYに対して、所有権確認等訴訟を提起した。

　[判旨]「①不動産の所有者が、他人にその所有権を帰せしめる意思がないのに、その承諾を得て、自己の意思に基づき、当該不動産につき右他人の所有名義の登記を経由したときは、所有者は、民法94条2項の類推適用により、登記名義人に右不動産の所有権が移転していないことをもつて、善意の第三者に対抗することができない……が、②右登記について登記名義人の**承諾のない場**

合においても、不実の登記の存在が真実の所有者の意思に基づくものである以上、右94条2項の法意に照らし、同条項を類推適用すべきものと解するのが相当である。けだし、登記名義人の承諾の有無により、真実の所有者の意思に基づいて表示された所有権帰属の外形に信頼した第三者の保護の程度に差等を設けるべき理由はないからである」（Yの代理人が悪意なので、Xの主張を是認した原審判決の結論は支持）。

6-123　(c)　**勝手に移転登記等がされた場合**

(ア)　**事後の承認がある場合（意思外形対応型3＝外形他人作出型［追認型］＝類型③）**　Aの不動産について、Bが勝手に所有権移転登記をした場合、登記には公信力がないので、Bから登記を信じてこの不動産につき売買契約をしたCは不動産を取得できないはずである。ところが、Aがその後に、事後に明示ないし黙示に承認（追認）をしたならば、94条2項の類推適用が認められている。

6-124　(i)　**未登記建物の虚偽の台帳登録がされた事例**　未登記建物について所有者が知らない間に虚偽の台帳の記載がされたが、所有者がそれを容認・放置していた事例などで、94条2項の類推適用が認められている。昭和48年判決（☞6-126）は職権登記の事例であるが、昭和45年判決（☞6-125）は、BにB名義の台帳の届出を許可したところ$Y_1$の名義で届出がされ、その後これに基づいて$Y_1$名義の所有権保存登記がされた事例であり、所有者が虚偽の外観作出を一切許可していなかった事例ではなく、越権して虚偽の外観が作出された94条2項・110条類推適用型の事例である（☞6-130）。

6-125　●**最判昭45・4・16民集24巻4号266頁**　［事案］AからXが未登記建物の贈与を受け、その所有名義を養母Bにすることを許容したが、Bがその事実上の養子$Y_1$を名義人として家屋台帳上の届出をし（Xは知ったが黙認）、$Y_1$はその後、これに基づいて所有権保存登記をした上で、$Y_2$に停止条件付代物弁済を原因とする停止条件付所有権移転仮登記をした（台帳の届出から約14年後）。Xが、Yらに対して本件建物の所有権確認、Yらの登記の抹消登記請求をした。原審判決はXの請求を認容したが、最高裁はこれを破棄する。

　［判旨］「未登記の建物所有者が他人に右建物の所有権を移転する意思がないのにその他人の承諾をえて右建物につきその他人名義の所有権保存登記を経由したときは、建物所有者は、民法94条2項の類推適用により、登記名義人がその所有権を取得しなかつたことをもって、善意の第三者に対抗するがで

きないと解すべきことは、当裁判所の判例とするところである」（最判昭41・3・18 ☞ 6-120)、「このことは、未登記の建物所有者が旧家屋台帳法……による家屋台帳にその建物が他人の所有名義で登録されていることを知りながら、**これを明示または黙示に承認した場合であっても同様に解すべきものである**。けだし、未登記の建物については、家屋台帳上の所有名義[167]が、右建物の所有権帰属の外形を表示するものであり、建物所有者が右外形の表示につき事前に承認を与えた場合と**事後に承認**した場合とで、その外形に信頼した第三者の保護の程度に差等を設けるべき理由はないからである」。

6-126 ●**最判昭48・6・28民集27巻6号724頁** ［事案］Ｘ所有の未登記建物が職権によって固定資産課税台帳に夫Ａの名義に登録され、Ｘがそれに気が付きながら、8年にわたって夫Ａ名義で固定資産税を納入していたところ、Ａの債権者がＡの所有と信じてこれに差押えをしてきた事例である。Ｘによる第三者異議訴訟につき、第一審判決はこれを認めたが、原審判決は94条2項の類推適用によりこれを退ける。最高裁も次のように判示して原審判決を支持する。
［判旨］「未登記建物の所有者が旧家屋台帳法……による家屋台帳にその建物が他人の所有名義で登録されていることを知りながら、**これを明示または黙示に承認**していた場合には、民法94条2項の類推適用により、所有者は、右台帳上の名義人から権利の設定を受けた善意の第三者に対し、右名義人が所有権を有しないことをもって対抗することができない」（6-125 の最判昭45・4・16 を引用)。「固定資産課税台帳は、本来課税のために作成されるものではあるが、未登記建物についての同台帳上の所有名義は、建物の所有権帰属の外形を表示するものとなっているのであるから、この外形を信頼した善意の第三者は右と同様の法理によつて保護されるべき」である。

6-127 **(ii) 移転登記がされた事例** 所有者の知らない間にその所有不動産について所有権移転登記がされたが、所有者が、それを知った後にこれを黙示に承認していた事例にも、94条2項の類推適用が肯定されている。(i)の事例と同様に、虚偽の登記の承認が、事前に与えられたか事後に与えられたかで差を設ける必要はないというのが理由であり、単に放置をしたことが理由ではないことに注意すべきである。放置と黙認（黙示による承認）との区別は容

---

[167] 本件では、$Y_1$ の所有権保存登記から $Y_2$ が権利の設定を受けるまでには5日間しかなく、保存登記についてのＸの承認を問題にできなかったため、家屋台帳上の所有名義を問題にしたのである。

易ではないが、本件は明らかに登記を容認している事例である。

6-128
●**最判昭 45・9・22 民集 24 巻 10 号 1424 頁**　[事案] Aの妾Xは、Aからの相当額の援助を受け取得した本件不動産で小料理屋を開業している。AはXが他の男と情を通じているという噂を聞き、勝手にXの実印や権利証を持ち出し、XからAへの本件不動産の所有権移転登記をしてしまった（昭和 28 年 6 月）。これを翌日知ったXは登記名義を回復するため司法書士事務所を訪ねたが、諸費用の捻出が困難であったため、将来適当な機会に登記手続をすることにした。その後、昭和 29 年 7 月にXとAは婚姻届をして正式の夫婦となったため、登記名義はそのままとされ、昭和 31 年にXがB銀行から融資を受けるに際して、Aを所有者とする根抵当権設定登記をした。その後XAは不仲になり、昭和 32 年 9 月にAは本件不動産をYに売却し所有権移転登記をしたため、XからYへの所有権移転登記の抹消登記手続が請求された。原審判決はXの請求を認容するが、最高裁は原審判決を破棄差し戻す。
[判旨]「不実の所有権移転登記の経由が所有者の不知の間に他人の専断によってされた場合でも、<u>所有者が右不実の登記のされていることを知りながら、これを存続せしめることを**明示または黙示に承認していた**</u>ときは、右 94 条 2 項を類推適用し、所有者は、前記（＝ 94 条 2 項の本来の事例）の場合と同じく、その後当該不動産について法律上利害関係を有するに至った善意の第三者に対して、登記名義人が所有権を取得していないことをもって対抗することをえない」。「けだし、不実の登記が真実の所有者の承認のもとに存続せしめられている以上、<u>右承認が登記経由の事前に与えられたか事後に与えられたかによって、登記による所有権帰属の外形に信頼した第三者の保護に差等を設けるべき理由はないからである</u>」。本件では、不実の登記が所有者Xの「承認のもとに存続せしめられていたものということができる」。

6-129
### (イ) 事後の承認がない場合（意思外形非対応型 1 ──放置型＝類型④）

判例は真の権利者による事後の承認を必要としているので、権利者が抹消登記を求める資金的余裕がない等のために虚偽の登記を放置した場合には、94 条 2 項の類推適用は認められないことになる。傍論として、虚偽の登記を放置しただけでも 94 条 2 項（ないし＋ 110 条の類推適用）が可能なことを認める判決があるが（☞ 6-139）、実際に単なる放置に対して 94 条 2 項の類推適用を認めた判決はない。

しかし、利益衡量的には、所有者に、94 条 2 項の類推適用には自ら虚偽の外観を作り出したに匹敵する重大な帰責事由があればよく、事後的な承認は必須ではない（学説は放置型への拡大に好意的[168]）。放置型への 94 条 2

項の類推適用を肯定すると、登記に公信力がないため第三者保護ができなかった種々の事例での第三者保護が可能になる（例えば、取消しや解除の事例）。本書も放置型への94条2項の類推適用を認めるが、登記に公信力がないという原則への例外なので、相当長期にわたる放置を必要と考える。

6-130　**(3)　94条2項・110条の法意と両者の類推適用**
　　(a)　**通謀を超えた外観が登記名義人によって作られた場合（意思外形非対応型2——越権型＝類型⑤）**
　　(ア)　**通謀による仮登記が無断で本登記（所有権移転登記）にされた場合**
　　AがBと通謀して、売買予約を仮装して、Bに所有権移転請求権保全の仮登記をしたが、その後、Bが本登記すなわち売買を原因とする所有権移転登記をしてしまい、この不動産をCに売却した場合、確かに売買予約までは通謀しているが、移転登記まで通謀はしていない。しかし、相手方が通謀した範囲を勝手に超える行為をする可能性のある状況を作り出した点の帰責性は大きい。そのため、6-131判決は94条2項・110条の法意により第三者を保護している。先に説明した6-125も越権型である。

6-131　●**最判昭43・10・17民集22巻10号2188頁**　(ア)に述べた事案について、「この外観上の仮登記義務者は、その本登記の無効をもって善意無過失の第三者に対抗できないと解すべきである。けだし、このような場合、仮登記の外観を仮装した者がその外観に基づいてされた本登記を信頼した善意無過失の第三者に対して、責に任ずべきことは、<u>民法94条2項、同法110条の法意に照らし、外観尊重および取引保護の要請というべきだからである</u>」、と述べる。

6-132　(イ)　**仮登記の通謀をしたが移転登記がされた場合**　土地を奪い取られるのを避けるため仮登記を通謀したが、仮登記ではなく、通謀した相手方が必要書類等を利用して勝手に自己名義に所有権移転登記をし、第三者に売却した場合についても、(ア)と同様の扱いがされている。

6-133　●**最判昭47・11・28民集26巻9号1715頁**　［事案］X会社代表者Aは、

168）例えば、鈴木136頁は、所有者が処分禁止の仮処分を怠っていることを理由として、94条2項の類推適用を肯定しようとする。他方、「放置」そのものを帰責事由とすると、不実の登記を長期間放置してはならない是正義務を認めることになり不当なことは明らかと評されている（松本佳ळ「仮装登記を信頼した第三者の保護と限界」『現代民事裁判の課題①』123頁）。しかし、登記を信頼する被害者が生じることが予見できる以上は、虚偽の登記の是正義務を不法行為上の義務として認めることは不合理ではない。

Bら数名の者に監禁され、A所有の土地を脅迫により喝取され、さらにX所有の本件土地も狙われた。Cは、Aに喝取を防止するために必要なものと説明して不動産売買契約書への署名・押印を求めた。前夜来の監禁事件以来一睡もせず疲労困憊していたAは、この諸書類を仮登記に必要な書類と信じ、Cに指示されるままに、不動産売買契約書の売渡人欄に署名・押印し、その余の書類の押印箇所にはCに自己の印鑑を使用押印させて登記関係書類を作成させた。Cは、これを用い、本件土地につき自己への所有権移転登記手続を経由し、本件土地を分筆してYらに売買し、所有権移転登記手続をした。原審判決は、XからYらへの抹消登記手続請求を認容したが、最高裁はこれを破棄差し戻す。

[判旨]「本件土地につき、Xの意図した仮登記手続こそされなかったが、Xにおいて仮登記の外観を仮装しようとし、そのことによって本件土地につきDを権利者とする所有権移転登記手続がされる結果が生じたのであるから、このような場合には、民法94条2項、同法110条の法意に照らして、第三者であるYらにおいて、本件土地中Yらの主張にかかる各土地につき、その主張のようにDとそれぞれ所有権取得契約をし、しかも、該契約をするにつき善意・無過失であるならば、Xは、Dの所有権取得の無効をもってYらに対抗しえないものと解するのが相当である」(6-131の最判昭43・10・17参照として援用)。

### 6-134 (ウ) 虚偽の移転登記の名義人が第三者により勝手に移転登記をされた場合

Xは、Aと通謀して、本件土地の所有権をAに移転する旨の契約を仮装し、それに基づき、XからAへの所有権移転登記がされた後、Bは、Aに対し融資を斡旋すると称してAの承諾の下にAから本件土地の登記済証、登記手続委任状、印鑑証明書を預かり、これら書類を利用してAからBへの所有権移転登記を経由し、さらに、Yに本件土地を売却し所有権移転請求権保全の仮登記をした事例がある。6-135判決は、94条2項・110条の法意に照らしてXの抹消登記請求を退けている。XはBへの所有権移転登記までは容認しておらず、またそれがAによってなされたのではない。

### 6-135

●**最判昭45・6・2民集24巻6号465頁**「Xが、融資を受けるため、Aと通謀して、X所有の不動産について……売買を仮装してXからAに所有権移転登記手続をした場合、その登記権利者であるAがさらにBに対し融資のあっせん方を依頼して右不動産の登記手続に必要な登記済証、委任状、印鑑証明書等を預け、これらの書類によりBがAからBへの所有権移転登記を経由したときは、Xは、Bの所有権取得登記の無効をもって善意無過失の第三者に対抗できないと解すべきであり、このような場合、Bに対し所有権移転登記の外観を

> 仮装したＸは、Ａから右登記名義を取り戻さないかぎり、さらにＡの意思に基づいて登記済証、登記委任状、印鑑証明書等がＢに交付され、これらの書類によりＢのため経由された所有権取得登記を信頼した善意無過失の第三者に対して責に任ずべきものといわなければならない。それは民法94条2項、同法110条の法意に照らし、外観尊重および取引保護の要請に応ずるゆえんだからである」（6-131 の最判昭 43・10・17 を参照として援用）。

6-136　**(b)　通謀はないが所有者に重大な過失がある場合（意思外形非対応型⑥——外形重過失作出型＝類型⑥）**　所有者の重大な帰責事由が94条2項（＋α事例も含めて）の類推適用の根拠であれば、所有者が第三者に騙され重過失により虚偽の登記を作出した場合にまで、94条2項の類推適用を拡大する余地がある。6-137 判決は特殊な事例であるが、94条2項・110条の法意によった 6-131 の昭和43年判決を援用して第三者を保護し、6-138 判決は 94条2項・110条の類推適用により第三者を保護した原審判決を、その法理自体は否定せず事案において所有者の放置を否定して破棄し、6-140 判決は実際に 94条2項・110条の類推適用を肯定した[169]。ここまでの拡大に対しては、批判も出されている[170]。しかし、その根底にあるのが重大な帰責事由のある真の権利者と帰責事由のない第三者の取引安全保護との調整法理だとすれば、故意の事例に限定する必要はない。ただ、登記に公信力がないことを原則とする以上、重過失事例への適用は相当慎重でなければならない。なお、「法意」と「類推適用」の使い分けの趣旨は不明であり、94条2項の類推適用により、真の権利者の帰責事由の程度に応じて第三者に無過失まで要求すべきか否かを考えればよいと思われる（☞ 6-140）。

6-137　●**最判昭 45・11・19 民集 24 巻 12 号 1916 頁**──**最判昭 43・10・17（**☞

[169]　意思無能力無効について、「Ｘは、本件売買契約当時、老人性認知症に罹患し、理解力、判断力を減退させ、本件売買契約の内容及び効果を認識する意思能力を欠いていたのであって、この事実に照らせば、Ｘが、本件契約書に自署し、Ａをして実印を押印させて、これをＡに交付した行為はもとより、Ａに対して印鑑登録証明書や自署がされ実印が押された各書面を交付した行為についても、Ｘが本件移転登記の作出に積極的に関与したと評価することは相当でないのであって、民法94条2項の法意に照らしても、本件売買契約が無効であって、Ｙに本件不動産の所有権が移転しないことを、ＸがＹに対抗し得ないとする事情はない」とされている（東京地判平 20・12・24 判タ 1301 号 217 頁）。

[170]　94条は故意による虚偽の外観作出事例であり、「真正権利者の意思的承認がない場合に、民法94条2項の類推適用を認めることは、もはや『類推適用』の限界を逸脱している」という批判がある（磯村保「判批」ジュリ 1332 号 67 頁）。

## 第2節　法律行為（契約）の無効　§Ⅲ　心裡留保および虚偽表示

**6-131）が援用された特殊事例**　［事案］Yは、Aから本件宅地を買い受け代金の支払を完了し、所有権を保全するため仮登記手続をすることが合意された。ところが、売主Aは、本件宅地に抵当権を設定する旨の「借用証書」および貸金債務をAが弁済期限に弁済しないことを停止条件とする「停止条件付代物弁済契約書」を作成し、Yに各書面に押印することを求めた。<u>Yは、この書面を所有権を保全するための仮登記手続に必要なものであると信じ</u>、これに署名押印し、Aがこれに基づいて<u>本件宅地につき抵当権設定登記および所有権移転請求権保全の仮登記をなした</u>。その後、本件宅地は、AからBに売却され（二重譲渡になる）、更にBからXに売却され、Xは所有権取得登記を経由した。<u>Xが抵当権を消滅させるため代位弁済としてYに貸金10万円と利息を提供し、受領を拒絶されたのでこれを供託して、Yに対して抵当権設定登記及び仮登記の抹消登記を求めた</u>[171]）。

［判旨］（請求認容）「抵当権設定登記および停止条件付代物弁済契約に基づく所有権移転請求権保全の仮登記は<u>Yの意思に基づくものというべきである</u>」。そうだとすれば、最判昭43・10・17（☞6-131）の「趣旨からみて、Yは、善意無過失の第三者に対し、右登記が実体上の権利関係と相違し、<u>Xが仮登記を経た所有権者であり、抵当権者ないし停止条件付代物弁済契約上の権利者ではないと主張しえないものというべきである</u>」。その結果、「<u>Yはその第三者に対しては担保権者でない旨を主張することができず、ひいて第三者は、登記にかかるAの債務の弁済供託をして、Yに対し抵当権設定登記および所有権移転請求権保全の仮登記の抹消を求めることができると解すべきである</u>」。

6-138

●**最判平15・6・13判時1831号99頁**──**94条2項・110条の法意の適用を否定**　［事案］XはAが代表を務めるBとの間で、本件土地建物の所有権移転および所有権移転登記手続を代金支払と引換えにする約定で、売買契約を締結した（Xが売主）。その際、Aは、本件土地の地目を田から宅地に変更する等のために必要であると説明し、Xから<u>委任事項白紙の委任状2通の交付</u>を受けた。また、Xは、Aに言われるままに、本件土地建物の登記済証を預けた。その後、<u>Bは、上記各書類を利用して、代金を支払うことなく、本件土地建物につきXからBへの所有権移転登記をし、$Y_1$会社に本件土地建物を売却し所有権移転登記がなされた</u>。$Y_1$は本件土地建物を$Y_2$に売却し所有権移転登記を

---

[171]　XYは対抗関係であり、Yは1号仮登記をすべきところが2号仮登記をしたことになるが、このような場合でも仮登記は有効と考えられており（最判昭32・6・7民集11巻6号936頁）、対抗関係を問題にしたのではXは勝てないため、あえてYの抵当権の効力を主張したのである。対抗関係だが177条ではなく94条2項の類推適用によると、第三者の主観的要件が変わってくる。

経た。原審判決は94条2項・110条の類推適用によりＸのＹら（いずれも善意無過失）への抹消登記請求を棄却したが、最高裁はこれを破棄差し戻す。

　[判旨]「Ｘは、……これまで不動産取引の経験のない者であり、不動産売買等を業とするＢの代表者であるＡからの言葉巧みな申入れを信じて……白紙委任状、本件土地建物の登記済証、印鑑登録証明書等を交付したものであって、Ｘには、本件土地建物につき虚偽の権利の帰属を示すような外観を作出する意図は全くなかったこと、Ｘが本件第1登記がされている事実を知ったのは5月26日ころであり［注：Ｙ₂への売買の後］、Ｙらが本件土地建物の各売買契約を行った時点において、①Ｘが本件第1登記を承認していたものでないことはもちろん、②同登記の存在を知りながらこれを放置していたものでもないこと[172]、③Ａは、白紙委任状や登記済証等を交付したことなどから不安を抱いたＸやその妻からの度重なる問い合わせに対し、言葉巧みな説明をして言い逃れをしていたもので、ＸがＢに対して本件土地建物の所有権移転登記がされる危険性についてＡに対して問いただし、そのような登記がされることを防止するのは困難な状況であったことなどの事情をうかがうことができる」。「Ｘは、本件土地建物の虚偽の権利の帰属を示す外観の作出につき何ら積極的な関与をしておらず、本件第1登記を放置していたとみることもできないのであって、民法94条2項、110条の法意に照らしても、Ｂに本件土地建物の所有権が移転していないことをＹらに対抗し得ないとする事情はない」。

6-139　●最判平18・2・23民集60巻2号546頁── 94条2項・110条の類推適用を肯定　[事案]Ｘは、知人のＡに依頼して、その所有の本件不動産を第三者に賃貸したが、その後、Ａから本件不動産の登記済証を預からせてほしいと言われ、これをＡに預けた。他方で、Ｘは、以前に購入し所有権移転登記がされていない乙土地の所有権移転登記手続等をＡに依頼し、Ａに言われて印鑑登録証明書4通をＡに交付した。そして、Ｘは、Ａから言われるままに本件不動産のＡへの売買契約書に署名押印した。また、Ｘは、Ａから乙土地の登記手続に必要であると言われて実印を渡し、Ａが本件不動産の登記申請書に押印するのを漫然と見ていた。Ａは本件不動産の登記済証および印鑑登録証明書ならびに上記登記申請書を用いて、本件不動産につき、ＸからＡに対する売買を原因とする所有権移転登記手続をした上で、本件不動産をＹに売り渡し所有権移転登記をした。ＸからＹへの移転登記抹消登記請求につき、最高裁は、請求を棄却した原審判決を支持している。

---

[172]　この②の部分また後述の「放置していたとみることもできない」という叙述からすると、放置があった場合にも94条2項（ないし＋110条）の類推適用が認められるかのようである。この理解が次の6-139の平成18年判決にも引き継がれていく。

[判旨]「Aが本件不動産の登記済証、Xの印鑑登録証明書及びXを申請者とする登記申請書を用いて本件登記手続をすることができたのは、上記のようなXの余りにも不注意な行為によるものであり、Aによって<u>虚偽の外観（不実の登記）</u>が作出されたことについてのXの帰責性の程度は、自ら外観の作出に積極的に関与した場合やこれを知りながらあえて放置した場合と同視し得るほど重いものというべきである。そして、前記確定事実によれば、Yは、Aが所有者であるとの外観を信じ、また、そのように信ずることについて<u>過失がなかった</u>というのであるから、<u>民法94条2項、110条の類推適用</u>により、Xは、Aが本件不動産の所有権を取得していないことをYに対し主張することができないものと解するのが相当である」（法意ではなく類推適用に変わった）。

6-140 ◆**94条2項の類推適用と主観的要件**
　①94条2項において第三者に無過失を必要とすれば、その類推適用でも第三者に無過失が必要となる。②94条2項では無過失を不要とする立場では、ⓐその類推適用また110条があわせて問題とされる場合には、第三者の無過失を必要とする考え（川井168頁、近江181頁）、また、ⓑ94条2項の類推適用についても無過失は不要であるが（米倉明「判批」法協92巻2号171頁、須永203頁など）、110条を組み合わせる場合には無過失を必要とする考えなどがある（船越146頁）。本書は、94条2項につき折衷説を採用するため（☞6-108）、権利者の帰責事由が重大な場合には第三者の無過失は不要であるが、権利者の帰責事由が本来の適用場面ほど大きくなく、第三者の無過失が必要な場合には無過失を要求する。そのため、本文に述べたように、94条2項の類推適用のみで十分に対処できる。

6-141 ◆**建物についての94条2項・110条の類推適用と借地権**
　借地上の建物について94条2項ないしその類推適用が認められる場合に、建物の従たる権利である借地権についても94条2項ないしその類推適用が認められるのであろうか。判例は、借地上の建物に第三者名義で所有権保存登記がされ、その第三者により建物に抵当権が設定された事例において、建物の競落人が借地権を取得することを否定する（☞6-142）。しかし、虚偽の建物登記により、間接的に従たる権利である借地権の公示（虚偽の公示）もあるものと認めるべきであり、借地権についても、94条2項の適用を認めるべきである。

6-142 ●**最判平12・12・19判時1737号35頁**　[事案] 借地人Aが借地上のA所有建物について、B名義で建築確認を申請し課税台帳にもB名義で登録していたが（ここまではAが関与）、その後、Bが自己の建物としてAに無断で所有権保存登記をし、Cに所有権移転登記をし、CはDのため

に本件建物に抵当権を設定した。他方で、X（Aの妻）はAから建物と借地権を遺贈ないし贈与により取得した。A死亡後、Cの設定した抵当権が実行され、Yが建物を競落した。そのため、XがYに対して、①主位的に建物所有権に基づき建物引渡しおよび移転登記の抹消登記を、②予備的に土地賃借権に基づいて、土地所有者の権利を代位行使して、建物収去・土地明渡しを求めた。

**［判旨①］**（原審）「土地の賃借人所有の地上建物に設定された根抵当権の実行により、買受人がその建物の所有権を取得したときには、従前の建物所有者との間においては、特段の事情のない限り、右建物の敷地の賃借権も買受人に移転する」。「そして、この理は、真実の建物所有者で、その敷地の賃借人である者が、その建物の不実の保存登記を利用され、所有権移転登記を経由した建物に設定された根抵当権の実行による買受人に対し、民法94条2項、110条の類推適用により、建物所有権をもって対抗することができない場合も同様である」（Xの請求棄却）。

**［判旨②］**（最高裁［原判決破棄］）「建物について抵当権を設定した者がその敷地の賃借権を有しない場合には、右抵当権の効力が敷地の賃借権に及ぶと解する理由はなく、右建物の買受人は、民法94条2項、110条の法意により建物の所有権を取得することとなるときでも、敷地の賃借権自体についても右の法意により保護されるなどの事情がない限り、建物の所有権とともに敷地の賃借権を取得するものではない」。「本件土地の賃借権者はXであり、本件土地の所有者の所有権に基づく返還請求権を代位行使することにより本件建物を収去して本件土地を明け渡すことを求めるXの請求は理由がある」。

# §Ⅳ
# 意思無能力無効

**6-143 (1) 意思無能力の意義**

　28歳になるが生まれつき知的障害があり、5〜6歳児程度の知能しかないAが、父親から絵画等を相続したことを知った骨董品商Cは、母親Bが不在の時にA宅を訪れて、Aに甲画を売ってくれるよう申し込み、Aは言われるまま代金を受領し甲画をCに引き渡したとする。

　Aは、事理弁識能力を欠くことを常態とするので、成年後見開始の審判

を受けることができ、成年後見開始の審判を受けていれば、Aの行為は取消しが可能である（☞6-193）。ところが、Aは成年後見開始の審判を受けていないため成年被後見人ではなく、9条本文の取消権は認められない。

しかし、契約拘束力の根拠である「意思」は、事理弁識能力に基づいた「意思」でなければならず、これを欠くために、制限行為能力者に取消しという保護が与えられるのである。事理弁識能力（**意思能力**）の判断を画一的に行えるようにした、また、その保護を拡大した——未成年者は幼児でなければ事理弁識能力がある——のが制限行為能力制度である。当初の民法には規定はなかったが、**意思無能力**でなされた行為は無効であると考えられていた（手形行為につき大判明38・5・11民録11輯706頁）。改正法はこれを明文化し、「法律行為の当事者が意思表示をした時に意思能力を有しなかったときは、その法律行為は、無効とする」と規定した（3条の2）。

6-144　**(2) 意思無能力無効**

3条の2は、意思無能力者の行為を従前の解釈に従い「無効」と規定した。しかし、ここでの無効は、公益的観点からの禁止への違反ではなく、また、無効とする合意があるわけでもなく、意思無能力者保護のための無効であり、表意者がその効力を受けるか否かの選択を認めてよい。そのため、改正法が錯誤を無効から取消しへと是正したものの、相対的無効論が依然として生き残ったのである。意思無能力無効については、2つの学説が対立しており、この議論が改正後も存続することになる。

6-145　**(a) 追認を許す無効説**　まず、意思無能力無効は、意思無能力の状態で行為をした者の利益を専ら保護するためのものであるため、その行為を追認して有効とすることを認める学説が登場する[173]。119条の適用をここには否定し、表意者が追認して意思無能力による行為を有効にすることを認めるのである。実際上は、Aについて成年後見開始の審判を受け、Bが後見人になって、甲画の売買を取り消すか追認するかを決定することになる。

6-146　**(b) 相対的（ないし取消的）無効説**　改正前には錯誤による意思表示は「無効」と規定され、これが無効という概念しかない立法における取消しと同意義の相対的無効と構成され、判例によっても認められるに至り、パラレ

---

173) 薬師寺志光「意思無能力者の行為並びに錯誤に因る無効行為の追認」志林43巻4号1頁以下。

ルな議論であった意思無能力無効も相対的無効と考える立場が通説になっていく（判例は明確ではない）。この点、相対的無効が錯誤において駆逐された以上、意思無能力無効は追認を許す無効と考えるべきである。

6-147　◆**意思無能力について適用される規定**
**(1)　明文規定があるもの**
　制限行為能力者の返還範囲を制限する改正前の121条については、類推適用を肯定する見解があり、意思無能力無効に121条を類推適用した下級審判決もあった（仙台地判平5・12・16判タ864号225頁[174]）。改正法では、「無効な行為に基づく債務の履行として給付を受けた者は、相手方を原状に復させる義務を負う」（121条の2第1項）の原則に対する例外として、「第1項の規定にかかわらず、行為の時に意思能力を有しなかった者は、その行為によって現に利益を受けている限度において、返還の義務を負う」（同条3項前段）と明記した。

6-148　**(2)　明文規定がないもの**
　まず、20条を類推適用して相手方に催告権を認めるべきかについては、①肯定する学説と（石田穣229頁）、②20条は取消しについての規定であり、無効とは区別すべきであるとして否定する学説がある（川井21頁）。6-145の立場からは、むしろ無権代理における追認の催告権の規定（114条）を類推適用すべきである。
　また、126条の期間制限の適用についても、意思無能力無効に類推適用することを肯定する学説があるが（新注民(1)297頁［篠原］、鈴木49頁、近江40頁、中舎127頁）、無効であり取消しではないとして否定する学説もある（川井21頁、四宮＝能見31頁）。この点、本書の立場は、無権代理の追認と同様の扱いをすることになり、追認により発生する債権に準じて、追認権につき追認権の存在を知ってから5年、行為の時から10年の時効を認める（166条1項）。

6-149　◆**制限行為能力を理由とした取消しとの関係**
　6-143の事例で、Aが成年被後見人であった場合、意思無能力無効と制限行為能力取消しとの関係が問題になる。①通説は、制限行為能力者といえども、意思無能力を主張・立証して無効の主張をすることも可能と考えている（幾代58頁以

---

174)　本判決は、高度の認知症の状態にあり、住所・姓名を書くことはできたが、自己の年令はわからず、妻子の名前も区別もわからず、簡単な書き取り、加減算も不可能であった者につき意思無能力と認め、消費貸借契約を無効とし、不当利得返還請求についても、121条ただし書（改正前）を適用しかつ利得が現存しないものと推定した（死亡後の相続人に対する請求）。すなわち、「意思無能力者は、……金銭を受け取ったとしても、これを自己の財産として過失なく管理することも、有益な使途に費消することも、期待することはできず、しかも、事後的に金銭の管理・費消等の状況について調査しようとしても、意思無能力者の記憶が曖昧であることなどから、不可能であることが多く、利得した利益を喪失したことについて、具体的にその事由を特定して主張立証することは、通常困難である」ため、「利得が現存しないことについて、事実上の推認が働く」として、利得の現存を否定した。

下、四宮＝能見 31 頁、河上 43 頁、中舎 128 頁）。②他方で、少数説として、行為能力制度は、意思無能力を定型化しいちいちその証明をすることを軽減したという側面も持っているので、制限行為能力制度によって意思無能力無効は吸収されてしまい、それで何も不都合はないという考えもある（舟橋 44 頁以下、同「意思能力、特にその行為能力との関係について」法政研究 29 巻 1～3 号 351 頁以下）。意思無能力無効を選択する実益は、126 条を排除できる点にあるが、126 条を類推適用するならば（☞ 6-148）、いずれを選択しようと不合理な差は生じない。ならば制限行為能力取消しに一本化するほうが簡単でよいのではあるまいか。

## §Ⅴ 消費者契約および定型約款における不当条項規制

### 1 不当条項の問題点

6-150 **(1) 付合契約**

事業者は、消費者との大量の契約を簡易迅速にこなせるように、事前に一方的に契約内容を決定しそれを記載した契約書や別添の約款を作成し、それによって契約を締結している。消費者は、事業者を信頼しまた面倒なので、いちいち内容を読まずにその契約書による契約を合意する。このような契約は、事業者の作成した契約内容に消費者が付合するだけなので、**付合契約**とも呼ばれる。古典的契約思想では、自由な人間が、他人に対して拘束を受けるのは本人の意思に基づく必要があり、承諾・合意した内容だけが契約になる。そうすると、消費者が読まず知らない契約条項は合意がないので、契約内容になっていないというべきであろうか。

6-151 **(2) 約款における 2 つの要請の調和**

事業者が一方的に作成するからといって、約款をいたずらに敵視すべきではない。なぜならば、それにより安価に大量に契約を処理でき、人件費等のコストダウンになり、その恩恵を料金の低下という形で消費者が受けるからである。ところが、事業者が一方的に作成するがために、約款には事業者に有利な条項（**不当条項**）が含まれやすいのは確かである。そこで、①一方で、個別の条項に合意がされていなくても、契約条項の効力を原則として認めつつ、②他方で、不当な条項から消費者を保護する必要があり、この 2

つの要請の調和が約款論の課題となる。

## 2 約款の拘束力の根拠

6-152　消費者が見てもいないのに、どうして契約書や付属約款の条項が契約内容になるのであろうか。契約の根拠を当事者の意思に求める限り、合意をしたとはいえないのではないか、付合契約は意思以外に根拠を求めなければならないのではないか、といった疑問が生じてくる。約款の拘束力をどう根拠づけるべきであろうか。

この点、「その契約書（またはその約款）によって契約をする」という合意を認め、契約拘束力の根拠を意思に求めながらも、その意思を緩和することが考えられる[175]。国際取引における準拠法や国際的なモデル法を指定する合意のように、その契約を規律する規範を合意することが可能である。その準拠法やモデル法の内容を知っていなくても、その内容により規律されることになる。ただし、包括的合意といっても、やはり事業者が一方的に作った約款や契約書であるという差は認められ、どんな内容であろうとそれに従うとまで消費者が合意していると考えるべきではない。

## 3 不当条項の規制

6-153　**(1) 民法と消費者契約法における規制**

　**(a) 不意打条項と不当条項**　その取引類型においてそのような条項があることが意外であり、消費者側が予想もできないような条項が約款に含まれている場合、通常は同時に内容的に不当な**不当条項**であるが、そもそも契約内容になっていないと考えることも可能である。6-152 に述べたように、「定型約款を契約の内容とする旨の合意」の解釈により、その契約類型において含まれていることが予見できないような内容までは、包括的な合意の対象になっていないとして除外することができる[176]。これを**不意打条項**という。立法は、①不意討条項として契約内容化の否定することと不当条項規制とを区別する立法（ドイツ）と、②不当条項による効力規制を一本化する立法

---

175) 改正法は、「定型約款を契約の内容とする旨の合意」により、定型約款の「個別の条項についても合意をしたものとみなす」ことにした（548 条の 2 第 1 項 1 号）。契約上の条項についてはこの規定は適用にならず、本文のように契約解釈として考えるしかない。

（フランス）に分かれる。

6-154　**(b) 民法と消費者契約法による二段階の規制？**　約款による契約については、消費者・事業者間の消費者契約（消費者契約法2条3項）について、2000年制定の消費者契約法により初めて規制され、効力規制のみがされている。その効力規制の仕方は、事業者の免責または責任制限条項と消費者の支払う損害賠償額の予定条項についての個別規制のほか、任意規定を基準とした一般的規制を導入している（☞6-160）。しかも、「消費者契約の条項」というのみで約款の条項に限定せず、個別の合意で取り決められた条項でもよい。

　ところで、事業者間の契約でも、給付事業者側が作成した契約書や約款によって大量の契約が処理されることは、消費者取引と変わることはない。そのため、民法改正において、債権編第2章「契約」に第5款「定型約款」を新設し、一切の取引を対象として、**定型取引**を「ある特定の者が不特定多数の者を相手方として行う取引であって、その内容の全部又は一部が画一的であることがその双方にとって合理的なもの」と、また、これにより取引を行う合意を**定型取引合意**とし、その上で、**定型約款**をさらに「定型取引において、契約の内容とすることを目的としてその特定の者により準備された条項の総体」と定義した上で、効力規制ではなく、合意の内容になっているかどうかを問題にしている（548条の2）。

　この結果、定型約款については、民法によりある条項が合意の内容に含まれているかどうかの成立レベルでの規制がされ、消費者契約については、約款以外の契約書の条項や個別的取決めは消費者契約法により効力規制がされることになる。

6-155　**(2) 合意内容からの排除──民法による定型約款規制**

　**(a) 個別条項についての合意擬制**　民法は、定型取引を行うことの合意をした者は、以下の要件を満たす場合に限り、「定型約款（……）の個別の条項についても合意をしたものとみなす」と規定する（548条の2第1項）。

---

176) 消費者契約法適用前の事例に、建物の賃貸借において、通常損耗は賃借人の原状回復義務の対象にならないのであり、それを変更する条項について、一義的に明白であるとはいえず、口頭で説明されてもいないとして、賃借人に負担させる特約条項部分を不成立とした判決がある（最判平17・12・16集民218号1239頁）。

> ① 「定型約款を契約の内容とする旨の合意をしたとき」(1号)、または、
> ② 「定型約款を準備した者……があらかじめその定型約款を契約の内容とする旨を相手方に表示していたとき」(2号)

　このようにして、定型約款による契約を合意するか、または、定型約款準備者側が、定型約款が契約内容になる旨をあらかじめ表示していれば、相手方がこれに反対の表示をしない限り、その定型約款の個々の条項を知らなくてその条項について合意をしたものとみなされることになる。推定では争うことが可能になるため、合意を擬制することにしたのである。

6-156　**(b)　不当条項についての合意からの排除**　しかも、民法は、消費者契約法よりも厳しい内容規制を定型約款につき認めている。すなわち、「前項の規定にかかわらず、同項の条項のうち、相手方の権利を制限し、又は相手方の義務を加重する条項であって、その定型取引の態様及びその実情並びに取引上の社会通念に照らして第1条第2項に規定する基本原則に反して相手方の利益を一方的に害すると認められるものについては、合意をしなかったものとみなす」と規定した（548条の2第2項）。任意規定の存在を不要として消費者契約法10条よりも要件を緩和しているのである。この結果、定型約款に関する限り、民法の規定だけで十分となった。

6-157　　◆**定型約款の事後的変更**
　　契約は一度成立した後に当事者の一方が変更をすることができないのが原則である。利益といえども強制しえないので有利な変更も同様である（団体の規約改正との差）。しかし、老人ホーム契約等、継続的契約関係で契約時期の異なる当事者がいる場合に、ばらばらな規律になることは事業者としては耐えられないところである。そのため、①「定型約款の変更が、相手方の一般の利益に適合するとき」（548条の4第1項1号）、または、②「定型約款の変更が、契約をした目的に反せず、かつ、変更の必要性、変更後の内容の相当性、この条の規定により定型約款の変更をすることがある旨の定めの有無及びその内容その他の変更に係る事情に照らして合理的なものであるとき」（同2号）には、「定型約款の変更をすることにより、変更後の定型約款の条項について合意があったものとみなし、個別に相手方と合意をすることなく契約の内容を変更することができる」ものとした。「合理的なもの」という要件は厳格に運用されるべきである。

## (3) 不当条項の効力規制――消費者契約法による規制

### (a) 個別的不当条項規制

**(ア) 免責条項**（消費者契約法8条）　事業者の消費者に対する責任の免責条項については、全部免責と一部免責とで、無効とされる要件が異なっている。すなわち、債務不履行ないし不法行為につき過失があるにすぎない場合にも、全部免責条項は無効とされるが、一部免責条項は、故意または重過失がある場合にのみ無効とされるにすぎない（単純過失事例では有効）。賠償額に限度額を定めるのは、一部免責条項であり、従業員に故意または重過失がない限り賠償額を制限する条項は有効ということになる。

**(イ) 損害賠償額の予定**（消費者契約法9条）　消費者の事業者に対する損害賠償額の予定については、債務不履行の場合の損害賠償額の予定だけでなく、予約後の解約の場合の違約金などにも適用され（例えば結婚式場予約の解約）、平均的な損害賠償額を超える部分を無効としている。平均的な損害を越えることの証明責任は消費者が負うというのが判例である（学納金返還請求訴訟についての最判平18・11・27民集60巻9号3597頁）。

### (b) 任意規定違反かつ信義則違反（準一般規制）

以上の2つの個別規定のほかに、①「民法、商法（……）その他の法律の公の秩序に関しない規定の適用による場合に比し、消費者の権利を制限し、又は消費者の義務を加重する消費者契約の条項であって」、②「民法第1条第2項に規定する基本原則に反して消費者の利益を一方的に害するものは」、「無効とする」(10条)と、包括的な規定を置いている。この規定による一般的規制が可能になったが、任意規定に反することという制限がある。任意規定がなくても、信義則などを理由に解釈上認められている判例法についても、10条の適用を広く認めるべきである。

◆**更新料**

民法の規定で認められていない義務を消費者に義務づける場合にも、消費者契約法10条は適用可能である。その例が、**更新料**である。最判平23・7・15民集65巻5号2269頁は、「更新料が、一般に、賃料の補充ないし前払、賃貸借契約を継続するための対価等の趣旨を含む複合的な性質を有する」こと、また、一定の地域において、期間満了の際、賃借人が賃貸人に対し更新料の支払をする例が少なからず存することは公知であること等から、「賃貸借契約書に一義的かつ具体的に記載された更新料条項は、更新料の額が賃料の額、賃貸借契約が更新され

る期間等に照らし高額に過ぎるなどの特段の事情がない限り、消費者契約法10条にいう『民法第1条第2項に規定する基本原則に反して消費者の利益を一方的に害するもの』には<u>当たらない</u>」と判示した（事例への当てはめとしても有効とする）。

## §Ⅵ 無効の分類および無効をめぐる法律関係

### 1 法律行為（契約）の不成立と無効

6-162 **(1) 成立要件と有効要件との区別**

　法律行為はまず成立しているか（成立要件を満たしているか）、次にそれが有効か（有効要件を満たしているか）、という論理的順序で検討される。

　契約は申込みと承諾が合致すれば成立する[177]。事実として合意が成立していれば、申込みや承諾が無効であるので契約は有効に成立していないとは考えない（☞6-166）。申込みや承諾に無効原因があっても契約の無効を問題とし、形式的にも合意が認められない場合に初めて契約不成立を観念することになる。例えば、会社の内部処理のために必要な書類といわれて、書面に署名押印をしたが、実は契約書であった場合、契約は不成立である。また、要式契約や要物契約では、合意だけでは契約は成立していない。

　歴史的に、また、現在の実務においても、無効と不成立ということが明確に区別されているとはいえない。民法起草者も、契約の不成立と無効とを混乱し、要物契約の要物性も有効要件かのように規定している（587条など）。

6-163 **(2) 法律行為（契約）の成立要件**

　契約（法律行為）に共通の成立要件として（**一般的成立要件**）、**当事者**、**目的**、および、**意思表示**の3つが挙げられる（我妻243頁）。目的については、さらに有効要件として、ⓐ可能性、ⓑ特定性、ⓒ適法性といったことが要件と考えられていたが、改正により不能な給付を目的とする契約も有効と

---

[177] 民訴法228条4項が「私文書は、本人又はその代理人の署名又は押印があるときは、真正に成立したものと推定する」と規定している。そのため、契約書とそれに当事者の署名または押印があることを証明すれば、その契約書どおりの契約が成立したものと推定され、成立を争う者が反証をあげる必要がある。

されることになったので (412条の2第2項)、後2つのみが必要になる[178]。

> ① **契約の当事者の存在** 契約をする当事者がいなければならない。存在しない者を代理して契約しても契約は成立しえない。
> ② **意思表示の存在** 契約が成立するためには、申込みと承諾という意思表示がされ、それが合致することが必要である。
> ③ **契約の目的の存在** 契約の本質的な内容についての合意がされることが必要である。売買契約でいえば、目的物や代金の合意が必要である。

その他、ある契約や法律行為について、特別の成立要件が要求されていることがある。その例が、①要物契約における契約の目的物の引渡し、②要式契約や要式行為における契約書や遺言書等の書面の作成である（☞ 6-10 以下）。農地の売買等における農業委員会等の許可 (農地法3条1項) は、成立要件なのか法定条件にすぎないのかは議論がある。

6-164　◆**有効要件とは区別されるもの**
　　以下の要件は、有効要件を欠き効力が生じない場合と区別されるべきである。①まず、契約に停止条件が設定されている場合、または、法定の条件がある場合である。この場合には、契約は条件付きで効力が生じるという意味ですでに効力を生じており、それゆえに取消原因があれば、取消しが可能である。②かつては無権代理も無効の一種と考えられていたが、現在では、代理権は有効要件ではなく効果帰属要件として別の要件に整理されている (☞ 7-110)。③物権的効力についての特有な要件であるが、第三者への対抗要件がある (177条・178条・364条・467条2項)。④相対的な権利関係については、相手方、債権譲渡の場合には債務者への対抗要件 (権利行使要件) が、第三者への対抗要件と区別されている (467条1項)。⑤その他、解釈によって、権利保護要件として、94条2項の「第三者」の登記や192条の即時取得の現実の占有の取得が議論されている。

## 2　無効の分類

6-165　**(1)　無効 (原始的無効) および取消しによる無効 (後発的無効)**
　　民法が規定している無効原因は、①意思無能力 (3条の2)、②公序良俗違反

---

[178]　売買契約では目的物と代金を決めることが必要である。ただし、一定の明示ないし黙示の基準の下に、目的物を売主側に任せる合意は有効である。例えば、植木屋にこの庭に適当な庭木を予算5万円以内で植えてもらう、いきつけの飲み屋で予算いくらで見つくろって食べ物を出してもらうなど。

(90条)、③心裡留保 (93条1項ただし書)、および、④虚偽表示 (94条1項) の4つである。強行規定違反を91条反対解釈によるならば、5つとなる。

ところで、契約が取り消された場合、契約は初めから無効とされる (121条)。この結果、取消しと無効はプロセスが異なるだけで、取消しがなされた後は無効と扱われることになる。取消しの結果としての無効は「取消し」の説明に譲ることにして、以下には当初から無効な場合を説明する。

6-166　◆**法律行為の無効と意思表示の無効**
　民法は「意思表示」と「法律行為」とを区別し、契約は法律行為であり申込みと承諾という2つの意思表示により構成され、「法律行為」第1節「総則」の90条では意思表示でなく法律行為の無効とされている。他方で、「法律行為」第2節「意思表示」では、心裡留保による意思表示、虚偽表示による意思表示など、申込みや承諾の意思表示の無効を問題にしている (93条1項・94条1項。95条・96条は意思表示の取消し)。そうすると、例えば、心裡留保による申込みが無効であり、相手方がそれを知りつつ承諾しても有効に契約が成立しないのかというと、事実として合意が成立していれば契約の成立を認めて、契約の無効を問題にするというのが一般的な理解である。取消しもそうであり、例えば申込みを取り消して契約の成立を否定するのではなく、契約を取り消すのである。意思表示の無効か法律行為の無効か、規定の仕方の差には大きな意味はない。

6-167　◆**無効原因による分類**
　まず、公益的な観点からある契約 (や意思表示) を禁止する必要性があり、そのような契約を否定する趣旨で契約が無効とされる場合がある (公益的無効)。公序良俗に違反する場合 (90条☞6-45以下)、また、強行規定に違反した場合 (☞6-70以下)、この類型の無効になる。

　他方で、心裡留保や虚偽表示では、当事者の一方が無効と欲する意思を隠れて有している、または、両当事者が契約を無効とする隠れた合意をしているため、その意思表示に効力を認め、また、法的保護をそのような外形だけの意思表示に与える必要がないために無効とされている。意思無能力無効は、事理弁識能力のない者の意思表示の効力を否定するものであり、表意者保護のための無効である。表意者保護のために選択権を認めるための立法方式としては、取消可能とするか無効だが追認できるとするかの2つの立法方式が考えられ、ドイツ民法105条1項は行為無能力者の意思表示は法定代理人の追認がない限り無効とする。

6-168　**(2)　無効の人的制限**
　**(a)　無効の第三者への対抗可能性**　無効が第三者に対して対抗可能かどう

かにより、取引の安全を害してでも無効の趣旨を貫徹すべき無効か、第三者の取引安全保護を優先し、第三者に対して対抗しえない無効なのかを区別することができる。①公序良俗無効と強行規定違反無効 (90条) は、第三者保護規定が用意されておらず、公益的無効という趣旨の貫徹を取引安全保護に優先させている。②他方、心裡留保無効 (93条2項)、虚偽表示無効 (94条2項) は、善意の第三者に無効を対抗できないものと規定されている。③意思無能力無効については、この点の規定を欠いている (3条の2)。対抗不能規定がないので、意思無能力無効は第三者にも対抗可能になる。

6-169　(b)　**無効の主張権者の制限**
　　　　──絶対的無効と相対的無効（取消制度による消滅）

(ア)　**無効概念しか持たない立法──絶対的無効・相対的無効の区別**　ローマ法は裁判において無効を宣言すればよいので、「無効」という概念しか知らなかった。そもそも形成権という概念自体近代法において初めて導入された概念である。無効という概念しかないというローマ法を承継したフランス法も、「無効」という概念しか知らない。取消しという概念はない。そのような立法においては、①誰からでも主張しうる無効は**絶対的無効**、②無能力者、錯誤、詐欺、強迫の無効は、表意者側が無効を主張するか否か選択でき、表意者側が無効を主張しない限り、相手方や第三者が無効を主張しえない無効は**相対的無効**という区別がされている。後者でも表意者が無効を主張した後は、相手方も第三者も無効を主張しうることになる。

6-170　(イ)　**取消概念を導入した立法──無効・取消しの区別への昇華**　その後、形成権概念の発見により、無効と取消しへの再構成する立法が現われ（ドイツ民法）、絶対的無効が無効に、相対的無効が取消しへと整理される。したがって、取消しを認める立法では、相対的無効概念は必然的に否定されることになる。ところが、日本では、フランスで相対的無効とされまたドイツでは取消しとされている錯誤について、立法過誤により「無効」と規定されてしまったため（改正前）、無効・取消しを区別する立法ではありえない「相対的無効」が判例・学説により認められることになった。しかし、この立法過誤は、錯誤の効果が取消しと改正されることにより (95条1項)、ようやく解消されたのである。ただ、意思無能力を無効と規定したので問題は残されたが (3条の2)、追認を許す無効と構成すべきである (☞ 6-145)。

## (3) 無効行為の追認可能性

**(a) 無効行為の追認を否定する民法規定** 民法は、「無効な行為は、追認によっても、その効力を生じない。ただし、当事者がその行為の無効であることを知って追認をしたときは、新たな行為をしたものとみなす」と規定した（119条）。無効な行為は追認ができず、改めて有効要件を満たした行為をしなければならないことになる。

119条は、旧民法財産編558条本文に由来し、同規定につきボアソナードは、取り消しうる行為の追認可能性につき疾病は治癒可能、無効な行為は「不成立」であり死産の者の治癒は不可能であると比喩的に説明している。そして、現行民法の起草者も無効を不成立と混乱したまま119条を起草したのである。そうすると、119条は、成立していなければ追認して効力を生じさせることはできないことを規定したにすぎず、無効行為の追認については法の欠缺があると考えるべきである。

**(b) 119条をめぐる学説** しかし、当初の学説は、「無効な行為は追認できない」という字義どおりに119条を適用してきた（伊藤進「民法119条無効論」椿・伊藤編・無効の研究769頁以下参照）。ところが、改正前は、錯誤は無効であるが追認が可能と考える立場が有力であり、119条は解釈により緩和されていた。現在問題が残されるのは意思無能力無効であるが（3条の2）、追認可能と考えてよい。追認権の消滅時効は、その行使によって生じる債権を基準にして、5年または10年の消滅時効（166条1項）と考えるべきである。また、無権代理についての114条の催告の規定を類推適用すべきである。

他方で、虚偽表示無効（94条1項）および心裡留保無効（93条1項ただし書）は、一方的に追認により有効にすることはできない。両当事者の追認が必要である。公序良俗違反の無効を追認により有効にすることができない。

## (4) 全部無効・一部無効

契約の一部に無効原因がある場合、いかなる場合に契約全体が無効とされ（**全部無効**）、いかなる場合に無効部分はその合意部分に限定されるのか（**一部無効**）、学説の議論には変遷がある。

ドイツ民法139条は、法律行為の一部が無効である場合には、法律行為全部が無効になるという**全部無効の原則**を採用して、ただし書によりその無効部分がなくても法律行為をしたと思われる場合はこの限りではないと規

定する。他方で、スイス債務法139条は、その瑕疵が契約の一部にのみかかわる場合には、無効の部分がなかったならば契約は締結されなかったと推定されない限り、その部分のみ無効となると、**一部無効の原則**を採用する。わが国では、当初は全部無効を原則とする説明もされたが、現在では、無効となった部分を可能ならば補充して、なるべく全部無効は避けるべきであると考えられている（6-184も参照）[179]。

6-174

◆**数量的立法規制の違反**
(1) **利率規制以外**
契約期間については、規制されている期間を超えた部分のみが無効とされるのが普通であるが（278条1項など）、それではだめもとで規制の期間が遵守されない可能性がある。そのため、根保証は5年を超ええないものとし、かつ、超えた部分のみを無効とするのではなく期間の合意自体を無効とし（465条の3第1項）、期間の定めがない場合として3年で根保証が確定するものとされている（同条2項）。取締法規については、売買価格の統制令に違反した売買につき、統制価格を超過する代金部分だけ90条により無効とする判例もある（最判昭31・5・18民集10巻5号532頁）。原則として、抑止的効果は刑法・業法上の制裁措置によるべきで、超過部分の無効でよいであろう[180]。

6-175

(2) **利率規制**
(a) **利率についての規制**　利息制限法では、制限利率を超える部分を無効（一部無効）とし、消費貸借契約自体また利息の合意も制限の範囲内では有効としている。しかし、貸金業法42条1項は、年109・5%を超える割合による利息の契約をしたときは、「当該消費貸借の契約は、無効とする」と規定している。この場合には、<u>利息の約束は全部無効</u>であり借主は一切利息を支払わなくてよく、さらには消費貸借自体も無効となる（☞ 6-176）。これは貸金業者についての規定であるが、闇金業者についても、暴利行為として90条違反を理由に同様の処理は可能である。闇金融から8万円を利率年750%で借りた事例で、<u>暴利行為として公序良俗に反し、その暴利性の程度はきわめて大きいとして、利息の合意全部を無効とし支払利息全額の返還請求を認め、704条の悪意の不当利得として、受領時からの利息の支払を命じ、さらに、私法上の不法行為に該当するとして、10万円の慰謝料が認められている</u>（東京地判平14・9・30判時1815号111頁）。

---

[179] 我妻教授は、一部無効の問題も意思表示解釈の問題であるとして、「まず、無効な部分を法律の規定・慣習・条理などによって補充して合理的な内容に改造し、しかる後に、この合理的な内容を矯正することが当事者の目的に明らかに反する場合にだけ、全部を無効とすべきものである」という（我妻258頁）。
[180] 数量的な一部無効ではないが、組合について脱退を禁止する規約を、678条につきやむをえない事由があれば存続期間を定めても脱退できるという部分は強行法規であるとして、やむをえない事由があっても脱退を認めないという限度で無効になるとした判決がある（最判平11・2・23民集53巻2号193頁）。

6-176　**(b)　消費貸借契約まで無効とする**　上記の貸金業法42条1項は、年109・5％を超える割合による利息の契約をしたときは、消費貸借契約まで無効とする。しかし、不当利得として交付した金額の返還請求ができるので、あえて元本部分まで無効とする意義は乏しい。立法に際して、元本も返還請求できないことにすべきであるという意見があったが、採用されず解釈に委ねることにしたのである。この点、貸金業法の適用のない闇金業者について、解釈により消費貸借契約も90条で無効として、708条を適用して元本の返還さえ請求できないという処理が認められている（奈良地判平15・7・1消費者法ニュース57号35頁など）。

　もし708条の適用があるとしても、不当利得返還請求権はあるので、元本への支払はこれへの支払に充当されそうである。しかし、借主は利息部分だけでなく元本分の支払も含めて一切返還請求できるという考えがある[181]。判例としても、松山地西条支判平17・11・29LEX/DB25437259は、元本充当を否定し、支払金額全額につき不当利得を理由に返還請求を認めている。

6-177　◆**錯誤と一部無効（改正後は一部取消し）**
　改正前の錯誤規定につき、契約の一部無効が認められた事例として、例えば、大判昭10・3・2大審院裁判例9巻民47頁は、AがXより借金をするに際して、Aより借金は50円だと説明され、50円のAのXに対する債務につき保証をするつもりで、Yが金額欄白地の借用証に保証人として署名捺印したところ、Aが金額欄を1500円と記入しXから1500円を借り入れた事例で、「Yは、少なくとも金額50円の範囲に於ては主債務者たる訴外Aの為め連帯保証契約を為すの意思を有し、其の表意の伝達方を同人に依頼したること明白なるが故に、……本来可分債務たる本件消費貸借の如きに在っては、<u>右金50円の範囲に於て前示保証契約は其効力を生ぜる</u>」ことを認めている。また、手形行為であるが、額面1500万円の手形を150万円と勘違いをして裏書をした事例で、悪意の手形取得者には錯誤無効を対抗できるが、それは150万円を超える部分に限定されている（最判昭54・9・6民集33巻5号630頁）[182]。改正後は、一部取消しの問題として判例の先例価値が認められよう。

6-178　◆**複合契約における無効の拡大**
　複数の契約の中の1つの契約に無効原因がある場合に、他の契約も含めて一体

---

181）　宇都宮健児「激増する『ヤミ金融』と諸外国の消費者金融事情」国民生活32巻8号11頁、金山直樹「不法原因給付法理の柔軟化に向けて」慶應法学1号402頁。708条本文が適用される場合には、相殺も認められず、充当も否定すべきである。なお、闇金への支払を不法行為による損害として賠償請求がされた事例で、受け取った元本を損益相殺することが708条の趣旨から否定されている（最判平20・6・10民集62巻6号1488頁）。

182）　ほかに連帯保証人がいるという話で連帯保証をしたが、実は他の者の連帯保証契約は無効であった事例で、連帯保証契約には一部要素の錯誤があるとして、2分の1を越える部分について錯誤により無効とした判例もある（大阪高判平2・6・21判タ732号240頁）。

として無効を認められないか、いわゆる**複合契約論**の無効版の議論が考えられる。ただ、契約を1つと見て一部無効の議論に持ち込む処理も考えられる。

　戦前には、親が借金をする際に、その返済のために娘が芸娼妓として働くという慣行が横行していた。この場合に、娘との稼働契約部分は人身売買に近いため90条により無効であり、問題は、親のした消費貸借契約の部分である。戦前の判例は、別々の契約であることを理由に消費貸借の部分は有効としていた（大判大10・9・29民録27輯1774頁など）。これに対して、戦後の判例（最判昭30・10・7☞6-179）は、消費貸借部分も無効とし、貸主からの返還請求を708条により退けている[183]。一体的に行われており、公序良俗＋708条の抑止的機能を発揮させる政策的必要性からも是認されるところである。

6-179

> ●最判昭30・10・7民集9巻11号1616頁（芸娼妓契約事件）
> 　[事案] Xの先代からYが借金をする際に、Yの娘AがXの先代の内縁の妻Bの経営する店で酌婦として働いて借金を返させることを約束させ、Aがこれに従い働いたが途中で逃げ出したため、先代を相続したXからY（および保証人）に対して借金の支払を求める訴訟が提起された。
> 　[判旨] 事実関係を実質的に観察すれば、「Yは、その娘Aに酌婦稼業をさせる対価として、Xから消費貸借名義で前借金を受領したものであり、XもAの酌婦としての稼働の結果を目当てとし、これがあるゆえにこそ前記金員を貸与したものということができるのである。しからば、Yの右金員受領とAの酌婦としての稼働とは、<u>密接に関連して互に不可分の関係</u>にあるものと認められるから、本件において契約の一部たる稼働契約の無効は、ひいて契約全部の無効を来すものと解するを相当とする。」（消費貸借契約の連帯保証契約も無効とする）。

## 3　無効の場合の原状回復義務（給付利得の返還）

6-180　**(1)　原則としての原状回復義務**

　「無効な行為に基づく債務の履行として給付を受けた者は、相手方を原状に復させる義務を負う」（121条の2第1項）。無効な契約により給付を受けた

---

183) 売買契約とクレジット契約については、売買契約が公序良俗に違反して無効でも、「販売業者とあっせん業者との関係、販売業者の立替払契約締結手続への関与の内容及び程度、販売業者の公序良俗に反する行為についてのあっせん業者の認識の有無及び程度等に照らし、販売業者による公序良俗に反する行為の結果をあっせん業者に帰せしめ、売買契約と一体的に立替払契約についてもその効力を否定することを<u>信義則上相当とする特段の事情があるときでない限り</u>、売買契約と別個の契約である購入者とあっせん業者との間の立替払契約が無効となる余地はない」とされている（最判平23・10・25民集65巻7号3114頁）。

者は、債権がなく受け取る法律上の原因なしに利得したことになるので、不当利得として返還義務を負う。不当利得では悪意でなければ現存利益の返還のみを義務づけられるのであるが (703条)、双務契約では、相互に契約がなければ現在あったであろう相手方の財産状態を実現すべきであり、契約法による規律を受ける。無効について規定はないが——解除には規定あり (546条)——、両当事者の原状回復義務には、同時履行の抗弁権が認められるべきである (533条の類推適用)。

6-181 **(2) 現存利益の返還へと軽減される場合**
　**(a) 無償契約の場合**　民法は、契約が無効な場合に現存利益の返還義務に限定される2つの例外を認めている。まず、無効な契約が無償契約（例えば、贈与）の場合につき、給付を受けた者（例えば、受贈者）が給付を受けた当時その行為が無効であることを知らなかったときは、「その行為によって現に利益を受けている限度」での返還義務にとどめている (121条の2第2項)。契約が双務契約であれば、相互に原状回復義務を負わせるのが公平であるが、一方のみが給付を受けその返還を義務づけられる無償契約の場合には、現存利益の返還に軽減したのである。

6-182 　**(b) 意思無能力無効の場合**　また、「行為の時に意思能力を有しなかった者は、その行為によって現に利益を受けている限度において、返還の義務を負う」と、意思無能力無効の場合には、制限行為能力取消しの場合と同様に、現存利益の返還義務に制限される (121条の2第3項)。意思無能力者は、給付を受けたとしても紛失してしまう可能性が高く、また紛失しても本人を責めることもできない（注174参照）。制限行為能力者か否かは、成年後見開始の審判を受けているか否かの形式的な差しかないので、意思無能力者にも制限行為能力者と同様の保護を認めたのである。

## 第3節　法律行為（契約）の取消し──契約の拘束力からの解放

### §I　取消しが認められる場合

### 1　契約拘束力の原則──その例外としての取消し

6-183 　"契約は守られなければならない（pacta sunt servanda）"。これはローマ法以来の原則である（**契約拘束力の原則**）。旧民法には、この趣旨を宣言する規定が置かれていたが、現行民法は、規定を待つまでもなく当然に認められる原則はあえて規定を置かないことにし、契約拘束力の原則を宣言する規定はない。契約拘束力の原則に対する例外には、無効、取消し、解除、撤回、クーリングオフ、契約改定権があり、それぞれ独自の根拠に基づく制度である。以下では、取消原因ごとにその要件を検討し、その後に取消しをめぐる共通の問題をまとめて説明したい（☞ 6-284 以下）[184]。

6-184 　◆**契約関係維持原則（favor contractus）**
　UNIDROIT には、なるべくなされた契約は有効としようという姿勢が認められる。このような原則は"**契約関係維持原則（favor contractus）**"といわれる。わが国でも、契約の効力否定原因が問題になる場合にも、全部無効や全部取消しではなく一部無効や一部取消しに制限することが努力されるべきである。目的物に瑕疵があっても、買主に直ちに解除を認めるのではなく、売主に修理により契約を維持する機会を保障すべきである（修補権）。取締法規違反や錯誤（改正前）においては、一部無効に制限をしている判例は少なくない。

### 2　制限行為能力取消し（取消原因1）

6-185 **(1)　「無能力者」制度から「制限行為能力者」制度へ**
　**(a)　制限行為能力制度──制限行為能力者**　民法は、未成年と共に、事理

---

[184] 親族法にも、「夫婦間でした契約は、婚姻中、いつでも、夫婦の一方からこれを取り消すことができる。ただし、第三者の権利を害することはできない」（754条）という規定が置かれている。

弁識能力が欠けるまたは不十分な者を裁判所の認定・宣告を要件として、これらを**制限行為能力者**とし、その者の行った一定の行為の取消しを認め、契約拘束力の原則に対する例外を認めている（単独行為も取消可能）。他方で、制限行為能力者に一定の保護者を付けている（財産管理だけでなく身上監護も行う［家族法に譲る］）。この制度を**制限行為能力制度**という。取引社会においては、認知症の老人や知的障害者、また、経験のない未熟な未成年者は、狡猾な事業者の格好の餌食にされるだけであり、契約自由の下に放置されるべきではないからである。

6-186　**(b)　旧無能力者制度の廃止**　当初の民法には、制限行為能力制度に対応する制度として**無能力制度**があり、未成年者、禁治産者、準禁治産者さらには妻（旧14条～18条）が**無能力者**とされていた。まず、戦後の憲法改正で妻の無能力制度が廃止され、次に、1979年（昭和54年）の改正で準禁治産者から聾唖者と盲者が除外され、さらに、1999年（平成11年）の改正（以下、**平成11年改正**という）により無能力制度が制限行為能力制度に全面的に改正され、禁治産者が被後見人に改められ、準禁治産者は被保佐人に改められると共に浪費者が除外され、また、被保佐人よりも軽度の制限行為能力制度として新たに被補助人制度が導入された。

平成11年改正の基本的考え方は、本人の自己決定をできる限り尊重するということであり、また、制限行為能力者のプライバシーを尊重しようとするものである。**自己決定の尊重**という観点から、任意後見法を特別法として制定し、高齢により判断能力が減退する前に、本人が予め将来の財産管理人を選任しておくことを認めた（法定後見に対する任意後見の優先）。また、成年後見等の開始は法務局の登記ファイルに磁気ディスクの形で保存され、登記事項証明書の交付請求権者を限定し、本人のプライバシーの保護を図っている。

6-187　**(2)　未成年者（制限行為能力者1）**

**(a)　未成年者の保護**　生まれたばかりの赤ん坊が契約をできるはずはなく、事理弁識能力がゼロから成長と共に高まっていく。そして、事理弁識能力はあるとしても、社会経験に乏しいし未成年者に契約拘束力の原則を適用すれば、狡猾な業者の餌食にされかねない。そこで、民法は、未成年というだけで、契約などの法律行為をしたとしても取り消すことを認めている。人

の判断能力の成熟度にも個人差があるが、画一的に成年を20歳とし（4条）[185]、本人の事理弁識能力を問題にすることなく、未成年者が法定代理人の同意なしになした行為の取消しを認めたのである[186]。老人も脳の老化により事理弁識能力が減退するが、個人差が大きく画一的に年齢を決められないので、高齢者というだけで一定の年齢から制限行為能力者とする制度はない。

6-188　**(b) 未成年の財産の管理——「同意・代理」併用型**　①まず、未成年者の法定代理人（親権者または後見人。以下同じ）は、未成年者の財産を管理する権限を有しており（824条・859条1項）[187]、未成年者を代理してその財産関係についての契約、解除等の意思表示をすることまた受けることができる。

②法定代理人は、未成年者に対して同意をして、未成年者本人に契約や解除等の意思表示をさせることもできる。この場合には、未成年者の行為は完全に有効である。これに反し、未成年者が、法定代理人の同意を得ないで法律行為（契約や解除等）をした場合に、未成年者本人および法定代理人に取消権が認められている（5条2項・120条1項）。しかし、法定代理人の同意が不要な行為もあり、この点について次に詳しく説明をしよう。

6-189　**(c) 法定代理人の同意が不要な行為——取消しができない行為**

**㋐ 単に権利をえまたは義務を免れる行為**　まず、行為の性質上そもそも未成年者が不利益を受けるおそれがない行為については、取消しを認める必要がない。そのため、民法は、「単に権利を得、又は義務を免れる法律行為については、この限りでない[188]」と規定している（5条1項ただし書）。「単に」というのであるから、負担付き贈与はこれに該当せず、また、債務の免

---

185) 成年を何歳とするかは、選挙権や刑事責任といった公法上の扱いにも絡む問題であり（他の国では兵役にも絡む）、かつては20歳を成年とするのが普通であったが、近時では18歳を成年とする国が増加しており、日本においても近年中に成年年齢を18歳に引き下げる改正の予定である。
186) 未成年者でも婚姻をした場合、民法は、婚姻により成年と擬制し（753条[**婚姻による成年擬制**]）、親権から独立しその法律関係を自由にまたその責任で管理・処分できるようにした。成年擬制は、婚姻生活の保護のためであり、後見人、後見監督人等の能力者を要件とする制度は実質的な能力を必要とし、成年擬制されても未成年者は後見人等になれない（四宮=能見37頁）。もし成年擬制を受けた未成年者が、未成年の間に離婚をした場合には、成年擬制の効果は失われるのであろうか。成年擬制は婚姻生活の保護のためなので、成年擬制の効力は失われるという考えもあるが（石田穣178頁）、通説は、一度生じた成年擬制の効力は失われないと考えている（須永45頁、近江40頁、川井31頁、河上56頁）。
187) なお、親権者または後見人は、未成年者（年少のタレントなどが考えられる）に代わって未成年者が受け取るべき賃金を受け取ることが禁止されており、法定代理権が制限されている（労働基準法59条）。
188) 書面によらない贈与は、受贈者からも解除が可能であり（550条）、未成年者が贈与を有効に受けたとしても、親権者が、550条の解除権を法定代理人として行使することは可能である。

除を受ける条件として何らかの負担を負わせる合意もこれに該当しない[189]。

6-190　**(イ) 処分を許された財産についての行為**　「法定代理人が目的を定めて処分を許した財産は、その目的の範囲内において、未成年者が自由に処分することができる」(5条3項前段)。例えば、パソコンを買いたいというので、未成年の高校生に親がパソコンの購入のために10万円を与えた場合に、どのようなパソコンを買うかは子の自己決定に任せており、同意の範囲内である。具体的にどのパソコンを買うかについては親が具体的に同意を与えていなくても、取消しは認められない。また、特に「目的を定めないで処分を許した財産を処分するときも、同様とする」(同項後段)。これも包括的な同意の問題であり、パソコン購入など具体的に使途が特定されていなくても、社会通念上許容範囲の行為に限られるが——小遣いを使えば、高校生がマルチ取引をしてもよいものではない——、自由に使用することができる。

6-191　**(ウ) 営業を許された未成年の営業に関する行為**　例えば、定食屋を営む親が病気で入院したため、未成年の子が親の同意を得て親の入院中その定食屋の経営を行うことになった場合、個々の取引についていちいち親の同意を得る必要があるというのは煩わしい。また、そもそも営業の許可には、未成年者の営業行為に対する包括的な同意が含まれているといってよい。そのため、民法は、「一種又は数種の営業を許された未成年者は、その営業に関しては、成年者と同一の行為能力を有する」と規定した(6条1項)[190]。したがって、定食屋の営業に関する食材の仕入れ、食器等の購入などを、親の同意なしに行うことができる。ただし、一旦未成年者に営業を認めても、その後に未成年者が営業に堪えないと思われれば、法定代理人は営業許可を撤回したり、または、その営業の範囲を制限することができる(同条2項)。

6-192　**(3) 成年被後見人(制限行為能力者2)**

　**(a) 成年被後見人**　「**精神上の障害により事理を弁識する能力を欠く常況にある者**」については、家庭裁判所は、本人、配偶者、四親等内の親族、未成

---

[189] 不要な物を引き取ってもらう契約、例えば、不要なベッドや生まれた子猫を引き取ってもらうという契約は、贈与契約というよりも無名契約であり、5条1項ただし書は適用されないと考えるべきである。

[190] 「営業」なので就労は入らないが、芸能人としてプロダクションと契約したり、スポーツ選手として球団等と契約をして活動するのは営業というべきであろう。古い判例に、未成年の芸妓(げいぎ)が芸妓のための衣装を購入する資金を借りた事例で、芸妓も営業に含まれるとした判決がある(大判大4・12・24民録21輯2187頁[**芸妓ももよ事件**])。

第3節　法律行為（契約）の取消し——契約の拘束力からの解放　§1　取消しが認められる場合

年後見人、未成年後見監督人、保佐人、保佐監督人、補助人、補助監督人又は検察官の請求により、後見開始の審判をすることができる」(7条)。後見開始の審判を受けた者は**成年被後見人**と呼ばれ、必ず後見人（**成年後見人**）が付けられる (8条)。平成11年改正前には**禁治産者**といわれていた制度である。「精神上の障害により事理を弁識する能力を**欠く常況にある者**」とは、事理弁識能力を欠くのが普通の状態である者のことである[191]。

6-193　**(b)　成年被後見人の行為能力の制限——原則「代理」型**　民法は、「成年被後見人の法律行為は、取り消すことができる」(9条本文) と、後見人の同意がないことを要件とすることなく取消し可能とした。後見人の同意があっても、それを理解できるかさえ確かではなく、同意されたとおりの行為ができる保障はなく、取消し可能となる[192]。成年被後見人については、後見人が財産関係については原則として全て代理して行うことが予定されている。ただし書において、「ただし、日用品の購入その他日常生活に関する行為については、この限りでない」と、例外が認められている。

6-194　**(4)　被保佐人（制限行為能力者3）**

**(a)　被保佐人として保護される者**　民法制定当時には、**準禁治産者**制度があり、心神耗弱者のみならず、聾唖者、盲者さらには浪費者も含まれていた。聾唖者、盲者については昭和54年の改正により削除され、また、浪費者については平成11年の改正の際に削除され、名称も被保佐人に変更された。その結果、旧準禁治産者の中で被保佐人として残されたのは、「精神上の障害により事理を弁識する能力が**著しく不十分**である者」であり、この者につき、家庭裁判所が「保佐開始の審判」をすることができる (11条)。保佐開始の審判を受けた者を**被保佐人**といい、被保佐人には必ず**保佐人**を付けなければならない (12条)。

6-195　**(b)　被保佐人の私的自治——制限された「同意」型**　被保佐人は、重要な行為についてのみ自ら行わせることに不安があるにすぎず、保佐人の同意を要する行為は制限されている。すなわち、①13条1項に列挙された行

---

[191]　事理弁識能力と意思能力との関係については、後者の方がより低い能力と理解する学説もある（村田彰「意思能力と事理弁識能力」赤沼康弘編『成年後見制度をめぐる諸問題』28頁参照）。
[192]　成年被後見人が後見人による同意を与えた内容どおりの契約をした場合には、当然に追認があったものと同視してよいであろう。後見人の手足として行為をしたと擬制するまでもない。

為[193]、および、②特に裁判所により保佐人の同意を要するものと宣告された行為 (13条2項) のみが、保佐人の同意が必要とされ、同意なしに行われた場合に取消しという保護が与えられるにすぎない (同条4項)。保佐人は法定代理人ではなく、相談役として保佐をするだけの者にすぎないが、平成11年の改正により、家庭裁判所が「特定の法律行為」に限って保佐人に代理権を与えることが可能となった (876条の4)。ただし、被保佐人の自治を尊重するため、被保佐人本人の同意を得ることを必要としている (同条2項参照)。

6-196 (c) **保佐人への取消権の付与** 被保佐人には、取消権が認められるが (120条1項)、追認には保佐人の同意が必要であり (124条2項2号)、同意を得ないでした追認は無効である。相手方の被保佐人に対する催告は、保佐人の追認を得ることについての催告になっている (20条4項)。

平成11年改正前は、保佐人には取消権は認められていなかったが、学説では、解釈上、保佐人に取消権を認める考えが有力であった。保佐人にはある程度の自治能力があるので、本人の私的自治を尊重すべきであり、保佐人に取消権を認めるのは被保佐人の家族を保護する政策的な理由によるものといえる。平成11年改正はこの問題を立法によって解決し、120条1項の取消権者に保佐人を明記した。

6-197 **(5) 被補助人（制限行為能力者4）**

**(a) 被補助人として保護される者** 平成11年改正により、「精神上の障害により事理を弁識する能力が**不十分である**者については、家庭裁判所は、本人、配偶者、四親等内の親族、後見人、後見監督人、保佐人、保佐監督人又は検察官の請求により、補助開始の審判をすることができる」という規定が新たに追加された (15条1項)。補助開始の審判を受けた者は、**被補助人**といわれ (15条)、**補助人**が付けられる (16条)。それ以前には、禁治産者と準禁治産者の2つの制度しかなかったのに対し、第3の類型を新たに創設したのである。成年被後見人や被保佐人とは異なって、裁判所が補助開始の審判をするためには、本人の同意が必要である (15条2項)。

---

193) ①「元本を領収し、又は利用」（預金にも適用される）、②「借財又は保証」、③「不動産その他重要な財産に関する権利の得喪を目的とする行為」、④「訴訟行為」、⑤「贈与、和解又は仲裁合意」、⑥「相続の承認若しくは放棄又は遺産の分割」、⑦「贈与の申込みを拒絶し、遺贈を放棄し、負担付贈与の申込みを承諾し、又は負担付遺贈を承認すること」、⑧「新築、改築、増築又は大修繕」、⑨「602条に定める期間を超える賃貸借」、⑩①～⑨の行為を法定代理人としてすることである。

第3節　法律行為（契約）の取消し——契約の拘束力からの解放　§1　取消しが認められる場合

6-198　**(b)　被補助人の行為能力の制限——裁判所が審判で定めた行為についての「同意」型**　被補助人については、被保佐人のように補助人の同意が必要な行為を民法に列挙せず、家庭裁判所が補助人の同意を必要とする法律行為を、申請に基づいて審判により定めることになっている（17条1項）。補助人の同意の必要な行為の選定についても、本人の同意を得ていることを必要としている（15条3項）。同意が必要な行為については、相手方が、補助人の同意を得ないと取引に応じないことになり、間接的に制限行為能力者の行為を制限することになる。ところが、被補助人の私的自治は他の制限行為能力者よりも尊重されるべきであり、もし「補助人の同意を得なければならない行為について、補助人が被補助人の利益を害するおそれがないにもかかわらず同意をしないときは、家庭裁判所は、被補助人の請求により、補助人の同意に代わる許可を与えることができる」ことになっている（17条3項）。

6-199　**(c)　補助人への取消権の付与**　補助人の同意を要すると審判された行為を、被補助人が補助人の同意を得ることなく行った場合には、その行為は取消しが可能である（17条4項）。被補助人自身のみならず、補助人も取消権者とされている（120条1項）。被補助人の私的自治を無視してでも、補助人に取消権を認めたのである。被補助人は、未成年者や被保佐人と同様に、補助人の同意を得れば有効に追認をすることができる（124条2項2号）。

6-200　**(6)　制限行為能力者による詐術に基づく取消権の否定**

**(a)　取引の安全は保護されない原則に対する例外**　制限行為能力を理由に契約が取り消されると、相手方は損害を被ることになる。それなのに制限行為能力者に取消しを認めるのは、取引の安全保護を犠牲にしてでも制限行為能力者を保護することを意味している。そのため、相手方が制限行為能力者であることを知らず、また、知らないことにつき過失がなくても、取消しが制限されることはない。しかし、制限行為能力者が、能力者であると相手方を信じさせるために嘘をついた場合にまで、取引の安全を犠牲にして制限行為能力者を保護するのは行きすぎである。そのため、民法は、「制限行為能力者が行為能力者であることを信じさせるため詐術を用いたときは、その行為を取り消すことができない」と規定した（21条）[194]。

6-201　**◆相手方の善意無過失が必要**

21条は取引安全保護のための制度であるので、条文には現れていないが、制

限解釈をすべきである。21条の要件を満たす詐術があっても、相手方が制限行為能力者という事実を知っており、その詐術を信じて契約をした場合でなかったり、または、注意をすれば知りえたように過失がある場合には、相手方は取引の安全を保護されるべき資格を持たないので、21条の適用はないと考えるべきである。親の同意書が未成年者により作成されたと疑念を抱くべき特別の事情があれば（21条の類推適用の事例☞6-202）、相手方には親への同意の有無についての確認義務が認められ、それを尽くさなければ過失があることになる。

6-202　**(b)　「詐術」とは**　「行為能力者であることを信じさせるため」詐術を用いたことが要件になっているが、法定代理人の同意を得ていると虚偽の事実を述べて相手方を信頼させた場合にも、21条を類推適用すべきである。しかし、21条は、取引の安全は害されてもやむを得ないという行為能力制度の原則に対する例外である以上、「詐術」概念を安易に拡大することは許されない。制限行為能力者が制限行為能力者である事実を言わなかっただけでは詐述にならず、制限行為能力者の何らかの行為がプラスされて初めて詐術を語れることになる（☞6-205）。

6-203　**(ア)　積極的な詐欺を用いた場合**　未成年者が成年と偽るなど制限行為能力者が積極的に虚偽の表示をした場合に、21条の「詐術」に該当することは疑いない。初期の判例には、このような場合に21条の適用を限定しており、例えば、21条の詐術とは、「例へば戸籍謄本を偽造して無能力者たるの事実を隠蔽し又は他人をして自己が能力者たることを偽証せしむるが如く、……能力者たることを信ぜしむる為め積極的に詐欺の手段を用ふるを謂う」とされていた（大判大5・12・6民録22輯2358頁）。この事例は、準禁治産者（現被保佐人）が金銭を借用して抵当権を設定するにあたって、準禁治産者であることを黙秘しただけであり、父親の質屋営業を継続するための資金と説明した行為につき詐術を否定した。そして、金銭の貸借につき公正証書を作成するにあたり、公証人の質問に対し自分が能力者であると答えても、そのために何らかの手段を用いたものではなければ、詐術に当たらないとされている（大判大6・9・26民録23輯1495頁）。

---

194）　判断能力が劣っている者は通常はわかるものであり、善意無過失という要件を解釈により補う限り、従来21条が問題とされていたのは浪費者たる準禁治産者であった。現在でも、取消しの審判を受けない限り旧制度の効力は残っており、準禁治産者の名称が被保佐人に変更されながらも旧制度の浪費者を理由とした被保佐人が存続していることは注意を要する。

第3節　法律行為（契約）の取消し——契約の拘束力からの解放　　§1　取消しが認められる場合

6-204　◆詐術が認められた事例
　　実際に詐術が認められた事例としては、未成年者が、独立の営業を営んでいると相手方に信じさせようとして、商業帳簿その他の書類を示した場合（大審大正2年(オ)225号判決月日不明新聞880号15頁）、準禁治産者が、自分が能力者であることを印象づけるため電鉄会社の大株主の乗車券および狩猟免状を示した場合（大判大12・3・14新聞2136号19頁）、金銭貸借に際して、自分は準禁治産者であったが、その宣告が取り消され、選挙権を回復しているから迷惑はかけないと述べた事例（大判昭5・4・18新聞3147号13頁）、準禁治産者が、東京米穀取引所における定期米の売買委託をするに際して、自分は相当の資産信用があるから安心して取引をされたいと述べた事例（大判昭8・1・31民集12巻24頁）、準禁治産者が保佐人の同意書を偽造した事例（新潟地判昭44・10・31判時586号86頁）、準禁治産者が、建築材料の買主のために連帯保証をしたが、その際に、取締役副社長と表示された名刺を相手方に交付した事例（東京地判昭58・7・19判時1100号87頁）などがある。

6-205　(イ)　**制限行為能力者であることが黙秘された場合**　単なる黙秘は詐術に当たらず、相手方の誤認を惹起・強化また維持する行為がなされて初めて詐術と認められるべきである。学説上も、拡張には慎重な立場が主流であり[195]、取引の安全は害されてもやむをえないというのが制度の性質上原則であるので、それが正当であろう。判例では、準禁治産者による不動産売買の事例で——金銭浪費癖があった上に生来精神耗弱の状態にあった者——、6-206のように傍論的に不作為も場合によっては詐術に当たることが認められている。問題となっているのは、ほとんど浪費者たる準禁治産者である。

6-206
　●最判昭44・2・13民集23巻2号291頁　［民法20条［注：現行21条］にいう『詐術ヲ用ヰタルトキ』とは、無能力者が能力者であることを誤信させるために、相手方に対し積極的術作を用いた場合にかぎるものではなく、無能力者が、ふつうに人を欺くに足りる言動を用いて相手方の誤信を誘起し、または誤信を強めた場合をも包含すると解すべきである。したがって、無能力者であることを黙秘していた場合でも、それが、無能力者の他の言動などと相俟って、相手方を誤信させ、または誤信を強めたものと認められるときは、なお詐術に当たるというべきであるが、単に無能力者であることを黙秘していたこと

195)　塩崎勤「無能力者・制限能力者の『詐術』をめぐる諸問題」銀行574号40頁、高森八四郎「無能力者の詐術再論」『現代民事法学の理論・上巻』47頁など。なお、銀行預金取引で預金者に保佐等開始の審判があった場合には届出義務を課して、これを怠った場合に銀行を免責取消しを認めない条項は有効とされている（東京高判平22・12・8金判1383号42頁）。

の一事をもって、右にいう詐術に当たるとするのは相当ではない」（結論としては詐術否定）。

6-207 **◆単なる黙秘を超えて詐術となるかが問題になった事例**
最判昭35・5・24民集14巻7号1154頁は、契約の際に学生自立協会の肩書きのある名刺を出し、その理事長をしていると述べ、落札された木材を転売しその利益を協会の資金に充てるものと述べた事例につき（準禁治産者［浪費者］の事例）、「たんに無能力者たることを秘したに止まるものではなく、前記のような言動と相当多額と認められる契約保証金106万円も支障なく納付したこととをあわせ考えると」、能力者たることを信ぜしめるに足りる所為であったといえるとした原判決を支持している。ほかにも、準禁治産者［浪費者］につき、金銭の借入れおよび土地への根抵当権の設定につき、保佐人により取り上げられていた登記済証につきこれを紛失したと偽ったり、保佐人であるAの承諾を得ている（自分が準禁治産者でありAが保佐人ということは秘匿）旨を告げた事例で、詐術に当たるものとされている（名古屋高判平4・6・25判時1444号80頁）。

## 3 詐欺または強迫──瑕疵ある意思表示（取消原因2）

6-208 **(1) 詐欺による意思表示**

**(a) 詐欺の被害者の保護** 詐欺によって契約を締結された者には、民法上2つの救済が用意されている。まず、被詐欺者は、騙されて契約をさせられたことにより受けた損害を、詐欺を行った者に対して不法行為を理由に賠償請求できる（709条）[196]。しかし、契約をしたこと自体が損害なので、契約を白紙にする形で損害を解消できたほうが事の性質上適切であり、民法は、さらに被害者に契約や単独行為等の意思表示を取り消すことを認めている（96条1項）。

96条1項の詐欺取消権の成立要件は、下記のようである。①〜③は詐欺者側の要件、④⑤は表意者側の要件である。第三者による詐欺の場合には、

---

[196] 詐欺により土地を時価よりもはるかに高く購入した者は、売買契約を取り消さずに正当な代金との差額を不法行為に基づいて賠償請求できる。大判大5・1・26刑録22輯39頁は、被欺罔者は「詐欺に基き為したる意思表示の無効を主張し又はこれが取消を為すことなく、単に相手方の不法行為に基き自己が現実に受けたる損害のみの賠償を請求するは毫も妨げあることなし」とする。「現実支払ひたる代金と実価との差額に相当する損害を蒙りたりとして之れが賠償を求」める「請求自体毫も不法の点なし」と判示する。逆の事例、例えば、Aが所有の掛け軸を買い付けにきたBから甲作と騙されて売ったが実は乙作でより高額な場合、後日、乙作と知ったAは、契約を取り消さず本来の価格との差額をBに対して賠償請求できる。いずれも実質的には代金の減額・増額に匹敵し、契約改定権を付与するに等しい。

第3節　法律行為（契約）の取消し——契約の拘束力からの解放　　§I　取消しが認められる場合

相手方が第三者による詐欺につき悪意または有過失であることがさらに要件となる（96条2項）。

> ① 錯誤に陥らせる故意
> ② 錯誤によって契約をさせる故意（①と②を二重の故意という）
> ③ 欺罔行為およびその違法性
> ④ 欺罔行為により表意者が錯誤に陥ったこと
> ⑤ その錯誤によって意思表示をしたこと（④と⑤を二重の因果関係という）

6-209　**(b) 詐欺取消しの要件**

**(ア) 詐欺取消しの要件1——欺罔の故意（要件①②）**　詐欺は故意行為であり、過失で誤った情報を提供してしまっても、それは詐欺にはならない。相手方の故意は表意者が証明しなければならないが、故意を証明するのは容易ではない事例もある。そのため、消費者契約法は、故意を要件としない消費者取消権を認め（☞6-263）、消費者被害をめぐる状況は大きく改善されている。なお、欺罔は内容の錯誤をもたらすものに限らず、動機の錯誤をもたらすものでもよく、例えば、ギャンブルに使うのに、子供が難病で手術の資金が必要だと嘘をついて、金銭を借りる行為も詐欺になる。

6-210　**(イ) 詐欺取消しの要件2——欺罔行為とその違法性（要件③）**　詐欺といえるためには欺罔の故意があるだけでなく、その行為が社会通念上容認されない違法な行為であることが必要である。今話題の〇〇、日本一うまい、サルでもわかる〇〇講座などなどと単なる誇張は、詐欺にはならない。しかし、セールストークとして容認されるものか否か微妙な事例が少なくはない[197]。半額セールと表示をしながら元の値段で売られた実績がなければ、詐欺であるが、日常の少額の取引ではいちいち取消しを問題にせず、消費者は諦めてしまうことが多い。そのため、詐欺か微妙な欺瞞的な取引（例えば

---

[197]　リフォーム業のフランチャイズ契約の締結に際する、「初心者でも40日間で習得できる」との発言につき、詐欺が否定されている（大阪地判昭61・9・29判タ622号116頁）。他方で、打子募集に応じて預託金を支払えば「パチンコに必ず勝てる」方法を教示すると述べて勧誘し、預託金を支払って打子契約を結ばせた事例では、不正な方法またはパチンコスロット機器の設計ミスを利用しない限りパチンコで確実に勝つ方法はないとして、詐欺が認められている（広島簡判平20・2・28消費者法ニュース77号187頁）。

閉店セール商法）を含めて、行政的な事前・事後の規制こそが消費者取引の分野では要請される[198]。

6-211 ◆**不作為（沈黙）による詐欺**
(1) **問題点——原則**
　　詐欺は不作為によっても可能である。しかし、そのためには、相手方が錯誤に陥っているのを知りながら（悪意）、かつ、その錯誤を正す作為義務（意思確認義務・説明義務）があるにも拘わらず、故意にその義務に違反し相手方の錯誤を利用して契約をさせたことが必要である。すなわち、不作為を詐欺として非難できるためには、故意による作為義務（説明義務）違反が必要である。この点、契約をするために必要な情報は自己の努力と責任で収集し、それを怠って契約により不利益を受けても自己責任となるのが原則である（説明義務なし）。確かに、全ての者を合理的理性人とみなして自由・平等そして自己責任を貫徹する近代法の思想によればそうなるであろう[199]。

6-212 (2) **例外——不作為の詐欺をめぐる判例**
　　現在では、事業者と消費者との間には情報等の能力において格差があり、消費者は専門事業者から自分の意思決定のために必要な情報の提供を受けるよう信頼することが許される。その場合に、消費者がその情報を得ておらず勘違いをしているのを事業者が知りながら、必要な情報を提供しないでその誤解を利用して契約をさせた場合には、消費者を保護すべきである。母親が喘息であるため伊豆半島方面に別荘を探していたＸが、宅地建物取引業者Ｙの紹介により南伊豆の土地を購入する売買契約を締結したが、実は自然公園法により別荘の建設が規制されている土地であった事例で、Ｙはこのような規制を知りながらこれをＸに告げずに販売したため、Ｘによる詐欺取消しが認められている（東京地判昭53・10・16下民集29巻9～12号310頁）。「宅地建物取引業者である売主のＹとしては、信義則上、買主たるＸに対し、右法律による制限のある事実を告知し、それを知らしめる義務があるというべきであるのに、ことさら、沈黙して右事実を告知せず」売買契約を締結させた行為は詐欺に該当するとした。

---

[198] 個別の業法による誇大広告などの禁止のほか、不正競争防止法、不当景品類及び不当表示防止法（景表法と略称される）の一般的規制がある。景表法5条では3つの不当表示行為が禁止されており、具体的な内容は通達によって明かにされている。例えば、通常価格の半額などという**二重価格**問題については、原則として過去8週間のうち、4週間以上の販売実績がなければ通常価格とはいえず、景表法5条違反となる。景表法の平成26年改正により、一定の要件の下に同法5条違反の行為について、課徴金制度が導入された（同法8条以下）。

[199] 例えば、東京地判平3・9・26判時1428号97頁は、「通常の場合であれば、社会生活において、他人の不知や錯誤を知りつつ、自己の利益のため、これをその者に告げないで取引を行うことは、正常な駆け引きの範囲内のものであれば、社会的に許容されることがある」が、精神分裂症で入院した経験のある者の所有する土地持分の購入に際して、所有者の無知・無理解等を奇貨としてこれを利用し、4600万円が相当価格であるのに1000万円が相当価格であるなどとの事実を告げ1000万円で購入した行為は、社会的に許容される限度を著しく越え詐欺に該当するとした。

第3節 法律行為（契約）の取消し——契約の拘束力からの解放 | §1 取消しが認められる場合

6-213 **(ウ) 詐欺取消しの要件3——詐欺「による意思表示」の存在（要件④⑤）**
詐欺を理由とした取消権が成立するためには、詐欺「による意思表示」であることが必要である。例えば、土地の売買契約において、買主が隣地に産廃処理場が建設されると虚偽の事実を述べたが、土地所有者（売主）が当初から土地を売る予定でいたため、詐欺に気が付いたが（6-208 ④の要件を欠く）、または説明を信じたが当初の予定どおり売った場合には（6-208 ⑤の要件を欠く）、詐欺「による意思表示」ではないことになる。また、欺罔行為がありそれを表意者が信じたとしても、それによって意思表示がされたという関係がなければならない。例えば、住宅のリフォームの勧誘で、高校の同窓であると虚偽の事実を述べて勧誘がされたとしても、そのために契約をした特別事情が認められなければ、詐欺による意思表示にはならない。

6-214 **◆第三者による詐欺についての特別の要件**
第三者によって詐欺がなされた場合には、確かに被害者を保護する必要性があることは変わらないが、相手方の取引の安全を考慮する必要がある。そこで、民法は、「相手方に対する意思表示について第三者が詐欺を行った場合においては、相手方がその事実を知り、又は知ることができたときに限り、その意思表示を取り消すことができる」ものとした（96条2項）。改正までは、条文上は悪意のみが要求されていたが、改正により有過失の場合にも取消しが可能であることが明記された。

6-215 **(c) 詐欺の効果——取消権の成立** 詐欺による意思表示の効果は、詐欺により意思表示をした者に取消権が成立することである（96条1項・120条2項）[200]。表意者は取り消すか否か自由であり[201]、追認も可能であるが、相手方には催告権はない。そして、取消しがされた場合には、「取り消された行為は、初めから無効であったものとみな」される（121条）。ただし、詐欺の事実を知らない善意無過失の第三者には、取消しの効果を対抗できない（96条3項）。取消しの効果については、後述する（☞6-282以下）。

---

200) 判決の既判力により、取消権の主張も遮断される。すなわち、買主が売買契約による所有権の移転を主張して所有権の確認訴訟を提起して、これを認める判決が確定した場合には、それ以後は、売主はもはや取消権を行使することはできない（最判昭55・10・23民集34巻5号747頁）。
201) 委任事務完了後は、651条1項による解除はできないが、「委任の取消に付ては此の如き特別の規定なきが故に、委任の意思表示が詐欺に因るときは、委任事務完了後と雖も委任者は民法第96条の規定に従ひ之を取消すことを得る」ものとされている（大判大7・5・16民録24輯967頁）。

6-216 ◆**詐欺とその他の制度との関係**
　改正前は、錯誤は「無効」とされていたため、詐欺と錯誤との競合が問題になったが、現在では、錯誤も「取消し」となり（95条1項）、第三者保護規定も設けられ（95条4項）、議論の実益はなくなった（選択は自由と考えてよい）。
　売主が特定物の売買の際に瑕疵を秘して、瑕疵がない物かのように買主を信じ込ませてその物を売却した場合、詐欺と錯誤だけでなく、品質不適合責任（改正前の瑕疵担保責任）との競合も問題となる。品質不適合責任については、買主が瑕疵を知ってから1年以内に売主に瑕疵を通知しないと、権利行使ができなくなるが（566条）、詐欺取消しや錯誤取消しを選択でき、この制限を無視することができるのであろうか。錯誤と改正前の瑕疵担保との関係については、学説には瑕疵担保責任を特則と理解する主張もあったが（判例は選択を認める）、詐欺取消しと瑕疵担保責任との関係については、学説も詐欺取消しとの選択を認めており（川井191頁、四宮＝能見210頁）、改正後の品質不適合責任との競合も同様に考えるべきである。なお、不法行為の損害賠償請求との関係については、両者を共に主張することができる。

6-217 **(2) 強迫による意思表示**
　「強迫」「による意思表示」についても、96条1項により被害者には取消権が認められている。その要件は次のようである（取消しを主張する者に証明責任あり）。

---

① 強迫（＝畏怖させる）の故意
② 畏怖によって契約をさせる故意（①と②を二重の故意という）
③ 強迫行為およびその違法性
④ 強迫により畏怖したこと
⑤ 畏怖により意思表示をしたこと（④と⑤を二重の因果関係という）

---

　なお、強迫では畏怖が問題とされるのみであるが、「状況の濫用」「経済的威迫」といった事例に対処するために、強迫法理を拡張して運用する提案があり（四宮＝能見242～3頁）、今後の課題である（☞6-220）。強迫の効果は、表意者への取消権の付与であるが、取消しの効果については詐欺のように第三者への対抗不能が規定されていないため（96条3項参照）、121条が適用され、遡及的に無効となることを第三者にも対抗することができる。以下には、要件を2つに分けて説明するにとどめる。

6-218 **(a) 「強迫」の存在——威迫行為とその違法性（①～③）** 強迫といえるためには、人を畏怖させるに足りる行為がされることが必要である。強迫は故意による行為であり①②の二重の故意が必要とされ、さらに③の要件として、取引通念上許される限度を越えるものであることが必要である。社会生活では、状況からして相手に強く迫るのが当然と思われるような交渉もあり（例えば、債権回収、損害賠償、明渡し等の場面での和解）、威嚇的な言動が全く許されないというわけではないからである。そのなされた状況で判断すべきであり、言葉で脅さなくても、暴力団が威嚇的な風貌で穏やかに交渉して相手に恐怖心を起こさせるというような場合も考えられよう。

6-219 **◆完全に選択の自由を失う必要はない**
最判昭33・7・1民集12巻11号1601頁は、「民法96条にいう『強迫による意思表示』の要件たる強迫ないし畏怖については、明示若しくは暗黙に告知せられる害悪が客観的に重大なると軽微なるとを問わず、苟くもこれにより表意者において畏怖した事実があり且右畏怖の結果意思表示をしたという関係が主観的に存すれば足りる」という。「強迫の結果選択の自由を失わない限り強迫に因る意思表示ありといいがたい」という上告理由に対して、「<u>完全に意思の自由を失った場合はむしろその意思表示は当然無効であり、民法96条適用の余地はない</u>」と述べてこれを退けている。学説にも異論はない。

6-220 **◆経済的強迫**
強迫は、生命・身体・名誉など人格的利益への攻撃を示唆するものに限らず、経済的利益に対するものでもよい。UNIDROIT6-9条は、強迫について、それ自体が違法な場合（生命・身体への攻撃）だけでなく、「それを契約締結を実現するための手段として利用することが不法であるとき」も強迫となることを明示する。例としては、金銭の借主に倉庫を賃貸させるために、貸主が滞っている借金の返還を求めて提訴すると脅して賃貸を合意させた場合に、強迫による取消しが認められるという説明がされている（曽野ほか77頁）。フランス新民法1143条は、「当事者が、契約の相手方が依存せざるをえない状態にあることを濫用して、義務でもないのに債務関係を引き受けさせ、それにより明らかに過剰な利益を獲得する場合にも強迫が認められる」と規定する。「過剰な利益」という要件が加重されている。

6-221 **(b) 強迫「による意思表示」の存在（④⑤）** 客観的には強迫行為があっても、本人が畏怖しなかった場合または畏怖はしたが内容に納得してその契約を締結した場合には、取消権は認められない。例えば、暴力団の地上げ行

為によりその所有の土地建物を売ることを求められたが、その場所も繁華街になって住み心地が悪くなっており提案されている価格も悪いものではないので、納得して土地建物を売却する合意をした場合には、強迫はあるが強迫「による意思表示」はないので、取消権は認められない。

なお、詐欺とは異なり、第三者による強迫につき取消権を制限する規定はない。そのため反対解釈として、第三者による強迫であり相手方がその事実を知らなくても、被害者は契約を取り消すことができることになる[202]。取引の安全を犠牲にしてでも強迫の場合には被害者保護を優先したのである。

6-222 ◆**強迫と心裡留保**
例えば、AがBから強迫されて、骨董品の掛け軸を売ってしまった場合、Aはその場は強迫から免れるために、売る気もないのに売ると言っただけであり、そうすると心裡留保が問題になり、93条1項ただし書でその契約は無効ではないかといった疑問がある（村田彰「強迫と心裡留保」志林98巻2号243頁参照）。心裡留保無効は第三者に対抗できないが（93条2項）、126条のような期間制限がない。確かに強迫の被害者はやむをえず契約に応じるものであるが、一時しのぎで契約書に署名するが履行する意思がない場合もあろう。意識的であるが詐欺的心裡留保とは異なる。強迫の場合には、93条の適用は排除され、96条により規律されるべきである。

## 4　錯誤取消し

6-223 **(1)　錯誤の要件論総論**

民法は、「錯誤に基づく」意思表示を「取り消すことができる」ものと規定しており（95条1項）、その要件は以下のようになる。

> ① 「錯誤」と認められるための要件として、
>   ⓐ 「意思表示に対応する意思を欠く錯誤」（1号錯誤）、または、
>   ⓑ 「表意者が法律行為の基礎とした事情についてのその認識が真実に反する錯誤」（2号錯誤）であること、
> ② ⓐⓑいずれの錯誤についても、「法律行為の目的及び取引上の社会通念

---

[202] 相手方は強迫者に損害賠償を請求することになる。96条2項の強迫への類推適用の可能性を探るものとして、羽田さゆり「『第三者による強迫』に関する一試論」札大15巻2号1頁以下。

に照らして重要なものである」ことが必要である(95条1項)。
③ ⓑの2号錯誤の特別の要件として、「その事情が法律行為の基礎とされていることが表示されていた」ことが必要とされている(同条2項)。
④ ただし、「錯誤が表意者の重大な過失によるものであった」ならば取消しは認められない(同条3項柱書)。この場合であっても、
　ⓐ「相手方が表意者に錯誤があることを知り、又は重大な過失によって知らなかった」(同条3項1号)、または、
　ⓑ「相手方が表意者と同一の錯誤に陥っていた」(同条3項2号)(共通錯誤)ならば、取消しが可能である。

　①～③は錯誤取消しを主張する側が証明責任を負う。この証明がなされても、錯誤取消しを争う相手方は、④の表意者の重過失を主張・立証して、錯誤取消しを阻止することができる。しかし、この抗弁事由の証明がされても、錯誤取消しを主張する者の側から、さらに再抗弁として、相手方の表意者の錯誤についての悪意または重過失、ないし、共通錯誤であることを証明すれば、再び錯誤取消しが認められる（④ⓐⓑ）。

6-224　◆ **2017年改正前の錯誤規定との関係**
　改正前の民法は、錯誤につき、「意思表示は、法律行為の要素に錯誤があったときは、無効とする」と規定するだけであった(旧95条本文)。起草者は、2-225に述べる意思ドグマに依拠していたのである。しかし、民法施行後、意思不存在型の錯誤ではないいわゆる動機の錯誤が問題とされ、これを錯誤規定により救済するための要件が盛んに議論され、学説は百花繚乱の様相を呈し、他方、判例は動機が明示または黙示に表示されこれが意思表示の内容にされていることという要件を設定しながら、実際の運用はかなり緩やかなものであった。改正法は、あえて「動機」という表示を避け、「その事情が法律行為の基礎とされていることが表示されていた」ことのみを要求し、意思表示の内容にされたことを要件とはしないことにした。他方で、表示を要求し、相手方の認識可能性だけでは足りないことになり、認識可能性で足りるとする学説を切り捨てている。

6-225 **(2) 錯誤取消しの要件1――「錯誤」の存在**
　**(a) 意思不存在型錯誤（1号錯誤）**　①Aは、Bにメールで甲画を1000万円で売ることを申し込もうとして、入力の際に誤って100万円と入力し、これを見たBは直ちに100万円でその絵画を購入する旨をメールで返事をした場合、②Aは、Bレストランにおいて、入口の本日の定食（Aラ

ンチ＝さば定食、Bランチ＝中華丼）の見本を見て、Aランチ＝中華丼と覚え違いをして、中華丼を注文するつもりで店員に「Aランチ」を注文した場合、また、③骨董品の収集家Aは、絵画商Bから円山応挙作と説明されて掛け軸を購入したが、実はそれは同時代の別の者の作品であった場合、いずれも自分の本来望んでいた契約とは異なる契約をしたことになる。これらを広く「錯誤」ということができる。

　民法は「錯誤」を2つに分け、その1つに「意思表示に対応する意思を欠く錯誤」を挙げている（95条1項1号）。これも次の2つに分けられる。

> ❶ **表示上の錯誤（表示行為の間違い＝表示意思自体がない）**　表示上の錯誤とは、言い間違い、書き間違い、機械のボタンの押し間違いなどである。表示行為を間違って行ったものであり、その表示をする意思（表示意思という）さえもない場合である。①ケースがこれに該当する[203]。
> ❷ **内容の錯誤（表示の意味内容の誤解＝表示意思はある）**　内容の錯誤は、その表示をする意思＝表示意思はあるが、表示の意味を誤解したためにその表示をなした場合である[204]。②ケースがこれに該当する。内容の錯誤と動機の錯誤とは、実際には区別が困難なことが多い[205]。

　改正前の**意思不存在論（意思欠缺論・意思ドグマ）**に基づいた錯誤論では、意思を意思表示の効力の根拠と位置づけ、上記❶と❷の錯誤は契約をする「意思がないので無効」と考えられていた。しかし、錯誤論は表意者保護と取引安全保護との利益衡量論の問題であり、意思不存在型錯誤について

---

[203] 当事者が口頭で1000万円での売買契約の合意をした後に、契約書に100万円と代金の記入を誤った場合は、合意通りの契約の成立が認められる。ただし、民訴228条4項により、書面通りの契約が成立したと推定されるので反証が必要になる。
[204] A弁護士とB弁護士が同姓同名であり、B弁護士が欠陥住宅の専門家で著書もあるが、Cが、B弁護士に欠陥住宅についての講演を依頼するつもりで、インターネットの検索で調べて同姓同名であったためにヒットしたA弁護士をB弁護士と誤解して、A弁護士に講演を依頼した場合、人の同一性すなわち内容の錯誤である。契約の相手方が暴力団関係者だと知らなかった場合は、人の性状についての動機の錯誤になる。契約書に**暴排条項**（契約後に相手方が反社会的勢力であると判明した場合には契約を解除できるとする条項）を入れることが、政府により推奨されている。
[205] 弱視の老人が50円引なのに50％引きだと見間違って商品を購入したり、新たに海外から導入された食材、園芸植物、ペットなどでは、商品の内容を誤解して注文することは少なくない。「オニオンスライス」を、「オニオンスライス」という定食と勘違いして注文した場合は、内容の錯誤というべきか。

も、取引安全保護との調整が必要である。

6-231のグローバルスタンダードを適用すれば、①相手方に表示錯誤の原因があるか——例えば、本日のランチの見本の置き方が紛らわしかった、店員が間違って説明した等——、または、②相手方が表意者の錯誤を認識可能であり、意思確認をすべきなのにそれを怠った——数人で昼食時に来店して全員がオニオンスライスを注文すれば、店員は定食と勘違いしていることを疑い確認をすべき——という、相手方の帰責事由を必要とすべきである。改正法はこのような解釈の可能性を否定したものではなく、1号錯誤についても、上記①②の要件を解釈により補うべきである（☞6-244）。

6-226 ◆**意思表示の成立と「表示意思」の要否**
例えば、AがB会社に融資をする際に、AがBの代表取締役Cに、事務処理上必要な書面なので署名だけしてくれと騙して、保証契約書に署名押印をさせたとしよう。この場合、確かにCがその書面に署名押印をしたのは事実であるが、保証契約の意思表示をする意思（**表示意思**）さえない。意思表示が成立するためには、客観的に意思表示とみられる行為さえあればよいのか、それとも、表示意思が必要なのであろうか。

①表示意思を不要とすれば、Cの意思表示（保証契約）の成立は認められ、表示上の錯誤になり、また、Aが騙しているので詐欺にも該当する。②しかし、意思表示をする意思（表示意思）がない以上は意思表示なし、従って契約は成立していないと考えるべきである。ただし、民訴法228条4項の推定が働くので、Cは表示意思がなかったことを証明する必要がある。

6-227 **(b) 基礎事情の錯誤（2号錯誤）——動機の錯誤** 民法は、意思不存在型の錯誤ではない「表意者が法律行為の基礎とした事情についてのその認識が真実に反する錯誤」も、錯誤規定により保護することを明示した。改正前には「錯誤」に、表示と意思とに食い違いがなく意思を形成する動機の点で誤認があったにすぎない**動機の錯誤**が含まれるのか、含まれるとしても特別の要件が必要かそれは何かが議論されていた。改正法は、基礎事情の錯誤についての規定を新設し、動機の錯誤をこの規定が適用される限りで救済したのである（95条2項）[206]。基礎事情の錯誤も2つに分けることができる。

6-228 **(ｱ) 性状の錯誤（基礎事情の錯誤1）** 6-225③ケースのように、ある掛

---

[206] 改正前は、動機の錯誤につき、①一方で、錯誤以外の実定法制度（詐欺、瑕疵担保など）を活用するとともに、②他方で、意思表示解釈により条件、前提、保証などの合意があったとして救済を図ればよいとして、95条の錯誤から除外する学説もあった（高森八四郎『法律行為論の研究』197頁）。

け軸を本物であると思って買ったが、実は偽物であった場合のように、目的物の**品質・性能等**を勘違いしてその物を買うないし売るといった契約をしてしまった場合、これを**性状の錯誤**という。この場合には、「この絵画を」買うという意思表示の表示意思に問題はなく、また、表示（この絵画を買う）と意思（この絵画を買う）との間には食い違いはない。本物だと勘違いをしたから「この絵画を買う意思」を形成し、この絵画を購入したのであり、意思形成過程＝動機に食い違いがあるにすぎない。性状の錯誤については、表意者が法律行為の基礎事情としていることを明示または黙示に表示していると認められれば、錯誤取消しが認められる。

6-229　**(イ)　その他の動機の錯誤（基礎事情の錯誤2）**　例えば、自転車を友人に貸していたことを忘れ、盗まれたと思って新しい自転車を買った、原発事故後に売れると思ってガイガーカウンターを増産したが、他のメーカーも増産し逆に品余りになった、彼女が喜ぶと思ってスカーフをプレゼント用に買ったが、彼女が喜ばなかった、女性だと思って付き合ってプレゼントを購入したが男性であった、経営者が中学の同窓生だと思って飲み屋に通ったが違った等々、このような動機の錯誤は巷にあふれている。この類の錯誤は詐欺によるのではない限り自己責任と考えるのが常識であろう。したがって、この類型は基礎事情の錯誤に該当するかは、事例ごとに検討をする必要がある。これに該当しなければ、表意者が「彼女が喜ぶと思って」と表示をしても保護されず、積極的に解除条件などの合意をしない限り、自己のリスクで契約をしたものと扱われる（本書の立場☞6-251）。

6-230　**◆錯誤は保護されないのが原則――きめ細かな要件の下での例外**
　　錯誤は保護されず自己責任であるのが原則である。相手方の取引安全を考えなければならず、意思がないから無効といった意思ドグマは適切ではない[207]。また、日常取引でちょっとした思い違いや、言い間違いは頻繁にあり、また、意思不存在型錯誤類型だけでなく、古本屋で本を買って、隣の古本屋に入ったら同じ本がもっと安く売っていた、おいしいと思って食事を注文したがまずかった等々、後悔すれども社会通念上自己責任と諦めるべき例は枚挙に暇ない。また、

---

207)　比較的昔のヨーロッパ大陸法は、ほとんど意思理論の土台の上に置かれていたといわれている（ケッツ332頁）。また、イギリスのコモン・ローでは、錯誤による契約の無効（取消し）は、19世紀に至るまで知られておらず、不実表示を理由とする契約の解消が認められたにすぎないが（ケッツ332頁）、現在では、直截に錯誤により契約が一定の要件の下に無効となりうることが承認されている。

ギャンブルでは、取引の性質上錯誤は論外となる。

そのため、取引の安全を害してでも例外的に表意者を保護するためには、詐欺に準ずる帰責事由が相手方にあるか、または、相手方も共通錯誤に陥っている等の事由が必要である。改正法はこのような柔軟な錯誤法にはなっていないが、解釈によりこれらの要件を補うことは許されるし、またしなければならない（☞6-251以下）。

6-231 **◆最近の比較法的動向**
**(1) PECL4-103条**

PECL4-103条は、①ⓐ「当該錯誤が相手方によって提供されたか、または、知るべきであった場合」、ⓑ「相手方が当該錯誤を知っていたか、または、知るべきであった場合で、思い違いをした当事者を錯誤に陥らせたままにしておくことが信義則及び誠実な取引の命令に反する場合」、または、ⓒ共通錯誤の場合に、②ⓐ「思い違いをした当事者か真実を知っていたならば、契約を締結しなかったことまたは基本的に異なる条件においてのみ契約を締結したこと」、また、ⓑそのことを「相手方が知っていたかまたは知るべきであった場合」には、表意者は契約を取り消せるが（同条1項）、③ⓐ「諸事情に従って当事者の錯誤が弁解の余地のないものであった場合」、または、ⓑ「当事者が錯誤の危険を引き受けていたか、または、諸般事に従ってそれを負担すべきであった場合」には、取消しは認められないと規定する（同条2項）。DCFR Ⅱ-7：201条も内容的に同様である。

6-232 **(2) UNIDROIT6-5条**

UNIDROIT6-5条も類似の規定を置いており、①錯誤の重大性、②ⓐ「相手方が、同じ錯誤に陥っていた場合」、ⓑ「錯誤当事者の錯誤を生じさせた場合」またはⓒ「その錯誤を知りもしくは知るべき場合であって、錯誤当事者を錯誤に陥ったままにすることが公正な取引についての商取引上の合理的基準に反するとき」、そして、③「相手方が、取引時までに、契約を信頼した行動をしていないとき」に、表意者に取消権を認め（同条1項）、④ただし、ⓐ表意者に重過失がある場合、または、ⓑ「錯誤が、錯誤のリスクが錯誤当事者によって引き受けられた事柄にかかわるとき、または、諸事情を考慮すれば、錯誤のリスクが錯誤当事者によって負担されるべきとき」には、取消しは認められない（同条2項）。

6-233 **(3) 近時の立法のまとめ**

近時の立法やモデル法などをみると、動機の錯誤か否かといった「錯誤」概念を問題にすることなく、動機の錯誤も錯誤により保護されることを当然視した上で、その要件について緻密で柔軟な要件が構築されている。おおまかにいうと、次のような要件にまとめることができる[208]。

①表意者側の要件として、ⓐ錯誤の重大性、ⓑ表意者に重大な過失がないこ

と、ⓒ表意者がそのリスクを引き受けるべき性質の取引ではないこと（いずれも必要）、②相手方についての要件として、ⓐ相手方も同じ錯誤に陥っている共通錯誤であること、ⓑ相手方が提供した情報によって錯誤が生じた場合、または、ⓒ相手方が錯誤を知っているまたは知りえ、それを放置してはならなかったのに放置した場合のいずれかに該当すること[209]、が必要である。6-251 以下の本書の立場は、これを 95 条の要件の中に解釈により盛り込むものである。

6-234 **(3) 錯誤取消しの要件2 ――「錯誤」の内容以外の要件**

(a) **錯誤の重大性（1号錯誤・2号錯誤共通の要件）**　錯誤取消しが認められるためには、さらにその錯誤が「法律行為の目的及び取引上の社会通念に照らして重要なものである」ことが必要である（95条1項）。これは軽微な錯誤の保護を否定するために設定された要件である。われわれが契約をする際に何らの錯誤もないということは少なく、その錯誤がなければ契約をしなかったと思われるほどの重要なものでまた契約との相当の因果関係が認められる錯誤に限定する必要がある。例えば、日本メーカーの製品だと思って買ったが実は中国製であった、勧誘した売主の従業員が大学の同窓だと思っていたが違っていた、といった程度の勘違いでは、取消しは認められない。

6-235 (b) **基礎事情の錯誤（2号錯誤）についての特別の要件**　改正法は、従前の判例に従い、基礎事情の錯誤について特別の要件を設定し、「その事情が法律行為の基礎とされていることが表示されていた」ことを必要としている（95条2項）。改正前の判例は、動機が明示または黙示に表示され、意思表示（法律行為）の内容になっていたことを要求していたが、意思表示の内容にすることを要求することには批判が強く、改正法は表示のみを要件としたのである。表示は明示である必要はなく、黙示であってもよい。しかし、例えば、自転車が盗まれたと勘違いして、自転車屋に行ってその旨説明して新し

---

[208] アメリカの UCC も錯誤について詳細な規定を置き、利益衡量的な配慮がされている（円谷峻『新・契約の成立と責任』217頁以下参照）。フランス新民法は判例を明文化し、給付の品質に関わらない純粋な動機の錯誤は、それが合意の決定的要因であることを明示した場合でないと無効の原因とはならず（1135条1項）、また、給付の本質的な品質に関わらない単純な価値の評価の錯誤は、無効の原因とはならないと規定する（1136条）。ただし別個にレジオンの規定を用意している。

[209] この点は、表示の錯誤にも当てはまる。例えば、レストランがなじみの八百屋に、メールで「リンゴ 10 個、スイカ 1 個、ジャガイモ 50 個、……スイカ 1 個、……」と書いて注文をした場合、八百屋側は、スイカ 2 個の注文ではなく間違って 2 回同じ内容を書いたのではないかと疑い、意思確認をする義務を負うというべきである。

い自転車を購入したとしても、そもそも基礎事情の錯誤という要件に該当しないと考えるべきである（☞ 6-229）。

6-236　◆**動機の錯誤をめぐる判例の状況**
　**(1)　当初の判例──戦前の判例まで**
　　**(a)　契約の要件化を要求する判例**　担保が提供されると信じて保証人になったが、その担保の提供がされなかった場合につき、錯誤無効の主張を認めた原判決を次のように述べて破棄している（大判明38・12・19民録11輯1786頁）。「<u>当事者が特に其縁由を以て保証契約の要件と為したるときは其縁由の錯誤は当然其保証契約をして無効たらしむべしと雖も此等特別なる意思表示なき限りは縁由の錯誤は法律行為を無効たらしむべきものに非ず</u>」という。

6-237　　**(b)　意思表示の内容化を要求する判例**
　　**(ア)　錯誤否定判例**　錯誤論のリーディングケースとなった判例において、「<u>意思表示に於ける錯誤とは、内心的効果意思と意思表示の内容たる表示的効果意思との間に於ける不慮の不一致なれば、民法第95条に所謂法律行為の要素の錯誤も亦意思表示の内容に存せざるべからざるは当然なり</u>」。「<u>通常意思表示の縁由に属すべき事実と雖、表意者が之を以て意思表示の内容に加ふる意思を明示又は黙示したるときは、意思表示の内容を組成する</u>」と、意思不存在に基づく錯誤論が宣言されている（大判大3・12・15民録20輯1101頁。家屋の価格が700円にすぎないのに、1500円の価格あるものと誤認して抵当権を設定して1500円を融資する約束をした事例）。その他、多くの判例が動機の錯誤を理由として無効の主張を排斥している[210]。

6-238　　**(イ)　錯誤肯定判例**　いわゆる**受胎良馬事件判決**（大判大6・2・24民録23輯284頁）は、「法律行為の要素に錯誤ありて其意思表示の無効たるは<u>意思表示の内容を成す主要部分に錯誤あるが為めに外ならず</u>。而して物の性状の如きは通常法律行為の縁由たるに過ぎずして其性状に錯誤あるが為め法律行為の無効を来たさざるは論を俟たずと雖も、<u>表意者が之を以て意思表示の内容を構成せしめ其性状を具有せざるに於ては法律行為の効力を発生せしむることを欲せず、而かも取引の観念事物の常況に鑑み意思表示の主要部分と為す程度のものと認め得らるるとき</u>は、是れ亦法律行為の要素を成すを以て其錯誤は意思表示の無効を来たすべきものとす」とした。原審が買主が馬匹の<u>年齢及び受胎能力を以て意思表示の主要部分としたこと</u>を認定したのは相当とする[211]。買主がこのように信じたのは売主の説明によるものであり、詐欺取消しが認められそうな事例である。

---

210)　例えば、買主Aが家屋を居住者B（売主ではない）の同居承諾を得た上で買い取るつもりであったが、Bの同居承諾を得られなかった事例で、「意思表示をなすについての動機は表意者が当該意思表示の内容としてこれを相手方に表示した場合でない限り法律行為の要素とはならない」と宣言した上で、「Bの同居承諾を得るということは、買主Aの本件売買の意思表示をなすについての動機に過ぎず、そしてこの動機は相手方に表示されなかったのであるから、相手方に表示されなかつた動機の錯誤は法律行為の要素の錯誤とならない旨判断した原判決は正当」とされている（最判昭29・11・26民集8巻11号2087頁）。

6-239　**(2) 戦後の判例**
　　**(a) 動機が明示されて意思表示の内容となることを要求する判例**　異例な判例であるが、最判昭45・5・29判時598号55頁は、「一般に、錯誤が意思表示の要素に関するものであるというためには、その錯誤が動機の錯誤である場合には動機が明示されて意思表示の内容をなしていること及びその動機の錯誤がなかったならば通常当該意思表示をしなかったであろうと認められる程度の重要性が認められることを要するものと解すべきであ」るとする。

6-240　　**(b) 動機が明示または黙示に表示されて意思表示の内容となることを要求する判例**　土地の売買契約において、売主に対する譲渡所得税について、買主（国）が税務署との折衝により減額がされるという約束がされていたが実際には減額がされなかった事例で、「動機が表示されても意思解釈上動機が法律行為の内容とされていないと認められる場合には、動機に存する錯誤は法律行為を無効ならしめるものではない」、本件では売買契約の内容にまでされていたとは認められないとして[212]、売主による錯誤無効の主張が退けられている（最判昭37・12・25集民63号953頁）。その後、動機の表示が黙示的に認められている[213]。ただし、建前的には、「その動機が表示されて法律行為の内容とな」るということを要件と

---

[211] 売買や請負契約における目的物の性状についての錯誤においては、当然の前提とされている性状、または、売主や請負人側が説明した性状が欠ける場合には、判例は動機の表示を問題にするまでもなく錯誤を認めている。例えば、最判昭33・6・14民集12巻9号1492頁（**特選金菊印イチゴジャム事件**）は、「本件ジャムを市場で一般に通用している特選金菊印苺ジャムであることを前提とし」てこれを代物弁済に供したことから錯誤を認めている。第一種住居専用地域の土地建物を、売主より建ぺい率、容積率の異なる住居地域の説明を受け、これを信じて買主が購入した事例（東京高判平6・7・18判時1518号19頁）、業務用脱毛機（種類物売買）が、美容室の経営者が期待した性能を有しなかった事例（名古屋地判平18・6・30判時1977号111頁）、耐震偽装がされたマンションの売買（札幌地判平22・4・22判時2083号96頁等）につき、錯誤無効が認められている。
[212] 「重要なのは本件売買契約においては右税金が上告人主張の程度に減額されないならば上告人は本件契約を締結しなかったであろうというほどの関係において税金の減額化が契約の内容とされていたか否かの点であ」り、これを認めるに足る証拠がないと述べている。
[213] 例えば、大阪地判昭62・8・7判タ669号164頁は、保証人が主債務者の信用不安を知らなかった事例で、「動機の点で重大な錯誤があったものであり、しかも、右の動機は本件保証契約締結の際には、XとY間においては当然の前提とされていたことは明らかであるから、右の錯誤は要素の錯誤に該当する」という（水戸地下妻支判平11・3・29金判1066号37頁も同様）。国立大学の医学研究科博士課程の入学契約につき、入学者は職を持っており勤務をしながらでも必要な研究ができると思っていたが、そうではなかった事例で、指導教授とのやり取りにより大学に動機が表示されていたとして、錯誤無効の主張が認められている（名古屋地判平19・3・23判時1986号111頁）。他方、主債務者が会社だと思ったが経営者個人（代表者）であった事例で、代表者は株式の過半数を保有し会社と支払能力で劣るものではなく、また、借入資金は会社の営業資金に供されているため、格別の不利益を与えるものではないという理由で、錯誤無効が否定されている（東京高判昭36・7・17判タ122号56頁、上告審も支持〔最判昭38・5・21民集66号85頁〕）。最判平28・1・12民集70巻1号1頁は、信用保証組合Yによる金融機関Xとの保証契約につき、主債務者が反社会的勢力であった事例で、主債務者が「反社会的勢力でないことというYの動機は、それが明示又は黙示に表示されていたとしても、当事者の意思解釈上、これが本件各保証契約の内容となっていたとは認められず、Yの本件各保証契約の意思表示に要素の錯誤はない」とされた。

しつつ、「右動機が黙示的に表示されているときであっても、これが法律行為の内容となることを妨げるものではない」とされる（最判平 1・9・14 判時 1336 号 93 頁）。離婚に際して妻 Y に土地建物を財産分与した夫 X が、その後財産分与を受けた妻ではなく自分に譲渡所得税が課せられそれが 2 億円を超えることを知って、財産分与契約につき錯誤無効と主張した事案であり、X は Y が課税されることを気遣う発言をしており、自己に課税されないことを当然の前提とし、かつ、その旨を黙示的に表示していたと認定して、錯誤無効を認めている。

6-241　　(c)　**動機の表示のみを問題にする判例**　最判昭 39・9・25 集民 75 号 525 頁は、戦時中、「本件土地は表面上は緑地拡張のためとするがこれを軍の用地とすべき予定のものたることを契約の内容条件として本件土地を Y に売渡したが、その後判明するところによると、本件土地が軍のため使用さるべき事情はなく、しかも、X において当時そのことを知っていたならば本件土地の売買契約をする意思はなかったというのであるから、軍用地として使用さるべきことが本件土地の売買契約の動機として相手方たる Y に表示されていると認めるのが相当であり」（最判昭 29・11・26 民集 8 巻 11 号 2087 頁参照とする）、しかも重要なる事実についての錯誤といえるので、錯誤により本件土地の売買は無効であるとした原判決の判断は、当審もこれを是認しえないわけではないとする。

6-242　　(d)　**動機の表示を特に問題にしない判例**　判例の中には、動機の表示を理由として説明することなく、錯誤の主張を認めるものが散見され[214]。最判昭 40・10・8 民集 19 巻 7 号 1731 頁は、X が兄 A の借受金の返済のために債権者だと信じて Y に土地等を売却し、代金との相殺を合意したが、Y は A の債権者ではなかった事例で、「本件契約は債務引受及び相殺契約を含んでいるが、それは売買と一体不可分のものであり、したがって Y が本件貸金の貸主であることは本件契約の不可欠の要件、即ちそれなくしては X において契約締結に及ばなかったと考えられ」るとして、X の錯誤無効が認められている。また、最判昭 37・11・27 判時 321 号 17 頁は、山林の売買で造林工事に使える道路があると信じて希望価格を大幅に上回る金額で買い取った事例で、「右北側山麓道路が存在することは本件売買契約の要素をなすものであって、右契約締結に際し北側道路の存在するものと誤信した X に錯誤があるとの原審の判断は相当である」とされている。いずれも、相手方の欺罔が疑われる事例であるか——これが多い——、少なくとも共通錯誤の事例である[215]。最判昭 29・2・12 民集 8 巻 2 号 465 頁も、戦前に軍人が軍のためにと山林の所有者 X らに売却を迫り、「軍部において使用する為の国家の買収なれば已むを得ないものと思惟し、X 等において買主を

---

[214]　判例は、著しい等価性の欠如の有無、相手方の説明義務違反の有無等実質的判断によって、錯誤による救済を認めるかどうかが決められており、否定する場合に動機の表示がないとか、肯定する場合に動機の明示または黙示の表示がある等と表現しているだけであり、実質的判断の内容が重要であると指摘されている（新注民(3) 413 頁 [川井]）。

国家であると誤信し」これに応じたが、軍人個人Yへの売買契約であった事例で、「買主が国であるかYであるかは主観的にも客観的にも重要の事項に属する」として、錯誤無効が認められている。

その他、株式の売買に際して、会社の資産ひいては株式の価値について錯誤があったが、相手方に錯誤の原因がありまた表意者の錯誤を認識していた事例で、錯誤を否定した原判決を破棄して審理のやり直しを命じた判決がある（最判平16・7・8判時1873号131頁）。次の判決は、動機の表示を問題にしておらず、内容の錯誤と構成して動機の錯誤の議論を意図的に避けたように思われる。

6-243

●**最判平14・7・11判時1805号56頁（空クレジット保証事件）** 保証契約の「主債務が、商品を購入する者がその代金の立替払を依頼しその立替金を分割して支払う立替払契約上の債務である場合には、商品の売買契約の成立が立替払契約の前提となるから、商品売買契約の成否は、原則として、保証契約の重要な内容である」。「本件立替払契約のようなクレジット契約が、その経済的な実質は金融上の便宜を供与するにあるということは、原判決の指摘するとおりである〔注：原審判決はこの理由で錯誤無効の主張を排斥〕。しかし、主たる債務が実体のある正規のクレジット契約によるものである場合と、空クレジットを利用することによって不正常な形で金融の便益を得るものである場合とで、主債務者の信用に実際上差があることは否定できず、保証人にとって、主債務がどちらの態様のものであるかにより、その負うべきリスクが異なってくるはずであり、看過し得ない重要な相違がある」。

6-244

### (3) 判例の評価また改正法との関係

判例を全体としてみると、多くの判例は、動機が表示され意思表示（ないし法律行為）の内容になることを要求しているが、錯誤無効を認めた事例は、詐欺ともいえる事例も多く、相手方の説明に錯誤の原因があったり、相手方が表意者の錯誤を認識しえたのに、その確認等の適切な行為をしなかった事例等、先の比較法のグローバルスタンダード（☞6-233）によるきめ細かな運用を適用した結論と変わらないものである。改正法は、動機の錯誤を基礎事情認識錯誤（2号錯

---

215) 詐欺的な事例として、住宅の床下換気システムを、床下の除湿効果がパンフレットでうたわれているので、注文者が除湿機能を期待して注文したが、除湿効果が認められなかった事例（東京地判平17・8・23判時1921号92頁）、25歳の男性が円形脱毛に気がつき、テレビコマーシャルなどで有名な増毛サービス業者の営業所に出向き、次々と4件、合計金額200万円近くに及ぶ高額な契約をしたが、「毛根の組織が死んでいるので今後は広がる一方で、自分の毛が生えるということは望めない」と誤った説明がされたためであった事例（福岡地判平13・10・18LEX/DB25437455）で錯誤無効が認められている。

誤）とし、表示のみを要求している。ところが、改正法案提出後の最判平28・1・12民集70巻1号1頁は、信用保証協会が債権者と保証契約を締結したが、主債務者が反社会勢力であった事例で、「動機は、たとえそれが表示されても、当事者の意思解釈上、それが法律行為の内容とされたものと認められない限り、表意者の意思表示に要素の錯誤はない」として、動機が法律行為の内容になることが必要であることを確認した（☞注213参照）。

6-245
◆**美術品の真筆性についての錯誤**

美術品の取引は、真作として売買されたか否かがキーポイントになる[216]。①〇〇作と鑑定意見書を付けて売る場合と、②「〇〇作といわれている絵画」として売る場合とでは微妙に違い、買主が画商か素人かも事実認定のところに影響を及ぼす可能性がある（③〇〇作といわれているが真贋は保証できないと説明され、買主がそれを覚悟で買うならば、一種のギャンブル取引である[217]）。真作として保証されて売買がされたか否かの判断は事実認定によって決するしかないが、当事者の地位、代金額などを総合考慮するしかない。判例は（☞6-246、247）、真作として売買されたことを要件として95条の適用を認めており、真作として売買がされたか否かの事実認定が問題とされている。契約不適合責任（旧瑕疵担保責任）が成立するためにはその性能・品質が合意されていることが必要になり、①の事例である必要がある結果、錯誤が認められる事例と契約不適合責任が認められる事例とはほとんど競合することになる。

6-246
●**福岡高判昭42・10・12（藤島武二事件［最判昭45・3・26民集24巻3号151頁の控訴審判決］）**「AはYから藤島武二筆と称する油絵を買受けるに際し、右油絵が高価なものであるためYに対し特にそれが真作に間違いないものかどうかを確かめたところ、Yは『自分も高く買っている』といって暗に真作であることを保証し、偽作の場合には引取ることを約したこと、古賀春江筆と称する油絵についてはAにおいてそれが偽作ではないかとの疑いを抱いたが、Yが右油絵の持主について説明し、それが真作に間違いない旨告げたのでAもその言を信じてこれを買受けたことが認められ」る。「右油絵がいずれも真作であることを売買契約の要素としたものと解するのが相当である」（最高裁も錯誤無効を支持）。

---

216) 東京地判平24・7・26判時2162号86頁は、陶器については錯誤無効を認め、絵画については正確に価値を伝えるべき信義則上の義務違反による損害賠償義務を売主に認めている。
217) 我妻301頁も、画幅を自分の鑑識によって買う場合には錯誤にはならないとする。PECLやオランダ民法などでは、自己のリスクによる取引については錯誤の主張ができず、美術品の取引がその場合に該当する。フランス新民法1133条3項は、給付についての射倖性が承認されている場合には、錯誤を否定する。

6-247

●東京高判平 10・9・28 判タ 1024 号 234 頁（堂本印象事件）　本件画幅は真作であれば 200 万円あるいはそれ以上の値が付くところ、贋作であれば 20 万円ないし 30 万円程度である。Y（売主）は 200 万円と申し出て、結局 150 万円と合意されている。「本件の具体的交渉の場においては、Y のした本件画幅が大観の画幅と同じ家から出た旨の説明は、本件画幅が堂本印象の真作であることを別な表現で表示したものであり、また、右の説明及び 200 万円の売値の申出は、少なくとも本件画幅が堂本印象の真作であることを黙示的に表示したものである。一方、X 代表者は、これらの Y の言動を真作である旨を表示したものと認識し、かつ、その言動により真作であると信じたからこそ買受けの意思表示に及んだことは明らか」である（錯誤無効を認める）[218]。

6-248

◆**法律行為の内容化を必要とすべきか**
　改正後の 95 条 2 項は、従前の判例法理とは異なり、動機が法律行為の内容になることを要求していない。しかし、これは法律行為の内容化を不要としたと理解することも、この要件を明示せず解釈に委ねようとしただけと理解することも可能である。そのため、後者の理解では従前の議論が存続することになる。内容化必要説と不要説とを以下に説明してみたい。

6-249

❶　**法律行為の内容化必要説**　判例の多くは、動機が表示され法律行為（契約）の内容となることを要求している[219]（☞ 6-236 以下）。しかし、表示された動機が法律行為の内容となるというのは、わかりにくいと批判されている（賀集唱「判批」リマークス 3 号 11 頁）[220]。この点、我妻博士は、「動機が表示され、相手方がこれを知っているときは、その範囲内における錯誤は、法律行為の内容の錯誤になる」、「動機を含めて表示されたことから推断されるところと、表意者の意図のどこかに食い違いがあれば錯誤である」と説明するが（我妻 298 頁）、「内容の

---

[218]　その他、東京地判平 14・3・8 判時 1800 号 64 頁（モロー事件）でも、モロー作の絵画を画商間において 3050 万円で売買された事例で、「3050 万円という本件売買契約の代金額は、本件絵画が真作である場合の価格の範囲内であり、このような高額な価格は本件絵画が真作であることを前提としていると考えられ」、売主 Y による真作であることの表示があり、買主 X はその表示を信じたから契約締結したとして、「本件絵画が真作であることは、本件売買契約の重要な要素である」と認め、錯誤無効を認める。

[219]　他に連帯保証人がいると思って保証人になった事例で、「他に連帯保証人があるかどうかは、通常は保証契約をなす単なる縁由にすぎず、当然にはその保証契約の内容となるものではない」。「訴外人も連帯保証人となることを特に本件保証契約の内容とした旨の主張、立証のない本件においては」、錯誤無効の主張を排斥した原判決の判断は正当とされている（最判昭 32・12・19 民集 11 巻 13 号 2299 頁）。

[220]　性状の錯誤では動機を契約内容にできるが（絵画を真作保証して売る等）、狭義の動機の錯誤の場合には、動機を表示しても契約内容になるとは限らない。例えば、保証人が主債務者は既に破綻しているのを知らずに、主債務者の信用状態が良好なので安心して保証人になる旨を債権者に表示しても、保証契約の内容にはならない。債権者は、この表示に対して主債務者の信用状態を説明すべきであり、この義務違反が認められる限り、保証人の錯誤取消しが認められるべきである。

錯誤」となることの説明として成功しているかは疑問である。

6-250　❷ **契約内容化不要説**　表意者保護と取引安全保護との調和の問題として錯誤論にアプローチする学説では、動機の錯誤を特別扱いせず全ての錯誤を共通に扱い（一元説☞6-254）、動機の内容化どころか、動機表示は相手方の取引の安全のための要件であるから、動機の表示さえも不要で、相手方が表意者の動機を知っているないし知りえたならばよいというように要件の緩和が可能になる（実際には、そのような事例では、動機の黙示的表示で対処することになろう）。しかし、動機の錯誤を一切区別せず、動機を表示さえすれば錯誤取消しを主張できてよいのかは疑問である。やはり事例によっては、契約内容にされてその契約の効果による保護が考えられるにすぎないと考えるべきである。

6-251　◆**改正法の下での本書の立場**
　動機の錯誤の事例は、契約解釈により、条件、品質保証契約などが認定できるのであれば、それぞれの契約の効果として問題を解決できる。そのような合意がない場合でも錯誤取消しを認めてよいが、動機の錯誤に限らず、錯誤一般について以下のように要件を設定すべきである（一元説☞6-254）。改正法においても、このような解釈の可能性は排除されていないと考えるべきである。以下の要件を満たさない場合には、解除条件など契約内容とすることが必要になる（注213の最判平28・1・12参照）。

6-252　**(1) 表意者側の要件**
　まず、表意者に、保護に値する錯誤がなければならない。①その錯誤がなければ、そのような契約をしなかったとみられるほど重大なものであること（95条1項柱書）、②表意者に重大な過失がないこと（同条3項）、そして、③表意者がそのリスクを、取引の性質上引き受けるべき性質の錯誤ではないこと[221]（同条1項柱書）、が必要になる。②の無重過失については、相手方を保護するための制限であり、ⓐ相手方が表意者の錯誤について悪意または重過失があった場合、または、ⓑ相手方も共通錯誤の場合には、錯誤の主張が可能とされるべきである（同条3項1号・2号）。①③は表意者、②は相手方に証明責任がある。

6-253　**(2) 相手方の要件**
　相手方の取引の安全保護との調整を考えなければならず、また、錯誤は保護されないのが原則であるため、相手方に表意者保護を優先して然るべき事由（次の①②は帰責事由といってよい）があることが必要になる。①まず、相手方が間違った情報ないし紛らわしい情報を提供したがために表意者が錯誤に陥り意思表示をしたことが考えられ、この場合、相手方の過失の有無を問わない。②また、相手方が表意者の錯誤またその重要性を知っているないしは知りえ、かつ信義則上そ

---

[221]　先物取引のような投機的取引のほか、美術品を自分の眼識で真贋不明ということを了解して購入した場合などが、このような性質の取引といえよう（ケッツ348頁参照）。

れを放置してはいけないのに、放置して意思表示をさせたこと、さらには、③相手方も共通錯誤に陥っていたことが考えられる（①〜③は条文にない要件の解釈による補充であり、また、表意者に証明責任あり）。なお、以上は取引安全保護のための要件であり、贈与の場合にはこれらの要件は不要と考えるべきである。

6-254 **◆錯誤一元説**
　改正前は、意思不存在型錯誤に対して動機の錯誤につき特別の扱いをして2つの錯誤を分ける錯誤二元説（改正法もこれを維持）と、動機の錯誤を特別扱いしない錯誤一元説とが、対立していた（小林一俊『錯誤論の研究［増補版］』参照）。舟橋教授は、動機の錯誤と他の錯誤とを区別せず、錯誤とは「真意すなわち錯誤なかりせば有すべかりし意思と表示の不一致」と定義する。その理由として、動機の錯誤を錯誤に含めると取引の安全を害するというのは全く理解できず、取引の安全と表意者の保護との調和が必要なのは動機の錯誤だけの問題ではないという（舟橋諄一「意思表示の錯誤」『九大法文学部10周年記念論文集』627〜8頁）。そして、取引安全保護との調和については、「相手方が悪意なるか若しくは善意なるについて過失あるときは、表示に対する信頼を保護するための表示主義は適用の余地を失い、常に意思主義に従って意思表示は無効とせられざるをえない」として、相手方の表意者の錯誤についての善意無過失を要件とする。小林一俊『錯誤の判例総合解説』151頁も、①錯誤が相手方に認識可能か相手方にも共通の錯誤ないし双方的のときのほか、②無償譲渡・要保護相手方なき単独行為につき錯誤があったときに錯誤の主張を認める。
　改正規定に一元説の主張を盛り込むことは不可能ではなく、本書も一元説の立場から 6-251 以下のように解釈論を展開した次第である。

6-255 **(4) 相手方の抗弁事由──表意者の重過失**
　**(a) 表意者の重過失**　「錯誤が表意者の重大な過失によるものであった場合」には、原則として錯誤取消しが認められない（95条3項柱書）。取消しを争う者に抗弁事由としてその証明責任が負わされる。錯誤取消しは、相手方の取引の安全を犠牲にしてでも表意者を保護する制度であるため、表意者に保護に値するだけの事情がなければならず、その1つとして重過失がないことが必要とされるのである。例えば、不動産競売での買受けの申出につき、3500万円と記入するつもりで誤って35000万円（＝3億5000万円）と記入した事例で、重過失を理由に錯誤無効の主張が否定されている（東京高決昭60・10・25判時1181号104頁）。

6-256 **(b) 重過失があっても錯誤取消可能な場合（再抗弁事由）**
　**(ア) 民法上の例外**　民法は、表意者に重過失があっても、2つの場合につ

いて錯誤取消しを認めている。再抗弁事由として、錯誤取消しを主張する者がこれらの事由の存在についての証明責任を負う。民法の規定するのは以下の事由だけであるが、このほかにも、表意者の錯誤の原因が、相手方の勧誘の際の説明、広告等の表示にある場合には、たとえ相手方に重過失がなかったとしても、表意者保護を優先し取消しを認めるべきである。

6-257　❶ **相手方の悪意または重過失**　まず、「相手方が表意者に錯誤があることを知り、又は重大な過失によって知らなかったとき」には、表意者に重過失があっても、錯誤取消しが認められる（95条3項1号）。相手方が表意者の錯誤を認識していれば、それを正さずに契約をさせてしまえば不作為による詐欺とさえいえ、重過失の場合も詐欺に準ずる帰責事由が相手方に認められ、いずれを保護すべきかの利益衡量において、重過失があったとしても表意者保護を優先してよいと考えられるからである。

6-258　❷ **共通錯誤**　民法はもう1つ、「相手方が表意者と同一の錯誤に陥っていたとき」も、表意者に重過失があっても、錯誤取消しを可能としている（95条3項2号）[222]。改正前の判例であるが、贋作の絵画の売買で、売主も買主も真作と信じていた場合に、契約を有効にして保護すべき利益が売主はあるとはいえないとして、買主に重過失があっても錯誤無効の主張が認められている（東京地判平14・3・8判時1800号64頁）[223]。売主に贋作なのに買主がこの値段で買ってくれるという信頼が成立していないからである。

6-259　⑷ **特別法上の例外──電子消費者契約**　2000年（平成12年）に制定された電子消費者契約及び電子承諾通知に関する民法の特例に関する法律3条では、操作ミスの事例を念頭に置いて（同条1号・2号参照）インターネットにより消費者が電子的方法によって契約をする際に、うっかり誤って別の商品のボタンをクリックするなど重過失が認められる場合でも、95条3項の適

---

222)　動機の錯誤の事例だけでなく、Aがその所有の100万円相当の掛け軸を、メールを打ち間違って、10万円で売る旨の申込みをしてしまったが、申込みを受けたBは100万円と見間違えて承諾の返事をしたという表示上の錯誤の共通錯誤も考えられる。ただし、意思の合致を問題にすれば、そもそも100万円の売買契約の成立を認める余地がある。

223)　額等のシミ治療のために、原告はレーザー治療が忌避されている肝斑であったのに、病院によりレーザー治療の有効な老人性色素斑と診断をされ、80万円の高額な治療費でレーザー治療の契約をした事例で、「対象となる治療行為の持つ客観的な性格とそれに対する患者である原告の認識、すなわち契約締結の動機との間に食い違いがあった」として、動機の表示を問題とすることなく錯誤無効が認められている（横浜地判平15・9・19判時1858号94頁）。

用を排除して錯誤取消しの主張を可能としている。操作ミスが念頭に置かれており、商品の内容などについての重大な過失には適用にならない。

6-260 **(5) 錯誤の効果——取消権の付与**

**(a) 錯誤「取消し」** 錯誤の要件を満たすならば、「意思表示は、……取り消すことができる」(95条1項)。改正前は、ドイツ民法第一草案の意思ドグマに依拠し、錯誤者には「意思がないから無効」と理解して、錯誤による意思表示はこれを「無効」としていた。しかし、あくまでも表意者保護制度であり、詐欺や強迫と同様に表意者に取消しを認めればよく——成立したドイツ民法も取消しに変更された——、立法過誤を引きずる無益な議論が長くなされてきた。無効と取消しとを区別する立法ではありえない「相対的無効」概念を復活させるなど、信じられない議論がされていたのである (☞ 6-170)。改正法により取消しに変更され、これまでの議論は一掃された。

6-261 **(b) 第三者への取消しの対抗など** 改正前は、錯誤「無効」であり第三者保護規定もなかったため、第三者保護につき96条3項の類推適用説や94条2項類推適用説が主張されていた。改正法は錯誤「取消し」と構成し、95条4項に第三者への取消しの対抗不能規定を導入し、明文でもって問題を解決した。取消し後の第三者も含まれるかは、96条3項と同様に問題となる。また、取消しと構成したために、126条が適用され、錯誤を知ってから5年、行為の時から20年の消滅時効にかかることになる。また、取消権者、追認の可否・要件など、全て取消しの規律を受ける。

## 5 消費者取消権——消費者の誤認・困惑を理由とした取消権

6-262 **(1) 消費者契約法の目的**

2000年(平成12年)に消費者契約法(以下、法と引用する)が制定され、**消費者取消権**が導入されている。対等な当事者間においては、契約締結の意思決定をするために必要な情報の獲得は各自の負担と責任とによることになり、詐欺のように積極的に嘘の情報を相手方に与えたような場合でない限り、意思決定の誤りは各自の自己責任になる。しかし、消費者と事業者とでは、情報の収集能力の点で格差があり、平等そして自己責任として放置するわけにはいかないのである。消費者は事業者が契約の意思決定のために必要な適切な説明などをしてくれるものと信頼しており、事業者もそのような信頼を前

提にして交渉をすることが要求されている。この信頼に反して、事業者が情報の提供を怠ったり、不当な交渉を行った場合に、消費者に取消権を認めたものである。また、強迫とまでいえない消費者を困惑させて契約をさせる行為にも、消費者を保護するために取消権が認められている。

6-263 **(2) 消費者取消権**

**(a) 不実告知および断定的判断の提供**

**(ア) 重要事項の不実告知**（法4条1項1号）　例えば、別荘建築用地を探している者に対して、その土地は実際には自然公園法の規制により建物の建築ができないにもかかわらず、売主が自然公園法の規制区外であると述べて、これを信じて買主がその土地を購入したとしよう。売主が、虚偽の情報を故意に提供すれば詐欺であるが、自分もそう信じていた場合には欺罔の故意はないので詐欺にならない。実際には欺罔の故意があったとしても、自分もそう考えていたと主張されたら、欺罔の故意を証明することは難しい。そのため、法4条1項により、事業者が、①「重要事項について」(同条5項に定義規定あり)、②「事実[224]と異なることを告げる」場合（過失さえも不要）、消費者（上記の例では買主）には取消権が認められている。

6-264 **(イ) 断定的判断の提供**（法4条1項2号）　虚偽の事実を述べるものではなく主観的な評価を述べたにすぎないが、それが確実ではないのに確実であると断定的に述べること、例えば、投資商法に典型的に見られるように、投資された資金を1年で2倍にする運用をすると説明しても、自分はそのように信じていたといわれたら、欺罔の故意の証明は難しい。消費者は必ず儲かるといったうまい話にはつい乗ってしまいがちであり、そのような心理を利用するのは公正な取引方法ではない。そのため、不確実な事実を確実と信じ込ませて契約をさせたならば（**断定的判断の提供**という）、欺罔の故意を必要とすることなく、消費者に取消権を認めたのである（法4条1項2号）。以上の2つは、民法に対する特別法として大きな意味がある[225]。

6-265 **(b) 重要事項利益告知または不利益不告知**　事業者が消費者に対して、「ある重要事項又は当該重要事項に関連する事項ついて当該消費者の利益と

---

[224]　告げられるのは「事実」でなければならない。例えば、ケーキ屋で、あるケーキが昨日の売れ残りなのに「今日作ったばかりです」と言えば虚偽の「事実」を述べたことになるが、あるケーキを「すごくおいしいです」と述べたのは主観的評価を述べたものであり、法4条1項1号に該当しない。

なる旨を告げ、かつ、当該重要事項について当該消費者の不利益となる事実（当該告知により当該事実が存在しないと消費者が通常考えるべきものに限る。）を故意に告げなかった」場合に、消費者が誤認し契約をした場合にも、消費者は契約を取り消すことができる。ただし、事業者が消費者に対し、上記の事実を告げようとしたにもかかわらず、消費者がこれを拒んだときは、この限りでない（法4条2項）[226]。

　6-263の事例で、買主が勝手にそのように信じていた場合であったとしても、売主がそのことに気が付きながら、誤解を正さずに契約を締結した場合に、買主はこの規定により取消権が認められる。しかし、現在では詐欺でも錯誤でも救済の対象とすることは可能であり（☞6-283以下）、特例としての意味はない[227]。

6-266　　◆情報提供義務
　　法3条1項後段は、消費者との契約の締結について「勧誘をするに際しては、消費者の理解を深めるために、消費者の権利義務その他の消費者契約の内容についての必要な情報を提供するよう努めなければならない」と規定している。この規定は努力規定にすぎないと起草担当者により説明されており、その違反の効果につき何ら救済が規定されていない。当初は、情報提供義務の違反に対して消費者取消権を認めるという案があったが、事業者側の反対により採用されず、このような努力義務規定になったのである。過失による情報提供義務違反による一般

---

[225] ただし、適用は限定されており、「物品、権利、役務その他の当該消費者契約の目的となるものに関し、将来におけるその価額、将来において当該消費者が受け取るべき金額その他の将来における変動が不確実な事項につき断定的判断を提供すること」が必要とされており、目的物の価額や消費者が受け取るべき金額以外については、「消費者の財産上の利得に影響するものであって将来を見とおすことがそもそも困難であるもの（例えば証券取引に関して、将来における各種の指数、数値、金利、通貨の価格）をいう」と説明され（消費者庁企画課編『逐条解説消費者契約法［第2版］』115頁）、建物の建築請負契約で、「当社の住宅は雨漏りしません」といったのではこれに該当しないと説明されている。

[226] 法4条2項は「重要事項について」の不実告知または不告知に限定しているため、金の先物取引につき、「本件契約において、将来における金の価格は『重要事項』に当たらないと解するのが相当であ」り、将来における金の価格が暴落する可能性を示す事実を告げなかったからといって、4条2項「本文により本件契約の申込みの意思表示を取り消すことはできない」とされた（最判平22・3・30判時2075号32頁）。立法担当官が、「今使っている黒電話は使えなくなる」という虚偽の事実を述べても、電話機について不実のことを告げているのではないので本規定の適用はないと説明していたのに対して、学説また下級審判決はこれを拡張的に運用していたのを、本判決は制限的な解釈に引き戻したものである。

[227] なお、消費者契約法以外にも、特定商取引法9条の3では、6条1項に違反し不実の事実を告げるか、または、6条2項に違反して故意に事実を告げない場合には、訪問販売に係る売買契約または役務提供契約の申込みまたはその承諾の意思表示を取り消すことができると規定している（1項）。同条4項では、消費者取消権と同様の6ヶ月と5年の消滅時効期間が規定されている。同法40条の3により、連鎖販売契約にも同様の取消権が認められている。

的な消費者取消権は依然として認められていない。しかし、民法における情報提供義務を認めることは可能であり、情報提供義務違反による不作為による詐欺や錯誤による救済を認めることは可能である。なお、情報提供義務は危険に関しては警告義務に高められ、また、専門家については情報にとどまらず助言義務まで負わされる可能性がある（後藤巻則『消費者契約の法理論』12頁参照）。

6-267　**(c)　困惑による取消しおよび過量販売**（法4条3項・4項）　消費者契約法は、事業者によりもたらされた消費者の困惑を理由とする取消権を認めている。消費者が困惑をして契約をした原因行為については、次の2つが規定されている。

> ① 事業者に対して、消費者がその住居や職場から退去するよう求めたにもかかわらず、事業者が退去しなかった場合
> ② 事業者が勧誘をしている場所から消費者が退去しようとしているにもかかわらず、退去させなかった場合

①は訪問販売に来た事業者が、消費者が帰ってくれと言ってもしつこく勧誘を続ける場合であり、②は街頭で消費者を勧誘して離さないでしつこく勧誘をしたり、または、SF商法のようにある場所に誘い込んで勧誘をし、途中で帰らせない場合である。詐欺や強迫があったわけではないが、不誠実な取引方法に諦めて契約してしまった消費者に取消権を認めるものであり、民法では困難な救済を可能にしている。

また、2016年の消費者契約法の改正により、高齢者を狙って次々と必要もない取引をさせる例がみられたため、「当該消費者にとっての通常の分量等（……）を著しく超える」商品の販売、サービスの提供についても（いわゆる**過量販売**）、消費者取消権が認められた（法4条4項）。

6-268　**(3)　消費者取消権をめぐるその他の問題**
　　**(a)　第三者への取消しの対抗等**　消費者が消費者取消権に基づいて契約を取り消したとしても、取消しをもって善意の第三者には対抗できない（法4条5項）。ここでの善意は、民法96条3項同様に、善意無過失と制限解釈がされるべきであろう。民法にない規定として、「事業者と消費者との間における消費者契約の締結について媒介をすることの委託」を受けた者が法4

条の行為を行っても、同条の消費者取消権が成立し(法5条1項)、また、「消費者の代理人」、「事業者の代理人及び受託者等の代理人」は、法4条1項〜3項について「それぞれ消費者、事業者及び受託者等とみなす」ことになっている(法5条2項)。事業者の代理人だけでなく代理人ではない受託者の行為についても、第三者の行為とは扱わないことを規定したものである。取消ししうることを知らなかった消費者は、取消しにより現存利益のみを返還すれば足りる(法6条の2)。

6-269 **(b) 取消権の期間制限など** 消費者取消権は、追認をすることができる時から1年で時効によって消滅し、契約の時から5年を経過したときも同様とされている(法7条1項)。ただし、6-265に述べたように、法4条2項で規制している事例は、民法によって不作為による詐欺を理由とした取消しが可能であり、消費者が民法96条1項の取消しを選択した場合には民法(126条)が適用される。

消費者取消権を行使した消費者は、給付を受けた当時、その意思表示が取り消すことができることを知らなかったときは、現に受けている利益(現存利益)の返還を義務づけられるのみである(法6条の2)。

# §Ⅱ 取消権成立後および取消後の法律関係

## 1 取消権者

6-270 **(1) 制限行為能力者および瑕疵ある意思表示者**

取消権者については、①制限行為能力取消しにつき、「制限行為能力者(……)[228]又はその代理人、承継人若しくは同意をすることができる者」が取消権者とされ(120条1項)、また、錯誤、詐欺または強迫取消しにつき、「瑕疵ある意思表示をした者又はその代理人若しくは承継人」が取消権者とされている(同条2項)。制限行為能力取消しについては、制限行為能力者本人にも取消権が認められていることに注意すべきである。取消しは白紙に戻

---

[228] 改正により、括弧書きで「他の制限行為能力者の法定代理人としてした行為にあっては、当該他の制限行為能力者を含む」とされ、13条1項に10号が追加されたことに対応する規定が置かれている。

すだけの行為なので、制限行為能力者自身も有効に取り消すことを認めたのである。成年被後見人も、意思能力が認められる限り有効に取消しができる。

6-271 **(2) 代理人および承継人**

**(a) 代理人** 瑕疵ある意思表示をした者の取消権が、代理人によって行使できるのは当然である。その場合、取消権者はあくまでも瑕疵ある意思表示をした者であり、代理人が取消権者になるわけではない。120条2項に、取消権者として「代理人」が掲げられているのは無視すべきである。これに対して、120条1項の「代理人」は法定代理人の意味であり、法定代理人には財産管理権に基づく固有の取消権が認められると考えるべきであり、後見人は成年被後見人の取消権を代理行使するのではない[229]。

6-272 **(b) 承継人** まず、相続人や吸収合併の場合の存続会社のような包括承継人が120条の承継人に含まれる。制限行為能力取消しについては、取消しの利益を受けるのは制限行為能力者限りであり、一身専属権であり取消権は相続されないのではないかという疑問がある。しかし、相続人がその保護を承継すると考えてよく、そのような疑義があるから「承継人」を取消権者として明記したものと考えられる。次に、特定承継人、例えば、詐欺により不動産を買った者から、その不動産を転得した者に目的物に随伴して取消権も共に移転するのであろうか。これは否定すべきであり、契約取消権は契約解除権と同様に契約当事者たる地位と不可分なものと考えるべきである。

## 2 追認権、相手方の催告権および取消しの期間制限

6-273 **(1) 取り消しうる行為の追認——取消権の放棄**

**(a) 追認の意義** 取消可能な行為は取消しがされない限り有効なので、取消権が消滅すれば有効に確定する。取消権の消滅原因は、取消権の放棄（追認）、催告後の相当期間の経過、取消権の消滅時効が考えられる。取消権を放棄して有効な行為に確定させる意思表示を**追認**といい、120条に掲げられ

---

[229] 制限行為能力者の取消権と法定代理人の取消権は競合しつつも、両者は一蓮托生の関係であり、一方につき取消権の消滅原因があれば他方の取消権も消滅する。例えば、法定代理人が追認すれば、制限行為能力者の取消権も消滅し、未成年者が成年者だと詐術を行えば、親権者の取消権も認められない。成年後見人について取消権の消滅時効が完成した場合も同様である。追認を取消権の放棄ではなく、追完と理解する考えがあり（追完説）、これによれば法定代理人の追認により制限行為能力者の取消権も消滅することを説明できるが、取消権の時効の例からわかるように一蓮托生の関係にあると考えれば十分である。

る取消権者が追認権者になる（122条）。取消しの相手方が確定している場合には、取消しまた追認は相手方に対する意思表示による（123条）。広い意味では、追認は、何らかの原因で効力ないし完全な効力が生じていない行為を、完全に有効なものと認める意思表示を意味し、無権代理行為の追認、無効行為の追認、他人の権利処分の追認なども含まれる。

6-274 ◆**法定追認**
**(1) 法定追認制度**
　追認は黙示的に行われてもよく、追認があったかどうか否かは事実認定の問題である。民法は通常ならば追認とみられる一定の行為が追認権者（＝取消権者）により行われた場合、特に異議がとどめられていない限り、たとえ追認をするつもりでなかったとしても、追認があったものと「みなす」ことにより、争いを防止している（125条）。これを**法定追認**という。推定と異なり、反証を挙げて覆せない。追認ができる時期になされることが必要であり（124条1項参照）、制限行為能力取消しについては、制限行為能力者には問題にならず、問題になるのは法定代理人の行為である。

6-275 **(2) 法定追認事由**
　法定追認と認められる行為は、以下の6つである。①「全部又は一部の履行」（125条1号）には、履行をするのみならず、履行を受ける場合も含まれる（大判昭8・4・28民集12巻1040頁）、②「履行の請求」（2号）には、取消権者が履行の請求を受けることは含まれない（大判明39・5・17民録12輯837頁）。③「更改」（3号）すること。④「担保の供与」（5号）には、担保を提供することも、受けることも含まれる。⑤「取り消すことができる行為によって取得した権利の全部又は一部の譲渡」（5号）には、契約の目的物・目的財産の譲渡だけでなく、契約上の債権の譲渡も含まれる。「譲渡」に限定されているので、第三者への抵当権の設定や賃貸等は含まれないが、類推適用すべきであろう。⑥「強制執行」（6号）は、取消権者が強制執行を行う場合に限られる。未成年者が、その取り消しうる行為の相手方により訴訟を提起され敗訴判決を受け、強制執行を受けても、成年に達した後に取消しを認められている（大判昭4・11・22新聞3060号16頁）。

6-276 **(b) 追認権者**
**㋐ 詐欺・強迫取消しの場合**　瑕疵ある意思表示をした者は、取消しをせず追認をして、完全に有効な行為に確定させることができる。ただし、取消しが可能となった以後の追認でなければ無効である（124条1項）。例えば、強迫による契約をした者が、契約に際して将来取消しをしないと宣言させられたとしても、その意思表示は無効である。

6-277 **(イ) 制限行為能力取消しの場合**
　❶ **後見人等による追認**　まず、法定代理人はいつでも追認をすることができる（124条2項1号）。制限行為能力者の取消権を代理して放棄するのではなく、法定代理人の取消権を放棄する意思表示である。そして、これは、制限行為能力者の行った行為を有効に確定させる行為であり、制限行為能力者の取消権も消滅する。法定代理人は、未成年者についていえば、行為前に、同意を与えて未成年者に完全に有効な行為を行わせることも、行為後に、追認をして完全に有効な行為とすることもできるのである。

6-278　❷ **制限行為能力者による追認**　民法は制限行為能力者の間は有効に追認ができないと規定しており（124条1項）、制限行為能力者は、単独で取消しはできるが追認はできないことになる。例えば、未成年者が親権者の同意なしに追認をした場合、取消し可能な追認ではなく追認は無効と考えるべきである。ただし、法定代理人の同意を得れば追認ができる（同条2項2号）。また、未成年者は成年になった後には、124条1項の制限がなくなり、追認が有効にできるようになると共に、親権者の取得権・追認権は消滅する。その他の制限行為能力者が能力を復帰した場合も同様であるが、いずれも「取消権を有することを知った」後でなければ、追認は無効である。

6-279 **(2) 不安定な法律関係に対する相手方の保護**
　**(a) 相手方の催告権（制限行為能力取消しのみ）**　取消し可能な契約は、相手方を、取消しがされるかどうか非常に不安定な地位に置くことになる。取消権は126条の期間制限を受けるが、それも最短で5年と長い。そのため、民法は、相手方に取消権者に対する催告権を認めている（20条）。催告に付せられる返答のための期間は、1ヶ月以上の期間でなければならない。催告権が認められるのは制限行為能力取消しの相手方に限られている。詐欺、強迫を行った相手方は自業自得であるが、錯誤取消しの場合、また、第三者の詐欺の場合で、相手方に過失があったにすぎない場合には、相手方の保護が必要である。20条1項の類推適用を認めるべきである。

6-280　◆**返答がなかった場合の効果**

230) 確答しないと追認とみなされる場合に、期間内に取消しの意思表示を発信したが、その到達は期間経過後の場合、取消し自体の効力は到達主義（97条1項）により到達した時に発生するが、発すれば20条1項の追認擬制の効力発生を阻止できる。

制限行為能力者また法定代理人などが催告に応じて、取消しまたは追認をすればそれで法律関係が確定するが、期間内に返答が発せられなかった[230]場合には、以下のように法律関係が確定する。

①制限行為能力者が行為能力者となった後に、これに対して催告がされた場合は、追認されたものとみなされる（20条1項）。②制限行為能力者の法定代理人、保佐人、補助人に対して催告がされた場合は、追認されたものとみなされる（同条2項）。③特別の方式を要する行為について催告がされた場合は、明確ではないが、2項を受けた規定であり、後見人が後見監督人の同意を得なければ追認ができないような行為を意味するものと考えられており、返答がないと取消しをしたものとみなされる（同条3項）。④被保佐人または被補助人に催告がされた場合は、保佐人または補助人に追認をもらうように催告をすることになり、期間内に追認を得た旨の返答がされなければ、取消しをしたものとみなされる（同条4項）。

6-281　**(b) 取消権の存続期間**　126条では、取消しができる期間は、①追認することができる時、すなわち、錯誤や詐欺に気が付いた時、強迫を免れた時から5年、②行為の時から20年に限定されている。なお、消費者契約法上の取消権については、特則が規定され、それぞれ6ヶ月、1年に短縮されている。126条については9-172以下に詳しく述べる。

### 3　取消しの効果

6-282　**(1) 取消しによる無効の遡及効**

　AはBの強迫によりその所有の甲地をBに売却させられ、所有権移転登記がなされたが、1ヶ月後に内容証明でBに対して売買契約を取り消す旨の通知をし、所有権移転登記の抹消を求めたものの、甲地は、すでにBからCに売却されていたとする。AはCに対して、甲地の明渡しおよび所有権移転登記の抹消登記を求めることができるであろうか。

　AB間の売買契約は取消しがされるまでは有効なので、甲地の所有権は有効にBに移転し、BからCにも有効に所有権が移転する。では、その後にAがBC間の売買契約を取り消したらどうなるのであろうか。この点につき民法は、「取り消された行為は、初めから無効であったものとみなす」（121条）と規定している[231]。これを上記事例に当てはめると、AB間の売買契約

---

231)　婚姻や養子縁組といった身分行為の取消しについては、婚姻費用などの清算をしなくてよいように遡及効が否定されている（748条1項・808条1項）。賃貸借契約などの継続的契約関係については、解除同様に取消しについても遡及効を否定すべきである（川井280頁等）。

は初めから無効であり、BはAの所有地を売ったことになり、Cは所有権を取得していなかったことになる。この規定は、取引安全保護を犠牲にしてでも取消権者の保護を優先するという原則を宣言するものである。したがって、AのCに対する請求は認められることになる。

6-283 **(2) 第三者保護──取引の安全保護（95条4項・96条3項）**

もし6-282が強迫ではなく詐欺の事例であったらどうであろうか。制限行為能力および強迫取消しについては、121条を制限する例外規定がないので、6-282に述べたとおり、AはCから甲地を取り戻すことができる。ところが、詐欺については、「詐欺による意思表示の取消しは、善意でかつ過失がない第三者に対抗することができない」という第三者保護規定が置かれている（96条3項）[232]。Aは、Aが詐欺の被害にあって甲地を売却したことにつき善意無過失の第三者Cに対して、AB間の売買契約の取消しによる無効を対抗できず、Cとの関係ではAB間の売買契約は有効のままとなる[233]。そのため、AはCから甲地を取り戻すことはできない。96条3項は、詐欺の被害者保護と取引の安全保護とを比較考量して、詐欺にあった被害者とはいえ騙された落ち度があるので、善意無過失の第三者の保護を優先させたのである。また、改正法により、錯誤取消しにも同様の規定が設けられた（95条4項）。以下では、詐欺取消しを例として説明をしていく。

6-284 **◆ 95条4項・96条3項の対抗不能とは**

第三者に「対抗することができない」という表現は、同じ取消しについて95条4項以外にも、94条2項やさらには177条などにも登場する。対抗不能を統一的に構成すべきかは問題であるが[234]、第三者Cが96条3項の保護を放棄して取消しの効力を認めることは可能であり、CがAに土地を返還して、Bに対して担保責任を追及したのに対して、Bが96条3項を援用してCの請求を拒むことはできない[235]。利益といえども強制できず、選択を保障すべきである。これ

---

232) 善意無過失は第三者に証明責任があるが、取引が詐欺によることは異例であり、事実上善意無過失は推定され、過失を争う者が疑うべき特段の事情があったことを証明することを要すると考えるべきである。
233) 相対的法律関係という点では94条2項と同様であるが、94条2項ではA→Cへの所有権の移転と構成したが、96条3項では、すでに生じているA→B→Cという所有権の移転を覆せないという構成なので、CはBからの所有権取得となる。
234) 統一的扱いをする学説として、加賀山茂「対抗不能の一般理論」判タ618号6頁以下。
235) 傍論であるが、「若し既に其取消ありたりとせんが右法条の規定に依り善意の第三者に対しては其取消ありたることを主張するを得ざるも、善意の第三者に於ては其取消ありたることを主張するを妨げず」と判示されている（大判明37・2・19刑録10輯296頁）。

をどう構成するか94条2項につき議論があったのと同様に、96条3項の対抗不能という構成を法的にどう理解すべきかにつき議論がある。この理解によっては取消し後の第三者に96条3項が適用されるか否かの結論が変わってくる。

**(1) 対抗不能の効力は当然に生じるか**

**(a) 否認権説（異説）** 177条の否認権説と同様の考えであり、詐欺による取消しは第三者に対しても効力を及ぼすが、96条3項の「第三者」にはこの効力を消滅させる形成権（否認権）が認められ、この行使により取消しの効力が「第三者」との関係では消滅するという考えがある（加賀山・注234論文21頁）。対抗不能を統一的に形成権として構成する立場であり、条文の文言から離れ過ぎる難点がある。

**(b) 対抗不能説（通説）** これに対して、通説は96条3項の対抗不能という効力は当然に発生し、ただ第三者から、無効を容認することができるだけと考えている。この保護を放棄することはでき、取消しの効力を認めることがむしろ追認のような形成権の行使となる。この立場も、「何が」対抗できなくなると考えるかで、さらに理解が分かれる。

**(2) 何の対抗不能か**

**(a) 無効の遡及効制限説（通説・判例）** 通説・判例（☞ 6-299）は、96条3項は121条の無効の遡及効を制限したもの、すなわち取消し前に有効に権利を取得していた第三者が、その既得権を取消しによる無効の遡及効によって取得していなかったものと擬制され奪われることを制限したものと考えている。そのために、96条3項で保護される第三者は、取消し前に取消しの対象となった契約を基礎として権利を取得していた第三者（取消し前の第三者）でなければならないことになる。

**(b) 無効の対抗不能説** 他方で、96条3項は、①取消しによる無効の遡及効を制限するにとどまらず、②94条2項のように、取消しの結果生じた無効について、第三者に対抗できないことも規定していると考える少数説もある[236]。この考えでは、取消し後の第三者にも96条3項が適用されることになる（川島301頁も、取消し前後を問わず96条3項を適用する）。取消し前の第三者か否かは、既得権を奪われるか無権利の法理によるかという形式的には大きな差があるが、表意者と第三者の取引安全保護との利益衡量判断においては差を生じさせるものではなく、本書はこの立場を採用したい。理論的には大きな差があることを考えれば、取消し後の第三者については、96条3項の類推適用といってよい。

---

[236] 武川幸嗣「法律行為の取消における第三者保護の法律構成序説」法研69巻1号540頁以下は、96条3項を「取消相対効」の規定と理解する。96条3項を、取消しの効力を人的ないし債権的なものに制限した規定と考えて、詐欺による契約が当事者間においてのみ無効となるという効果が認められるにすぎないという学説もある（松尾弘「権利移転原因の失効と第三者の対抗要件」一橋102巻1号86頁以下）。この立場では、相対効によって保護される第三者には、権利保護資格要件として登記が必要であり、また、96条3項は、取消しによる無効の遡及効を制限する規定ではないので、取消後の第三者にも適用される。

## (3) 取消しと物権変動

### (a) 121条と物権変動総論——取消しによる復帰的物権変動の認否

6-289　AはBの詐欺により甲地を売却する契約をし、所有権移転登記がなされたが、その後に売買契約を取り消したとする。この場合、その取消しの前または後に甲地がBによりCに売却されていないしされたとして、AはCに対して甲地の明渡しおよび所有権移転登記の抹消登記を求めることができるであろうか。また、詐欺ではなく強迫であったらどうなるであろうか。

取消しによって、買主Bから売主Aに所有権が戻るいわゆる復帰的物権変動——制限物権の設定の場合には消滅——を認めるか否かにより、買主Bから問題の不動産の譲渡を受けた第三者Cとの法律関係の規律が大きく異なってくる。基本的立場として次の2つが考えられる。

6-290　**(ア) 無権利説——無効の擬制を貫徹**　売買契約が無効であれば、AからBへの所有権の移転という物権変動はない。取消しはそれと同じ法的状態を擬制するのであるから、取消しによってBからAに所有権が戻るのではなく、初めからAからBへの所有権の移転はなかったものと擬制されることになる。そのため、BはA所有の甲地をCに売ったことになり（他人物売買）、Cは所有権を取得していなかったという扱いを受ける。

6-291　**(イ) 対抗問題説——復帰的物権変動を認める**　これに対して、初めから無効の場合と全く同じではなく、一旦AからBに所有権が移転し、それが取消しによりAに戻るのであり、その復帰の効力が遡及するだけであり、取消しの時に復帰的物権変動があることは否定できないというのが判例である（大判昭17・9・30 ☞ 6-299）。この判例は、次の2つの点を明言している。

> ① **96条3項の適用を取消し前の第三者に限定する**　96条3項は取消しの遡及効を制限する規定であり、取消しの遡及効の影響を受ける第三者、すなわち取消し前の第三者にのみ適用される。
>
> ② **取消し後の第三者には177条を適用する**　売買契約の取消しにより所有権が復帰しそれが契約時まで遡及するだけであり、これも物権変動であり177条が適用される。

121条について、単に「初めより……移転ざりしものと為る」という無効

の遡及的擬制ではなく、物権の復帰を認めそれを遡及させるにすぎないと理解するものといってよい。121条の無効の擬制を無視して復帰的物権変動を想定したのであるが、当時はいまだ94条2項の類推適用という判例法がなかったという時代的背景に注意しなければならない。

6-292　(b)　**取消しと物権変動1**
　　　　**（第三者保護規定がある場合——錯誤または詐欺取消し）**
　㋐　**取消し前の第三者**　第三者保護規定を持つ錯誤または詐欺取消しの場合には（95条4項・96条3項）、取消前の第三者が同規定により保護されることは疑いない。第三者の意義については、94条2項の第三者と同様に（☞6-102）、取消しの対象となっている法律関係を基礎として新たな法的利害関係を取得した者と考えてよい（☞6-293）。転得者も含まれる。対抗要件具備を権利保護要件として必要とするかは、94条2項と同様に議論されている（☞6-294）。

6-293　◆ **96条3項の「第三者」の客観的要件**
　96条3項の「第三者」は、最判昭49・9・26（☞6-295）の表現によれば、「当該意思表示の有効なことを信頼して新たに利害関係を有するに至った者」であり、詐欺による契約によって作られた法律関係を基礎として、それにつき新たな利害関係を取得したことが必要である（大判明33・5・7民録6輯5巻15頁など）[237]。例えば、土地を所有者が騙されて売却させられた場合に、詐欺を行った買主から、その土地を買い受けた者、賃借した者、その土地に抵当権の設定を受けた者、地上権の設定を受けた者などである。また、詐欺による契約上の代金債権の譲受人も同様である（468条1項の適用は排除される）。
　ほかに、例えば、第1順位の抵当権を有する抵当権者が、詐欺により抵当権を放棄した場合に、その後に、放棄を信じて新たに第1順位であると信じて抵当権を設定した者は第三者になるが、第2順位の抵当権者が、第1順位の抵当権者の放棄により、第1順位に順位が上昇しても、それは新たに契約をして取得した利益ではなく、反射的な利益でしかないので、96条3項の第三者として保護されることはない（前掲大判明33・5・7[238]）。問題になるのは、差押債権者である（94条2項の第三者につき☞6-101）。Aがその所有の土地をBの詐欺により売却したが、Bの債権者Cがその土地はBの土地であると思って差し押さえた場合

---

237) 第三者のためにする契約の受益者は、その契約そのものから権利を取得する者であり、契約と運命を共にすべき者であって、その契約を基礎として新たな利害関係を取得した者ではなく、96条3項の「第三者」とはならない（注民(3)230頁［下森定］参照）。

に、Aは取消しをしても、Cによる差押えに対して異議を述べることはできないであろうか。判例・通説は、差押債権者を96条3項の「第三者」とする。しかし、94条2項同様に、差押債権者は96条3項の「第三者」には該当しないと考えるべきである。

6-294
◆ **96条3項の第三者は登記が必要か**
　無効の遡及効制限説では、第三者Cとの関係ではA→B→Cと転々所有権移転＝物権変動があることになり、ACは転々譲渡の前主・後主であり対抗関係ではないので、CはAに対して登記なくして所有権取得を対抗できそうである（通説。新注民(3)488頁［下森定］等）。判例も傍論的に不要説を宣言するが、仮登記移転の付記登記を経ていた事例である（☞ 6-295）。しかし、対抗要件としてではないが登記を要求する学説がある（船越161頁）。いわば権利保護要件として登記を要求する考えである。これによれば、96条3項の「第三者」は不動産に関しては「登記を備えた第三者」と制限解釈をすることになる。

6-295
> ● **最判昭49・9・26民集28巻6号1213頁**　[事案] Aは、Xより農地を含む6筆の土地を買い受け、①農地につき農地法5条の許可を条件とする所有権移転仮登記、②それ以外の土地につき所有権移転登記を得たうえ、Yに対して売渡担保として譲渡し、農地につき仮登記移転の附記登記、それ以外の土地につき所有権移転登記を経由した。XA間の売買契約は、A代表者の詐欺に基づくものであったため（Yは詐欺について善意）、Xは、Aに対し売買契約を取り消し、Yに対して、農地につき仮登記移転の附記登記の抹消登記手続、それ以外の土地につき所有権移転登記手続を求めた。原審判決は、96条3項の第三者に対抗要件具備を要求し、農地について、Yは「所有権取得の対抗要件を備えている者ではない」としてXの請求を認容した（農地以外の土地については、移転登記があるため請求棄却）。最高裁は農地部分につき破棄自判をする。
> 　[判旨] 96条3項は、「当該意思表示の有効なことを信頼して新たに利害関係を有するに至った者の地位を保護しようとする趣旨の規定であるか

---

238）　96条3項の「第三者」とは「詐欺の情を知らず善意を以て新に権利を取得したるものを云ふ」として、先順位の抵当権の放棄が詐欺を理由に取り消された場合に、順位が昇進した後順位抵当権者の第三者性を否定する。また、Xに対してAとYは連帯して準消費貸借契約上の連帯債務を負担した後、XA間でAが不動産による代物弁済をしたが、これは詐欺によるものであったためAが後日代物弁済を取り消した事例で、「新に権利を取得したる者」であることが必要であり、連帯債務者Yはこの取消しを対抗しえない「第三者」ではないとされる（大判昭7・8・9民集11巻1879頁）。これに対し、債権者と新債務者との債務者交替による更改が、新債務者の詐欺による場合、債権者が更改契約を取り消しても、旧債務者には対抗できないとされている（大判大4・6・30民録21輯1087頁）。

ら」、第三者は「必ずしも、所有権その他の物権の転得者で、かつ、これにつき対抗要件を備えた者に限定しなければならない理由は、見出し難い」。農地の売買では、「知事の許可がないかぎり所有権移転の効力を生じないが、さりとて本件売買契約はなんらの効力を有しないものではなく、……買主は売主に対し、かような条件付の権利を取得し、かつ、この権利を所有権移転請求権保全の仮登記によって保全できる」。「本件売渡担保契約により、Yは、Aが本件農地について取得した右の権利を譲り受け、仮登記移転の附記登記を経由したというのであり」、Yは、「本件売買契約から発生した法律関係について新たに利害関係を有するに至った者というべき」であり、96条3項の第三者に該当する。

6-296　**(イ)　取消し後の第三者——第三者保護規定の適用の可否**

❶　**無効の対抗不能説**　本書の立場では、取消しによる無効を広く善意の第三者に対抗できないとしたのが96条3項と考えるため（☞6-288）、取消し後の第三者も同条同項（類推適用）で保護されることになる。この考えでは、取消し後の第三者の善意悪意の対象は二重の制限を受け、すでに取消しがされたことを知っていれば当然、取消しを知らなくても詐欺による意思表示であることを知っていれば悪意となる。取消しの事実を知っていれば、それが詐欺取消しであることまで知っている必要はない。

6-297　❷　**無効の遡及効制限説**

(i)　**94条2項類推適用説（無権利説）**　無効の遡及効制限説では、取消し後の第三者には96条3項は適用されず、6-289の詐欺の事例で取消し後のCは、BはAの所有不動産を売却したことになるので、Cの保護は無権利の法理の修正によることになる。そうすると、登記に公信力はないが、現在では94条2項の類推適用の法理があるので、これを活用することが考えられている（加藤一郎「取消・解除と第三者」『民法ノート(上)』56頁以下、新注民(3)494頁［下森］参照）。この考えも、いつから94条2項の類推適用をするのかで、①取消し後直ちに適用する考え、および、②取消しは自由であるから、直ちに94条2項の類推適用をするのは妥当ではないものとして、取消し後相当期間の放置があった後にのみ適用する考えとに分けられる。

6-298　(ii)　**対抗問題説**　判例は、96条3項を取消しによる無効の遡及効を制限したものと考えながら、取消後についてはBからAに取消しにより所有権が戻ったが抹消登記がされる前にBからCに売却がされたことになり、二

重譲渡に類似の対抗関係とし177条により処理をしている（大判昭17・9・30 ☞ 6-299）。すなわち、AC は対抗関係になり、C が先に登記をすれば甲地を取得できることになる。判例の当時はいまだ94条2項の類推適用という判例法理がなかったため、177条を転用したという背景がある。

6-299

> ●**大判昭17・9・30民集21巻911頁**　「民法第96条第3項に於て詐欺に因る意思表示の取消は之を以て善意の第三者に対抗することを得ざる旨規定せるは、取消に因り其の行為が初より無効なりしものと看做さるる効果即ち取消の遡及効を制限する趣旨なれば、茲に所謂第三者とは取消の遡及効に因り影響を受くべき第三者即ち取消前より既に其の行為の効力に付利害関係を有せる第三者に限定して解すべ」きであるが、「右条項の適用なきの故を以て直に斯かる第三者に対しては取消の結果を無条件に対抗し得るものと為すを得ず。……本件売買の取消に依り土地所有権は被上告人先代に復帰し初より $Y_1$ に移転さりしものと為るも、**此の物権変動は民法第177条に依り登記を為すに非ざれば之を以て第三者に対抗することを得ざるを本則と為す**」。

6-300　**(c)　取消しと物権変動 2
（第三者保護規定がない場合──強迫取消し・制限行為能力取消し）**

　㋐　**取消し前の第三者**　第三者保護規定がない強迫または制限行為能力取消しには121条が適用され、第三者は保護されないはずである。しかし、以下のように強迫取消しにおいても、取消し前の第三者を保護する可能性が模索されている（判例はない）。制限行為能力取消しについても、法定代理人がいるため同様に考えてよいことになろう。

6-301　**❶　対抗問題説**　6-298 の対抗問題説では、取消し前の第三者でも、AC は対抗関係になるはずであるが、A には登記をしなかったという帰責事由がないため、177条の適用が制限されることになる。二重譲渡の第1譲受人のように、登記できるのにしなかったという非難をすることができないのである。しかし、そうすると、強迫を免れ取引通念上容認される熟慮期間を越えて取消しをしていない場合には、177条の適用の基礎となる非難可能性が生じるので、177条を適用する余地が出てくる（肯定説がある）。

6-302　**❷　94条2項類推適用説（無権利説）**　取消し後に94条2項を類推適用する考えでは、理論的には取消しをして初めて登記の抹消請求権が成立し虚偽の登記の放置を問題にできるようになる。しかし、取消権は返還請求権の

手段にすぎず、いつでも取り消して返還請求をできるので、取消しをせずに放置した事例にも94条2項を類推適用する学説がある。しかし、126条が5年間の熟慮期間を与えていることと抵触するし、また、94条2項は無権利の法理を修正する原理であり、取消前には処分した者は所有権を持っていたのであり、94条2項の類推適用には理論的な難点が残る。

6-303　❸ **96条3項類推適用説**　96条3項を強迫の場合にも類推適用する考えもある。本書もこの立場を支持するが、①契約後直ちに類推適用するのは適切ではなく、②利益衡量として96条3項を類推適用できる状況が必要であり、取消しできる状態になったのに特段の事情もないのに取消しをしないで放置し、第三者が現われてから取消しをした場合に限るべきである。この場合には、強迫の被害者に詐欺の被害者に匹敵する帰責事由があるものと考えて、相当期間の放置が認められた時から96条3項を類推適用したい。

6-304　(イ) **取消し後の第三者**

❶ **対抗問題説**　対抗問題説では、取消し前については問題が残されるが（☞6-301）、取消し後にはAC間は対抗関係なので、先に登記を取得した者が所有権の取得を対抗できることになる。第三者は背信的悪意でなければ、取消しの事実を知っていてもよいことになる。しかし、売却がされていることを知っていたのと、強迫の被害者が取消しをしたことを知っていたことを、自由競争という観点からパラレルに捉えることは疑問である。

6-305　❷ **94条2項類推適用説（無権利説）**　取消し後の第三者は無権利の法理の修正により保護するのが理論的には正当であろうが、これを94条2項の類推適用による考えがある。これも、取消し前からそのまま適用するか（☞6-302）、取消し後に適用するとしても、取消し後直ちに適用するか、取消し後に放置があった時から適用するか、学説によってその適用の時点が分かれることになる。

6-306　❸ **96条3項類推適用説**　本書の立場では、96条3項を利益衡量に基づいた無効（取消しによる無効）の対抗不能規定と広く理解するので（☞6-296）、強迫の場合でも、取消しをしないで放置をして、表意者よりも取引安全保護を優先してよいと考えられる事情があれば、取消しの前後を問わず、96条3項を強迫取消しに類推適用する余地がある。①取消し前にも類推適用の余地があるだけでなく、②取消し後でもこのよう放置といった非難

第3節 法律行為（契約）の取消し——契約の拘束力からの解放　§Ⅱ 取消権成立後および取消後の法律関係

ができるまでは類推適用すべきではない。

6-307 **(4) 給付利益の返還**

契約の取消しがあると、契約は無効になるので、なされた給付は法律上の原因がなかったことになり不当利得になる。不当利得の原則によれば、利益が残っている限度で返還すればよいことになる（703条）。しかし、契約を行った当事者間で給付がなされた場合には、無効、取消しまたは解除のいずれかを問わず、給付がなかった状態に戻す原状回復を相互に義務づけられるものと考えられる。改正法は、初めから無効な場合と取消しにより無効になった場合を区別せず、「無効な行為に基づく債務の履行として給付を受けた者は、相手方を原状に復させる義務を負う」という原則を明記した（121条の2第1項）。したがって、利得がなくなっても原状回復義務を免れないことになる。ただし、すでに無効について述べたように、①無償契約において給付を受けた者が取り消しうることを知らなかった場合（121条の2第2項）、および、②「行為の時に制限行為能力者であった者」（同条3項後段）については、例外的に現存利益の返還に制限されている。

6-308 **◆同時履行の抗弁権**

取り消された契約の両当事者の給付が履行されている場合、両者の原状回復義務については、同時履行の抗弁権が肯定されている（最判昭47・9・7民集26巻7号1327頁。533条の類推適用）。契約の一部が履行されている場合には、例えば、100万円での絵画の売買契約が、50万円を支払われたところで制限行為能力を理由に取り消された場合でも、あまりにも僅かな給付の返還については例外を認めてよいが、同時履行の抗弁権を認めてよい（留置権のように不可分性あり）。履行場面で、50万円支払っても、残額50万円の支払と絵画の引渡しにつき同時履行の抗弁権が依然として残るのと同じである。ただし、強迫や詐欺による取消しの場合には、295条2項の類推適用により、詐欺や強迫をした者の側については、同時履行の抗弁権を認めない解釈も可能であり[239]、これが妥当である。

6-309 **◆現存利益の認定**

現存利益の意義はすでに述べたところと同じである（☞3-38）。受けた給付そのものが残っていることは必要ではなく、「利益」が残っていればよい[240]。確かに、履行として金銭の支払を受けた場合でいえば、この金銭を盗難により失った

---

[239] 否定説として、四宮219頁、磯村保「契約の無効・取消の清算」私法48号50頁、川井284頁。最判昭47・9・7民集26巻7号1327頁は、詐欺取消しの事例で同時履行の抗弁権を認めるが、第三者による詐欺の事例である。詐欺者や強迫者側には、708条の趣旨から返還請求を認めない余地もある。

240

りすれば残っておらず返還の必要はないだけでなく、金銭を浪費してしまった場合にも利益の現存がない（大判昭14・10・26民集18巻1157頁[241]）。しかし、金銭を使ってしまったとしても、生活費や弁済費用に充てた場合には、本来支出されるべき生活費に自分の金銭を充てないで済んだわけであるから、その分の利得が節約されて残っているということができる（大判大5・6・10民録22輯1149頁等[242]）。受け取った金銭を利用して、商品を買った場合にも、購入した商品の現在の価格ではなく、購入費用を自分の財産から支出しないで済んだ利益を受けているので、全額を返還することが必要になる。逆に、例えば受け取った100万円で株を購入し、それが200万円に値上がりしても、200万円の返還ではなく100万円の返還にとどまる。

## 第4節　意思表示の効力発生時期など

### §1　到達主義の原則

6-310 **(1) 到達主義とは**

例えば、遺留分減殺請求権は、相続人たる遺留分権者が相続の開始と減殺されるべき贈与または遺贈があったことを知った時から1年以内に行使しないと、時効により消滅してしまう。そのため、ある遺留分減殺の意思表示が1年の期間内にされたのかどうか決定しなければならず、民法は**意思表示の効力発生時期**について規定を置いている。

---

[240]　注241のような判例があるが、121条の2第2項は例外規定であり、また相手方が制限行為能力者側の事情を証明するのは至難の業であるため、相手方は給付を証明すればよく、制限行為能力者側が利益の現存していないことの証明責任を負うと考えるべきである（我妻398頁、川井285頁、河上55頁）。

[241]　本判決は、浪費者たる準禁治産者の事例につき、「浪費者は財産を無益なることに消費する性癖を有する者なるが故に……交付を受けたる金員は反証なき限り一応無益なることに消費し其の金員に因りては現存の利益を受けざりしものと推測するを以て常理に適すべく」、したがって、「現存の利益を主張し其の返還を請求せむには須らく其の交付したる金員が浪費に供せられざりし事実を立証すべき責任ある」とし、浪費の場合には現存利益なしとして返還を要しないことを当然の前提としている。

[242]　「民法第121条但書に所謂用に利益を受くる限度とは、法律行為を取消したる結果無能力者の受くる利益が有形的に現存する場合のみを謂ふものに非ずして、無能力者の受けたる物が其者の為め有益に費消せられ財産の減少を免がれたるに依りて、其利益の尚は存在する場合を包含するものと解釈するを相当とす」と判示する。

第4節　意思表示の効力発生時期など　§1　到達主義の原則

意思表示のなされる過程は、次の4つの段階に分けることができる。どの段階で意思表示は効力を生じるのであろうか。

> ① 表意者が意思表示を「表白」する→手紙やメールの作成
> ② 表意者が意思表示を「発信」する→手紙やメールの発送ないし発信
> ③ 相手方に意思表示が「到達」する→手紙やメールの相手方への配達ないし着信
> ④ 相手方が意思表示の内容を「了知」する→相手方が手紙やメールを読む

①の書面または電子メールによる文章を作成しただけでは、それを相手方に発信するか否か未決定の段階であり、表白だけで意思表示の効力発生を認めるわけにはいかない。次の②の発信により意思表示は完成しており、これにより効力を認めることについて表意者側には問題はない。しかし、相手方が知らない段階で効力を発生させてしまうのは酷であるし、郵便がその後に到達しない可能性さえある。また、表意者が発信後に心変わりしてその表示を止めたいと思うこともあり、相手方に到達する前ならば撤回ができてよい。そのため、発信ではいまだ効力発生を認めるべきではない。他方で、④の了知まで要求するのは、表意者側でやるべきことは尽くしているのに、相手方が意図的に開封せず了知を妨害できてしまい、不合理である。

そこで、表意者と相手方の利益を適切に調和させるためには、③の到達により意思表示の効力発生を認めるのが妥当であり、民法は、「意思表示は、その通知が相手方に到達した時からその効力を生ずる」[243]、と規定した（97条1項）[244]。意思表示の効力を「到達」の時に生じさせる立法を**到達主義**という。これに対して、発信の時に生じさせるのを**発信主義**といい、契約の承諾について認められていたが（旧526条1項）、改正により削除された。

6-311　　**◆隔地者と対話者**
　　改正前の97条1項は、「隔地者に対する意思表示」に限定されていた。「隔地者」とは、対話者に対する概念であり（「対話」者とはいうが、手話や筆談でも

---

[243] 意思表示とは規定されているが、催告や総会通知などにも適用される規定と解されている（ただし、株主総会の通知などは発信主義によることが明記されている。会社299条1項など）。
[244] 事例によっては発信主義に変更することができ、例えば、大学受験に対しては出願期間を設定しつつも、当日消印有効とされるのが通例である。

よい)、場所が隔てていると、手紙でしかやりとりをすることが考えられない時代に作られた規定であるから、種々の通信手段が存在している現代では、隔地者・対話者の区別は、非常に微妙になっている。例えば、電話で会話している場合には、場所は離れていても対話者である。対話者について規定を置かなかったのは、対話者間では表白・発信・到達・了知が全て同時に生じるため問題になることはないと考えられたからである。しかし、対話者間でも了知がないことも起きるため、到達さえあればよいことを確認する必要があった[245]。そのために、改正法は、「隔地者に対する」という部分を削除し、到達主義を全ての意思表示に共通の規定にしたのである。

6-312 **(2) 「到達」の意義**

「到達」の意義[246]は、到達主義の相手方と表意者の両者の利益を調和させようとした趣旨に則って考えられるべきである。学説としては次の2つの考えがあるが、両説で差が出てくるのは、表意者が主観的に相手方に了知についての支障があるのを知っていても到達を認めるか(❶は認める、❷は認めない)という点である[247]。

6-313 **❶ 了知可能性＝勢力範囲説(判例・通説)** 判例また通説は、意思表示の書面が相手方の了知可能な状態におかれれば、換言すれば意思表示の書面が相手方の勢力範囲に入れば、それだけで、表意者側の主観的事情を問題にせずに到達を認めている。例えば、相手方が行方不明で家族も連絡がとれないことを知っていても、その住所宛てに書面を郵送すれば、到達が認められることになる。しかし、表意者を保護するために到達を客観的に認めたという趣旨からいえば、表意者が到達の支障となる事情を知っていたのに、到達を認めるのは疑問である。6-316の事例も、受領権限がある者と思って書面を交付したものであり、478条のようにその信頼を保護したに等しい。

6-314 **❷ 了知期待保護説** 表意者と相手方の利益を調和させようとした到達主義の趣旨からすれば、表意者としてなすべきことを尽くし、相手方が誠実に

---

[245] 相手方である売主と同居する39歳の長女に対して口頭で意思表示がされた事例で、「売買契約における買主が売主に対してする代金支払の用意ができた旨の通知及びその受領を求める旨の催告が売主の家族で通常人の理解能力を有する者に対して口頭でされた場合には、売主本人がその内容を了知しうる状態に置かれたというべきであるから、右通知、催告は本人に到達したものと解するのが相当であ」るとされている(最判昭50・6・27判時784号65頁)。

[246] 三林宏「意思表示の到達時期」立正大学法制研究所研究年報2号1頁以下参照。

[247] 小林・研究56頁以下は、「了知可能」説、「勢力範囲・了知可能」説および「勢力範囲＋了知可能・期待」説に分類する。

了知してくれることを正当に期待できる状態にしたならば、表意者の了知可能性に対する期待を保護してよい。相手方の個別・具体的な了知可能性ではなく、表意者の了知可能性についての正当な信頼が保護されるべきである。このように考えると、了知可能性を客観的に判断する基礎として、表意者の正当な信頼が必要であり、表意者が相手方の了知障害事実を知っていた場合には、到達は認められるべきではない[248]。公示送達の効力発生のために表意者の善意無過失を要求していることからしても（98条3項ただし書）、この立場を採用し、少なくとも善意を必要とすべきである。

6-315 ◆**判例上到達が認められた事例**

意思表示（ないし観念の通知等）が、相手方の同居の親族に渡されたり、同居の内縁の妻に渡された場合には、本人に渡されていなくても到達ありとされる。意思表示の書面が相手方の勢力範囲（支配領域）に入り、相手方の了知「可能性」が作られればよく、社長室にいた社長の娘に渡されたのでも到達が認められ（☞ 6-316）、さらに、意思表示の書面それ自体ではなく、不在配達通知書が郵便受けに入れられていただけでも到達が認められている（☞ 3-317）。それだけでなく、すでに戦前の判例により、書面が受領されていない事例にさえ到達が認められていた。同居の妻が、本人不在と言って郵便物の受領を拒んだ場合についても、本人は不在がちであり往々外泊をしたことがあるにすぎない場合、到達があったと認められたのである（大判昭11・2・14民集15巻158頁）[249]。

6-316 ●**最判昭36・4・20民集15巻4号774頁**　[事案] XはYに土地を賃貸しているが（両者とも会社）、Yが賃料の支払を怠ったので、Xの社員甲が催告書を携えてYに赴き、Yの代表取締役Aに催告書を渡そうとしたが、Aは不在であり、たまたまAの娘Bが役員室におり、甲はBをYの従業員だと思い、Aに渡すよう告げてBに催告書を渡した。Bはその書面をAの机の抽斗に入れておき、Aにも告げないでいた。Yは催告期間内に賃料の支払をせず、XからYへの解除の意思表示がされて、Yは慌てて賃料を供託した。催告が到達しているかどうかが争われ、原審判決は催

---

[248] 小林教授が、「相手方の了知を妨げる事由があることを表意者が知ったか重過失により知らなかったときは、表意者において相手方による了知を期待しうるときに到達する」という提案をしているのは、この観点からは参考になる（小林・研究98頁）。
[249] 配達の受領拒絶がなされた大判昭11・2・14や、留置期間を経過して返送された最判平10・6・11については、判例は「到達」を認めたが、「到達」はなく、相手方の故意的な原因により「到達」が妨害された場合に「到達」をみなしたに等しいと考えて、改正法はみなし到達規定を導入した（☞ 6-318）。

告の「到達」を否定するが、最高裁は原審判決を破棄している。

[判旨]「到達とは右会社の代表取締役であったAないしは同人から受領の権限を付与されていた者によって受領され或は了知されることを要するの謂ではなく、それらの者にとって了知可能の状態におかれたことを意味するものと解すべく、換言すれば意思表示の書面がそれらの者のいわゆる勢力範囲（支配圏）内におかれることを以て足る」。「Bはたまたま右事務室に居合わせた者で、右催告書を受領する権限もなく、その内容も知らず且つYの社員らに何ら告げることがなかったとしても、右催告書はAの勢力範囲に入ったもの、すなわち同人の了知可能の状態におかれたものと認めていささかも妨げなく、従ってこのような場合こそは民法97条にいう到達があったものと解するを相当とする」。

●最判平10・6・11民集52巻4号1034頁（遺留分減殺の意思表示の事例）　[事案]　Xの代理人A弁護士がYに対して遺留分減殺の意思表示を記載した内容証明郵便を発送したが、Yが不在のため配達されず、Yは、不在配達通知書の記載によりX代理人Aより書留郵便が送付されたことを知ったが、仕事が多忙であるため受領に赴かず、本件内容証明郵便は、留置期間の経過によりAに返送された。この場合に到達が認められるのかが問題となった。

[判旨①]（原審判決［到達否定］）原審は、①Yとしては、Aから本件内容証明郵便が差し出されたことを知ったとしても、これを現実に受領していない以上、本件内容証明郵便にXらの遺留分減殺の意思表示が記載されていることを了知することができたとはいえない、②Xらとしては、直接Y宅に出向いて遺留分減殺の意思表示をするなどの他の方法を採ることも可能であり、Xらの側としてなすべきことを尽くしたとはいえない、さらに、③Yにおいて、正当な理由なくXらの遺留分減殺の意思表示の受領を拒絶したとも認められないとして、到達を否定した。

[判旨②]（最高裁判旨［到達肯定］）「到達」とは、「意思表示を記載した書面が相手方によって直接受領され、又は了知されることを要するものではなく、これが相手方の了知可能な状態に置かれることをもって足りる」。「Yは、不在配達通知書の記載により、A弁護士から書留郵便（本件内容証明郵便）が送付されたことを知り、その内容が本件遺産分割に関するものではないかと推測していたというのであり、さらに、この間弁護士を訪れて遺留分減殺について説明を受けていた等の事情が存することを考慮すると、Yとしては、本件内容証明郵便の内容が遺留分減殺の意思表示又は少なくともこれを含む遺産分割協議の申入れであることを十分に推知

> することができたというべきである[250]。また、Ｙは、本件当時、長期間の不在、その他郵便物を受領し得ない客観的状況にあったものではなく、その主張するように仕事で多忙であったとしても、受領の意思があれば、郵便物の受取方法を指定することによって……、さしたる労力、困難を伴うことなく本件内容証明郵便を受領することができた」(「遅くとも留置期間が満了した時点でＹに到達した」とする[251])。

6-318 **(3) みなし「到達」**

　意思表示の「書面」を相手方の了知可能な状態に置くことを「到達」のために要求すると、相手方が受領を拒絶したり、または、転居先を知らせずに転居して、しかも郵便局の転送手続をとっていないと、意思表示の「書面」を相手方の勢力範囲に置くことができない。そのため、表意者が相手方を了知可能な状態に置くために必要な行為を尽くしたが、相手方が故意的に了知可能な状態作出を妨害したならば、いわば条件成就の妨害事例のように、表意者に「到達」をみなすことを認めるべきである。

　そのため、改正法は97条2項を追加して（旧2項は3項に）、「相手方が正当な理由なく意思表示の通知が到達することを妨げたときは、その通知は、通常到達すべきであった時に到達したものとみなす」と規定した。相手方所在不明の場合には公示催告を要求している民法の原則からいえば（98条3項ただし書）、また、事業者に濫用されるおそれもあることを考えれば、故意的な妨害に限るべきである。この規定が債権譲渡通知にも適用されるべきかは、下記のみなし到達条項と同様の疑問があり、否定されるべきである。

6-319 　**◆みなし到達条項**

　　意思表示の効力発生時期の問題が、表意者と相手方の私的利益の調整問題であると考えれば、97条を強行法規と考える必要はなく、合理的な限度で特約を認めるべきである。実際に、意思表示に限らず迅速に大量の通知を形式的画一的に処理すべき実務の要請は高く、相手方が転居したり夜逃げをしている場合に、到

---

[250] この判決は、抽象的な了知可能性ではなく、内容のいわば推知可能性まで要求している点で、これまでの判決に対して微妙なニュアンスがある。この点、「むしろ端的に受領拒絶に正当事由があるかどうかで判断すべきであろう」と批判がされている（河上242頁）。

[251] ①到達時点を留置期間経過時と理解する学説もあるが（三林・注246論文14頁）、②故意の受領拒否に類似する事態であると考えて、最初に配達が試みられた時と考える学説もある（小林・注247文献155頁、新注民(3)541頁［須永醇］）。再配達を申し込むことさえできない特段の事情がある場合には、表意者がその事実を知っていれば到達を否定すべきであり、そのような対応が可能なので、②説に賛成したい。

達が後日争いになることは耐えがたい。そのため、銀行取引にみられるように、相手方延着・不在の場合でも、通常到達すべき時に到達したものとみなす旨の条項が用いられている。学説としては妥協的に、有効だが、「社会的妥当性を欠く場合には効力を否定」する（90条）といった提案がされている（中舎93頁）。民法のみなし到達規定を6-318のように解釈するならば、それを緩和する**みなし到達条項**は合理的な範囲内に限り有効と考えるべきである（消費者契約法10条により規制される）。ただし、債権譲渡通知にも適用を認めるべきかは疑問が残される。債務者をインフォメーションセンターとして機能させるためのものであり、そのためには現実に到達することが必要だからである。そのため、「債権譲渡においては、その通知を発したことよりも、通知が債務者に到達したことを重視すべきである」として、債権譲渡通知につきみなし到達条項の効力を否定する下級審判決がある（東京高判平27・3・24判時2298号47頁）。

## §Ⅱ　意思表示の効力発生をめぐるその他の問題

### (1) 発信後の表意者の死亡・行為能力喪失

6-320　例えば、Aが売買契約解除の意思表示を内容証明郵便でBに送ったが、それが配達される前にAが死亡した場合、その後にBに配達されても、解除の効力は発生しないのであろうか。この点、民法は「意思表示は、表意者が通知を発した後に死亡し、意思能力を喪失し、又は行為能力の制限を受けたときであっても、そのためにその効力を妨げられない」と規定した（97条3項）。契約の申込みについては、526条で例外が規定されている。

解除の意思表示はすでに表意者Aによって完成されており、相手方保護のためにその効力発生が到達まで先延ばしされているだけである。そのため、効力発生は到達時であるが、発信により意思表示は成立しているので、表意者Aが死亡しても、そのすでに成立している意思表示の効力発生は妨げられないものとしたのである[252]。これにより、相手方に不利益を与えることもない。したがって、表意者の地位を相続人が承継することになる。

---

252) 発信の時には意思能力があった、行為能力者であった者が、到達時に意思能力を失っていたり成年後見開始の審判がなされても、無効や取消し可能な意思表示になるのではない。

6-321 **(2) 公示による意思表示**

(a) **公示による意思表示の必要性**　例えば、AがBの詐欺により、その所有の不動産を売却する売買契約を締結し移転登記がされたが、Aがその後に詐欺に気が付き、売買契約を取り消そうとしたが、Bの事務所が閉鎖されたりまたはパンフレット等に記載された住所が虚偽のものであり、Bが行方不明になっているとしよう。AはBの所在を見つけるまで取消しができないというのでは酷である。

そのため、このような場合の表意者を保護するために、民法は「意思表示は、表意者が相手方を知ることができず、又はその所在を知ることができないときは、公示の方法によってすることができる」ものと規定をした (98条1項)。この規定だけみると善意でさえあればよいようであるが、到達擬制の効力のためには無過失が要求されている (☞6-323)。民事訴訟手続においては、公示送達という方法があり (民訴110条)、行方不明の者への訴訟提起も可能である。

6-322 (b) **公示による意思表示の方法**　公示の方法による意思表示は、公示送達の規定に従い[253]、裁判所の掲示場に掲示し、かつ、官報に少なくとも1回掲載する方法により行われる (98条2項本文)。ただし、裁判所が相当と認めるときは、市役所、町役場その他これに準ずる施設の掲示場に掲示することを命じることができる (同項ただし書)。そのような掲示を注意して見る者がいるとは思われず、表意者を保護するための到達擬制である。

6-323 (c) **公示送達による意思表示の効力発生時期**　公示による意思表示は、「最後に官報に掲載した日又はその掲載に代わる掲示を始めた日から2週間を経過した時に」、相手方に到達したものとみなされる (98条3項本文)。ただし、「表意者が相手方を知らないこと又はその所在を知らないことについて過失があったときは」、到達の効力は認められない (同項ただし書)。相手方の所在を知りながら公示による意思表示をしても無効であるのみならず、過失があった場合にも無効となることに注意すべきである。

---

[253] 相手方を知ることができない場合（相続人不明等）には表意者の住所地の簡易裁判所、相手方の住所が知れないときは、相手方の最後の住所地の簡易裁判所の管轄になる (98条4項)。裁判所は公示のための費用を、表意者に予納させなければならない (同条5項)。

## (3) 意思表示の受領能力——制限行為能力者に対する意思表示

6-324 「意思表示の相手方がその意思表示を受けた時に意思能力を有しなかったとき又は未成年者若しくは成年被後見人であったときは、その意思表示をもってその相手方に対抗することができない」のが原則である（98条の2本文）。ただし、①「相手方の法定代理人」、または、②「意思能力を回復し、又は行為能力者となった相手方」が、「その意思表示を知った後は」、相手方に意思表示の効力発生を主張できる（同条ただし書）。法定代理人が名宛人ではないので、それへの「到達」（＝了知可能性）ではなく了知が要求されている。この規定は、準法律行為にも類推適用され、例えば債務の履行の催促についても適用され、催告による履行遅滞や時効中断の効力が生じない。総会の通知などについては画一的処理が必要なので、適用はないというべきか。

6-325 ### (a) 受領能力のない制限行為能力者

**(ア) 意思無能力者または成年被後見人** 成年被後見人は自ら自分の財産関係の管理をすることができないので、これに対する意思表示は、法定代理人である成年後見人に対して行わなければならない。成年被後見人に対して意思表示をしても無効である（98条の2本文）。ただし、成年被後見人宛てに郵送された郵便でも、成年後見人が意思表示のあったことを知ったとき、または、相手方が行為能力者となった後に意思表示のあったことを知った時、その時から効力を生じる（同条ただし書）。なお、9条ただし書の行為については、例外的に受領能力を認めてよいであろう。以上の規律は、成年後見開始の審判を受けていない意思無能力にも適用される（98条の2）。

6-326 **(イ) 未成年者** ①未成年者は、法定代理人の同意がないと完全に有効な行為をすることはできないので、意思表示の受領能力についても制限をして、未成年者に対してなされた意思表示を対抗できないものとした（98条の2本文）。ただし、法定代理人がその意思表示があったことを知ったとき、または、未成年者が成年に達したときには、その時から意思表示の効力を対抗しうることになる（同条ただし書）。②これに対し、規定はないが、未成年者が法定代理人の同意なしにできる行為については、この規定は適用されないと考えるべきである。例えば、未成年者に対する債務免除の意思表示、未成年者が法定代理人の同意を得た契約の申込みに対する承諾、許された営業の範囲内の契約の未成年者による申込みに対する承諾は、未成年者に到達すること

によりその効力を生じる。

6-327 **(b) 受領能力のある制限行為能力者——被保佐人および被補助人**　なお、被保佐人および被補助人は、保佐人および補助人の同意を得なければならない行為であれ、受領能力が認められる（98条の2の反対解釈）。例えば、被保佐人が保佐人の同意を得ないでした不動産売買契約において、被保佐人が代金を支払わないので、相手方売主が代金の支払を催告した上で契約を解除する意思表示をすれば、それは有効である。保佐人および補助人は代理権を持たないので、保佐人および補助人に意思表示をすることはできず、被保佐人および被補助人の受領能力を否定したら相手方は意思表示のしようがなくなってしまうのであり、また、被保佐人および被補助人についてはどのような意思表示がされたかを判断するだけであれば能力に欠けるところがないからである。

# 第7章
# 代理

## 第1節　代理制度序説

### §Ⅰ　代理総論

### 1　代理とは——債権関係（内部関係）と代理関係（対外関係）

**7-1 (1)　他人の労力の利用（債権関係）**

①Ａは、その所有のアパートの管理を息子のＢに任せ、入居者の募集、賃貸借契約の締結、賃料の回収等一切を行わせている事例、および、②Ａは念願のケーキ屋を開店し、パートの店員を募集し、応募してきたＢを採用しケーキの販売を行わせている事例、これらが代理の事例である。

ＡＢ間で、①ケースではＡはアパート管理、②ケースではケーキの売却等をＢに依頼して、それぞれ自分の活動・営業（事務という［646条・656条等参照］）を代わりに行ってもらっている。①ケースは委任契約（643条）、②ケースは雇用契約（623条）である。このように他人の労力を利用することで、専門的事務の処理や、1人ではできない量の事務処理が可能になる[254]。

**7-2 (2)　代理関係（代理効の問題）**

7-1①ケースにおいては、ＢはＡの代理人として、賃貸借契約をＡに代わって締結し、同②ケースでも、ＢはＡに代わってケーキを売る等の契約をしている。そのため、代理では第三者との関係が登場する。すなわち、Ｂが契約締結等の法律行為を行いながら、法的にはＡがその当事者（賃貸人や売主）になっており、これを可能とする制度ないし法技術が、**代理**である[255]。7-1②ケースでは、Ｂがケーキを販売しているが、売主はＡであり、ケーキに問題があった場合には、Ａが売主としての責任を負うことになる。次に代理の要件・効果を概説しよう。

---

[254]　代理は本人の活動領域を広げ、活動の効率性を高め、「21世紀が専門家の時代であるとすれば、それは代理法の時代でもある」といわれる（樋口228頁）。

[255]　ローマ法には、代理が認められず間接代理（☞7-4）により処理されていたため、委任契約しか問題にならなかった。

## 2 代理の要件・効果

7-3　民法は代理の基本規定を置き、「代理人がその権限内において本人のためにすることを示してした意思表示は、本人に対して直接にその効力を生ずる」(99条1項) と宣言している。これによると、代理とは、他人（代理人）が「その権限内において」、「本人のためにすることを示してした意思表示」が、意思表示をした代理人ではなく「本人に対して直接にその効力を生ずる」制度であり、7-1①ケースでは、BがAを代理してCに賃貸する契約を締結すると、AC間に賃貸借契約が成立する。この規定から、代理について下記の要件を抽出することができる。代理人の「意思表示」について、意思表示一般の有効要件を満たすことが必要なのは当然である。

①　「その権限内」であること＝代理権の存在
②　「本人のためにすることを示」すこと＝顕名
③　代理人により意思表示がなされること

7-4　◆**代理と区別される制度1**――**間接代理（授権）**[256]
**(1) 授権（処分授権）**
　代理とは異なり、本人の依頼を受けて自分の名で、本人の計算で契約をする場合、これを**間接代理**（ないし**問屋**［商法551条］、**準問屋**［商法558条］）という。Aがその所有の掛け軸を、骨董品商Bに依頼してその店に置いて売ってもらうよう頼み、Bが来店した客Cにその掛け軸を自分の商品として販売する場合である。代理と異なり、依頼者と相手方との間に直接の法律関係が認められないことになる。間接代理は**授権**ともいわれる。授権の場合に他人から授権を受けていることを表示する必要はない[257]。自己の名でする処分権限が認められる。
　上記の例の場合、売買契約はBC間に成立し、BにはAの掛け軸を販売する権限（授権）があるので、掛け軸の所有権がAからCに移転する。他方で、Cに

[256] 他に代理と区別すべき制度として、まず法人代表（代表）があるが、この点は 4-90 以下に述べた。代理占有は、全く代理とは異なる制度であり、他人に占有させている場合に、その占有を通じて占有をさせた者にも占有を認める法理である（☞物権法 17-6）。

[257] 例えば絵画の100万円以上での販売権限なのに、自分の物として90万円で販売した場合、①販売委託を受けた者を所有者だと買主が考えたならば、即時取得を問題にすれば足りるが、②買主が所有者ではないことを知りつつ処分授権を信頼した場合には、110条の類推適用の余地はある。また、間接代理で、受任者が代金を横領する意図である場合、相手方が間接代理であることと横領の意図を知っていれば、授権の濫用を問題にできる（107条を類推適用すべき）。

対する代金債権はBが取得する。そのため、Aを保護するために、民法646条2項によりAはBのCに対する代金債権を排他的に取得できるものとした（倒産の事例では代償的取戻権［破産64条］）。売主はBなので、掛け軸が偽物であれば、Cが売買契約を解除して代金を取り戻す相手方はBになる。

### (2) 他人による権利処分の追認（事後の追認）

他人の権利を無権限で自己の名で処分した行為を、後に所有者が追認をする場合、116条が類推適用され、処分の時に遡って有効となる（大判昭10・9・10民集14巻1717頁、最判昭37・8・10民集16巻8号1700頁など）。追認の効力は、譲受人が有効に所有者から所有権を取得するという物権的効力に尽き、「無権利者を委託者とする物の販売委託契約が締結された場合に、当該物の所有者が、自己と同契約の受託者との間に同契約に基づく債権債務を発生させる趣旨でこれを追認したとしても、その所有者が同契約に基づく販売代金の引渡請求権を取得すると解することはできない」（最判平23・10・18民集65巻7号2899頁［ぶなしめじ事件］）。売買契約は債権契約として有効であり、これは追認によって変わることはない。

所有者の保護については、①代金債権につき不当利得返還請求権を認めること、②所有者に所有権の価値的代位物に対する物権的権利を認めること（道垣内弘人『信託法理と私法体系』207頁以下）、また、③破産法上の代償的取戻権（破産64条1項）に着目し、同様の権利を所有者に認めること（水津太郎「代償的取戻権の意義と代位の法理」法研86巻8号33頁）、等が考えられる。

### ◆代理と区別すべき制度 2 ——使者（表示機関）

#### (1) 使者の意義

代理の場合には、意思表示自体は代理人のものであり、その効果が本人に帰属するのに対して、使者の場合には、意思表示主体は本人である。使者も、①本人が書いた書面を渡すだけというように、本人の意思表示の発信・到達の過程を担うだけのもの（伝達機関）と、②本人の意思を口頭で伝える場合のように、本人の意思表示を完成させるもの[258]（表示機関）とに分けられる。使者は、本人の意思表示を伝達・表示するだけの権限しかなく、その場で交渉して伝達・表示を依頼された意思表示と異なる表示をすることはできない。使者に行為能力さらには意思能力も必要ではない（犬に注文用紙を付けて店に行かせるのも、犬を伝達機関とするもの）。当然、意思表示の瑕疵なども使者を用いた表意者を基準とする。単なる代筆・代署は表示機関でもない。

---

[258] 使者か代理か微妙な事例もある。本人が全て内容を決めて、決められた内容の行為だけしか行えず自由裁量権がない場合でも代理である（定価で販売するだけの権限しかないレジ打ちのアルバイト）。例えば、高齢の父親のクーリングオフを（単独行為）、息子が父親の同意を得て父親の名で内容証明を作成して発送する場合、使者（単なる代筆）か代理（署名代理）かは微妙である。使者にも表見代理等の代理規定の類推適用の余地を認めれば、いずれと分析するかは重要ではない。

## (2) 使者が異なる表示をした場合（代理規定の類推適用の可否）

7-7　例えば、AがBから甲画または乙画を買わないかと申し込まれており、AがCを使者として「甲画を10万円で購入したい」とBに伝えるよう依頼したが、CがBに対して、「乙画を10万円で購入したい」（または「甲画を20万円で購入したい」）と伝えてしまったとする（口頭、書面、メール等）。この場合には、そのような表示をする権限はないので、権限のない者が無断で他人に代わって表示行為をした場合と同じであり、Aの表示とは認められないことになる。錯誤を問題にする必要はない[259]。しかし、何ら権限がない者が行ったのとは異なり、使者としての基本権限を有するため、相手方の保護について議論がある。

### (a) 表見代理規定の類推適用の可否

7-8　❶　**錯誤により処理する学説**　Aが、BがCから借金をするにつき保証人になることの依頼を受け、債務者欄白紙の保証契約書に署名押印してBに交付したが、Bが債務者欄をDとAに無断で補充し、DがCから融資を受けるについての保証人としてしまった場合、判例は錯誤（表示上の錯誤）により問題を解決した（大判昭9・5・4民集13巻633頁）。しかし、表示権限のない表示に従った契約が成立しているのか、そもそも疑問である。使者が故意的に行ったか過失によるかを問わず、錯誤により問題を解決し、また、錯誤につき相手方の錯誤についての認識可能性を要求する主張もされている（近江195頁）。

7-9　❷　**表見代理規定による学説**　①使者にその表示の権限を与えていないのに、与えたかのような表示をした場合には、109条の類推適用、②また、使者が表示権限を越えて、表示をした場合に、110条の類推適用、③使者が権限を失った後に、使者として表示をした場合に、112条の類推適用を問題にする学説がある。使者も意思表示に関連する権限を持ち、代理か使者か微妙な場合も少なくなく、また、表示機関を使用するリスクを本人は引き受けるべきであり、類推適用を肯定すべきである[260]。使者が故意的に権限外の表示をした場合に限定する主張もあるが（我妻299頁。誤って伝えた場合は錯誤による［298頁］。内田203頁）、そのように限定する必要はない。

7-10　(b)　**その他の代理規定の類推適用**　使者が依頼されたのとは異なる表示を行った場合に、無権代理に準じて、本人は追認また追認拒絶ができ、また、追認をめぐる法律関係についての代理規定を類推適用してよく、さらには使者につき117

---

[259] 仮にAについて錯誤を問題にするとしても、Aに重過失がなくCに重過失がある場合に、101条を類推適用するまでもなく、表示行為を他人に代わりに行わせた以上その他人が誤った表示をするリスクを負担すべきであり、債務の履行代行者におけると同様に、Cの重過失はAの重過失と同視されるべきである。

[260] 東京地判昭40・10・18判時441号43頁は、「Yは、本件保証について、訴外Kに対し主債務者の記名のない契約書に、これを記入するだけの権限を与えたにすぎ」ず、「使者としての権限を与えたと見ることができる。そしてKはその与えられた権限外の訴外会社の氏名を記入したもので、あたかも民法110条にいう、代理人が権限外の行為をなした場合に類似しており、……同法条の類推によりYは右の保証の責に任ずべきである」とする。

条の類推適用も肯定してよいであろう。117条を類推適用する以上は、無権代理と相続の議論も適用される。

$$§Ⅱ$$
## 代理の分類および社会的意義・機能

### 1 代理の分類

7-11 **(1) 法定代理・任意代理**

(a) **法定代理** **法定代理**とは、本人の委託に基づかずに、法の規定により一定の者が当然に、また、裁判所の選定した者が代理人になる場合の代理である（代理権は**法定代理権**）。①私的自治を補完する法定代理として、親権者（818条・819条2項・824条）、後見人（839条以下）、保佐人（876条の4）および補助人（876条の9）の代理権がある。財産の管理能力のない制限行為能力者の利益を保護するための代理である[261]。②不在者の財産管理人（25条・26条）や相続財産の管理人（918条2項・3項・952条）の代理権も法定代理であるが、本人による財産管理が期待できないために、本人のために財産を保全するために管理人を選任しそれに代理権を与えるものである。

7-12 (b) **任意代理（委任による代理）** **任意代理**とは、本人の代理権を授与する意思表示によって代理人に代理権が付与される代理である（代理権は**任意代理権**）。民法はこれを、「委任による代理」と称しており（104条・111条2項）、そのために「委任代理」と称されていた（例えば、梅252頁）。しかし、7-1②ケースで雇われた従業員Bはケーキ等の販売を行う代理権を有しており、代理は委任契約でなければ問題にならない必要はない（反対説☞注269）。したがって、「委任による代理」という表現は適切ではないと考えられるようになり、本人の意思に基づいて代理権が与えられているということで、講学上「任意」代理と称されている。

---

[261] これに反し、本人の利益のためではなく、債権者代位権や破産管財人のように、債権者のためまたはその代表者として債務者の権利を行使する場合には、自己の名で債務者の権利を行使（債権回収等）ができることになっており、代理とは異なる債権者のための財産管理権制度として構成されている。

7-13 **(2) 能働代理・受働代理**[262]

　**(a) 能働代理**　**能働代理**とは、代理人が本人に代わって意思表示をする場合の代理であり、例えば、本人に代わって、契約を締結したり、催告や解除の意思表示をする場合の代理である。能働代理の場合には、「代理人が……［相手方に］本人のためにすることを示して」意思表示をすることが必要である (99条1項)。代理人が、その意思表示の主体は本人であり、その意思表示の効果は自分ではなく本人に帰属することを示すことが必要になる。

7-14　**(b) 受働代理**　**受働代理**とは、相手方の意思表示を代理人が受ける場合の代理であり、相手方の意思表示が有効になることを代理の効果として説明するための概念である。契約解除についていえば、債権者は、債務者の代理人に解除の意思表示をすることができる。代理人に対して意思表示がされる場合には、本人（債務者）を名宛人として意思表示をすることになる。このことを民法は、「前項の規定は、第三者が代理人に対してした意思表示について準用する」と規定し (99条2項)、準用により「第三者が……［代理人に］本人のためにすることを示して」意思表示をすることが必要になる。

7-15　◆**受働代理と意思表示の到達**
　　意思表示の到達は、意思表示が相手方の了知可能な状況に置かれれば認められる（☞6-315以下）。本人宛ての意思表示が、本人の支配領域ないし了知可能な状態に置かれれば、本人に「到達」があったとみられる。代理人に本人宛ての意思表示をした場合に、代理と到達との関係はどう理解すべきであろうか。学説には、受働代理は代理の問題ではなく意思表示の到達の問題であり、本人の支配領域に入ればよいという考えがある (川島312頁、星野212頁、石田穣739頁［受働代理概念を否定］)。しかし、正確にいえば、本人または代理人の了知可能性が作られればよいのであり、本人に受領能力がない場合でも、代理人に了知可能な状態が作られれば本人への到達の効力が認められるので、やはり代理の問題といってよい。その意味では、受働代理という意味が否定されるわけではない。

---

262) 契約も、申込みと承諾の意思表示によって構成されているが、契約「締結」の代理を考えれば足りる。能働代理・受働代理は単独行為についての概念と考えるべきである。

## 2　代理の社会的意義

7-16 **(1)　私的自治の補完——法定代理の意義・機能**

　6-185 以下に述べた制限行為能力者は、自分で自分の財産の管理ができない（幼児が典型）、または、自分で管理させたら危険（認知症の老人や知的障害者）といった状況にある者である。そのため、誰かが代わりに制限行為能力者の財産関係を管理する必要があり、代理という法制度のおかげでこれが可能になるのである。親権や後見制度といった制度は、任意代理という委任契約の問題とは全く別の制度として発展してきたが、民法総則に代理という上位概念を設定して共通規定が置かれている。しかし、法定代理には性質が許す限り代理規定の適用が可能とされるにすぎず、任意代理とは異なった制度として運用がされるべきである[263]。

7-17 **(2)　私的自治の拡大——任意代理の意義・機能**

　①専門の取引行為については、その専門の業者に依頼する必要があり、また、②特に法人では、その活動を支えるのは、個々の従業員であり、会社制度は資本を集めて1人ではできないことを可能にするが、それを取引活動において実現する法的手段が代理制度である。代理という制度のおかげで事業活動が飛躍的に拡大できるのであり、経済社会の発展を支える1つの柱である。

　任意代理の場合には、確かに管理・処分行為そのものは他人である代理人が行うが、代理人の行う行為は、本人が授与した代理権の範囲内に限られ、究極的には任意代理による法律関係は本人の意思に基づいており、私的自治の原則の例外ではなく、本人の意思に基づいた私的自治の拡大である。

7-18 　　◆**代理に親しまない行為**

　　　法律行為のみならず、観念の通知（債権譲渡通知等）、意思の通知（支払の請求等）などの準法律行為についても代理によることが可能である。他方で、法律行為でも、婚姻、婚姻予約、養子縁組、遺言などの身分行為は、原則として代理して行うことが許されない（**代理に親しまない行為**といわれる）。本人の自己決定によることが絶対に必要だからである。ただし、15歳未満の子の養子縁組は例外であり、親権者が代わって養親になる者と養子契約をすることができる。た

---

263)　アメリカ法では、後見制度は代理とは別個の制度であると考えられている（樋口20頁）。

だし、この場合は、家庭裁判所の許可が必要となる（798条本文）。

## 第2節　代理の効果が発生するための要件

7-19　代理では3人の者が登場し、それぞれの3面の法律関係が考えられる。Aの商品をその代理人Bが、Aを代理してCに販売したという例で考えてみよう。民法は、99条に代理の構造を規定しており、それを敷衍すれば次のようである。

> ① **本人・相手方間（代理の効果）**　AC間を当事者とする契約が締結される。売主になるのは、販売行為をしたBではなく、Aである。
> ② **本人・代理人間——代理権の存在（代理の要件1）**　代理の効果が生じるためには、代理人に代理権がなければならない。
> ③ **代理人・相手方間——顕名の原則（代理の要件2）**　代理人がその契約の当事者、意思表示の主体となるのは自分ではなく別の者であることを、相手方に表示することが必要である。これを顕名という。

## §1　代理の効果の根拠——代理の法的構成

### 1　代理本質論の意義

7-20　ドイツでは、民法制定前の普通法時代に、他人（代理人）の行った行為の効果が本人に帰属することをどう法的に根拠づけるのかが議論がされた（**代理本質論**）。ローマ法には代理制度が存在しなかったため、代理が時代の要請により認められるようになり、私的自治の原則との関係で代理制度を正当化する必要性があったのである。歴史的意義を離れて、この議論にどれだけの実益があるのかは疑われていたが、民法の制定後沈静化したこの議論が、ドイツにおいて1950年代の後半になって再び活発化していることは（☞7-23）、単なる歴史的意義にとどまらない問題であることを示している。

第2節　代理の効果が発生するための要件　§1　代理の効果の根拠——代理の法的構成

　代理本質論は、①代理における本人への効果帰属の根拠、および、②代理において生ずる具体的な法律問題を解決するための基礎を探る議論である(佐久間・代理取引10頁)。法定代理を代理本質論に組み込んで無理に統一的に説明しようとしたことが、問題を混乱させた原因である。

## 2　代理人行為説の通説化

7-21　❶ **本人行為説（本人意思説）**　19世紀のドイツ普通法学では、代理を私的自治の原則の例外とせず、代理人の行為を本人の行為と考え、それゆえに本人に効果が帰属するものと考える学説（**本人行為説**）が提唱された。代理人は本人の意思を代わりに表示するだけの者にすぎず、表示されたのは本人の意思でありそれは本人の意思表示であることになる。しかし、確かに任意代理では、本人の意思を越えた代理行為は許されず、本人の意思＝代理権の範囲内にとどまるが、具体的な契約内容の決定そして締結は代理人によりなされ、これは代理人の行為である。本人行為説では、代理と使者（表示機関）との差がなくなってしまい、現在では支持者はいない。

7-22　❷ **代理人行為説（代理人意思説）**　現在、わが国において通説といわれているのは、法定代理と任意代理とを統一的に説明し、代理人が表示するのは代理人の意思であり、使者と異なり、代理人により意思決定がなされ代理人の意思表示があるにすぎず、その効果が顕名と代理権[264]という要件を充足することにより本人に帰属すると考える立場である（**代理人行為説**）。代理規定の起草者富井政章は、ドイツでの議論を参考に民法の基礎に代理人行為説を採用することとし、101条を代理人行為説によって説明している。ただし、起草者間では対立があった(佐久間・代理取引12頁参照)。

## 3　代理人行為説に対する反対学説の登場

7-23　ドイツにおいては、通説である代理人行為説をミュラーフライエンフェル

---

264) 代理権の法的構成については、①代理権を一種の権能とする**権能説**（岡松218頁）、②代理権を本人に効力を帰属させる1つの資格とする**資格説**（我妻327頁以下、川井203頁）、③代理権を権利として理解する**権利説**——これも、ⓐ形成権という学説（近藤375頁）、ⓑ可能権という学説（柚木202頁）に分かれる——、④表見代理も含めて他人効を統一的に説明し、他人効の根拠を代理適状の名で統一する**代理適状説**（大西耕造『代理の研究』）がある。なお、授権と代理とを管理権という上位概念により括る学説がある（於保213頁以下、同『財産管理権序説』〔以下、於保・序説〕15頁以下）。

スが批判して新たな学説を提唱して以来、代理人行為説は通説とはいえない状況になっており、その影響はわが国にも及んでいる[265]。新しい学説は、代理人行為説に対して、代理人の意思決定・代理人の行為ということを強調し、任意代理における本人の意思を軽視し過ぎていると批判をする。任意代理に特化して検討し、代理人の行為と割り切るのではなく、本人の代理権付与が必須であり、本人の意思を採り込んで代理行為を再構成しようとする。

日本にもその影響は及び、任意代理は、本人の代理権授与と代理人の意思表示とが一体となって意思表示が成立するものと構成する**総合要件説（統一要件説）**が主張されている。任意代理について本人の意思・地位を再認識させた意義は大きい。本書も基本的にこの学説を支持したい[266]。任意代理においては、代理権付与という本人の意思と、代理権に依拠してなされた代理人の意思表示とが、代理の効力のために不可欠の要素とされ、代理人の意思決定の瑕疵だけでなく、本人の意思決定の瑕疵も代理人によってなされた意思表示の効力に影響を及ぼすことになる（☞ 7-99）。

# §Ⅱ 本人・代理人間における要件——代理権の存在

## 1 代理権の発生原因

7-24 **(1) 法定代理の場合**

法定代理については、法の規定に基づきその原因となる事実があれば当然に法定された者に、または、法規定に基づき裁判所の選任する者に、例えば後見人ならば859条1項により代理権が認められる。法定代理の場合には、発生原因も代理の範囲もいずれも法律により決まるのである。

7-25 **(2) 任意代理の場合——代理権授与行為の法的性質**

**(a) 議論の意義** 任意代理の場合には、本人が代理人に代理権を与える意

---

[265] ただし、これに対しては、概念の遊戯であり、説明の仕方を変える以上の射程を持つものではないと評価する学説もある（加藤347頁）。
[266] 本人の授権（＝本人の意思）に基づかない法定代理については、代理人行為説によるしかない。代理人の意思表示であるが、法律規定により本人に効果が帰属するので、代理の効果は法定の効果といえる。

思表示をすることにより、代理人に代理権が付与される。例えば、居酒屋チェーンを経営しているAが、新しい店舗である$a$店の店長に従業員のBを任命したとしよう。この場合、AB間には雇用契約があるが、店長に任命されたことで$a$店経営に関する代理権が与えられたのである。したがって、雇用契約といった債権契約から当然に代理権が出てくるのではなく、別個に代理権を付与する意思表示がなされて代理権が発生することになる。

では、代理権を与える意思表示と委任契約などの債権契約との関係はどう理解すべきであろうか。この点は起草者間で争いがあり、いずれの考えによっても結論に差はないので、代理権授与行為の法的性格については解釈に任せられた[267]。判例はこの点についての一般論を述べたことはない。

7-26 **◆代理権授与行為の認定**
代理権授与があったことの認定は裁判所の自由裁量による。代理権が認められるためには必ずしも委任状は必要ではない。借入れの代理権を与えたが、不動産を担保とする代理権まで付与したかが争われ、登記済証と自己の実印とを交付した事実から、他に特段の事情が認められない限り、担保とすることについての代理権を与えたものと解すべきであるとし、「特定の取引行為に関連して印鑑を交付することは、特段の事情のないかぎり、代理権を授与したものと解するのが相当である」と認定されている（最判昭44・10・17判時573号56頁）。終戦直後の東京において夫Xが家出をした事例で、自分が家出すれば妻と子女5人が生活に困り、殊に住居については難渋することは当然予想できたのに「何らの手当をすることなくあえて家出したのは、Xの財産を妻子の暮しの足しにしてよい、住居を得るために換価してよいと、暗に承諾を与えたとしかみることができない」として、妻による土地処分について黙示的に代理権が与えられており有権代理とした判決がある（東京地判昭26・10・6下民集2巻10号1172頁）。しかし、擬制の域を出ず、何らかの代理権付与を認め110条により処理すべきである。

7-27 **(b) 学説の状況**

❶ **単独行為説** まず、AのBに代理権を付与する意思表示は、AのBに対して権限を付与する一方的な意思表示であり、単独行為であると考える**単独行為説**がある（今泉316頁、薬師寺629頁、川島323頁、川井208頁以下など）。債権契約とは別に、本人による代理権授与という単独行為、7-25の例では

---

[267] 代理の規定の起草を担当した富井政章は、代理権授与を委任契約とは別の単独行為と考え、他方、梅は委任契約の内容と考える旧民法を承継した立場である。

「○○店の店長に任ずる」辞令交付により付与されることになる。

単独行為説の根拠としては、①委任状が、一方的な代理権授与の形で作成されている実態に合致していること、②権限を与えるだけであるから、代理人に不利益はないこと、③代理人の同意の意思表示を不要とすることで、代理権の認定が容易になること、④債権関係から分離することで、契約が無効であったり取り消されても、代理権授与ひいてはすでになされた代理行為の効力に影響を及ぼさず（＝無因性）、取引安全に資すること、などである[268]。しかし、私的自治の原則からは、単に権利を取得するだけだとしても、代理人の意思を無視するのは違和感がある。

7-28　❷ **契約説（通説）**　現在の通説は、代理権は本人・代理人間の合意により授与されると考えている（**契約説**）。契約説も、委任契約という債権契約と代理権授与という処分行為の2つの合意との関係をめぐって、学説が分かれる。代理権授与の合意は、債権・債務を発生させる債権契約ではなく、単に代理人に代理権を成立させる処分行為であり、①債権契約と同時にされていても2つの契約があると考える学説と（我妻334頁、近江221頁［**無名契約説**］）、②1つの契約の2つの内容と考える学説（須永235頁、幾代327頁、四宮＝能見299頁［**融合契約説**］）[269]とがある。取消しの効力につき代理権授与合意部分を区別し別個に扱うのに便宜であり（☞7-32）、本書は①説によっておく[270]。

7-29　◆**委任契約の取消しとすでになされた代理行為の効力**
　(1)　**問題点**
　　例えば、Aがその生産する製品の甲地での一手販売をBに依頼し、BがAを代理してCに販売したが、その後にAB間の委任契約を、BがAの詐欺を理由に（または、AがBの詐欺を理由に、ないし、Bが制限行為能力を理由に[271]）

---

[268]　ドイツ民法では、代理に関して比較法的に特異な制度を用意しており、代理権の授与は本人の単独行為であり、かつ、その原因である債権関係と切り離された無因行為とされている。
[269]　この立場では、任意代理権は委任契約によって発生するので、雇用契約などにおいて代理権を生じさせる場合には、委任契約の成立を認めることになる（加藤293頁以下。佐久間237頁、中舎309頁も同旨）。代理をめぐる法律関係は、雇用契約ではなく委任契約の規定・法理により規律されることになる。
[270]　アメリカ法も代理授与合意を分離しない。また、代理は契約関係ではなく**信認関係**として理解されている（樋口28頁以下）。信認関係であり契約関係でないため原因は不要であり、また、一種の支配関係であり、代理の核心に本人による代理人の支配があり、これがなければ代理ではないといわれている。また、信認関係から、代理人の本人に対する信認義務も導かれ、①忠実義務、②代理権の範囲内で行為する義務、③本人の指図に従う義務、④注意義務、⑤情報提供義務が導かれる（樋口33頁以下、107頁以下）。

取り消したとする。この場合に、委任契約は、121条本文の規定により遡及的に効力を失うが、遡及的に代理権も消滅し、BのCへの販売は無権代理になるのであろうか。これは、代理権授与行為の法的性質の理解にかかわる問題である。

7-30 **(2) 学説の状況**
 **(a) 単独行為説では** 単独行為説では、代理権はAの一方的意思表示によって与えられ、取消しの対象となるのは委任契約であるので、Bは委任契約のみを取り消すことになる。BがAの授権行為を取り消すことはありえない。また、無因性を認めるので、委任契約が失効しても、代理権授与行為には影響がなく取引の安全保護を図れる点を、単独行為説は強調する（今泉344～5頁）。しかし、Aからの取消しでは、代理権授与という単独行為も取消しできるはずである。

7-31 **(b) 契約説では** ①代理人Bからの取消しについては、無名契約説、融合契約のいずれであっても、取消しは取消権者の保護のための制度であるから、取消しの効果を取消権者であるBの保護に必要な限度に制限することが考えられる。BとしてはAとの契約が解消でき、契約の拘束力から解放されればよく、AまでもがCとの契約から解放され、第三者が損害を被るべきいわれはない[272]。問題はその法的説明である。②その法的説明は、Aからの取消しの場合にも使える説明が望ましい。

7-32 ❶ **代理権消滅については遡及効を制限する考え** まず、取消しによる無効の遡及効は、取消権者の保護のためのものであり、それに必要な範囲で無効の遡及効を認めれば十分であり、代理の効果については無効を遡及させる必要はないので、取消しの時から将来に向かってのみ代理権消滅の効果が発生するという考えがある（我妻352頁、鈴木193頁等）。しかし、この説明は、Bからの取消しについてしか当てはまらない。そこで、次説を参考にして、AB いずれからの取消しについても、代理権授与合意については遡及効を制限すべきである。

7-33 ❷ **取消しの効果は代理権授与には及ばないという考え** 次に、代理人は契約を取り消すことはできるが、契約から発生した代理資格（代理権）という面ないし部分については取り消すことはできないという考えもある（幾代328頁）。❶説が、取消しの対象として認めながら、無効の遡及効を制限するだけであるのに対して、この考えはそもそも代理権に関する契約の部分については、取消しの対象にすることができないとする点に差がある。この構成ならば、本人Aからの取消しにも妥当する。しかし、取消し後も代理権が存続するのは不合理であり、遡及効の制限にとどめるべきである。

---

271) 制限行為能力取消しについては、102条を理由にしてすでになされた代理行為の効力が維持されることを説明する学説がある（辻278頁）。
272) 受任者（代理人）Bの詐欺や強迫による場合には、AがBとの委任契約を取り消すことになり、AをBが行った代理行為から解放を受ける利益もあろう。しかし、❶説も❷説も、代理については遡及効を制限したり、取消しの効果は代理権の部分には及ばないとするので、Aからの取消しについても、Bがすでにした代理行為の効力に影響はない。取消し後の代理行為には、112条が適用になる。

## 2 代理権の範囲

### (1) 法定代理の場合

法定代理権の代理権の内容は関連規定により法定されている（例えば、親権者については824条）。また、本人である制限行為能力者と法定代理人との利益相反行為については、法定代理人の代理権が制限され家庭裁判所により特別代理人を選任することが必要とされている（826条など）[273]。不在者財産管理人については、103条の限度での管理権限が認められ、これを越える行為をするためには家庭裁判所の許可が必要とされている（28条）。この規律は、相続財産管理人に準用されている（918条3項・953条）。

### (2) 任意代理の場合──代理権授与行為の解釈

任意代理の場合には、代理権の内容は代理権授与行為の解釈によって決定される。この点につき、民法は代理権の内容が明瞭でない場合についての意思表示解釈規定を設け、「権限の定めのない代理人は、次に掲げる行為のみをする権限を有する」と規定し、下記の2つの行為を列挙した（103条）。代理の規定であるが、代理以外の事実行為（掃除する、壊れた部分を修理する等）にも類推適用されるべきであり、以下では事実行為も含めて検討する。

> ① 「保存行為」（1号）
> ② 「代理の目的である物又は権利の性質を変えない範囲内において、その利用又は改良を目的とする行為」（2号）

例えば、Aがペットショップを個人で経営しているが、夫婦で2ヶ月の世界旅行に出るため、店を手伝っている長男Bにその間の店の経営一切を任せたとする。代理権の範囲内か否か不明な場合には本人に連絡して確認すべきであるが、いちいち本人に確認をとるのは面倒である。代理人（受任者）は個別的な合意がされていなくても、当然に上記の行為はできることに

---

[273] 利益相反行為の理解をめぐっては、①行為の外形だけで判断する**外形判断説**（判例）と、②実質的に不利益かどうかを判断する**実質判断説**（学説の多数説）とが対立している。外形判断説であっても、場合によっては権利濫用とされ（ただし、その認定は厳格になされる）、相手方が悪意または有過失であればその行為の効力が否定される（最判平4・12・10判時1445号139頁☞7-108）。

7-36　**(a)　保存行為**（103条1号）　例えば、7-35の例で店舗の排水管が老朽化により水漏れが生じた場合には、Bはペットショップの名で業者に頼んで排水管を取り換えるなど、水漏れを修理することができる。ペットショップの店を任せるのであるから商品であるペットやペット用品の販売権限はあるが、店のパソコンの売却の権限は認められない。商品である金魚について、売却以外の処分が許されないわけではなく、病気が発生した場合、他の金魚に病気がうつらないように病気の金魚を廃棄するように、本人の財産全体からみて現状維持と認められる処分行為は可能である。店の債務の弁済や債権の取立ても許されよう[274]。

7-37　**(b)　利用・改良行為**（103条2号）　「利用」には賃貸することも含まれ、ペットショップの駐車場が広くて余裕があればその一角を近隣住民の専用の月極駐車場にすることができる。性質を変えてはいけないので、庭として利用されている部分を月極駐車場にすることはできない。また、改良もできるので、例えば条例で火災報知機の設置が義務づけられたので、業者に頼んで店舗に火災報知機を設置したり、店の看板が壊れたわけではないが、業者に立派な看板に取り換えてもらう行為も、権限の範囲内となる。しかし、性質を変更することはできないので、店舗の一部にペット同伴可のカフェを併設することは許されず、本人の許諾が必要である。

7-38　**◆任意代理権の範囲の認定**

　任意代理権の授与の認定については7-26に述べたが、ここでは代理権授与が認められる場合の、代理権の範囲の認定についての判例を紹介しておこう。

　売買契約締結の代理権には、特別の事情のない限り売買不成立の場合に内金手付の返還を受ける権限が含まれる（大判昭16・3・15民集20巻491頁）。貸金請求訴訟において、被告側の訴訟代理人として依頼された者の和解権限には、請求されている貸金債権の担保のために被告所有の不動産につき抵当権を設定する権限も包まれる（最判昭38・2・21民集17巻1号182頁）。売買契約締結の代理権には、相手方から売買契約の取消しの意思表示を受ける権限も含まれる（最判昭34・2・13民集13巻2号105頁）。

---

[274]　103条の原案は、代理権の範囲について別段の定めがないと「管理行為ノミヲ為ス権限ヲ有ス」と規定し（1項）、「財産ノ保存、改良又ハ利用ノ為メニスル行為ニシテ権利ヲ喪失セシムルニ至ラサルモノハ之ヲ管理行為トス但果実又ハ損敗シ易キ物ヲ有価ニ処分スルハ此レ同ニ在ラス」（2項）と規定していた。現行103条は、**管理行為**という用語をあえて放棄したのである。

これに反し、債権取立ての代理権には、債務者に履行を請求し、また、債務承認を受ける権限が含まれるが（大判大 10・2・14 民録 27 輯 285 頁）、代物弁済を受ける権限は含まれず（大判大 6・2・7 民録 23 輯 210 頁）、債権の一部を免除する権限も含まない（大判昭 5・12・23 評論全集 20 巻民 31 頁）。また、売買代金の取立ての代理権には、その売買契約を解除する権限は含まれない（大判大 14・10・5 民集 4 巻 489 頁）。

## 3　自己代理の原則──復代理

### 7-39 (1)　復代理の意義

**(a)　復代理ではない場合（①ケース）**　A はその所有の骨董品の甲壺の売却を B に委託し代理権を与え、甲壺を引き渡したが、B は、同業者の C が壺を専門に扱う業者なので C の方が適任であると考え、A の承諾を得て、C に甲壺の販売を依頼して代理権を与えたとする。この事例も、BC 間の委託が、① A を代理して AC 間に委任契約を成立させる場合、および、② B が自らを委任者とし BC 間の委任契約を成立させる場合とが考えられる。

①ケースでは、B に A を代理して第三者に販売を委託する代理権が新たに授与され、B は A を代理して AC 間の委任契約（代理権授与合意も含まれる）を成立させている。この結果、AC 間の委任契約が成立しまた C に A を代理して甲壺を売却する代理権が成立する。従前の AB 間の委任契約は解除されない限りは存続し、B も受任者のままであり販売の代理権を保持していることになる。BC 間には委任契約は成立せず、C は報酬を B ではなく A にしか請求できない。以下のような法律関係になる。

> ⓐ　代理関係→代理関係が AC 間に直接成立する。
> ⓑ　委任契約関係→委任契約関係も AC 間に成立する。

### 7-40 (b)　復代理の場合（②ケース）

7-39 ②ケースでは、代理人が、自己の名で＝自分を委任者として別の者に代理行為を行うことを委任しており、代理の部分だけを取り上げて**復代理**といい、選任された代理人を**復代理人**という（代理権は**復代理権**）。復代理では、あくまでも本人の代理であり代理人を代理するのではないが、債権関係である委任契約は、代理人（受任者）と復代

理人との間に成立する。AC 間には委任契約は成立せず、AB 間と BC 間にそれぞれ委任契約が成立し、請負における下請と同様の法律関係になる。BC 間の委任を**復委任**という。AC 間は次のようになる。

> ⓐ 代理関係→代理関係は AC 間に直接成立する。
> ⓑ 委任契約関係→委任契約関係は AB 間および BC 間に成立し、AC 間には成立しない。

7-41　**(ア)　代理関係**　本人の代理を復代理人に行わせるのが復代理であり、C は本人 A を代理するのである。したがって、代理関係は AC 間に成立することになる（106 条 1 項）。C は A を代理して甲壺を D に売却して、AD 間の売買契約を成立させるのである[275]。復代理人の代理権（復代理権）は、代理人の代理権（原代理権）に基づくものであるため、復代理権の範囲は、原代理権の範囲を超えることはできない（同条 2 項）。

7-42　**(イ)　委任契約関係（債権関係）**　委任契約関係の点で、7-39 の場合と復代理は大きく異なる。復代理の場合には、あくまでも委任契約関係は、AB 間の委任契約、BC 間の復委任契約という構造になり、C は B の A に対する債務の履行代行者になる。AC の間には契約関係はない。その結果、C が A を代理して D に甲壺を売却し代金を受け取った場合、A は B に対して、B は C に対しそれぞれ受け取った代金の引渡しを求める委任契約上の債権を取得するだけである（646 条 1 項）。民法はこの点につき A の C に対する直接訴権を認めている（☞ 7-45 以下）。

7-43　**(2)　復代理の可否**

　　**ⓐ　任意代理人——原則として本人の承諾必要**　委任契約ではその受任者（＝代理人）を信任して委任事務処理を依頼したのであるから、復委任によ

---

[275] 授権（間接代理）について**復授権**というものが考えられ、A が甲画の売却を B に授権し、B が A の承認を得てさらに C に授権した場合、C は甲画を自己の名で売却する権限を取得する（A の同意がないと無効だが、即時取得可能）。債権契約としては、CD 間の売買契約が成立し、所有権は A から D に移転する。委任契約関係は、復代理同様に、AB 間、BC 間にしか認められず、AC 間には認められないので、106 条（当時 107 条）2 項の類推適用が問題とされた。判例は、問屋の再委託がされた事例について、106 条 2 項の類推適用を否定する（最判昭 31・10・12 民集 10 巻 10 号 1260 頁）。代理に関する規定なので、代理権を伴わない問屋には準用（類推適用）すべきではないというのが理由である。改正法により、委任にも 106 条 2 項と同様の規定が置かれ（644 条の 2 第 2 項）、問題は解決された。

り自分の知らない者に委任事務処理がなされたのではたまらない。そのため、任意代理については、①本人の許諾を得た場合、または、②やむをえない事由がある場合にのみ、復代理人を「選任することができ」るにすぎない (104条 [644条の2第1項に復委任についても同旨の規定が置かれた])。復代理人の「選任」となっているが、代理人が自己の名で本人の代理権を復代理人に有効に付与することができることを意味している。もしBが本人の同意なしにCを復代理人に選任したならば、BC間の委任契約は債権契約として有効であるが、代理権の授与は無効である。復代理人の行為は無権代理となり、復代理人は117条の責任を負うことになる。

7-44　**(b) 法定代理人——自由に選任可**　法定代理人は、特定の事務処理のために代理人の能力を見込んで代理行為の依頼を受けているのではなく、例えば親というだけで当然に親権を取得するのであり、また、その事務処理の範囲は広範であるため、法定代理人は自由に復代理人に依頼して代理行為をさせることができる (105条前段)。この規定は代理についての規定であるが、代理を伴わない事務処理に類推適用できる。自由に復代理人を選任できる代わりに、法定代理人は復代理人の行為について本人 (子や成年被後見人ら) に対して当然に責任を負い、ただし、やむをえない事由が認められれば、復代理人の選任・監督の責任のみ負うことになっている (同条後段)[276]。法定代理人は本人を代理して7-39①ケースの委任契約の締結もでき、この場合にも105条後段を類推適用してよい。

7-45　**(3) 復代理人と本人の関係——106条2項の直接訴権**
　**(a) 106条2項の趣旨——第三者を含めて意味不明の規定になった**
7-39②ケースにおいて、CがDから代金100万円を受領してこれを保有しているとして、①Bが無資力状態にあり、Bの債権者EがBのCに対するDから交付を受けた100万円の交付請求権を差し押さえてきた場合に、Aはこれに対して何らかの法的主張が可能なのか、②CがBまたはAに100万円を交付した場合に、ABCの権利関係はどうなるのであろうか。

---

[276]　包括的な法定代理権ということを考慮すれば、やむをえない事由とはいうが正当事由程度に理解すべきであり、成年被後見人所有のアパートの管理を後見人が不動産業者に委託するのは、この意味でやむをえない事由によるものと考えるべきである。適切な管理をしないのに解除をしない等、後見人に選任・監督の過失が認められる場合にのみ、本人たる後見人に対して責任を負うと考えるべきである。

民法は、「復代理人は、本人及び第三者に対して、その権限の範囲内において、代理人と同一の権利を有し、義務を負う」と規定した（106条2項）。本規定は、旧民法の**直接訴権**を認める規定を承継したものであるが（☞7-47）、現行民法の起草者は直接訴権制度を十分に理解せず、第三者との関係まで含めた意味不明な規定にしてしまった。改正法も、「その権限の範囲内において」という文言を追加したのみである（7-64 参照）。

　本規定の意義は、本人と復代理人との債権関係にある。上記事例では、Aは、BにCから受け取って自分に交付するように請求するのではなく、Cに対して直接自分に交付するよう請求できることになる。644条の2第2項に、106条2項と同趣旨の規定が置かれ、代理特有の問題ではないことが確認されたものの、この規定の本来意図されていた直接訴権という趣旨はこれまで十分に理解されていない（☞7-46)[277]。

7-46　**(b)　AがCに直接請求できることの法的説明**

　❶　**便宜規定説**　106条2項の意義は十分理解されず、本人と復代理人との間に直接の法律関係を認めるのが便宜であるといった程度の理解がされている。7-45の事例でいえば、CがDから受け取った100万円をBに渡し、そして、BからAへと交付するのは迂遠であるため、AにCに対して直接自分への交付を請求できるようにした、金銭や物の引渡しを簡略化した便宜規定にすぎないものと考えられている。判例も後述最判昭51・4・9民集30巻3号208頁は、「契約関係のない本人復代理人間にも直接の権利義務の関係を生じさせることが便宜であるとの趣旨に出たものであるにすぎ」ないと述べており、便宜規定説に依拠している。

7-47　❷　**直接訴権説**　旧民法の本条の前身規定はフランス法の**直接訴権**を導入した規定である。直接訴権とは、①契約責任の拡大、および、②優先権を認める担保という機能を持つ制度である。まず、前者であるが、甲壺を復代理人Cがその過失により滅失させたとしよう。AC間に契約関係がないので不法行為責任しか問題にならないはずである。ところが、直接訴権により

---

[277]　106条2項は、本人・復代理人の権利・義務一切について直接の権利・義務を認めており、①復代理人は直接本人に対して善管注意義務を負い（644条）、相手方より受領した金銭などの引渡義務を負い（646条）、②他方で、費用償還請求権を有し（650条）、また、原代理人に対する報酬請求権の限度で、本人に対する報酬請求権を取得する（648条）、ことになる。

AはCに対して債務不履行責任を追及できることになる。

次に担保としての機能であるが、A→BまたB→Cの100万円の交付請求権が成立するにすぎないとするとして、Bの債権者EがB→Cの100万円の交付請求権を差し押さえてきたりBに破産手続が開始した場合に、AをBの他の債権者と同列に扱うのは適切ではない。Aに交付すべき100万円の交付請求権であり、Bの債権者の責任財産になるものではない。Bの債権者に棚ぼた的利益を与える必要はなく、すべて100万円はAに辿り着くべきである。そのため、直接訴権により、AからCに対する直接の権利行使を認めて排他的・優先的に100万円を取り戻せるようにしたのである。

7-48 ◆**直接訴権の法的構成**[278]
**(1) A→C債権を成立させる構成（独立権利説）**
　一般的な理解は、A→B、B→Cという債権とは別に、A→C債権を便宜的に成立させた制度として、106条2項を理解している。B→C債権（またA→B債権）とA→C債権の関係は、連帯債権とでも考えられている。BまたBの債権者もB→C債権を行使できることになり、A→C債権との関係は不明になる。この2つの権利行使が競合した場合に、Aを優先させなければ、106条2項の趣旨は活かされない。また、Aに対してBとCが債務を競合して負担することになり、その関係が問題になる（☞7-53）。

7-49 **(2) B→C債権を問題にする学説**
　❶ **債権移転説**　B→C債権を問題にする学説もその構成は分かれる。まず、直接訴権を、B→C債権をAが自分に帰属させることのできる権利と構成する主張がある（浜上則雄「民法107条の『直接訴権』について」Law School 33号47頁以下、加賀山茂『担保法』70頁）。これによれば、委任についての646条2項のように、Aは、B→C債権をその意思表示により自分に移転させることができることになる。BはCに対する債権を失うので、BないしBの債権者がB→C債権を行使することはできなくなる。ただし、債権の移転を知らないCの保護――Bに交付した場合――を考える必要がある（478条または467条1項）。

7-50 　❷ **排他権説**　本書は、直接訴権を、AにB→C債権につき排他的ないし優先的な行使を認める権利と理解している。B→C債権とは別に、A→C債権を認めるのではなく、AがA→B債権の回収のためにB→C債権を優先的に行使できることになる。106条2項は、そのような優先権を認めたものであり（☞7-47）、無資力要件は不要であり、BまたBの債権者に優先して代位行使ができ

---

[278] 直接訴権の法的構成については、加賀山茂「民法613条の直接訴権《action directe》について(1)」阪法102号100頁以下、同『担保法』67以下参照。

る[279])。

7-51 ◆ Cの引渡しの効力── Cの法的保護[280]
(1) CがBに支払をした場合
　CがBに100万円を交付した場合、B→C債権は消滅するが、A→C債権は存続するというのは不合理である。①判例は（最判昭51・4・9☞7-52）、独立権利説を前提として、Cが目的物をBに引き渡せば、Aに対する受領物引渡義務も消滅すると、不真正連帯債務的な解決をしている。②債権移転説では、移転前はCからBへの支払は有効であるが、移転後は、A→C債権になり、CがBに支払っても無効なはずであるが、478条により保護されることになろうか。③排他権説では、B→C債権をAが行使するのであり、A→C債権を別個に認めないので、Aが行使する前にCがBに支払えば有効であり、Cは債務を解放される。

7-52
●**最判昭51・4・9民集30巻3号208頁**　106条（当時107条）2項は、「復代理人の代理行為も代理人の代理行為と同一の効果を生じるところから、契約関係のない<u>本人復代理人間にも直接の権利義務の関係を生じさせることが便宜である</u>との趣旨に出たものであるにすぎず、この規定のゆえに、本人又は復代理人がそれぞれ代理人の締結した委任契約に基づいて有している権利義務に消長をきたすべき理由はないから、復代理人が委任事務を処理するに当たり金銭等を受領したときは、復代理人は、特別の事情がないかぎり、本人に対して受領物を引渡す義務を負うほか、<u>代理人に対してもこれを引渡す義務を負い</u>、もし復代理人において代理人にこれを引渡したときは、代理人に対する受領物引渡義務は消滅し、<u>それとともに、本人に対する受領物引渡義務もまた消滅する</u>ものと解するのが相当である」。

---

279) A→B債権、B→C債権の存在が要件となり、また、両債権による二重の制限を受けることになる。また、AによるB→C債権の行使に対してBによる同債権の行使は制限され、Aの権利行使が優先される。Bの債権者（差押債権者や代位債権者）はB以上の権利行使はできず、Aが優先する。
280) Cが代金を受領した場合、AはBに対して引渡しを請求できるであろうか。①独立説に立つと思われる判例は、「代理人は復代理人が受任者として受取りたる金銭其他の物に付、本人に対して返還義務を負うものに非ずして、本人は復代理人に対してのみ其の返還を請求し得るに止まる」、として、AからBへの請求を退けている（大判昭10・8・10新聞3882号13頁）。②債権移転説では、B→C債権がAに移転することにより、A→B債権は消滅しようが、移転を求めるかどうかは自由である。③排他説では、A→B債権を認めるので、AがBに対してCからの取立て（Aの口座への振込みの依頼）をするよう求めることができ、排他権を行使するかどうかは自由である。

### (2) CがAに支払った場合

7-53　CがAに直接に100万円を交付した場合、全ての法律関係を消滅させてよい。①独立権利説では、Aに対してBとCは不真正連帯債務を負担すると構成して、この結論が説明できる。②債権移転説では、AがB→C債権を取得するので、A→C債権となり支払は有効であり、ABまたBC間に何ら債権関係は残らない。③排他権説では、A→B債権の回収のためにB→C債権を行使するのであり、その受領はB→C債権の回収であり、債権者代位権同様の処理となる。AがCから100万円を受け取った以上、B→C債権だけでなく、A→B債権も相殺の意思表示を要することなく消滅すると考えるべきである。

### (4) 代理人の復代理人の行為についての責任

7-54　**(a) 任意代理の場合**　任意代理人が、104条に従い適法に復代理人を選任した場合には、選任・監督についてのみ責任を負うことが規定されていた（旧105条1項）。また、本人が復代理人を指定した場合には、その不適任または不誠実を知りながら本人に通知をしたり解任しなかった場合にのみ、本人に対して責任を負うにすぎないとも規定されていた（同条2項）。改正法でこれらの規定は削除された。

ここでの問題は、代理の問題というよりも債権関係の問題である。受任者が自分でなすべき委任事務処理を代わりに第三者に行わせるのであり、その行為について責任を負うかどうかは履行補助者の行為についての責任の問題に還元されることになる。①復代理人選任が違法な場合には、それ自体が債務不履行になり当然に責任を負い、②復代理人選任が本人の許諾を得たかまたはやむをえない事情による適法な場合には、その選任・監督に過失があった場合にのみ責任を負うことになる。

7-55　**(b) 法定代理の場合**　①法定代理では、法定代理人は自由に復代理人を選任できる反面、それは「自己の責任で」なされるものであり、復代理人の行為については常に本人に責任を負うのが原則である（105条前段）。復代理人の行為自体が責任の認められる場合でなければならず、免責が認められる場合は別である。②ただし、やむをえない事由がある場合には、復代理人の「選任及び監督についての責任のみを負う」にすぎない（同条後段）。

### (5) 復代理の終了──原代理に対する付従性

7-56　7-39の事例でいえば、①BC間に委任契約の終了原因があれば、AB間の委任契約または法定代理関係が存続していても、CのAについての代理権

は消滅する。②また、BC間に委任契約の終了原因がなくても、AB間の委任契約または法定代理関係が消滅すれば、当然にBC間の委任契約関係も終了しCの代理権は消滅する。AがBとの委任契約を解除したのに（651条1項）、Cにより有効に代理行為がされてしまうのでは、Aにとって不利益が大きいし、また、Cの復代理権はB代理権を前提としているからである。復代理人は、いわば"親亀の背に乗った子亀"にすぎない。

### 4　本人の利益保護のための代理権の制限

7-57　**(1)　自己契約および双方代理の禁止**

　**(a)　自己契約および双方代理の意義**　①「同一の法律行為について、相手方の代理人と」なることを**自己契約**という。例えばAから甲地の売却を依頼された代理人Bが、Aを代理して甲地を自分に売却する売買契約、すなわち自分を契約当事者とするAB間で甲地の売買契約を締結することである。Bが、一方でAの代理人、他方で相手方として一人二役を演じて契約を締結するのである。②これに対して、「同一の法律行為について、……当事者双方の代理人と」なることを**双方代理**という。一方でAから甲地の売却を依頼され、他方でCから甲地の購入を依頼されたBが、ACの双方を代理してAC間で甲地の売買契約を締結することである。なお、改正法により利益相反行為（108条2項）が導入されたが、7-67に説明する。

7-58　**(b)　自己契約および双方代理の原則禁止（違反は無権代理）**　民法は、原則として自己契約および双方代理を無権代理とみなした（108条1項本文）[281]。このような行為は、委任契約における受任者の委任者に対する誠実義務に反する行為になるので、代理権を否定するという趣旨である[282]。理論的には代理が可能であり、また、本人がこれを許容すれば有効であるが、特にこの点の合意がされていない限りは、自己契約や双方代理をする代理権までは与えていないとする、代理権の範囲についての任意規定にすぎない。すなわち、自己契約では、本人の利益が犠牲にされ、双方代理では一方の本人の利

---

281)　法定代理では、利益相反行為につき特別代理人を選定することになっている（826条・860条）。法人の代表者については、一般法人法84条1項2号、会社法356条1項2号により、社員総会、株主総会の承認を受けることが必要とされている。
282)　108条に違反してなされた代理行為は無権代理行為になり、本人は追認できる（大判大7・5・23民録24輯1027頁、最判平16・7・13民集58巻5号1368頁）。

益が害される可能性があり、それは本人の利益になるような内容の契約を締結しなければならない代理人の誠実義務に反し、通常は本人はそのような代理を許容していないと考えられるのである[283]。

7-59 **(c) 自己契約および双方代理が例外として認められる場合**

㋐ **「債務の履行」** 民法は、「ただし、債務の履行及び本人があらかじめ許諾した行為については、この限りでない」と、自己契約・双方代理の両者について2つの例外を認めている（108条1項ただし書）[284]。まず、債務の履行を自己契約または双方代理により行うことは、本人の承諾を必要としない。債務の履行は、決められた内容を実現するだけであり、新たな利害関係を生じさせるものではないからである。例えば、売買契約の両当事者から司法書士が移転登記についての登記代理権を受けること（最判昭43・3・8民集22巻3号540頁）や、金銭消費貸借に際して借主が貸主に公正証書作成についての白紙委任状を交付した事例（最判昭26・6・1民集5巻7号367頁）などは、自己契約や双方代理の禁止に反することはない。しかし、代物弁済は、単純な弁済ではなく新たな利害関係を生じさせるものであり、「債務の履行」には含まれない。

7-60 ㋑ **「本人があらかじめ許諾した行為」** 自己契約および双方代理の禁止は、本人の利益保護のための任意規定である[285]。そのため、1項ただし書では、本人が予め許諾をした場合には、自己契約および双方代理も可能なことを認めている。本人は許諾を与える場合には、代理人により不合理な内容の契約が締結されるリスクを避けるために、例えば販売の委任であればいく

---

283) 会社法でも取締役の**忠実義務**が規定されており（会社355条）、取締役の忠実義務は、「法令及び定款並びに株主総会の決議を遵守し、株式会社のため忠実にその職務を行」う義務である。忠実義務は善管注意義務とは異なる義務であり（アメリカ法にならって導入された）、会社の利益よりも自己または第三者の利益を上位に置いてはならない義務である。
284) 問屋（間接代理）形式の場合には、問屋が自ら買主または売主になれる（商555条［介入権］）。取引所の相場のある商品に限り、また、取引所の相場によらねばならないため、依頼者に特に不利益はないからである。
285) 不動産の賃貸借契約において、予め賃借人と賃貸人の間で紛争が生じたときは、賃貸人が賃借人の代理人を選任できるという特約の効力が問題にされた事例がある。実質的な状況は自己契約に等しいため、判例は、この合意は自己契約の禁止を潜脱するものとして、108条違反により無効とした（大判昭7・6・6民集11巻1115頁）。しかし、108条は強行規定ではなく特約で排除できるのであり（現在では明記された）、このような特約が当事者の力関係の差に基づいて押し付けられ、本人側に一方的に不利益を負わせるものであれば90条に違反するものとして効力を否定すべきである（川井225頁等）。

ら以上であれば代理人自ら買い取ってもよいといった形で、自己契約についての代理権を制限しておく必要がある。

7-61 **(2) 共同代理**

同一行為につき複数の代理人がいても、法定の制限また特約がない限り、各代理人が単独で代理行為を行うことができる。ところが、その数人が共同でなければ代理することができないものとされている場合、これを**共同代理**という。この共同代理は、代理人同士で規制し合って専断的・背信的な代理行為の抑止を狙うものである。もし単独で代理行為をすれば無権代理になるが、110条の表見代理の成立する可能性がある[286]。

共同代理の例としては、法定代理について**親権共同行使**の原則（818条3項）があり、子を親が代理する場合には、2人の名でなさなければならない。代理行為だけに限定されず、未成年に同意をして行わせる場合の同意も2人の同意が必要である。ただし、民法は取引安全保護のために、両親の一方が勝手に2人の名で（＝共同名義で）代理行為や同意を行った場合には、相手方が悪意でない限りその効力は妨げられないものとした（825条）。

### 5 代理権の濫用

7-62 **(1) 問題点──代理意思と顕名**

**(a) 任意代理における代理人選任リスクの本人負担**　Aから甲画の販売を依頼されているBが、売った代金を横領するつもりで、Aを代理して甲画をCに販売しCから代金を受け取り、これを自己の借金の返済に充ててしまったとする。この場合に、①CがBの意図を知らなかった場合と、②CがBの知合いであり代金を受け取って横領することを知っていた場合とに分けて、AのCに対してなしうる法的主張について考えてみよう。

①まず99条の顕名の要件における「本人のためにすることを示」すということは、その行為の効果の帰属先が本人であることを示すことである。②また、代理人は本人との委任契約上、本人の利益のために行動しなければな

---

[286] 共同代理の場合の受働代理については、代理権を持つ者への意思表示の到達の問題にすぎず、また、専断的・背信的な行為という問題はありえないし、また、意思表示をする者の保護も考えて、共同代理という制限は及ばないと考えてよい。したがって、例えば親権者の1人に、本人宛てに意思表示をすればよい（我妻341頁、川井232頁など通説）。

らない義務を負うが（法定代理も同様）、それは本人と代理人の委任契約内部の債権関係上の義務の問題にすぎず、代理権の内容にはかかわらない。したがって、上記事例のＢの行為は、顕名があり代理行為として有効であり、受け取った代金の横領の点は、委任契約における債務不履行責任（647条）が認められるだけである。③これは結論的にも妥当である。本人は他人を利用するリスクを自己責任として負担すべきであるからである。ただし、法定代理はこの点は当てはまらない。

7-63　**(b) 例外的な本人保護の必要性・可能性**　しかし、相手方Ｃが代理人Ｂの横領の意図を知っていながら取引に応じた場合には、むしろＡの方を保護すべきであろう。ＣがＢの横領の意図を知っていれば、不法行為法上、ＣはＢによる代理取引を避けＡの損害発生を回避すべき結果回避義務が認められるべきである。これに違反してＡに損害を与えた場合には、Ｂと連帯してＡに対して損害賠償義務を認めることも考えられるが、現実賠償的に本人ＡがＢのなした代理行為の効力を否定することを認めるべきである。ただし、①無権代理ではないのでどう効力否定を構成するのか、②相手方に過失がある場合にも無効とすべきか、任意代理と法定代理とで異なった扱いをすべきかは、議論されている。

**(2) 改正前の議論と改正法**

7-64　**(a) 改正前の議論**　改正前には、代理権濫用について、①無権代理説もあったが、②93条ただし書類推適用説（ⓐ無過失必要説とⓑ無過失不要説とに分かれる）と、③信義則説とが対立していた。判例は代表権濫用につき②ⓐを採用し（☞7-65）、代理権濫用にもこれを適用する（☞7-66）。

①および②ⓐでは相手方保護には善意無過失が必要であるが（①では110条による）、②ⓑおよび③では相手方に無過失までは要求されないという大きな差があった。また、効果も①では無権代理であるが、②③では無権代理でもないのにどうして契約の効力が否定されるのか明確ではなかった。さらには、法定代理と任意代理とについて、②ⓑおよび③では法定代理については相手方の無過失まで要求するという差を認めていた。

7-65　●最判昭38・9・5民集17巻8号909頁（代表権濫用）「株式会社の代表取締役が、自己の利益のため表面上会社の代表者として法律行為をなした場合

において、相手方が右代表取締役の真意を知りまたは知り得べきものであつたときは、民法93条但書の規定を類推し、右の法律行為はその効力を生じないものと解するのが相当である。」「しかるに、原判決は、……Aに背任的な権限濫用の行為があったか否か、また、Yの知情の点如何を審理判断することなく」、Xの請求を排斥しており、「法令の解釈を誤り、ひいては審理不尽、理由不備の違法あるを免れない」。

7-66　●**最判昭42・4・20民集21巻3号697頁（代理権濫用）**　Yの支配人が代理権を濫用して、取引先Xから商品を買い取る売買契約をした事例（取引先から会社への代金支払請求）。「代理人が自己または第三者の利益をはかるため権限内の行為をしたときは、相手方が代理人の右意図を知りまたは知ることをうべかりし場合に限り、民法93条但書の規定を類推して、本人はその行為につき責に任じないと解するを相当とするから」、「[Y]に本件売買取引による代金支払の義務がないとした原判示は、正当として是認すべきである」（Xの悪意を認めて、715条1項に基づく損害賠償請求も否定☞7-68）。

7-67　(b)　**2017年改正法**　改正法は、「代理人が自己又は第三者の利益を図る目的で代理権の範囲内の行為をした場合において、相手方がその目的を知り、又は知ることができたときは、その行為は、代理権を有しない者がした行為とみなす」という規定を新設した（107条）。93条類推適用説（判例）同様に相手方の善意無過失を要件としたが、判例により「法律行為はその効力を生じない」、「本人はその行為につき責に任じない」と説明されていた効果を、無権代理行為と「みなす」という構成に変更したのである。また、法定代理・任意代理の区別をしていない。他方で、相手方の主観的要件のない利益相反行為違反規定を新設し、これも無権代理とみなしている（108条2項）。利益相反行為かどうかは、相手方の主観的要件もないことから、客観的に判断されるべきである（外形説）。

7-68　◆**使用者責任はどうなるか**
　代理権の濫用につき悪意ないし過失のある相手方が、本人への効果帰属を主張しえないとすると、代理人が従業員である場合、従業員の代理権濫用のため損害を被ったとして、相手方が本人に対して使用者責任（715条1項）に基づいて損害賠償を請求することが考えられる。この点につき、最判昭42・4・20（☞

7-66）は、「取引行為に関するかぎり、行為の外形に対する第三者の信頼を保護」するため外形標準説が採用されているのであり、「被用者の行為が、その外形から観察して、その者の職務の範囲内に属するものと見られるからといって、それが被用者の権限濫用行為であることを知っていた第三者に対してまでも使用者の責任を認めることは、右の趣旨を逸脱する」として、使用者責任を否定する[287]。この結果、悪意の場合には代理の効力・使用者責任とも認められないが、過失があるにすぎない場合には、代理行為は無効とはされるが、使用者責任の追及は過失相殺がされるものの可能となる。

7-69 **◆法定代理と代理権濫用**
　法定代理、例えば親権者の代理権の場合には、826条により利益相反行為について規制がされている。したがって、親が自分の借金の担保として、子の不動産に子を代理して抵当権を設定することはできない（しても無権代理）。しかし、親との利益相反行為として規制できない場合、例えば親がギャンブル資金にするために子の財産を売却するのは、代理権濫用により規律するしかない。判例は93条ただし書類推適用による解決を法定代理にも認めるが、親権については代理権が包括的であるために、濫用か否かについて特別の考慮が必要とされる。親が自分の借金のためではなく、子の叔父（親からいうと兄弟）の経営する会社の債務のために、子の所有する不動産に抵当権を設定する行為につき、親権者の法定代理権の濫用が否定されている（☞ 7-70）。改正法では107条が適用されるが、代理権濫用の認否についてはこの判例の先例価値は残される。

7-70 　●**最判平4・12・10民集46巻9号2727頁**　［判旨（原審）］「親権者が子のためにではなく、自己又は第三者の利益を図るために子の財産の処分行為をした場合に……、民法93条但書を類推適用して、その取引の相手方において、親権者が自己又は第三者の利益を図る目的で代理行為を行うとの親権者の意図を知り又は知りうべかりし場合に限り、右代理行為は無効であって、その行為の効果は本人たる子には及ばない」。Ａ（叔父）が融資を受ける金員は、「Ａの運転資金として使用されるもので、Ｘの生活資金や事業資金、その他Ｘの利益のために使用されるものではないことまでを認識しながら」、Ｙの担当者は親権者Ｂと本件抵当権設定契約を締結しており、93条ただし書の類推適用により同契約は無効である。
　［判旨（最高裁）］（破棄差戻し）「親権者が右権限を濫用して法律行為を

---

[287] 無権代理事例では、使用者責任を問うためには善意無重過失が必要とされており（最判昭42・11・2民集21巻9号2278頁、最判昭44・11・21民集23巻11号2097頁等）、代理権濫用では善意だけが要求されているが、重過失は悪意に準じて扱ってよく、差はないといってよい。

した場合において、その行為の相手方が右濫用の事実を知り又は知り得べかりしときは、民法93条ただし書の規定を類推適用して、その行為の効果は子には及ばない」。しかし、「親権者が子を代理してする法律行為は、親権者と子との利益相反行為に当たらない限り、それをするか否かは子のために親権を行使する親権者が子をめぐる諸般の事情を考慮してする広範な裁量にゆだねられている」。「親権者が子を代理して子の所有する不動産を第三者の債務の担保に供する行為は、利益相反行為に当たらないものであるから、<u>それが子の利益を無視して自己又は第三者の利益を図ることのみを目的としてされるなど</u>、親権者に子を代理する権限を授与した法の趣旨に著しく反すると認められる**特段の事情**が存しない限り、親権者による代理権の濫用に当たると解することはできない」。「<u>それが子自身に経済的利益をもたらすものでないことから直ちに第三者の利益のみを図るものとして親権者による代理権の濫用に当たると解するのは相当でない</u>」。

## 6　代理権の消滅

7-71　**(1)　任意代理・法定代理に共通の消滅原因**

　任意代理、法定代理共通の代理権消滅原因として、下記①の４つの事由が挙げられている（111条1項）。いずれも、後見関係、委任契約といった代理権の基礎となる法律関係の終了原因であり、それに伴って代理権が消滅するものである。また、下記②のように、任意代理については、基礎となる債権契約の終了と共に代理権が消滅する（同条2項）。

---

① 任意代理・法定代理共通の代理権消滅事由（111条1項）
　ⓐ 本人側の事由　本人の死亡
　ⓑ 代理人側の事由
　　㋐ 代理人の死亡
　　㋑ 代理人が破産手続開始の決定を受けたこと
　　㋒ 代理人が後見開始の審判を受けたこと
② 任意代理の代理権特有の代理権消滅事由（111条2項）　委任の終了

---

7-72　**(a)　本人側の事由——本人の死亡**　制限行為能力者たる地位は一身専属的な法的地位であり、制限行為能力者が死亡すればその法律関係が相続人に承

継されず、後見関係は終了する。また、任意代理の場合には、委任契約は個人的信頼関係に基づいており、委任者の死亡により委任契約は終了し（653条1号）、それに伴って代理関係も消滅する。ただし、委任契約の委任者の死亡による終了には、654条のほか、特約による例外が認められており（☞7-73）、これに伴い代理権──相続人を本人とする──も存続することになる。

7-73 **◆死後の事務処理を含む場合の例外**
委任契約の死亡原因として委任者の死亡が掲げられているが（653条1号）、111条1項1号同様に強行規定と解すべきではない。①まず、そもそも死後の事務処理を委任した場合には、「委任者［A］の死亡によっても右契約を終了させない旨の合意を包含する趣旨のものというべく、民法653条の法意がかかる合意の効力を否定するものでない」とされている（最判平4・9・22金法1358号55頁）。②また、親が召集により戦地に出征するに際して息子に「包括的代理の委任」をしたという、死を覚悟して委任をしていった特殊な事例につき、この代理権は本人の死亡によっても消滅しない趣旨でされたと解して、本人の死亡を代理権の消滅原因とする111条は、これと異なる合意の効力を否定する趣旨ではないため、たとえ代理行為の時点で本人が死亡していたとしても代理行為の効力は妨げられないとした判決がある（最判昭28・4・23民集7巻4号396頁）。

7-74 **(b) 代理人側の事由**
**㋐ 代理人の死亡** 代理人の死亡が、代理権の消滅原因となることは、法定代理においては当然である。親権は一身専属権であり、また、後見人等については、裁判所が後見人や不在者財産管理人等に選任したのであるから、裁判所の審査を経ていない相続人が後見人や不在者財産管理人等になるいわれはなく、やはり一身専属性を有するからである。任意代理においても、委任者はその者を信頼して委任事務処理を依頼したのであり、受任者の相続人による代理行為まで容認してはいないのであり、受任者の死亡により委任契約は終了する（653条1号）。

7-75 **㋑ 代理人についての破産手続開始** 破産手続開始の決定を受けた者は、自己の財産の管理権限が制限されるので、法定代理には適さなくなるし、また、任意代理でも、契約をした信頼の基礎が失われることになる。そのため、受任者の破産は委任契約の終了原因ともされている（653条2号）。なお、本人の破産は、任意代理では次のように代理権の終了原因になるが、法定代理では終了原因とはされていないことに注意すべきである。

7-76 **(ウ) 代理人についての後見開始の審判** 代理では、後見人自身が十分な判断能力を失ったのに、他人の財産管理ができるはずはなく、後見の終了原因＝法定代理の消滅原因とされるべきである。また、任意代理においても、その者の能力を信頼して委任をしたのに、その信頼の基礎である信頼に足りる能力を失った以上、契約の基礎が失われることになり、委任契約の消滅原因ともされている（653条3号）。代理人は行為能力者である必要はないとされているが（103条）、これは制限行為能力者と知りつつ代理権を授与した事例を念頭に置いており、本条と抵触するものではない。

7-77 **(2) 任意代理に特有の消滅原因**

「委任による代理権は、前項各号に掲げる事由のほか、委任の終了によって消滅する」（111条2項）。委任による代理権と規定されているが、委任契約以外の場合も含めて基本たる契約関係が終了した場合に、その契約関係の履行のために与えられていた代理権も当然に消滅すると考えるべきである。

委任契約についていえば、委任契約の終了原因は、当事者の死亡および破産手続開始、ならびに、受任者についての後見開始の審判であり（653条）、ほとんど111条1項と重複し、委任者（本人）の破産手続開始のみが111条1項には含まれていない。委任契約は、653条の当然の終了原因のほかに、債務不履行解除、合意解除、651条による解除、委任契約の期間満了などによって終了するので、代理権もこれと共に終了することになる。

# §Ⅲ 代理行為

## 1 顕名が代理行為の要件──顕名主義の採用

7-78 **(1) 顕名主義の採用・根拠**

**(a) 顕名主義の採用** Aは美術商Bに、C所有の甲画の買付けを依頼したが、BがCから甲画を買い入れるに際して、自分の名刺を渡して自己の店舗への発送を依頼し、受取りを確認してからCの銀行口座に代金を入金する旨の内容の売買契約を口頭で締結したとする。この場合に、Cは誰に代金の支払を求めることができるのであろうか。

代理の効果が発生するためには、代理権を有する代理人が、「本人のためにすることを示して」（これを**顕名**という）依頼された行為（これを**代理行為**という）をすることが必要である[288]（99条1項）。**顕名主義**という。単独行為の場合には、顕名は、能動代理では代理人が本人に代わって行っていることを表示し、受動代理では相手方が代理人に対して本人に対してなすものであることを表示することになる（同条2項）。上記の事例では、Bは顕名をしていないため、代理の効果は生ぜず、AC間の売買契約は成立しない。

7-79　(b)　**顕名が要求される根拠**

(ア)　**相手方の取引安全保護**　本人については、代理権と代理意思に基づく代理人の行為さえあれば、その行為の効力が自分に生じて不都合はないが、相手方は誰と契約をして、代金を支払うのは誰なのか等の利害関係を有しているのであり、契約の当事者が誰なのかは重大な関心事である。契約においては、顕名がなければ、7-78の事例では、売主CはBが買主だと思うはずであり、Bならば代金の支払は間違いないと思って上記の契約をした可能性がある。Aが買主なのであれば代金の振込みを確認してから発送する合意にしたり、Aが暴力団関係者であるような場合であればそもそも売らなかったはずである。また、単独行為においても、誰が（能動代理）、または、誰に対して（受動代理）、解除等の行為を行おうとしているのか表示してもらわなければ困るのである。

7-80　(イ)　**他人効も意思表示の効力**　また、他人に効果が帰属するのも意思表示の効力であると考えるべきであり、顕名も一種の意思表示であり、本人に代わって契約をしていることを明らかにし、本人と契約当事者とすることを合意する必要がある。これに対して、顕名を不要とする非顕名主義（商法504条）では、相手方が代理であることを知らなかった場合に事後処理で複雑な法律関係になる（☞7-87以下）。

7-81　**(2)　黙示の顕名が認められる場合**

スーパーのアルバイト店員が、レジで商品のレジ打ち（商品の販売）をする場合、アルバイト店員が売主となって自分の所有物を売っているのではな

---

[288]　旧民法財産取得篇250条1項では「委任者［＝本人］の名において約束」することを要件と規定し、ドイツ民法164条1項の「本人の名において」という規定と同じである。ただ、本人の名ですることを顕名とすると、後述の本人を装った場合も含まれてしまう。

く、店の商品を売っているということは一目瞭然であり、状況から当然に店の商品を売っているという顕名が認められる。このように、スーパー、コンビニ等々の店舗においては、従業員が売買契約、保険契約、旅行契約等をする場合に、契約当事者は経営者である会社や個人であるということは、いちいち顕名を必要としない（黙示の顕名があるとさえいえる）。したがって、商法504条によるまでもなく、顕名による代理の効果が生じる。

7-82 ◆**商法14条の類推適用**

　スーパーやデパートの売場には、フロアーの一画を業者に貸して食品、衣料品販売等の営業を行わせる場合がある（**ケース貸し**という）。その店の名前を表示しスーパーとは別の営業主体であることがわかる場合はよいが、別のテナントであることが表示されていないと、消費者はスーパーの店舗の一部と誤解しかねない。後述のように109条は拡大されまた商法14条が導入されているが、客が自己の店舗の一部と誤解しかねないのに、スーパーがそれを放置した場合には、109条や商法14条を拡大して適用する余地がある。拡大損害の事例であるが、次の判例は、商法14条（当時には23条）の類推適用を肯定している。

7-83 ●**最判平7・11・30判時1557号136頁**　［事案］Yスーパーの屋上でAペットショップが営業をしており、$X_1$（中学生）がそこでインコを購入した。このインコがオウム病にかかっていたため、B（$X_1$の母親）がオウム病により死亡し、$X_1$とほかの家族$X_2$、$X_3$もオウム病に罹患した。そのため、XらがYに対して、718条・709条・415条ないし商法23条（現14条）のいずれかの責任があるとして損害賠償を請求した。最高裁は、商法23条を類推適用してYの責任を肯定している。

　［判旨］Aの売場の天井からはテナント名を書いた看板が吊り下げられていたが、比較的目立ちにくいものもあったことなどから、「本件においては、<u>一般の買物客がAの経営するペットショップの営業主体はYであると誤認するのもやむを得ないような外観が存在したというべきである</u>。そして、Yは、……本件店舗の外部にYの商標を表示し、Aとの間において、……出店及び店舗使用に関する契約を締結することなどにより、<u>右外観を作出し、又はその作出に関与していたのであるから、Yは、商法23条［注：現14条］の類推適用により、買物客とAとの取引に関して名板貸人と同様の責任を負わなければならない</u>」。

7-84 **(3)　顕名がされなかった場合**

　**(a)　民法における原則——代理人との契約の成立**　7-78の事例では、代

理人Bは顕名せずに、Cと売買契約を締結している。顕名がない以上、先に述べたように代理の効果は発生しない。しかし、CはBC間の売買契約が成立したと考えており、売買契約の成立を否定するのは酷である。そのため、民法は、「代理人が本人のためにすることを示さないでした意思表示は、自己のためにしたものとみなす。ただし、相手方が、代理人が本人のためにすることを知り、又は知ることができたときは、前条第1項の規定を準用する」と規定した（100条）。この規定の意義は、相手方と代理人との間に契約の成立を「みなし」、また、錯誤取消しの主張を封じる点にある。7-78の事例では、BC間に売買契約が成立し、CはBに代金の支払を求めることができる[289]。甲画が贋作であれば、Bが買主としての権利行使ができることになる。

7-85 **◆相手方から代理行為の効力を主張しうるか**

100条本文の適用により、本人Aが代理効を相手方Cに主張できない事例でも、相手方Cからは代理効を主張し、Aに対して代金の支払を請求できるであろうか。顕名がなかった場合に、相手方に代理人との契約か本人との契約かの選択権を認めるべきかという問題である。「みなす」と規定しているので、選択の余地がないのであろうか。

①「100条本文は、単に相手方保護という趣旨をこえ、行為を客観的・画一的に性格づける趣旨のものとみられる」、という否定説が多数説である（幾代313頁、田山227頁など）。②しかし、肯定説も有力である。「相手方の側からは、代理行為であることにつき善意無過失であっても、なお本人に対して代理行為の効果を主張することができるが、相手方が本人との間の法律関係を主張した場合には、もはや民法100条本文によって代理人との間の法律関係を主張することはできない」と、相手方から代理の効果の選択を認めている（辻274頁。その他、石田編203頁[高森]、石田穣779頁、中舎316頁）。「みなす」というのは相手方保護のためであり、相手方に選択を認めても、本人また代理人には不利益はない。顕名という要件は相手方保護のための要件にすぎないと考えれば、取引通念上相当期間内に限り相手方から代理効を主張することを認めるべきである[290]。

---

[289] この場合、BにはAに対して650条2項の権利が認められ、またこれにより後日事情を知ったCのAからの給付も保障される。さらには、後日事実を知ったCによる代理の効果の主張を認めてもよいであろう（☞7-85）。これにより、AC間の契約となり、AはCに対して代金の支払請求ができる。

[290] 代理人が顕名せずに代理権を越えて買付け等の契約をした場合、相手方は追認をして本人との契約を成立させることができるとしても、それを基礎にさらに表見代理（110条）の成立まで主張することはできない。例えば100万円以内での買付けを依頼したのに、代理人が顕名をせず120万円で購入したとする。相手方は代理人であり代理権があると信頼したわけではなく、表見代理を問題にする余地はない。

7-86 **(b) 民法における例外——代理効が生じる場合** 民法は、顕名がなくても、相手方が代理行為であることを知っていたまたは知りえた場合には、99条1項を準用するものとしている（100条ただし書）。顕名が代理の効果が生じるための必須の要件ではないことがわかる。

しかし、代理の効果が発生するためには、代理権だけでよく、相手方保護のために顕名を要件とする法定の制限をしたものであり、100条ただし書の場合には原則に戻るという理解をすべきではない。あくまでも本人への効果帰属は顕名の効果であり、100条ただし書は政策的な法定の効果である[291]。実益のある議論ではないが、100条ただし書の理解については、学説は注意規定と考えるか特別規定と考えるかの対立がある[292]。

7-87 **◆商法504条の非顕名主義**
商法504条は「商行為の代理人」については（商事代理）、顕名を不要とするが、顕名がないため代理人との契約だと信じている相手方を保護するために、ただし書を設けて、「ただし、相手方が、代理人が本人のためにすることを知らなったときは、代理人に対して履行の請求をすることを妨げない」と規定する。民法も商法も原則は異なるが、それぞれただし書を用意しており、結論的には変わりがないかのようである。まず、商法504条ただし書について簡単に確認し、その後に、民法と商法の差を確認してみたい。

7-88 **(1) 商法504条ただし書の理解**
❶ **第1説（代理人追加的責任説）** まず商法504条本文に従い、顕名がなくてもAC間で売買契約が成立するが、ただし書により、CはBに対しても代金の支払を請求でき、ABを不真正連帯債務の関係と考えるのが通説である。ただし書はあくまでも代理人との間に契約の成立を認めるのではなく、代理人にも履行請求ができると規定している文言に忠実に解釈をする考えである。しかし、債権だけを問題にするだけで十分かは疑問が提起されている。

7-89 ❷ **第2説（契約選択権説）** 判例は、商法504条ただし書の場合には、「本人と相手方との間には、すでに同条本文の規定によって、代理に基づく法律関係

---

[291] もし代理の効果を認めないと、代理人・相手方に契約が成立し、代理人・本人間で求償、取得した権利の移転、代位弁済義務等の法律関係が生じるが、それを本人・相手方に契約の成立を認めることにより単純化できる。

[292] ①100条ただし書は、顕名は諸般の事情から認定できる場合を注意的に規定したにすぎないという理解がある（**注意規定説**［梅450頁、穂積352頁、我妻345頁、田山228頁］）。この立場では、顕名がないのに代理効を認めたものではないことになる。②しかし、100条ただし書は、黙示の顕名が認められる場合だけではなく、相手方が偶然知りえたにすぎない場合にも適用になるという理解が通説である（**特別規定説**［鳩山407頁、石田文386頁、中島583頁、幾代310〜1頁など］）。本書もこの立場に賛成したい。

が生じているのであるが、相手方において、代理人が本人のためにすることを知らなかったとき（過失により知らなかったときを除く）は、相手方保護のため、相手方と代理人との間にも右と同一の法律関係が生ずるものとし、相手方は、その選択に従い、本人との法律関係を否定し、代理人との法律関係を主張することを許容した」ものと理解している（最大判昭43・4・24民集22巻4号1043頁）。したがって、CはABのいずれとの契約かを選択できる。

7-90　**(2)　顕名をめぐる民法と商法の差**

　判例は、「民法は、法律行為の代理について、……いわゆる顕名主義を採用している（同法99条1項）が、商法は、本人のための商行為の代理については、……顕名主義に対する例外を認めている（同法504条本文）」と、原則論だけ述べて、両法制が異なることを確認している（最大判昭43・4・24民集22巻4号1043頁）。しかし、それぞれの例外を検討するとそういえるのか疑問である。

　学説には民法と商法との差を否定する提案もある。①商法504条ただし書の場合には、代理人との間に契約が成立するだけと理解する学説があり（西原寛一『商行為法』123頁、石田編205頁［高森］）、この立場ならば、相手方の選択を認めない民法100条の立場と同じことになる。②本書は、100条本文の場合にも、追認をして本人との契約を選択することを相手方に認めるので、商法504条ただし書の判例の立場（☞7-89）と結論に変わりはないことになる（石田穣780頁）。

7-91　**(4)　顕名と署名代理**

　**(a)　署名代理の意義**　A信用金庫がBに融資をするに際して、Cを保証人とする保証契約をD（Cの息子）と締結し、契約書へのCの署名押印をDが行った場合も、①DがCから頼まれている旨説明をして、Cに代わって契約をした場合、および、②Dが自分はCであると称して、Cを装って契約をした場合とが考えられる。

　条文上の概念ではないが、**署名代理**という概念が認められている。しかし、その意義は明確ではなく、このような概念が必要かは疑問である。広義では、他人が本人の名で契約をして、契約書に本人の署名を行う場合を広く含むものとして用いられる。この意味では、上記の①②の両ケースが署名代理ということになる。

　①ケースでは、DがCの代理人として行為しており、相手方AもCの代理人Dと契約をすることを認識していて、交渉過程において口頭で顕名がなされている。ただ、契約書には顕名が記載されていないだけである。顕名には書面は必要ではない。問題は②ケースである。DがCを装っており、相手方も本人が契約締結行為をしているものと考えている。

ⓐ顕名としては本人が契約当事者であることが表示されればよいと考えれば、②ケースも顕名がありこれも含めて署名代理とし、署名代理に2種類があると考えることも可能である。ⓑしかし、本人に代わって契約締結をしていることを表示することが必要だとすれば、顕名が認められる署名代理は①ケースに限定される（**狭義の署名代理**といっておく）。この理解では、署名代理に顕名がある事例とない事例という異質の事例が含まれ、1つの概念で括ることには大いに疑問がある。本書はⓑの立場を支持し、署名代理を①ケースに限定し、②ケースは**なりすまし行為**と呼ぶことにする[293]。

7-92　(b)　**署名代理の効力**　狭義の署名代理は、書面に顕名はないが、当事者が交渉過程において明示または黙示に顕名をしている事例である。7-91①ケースでは、相手方Aも、DがCの代理人であることを知っており、契約書作成についてDがCの署名押印をすることもあわせて容認したものである[294]。学説は①と②のケースを明確に区別することなく署名代理を顕名として有効と認めている。判例は、①②いずれのケースかを問題にすることなく、本人の名で手形を振り出した手形行為の事例につき、本人への効力を認めているが（大判大 9・4・27 民録 26 輯 606 頁、大判大 10・7・13 民録 27 輯 1318 頁）、手形行為は別として、なりすまし行為については、顕名を認めないのが判例の立場といえる（☞ 7-94）。

7-93　◆**なりすまし行為の場合**
　(1)　**代理権がある場合**
　　なりすまし行為についても顕名を認める考えでは、代理の規定が適用されるため問題は生じない。これに対して、本書の立場のように顕名を認めない立場では、その規律が問題になる。顕名はないが、代理権がある場合には、代理の効果を認めても本人・相手方いずれについても不都合はない。しかし、顕名はないので、次の代理権がない事例では代理規定の類推適用とするのとパラレルに、顕名はないが 99 条の類推適用により代理の効果を認めるべきである。

7-94　(2)　**代理権がない場合**
　　Aの土地につきBに、土地を担保として借入れを依頼したが（担保権設定の代理権あり）、BがAを装って土地をCに売却した場合、Cの保護はどのように考

---

[293]　本人が老人で目が悪いので、契約の際に同伴させた息子に日付や署名の記入を代わりに行わせるのは、単なる**代筆**にすぎず本人が他人を使って記入しているだけである（表示機関たる使者でもない）。
[294]　夫に代わって署名代理の方式で、権限なしに夫を連帯保証人とする保証契約を妻が行った場合に、妻に 117 条の無権代理人の責任が認められている（東京高判平 12・11・29 判時 1741 号 82 頁）。

えるべきであろうか。Aの土地なのに別の者の所有と公示（＝登記）がされているわけではなく、登記の公信力の問題ではない。所有者のAとは誰かという人の同一性についての誤信が問題になっているにすぎない。署名代理を広く解し、このような事例も顕名と認める考えでは、代理規定が直接適用される。しかし、判例はなりすまし行為について110条の類推適用を認めており（☞ 7-227 以下）、117条も顕名を否定しつつ適用を認める[295]。類推適用という以上、判例もなりすまし行為には顕名を認めない立場といえる。

　本書の立場では、なりすまし行為は顕名とは認められず、相手方の保護は代理規定の類推適用による。ただ、代理ということを知らないので、110条の正当理由判断は本来の表見代理事例とは微妙に異なってくる。代理権の存在ではなく、本人かどうかにつき疑念を持つべきかが問題とされるべきである。

## 2　代理行為の瑕疵など

7-95　**(1) 原則としての101条1項**

　代理においては契約当事者は本人であるが、契約締結行為をするのは代理人である。そのため、錯誤、詐欺、善意無過失等契約の効力に影響を及ぼす事由につき、いずれを基準として考えるのかが問題となる。①Aから財産管理（処分を含む）を任されているBが、Aの債権者による差押えを避けるために、Cと通謀してAを代理してA所有の甲地のAC間の売買契約書を作成しCへの所有権移転登記をした事例、②焼肉店を経営するAが新しい店を出すため、息子Bに店舗建築のための土地を探して賃貸借契約をするよう命じ、BはC所有の土地につきAを代理して賃貸借契約をしたが、実はその土地は道路用地として2年後には収用予定であった事例、また、③Aから預かっている丙画をBは自分の絵画と称してCが経営する絵画商の店に売りに行き、Cの店で働く息子Dは、B所有の絵画であると思って買い取ったが、Cは丙画がA所有であることを知っていた事例で考えてみ

---

[295]　大阪高判平19・12・18金法1842号105頁は、「本件は、いわゆる署名代理の方法により無権代理行為がなされた場合であるが、このような場合、無権代理人に無権代理人としての責任を負わせることにつき、顕名（代理意思の表示）により代理行為がなされた場合と取扱いを異にする理由はない」として117条の適用を肯定する。類推適用という意味であろう。この上告審である最決平20・5・1金法1842号103頁は、原審判決を支持する。こうみると、判例は、7-91①②のいずれのケースも「署名代理」と呼び、②ケースには顕名を認めないが、代理規定を適用（類推適用）するという立場であると評してよい。110条については類推適用と明言する（最判昭44・12・19 ☞ 7-219）。

よう。
　この点、民法は、「代理人が相手方に対してした意思表示の効力が意思の不存在、錯誤、詐欺、強迫又はある事情を知っていたこと若しくは知らなかったことにつき過失があったことによって影響を受けるべき場合には、その事実の有無は、代理人について決するものとする」と規定している（101条1項）。本人・代理人側に錯誤、詐欺、強迫取消しが問題になる場合である。上記①②ケースに適用される。また、「相手方が代理人に対してした意思表示の効力が意思表示を受けた者がある事情を知っていたこと又は知らなかったことにつき過失があったことによって影響を受けるべき場合には、その事実の有無は、代理人について決するものとする」と規定している（同条2項）。本人・代理人側に93条2項・94条2項・96条3項・192条などが問題になる場合であり、上記③ケースに適用される。
　契約当事者になるのは本人であっても、使者とは異なり代理人の意思表示なので、代理人を基準に契約の効力を判断することを原則としたのである。ただし、本人の事情が影響を及ぼす可能性も認められている（101条3項）[296]。

7-96　**(a)　心裡留保・虚偽表示**　7-95①ケースでは、代理人BがCと通謀して、AC間の虚偽表示を行っており、契約当事者とされたA自身は通謀していなくても、虚偽表示か否かは代理人を基準として考えるので、AC間の売買契約は虚偽表示とされ無効になる（94条1項）。本人は契約当事者であり、94条2項の第三者として保護されることはない。Aは、Cに対して有効を主張して代金の支払を求めることはできず、他方、甲地の所有権移転登記がされていればその抹消登記を請求できる。

7-97　**◆代理人が虚偽表示により財産を譲り受ける側の場合**
　7-95①ケースを変えて、Bが、資産隠しを図ろうとしているCと通謀して、Cの所有する甲地をBがAを代理して購入したことにして、その移転登記を受

---

[296]　商品の購入に際してクレジット会社とのクレジット契約については、クレジット契約の申込みを受けるだけであり、販売業者は代理人として契約を締結しているのではない。そうすると、101条が適用されないことになるが、空クレジットの事例で、実質的には代理人に準じる立場にあり、「民法93条但書の解釈としては、販売業者が、クレジット契約の相手方に契約締結の意思がないことを知り、又は知るべかりしときには、信販会社が知り、又は知るべかりしときと同様に、信販会社は契約の効力を主張することはできない」とされている（東京高判平12・9・28判時1735号57頁）。販売店が未成年者に、書類に成年として記載をさせた事例についても、茨木簡判昭60・12・20判時1198号143頁は、立替払契約の締結事務を代行させている販売店が行わせたものであり、信販会社は未成年者の詐術を主張できないとする。

けたとしよう。この場合も、7-95①ケースと同様に無効となり、Aは保護されないのであろうか。この点、101条を適用して、この場合にも本人の虚偽表示となり、相手方CもAに対して無効の主張ができると考えるのが通説であり（我妻349頁、幾代317頁など）、判例も同様である（大判大3・3・16民録20輯210頁、大判昭16・8・30新聞4747号15頁）。

　ところが、ⓐ判例には、代理人は虚偽表示をする権限はないので、相手方の意思表示を本人に伝達するだけであり、相手方はその表示が自分の真意と異なって伝えられることを容認しているので、93条が適用されるとした異例な判例がある（大判昭14・12・6民集18巻1490頁）、学説にも、93条を類推適用する主張がある（柚木・下120頁、川島269頁）。ⓑまた、本人を、94条2項の「第三者」として保護しようとする学説もある（近江235頁）。ⓒ94条2項の類推適用による保護を主張する学説もある（大沢厳「代理人が相手方と通謀してなした虚偽の法律行為の効果」『民事実務ノート第3巻』26頁）。ⓓさらには、信義則に根拠を求めて、相手方Cは善意無過失の本人Aには無効を主張できないという考えもある（四宮162頁、川井220頁）。しかし、101条1項を適用し、本人は登記費用等の損害を代理人や相手方に対して賠償請求できるだけと考えるべきである。

7-98　**(b) 錯誤・詐欺および強迫**　7-95②ケースで考えると、代理人Bは錯誤で契約をしており、101条1項の適用により、その契約は賃借人に錯誤のある契約ということになる。したがって、本人Aは錯誤を理由として賃貸借契約を取り消すことができる。代理人Bが詐欺や強迫を受けた場合も同様であり、本人は詐欺や強迫にあっていなくても、その契約は詐欺や強迫による契約となり、契約当事者となる本人Aに取消権が認められる。代理人による詐欺については、7-104に説明する。

7-99　**◆本人が相手方から詐欺・強迫を受けた場合**
　代理人が詐欺や強迫を受けていないが、本人が相手方から詐欺や強迫を受け、詐欺または強迫された内容の契約をするよう代理人に指示して、代理人がその指示に従い契約をした場合は、本人に取消権を認めるべきである（中舎318頁）。ところが、101条1項をそのまま適用すれば、代理人の意思表示は詐欺または強迫による意思表示ではなく、本人は取消しができないことになる。

　ⓐ結論の妥当性からいうと、相手方が本人を詐欺や強迫しているので、相手方は取消しを受けてもやむをえず、むしろ、取消しを認めないことが正義に反する。ⓑまた、任意代理について共同行為説ないし総合要件説（☞7-37以下）を採用すれば、代理人の意思のみならず、本人の意思表示が代理行為に影響を及ぼすことを説明でき、理論的な問題もない。ⓒ問題は条文上の説明である。本人の意思決定に従って意思表示をしたにすぎない事例また事項については、本人を基

準として詐欺を受けたことを判断すべきであり、101条3項の類推適用を認めるべきである。

7-100　**(c) 善意・悪意と過失の有無**　7-95③ケースで考えると、BはA所有の丙画を自分の物として売却しており、買主が所有権を取得できるためには即時取得（192条）の成立が必要になる。即時取得では、買主の善意無過失が要求され、これは101条2項により、契約を締結した代理人を基準とすることになる。そうすると、本人Cは自分が契約をしたならば悪意になったかもしれないが、代理人Dが善意無過失ならば即時取得が可能になる。したがって、Cは代理人Dの善意無過失を援用して即時取得の成立を主張することができる。反対に、本人Cが契約をしたら善意無過失であったとしても、代理人Dが悪意であれば即時取得は認められないことになる。

7-101　**(2) 101条1項の例外1 ―― 101条3項**

7-95③ケースの例を変えて、Cは、Aがその所有の丙画をBに預けていることを知りつつ、その事実を知らないDにBの所に丙画の買付けに行かせて、DにBから丙画をCを代理して買い取らせたとしよう[297]。101条2項を適用し代理人を基準とすると、代理人Dは善意無過失であり即時取得が成立する。本人Cは善意無過失の代理人を使うことにより、即時取得ができることになる。

民法はこの結論を阻止するために、「特定の法律行為をすることを委託された代理人がその行為をしたときは、本人は、自ら知っていた事情について代理人が知らなかったことを主張することができない。本人が過失によって知らなかった事情についても、同様とする」と規定した（101条3項）。したがって、代理人Dは善意無過失であっても、代理人Dが悪意の本人Cの指示に基づいて購入したので、Cは即時取得による保護を受けられない。

7-102　**◆ 101条3項の拡大**

101条3項では、「特定の法律行為をすること」の委託があったことが同条1項に対して例外を認める要件とされている。しかし、本人が自ら行為をしたならば主張できないはずの効果を、代理人の行為ということで主張することが許され

---

[297] この場合、Dが顕名をしなければAD間の売買契約になるので、即時取得が成立するのであろうか。さらにいえば、Cが代理ではなく、間接代理でDにその名義で買い取らせたならば、AD間の売買契約に即時取得が成立するのであろうか。即時取得でも、102条3項の趣旨から例外的に藁人形ケースでは相対的構成を認めることはできないであろうか。

るかは信義則の観点から判断すべきであり、本人が問題の行為につき代理人をコントロールする可能性があれば、101条3項を類推適用してよい（四宮＝能見316頁、辻277頁、内田161頁）。例えば、7-95③ケースで、包括的に絵画の買付けを依頼している事例であるとして、Cが代理人Dから、丙画を売りに出されているので買うべきか指示を求められてDに買うように指図を出した場合のみならず、CがDから相談はされていないが、Dが丙画の取引交渉中であることを知り、止めるよう指示すべきなのにこれを怠った場合にも、101条3項を類推適用すべきである。本人Cが代理人Dの行為についてコントロールする可能性があったからである（それをしなかった不作為）。本書も賛成しておこう。なお、無権代理でDがCを代理して丙画を買い、悪意の本人Cがこれを追認して代理行為を有効にする場合にも、本規定を類推適用すべきである。

7-103 **(3) 101条1項の例外2──102条**

　民法は101条に続けて102条において、「制限行為能力者が代理人としてした行為は、行為能力の制限によっては取り消すことができない。ただし、制限行為能力者が他の制限行為能力者の法定代理人としてした行為については、この限りでない」と規定している。制限行為能力取消しについては101条が適用にならないことを確認した規定である。例えば、未成年者をアルバイトに雇って店の商品の販売をさせた場合、その未成年者が親の同意を得ないでアルバイトをしていたとしても、その未成年者が代理人として店の商品を販売する行為を本人たる店の経営者は制限行為能力を理由として取り消すことはできない。本条は、受動代理にも適用され、98条の2の制限を受けず、未成年者である代理人に対してなされた意思表示は、本人に対して効力を生じる。なお、102条ただし書により、制限行為能力者たる親権者が未成年の子を代理してなした行為などについては、取消しが認められることになる。

7-104 　**◆代理人による詐欺**

　代理人が相手方に対して詐欺を行って契約を締結した場合、第三者による詐欺になり、96条2項が適用され、相手方が代理人の詐欺により契約をしたことを本人が知りまたは知りえた場合でなければ、相手方は契約を取り消せないのであろうか（消費者契約法では5条により明文で解決している）[298]。結論的には、

---

[298] なお、本人が相手方に詐欺を行っていた場合には、代理人が知らなかったとしても、第三者の詐欺ではないので、相手方が96条1項により契約を取り消しうる。判例のように、詐欺を行うことにまで101条1項を適用し代理人を基準とすると、相手方は取消しができなくなってしまう。

## 第3節　有権代理行為の効果

7-105　96条2項は適用されず、相手方は同条1項により契約を取り消すことができてしかるべきであるが、問題はその条文上の説明である。

❶ **101条1項適用説（判例）**　判例は、「詐欺」について代理人を基準にするという101条1項（旧規定）を適用して、第三者の詐欺ではないと説明している（大判明39・3・31民録12輯492頁、大判昭7・3・5新聞3387号14頁）。後者の判決は、101条は、「意思の欠缺、詐欺、強迫、善意悪意等総て意思表示の効力に影響を及ぼすべき事情は、代理人に付之を定むべきものと解すべく、<u>同101条に所謂詐欺強迫は、代理人が相手方より之を受けたる場合のみならず、代理人が相手方に対して之を行いたる場合をも包含する</u>」と説明している。しかし、101条1項は「意思表示」を問題にする規定であり、詐欺による意思表示に適用になり、詐欺をすることに適用するのは適切ではない。

7-106　❷ **96条2項制限解釈説**　代理人は、本人が契約締結のために用いた者であり、96条2項の「第三者」に含まれないと説明をするのが通説である（我妻349頁、川井221頁など）。96条2項の適用が排除されれば、同条1項の原則通り詐欺取消しが可能になるのである。本書も96条2項の「第三者」の制限解釈による解決を支持したい。「第三者」から排除されるのは代理人である必要はなく、被用者である従業員が勧誘の際に詐欺を行い、契約は別の従業員が代理して行った場合であろうと、「第三者」の詐欺にはならないと考えるべきである[299]。下級審判決には、使者の詐欺につき96条2項の適用を主張することは信義則上許されないとした判決がある（東京地判平4・3・6判タ799号189頁）。

## 第3節　有権代理行為の効果

7-107　代理人が代理権の範囲内で、顕名をしてなした意思表示の効果は「本人に対して直接にその効力を生ずる」（99条1項）。また、相手方が代理人の代理権の範囲内の事項につき、代理人に対してなした意思表示も本人にその効果が帰属する（同条2項）。なお、本人と代理人との債権関係においては、代理人が代理行為を行うことは、本人・代理人間の委任契約等の契約の履行となり、費用の償還を請求したり、有償委任ならば報酬請求ができ、もしその代理行為が不適切なものであった場合には、受任者の債務不履行（不完全履行）責任が問題になる。

[299]　消費者契約法5条1項は、本人の代理人だけでなく、媒介の委託を受けた者に同法4条の行為があった場合にも消費者取消権を認めている。これを民法に対する特別規定と考える必要はない（金山直樹「契約締結補助者の理論」法研88巻7号1頁参照）。

## 第4節　無権代理行為の効果

### §Ⅰ　本人への効果不帰属

7-108　**(1) 無権代理と表見代理**

　代理権のない者がなした代理行為は、本人に効力が生じない（113条1項）。しかし、本人が事後に追認をして自分への効果帰属を認めることが可能である（113条・116条）。他方で、後述のように民法は3つの場合に限定して、取引の安全を保護するためいわゆる**表見代理**を認め（109条・110条・112条）、相手方が本人への効果帰属を主張できることにしている。その結果、無権代理は、次の②の@bの2つに分けられることになる。

---

① 有権代理
② 無権代理
　@ 表見代理が成立しない狭義の無権代理
　b 表見代理が成立する無権代理

---

7-109　**(2) 無権代理「無効」——効果不帰属**

　民法は、無権代理行為を、無効とはせずあえて「本人に対してその効力を生じない」と異なる表現によっている（113条1項）。本人側にその効力が発生しないのは、適法性などの<u>有効要件が欠けているわけではない</u>。民法上も、無効な行為は追認しえないが（119条）、無権代理行為は追認が可能とされていて（116条）、無権代理は無効とは異なる問題と位置づけられている。

　当初の学説は、無効は確定的なものであるのに対して、無権代理の場合は本人の追認が可能であり、有効か無効か未確定な無効と分類していた（鳩山491頁、石田文304頁）。しかし、無権代理は、有効要件が欠けるのではなく、本人に効力を帰属させる権限を代理人が欠いているのである。そのため、無権代理を**効果不帰属**として無効と区別する学説が登場し、有効要件と区別された効果帰属要件が欠けているものとする構成が最近では有力である（四宮

=能見258頁、317頁等)。理論的にはこの区別に賛成したいが[300]、説明の便宜上、以下では無権代理による効果不帰属も無効と呼んでおく。

7-110 **◆無権代理無効の主張制限**
　無権代理無効は、利益がある限り誰からでも主張はできるはずであるが、特殊な事例で、無効の主張を制限した判決がある(最判昭58・4・7民集37巻3号256頁☞4-88)。農業協同組合法33条(旧規定)は、理事の代表権を制限する規定であることを認めつつ、「組合が理事との間で締結された消費貸借契約を有効なものとして扱い、右契約に基づく理事の債務の担保として提供された第三者の組合への預金をもって右債務の弁済に充当した場合には、理事はもちろん、右担保の提供者である第三者においても、右消費貸借契約が前記規定に違反することを理由としてその無効を主張することは、許されない」と判示する。しかし、無権代表の追認を認めたものと認定すれば足りる。

## §Ⅱ 本人の追認権・追認拒絶権(無権代理による契約)

### 1 本人の追認権

7-111　**(a) 追認の意義および相手方**　A所有の甲地を同居の息子Bが、Aの代理人としてCに売却したが代理権がなかったとして、その後にAがDに甲地を売却したものの、Cに求められてBの無権代理行為を追認したとしよう。無権代理行為は、先に述べたように、本人が事後的に追認して有効にすることができる(116条本文)。代理権欠缺が、追認により補完されることになり、事後的に有権代理となるといってよい。無権代理人の追認は黙示的にも可能である(大判大3・10・3民録20輯715頁[本人が相手方に履行を訴求した場合])。ただし、有効な行為を有効に確定する取消可能な行為の追認(=追認権の放棄)とは異なるので、法定追認を認める125条はここには類推適用すべきではない(最判昭54・12・14判時953号56頁)。

　追認は、無権代理行為の相手方または無権代理人のいずれに対してなして

---

[300] 授権(間接代理☞7-19)を欠く場合についても、効果不帰属の一種となるが(物権的効力の部分について)、この場合も無効と称するのが一般である。他人の物の処分は、債権契約としては有効であるが、物権的効果としては生じないという意味で無効である(物権的無効)。

もよい (最判昭47・12・22判時696号189頁)。ただし、無権代理人に対する追認は、相手方が追認の事実を知るまでは追認の事実を対抗することができない (113条2項ただし書)。規定はないが、無権代理人が117条1項の履行または損害賠償をした後は、もはや本人は追認ができないと考えるべきである。

7-112 **(b) 追認の遡及効** 追認により、無権代理行為が代理行為の時に遡って有効になるが (116条本文)、「ただし、第三者の権利を害することはできない」(同条ただし書)。では、ただし書により、7-111の事例では、Aから甲地を買ったDが登場しているため、Cへの売却を追認してもDを害することができないのだから、Dが所有者として認められるのであろうか。Cが所有権移転登記を受けていても、所有権を取得できないので、Dによる抹消登記請求に応じなければいけないのであろうか。しかし、追認があっても、CDは二重譲渡の対抗関係になるだけで、この関係は177条により規律されるべきものである[301]。したがって、Cは追認後に移転登記を受けた場合だけでなく、追認前に移転登記を受けていた場合にも、Dに所有権取得を対抗できることになる。後者の場合でも、対抗力が生じるのは追認の時点からである。

7-113 **◆他人の財産を代理形式以外で処分した場合**
①A所有の甲地をBがAの名でCに売却したなりすまし行為にも、追認、表見代理、無権代理人の責任など代理規定を類推適用してよい (☞7-93以下)。②A所有の甲地をBが勝手に移転登記をしてBが自分の土地としてCに売却した場合は、登記の公信力の問題にすぎない。②の場合に、ⓐ所有者Aが追認できることはすでに述べた (☞7-5)。ⓑ相手方保護については、登記の公信力が問題となる事例である。しかし、例えば、BがAから甲地の抵当権設定の代理権を授与された場合に、Aを代理して甲地を売却した場合は110条で相手方が保護され、また①ケースでは110条が類推適用されるのに (☞7-94)、たまたま②の形式によったら、相手方Cが保護されないのは、利益衡量としては均衡を失する。そのため、結論が先にありきであるが、110条の類推適用を認めた下級審判決がある (☞7-221)。ⓒ行為者の責任については、他人物売買の売主の責任を

---

301) 対抗関係で処理されない法律関係では、116条ただし書の適用の余地がある。例えば、AがBに対して有する債権について、Aの無権代理人Cが弁済を受けたが、その後に、Aの債権者Dがこの債権を差し押さえた場合に、AがCの受領を追認してDの差押えを無効にすることはできない (大判昭5・3・4民集9巻299頁)。無権代理の事例ではないが、債権譲渡禁止特約がされている債権の譲渡がされた事例で、その債権を譲渡人の債権者が差し押さえた後に、債務者が譲渡を追認した場合に、116条ただし書の趣旨を適用して差押債権者が保護されている (最判平9・6・5民集51巻5号2053頁)。

問題にすればよく、117条を類推適用する必要はない。

## 2 本人の追認拒絶権および相手方の催告権・取消権

7-114　**(a) 本人の追認拒絶権**　本人は追認拒絶をして、無権代理による契約を無効に確定することもできる。一度した追認拒絶は、相手方の同意がなければ撤回できず、もはや本人も追認はできなくなる。追認拒絶も、追認同様に、相手方に対してなすべきであるが、無権代理人に対して追認拒絶をした場合にも、相手方がその事実を知ったならばその効力が生じる（113条2項）。

7-115　**(b) 相手方の催告権および取消権（撤回権）**

　**(ア) 取消権（撤回権）**　相手方は、本人が追認拒絶をしない限り、いつ追認され有効になるかわからない不安定な立場に立たされる。そのため、民法は、相手方にこのような不確定な状態を打開する2つの権利を認めている。まず、相手方は、無権代理であることを知らなかった場合には、本人が追認をするまではいつでも「取り消すことができる」（115条）。相手方の取消権は、相手方が無権代理であることを知っていた場合には認められない（115条ただし書）。取消しは本人の追認前にされなければならないが、表見代理が成立する場合でも、取消しを選択することが可能である。

7-116　**(イ) 催告権**　相手方は、契約を欲する場合には、本人に対して追認をするか否かの催告をすることができる（114条）。催告に応じて、本人により追認または追認拒絶がされればそれでよいが、催告期間が経過しても本人が返答しなかった場合には、本人は「追認を拒絶したるものとみなす」という扱いを受ける。催告権は、相手方が無権代理について善意であることは要件ではなく、悪意であっても認められる。

# §Ⅲ 無権代理人の責任

## 1 無権代理人の責任の特則

7-117　民法は、「他人の代理人として契約をした者は、自己の代理権を証明したとき、又は本人の追認を得たときを除き、相手方の選択に従い、相手方に対

して履行又は損害賠償の責任を負う」と規定し（117条1項）、709条の不法行為責任の要件・効果の両面で特則を置いている[302]。「相手方」[303]の取引安全保護のための不法行為責任の特則であり、無過失責任であるため、相手方の善意無過失が必要とされ（117条2項1号・2号本文）——ただし無権代理人が悪意の場合は、相手方に過失があってもよい（同2号ただし書）——、また、無権代理人が制限行為能力者である場合には責任能力があっても本規定の責任は認められない（117条2項3号）。

7-118 **(a) 要件における特則——無過失責任**　117条1項の無権代理人の責任は、代理人の過失が要件とはされていない。この点、起草者が無過失責任とするつもりであったかは明確ではないが、代理取引への信頼を保護するため、117条1項の責任は無過失責任であると考えるのが通説であり、また、判例である（最判昭62・7・7民集41巻5号1133頁）。例えば、本人Aと称する者から商品の買付けを依頼された業者が、Aを代理して商品の購入をしたが、本人Aと称した者は偽者であり無権代理になっていた場合、たとえ代理人に本人と信じたことに過失がなくても117条1項の責任を免れない。

7-119 **(b) 効果における特則——履行責任**　効果の点でも、不法行為責任では損害賠償しか認められていないが（722条1項・417条）、117条では、相手方は、「履行又は損害賠償」を選択できることになっている。無権代理人に無権代理行為である契約を「履行」させる形で、無権代理行為による損害を填補させることが可能とされている（117条1項）[304]。履行が選択された場合、例えば、無権代理により商品の買付けが行われた場合に、相手方（売主）が履行を選択して、無権代理人に代金だけ支払わせるというのは不合理であろう。双務契約の場合には、無権代理人との間の契約を成立させる形成権が、相手方に認められると考えるべきである[305]。

---

302) 損害賠償請求権と履行請求権またそれらの選択権の時効についてはどう考えるべきであろうか。判例は、724条を適用せず一般の時効による（最判昭32・12・5新聞83＝84号16頁）。166条1項により、知った時から5年、無権代理行為から10年の時効に服することになる。
303) 「相手方」を保護するための規定であり、例えば、Aの不動産をBがその代理人としてCに売却し、Cがこの不動産をDに転売した場合、BはCに対して117条1項の責任を負うにすぎない。ただ、DはCに対する他人物売主の責任追及だけでなく、709条に基づいてBに対して損害賠償を請求する余地はある。
304) 117条はドイツ民法草案（現179条）をとりいれたものである。無権代理人に契約の履行をさせるのが最良の救済手段であると考えられたためである（現実賠償）。ただし、相手方にとって損害賠償の方が都合のよいこともあるので、その選択を認めたものである。

## 7-120 ◆117条1項の「損害賠償」の内容

117条1項の「損害賠償」は、いわゆる信頼利益、すなわち契約が有効に成立するものと信頼したがために費やした費用が無駄になった等の損害のみを賠償請求できるにすぎないのであろうか。例えば、有効だと思って移転登記をしてその費用を負担したが、それが無駄になったという損害である。無過失責任であるということを考えれば、そのように考える余地もあるが、履行を選択できることとのバランスを考えれば、信頼利益に限定する必要はない。現在では、履行利益の賠償請求を認めるのが通説であり（加藤一郎『民法ノート（上）』22頁）、判例である（大判大4・10・2民録21輯1560頁、最判昭32・12・5新聞83＝84号16頁）。履行に代わる損害賠償ということから、不法行為についての724条は適用されない（前掲最判昭32・12・5）。

## 7-121 ◆117条の類推適用

設立中のプロ野球の会社が非公式試合を主催したが、参加した選手がその報酬が支払われないため、代表取締役と称するＹに対して報酬の支払を請求した事例がある。最高裁は、「民法117条は、元来は実在する他人の代理人として契約した場合の規定であって、本件の如く未だ存在しない会社の代表者として契約したＹは、本来の無権代理人には当らないけれども、<u>同条はもっぱら、代理人であると信じてこれと契約した相手方を保護する趣旨に出たものであるから、これと類似の関係にある本件契約についても、同条の類推適用により、前記会社の代表者として契約したＹがその責に任ずべきものと解するを相当とする</u>」と、117条の類推適用を認める306)（最判昭33・10・24民集12巻14号3228頁）。

全く存在しない架空の会社をでっち上げてその代表者として行った契約についても、117条が類推適用されている（最判昭40・7・2集民79号671頁）。実在しない人間をでっち上げて、その代理人として契約をする場合も同様に考えてよい。

---

305) 判例も、不動産の売買契約における売主の無権代理の事例で、相手方（買主）が履行を選択し無権代理人が目的不動産の所有権を取得した場合には、相手方と無権代理人との間に売買契約が成立したのと「同様の効果」が生じるものとしている（最判昭41・4・26民集20巻4号826頁。最判昭45・12・15集民101号733頁も参照）。相手方である売主が、無権代理人に対して「履行」を選択することにより無権代理人との間に売買契約が成立した場合、もし無権代理人が履行をしなければ、相手方は契約を解除して債務不履行による損害賠償を請求できるだけであり、再度117条1項の損害賠償を選択することはできない。

306) 本件では、非公式試合を行う「本件契約は、会社の設立に関する行為といえないから、その効果は、設立後の会社に当然帰属すべきいわれはなく、結局、右契約はＹが無権代理人としてなした行為に類似する」と認定している。

## 2　無権代理人の責任の要件

7-122　**(1)　117条1項の基本的要件**

(a)　**無権代理かつ本人の追認がないこと**　相手方の代理人に対する117条1項の責任追及のためには、相手方が無権代理であることの証明をすることは必要ではない。代理人が代理権を証明できないと、代理権がなかったものと扱われることになる。代理人は、①表見代理の成立を抗弁として主張することはできないが（☞7-232）、②代理権があったこと、または、③本人の追認があったことを主張・立証して責任追及を免れることができる（②③は代理人側が証明責任を負う）。

7-123　(b)　**相手方が取消権を行使していないこと**　117条1項および2項に明記されていないが、相手方が115条の取消権を行使した場合には、その契約を断念したのであり、117条1項に基づいて契約の履行またはそれに代わる損害賠償を求めることはできないと考えられている（我妻381条、川島403頁、近江244頁等）。しかし、709条に基づいて、履行利益の賠償以外に損害があれば（無効な移転登記の抹消登記費用等）、それを賠償請求することは可能であろう。

7-124　**(2)　117条2項の免責事由**

(a)　**相手方の悪意または有過失**　117条2項は、「前項の規定は、次に掲げる場合には、適用しない」として、3つの免責事由を認めている。まず、相手方が無権代理について悪意（1号）または有過失（2号本文）であることが免責事由とされている。この点、改正法によりただし書が付加され、代理人が無権代理につき悪意であって、相手方に過失があったにすぎない場合には無権代理人の免責が否定されている（2号ただし書）。

117条1項の責任は709条の特則であるため、709条とは異なる要件を設定し、それを免責事由として無権代理人側に証明責任を負わせる形で規定しているのである[307]。無過失という2号の要件については、無重過失と制限解釈をすべきか議論がある（☞7-125以下）。

---

307)　117条2項1号ないし3号は、同条1項の免責規定であり、相手方が自己の善意無過失を証明する必要はなく、代理人の側で相手方の悪意または有過失を証明して117条1項の責任を免れうるにすぎない。

7-125 　◆**無重過失と制限解釈すべきか**
　❶ **無重過失説（少数説）**　相手方に過失があれば表見代理は認められず、もし過失があれば117条1項の責任追及もできないとなると、相手方保護のための規定が全て適用されないことになる。そのため、①表見代理のためには無過失が必要であるが、②過失があっても重過失でなければ、表見代理は否定されるものの、117条1項の無権代理人の責任を追及できると、段階的に柔軟に運用することが提案されている（安永正昭「判批」判評351号28頁）。

7-126 　❷ **無過失説（通説・判例）**　しかし、117条2項2号の文言通り相手方の善意無過失を要求するのが通説であり（川井261頁等）、判例でもある（最判昭62・7・7☞7-242）。その理由は、①重過失を問題にする場合には特にその旨を明示するのが民法の立場であること（95条3項・698条）、および、②117条1項の責任は法が特別に定めた無過失責任であること、また、③表見代理が成立しない場合には117条1項の責任も認められないが、そのことにより117条1項が無意味な規定になるわけではないことである。表見代理が認められるのは109条・110条および112条またこれらの重畳適用の場合に限られ、それ以外の場合には相手方が善意無過失でも表見代理が成立しえないのである。また、117条1項の責任は否定されても、709条の責任は認められるのである。

7-127 　(b) **無権代理人が制限行為能力者ではないこと**　117条1項の無権代理人の責任は、無権代理人が制限行為能力者である場合にも否定されている（117条2項3号）。親の財産を未成年の子が無権代理により処分をした場合に、相手方は善意無過失であったとしても、無権代理人である未成年者に対して117条1項の責任追及ができないことになる。ただし、制限行為能力者であっても責任無能力者（712条・713条）ではない限り、117条1項の責任が否定されるだけであり、709条の一般の不法行為責任は免れない（☞7-128）[308]。

7-128 　◆**709条の責任も免責されるか**
　(1)　**制限行為能力免責**
　　制限行為能力者についての117条2項の免責は、117条1項の無過失責任の免責のみならず、709条の責任まで免責するものであろうか。これを肯定する余

---

[308]　①未成年者が法定代理人の同意を得て無権代理行為を行った場合には、制限行為能力者にも117条1項の責任を認めてもよいという考えがある（川井261頁等通説）。②しかし、この同意は制限行為能力者が不利益を受けないようにするためのものであり、117条2項の免責を奪うのは適切ではないとして反対する学説もある（石田穰871頁）。いずれにせよ、同意を与えた法定代理人や保佐人については、709条の責任を認めることができる。

地があるという学説もある（幾代366頁）。しかし、なぜに代理行為だけ責任能力が認められるのに709条まで免責しなければならないのか理由は見当たらない。起草過程でも709条の責任まで免責するつもりでないと考えられていた。したがって、被害者は、無権代理人が制限行為能力者である場合にも、責任能力そして故意・過失がある限り、709条の責任追及は可能というべきである（梅301頁、加藤一郎『民法ノート(上)』20頁、石田穣457頁）。

7-129　**(2)　悪意または有過失免責**
　相手方の悪意または有過失を理由とした免責も、117条1項の責任のみの免責であり、無権代理人の709条の責任まで否定するものでなく、過失相殺がされるにすぎないことは異論がないだろう（石田穣871頁等）。実際には、過失相殺を活用した中間的解決が両者に都合がよいと評されており（横浜弁護士会『表見代理の判例と実務』17頁）、表見代理も117条1項の適用も認められない事例において、過失相殺をしつつ709条による損害賠償で解決するという方法は妥当であろう。ただし、709条では履行利益の賠償請求ができるのかという疑問は残される。

# §Ⅳ　単独行為の無権代理

7-130　AはBに建物を賃貸しているが、Bが賃料の支払を遅滞しているため、①BがA宅に賃料の支払を先に延ばしてもらうよう交渉に来たが、Aは不在であり、Aの成年の息子Cは、Bに同情してAを代理してBに対して滞納している賃料債務を免除した事例、また、②Aが、B宅を訪れ賃料の催告をしたが、Bは不在で、Bの妻Dが懇願したため支払につき期限の猶予を与えた事例について考えみよう。
　民法は、無権代理について、113条〜117条の適用を「契約」に限定し、「単独行為」については別個に規定を設けた。すなわち、118条は、「単独行為については、その行為の時において、相手方が、代理人と称する者が代理権を有しないで行為をすることに同意し、又はその代理権を争わなかったときに限り、第113条から前条までの規定を準用する。代理権を有しない者に対しその同意を得て単独行為をしたときも、同様とする」と規定する。表見代理規定は契約にその適用が限定されていない。

7-131　**(a) 能動代理の場合**　単独行為が無権代理により行われた場合には、相手方が、無権代理人が代理権なくしてその行為を行うことに同意したか、または、代理権を争わなかった場合に限り、113条〜117条の規定を適用する（118条前段）。要するに、相手方が代理人の代理権を争った場合にだけ、113条〜117条は適用されないことになる。7-130①ケースでは、BはCの代理権を争っていないので、113条〜117条が適用され、本人Aは追認も追認拒絶もでき、無権代理人は117条1項の責任を負う。相手方Bに不利な単独行為でも同様であり、Cが催告＋条件付き解除をした場合に、Bが代理権を争ったならば、Aは追認をすることはできない。

7-132　**(b) 受働代理の場合**　無権代理による受働代理については、無権代理人の同意を得たか、代理権を争わなかった場合に限り、113条〜117条が適用される（118条後段）。7-130②ケースでは、AがBに対する意思表示である旨を表示し、Dがそれを了承して話を聞いたのであれば、113条〜117条が適用される。Bは追認も追認拒絶もできる。しかし、すでに受働代理について述べたように、この問題は97条1項の「到達」の問題にほとんど解消され、Bの了知可能な状態に置かれたと認められれば、それでBに意思表示が「到達」したと考えられる。したがって、問題となるのは本人への到達ありとはみられないような場合である。その場合にも、後日、本人が追認をして有効とすることができるという点において意義がある。

# §Ⅴ 無権代理と相続

7-133　無権代理と相続という問題は、無権代理人と本人の地位とが相続により全部（単独相続の事例）または一部が（共同相続の事例）同一人に帰属した場合における無権代理行為の効力をめぐる問題である。問題になる事例は以下の3つに分けられる。

① 無権代理人が本人を相続した事例（無権代理人による本人相続ケース）
② 本人が無権代理人を相続した事例（本人による無権代理人相続ケース）

③ 無権代理人と本人のいずれをも相続した事例（ⓐ先に本人を相続した場合と、ⓑ先に無権代理人を相続した場合とが考えられる）

　この問題は、117条の責任も踏まえて考える必要があること、種々の事例を整合的に説明できること、また、相続法理に忠実である解決であることなどを考慮しながら検討する必要がある。

### 1　無権代理人による本人の単独相続

7-134　**(1)　本人の追認拒絶前に本人を無権代理人が単独相続した場合**
　Ａ所有の甲地を、息子Ｂが代理権なしにＡの代理人としてＣに売却をして、手付金を受け取ったが、移転登記がされないままになっており、その後にＡが死亡し、ＡをＢが単独相続をしたとする。この場合、ＣがＢに対して甲地の所有権移転登記を求めることができるであろうか、Ｃが無権代理について悪意または善意有過失の事例と善意無過失の事例とで扱いが異なってくるべきであろうか。

　法的構成と結論との関係をまとめると次のようになる。法的構成によっては、相手方が悪意の場合には結論が変わってくることに注意すべきである。

① 相手方が善意無過失の場合——法的構成による結論の差なし
② 相手方が悪意または有過失の場合——法的構成により結論が異なりうる

　相手方Ｃが善意無過失の①事例では、結論としては、Ｂは117条の責任を負うため、相続により土地を取得したＢに対して履行を求めることができてしかるべきである。当然に有効とするか、117条1項によるか、いずれによっても結論に差は生じない。ところが、相手方が悪意または有過失の②事例では、117条1項は適用にならず、Ｃは履行を受けられなかったのに、たまたまＢがＡを単独相続したことによって、無権代理行為が有効になりＣが思いがけない利益を受けてよいのか、法的構成により結論が異なってくる。まず判例を確認してから、学説を検討してみたい。

7-135　**(a)　判例の状況**　判例は、一方で傍論的に後述の信義則説によった戦前の判決（大判昭17・2・25 ☞ 7-137）、また、資格融合説によったとみられる判決も

第4節　無権代理行為の効果　│　§Ⅴ　無権代理と相続

あるが（大判昭2・3・22☞7-136、最判昭40・6・18☞注309）、結論として、無権代理人が本人を相続した場合には、無権代理行為が当然に有効になることを認めている。しかし、本人が無権代理人を相続した事例についての判決であるが、最判昭37・4・20民集16巻4号955頁は、「自らした無権代理行為につき本人の資格において追認を拒絶する余地を認めるのは信義則に反するから、右無権代理行為は相続と共に当然有効となる」と（☞7-152）、信義則を基準にしている（信義則説）。判例を総合的に評価すれば、信義則説に依拠しているものと理解することができる。7-134の事例では、Cの請求は認められることになる。

7-136
●**大判昭2・3・22民集6巻106頁（人格承継説ないし人格融合説による判決）**　「無権代理人が本人を相続し本人と代理人との資格が同一人に帰するに至りたる以上、本人が自ら法律行為を為したると同様の法律上の地位を生じたるものと解するを相当とす。恰も権利を処分したる者が実際其の目的たる権利を有せざる場合と雖、其の後、相続其の他に因り該処分に係る権利を取得し、処分者たる地位と権利者たる地位とが同一人に帰するに至りたる場合に於て該処分行為が完全なる効力を生ずるものと認めざるべからざると同様なり」と述べる（大判昭9・9・10民集13巻1777頁も同様）[309]。

7-137
●**大判昭17・2・25民集21巻164頁（信義則説による判決）**　「無権代理行為を為したる者の家督相続人が隠居を為したる後、更に他家の家督相続を為して本人の地位に就きたる場合に於ては、別段の事情なき限り本人自ら法律行為を為したると同様其の行為の効果の自己に帰属するを回避し得ざること、彼の無権代理人が自ら本人の相続を為し其の地位を承継したる場合と何等択ぶところなきものと解するを相当とす。蓋し無権代理人は其の為したる代理行為が本人に依り追認せられざる限り原則として相手方に対し損害賠償其の他の債務を負担すべく、……斯る債務を負担せる者が本人の地位に就きたる場合に於ては寧ろ相手方に対し無権代理行為の追認を為すべきこそ相当なれ、今更追認を拒絶して代理行為の効果の自己に帰属することを回避せむとするが如きは信義則上許さるべきに非ざればなり」という。

309）　最判昭40・6・18民集19巻4号986頁も、「無権代理人が本人を相続し本人と代理人との資格が同一人に帰するにいたった場合においては、本人が自ら法律行為をしたのと同様な法律上の地位を生じたものと解するのが相当であり（上記大判を引用）、この理は、無権代理人が本人の共同相続人の一人であって他の相続人の相続放棄により単独で本人を相続した場合においても妥当すると解すべきである」と述べる。

7-138　**◆信義則に反するのはどのような場合か**
　　無権代理人が本人を相続して追認を拒絶することが信義則に反するのはどのような場合であろうか。相手方が善意無過失であり117条1項により履行を請求できる場合に限られるのか、それとも、相手方が悪意または善意だが過失があり117条1項の履行請求ができなくても、無権代理人は無権代理行為をした以上追認拒絶は信義則に反するというべきなのであろうか。判例はいずれなのか明らかではない。①7-137判決は、117条の責任を信義則上無権代理人に追認拒絶を許さない根拠としている。②他方、7-152判決は、単に無権代理人が追認拒絶をすることが信義則に反するというだけである。信義則による追認拒絶否定の根拠を、自ら無権代理行為をした点に求めるか、117条の責任が成立し相手方が保護される資格があることに求めるかにかかる問題である。

7-139　**(b)　学説の状況**
　　**(ア)　当然有効説**
　　❶　**人格承継説ないし資格融合説**　まず、無権代理人は本人の地位を承継し、本人・無権代理人が同一人になり所有者自らが契約をしたのと同じことになるから追認権は消滅するという**人格承継説**ないし**資格融合説**（我妻376頁、松坂288頁）がある。「無権代理行為が当然に代理権に基づく行為になってしまう」（石田喜288頁）、「相続人がプラスもマイナスも承継するのが相続である」ことが理由であり、悪意者に対しては、「悪意の抗弁」などの法理によって臨むこともできると評している（石田喜久夫「判批」昭和63年重判63頁）。

7-140　❷　**追完説**　また、本人を相続し、処分した目的物の所有権を取得することにより、無権代理人の代理権の欠缺が追完され、所有者による処分となり無権代理行為が当然に有効になるという**追完説**も主張されている（於保・序説273頁、薬師寺754頁、川島400頁）。追完説は、無権代理は効果帰属要件が欠けているだけなので、これが補完されればその時から当然に有効になると考えるのである（於保・序説274頁）。❶説も❷説も、相手方が悪意であっても、相続により当然に有効になる。

7-141　❸　**信義則説（判例）**　本人から追認権も相続するが、無権代理人がこれを行使することは許されないとして、信義則により追認拒絶を制限することが考えられる（杉之原舜一「判批」民商9巻5号866頁が嚆矢）。無権代理人は追認を拒絶ができない結果、追認があったものと同視され相続により当然に無権代理行為が有効になる。無権代理人による本人相続ケースでは結論的には、❶

説および❷説と変わらない。しかし、本人が無権代理人を相続した場合には、信義則説では異なる扱いが可能となる（☞7-151）。また、解釈によっては、7-139に述べたように、相手方が善意の場合に限ることも可能である。

7-142　**(イ)　資格併存説——無権代理人にも追認拒絶を認める**　Bに、本人Aから甲地の所有権と共に無権代理行為の追認拒絶権の取得、また、その行使を認める学説もある（鈴木213頁、幾代363頁、石田穣880頁、中舎336頁）。相続を1つの人格への資格融合と考えなければ、1人の者に2つの地位に基づくそれぞれの権利・義務を全て帰属させるのが論理必然であり、履行については117条の責任を問題にするのである。本書もこれを支持する。①結果の妥当性として不合理であるとは思われず、②本人無権代理人相続、無権代理人本人相続のいずれの場合をも統一的に捉えることができ、③何よりもこの理論構成が最も相続法理に忠実である（辻朗「無権代理と相続」『財産法と家族法の交錯』29頁）。

7-143　**◆資格併存説と117条——　117条1項の責任は免れない**
　　無権代理人Bは、本人Aから相続した追認拒絶権を行使することができるが、追認を拒絶しても無権代理人としての責任は免れない。したがって、①相手方が善意無過失であれば、相手方が117条1項の適用により履行を選択でき、結局その土地を引き渡しまた移転登記をしなければならない。②他方、相手方Cが悪意または有過失の場合には、117条1項の無権代理人の責任を追及できないので、Bは本人として履行を拒絶してその土地を最終的に保持できる。この点で、結論的には、117条の責任の成否にかかわらず追認拒絶を否定する信義則説とは異なるが、信義則説でも、117条の責任が成立する場合のみ追認拒絶を否定するならば、結論は変わらないことになる。

7-144　**◆無権代理人が問題の権利の譲渡を受けた場合**
　　例えば、Aの土地をBが無断でAの代理人としてCに売却したが、その後にAからその土地の贈与を受けた場合、CはBに対してどのような請求をなしうると考えるべきであろうか。
　　追完説ならば、所有権取得が相続か譲渡かを問わず無権代理という点が追完され、BがAからその土地の贈与を受けた時に、代理行為は当然に有効になると考えられる（川島400頁）。本人の不動産を代理人として和解により賃貸した者が（無権代理）、後日その不動産の譲渡を受けて所有権を取得した事例で、所有権を

取得した無権代理人は賃貸借契約の効力を否定できないとされている（最判昭34・6・18民集13巻6号737頁）。他方、無権代理行為のままであり、無権代理人は117条1項の責任を負うのみと考える学説があり（川井268頁）、これが適切である。そうすると、相手方は117条1項の要件を満たす場合に限り、無権代理人に対して履行を求めることができるにすぎない。

7-145 **◆無権代理人が本人の後見人になった場合**
**(1) 追認を拒絶できないとした判決（旧判例）**
　祖父が事実上後見人として未成年者の財産を管理しており、無権代理行為を行った後に正式に後見人になった事例で、追認拒絶を否定した判決がある。最判昭47・2・18民集26巻1号46頁は、「無権代理行為をした者が後に後見人となった場合には、……追認されるべき行為をなした者と右行為を追認すべき者とが同一人となったものにほかならない」、「このような場合には、後にAが後見人に就職し法定代理人の資格を取得するに至った以上、もはや、信義則上自己がした無権代理行為の追認を拒絶することは許されない」とした。

7-146 **(2) 当然に追認が拒絶できないわけではないとした判決（新判例）**
　ところが、その後、事実上後見人として財産を管理していた者が、被管理者の不動産について賃貸借の予約をした後、被管理者につき禁治産宣告があり、正式に後見人に就任した事例において、次のように判示されている。本人を保護するための成年後見であるから、後見人について矛盾行為を理由に、後見人ではなく本人に不利益を生じさせるのは不合理である。新判例が適切である。

7-147
　●**最判平6・9・13民集48巻6号1263頁**　「禁治産者の後見人が、その就職前に禁治産者の無権代理人によって締結された契約の追認を拒絶することが信義則に反するか否かは、(1)右契約の締結に至るまでの無権代理人と相手方との交渉経緯及び無権代理人が右契約の締結前に相手方との間でした法律行為の内容と性質、(2)右契約を追認することによって禁治産者が被る経済的不利益と追認を拒絶することによって相手方が被る経済的不利益、(3)右契約の締結から後見人が就職するまでの間に右契約の履行等をめぐってされた交渉経緯、(4)無権代理人と後見人との人的関係及び後見人がその就職前に右契約の締結に関与した行為の程度、(5)本人の意思能力について相手方が認識し又は認識し得た事実、など諸般の事情を勘案し、右のような例外的な場合に当たるか否かを判断して、決しなければならない」（追認拒絶を信義則に反し許されないとした原審判決を破棄）。

7-148 **(2) 本人の追認拒絶後に本人を無権代理人が単独相続した場合**
　本人が追認を拒絶して無権代理に確定した後は、無権代理人が本人を相続

しても、追認拒絶できないという理由では追認があったと同様に扱うことはできない。信義則説に依拠する判例も、本人が追認拒絶をしたことにより無権代理に確定しているので、無権代理人がその後に本人を相続しても、無効に確定した無権代理行為がそれにより有効になる余地はないとし、また、無権代理人が無効に確定したことを援用することは信義則に反しないとする（☞ 7-149)³¹⁰⁾。なお、相手方が、無権代理人に対して損害賠償を選択して、賠償を受けた後に、無権代理人が本人を相続してもすでに問題は解決済みであり、無権代理行為が有効になることはないと考えるべきである。

7-149

●**最判平 10・7・17 民集 52 巻 5 号 1296 頁**　「本人が無権代理行為の追認を拒絶した場合には、その後に無権代理人が本人を相続したとしても、無権代理行為が有効になるものではない」。「けだし、無権代理人がした行為は、本人がその追認をしなければ本人に対してその効力を生ぜず（民法 113 条 1 項)、本人が追認を拒絶すれば無権代理行為の効力が本人に及ばないことが確定し、追認拒絶の後は本人であっても追認によって無権代理行為を有効とすることができず、右追認拒絶の後に無権代理人が本人を相続したとしても、右追認拒絶の効果に何ら影響を及ぼすものではないからである」。「本人が追認拒絶をした後に無権代理人が本人を相続した場合と本人が追認拒絶をする前に無権代理人が本人を相続した場合とで法律効果に相違が生ずることになるが、<u>本人の追認拒絶の有無によって右の相違を生ずることはやむを得ないところであり、相続した無権代理人が本人の追認拒絶の効果を主張することがそれ自体信義則に反するものであるということはできない</u>」。³¹¹⁾

---

310）　学説については、①追完説では、本人が追認拒絶の意思表示をしていても、相手方がすでに損害賠償を選択していなければ、相続により当然に履行義務が追完されるといわれる（於保・序説 275 頁)。②信義則説では、本人が追認拒絶をし、無権代理に確定したことを援用するだけであるからであり、無権代理行為が有効となる前提がそもそも欠けていることになる。しかし、これに対しては、無権代理行為をした無権代理人が自己への効果帰属を否定することが矛盾行為に当たるから許されないのであり、本人がした追認拒絶を援用することも信義則違反を問題にできるという主張もある（安永正昭「『無権代理と相続』における理論上の諸問題」曹時 42 巻 4 号 20 頁)。

311）　まず無権代理人次いで本人を相続した事例であり（判例だと無権代理人による本人相続と同視される ☞ 7-164)、相続人らが無権代理人により設定された抵当権設定登記の抹消請求をしたという事例である（無権代理人の相続は限定承認)。限定承認により、117 条による履行を得ることが不可能になっていたという事情もある。

## 2　本人による無権代理人の単独相続

**7-150**　**(1)　2つのジレンマ**

　A所有の甲地を、息子Bが代理権もないのにAの代理人としてCに売却をして、手付金を受け取ったが、移転登記がされないままになっており、その後にBが死亡し、Aが単独相続をしたとする。この場合に、CがAに対して甲地の所有権移転登記を求めることができるかであろうか、Cが無権代理について悪意または善意有過失の事例と善意無過失の事例とで扱いが異なってくるべきであろうか。本人が無権代理人を単独相続した事例では、次の2つのジレンマがある。

> ①　**本人の立場**　本人Aは追認を拒絶して自分の土地を保持できたのに、Bを相続したことによりこの権利を奪われるべきではない。
> ②　**相手方の立場**　相手方CはBに対して無権代理人の責任を追及できたのに、本人AがBを相続してもこの権利を奪われるべきではない。

　以下には、判例を紹介した上で、学説を分析し本書の立場もあわせて述べてみたい。

**7-151**　**(2)　本人の追認拒絶前に無権代理人を本人が単独相続した場合**

　**(a)　判例の状況**

　**㋐　本人による追認拒絶の肯定**　大審院時代には本人による無権代理人相続事例についての判決はなかった。これを初めて扱ったのは7-152の判決であり、本人による追認拒絶が認められている。判例は、無権代理人が本人を相続した事例につき既述のように人格融合説ととれる判決があったが（☞7-136）、本人が無権代理人を相続した場合にはこれを採用していない[312]。確かにその後も人格融合説ととれる判決が出されているが（☞注309）、判例は信義則説と考えるべきである。7-150の事例では、Cの請求は認められないことになる。

**7-152**

●**最判昭37・4・20民集16巻4号955頁**　[事案]　無権代理人Aが本人Yの不動産をXに売却し、その後に無権代理人Aが死亡し本人Yが家督相続を

し、買主Xから本人Yに対して所有権移転登記が請求された事例。原審判決は、人格融合説ないし追完説に依拠しXの請求を認容した。

[判旨]（破棄差戻し）「無権代理人が本人を相続した場合においては、自らした無権代理行為につき本人の資格において追認を拒絶する余地を認めるのは信義則に反するから、右無権代理行為は相続と共に当然有効となると解するのが相当であるけれども、本人が無権代理人を相続した場合は、これと同様に論ずることはできない。後者の場合においては、相続人たる本人が被相続人の無権代理行為の追認を拒絶しても、何ら信義に反するところはないから、被相続人の無権代理行為は一般に本人の相続により当然有効となるものではない」。

7-153　(イ)　**117条の責任の肯定**　しかし、この判決は、本人が追認を拒絶できることを宣言しただけであり、無権代理人の117条の責任を免れることを認めたものではない。このことは次の判決により確認される。この結果、本人は追認拒絶をできるが、無権代理人から117条1項の責任を相続し、相手方が履行を選択したならば、同項の履行義務を負うことになる。下記判決は保証契約の事例なので、相続により取得した所有権についての問題は生じなかったのであり、7-150のような事例について、履行義務を否定し損害賠償義務のみにとどめるか否かは、判例上未解決であるといわざるをえない。ただ、注312の他人物売買についての判決の趣旨に鑑みれば、無権代理事例でも本人は履行義務を拒絶できるというのが論理一貫する。

7-154　●**最判昭48・7・3民集27巻7号751頁（保証債務）**　117条の無権代理人の責任の、本人による相続事例について、次のように述べる（無権代理で連帯保証契約を締結した事例）。「民法117条による無権代理人の債務が相続の対象となることは明らかであって、このことは本人が無権代理人を相続した場合でも異ならないから、本人は相続により無権代理人の右債務を承継するのであ

---

312)　他人物売主が死亡し、目的物の所有者が売主を単独相続した事例についても、7-152の最判昭37・4・20を受けて、先例を変更し、所有権を当然に失うものではないとされている（最大判昭49・9・4民集28巻6号1169頁）。すなわち、「他人の権利の売主が死亡し、その権利者において売主を相続した場合には、権利者は相続により売主の売買契約上の義務ないし地位を承継するが、そのために権利者自身が売買契約を締結したことになるものでないことはもちろん、これによって売買の目的とされた権利が当然に買主に移転するものと解すべき根拠もない。……権利者は、相続によって売主の義務ないし地位を承継しても、相続前と同様その権利の移転につき諾否の自由を保有し、信義則に反すると認められるような特別の事情のないかぎり、右売買契約上の売主としての履行義務を拒否することができる」という。他人物売主が所有者を相続したら履行義務を拒否できないことになる。

> り、本人として無権代理行為の追認を拒絶できる地位にあったからといって右債務を免れることはできないと解すべきである。まして、無権代理人を相続した共同相続人のうちの一人が本人であるからといって、本人以外の相続人が無権代理人の債務を相続しないとか債務を免れうると解すべき理由はない」。

7-155　(b)　**学説の状況**

❶　**追認拒絶否定説──追完説または人格融合説**　追完説や人格融合説といった当然有効説では（☞7-139〜140）、相続がどういう順序であろうと、本人と代理人とが同一人に帰属した場合には、代理人の行った行為は当然に有効になる。追完説では、「無権代理行為と権義設定権が同一人に帰属することになるから、それは相続開始の時から追完されるものと解しなければならない」と述べられている（於保・序説274頁）。この立場では、相手方が悪意または有過失であり117条1項の保護を受けられないのに、本人による無権代理人の相続により、望外の利益を受けてしまう。「悪意の抗弁」を認めて解決する学説があることは先に述べた通りである。

7-156　❷　**追認拒絶肯定説**　①資格併存説では、本人が追認を拒絶して土地を保持できてしかるべきである。②信義則説では、判例同様に、本人が無権代理人を相続する場合には、本人自身が追認を拒絶するのでその行使は信義則に反することはないと考えている。追認拒絶肯定説で問題となるのは、相手方が無権代理について善意無過失の場合に、本人が無権代理人から相続した117条1項の「履行」責任を選択したならば、追認拒絶を認める意味がなくなってしまうため、本人保護と相手方保護との調整をどうしたらよいのかである。7-157に説明しよう。

7-157　◆**追認拒絶肯定説に残された問題**
　①本人は、117条1項の「履行」責任は免れないとすると、117条の履行義務により本人の追認拒絶権を認めた趣旨は没却されてしまう。②かといって、本人に117条1項の責任を一切否定するのは、相手方に酷であり、また、本人以外の相続人とのバランスを欠く。③そこで、本人と相手方の両利益を調和させるためには、無権代理人の責任は本人に承継されるが、履行責任は承継せず損害賠償責任に限定されるという提案がされている（加藤323頁など）。また、履行責任といっても、保証契約が無権代理でなされた場合のように金銭債務やまた不特定物給付のような場合には履行責任も承継されてよく、特定物の給付の場合には、履

行責任は承継せず損害賠償責任のみに制限されるという説明が、より正確であろう[313]（四宮＝能見300頁、川井267頁）。本書もこれに賛成する。

7-158 **(3) 本人の追認拒絶後に無権代理人を本人が単独相続した場合**

　本人が追認を拒絶して無権代理に確定した後に、本人が無権代理人を単独で相続した場合を扱った判例はない（7-149の論理はここにも同様に当てはまろう）。①追完説では、本人により追認拒絶があった後に本人が無権代理人を単独相続したとしても、相手方が損害賠償を選択していない限り、相続開始の時に履行義務が追完されるということは、本人が無権代理人を相続した場合も同様と考えられている（於保・序説275頁）。②それ以外の学説では、本人の追認拒絶により無権代理が無効に確定するので、本人が無権代理として無効に確定したことを主張しうるのは当然である。117条1項の責任については、7-157と同様に考えるべきである。

## 3 特殊な事例

7-159 **(1) 無権代理人が本人を共同相続した事例（①ケース）**

　**(a) 判例の状況**　A所有の甲地を、代理権がないにもかかわらずBが代理人としてCに売却したが移転登記手続がされる前に、①ⓐAが死亡しBとDとが共同相続をした事例、または、ⓑBが死亡しAとDとが共同相続をした事例、ないし、②ⓐBが死亡しAとDとが共同相続をしたが、さらにAが死亡しDが単独相続をした事例、または、ⓑAが死亡しBとDとが共同相続をしたが、さらにBが死亡しDが単独相続をした事例とに分けて、Cのなしうる法的主張について検討してみよう。

　①ⓑの場合の判例はないが、本人Aは追認を拒絶でき、Bの117条1項の責任をDと共に共同相続することになる。Cは「履行」を選択できず、ADに分割債務として損害賠償義務の承継を主張しうるだけになる（☞7-157）。問題は、①ⓐの事例であり、BはDと相続分に応じて甲地の共有持分を取得するが、Bは持分について追認拒絶できず、当然に売却の効力が生じることになるのであろうか。次の判例は、保証契約の無権代理の事例

---

313) 判例は、本人を無権代理して連帯保証契約をした場合に、無権代理人を本人が相続すれば、本人は無権代理人の117条1項の責任を承継しその義務を免れることはできないものとする（最判昭48・7・3民集27巻7号751頁）。

で、無権代理人の相続分について保証契約が一部有効になることを認めない。ただ、傍論ではあるが、他の共同相続人が全て追認している場合には、無権代理人は信義則上追認拒絶ができなくなることを認めている。

7-160

●**最判平5・1・21民集47巻1号265頁**[314]　[事案] 事案は、AのBに対する850万円の貸金債権について、YがCを代理してCを保証人とする連帯保証契約を締結したが（無権代理）、その後Cが死亡しYとDが共同相続したため、Aから債権を譲り受けたXがYに対して支払を求めた事例である。原審判決は、Aの過失を認めて117条1項の責任を否定し、無権代理人が承継すべき本人の法的地位の限度では、本人自らしたのと同様の効果が生じるとして、2分の1の金額について支払を命じた。最高裁は、原審判決を破棄する。
　[判旨]「無権代理人が本人を他の相続人と共に共同相続した場合において、無権代理行為を追認する権利は、その性質上相続人全員に不可分的に帰属するところ、無権代理行為の追認は、本人に対して効力を生じていなかった法律行為を本人に対する関係において有効なものにするという効果を生じさせるものであるから、共同相続人全員が共同してこれを行使しない限り、無権代理行為が有効となるものではないと解すべきである。そうすると、他の共同相続人全員が無権代理行為の追認をしている場合に無権代理人が追認を拒絶することは信義則上許されないとしても、他の共同相続人全員の追認がない限り、無権代理行為は、無権代理人の相続分に相当する部分においても、当然に有効となるものではない」。
　[反対意見（三好達裁判官）]「無権代理人は、相手方から、自己の相続分に相当する限度において、その行為の効果を主張された場合には、共同相続人全員の追認がないことを主張して、その効果を否定することは信義則上許されず、……無権代理人たる相続人は、右の限度において本人が自ら法律行為をしたと同様の法律上の地位におかれる結果となる」。

7-161

(b)　**学説の状況**

❶　**相続分当然有効肯定説**　最判昭40・6・18（☞注309）の最高裁調査官解説は、本人の共同相続人の1人に無権代理人がいる場合について、その相続分について無権代理人は追認拒絶ができず、当然に有効になることを認めていた（栗山忍「判解」判解民昭和40年度193頁）。上記判決の三好裁判官の

---

314）　同一日付の最判平5・1・21判タ815号121頁も、三好反対意見を含めて全く同趣旨が宣言されている。事例は、譲渡担保が無権代理で行われ、本人が移転登記の抹消登記請求訴訟を提起し第一審で勝訴判決まで得た後に死亡し、無権代理人も含めて共同相続人が訴訟承継した事例である。

反対意見はこれを支持している。1つの契約の追認権は不可分ではなく、共同相続により分割帰属することが前提になっている。

7-162　❷ **相続分当然有効否定説**　しかし、契約の追認権は、取消権、解除権などと同様に、契約当事者が当初から複数の場合であろうと共同相続により複数になった場合であろうと、分割されることなく不可分的に全員に帰属し、その行使には全員の同意が必要であると考えるべきである（264条・251条）。たとえ信義則説によったとしても、Bの相続分だけ当然に有効になることはない。判例を支持するのが通説である（幾代365頁など）。この立場も、①他の共同相続人が追認すれば、無権代理人は追認拒絶できず追認の効力が生じると考えるか（信義則説）、または、②必ず全員の追認が必要と考えるか（資格併存説）、さらに分かれることになる。本書は②を支持する。

7-163　**(2) 無権代理人を相続してから本人を相続した事例（またはその逆）（②ケース）**

　**(a) 判例の状況**　7-159②ⓑケースのように、Dが、本人と共に無権代理人の地位を共同相続した後に本人が死亡し本人を単独相続し（残りの無権代理人の地位も相続）、その結果、無権代理人たる地位と本人たる地位をそれぞれ100％相続した事例において、判例は、無権代理人が本人を相続したのと同じであるとして、Dによる追認拒絶を否定している。自ら無権代理行為をしたという帰責事由はなくても、無権代理人たる地位を承継しさえすれば、追認拒絶できなくなると考えている。

7-164
> ●**最判昭63・3・1判時1312号92頁**　［事案］無権代理人、次いで本人を相続したXから、無権代理による売買の目的不動産の買主Yに対する所有権移転登記の抹消登記請求がなされた事例。第1審判決は請求認容、原審判決も次のように述べてYの控訴を棄却する。
> 　［判旨（原審）］「無権代理人が本人を相続した場合に追認を拒絶することが信義則上許されないとされるのは、<u>当該無権代理行為を**無権代理人自らがなした**という点に存する</u>」。「<u>無権代理行為を自らなしていないという点においては、無権代理人を相続した者が本人であっても、本人以外の相続人であっても異なるところはないから、無権代理人を相続した本人に追認拒絶権を認める以上、無権代理人を相続した後本人を相続した相続人についてのみ追認拒絶権を認めないとする根拠は見出し難い</u>」。
> 　［判旨（最高裁）］（破棄差戻し）「無権代理人を本人とともに相続した者がそ

> の後更に本人を相続した場合においては、当該相続人は本人の資格で無権代理行為の追認を拒絶する余地はなく、<u>本人が自ら法律行為をしたと同様の法律上の地位ないし効果を生ずる</u>」。「無権代理人を相続した者は、無権代理人の法律上の地位を包括的に承継するのであるから、一旦無権代理人を相続した者が、その後本人を相続した場合においても、<u>この理［無権代理人による本人相続］は同様と解すべきであって、自らが無権代理行為をしていないからといって、これを別異に解すべき根拠はなく</u>……[315]、更に、無権代理人を相続した者が本人と本人以外の者であった場合においても、<u>本人以外の相続人は、共同相続であるとはいえ、無権代理人の地位を包括的に承継していることに変わりはないから、その後の本人の死亡によって、結局無権代理人の地位を全面的に承継する結果になった以上は、たとえ、同時に、本人の地位を承継したものであるとしても、もはや、本人の資格において追認を拒絶する余地はなく、……本人が自ら法律行為をしたと同様の法律上の地位ないし効果を生ずる</u>」。

7-165 **(b) 判例の問題点** 人格融合説と追完説では、本人と行為者である無権代理人の2人の地位が1つに融合した以上は、無権代理行為は当然に有効になる。しかし、判例の信義則説では、次のような不合理がある。本人を相続してから無権代理人を相続した場合には、本人が無権代理人を相続したのと同視されることになり追認拒絶ができるはずである。そうすると、最終的にDに両者の地位が帰一していても、どちらを先に相続したかという偶然により結論が異なってくる。

7-166 **(c) 判例に反対する学説**

❶ **信義則説（判例不支持）** ①確かに、昭和17年判決（☞ 7-137）のように「117条の責任を負うこと」を信義則違反の根拠とすれば、無権代理人の責任を負担している相続人が本人を相続した事案においては、本人から相続した追認拒絶権を行使することは信義則に反することになる。②しかし、7-164の原審判決のように無権代理行為をしたかどうかという一身専属的な非難を問題にし、行為者としての属性は承継されないということも考えられる。学説には、判例に反対し追認拒絶を認め、117条の責任も損害賠償に限定する主張がある（山本敬三「判批」民商99巻2号114頁）。ただし、708条の

---

[315] ここで大判昭17・2・25（☞ 7-137）参照として引用するが、これは信義則説である。しかし、本判決の最後に述べられている「本人が自ら法律行為をしたと同様の法律上の地位ないし効果を生ずる」というのは、資格融合説的であり、依然として判例には資格融合説の影響がみられる。

第 5 節　表見代理

制裁さえ相続人に承継されるので、判例の方が筋は通っている。

7-167　❷　**資格併存説**　資格併存説では、無権代理人が本人を相続しても追認拒絶は可能と考えるので、7-159①ⓐの事例でも D は追認拒絶が可能である。ただし、無権代理人を相続しているので、117 条 1 項の責任が成立している事例では、その責任を免れないが、履行義務を認めて本人から相続した追認拒絶権を無意味ならしめてよいのかという問題が残される。本人ならば履行義務を免れしめる必要があるが、本人を相続した相続人となると微妙である。本人に準じて損害賠償義務のみにとどめるべきであろう。

## 第 5 節　表見代理

7-168　もし無権代理であれば本人に効力が生ぜず無効だということを貫くと、代理取引の相手方は代理人との取引に慎重にならざるをえず、取引の停滞は免れない。経済社会を発展させるためには、本人をある程度犠牲にしてでも取引の安全を保護する必要がある。しかし、本人側の事情を一切考慮せず、取引の安全保護を一方的に保護するのは、私的自治の原則をあまりにも無視することになる。そのため、民法は 3 つの場合に限定して、取引の安全を保護するにとどめた (109 条・110 条および 112 条)。これらを一括して、講学上、**表見代理**という。

しかし、この 3 つの規定を起草者は統一的な制度として理解しておらず、また、それぞれの規定で想定されていた事例は非常に限られたものであった。取引の安全保護や信義則が強調され出す明治時代末期において、中島玉吉博士の論文により表見法理（外観法理）としてこの 3 つの規定が統一的に把握され、その活用が提案されたのである[316]。その後、表見代理法理は、判例法により飛躍的に拡大されることになる。以下には、それぞれの表見代理の要件を説明し、その後に、効果についてまとめて説明することにしたい。なお、109 条・110 条に対して 112 条は代理権の消滅の対抗不能と

---

[316]　中島玉吉「表見代理論」『民法論文集』175 頁以下（英米法の agency by estoppel の法理が参考とされた）。表見代理規定の経緯および発展については、安永正昭「表見代理」法教 111 号 58 頁以下、田山輝明「民法 109 条、110 条、112 条、117 条」『民法典の百年Ⅱ』199 頁以下、高森哉子『代理法の研究』（以下、高森・研究で引用）255 頁以下参照）。

いう形になっていたが、改正法により、本人が無権代理行為について「その責任を負う」ものと規定が統一された。

## §1
## 授権表示による表見代理（109条1項）

### 1　109条1項の表見代理の意義・根拠

7-169　Aは甲食堂を経営し、成年の息子Bが食堂を手伝い調理と食器洗い等の事実行為だけを任されていたが、Aが甲食堂の改修をC会社に依頼し交渉をするに際し、急用が入ったため、AがCに連絡してBにこの件については任せてあると述べ、Bと交渉して契約を締結するように伝えた。Cの担当者は甲食堂に行きBに対して、AがBに全て任せてあると聞いたということを話し、BはこれをきいてAが自分に任せたものと思って自分の意見を取り入れた改修工事契約を甲食堂の名でCと締結したとする。

　民法は109条1項本文において、「第三者に対して他人に代理権を与えた旨を表示した者は、その代理権の範囲内においてその他人が第三者との間でした行為について、その責任を負う」、と規定している。上記事例では、Bは甲食堂の名で——Aの商号であり、Aの顕名となる——店舗の改修工事契約を締結しており、AがCに対してBに代理権を与えている旨の表示をし、Cはこれを信じてBと契約をしたのである。109条が適用され、AはBのした本件契約について「その責任を負う」、要するにAC間に改修工事契約が有効に成立することになる。まず109条の起草趣旨とその後の運用を確認しておこう。

7-170　**(a)　起草者の考え——実は有権代理**　109条（現同条1項）の起草者は、代理権授与行為を単独行為であり一方的意思表示で足り、かつ、代理人を相手方に対して資格づけることが目的であるから、代理権授与行為は代理人に対して行われる必要はないと考え、109条は第三者に対する表示により代理権が付与されることを認めた規定と考えていた。無権代理は事後的に本人が追認して一方的に有権代理にできるが、事前に一方的に代理権を付与することも可能と考えたのである。この考えによれば、7-169の事例では、Bの代理

行為は有権代理になる。2004年（平成16年）改正前の109条には、相手方の善意無過失が要件とされていなかったが、それは有権代理の規定であったためである。有権代理の規定として限定すると、本人の単独行為により有効に代理権が与えられた場合にその適用は限定され、109条の適用は非常に限られる。

7-171　**(b)　表見代理としての拡大（判例・通説）**　ところが、109条が中島博士により表見代理として統一的に位置づけられ、また、大正時代における取引安全保護の高まりと共に、109条は表見代理法理として有権代理事例を越えてその適用範囲を拡大していく。もはや判例が認める109条の適用領域は、有権代理の事例をはるかに越えている。すなわち、109条はその適用範囲が、代理権授与表示ないしそうと誤認しかねない外観が本人の故意または過失により作られた場合に広く拡大されている。109条が表見代理として運用される以上、相手方の善意無過失は必須の要件となり、現代語化に際してこの要件が明文化された。

## 2　109条1項の表見代理の要件

7-172　**(1)　本人による授権表示──容認型・放置型への類推適用**

**(a)　授権表示の意義**　109条の適用があるためには、本人が「他人に代理権を与えた旨を表示した」ことが必要である。①「代理権を与えた旨」の表示を、②本人が行ったことが必要になる。故意か過失かは問わない。有権代理規定という束縛を脱したとしても、このように文言からは本来の109条の適用領域は狭いものである。しかし、取引の安全保護への要請が高まるに応じて、109条も110条と共に飛躍的にその適用が拡大されるようになる。問題となる表示自体は本人が作出する必要はなく、本人がその表示を知りながら放置した場合や、さらには、「代理権を与えた旨」の明確な表示である必要はなく、そうとられかねない紛らわしい表示を放置した場合にも適用され、109条の類推適用というべき解決がされているのである。

7-173　**(b)　109条が適用される類型**

**(ア)　白紙委任状の交付**　本人が、虚偽の委任状を故意または過失により作成した場合に109条が適用されることは疑いない。委任状で問題になるのは、本人が白紙委任状を作成・交付した場合である。**白紙委任状**とは、委任事項ないし代理人のいずれかまたは両者について白紙のままにされている委

任状のことをいう。白紙を未完成＝「表示なし」と考えると、109条の問題は生じない。しかし、あえて白紙のまま委任状を交付することは、一切の事項を委ね、また、代理人が誰でもよいと「表示した」ものと評価でき、109条を適用できるのではないかという疑問が生じるのである。

　問題になるのは、①白紙委任状の交付を受けた代理人が、白紙のままでまたは勝手に補充をして委託された権限を越える代理行為をした場合、および、②白紙委任状の交付を受けた代理人が、別の者にその白紙委任状を交付して、その者が代理行為を行った場合である。

　①ケースは、白紙の委任状の交付は全権委任の表示とみられ、そのまま使用すれば109条が適用になると考えてよい。また、勝手に記入をした場合には、他人による外観作出への本人の過失を理由に109条の類推適用を肯定してよいと考える。そのまま使用した場合とのバランス論もある。

　②ケースは、代理人欄白紙ということを所持人に代理権を与える旨の表示と捉えれば、109条の適用の余地がある（＋委任事項白紙）。判例は、不動産取引については委任状が転々流通するものではないとしてこれを否定したが（＋越権事例☞7-176）、保証契約締結の委任状については、明確ではないが、所持人への代理権授与の表示があるものとして、109条を適用している（☞7-177）――保証は承諾しており、代理権を与えた者ではない者が締結したため無権代理となるだけ――。

7-174
◆**白紙委任状の交付と109条**
**(1)　交付の相手方が濫用した場合――委任事項白紙の表示の意味**
　例えば、Aが債権者Bのために自己所有の土地に抵当権を設定する契約をし、抵当権設定登記のために、Bに委任事項白紙の白紙委任状を権利証や印鑑証明書などと一緒に交付したが、Bがこれらの書類を濫用してAの代理人として、本件土地をCに売却した場合、本文で述べたように109条の適用を認めることができる。委任事項白紙のままで委任状を交付したということは、その不動産についての一切の取引が許可する表示と理解されるからである。Aには、権利証、印鑑証明書を共に交付し第三者が信じる原因を作った、また、虚偽の表示がされる原因を作った帰責事由があり、善意無過失のCを保護すべきである。

7-175
**(2)　さらに交付を受けた者が利用した場合――代理人欄白紙の表示の意味**
　**(a)　不動産取引の場合**　白紙委任状が別の者に交付されて、その交付を受けた者が、代理権の範囲外の代理行為をなした場合として、債務者Xが債権者Aに

対して抵当権設定登記のために権利証および白紙委任状を交付したが、AがBにこれらの書類を交付し、BがXの代理人として自己のYに対する債務のために抵当権設定登記等をした事例がある。Xは自己の債務のために不動産に抵当権を設定しようとしたのである。判例は次のように述べ109条の適用を否定し、Xの抵当権設定登記の抹消請求を認容している。ただ傍論的に109条の適用の余地を認めており、①委任事項白紙の部分については109条の表示を認めるが、②代理人欄白紙の部分については、特に何人が行使してもよい趣旨でこれを交付した場合にのみ109条の表示を認めるという[317]。

7-176

●最判昭39・5・23民集18巻4号621頁　交付を受けた者が自ら代理人として第三者と不動産を処分する契約をしたときとは異なり、第三者に委任状が交付された場合には109条の要件が満たされているとはいえない。「けだし、不動産登記手続に要する前記の書類は、これを交付した者よりさらに第三者に交付され、転輾流通することを常態とするものではないから、不動産所有者は、前記の書類を直接交付を受けた者において濫用した場合や、とくに前記の書類を何人において行使しても差し支えない趣旨で交付した場合は格別、右書類中の委任状の受任者名義が白地であるからといって当然にその者よりさらに交付を受けた第三者がこれを濫用した場合にまで民法109条に該当するものとして、濫用者による契約の効果を甘受しなければならないものではないからである」。

7-177

(b)　**保証契約の場合**　Aが、BからCを通じて他の者から融資を受けるのでその保証人になってほしいと依頼されて、Cに代理人白紙の白紙委任状と印鑑証明書を交付した（Cには代理権あり）。ところが、Cを通じての融資が失敗に終わったため、BがCから白紙委任状の引渡しを受けて、Dから融資を受けるにあたってAを代理してBの債務につきAD間の保証契約を締結したという事案で、「AはDに対し、Bに右代理権を与えた旨を表示したものと解するのが相当である」と、Aの責任が認められている（最判昭42・11・10民集21巻9号2417頁）。AはCに代理権を与えたが、Bには代理権を与えていない。明言されていないが、白紙委任状の所持人に代理権を授与しているものと認定して109条を適用したものと考えられる。7-180判決とは異なり、Bが第三者から融資を受けるについて保証人になることは承認しており、自分が認めていない保証債務を負担するものではなく、結果は不当ではない。

---

[317]　不動産取引でも、本人が何人による行使を容認していたか否かが区別されることになるが、委任状の表示からはわからず適切とは思われない（四宮和夫「判批」法協91巻7号116頁以下参照）。事例類型により区別すべきであろう。

## 第7章 代理

7-178　(イ)　**他人の営業を自分の営業と誤認させた場合**

(i)　**取引先に自己の営業である旨を説明した場合**　例えば、弟Aが営業を始めるに際して、信用がないので商品を仕入れることができないことから、すでに営業を行っている兄Bが、Aの取引先に対してその営業は自己の営業であり自分が責めに任ずる旨を述べた事例がある。「他人の為す取引が真実は自己の取引にして自己が其の責に任ずべきことを広く取引の相手方たるべき者に表示したる者は、其の表示を信頼して取引を為したる者に対し責任を負担せざるべからざることは、民法が第109条の規定を設けたる立法の趣旨に徴し疑な」しとされている（大判昭13・12・16新聞4370号7頁）。

7-179　(ii)　**他人に自己の名称の使用を許諾した場合**　109条は相手方に授権表示をした事例を規律するものであり、(i)のような特定の第三者への表示に限られない。他人に自己の商号の使用を認め、代理権の付与ではなく自己の営業の一部かのような外観を作り出した場合にも、判例は109条の適用を認めている。

まず、A会社がBにA会社甲支店の名称で営業することを許諾した場合や（大判昭4・5・3民集8巻447頁）、支店の営業全部を営業主任であった者に譲渡したが、引き続きその場所で同一の営業を従来の名称を使用して営むことを許容した場合（大判昭15・4・24民集19巻749頁）のように、自己の名称使用を許容していた事例に109条が適用されている。現在では、商法14条に名板貸について明文規定が置かれている（☞注319）。さらには、他人の作出した表示を本人が放置した事例への109条の適用が認められている（☞7-180）。

7-180　◆**自己の営業と誤認しかねない表示を容認・放置した場合（109条の拡大）**

下請人の工事現場が「A組合作業場」と元請人（A組合）の直営のような外観を呈していることを知りながら元請人がこれを放置し、注文者に対し「現場代理人」として届け出る等の事実があった場合や（大判昭16・12・6判決全集9輯13号3頁）、A会社の連絡事務所に常駐する者が、事務所入り口にA会社長野県開発センターといった表示をし、その所長と称して工事資材の調達をし、A会社がこれを容認していた場合（最判昭41・5・17集民83号531頁）のように、積極的に自己の名称の使用を認めたのではなく、代理人が勝手に自己の営業の一部と誤認されかねない表示をし、本人がそれを知りつつ容認または放置していた事例にも、109条の適用が肯定されている。さらには、特殊な事例として、7-181の事例がある

第5節 表見代理 | §I 授権表示による表見代理（109条1項）

（さらに7-83のペットショップの判例により一歩進められる）。7-181判決は、109条等の「法意」に照らしての解決である。

7-181

●最判昭35・10・21民集14巻12号2661頁（東京地裁厚生部事件）
　[事案] 東京地方裁判所に、戦時中から職員の福利厚生を図るため、生活物資の購入配給活動を行う「厚生部」という団体があった。昭和23年に東京地方裁判所事務局総務課に厚生係が置かれることになり、同裁判所は、「厚生部」の事業に携わっていた職員をそのまま厚生係に充てると共に「厚生部」の継続も認めた。事務局総務課厚生係の表札を掲げた1室において「東京地方裁判所厚生部」という名義で他と取引を継続し、物資購入等にあたっては、発注書、支払証明書につき官庁と類似の様式を用い、庁用の裁書用紙を使用し、発注書の頭書には「東地裁総厚第○号」と記載し、支払証明書には東京地方裁判所の庁印を使用していた。東京地方裁判所との取引と信じ「厚生部」に物資を供給したXが、国に対して代金の支払を請求した。最高裁は、請求を棄却した原審判決を破棄する。
　[判旨]「他人に自己の名称、商号等の使用を許し、もしくはその者が自己のために取引する権限ある旨を表示し、もってその他人のする取引が自己の取引なるかの如く見える外形を作り出した者は、この外形を信頼して取引した第三者に対し、自ら責に任ずべきであつて、このことは、民法109条、商法23条等の法理に照らし[318]、これを是認することができる」。「『厚生部』は、東京地方裁判所の一部局としての表示力を有する」。「殊に、事務局総務課に厚生係がおかれ、これと同じ部室において、同じ職員によって事務の処理がなされている場合に、厚生係は裁判所の一部局であるが、『厚生部』はこれと異なり、裁判所とは関係のないものであると一般人をして認識せしめることは、到底難きを強いるものであ」る。「東京地方裁判所当局が、『厚生部』の事業の継続処理を認めた以上、これにより、東京地方裁判所は、『厚生部』のする取引が自己の取引なるかの如く見える外形を作り出したものと認めるべきであり、若し、『厚生部』の取引の相手方であるXが善意無過失でその外形に信頼したものとすれば、同裁判所はXに対し本件取引につき自ら責に任ずべき」である。

7-182　**(ウ) 会社内の肩書き等の使用を許容した場合**　従業員に「営業部長」とい

---

[318] 判例は、ある特定の条文に依拠する場合にも、類推適用といったり、法理ないし法意を持ち出したりしている。ある条文とパラレルな扱いがされるべき事例については類推適用、ある条文の背景に一般「法理」があり、個別規定はその確認規定にすぎない場合には、その「法理」により解決されているといえようか。一般法理については、条文なしに認めることが可能である（担保の付従性など）。

う名称を与えた場合につき、「一般に、営業部長の名称は、営業に関する事項について広汎な包括的代理権を有する商業使用人の呼称であると理解されているのであるから、自己の従業員に対して営業部長の名称の使用を許諾した営業主は、たとえ内部的には営業に関する特定事項について代理行為をなす権限を授与しなかった……としても、一般第三者に対しては、右従業員にこのような権限を授与した旨を表示したものというべきである」とされている（東京地判昭53・9・21判タ375号99頁）。その与えられた肩書から、109条の授権表示が認められたものとして、その他に専務の事例がある（東京高判昭40・5・7金法414号13頁）。支配人については商法に規定がある[319]）。

これに対し、「庶務係長」につき109条、商法42条（現24条）の適用が否定されている（最判昭30・7・15民集9巻9号1086頁）。信用保証協会の「支所長」が約束手形保証行為をした事例（東京地判昭39・6・8下民集15巻6号1309頁）、また、百貨店の「特需部長」が、取引先の債務につき保証をした事例につき（大阪地判昭54・10・25判時962号103頁）、問題の行為は代理権授与の表示の範囲内とはならないとされ、また、「総務課長代理」につき、総務課長の決裁を受けることなく渉外用物品を購入する代理権を授与した表示とはならないとされている（東京地判昭58・6・10判時1114号64頁）。

7-183 **(2) 109条のその他の要件**

　**(a) 第三者（相手方）の善意無過失**　無権代理行為の相手方の善意無過失という要件は、本来、109条は有権代理として規定されたため、立法当初の規定にはなかったものである。同条は現在では表見代理として拡大されているために、判例・学説により解釈上相手方の善意無過失が必要とされ、2004年の現代語化の際に明文化されている。本人の犠牲の上に成り立ちま

---

319）　**昭和13年の商法改正**により、それまで民法109条の拡大で担われていた領域につき、商法に明文規定が置かれた。商法の各規定は規定の仕方が一様ではない。①**名板貸人**（商14条。一般法人法8条にも同趣旨の規定が置かれている）は、営業誤認型であり連帯責任を負うものと規定される。しかし、商法504条ただし書のように相手方に選択権を認める規定と解釈すべきであろう。②**表見支配人**（商24条）、③**表見代表取締役**（会社354条。一般法人法82条・197条に同趣旨の規定が置かれている）は、相手方が悪意でない限り権限あるものと規定されている。④物品の販売を目的とする店舗の使用人については、その店舗にある商品の販売についての権限を有するものとみなし（商26条本文）、ただし、相手方が悪意の場合はこの限りではないものと規定される（同条ただし書）。⑤営業の委託を受けた者については包括的な権限を認め、これを制限しても善意の第三者に対抗できないものと規定する（商25条）。法人の代表者についてと同様の規定である。

第5節 表見代理　§1 授権表示による表見代理（109条1項）

た信頼を保護する表見法理であるため、相手方の善意は必ず必要であるが、本人が故意的に虚偽の表示をした場合には、109条＋94条2項の適用により相手方の無過失を不要と解すべきである（☞6-99）[320]。それ以外の事例では、相手方の善意無過失が必要である。

7-184　◆**相手方の善意無過失の証明責任**
　　相手方が本人の授権表示を証明したならば、本人の方で相手方の悪意または有過失を証明しなければ109条の適用が認められ、本人に相手方の悪意有過失という109条の適用を妨げる事由についての証明責任が負わされると考えられている（我妻366頁、幾代377頁、川井237頁）。判例も、代理権授与表示者は、相手方の悪意または過失を証明して、109条の責任を免れることができると、本人側の免責事由と位置づけている（最判昭41・4・22民集20巻4号752頁）。そもそも他人が代理権ありと信じるような表示がされていることを相手方の方で証明をしなければならないので、それにより善意無過失は事実上推定されるはずである。2004年改正により、善意無過失要件はただし書形式で導入されたので、要件事実論的には、109条本文の適用を争う本人側が、ただし書の事情（相手方の悪意または有過失）を証明しなければならないことが明らかにされた。本人は、①疑念を抱かせる特段の事情があり、かつ、②本人への確認が困難な特別の事情がなく、相手方に本人に代理権授与について確認する義務があったことを証明することにより──確認義務を尽くしたことは相手方に証明責任──、相手方の過失の証明を認めることができる（例えば、前掲最判昭41・4・22）。

7-185　**(b) 授権表示された「他人」が表示を受けた「第三者」になした「行為」の存在**　AがBに対して代理権を与えた旨をCに述べたとしても、Cからそのことを伝え聞いたDがBと取引をしたのでは109条は適用にならない。本人に表示をした帰責事由があるというのだけでは足りず、本人のなした表示そのものを信頼したのでなければ109条で保護されることはない。ただし、取引通念上合理的に伝播可能性のある範囲の者については（CとDが夫婦である等）、109条を類推適用して保護する余地はあろう。
　109条が適用になるのは、本人により表示された「代理権の範囲内」でなされた代理行為でなければならない。ただし、この点についてはその表示された代理権の範囲を超えていても、110条を重畳的に適用して相手方を保護

---

[320]　94条2項に類似するものとみて、場合により無過失を不要とする学説がある（難波譲治「第三者保護要件の諸相」『現代取引法の基礎的課題』81頁）。

することは可能であると考えられている（☞ 7-225）。

## §Ⅱ 越権行為による表見代理（110条）

### 1　110条の表見代理の意義・根拠

7-186　**(1) 110条の意義と根拠**

　Aは画商を営んでいるが事業資金に窮しており、知人Bに2000万円の消費貸借契約の締結とA所有の甲地に抵当権を設定することの代理権を付与し、委任状と共に実印、印鑑証明、甲地の権利証等を預けたとする。①BがAを代理してCから3000万円の融資を受ける契約をして甲地に抵当権を設定した事例、②Bが、Cから自分が2000万円の融資を受け、その担保としてAを代理して甲地に抵当権を設定した事例、③Bが、Aを代理して甲地をCに売却した事例、および、④Bが、Aの代理人としてCから絵画を買い取る契約をした事例とにつき、Cの保護を検討してみよう。

　上記いずれのBの行為も、Bの代理権を越えた無権代理行為である（①ケースでは2000万円までは有権代理）。民法は「前条第1項本文の規定は、代理人がその権限外の行為をした場合において、第三者が代理人の権限があると信ずべき正当な理由があるときについて準用する」と規定しており[321]（110条）、いずれの事例も、110条の要件を満たせば、相手方Cは本人Aに対して代理行為の本人への効果帰属を主張できることになる。

　110条の要件は、①代理行為の存在、②代理人に何らかの「権限」があること（基本代理権）、および、③第三者（相手方）が代理権ありと信じ（＝善意）、かつ、信じたことに「正当な理由」があることである。基本代理権をめぐって種々の議論があり、また、これら以外に、本人の帰責性や基本代理権と代理行為との関連性を要求すべきかなどの議論もされている。

---

321)　越権行為は、故意的な場合に限らない。代理権の範囲が明確ではない場合に、代理人が権限内だと誤解していた場合も考えられる。また、代理人が表示を誤った場合も考えられる。例えば、ある絵画の50万円以下での買取りの代理権を付与された代理人が、誤って500万円での買取りの意思表示をしてしまった場合、110条が適用される。しかし、代理人が表示上の錯誤をしているので（101条1項）、本人は錯誤取消し（95条1項）を主張する余地がある。

第 5 節　表見代理　│　§Ⅱ　越権行為による表見代理（110 条）

7-187　**(2)　110 条の判例による拡大――起草者による狭い理解**

　起草者は、110 条につき、代理権を付与し委任状を与えたがその後に代理権を制限したものの委任状をそのままにした場合に、越権であることを対抗できないという例を挙げて説明しており、当初の判例・学説もそのような狭い理解によっていた（☞7-188）。私的自治の原則ないし静的安全保護に対する例外なので、制限的に理解していたのである。ところが、先の中島論文と機を同じくして、表見代理法理の飛躍的な拡大がみられるようになる。ただし、判例は、入口を広くしたが、本人の利益保護に配慮し、相手方に本人への確認義務を負わせることにより、110 条の表見代理に対して適切な歯止めをかけている。

　①代理権を制限したのに当初の委任状を取り戻さなかったといった「本人の過失」を要求するのが起草者の考えであったが、②それが「本人の作為、不作為」へと緩和され（☞7-188）、③さらには、110 条の法定代理への拡大に対応して本人側のこれらの要件は否定され（☞7-189）、代理権ありと「信ずべき正当な理由」という要件が最後の砦とされている。

7-188　**◆ 110 条についての起草者の理解**

　　110 条は、旧民法財産取得篇 250 条 2 項 3 号の「委任者は左の場合に於ては代理人の権限外に為したる事柄に付ても亦其責に任ず」「第三　第三者が善意にして且代理人に権限ありと信ずる正当の理由を有したるとき」を承継したものである。この規定については、委任者がある事項を委任し委任状を交付したが、後日にその権限を制限したり失わしめたのに、その委任状を修正したり回収していない場合には、委任者には過失があり、過失のない第三者に損害を与えることはできないと説明されている（『再閲修正民法草案註釈第 3 編下巻』209 頁）。110 条の当初の判例も同様である。大判明 36・7・7 民録 9 輯 888 頁は、「本人が代理人に何等の制限を付せず或種の行為を為す代理権を与へて第三者と取引を為さしめ来りたる後、其代理権に或制限を付したるに拘わらず其旨を通知せざりし過失あるが為め第三者は従来の如く代理権に何等の制限なきものと誤信して代理人と取引を為したる場合に於て」、本人に責めを免れないという。その後は、「第三者をして代理人に権限ありと信ぜしむるに足る事情にして其事情の存在が本人の作為若くは不作為に出づるものを謂ふ」と緩和されるものの、本人の作為・不作為という要件は堅持していた（大判大 3・10・29 民録 20 輯 846 頁）。

7-189 ◆**110条は法定代理にも適用されるか**
　起草者は、本人がそのような者に代理権を授与した迂闊な点があった点に帰責性を認めているため、110条は任意代理を想定しており、法定代理は念頭には置かれていない。また、帰責事由必要説（☞7-208）では、法定代理への表見代理規定の適用は認められないことになる。しかし、本人の帰責事由を表見代理の要件としなければ、法定代理にも110条の適用は可能になる。判例も法定代理への110条の適用を肯定している[322]。しかし、7-196に述べるように110条の適用は制限されるべきであり、親権共同行使についての825条のような規定がない限り、法定代理については110条の適用を否定すべきである。

7-190 ◆**761条（日常家事債務）と110条**
　法定代理にも110条が適用され、また、基本代理権との関連性は不要であり相手方に善意無過失さえ認められればよいとすると、761条により夫婦間に法定の代理権を認めるならば、日常家事を越えて代理行為がされても、相手方が代理権につき善意無過失ならば110条が適用になる。①そもそも761条は法定代理権を認める規定なのか、②これを基礎にして110条を無制限に認めてよいのか、この2点が問題になる。

7-191 **(1)　761条は法定代理の規定か**
　例えば、AB夫婦につき、①妻Aが、自己の名でクレジットで家具を購入した場合、契約当事者はAであるが、夫Bもクレジット会社に対してクレジットの支払をAと連帯して義務づけられる。②では、Aが契約書に夫Bを代理してクレジットで家具を購入した場合には、そもそもAを当事者とする契約が成立するのであろうか。日常家事について夫婦は相互に代理権（761条による法定代理権）が認められ、有権代理になるのであろうか。
　法定の代理権を認める学説（法定代理説）、また、夫婦が自己の名で契約をしても他方に効果（債務負担だけ）が帰属することから、顕名を問題にしない債務負担授権を問題にする学説もある（法定授権説）。しかし、②の場合は明示的に代理行為がされており、授権ではAを本人とする代理行為の効力を説明できない。授権という概念を介さず、法定の債務負担という効果を認める制度と考える学説もあるが（法定効果説）、②について同じ疑問を免れない。
　本書は法定代理権と法定効果のいずれも761条から導くことができると考える。7-193の最判昭44・12・18も法定代理を認めるが、「責任のみについて規

---

[322]　昭和22年改正前の民法において、母親が親権者になった場合に、一定の行為につき親族会の同意を得ることが要件とされていたが、その手続を経ないで行った母親の代理行為につき、110条の適用が認められている（大連判昭17・5・20民集21巻571頁）。現行法でも、法定代理人たる後見人が後見監督人の同意を得なければならないのに（864条）、その同意を得ないで行った代理行為が問題になるが、110条の適用を考えてよいといわれている（加藤340頁）。

定しているにすぎないけれども」、「さらに、……代理する権限を有することをも規定している」と論じており、法定効果と法定代理権の両者を認めているのである。①の効果も②の効果もいずれも、761条により根拠づけることが可能である。②ケースでは、Aを契約当事者とする契約が法定代理権により成立し、契約当事者にならないBも法定効果により債務を連帯して負担することになる。

7-192

**(2) 761条と110条の表見代理── 110条の適用否定**

761条は法定代理の規定であり、110条が法定代理にも適用されるとなると、761条を基礎として110条が適用されそうである。しかし、761条の日常家事代理権を基礎として110条の適用を認めると、基本代理権との関連性は不要なので、相手方が善意無過失ならばどんな行為も表見代理により有効とされかねない。これは、夫婦別産制の趣旨に反するため、761条の法定代理権については110条の適用を否定する考えがある（我妻374頁）。本書も否定説に賛成する。761条の日常家事の範囲は個々の夫婦ごとに異なるが、判例は客観的評価を認めつつ（判旨②）、さらに110条の趣旨の類推適用によりもう一段の拡大を認めている（判旨③）。しかし、110条の趣旨を考慮して──悪意有過失を排除──客観的に評価するといえば足りるであろう。また、夫婦が個別的に他方に何らかの代理権を与えていれば、関連性で絞りをかけた上で、110条を適用する可能性がある[323]。

7-193

●**最判昭44・12・18民集23巻12号2476頁**[324]　［判旨①］民法761条は「単に夫婦の日常の家事に関する法律行為の効果、とくにその責任のみについて規定しているにすぎないけれども、同条は、その実質においては、さらに、右のような効果の生じる前提として、夫婦は相互に日常の家事に関する法律行為につき他方を代理する権限を有することをも規定しているものと解するのが相当である」。

［判旨②］「民法761条にいう日常の家事に関する法律行為……の具体的な範囲は、個々の夫婦の社会的地位、職業、資産、収入等によって異なり、また、その夫婦の共同生活の存する地域社会の慣習によっても異なるというべきであるが、……同条が夫婦の一方と取引関係に立つ第三者の保護を目的とする規定であることに鑑み、単にその法律行為をした夫婦の共同生活の内部的な事情やその行為の個別的な目的のみを重視して判断すべきではなく、さらに客観的に、その法律行為の種類、性質等をも充分に考

---

323) 例えば、妻が、夫の土地を借地人に無権代理で売却した事例で、最判昭41・1・21集民82号109頁は、110条の表見代理を肯定している。

324) 本判決は、夫が妻の土地建物を妻の代理人として売却した事案であり、110条の趣旨を類推適用というの一般論は宣言したものの、結論としては、不動産の売却について夫婦の日常家事と信じるについて正当理由は認められないとして、相手方の保護を否定している。

慮して判断すべきである」。
　[判旨③]「夫婦の一方が右のような日常の家事に関する代理権の範囲を越えて第三者と法律行為をした場合においては、その代理権の存在を基礎として広く一般的に民法110条所定の表見代理の成立を肯定することは、夫婦の財産的独立をそこなうおそれがあって、相当でないから、夫婦の一方が他の一方に対しその他の何らかの代理権を授与していない以上、当該越権行為の相手方である第三者においてその行為が当該夫婦の日常の家事に関する法律行為の範囲内に属すると信ずるにつき正当の理由のあるときにかぎり、民法110条の趣旨を類推適用して、その第三者の保護をはかれば足りる」。

## 2　110条の表見代理の要件

7-194　**(1)　基本代理権の存在**

　**(a)　無権代理人の「権限」の存在**　110条は、代理人が「その権限外」の行為をしたことを要件として規定している。したがって、何らかの「権限」を無権代理人が有していなければならず、代理の規定なので「権限」とは代理権（これを**基本代理権**という）であることが当然視されている。全くの無権限者が代理行為を行った場合には、相手方が善意無過失であったとしても110条は適用されないことになる。しかし、110条をめぐっては、何らの権限がない場合にも拡大できないかは議論がされたことがある。また、無権限の場合には相手方が善意無過失でも保護されないこととの均衡からいって、無権代理行為と関連性のある代理権であることが必要なのか、代理権以外の権限に拡大できないか、代理権でも公法上の代理権は含まれないのではないか、といったことが議論されている。

7-195　**(b)　基本代理権は必要か**

　❶　**基本代理権不要説（過去の異説）**　戦前において、取引の安全の保護を徹底して基本代理権を不要とし、本人の利益保護は「正当な理由」で調整すればよいという学説が主張されたことがある（近藤418頁、田中耕太郎「判批」判例民事法昭和7年度69事件）。相手方に代理権を信じるにつき「正当な理由」があれば、代理人が基本代理権を有するか否かで相手方の保護に差を設ける必然性はなく、110条を類推適用してよいというのである。さすがに判例・学説は、本人の私的自治の最後の砦として基本代理権の存在という要件を維持

第5節　表見代理　　§Ⅱ　越権行為による表見代理（110条）

したが、次に述べる基本代理権要件への疑問という観点からは、貴重な問題提起として受け止める必要がある。

7-196　❷　**基本代理権必要説（判例）**　判例・通説は代理人に基本代理権を必要とする。ところが、後述のように、判例は本人の帰責事由も本人が外観を作出・放置したことも110条の要件としないどころか、代理行為と基本代理権との関連性さえ要求しない。しかし、相手方が同じ善意無過失であるのに、代理人に基本代理権があるか否かで相手方の保護が天と地のように変わってくるのは、なぜであろうか（基本代理権要件への疑問）。

110条の根拠としては、①代理権ありと第三者が信頼するような外観を本人が作出ないし放置したという外観についての本人の帰責事由、②そのような代理人を選んだ自己責任、③他人の代理行為により利益を受ける関係があることが考えられる。起草者は、本人が代理人らしい外観を作出・放置したことを帰責事由として想定していたのであり、本人にそのような事情なしに相手方の善意無過失だけで保護する制度とは考えていなかった。

10万円の債務の保証契約の締結代理権を与えたら、全く関係のない不動産の無権代理による売却につき、買主が善意無過失であれば、110条の表見代理が成立するというのはバランスがよくない（☞7-186④ケース）。基本代理権要件を撤廃すれば論理一貫性を保てるが、基本代理権要件を堅持しつつ、①本人が外観の作出・放置につき帰責事由があり（☞7-207）、②代理行為が本人がその代理権を与えたことにより引き受けるべき危険の範囲内であること（☞7-206）を要件とすべきである。

7-197　◆**代理権以外の権限**

事実行為の授権がされたにすぎない場合（例えば、庭木の剪定、犬の散歩、子どもを一時預かるなど）、事実行為の実行権限は代理権ではないので、これらの者がその事実行為を委託した本人を代理して何らかの行為を行ったとしても、全くの無権代理であり、代理人が代理権限を越えた行為をしたわけではない。しかし、事実行為といっても、取引と密接な関連性を有するものもあるため、代理権以外への拡大ないし110条の類推適用の余地を検討する必要がある。

7-198　❶　**法律行為限定説（判例）**　判例は、110条の適用を法律行為の代理権に限定している。例えば、工事の現場監督者につき、「民法第110条の適用あるが為には法律行為に付代理権を有する者が其の代理権を踰越して権限外の行為を為したる場合たらざるべからざる」とし（大判昭17・5・16判決全集9輯20号2頁）、ま

た、甲金融会社の投資勧誘外交員Y（勧誘行為のみの権限）が自分の代わりに息子Aに勧誘行為をさせていたが、Aが融資を勧誘したXの求めに応じて、Xが甲に貸付をするに際して、AがYを代理してXの甲に対する貸金債権につきYを連帯保証人とする契約をしてしまったという事例で、勧誘は事実行為であり110条の適用はないとしている（最判昭35・2・19 ☞ 7-199）[325]。

7-199

●**最判昭35・2・19民集14巻2号250頁**　「本件において、民法110条を適用し、Yの保証契約上の責任を肯定するためには、先ず、Yの長男AがYを代理して少くともなんらかの法律行為をなす権限を有していたことを判示しなければならない。しかるに、原審がるる〔かかる〕認定した事実のうち、Aの代理権に関する部分は、Yは、勧誘外交員を使用して一般人を勧誘し金員の借入をしていたB商工金融本社の勧誘員となったが、その勧誘行為は健康上自らこれをなさず、事実上長男Aをして一切これに当らせて来たという点だけである」。「勧誘それ自体は、……事実行為であって法律行為ではないのであるから、他に特段の事由の認められないかぎり、右事実をもって直ちにAがYを代理する権限を有していたものということはできない」（原判決破棄。藤田裁判官の反対意見あり）。

7-200

❷　**事実行為包含説（110条類推適用肯定説）**　もっとも、全ての事実行為を包含するのではなく、法律行為に近い行為に限ってであるが、事実行為の委任の場合にも110条を適用し基本権限であればよいという学説が有力である（幾代381条、内田190頁、近江296頁、中舎355頁など）。本書としては、基本代理権要件への疑問（☞ 7-196）をも意識して、715条1項の「事業の執行について」と同様に、その権限を付与することにより引き受けるべき危険か否かを問題とするので（☞ 7-196。注民(3)140頁〔椿寿夫〕も参照）、危険関連性が認められる権限であれば法律行為の代理権である必要はないと考えたい（110条の類推適用というべきか）。

7-201

◆**過去の無権代理行為の追認を理由とした110条および112条の類推適用**
過去になされた無権代理行為が追認された後に、その無権代理人が再び本人について無権代理行為をした事例について、次のように110条および112条に基づいて表見代理の成立を認めた判決がある。しかし、追認の外観を問題にするのではなく、追認後も印鑑を取り戻さず財産管理を委ねていた行為を問題にすべ

---

[325]　会社の取締役Aから印鑑を預かり同人名義の会社の預金の出し入れをしていた経理係Bが、A個人名義の保証契約を締結した事例につき、「A個人に法律効果の及ぶような行為についてこれを代理する権限は未だ曾てAから与えられたことはなかった」として110条の適用が否定されているが（最判昭34・7・24民集13巻8号1176頁）、A個人についての代理権か否かが問題とされた事例である。

きであり、事実行為の授権にも110条の類推適用を認めることで処理をすべきであったという評価がされている。事実行為としての財産管理を越えて、預金の管理（預金の引出し等）のための代理権を取引行為の代理権と認めて、それを基本代理権として110条を適用すべきである。

7-202

●**最判昭45・12・24民集24巻13号2230頁**　［事案］Aが兄X名義を冒用して、C銀行に対し、X所有の甲不動産について2回にわたり根抵当権を設定したが（無権代理）、XはこれをC銀行に追認をした（昭和33年9月）。その後、昭和34年9月にDを債権者としXを債務者とする債権元金極度額金100万円の根抵当権設定契約がなされ、同日その旨の登記がなされたが、これもAがXの印章を偽造し使してなした無権代理行為であった。この根抵当権が実行されYが競落したため、Xが、無権代理を理由に根抵当権設定契約は無効であるとして、Yに対して所有権移転登記の抹消登記請求をした。原判決はこれを認めなかった。
　［判旨］「追認は、法律行為の行なわれる前にその代理人を信頼して代理権を与えるものではないが、別段の意思表示のないときは契約の時に遡ってその効力を生ずるものであることは民法116条の定めるところであるから、第三者に対する関係においては、Aに権限を付与した外観を与えたものとも解され、前記DがAにXを代理して本件根抵当権設定行為をする権限があると信ずべき正当の事由を有したときは、<u>民法110条および同112条を類推適用し、XはAのした右行為につき責に任ずべきものと解すべき余地がある</u>」（正当理由の有無を審理するために破棄差戻し）。

7-203　**(c) 公法上の代理権も含まれるか**

　**(ｱ) 原則として110条の適用否定**　判例は公法上の代理権について110条の適用を原則として否定している。例えば、印鑑証明下付申請手続を依頼された者が、交付を受けた印鑑と判別困難な印鑑を偽造しこの偽造印を使用して、依頼者の所有地に無権限で代理して根抵当権を設定したという事案につき、公法上の行為のための代理権は基本代理権にはなりえないとして、110条の適用を否定した（最判昭39・4・2民集18巻4号497頁[326]）。本書として

---

[326] 本判決は、「取引の安全を目的とする表見代理制度の本旨に照らせば、民法110条の権限踰越による表見代理が成立するために必要とされる基本代理権は、私法上の行為についての代理権であることを要し、公法上の行為についての代理権はこれに当らないと解するのが相当である」と述べている。理由としては、「取引の安全を目的とする表見代理制度の本旨」というだけである。

は、本人がその代理関係から負担すべきリスクの範囲か否かの関連性の絞りをかけるため、純粋な公法行為の代理権の付与は私法上の取引行為がされるリスクまで引き受けるべき範囲内には含まれないと考え、判例を支持したい。

7-204　(イ)　**私法上の作用を有する場合の例外**　判例は、その後一般論として、公法上の代理でも「特定の私法上の取引行為の一環としてなされる」場合には、110条の適用の可能性を認めている（最判昭46・6・3☞7-205）。110条の適用が肯定された事例は、贈与に基づく登記申請代理の事例であり、「登記申請行為が」「私法上の契約による義務の履行のためになされる」場合に110条の適用が実際に認められている。登記申請代理一般ではなく、「私法上の契約による義務の履行」の場合に限定される（相続や取得時効による所有権の移転登記等は適用がない）。

7-205
>●**最判昭46・6・3民集25巻4号455頁**　[事案] Yがその所有の不動産をAに贈与し、その履行として移転登記をすることをAに委ね、実印、印鑑証明書および登記済証をAに交付したところ、AはYの承諾を得ることなく実印等を使用してYを代理して債権者Xと連帯保証契約を締結してしまった。XからYに対して、保証債務の履行を求めた。原審判決は、公法上の代理権であることを理由に、110条の適用を否定して、Xの請求を棄却する。
>　[判旨] 本件の登記申請行為は、「契約上の債務の履行という私法上の効果を生ずるものであるから、その行為は同時に私法上の作用を有する」。「単なる公法上の行為についての代理権は民法110条の規定による表見代理の成立の要件たる基本代理権にあたらない……としても、その行為が特定の私法上の取引行為の一環としてなされるものであるときは、右規定の適用に関しても、その行為の私法上の作用を看過することはできないのであって、実体上登記義務を負う者がその登記申請行為を他人に委任して実印等をこれに交付したような場合に、その受任者の権限の外観に対する第三者の信頼を保護する必要があることは、委任者が一般の私法上の行為の代理権を与えた場合におけると異なるところがない」。したがって、「その登記申請行為が本件のように私法上の契約による義務の履行のためになされるものであるときは、その権限を基本代理権として、右第三者との間の行為につき民法110条を適用し、表見代理の成立を認めることを妨げない」（正当理由の有無を審理させるため破棄差戻し）。

7-206　(2)　**基本代理権と代理行為との関連性**
　110条は、7-186①ケースのような量的な越権の場合に限らず、同②ケー

スのように代理権がある抵当権設定行為であるが、債務者また被担保債権が異なる場合、同③ケースのように同一不動産を対象とはしているが、売買契約という異なる行為をした場合、さらには、同④ケースのように全く関係のない行為をした場合にも適用されるのであろうか。民法は、「その権限外の行為」という要件を設定するだけなので、7-186①～④全てのケースに110条が適用になり、「権限があると信ずべき正当な理由」が認められれば表見代理が成立すると考えるべきであろうか。

判例・通説とも基本代理権と代理行為との関連性を不要としている。例えば、「全然代理権なき者が為したる行為に適用なしと雖、苟も或代理権を有する者が為したる行為なる以上は、<u>仮令其の行為と代理権との間に何等の関係存せざるも</u>仍ほ同条の適用を妨ぐるものに非ず」と明言されている（大判昭5・2・12民集9巻143頁）[327]。しかし、7-186①～③ケースはよいとしても、④ケースまで110条を適用するのは、全くの無権代理の場合とのバランスが悪い[328]。110条の適用範囲について、代理権と無権代理行為との間に関連性、使用者責任の事業執行要件のように、その行為を委託したことによりその越権行為がされる危険を引き受けるべきであると考えられる関連性があることを必要と考えたい（①～③ケースは範囲内、④ケースは範囲外）。

7-207 **(3) 代理権があると信じる「正当な理由」**
　　**——代理権についての正当な権利外観**

(a) **「正当な理由」の意味また本人の帰責事由の要否**　110条は相手方が代理人に「代理人の権限があると信ずべき正当な理由がある」ことを要件としているが、この趣旨は明らかではない。96条3項、192条等善意無過失を要求している規定と書きぶりが違うことには、単なる善意無過失とは異なる特別の意味がありそうである。

権利外観法理が適用されるためには「権利外観」が存在することが必要で

---

[327] 判例は、代理権と無権代理行為との関連性を要件とはしないが、正当理由判断においてこれを考慮している。「<u>代理権限内の行為と代理権限外の行為とが**牽連すること甚だ遠く**、第三者が相当の注意を為すに於ては疑念を生ずるに足る程度なるときは、第三者が其の権限ありと信ずべき正当の理由ありと云ふを得ざるを以て、……第三者の保護に厚く本人を保護するの薄きに過ぐるものなりと云ふ謗を被ることなかるべきなり</u>」という（大判昭16・2・28民集20巻264頁）。

[328] 761条と110条の議論において、761条の法定代理権根拠に無制限に110条を認めるのは夫婦別産制に反するというが、夫婦でない場合には、何らかの代理権さえ与えれば無制限に110条の適用を認めるのは、私的自治の原則そのものに反するはずである。

ある。動産では占有、不動産では登記である。債権については、478条は「受領権者としての外観を有するもの」と規定されている。表見代理については、「代理人としての外観を有する」ことは要件とはされていない。しかし何も手掛かりなしに代理人という自己申告だけで信じてよいというのは、あまりにも取引安全保護に傾斜し過ぎである。代理権ありと信ずべき「正当な理由」と規定したのは、民法制定前の明治6年の代人規則により代理人には委任状が要求されていたため、委任状を持っていることが代理人らしい外観と考えられていたためである。

代理権があると信ずべき正当な理由の解釈論として、①現在では委任状に限定されないが、代理人に代理権があると思わせる権利外観があり、また、②その権利外観の作出・放置に本人の帰責事由があることが必要であり（☞7-208）、さらに、③相手方の善意無過失が必要になると考えるべきである。起草者は、委任状という代理権の外観が本人の帰責事由により作出・放置された事例を考えていたのであり、基本代理権という要件を維持する限りこのように考えるべきである。

7-208
◆**本人の帰責事由の要否**
取引の安全保護への傾斜、法定代理へ110条を適用する必要性などから、110条の適用のためには本人の帰責事由を不要とする考えが判例・通説となっているが、本人の帰責事由を必要としその内容を信頼責任という観点から明らかにしようとする学説がある（安永正昭「越権代理と帰責性」『現代私法学の課題と展望　中』59頁）[329]。本人に無権代理人の権利外観の作出・放置について過失はいらないが、帰責事由は必要だと主張する。表見代理を初めて統一的に位置づけた中島博士は、その共通の根拠として、「本人の表見的行為」換言すれば「第三者をして代理権ありと信ぜしむ可き外形の事実を生ぜしめたる」にあると説明していた（中島・注316論文183頁）。また、他人が自己の代理人として行動しているのを本人が放置したり、世間一般には当然に一定の代理権を伴うような地位を他人に託した者は、これによりこの他人に代理権を与えたことを外部第三者に通知したことになるから、代理の効果を拒絶しえないものとした規定であるとして、「正当な理由」とはこのような代理行為と本人の意思とのつながり、本人の帰責事由の存在

---

[329]　「不法行為の成立要件の意味での過失は不要であるが、本人側の帰責の要素は必要というべきである」と説明する学説もある（内田198頁）。その過失と異なる内容までは明らかにされていない。ただし、イギリス法におけるestoppelによる代理では、成立要件である表示は本人から生じなければならず、代理人からは生じえないといわれている（高森・研究28頁）。

を意味するものと説明する学説もある（高橋三知雄「判批」民商59巻1号88頁）。これに本書が賛成することは先に述べた通りである。

7-209　◆**善意無過失の証明責任**
❶　**相手方負担説**　110条の効果を主張する相手方の方で自分に正当理由（判例では要するに善意無過失）があることを証明しなければならないと考える学説がある（於保239頁、星野228頁）。代理権ありと信じる正当な理由が要件そのものになっていて、109条のようにただし書で悪意または有過失はこの限りではないといった規定形式になっていないため、要件事実論的には素直な構成である。ただし、代理権を有するものと信ずべき権利外観の存在を証明すれば、相手方の善意無過失は事実上の推定がされよう。

7-210　❷　**本人負担説**　これに対して、相手方は正当理由を証明する必要はなく、代理人に110条の基本権限があることを証明すればよく（内田196頁は、相手方が代理権の外観の存在については証明責任を負うものとする）、その証明がされている限り本人の方で相手方に正当理由がなかったことを証明しない限り110条の効果が認められるものとして、取引の安全保護を重視する学説もある（幾代385頁、内田196頁、川井248頁）。❶の本書の立場でも、相手方が善意無過失の証明責任を負うが、権利外観と帰責事由を証明すれば、事実上善意無過失が推定されることになり、本人側でこれを覆す特段の事情の存在を証明しなければならない。

7-211　**(b)　相手方の無過失の判断**　代理権があると思わせる正当な権利外観の存在が、無過失を基礎づける事情になり、不動産取引では委任状、権利証、実印の所持といった事情になる。これに対して、同居の親族であること、委任状の偽造が疑われる事情があることなどが、本人側で推定を覆すための特段の事情として証明すべき事情である。これら当事者が証明した一切の事情を総合判断して、無過失か否かを裁判所が評価することになる。

ここでは相手方の本人への確認義務が鍵を握っている。代理権があると思わせる権利外観があれば、①それが疑わしいと思わせるような特段の事情がない限り（偽造が疑われる、同居の親族である等）、本人への確認義務は認められない。②そのような疑わしい事情がなくても、ⓐ連帯保証のように、本人に何らの対価もなく一方的に債務を引き受けるといった、本人に重大な不利益を生じさせる行為（物上保証も同様）については、ⓑ本人への確認ができず、それなのに直ちに契約を締結する必要があるといった特段の事情がない限りは、本人への確認義務が認められるべきである。この場合、相手方が、確認義務を尽くしたことを証明しない限り、過失が認められる。

◆正当理由判断の具体例

7-212　(1)　**無権代理人が実印等を有している場合**
　　最判昭35・10・18民集14巻12号2764頁は、次のような一般論を提示する。「本人が他人に対し自己の実印を交付し、これを使用して或る行為をなすべき権限を与えた場合に、その他人が代理人として権限外の行為をしたとき、取引の相手方である第三者は、特別の事情のない限り、実印を託された代理人にその取引をする代理権があったものと信ずるのは当然であり、かく信ずるについて過失があったものということはできない。そして、かかる場合に右の第三者は、常に必ず本人の意思を確め、行為者の代理権の有無を明らかにしなければならないものと即断することもできない」（すでに大判大 8・2・24民録25輯 340頁など同旨）。

7-213　(2)　**無権代理人が実印等を有していても当然には過失なしとはされない場合**
　　(a)　**同居の家族の場合**　実印や権利証など滅多なことでは他人に渡すことのない書類を有していたとしても、本人の家族のように容易にそのような書類を持ち出すことができる場合には、本人に確認するくらいのことはしなければ正当理由が否定されている（不動産の売買契約につき妻が行った事例について、最判昭27・1・29民集 6巻 1号 49頁、大判昭12・8・7判決全集 4巻 15号 5頁）。最判昭27・1・29は、代理人が本人の同居の家族である場合には、たとえ実印を所持していても、容易に実印を持ち出すことができる状況にあるので、夫の実印を妻が保管していたこと、また妻が自分に代理権があると告げたとしても、これだけの事実で売買契約の締結について夫を代理する権限をもっていたと信ずべき正当の理由があったとはいえないとする[330]。

7-214　(b)　**本人に及ぶ危険が極めて高い取引の場合**
　　(ア)　**包括根保証契約**　代理人が本人の偽造した委任状を所持し、その委任状に本人の実印が用いられていたとしても、その契約による本人の不利益が甚大な場合には、相手方は本人への確認を義務づけられる。実際に、包括根保証の事例で、相手方が本人への確認を怠ったとして、相手方の無過失を否定した判決は多い。「かかる場合には<u>保証人となる者に一応照会するなどして真実保証を承諾したかどうかを確めるのが一般取引通念上相当である</u>」（最判昭36・11・21判時284号15頁）。「保証人の代理人と称する者が本人の実印を所持していたとしても、他にその代理人の権限の存在を信頼するに足りる事情のないかぎり、保証人本人に対し、<u>保証の限度等について一応照会するなどしてその意思を確める義務がある</u>と解するのが、金融取引の通念上、相当であ」るとされる（最判昭45・12・15民集24巻13号2081頁）。代理人が保証を受ける主債務者であったり、主債務者である会社の経営者であるといった事情は、さらに本人への確認義務を高める事情にな

---

[330]　確かに、本人が他人とは異なり身内ならば代理権を与えている可能性は高いといえる。しかし、判例のいうようなリスクがあり、本人の犠牲の上に相手方を保護するため、勝手に実印を用いている可能性がある以上は本人への確認を要求しても不合理ではない。

る。現在では、個人の包括根保証は禁止されているが、極度額に制限はないので、限定根保証でも極度額が高額であれば同様の扱いがされてよい。

7-215

●**最判昭51・6・25民集30巻6号665頁**　「印鑑証明書が日常取引において実印による行為について行為者の意思確認の手段として重要な機能を果たしていることは否定することができず、Ｘ会社としては、Ｙの保証意思の確認のため印鑑証明書を徴したのである以上は、特段の事情のない限り……正当理由がある」。しかし、①「<u>Ｙの代理人として本件根保証契約締結の衝にあたったＡは右契約によって利益をうけることとなる訴外会社の代表取締役であることなど</u>、<u>Ｘ会社にとって本件根保証契約の締結におけるＡの行為等について疑問を抱いて然るべき事情を認定し</u>」、②「<u>本件根保証契約については、保証期間も保証限度額も定められておらず、連帯保証人の責任が比較的重いことが推認されるのであるから</u>、……Ｘ会社としては、単にＡが持参したＹの印鑑証明書を徴しただけでは、本件約定書がＹみずからの意思に基づいて作成され、ひいて本件根保証契約の締結がＹの意思に基づくものであると<u>信ずるには足りない特段の事情があるというべきであって、さらにＹ本人に直接照会するなど可能な手段によってその保証意思の存否を確認すべきであった</u>」（表見代理否定）。

7-216

　(イ)　**物上保証の場合**　例えば、物上保証人の代理人による抵当権設定契約において、代理人が本人から預かった書類等を悪用している可能性もあるので、相手方としては一応疑って本人に確認すべきであり、これを怠れば正当理由は認められない（最判昭48・12・24集民110号817頁）。物上保証人による譲渡担保契約を、債務者が物上保証人を代理して行う場合に、代理人が、白紙委任状、印鑑証明書および登記済証を持っていたとしても、譲渡担保契約により資金の借受けを必要とするのは代理人自身であり、相手方としては代理権があるか疑念を抱いてしかるべきである以上、本人に問い合わせをすべきであり、これをしていないため代理権ありと信じたことに正当理由があったとはいえないとされている（最判昭53・5・25判時896号29頁）。

7-217　**(4)　「第三者」であること――転得者等も含まれるか**

　Ａ所有の甲地について抵当権の設定の代理権を与えられているＢが、Ａを代理して甲地をＣに売却したがＣはＢに売却の権限がないことを知っており、その後にＣが甲地をＤに転売したとする。

　94条2項の「第三者」は転得者も含まれ（☞6-100）、96条3項や177条の「第三者」も同様である。では、110条でも、「第三者」には転得者Ｄ

も含まれるのであろうか[331]（109条および112条でも同じ問題を生じる）。

　この点、110条の「第三者」には代理人と取引をした相手方しか含まれないというのが通説である（我妻370頁、川井249頁）。110条は代理権の外観に対する信頼を保護する制度であるが、そのような信頼が問題になるのは代理人Bと取引をしたCだけであるからである。Dについては、Cが登記を有しているので所有者であるという登記への信頼＝登記の公信力が問題になるのみである。その結果、Cが悪意である以上、Dは110条による保護を受けられず、Aが長期にわたってCの登記を放置したような場合に、94条2項の類推適用によって保護される余地があるにすぎない。

　判例も、手形行為の事例であるが、110条の「第三者」とは代理行為の直接の相手方であり、手形の受取人に110条が適用されない場合に、「縦令、その後の手形所持人が、右代理人にかかる権限あるものと信ずべき正当の理由を有して居ったものとしても、同条を適用して、右所持人に対し振出人をして手形上の責任を負担せしめ得ない」とした（最判昭36・12・12民集15巻11号2756頁。最判昭45・3・26判時587号75頁も同様）。

## 3　110条の類推適用

7-218　**(1)　本人を装った場合**

　Aから、事業資金の借入とA所有の甲地にその担保のための抵当権の設定の代理権を授与されたBが、①甲地を、自分がA本人であると装ってCに売却をした事例、また、②甲地のAからBへの所有権移転登記をした上で、自己の土地としてDに売却した事例とにつき、AはCまたはDに対して甲地の返還を求めることができるか検討してみよう。

　表見代理は、代理権が存在することへの信頼を保護する制度であり、192条などのように、相手方が財産権の帰属主体であることへの信頼を保護する制度ではない。①ケースでは、ⓐBがA所有の甲地について処分権を持っているという信頼でも、ⓑ売主であるBが甲地の所有者であるという信頼

---

[331]　Aの土地をBがAの代理人としてCに販売を委託して代理権を授与したが、Bには販売委託の代理権がなかったとしても、基本代理権があれば委任契約（代理権授与）に表見代理の成立の可能性がある。これが成立する場合には、Cは代理権を取得するので、CによるAの代理行為は有権代理となる（委任契約後にCが悪意になって、Dに対してAを代理して売却をしていたらどうなるか）。

でもない。ⓒ甲地の所有者であるA本人が契約を締結しているという、いわば権利者と行為者の同一性への信頼の問題である（なりすまし行為☞7-91）。このような信頼そのものの保護を対象とした規定はない[332]。

　判例は、代理人が本人の名で権限外の行為をした場合にも、110条を類推適用して相手方の保護を図っている（最判昭39・9・15民集18巻7号1435頁、最判昭44・12・19☞7-219、大判昭8・8・7民集12巻2279頁[333]）。動産についても、所有者を明らかにしてその者を装ったならば、192条ではなく110条の類推適用によるべきことになろう。①ケースでは、Bが代理人として売却したら110条が適用され、Aは甲地を失うのに、たまたまAと称して売却したら甲地を保持できるというのは結論のバランスが悪い。信頼の内容が随分と異なるという疑問はあり、大いに悩む問題であるが、110条類推適用説を支持しておきたい（中舎361頁等）。

7-219

> ●**最判昭44・12・19民集23巻12号2539頁**　「代理人が本人の名において権限外の行為をした場合において、相手方がその行為を本人自身の行為と信じたときは、代理人の代理権を信じたものではないが、その信頼が取引上保護に値する点においては、代理人の代理権限を信頼した場合と異なるところはないから、本人自身の行為であると信じたことについて正当な理由がある場合にかぎり、民法110条の規定を類推適用して、本人がその責に任ずるものと解するのが相当である」（結論としては、本人は自分より15歳も年上なのに印鑑証明書の生年月日の記載に気をつけず、自分と同輩の者を本人と信じた行為は過失に基づくものとして、110条の類推適用を否定している）。

---

332) Aの土地を売却する代理権をBが有しているとして、Aにつき何らかの代理権を持つCが、代理人Bを装った場合は、いずれの類型にも該当しない。安易に110条の類推適用を認めるのは徒に本人の静的安全を害するので適切ではない。

333) 特殊な事例として、保証契約につき、代理権を与えられている者が代理権を越えて保証契約をしたが、第三者を本人の替え玉として用意して本人かのように振る舞わせ保証契約を締結させた事例がある。京都地判平8・3・18金判1003号35頁は、「本人でないのに本人であると称した者が、本人から代理権又は一定の権限を与えられた者と意を通じて、右代理権又は権限の範囲を超える行為をした場合において、その行為の相手方において、右行為を本人自身の行為であると信じ、かつそう信じたことに正当な理由があると認められるときは、民法110条の適用は認められないが、同条の類推適用によって、当該相手方は保護される」と、110条の類推適用を肯定している（東京地判昭62・6・29判時1270号96頁、東京地判平3・11・26判時1441号91頁も同様）。この場合は、代理人と本人になりすました者が共同不法行為者として117条1項の責任を負う。

　なお、代理人のなりすまし型の事例も考えられる。Aの土地につきBが売却を依頼され代理権を付与されたが、BがCに自分を装わせ、A代理人Bとして第三者に売却させた場合も有効と認めるべきか。

## (2) 自己の所有名義に移転登記をして売却した場合

7-220　7-218②ケースは、登記の公信力が問題となる事例であり、94条2項の類推適用によらざるをえない。ところが、基本代理権がある代理人Bが行った場合には、もし代理行為として行っていたら、本人は110条により甲地を失うのに、7-218②ケースのような形式をとったら、Cが保護されずAが甲地を保持できるのはやはり結論のバランスが悪い。そのため、7-221のように110条の類推適用を認めた下級審判決がある。しかし、信頼の性質が異なるのを無視して裸の利益考量で結論を導くのは疑問であり、このような場合には、94条2項の類推適用を検討すべきである。

7-221
> ●**福岡高判平15・3・28判時1842号72頁**　XがY₁に「本件不動産に関して、その購入からその後の管理に至るまで一切を任せるという内容の代理権を授与していたところ、Y₁が、Xから信頼されていることを奇貨として、授与されていた地位や権限を濫用して本件不動産につき虚偽の外観（登記済権利証の所持、所有権移転登記の経由）を作出し、本件不動産を第三者であるY₂に処分したという事案であるから、民法110条の権限踰越型の表見代理が適用される場合の事実関係と類似しているとみられる。……本件については、権限のある者の処分行為であることを信頼して取引をした第三者の保護を図る民法110条の類推適用の可否を検討する（換言すれば、この観点から権利外観法理ないし表見法理の適用を検討する）のが相当の事案というべきである」。

## §Ⅲ　代理権消滅後の表見代理（112条1項）

### 1　112条1項の表見代理の意義・根拠

7-222　Aは、従業員Bに自社製品の販売を行わせていたが、代金の使込みが発覚しBを解雇した。ところが、Bは、解雇後にAの従業員を装って得意先CにAの製品を販売する契約をし、その代金を着服したとする。

　代理権消滅後の無権代理行為につき、民法は「他人に代理権を与えた者は、代理権の消滅後にその代理権の範囲内においてその他人が第三者との間でした行為について、代理権の消滅の事実を知らなかった第三者に対してその責任を負う。ただし、第三者が過失によってその事実を知らなかったとき

第5節 表見代理 | §Ⅲ 代理権消滅後の表見代理（112条1項）

は、この限りでない」と規定する（112条1項）[334]。上記事例では、Cが善意無過失であれば、AはBの代理行為につき責任を負い、CはAに商品の引渡しを請求できることになる。

当初の112条は、109条・110条とは異なり「代理権の消滅」の対抗不能規定であるため、Cとの関係では代理権は消滅していないことになり、相対的に有権代理となる形になっていた。改正法により、112条も109条および110条と平仄を合わせて、「責任を負う」と変更された。112条は、本来は、代理人を解任したのに委任状を回収しなかった事例が念頭に置かれ、禁反言的な制度として理解されていた[335]。ところが、「表見代理」と一括りにして再構成されてからは、112条も外観法理としてその適用範囲は他の表見代理と同様に拡大されていく。以下に説明していこう。

## 2 112条1項の表見代理の要件──第三者の善意無過失

7-223　当初の狭い代理権消滅の対抗不能規定の趣旨を徹底すれば、相手方が、かつて代理人が代理権を有していたことを知っていて、それが依然として存続していると信頼することが必要になる。しかし、112条は、今や109条や110条と足並みを揃えて拡大されており、①ⓐかつてその代理人と取引をしたことがあり、ⓑその代理権が今もあるという信頼に限定されず、②その代理権が与えられていると信じてさえいればよい[336]。過去に取引をしたことは、過失の認定の際に考慮される一資料となるにすぎない（最判昭48・5・25

---

[334] 株式会社の代表取締役の退任および代表権喪失は、登記事項とされているのであるから、「もっぱら商法12条［現行会社法9条］のみが適用され、右の登記後は同条所定の『正当ノ事由』がないかぎり、善意の第三者にも対抗することができるのであって、別に民法112条を適用ないし類推適用する余地はない」とされている（最判昭49・3・22民集28巻2号368頁）。一般法人法299条1項（代表理事も登記事項）も同様の規定がある。また、「任意後見人の代理権の消滅は、登記をしなければ、善意の第三者に対抗することができない」とされている（任意後見11条）。

[335] 本人が、委任契約の終了後も、委任状や実印を回収しないなど、「かつて自称代理人が代理権を有していた外観を除去しないで放置している点が責められている」と、起草者と同様の位置づけ、要件を考える学説もある（河上488頁）。

[336] 大判昭8・11・22民集12巻2756頁では過去に代理人と取引をしたことを必要とされたが、最判昭44・7・25判時574号26頁などその後これは不要としている。

[337] 112条の相手方の善意無過失の証明責任をめぐっても、学説の理解が分かれている。①第三者の善意無過失を推定して、本人の側で第三者の悪意または有過失を証明すべきものと考えるのが通説であるが、②第三者の側で善意を証明すべきものと主張する少数説もある（川島392頁）。要件事実論的には、112条ただし書により悪意または有過失の場合はこの限りではないという形式になっているので、ただし書を援用する本人が、相手方の悪意または有過失を証明すべきことになる。

集民109号251頁)³³⁷)。ここでも入口を広くして善意無過失の認定で妥当な解決を図ろうというのである。しかし、本人が代理人らしい外観を放置した等の帰責事由が必要であると考えるべきである。7-222の事例に適用すべきではなく、Bの扱う商品を制限したといった事例に限定すべきである。また、110条と同様に、112条の「第三者」についても、無権代理人と取引をした相手方に限定され、その者からの転得者は含まれない（大判昭2・12・24民集6巻754頁）。

7-224 ◆**法定代理にも112条の適用はあるか**
例えば、被後見人AのためにBが後見人に選任されていたが、Bが解任され新たにCが後見人に選任されたとする。ところが、Bがその後Aのアパートを Aの代理人として勝手にDに賃貸し、敷金と1ヶ月目の賃料を受け取ったとしよう。この場合にも、112条により、法定代理権の消滅を本人AはCに対抗できないのであろうか、それとも旧民法のように契約関係の終了の対抗不能に限定すべきであろうか（制限解釈）。適用を肯定するのが通説であり（我妻375頁、川井252頁、石田穣852頁）、本人の利益は善意・無過失の判断によって調整すればよいといわれる。判例も適用を肯定する（前掲大判昭2・12・24 ☞ 7-223）。しかし、本人の関与がないので、適用を疑問視する学説もある（四宮269頁）。表見代理の拡大にはいささか違和感を覚え、否定説が適切である。

# §Ⅳ 表見代理の重畳適用

## 1 109条と110条の重畳適用（109条2項）

7-225 Aは下駄屋を経営していたが、娘婿Bに店舗の実印、印鑑証明書、権利証を渡して営業から退いたものの、Bに依然としてAの営業名義のままでの経営を許していた。Bは、Cから融資を受けるに際して、預かっていた実印等を利用してAの同意を得ることなくAの代理人としてA所有の店舗に抵当権を設定したとする。

AはBに営業を譲ったのに、A名義での営業の継続を認めていたので、109条（現行109条1項、以下同じ）の適用は避けられない。しかし、本件店舗への抵当権の設定は、109条が適用になる下駄屋の営業に関連する行為ではあるが、109条の表示の認められる営業そのものの権限内とはいいがたい。

そのため、上記事例につき、東京高判昭39・3・3（☞7-226）は、109条と110条を重畳的に適用して表見代理の成立を肯定した。

最高裁判決としては、XがAに山林を売却し、XがAの代理人Bに移転登記のために必要な書類（権利証、印鑑証明書、名宛人白地の売渡証書、受注者白地の白紙委任状）を交付したが、Bは、Xを代理してこの山林をY所有の山林と交換した事例がある（AではなくXの代理人として交換契約をした）。最判昭45・7・28民集24巻7号1203頁は、上記書類のBへの交付は「Xは、C（Yの代理人）に対しBに本件山林売渡の代理権を与えた旨を表示したものというべきであって、Y側においてBに本件交換契約につき代理権があると信じ、かく信ずべき正当の事由があるならば、民法109条、110条によって本件交換契約につきその責に任ずべきものである」と判示して、109条と110条の重畳適用[338]を肯定した。改正法は、109条2項を新設し、同条1項と110条の重畳適用を認め、立法により問題を解決した。

> **7-226**
> ●**東京高判昭39・3・3高民集17巻2号89頁**　7-225の事例につき、原審判決は、「Aは……営業主体はAであり、Bはその営業上の代理人であるという外観をつくり出していたとみるのが相当であ」り、Aは「下駄屋営業における通常の取引につきBに代理権を与えた旨を取引社会一般に対して表示したものとして、Bが右下駄屋営業の通常の取引に関してAの代理人としてした行為について、その責に任ずべきものであり、Bの代理行為が通常の取引の範囲を越える場合においても、民法第110条の要件のもとに、その責に任じなければならない」とした。本判決は、「原審は、民法第109条の表見代理を前提として、第110条の表見代理の適用を認めているのであるから、民法第109条の表見代理が第110条の表見代理の場合の基本代理権となっているのである。表見代理制度が取引の安全と善意の第三者保護にあることを考えれば、民法第110条による表見代理の場合の基本の代理権が、本人から付与せられた場合と、民法第109条によって代理権ありと認められる場合とで、異別に解さなければならない根拠は認められない」と、原審判決を支持している。

---

[338]　基本代理権を持つ者に、その代理権を越える権限があるかのような表示を本人がしていた場合には、相手方は、109条と110条のいずれを選択することも許される（重畳適用ではなく競合）。109条と110条の重畳適用はいずれかだけでは保護されない事例を、2つを合体した1つの表見代理制度を創設するものである。

## 2　112条と110条の重畳適用（112条2項）

7-227　Aは、B銀行の甲支店の主任として漁業者に貸し付けた債権の取立ておよび商品の販売のみの代理権を有していたが、Bから甲支店の営業を譲り受けて自分で営業を行うようになったが、B銀行甲支店主任の名義で約束手形を振り出してCから借金をしたとする。

　代理権を失った者が、かつて有していた代理権の範囲で第三者と取引をした場合には、112条（現行112条1項、以下同じ）を適用できるが、その者がかつての代理権の範囲を超える取引をした場合には、112条は適用できない。しかし、判例は、112条に110条を重畳的に適用して表見代理を認めている。

　大審院は当初、上記の事例につき、112条は初めから代理権がなかった場合には適用がなく、また、110条も過去に有していた代理権を越えた場合には適用にならないとして、表見代理の成立を否定した（大判大7・6・13民録24輯1263頁）。しかし、その後、112条と110条の重畳適用を肯定するに至っている（☞7-228）。最高裁も、「代理権の消滅後従前の代理人がなお代理人と称して従前の代理権の範囲に属しない行為をなした場合に、<u>右代理権の消滅につき善意無過失</u>の相手方において、自称代理人の行為につき<u>その権限があると信ずべき正当の理由</u>を有するときは、当該の代理人と相手方との間になした行為につき、本人をしてその責に任ぜしめるのを相当とする」と、重畳適用を認めている（最判昭32・11・29民集11巻12号1994頁）。改正法は112条2項を新設し、112条1項と110条の重畳適用を明文で認めている。

7-228
> ●**大連判昭19・12・22民集23巻626頁**　[事案] Aの叔父Bに貸付をしたC銀行が、BがAを代理して連帯保証契約をしたため、CがAに対して保証債務の履行を求めたが、AはBに連帯保証になることを承諾したことはないとして争った。かつてBはAの家政一切を処理する権限を授与されていた。そのため、112条と110条を重畳適用してC銀行を保護できないかが問題とされた。大審院は次のように述べて112条と110条の重畳適用を肯定した。
> 　[判旨]「（……112条の趣旨と110条の趣旨とを説明……）右両条の法意より推論するときは、当該代理人の従前の代理権の消滅に付善意無過失の相手方が右代理人の現に為したる行為に付其の権限ありと<u>信ずべき正当の理由を有する</u>場合に於ても亦均しく相手方を保護するを<u>正当</u>」とする。

## 第6節　表見代理と無権代理

### §Ⅰ　表見代理の効果

#### 1　表見代理の効果の規定方式

7-229　Aから甲地に抵当権を設定して金員を借り入れることを委任され代理権の付与を受けているBが、受け取った実印、印鑑証明書、権利証を利用して、Aの代理人として甲地をCに売却したとする。この場合に、①無権代理の事実を知ったCが取消しの意思表示をAに対してなしたのに、Aが表見代理の成立を主張して代金の支払を求めることができるであろうか、また、②無権代理の事実を知ったCがBに対して損害賠償を請求したのに対して、Bは表見代理の成立を主張してこれを拒むことができるであろうか。

　表見代理の効果をここにまとめて説明したい。109条・110条および112条の規定の仕方が当初は異なっていたが、改正法により統一され、本人が「その責任を負う」と規定されたことはすでに述べた。「責任」の内容は明らかにされていない。損害賠償責任という理解も可能であるが、117条1項が現実賠償として「履行」責任を認めているように、本人としての履行「責任」と考えるのが性質上適切である。そうすると要するに、本人としての「責任」とは有権代理同様の効果帰属が認められるということになる。

　外観法理であるので、相手方にその保護を享受するか否かの選択を認めてよい。すなわち、相手方に無権代理と表見代理のいずれの効果によるのかの選択を認めるべきであり、本人、無権代理人さらには第三者が、相手方の意思を無視して表見代理を押し付けることを認めるべきではない。

　したがって、①ケースでは、相手方Cが無権代理を選択しているのに、本人Aが表見代理を主張することを認めるべきではない[339]。②ケースで

---

[339]　相手方については選択が自由であり、代理権不存在の事実を認めて本人に対して効力が発生することを欲しなければ、本人から代理行為の効力を主張することができないといわれる（中島・注316論文180頁）。

も、Cの117条に基づく責任追及を、無権代理人Bは表見代理を主張して回避することを認めるべきではない。詳しくは7-231以下に述べる。

## 2 表見代理の効果の構成

7-230　では、このような相手方の選択を許す結論を、表見代理の効果という観点から、どのように構成すべきであろうか。2つの構成が考えられる。

　①まず、当然にその効力が生じ、保護の対象となる者はその効果を放棄できるという構成が考えられる（放棄構成）。時効で当然に時効の効力を認め時効の利益の放棄を認める、というのとパラレルな構成である。②これに対して、無権代理行為であるので無効であり、相手方は表見代理の効果をその意思表示により生じさせることができるという構成も考えられる（形成権構成）。

　この点、相手方は、善意無過失の場合に保護されるのであり、有効であることを信じているので、積極的に援用することを求めるのは事例の性質上適切ではない。そのため、有効をベースにした上で、欲しないならばその効果を放棄するというのが適切であろう（①の放棄構成）。この結果、AからBへの貸付けにつきCにつき無権代理人により連帯保証契約が締結されているが表見代理が成立する場合、他にDも連帯保証人になっているとして、相手方Aだけでなく、表見代理により利益を受けるDも表見代理を主張しうる。

# §Ⅱ 表見代理と無権代理

## 1　117条以外の規定——相手方の取消権

7-231　無権代理の場合には、113条から116条までの規定が適用されるが、表見代理が成立する場合についても適用されるのであろうか。特に問題になるのは、相手方の取消権との関係である（7-229①ケース）。

　①相手方が本人に表見代理を主張して訴訟を提起し、表見代理を認める判決が確定した場合には、相手方は、もはや無権代理を選び取消しを主張することはできないというべきである。そうしなければ法律関係が安定せず不都

合である。

②相手方が無権代理を理由として取消しの意思表示をした場合、本人はもはや無権代理行為の追認はできないし、表見代理の主張もできないと考えるべきである。相手方は、表見代理の効果を放棄できるのであり、取消しをすることでその放棄の意思表示もしていることになり、無権代理行為は無効に確定する。相手方自身も改めて表見代理を選択することは許されないと考えるべきである。

## 2　117条1項

7-232　117条1項の無権代理人の責任は、本人が追認した場合には認められない。では、表見代理が成立する場合にも、相手方は117条1項に基づいて無権代理人の責任を追及することができないのであろうか。無権代理人が自己の免責のために表見代理を主張することができるのであろうか。

かつては、117条1項を拡大適用（ないし類推適用）して、表見代理が成立する場合には同項の適用を否定する考えが有力であった（川島401頁、我妻381頁）。しかし、現在の通説・判例（最判昭62・7・7 ☞ 7-233）は、相手方は無権代理と表見代理を選択でき、相手方が無権代理の効果を主張しているのに、無権代理人が表見代理の効果を押し付けることはできないと考えている（於保240頁、幾代404頁、近江260頁、川井269頁など）。

その理由は、①表見代理の場合、追認がされた場合とは異なりあくまでも無権代理にすぎないこと、②表見代理は相手方を保護する制度であり、無権代理人を免責する制度ではなく、相手方に選択を認めても無権代理人と本人のいずれにとっても酷ではないこと、③表見代理が成立するか否かは微妙であり、その証明ができるかどうかのリスクを相手方が避けることを認めるべきであり、また、無権代理人に表見代理の主張を認めると訴訟の引き延ばしに使われるおそれがあることなどである。さらには、④利益といえども強制されないという民法の書かれざる原則が当てはまる。

7-233　●最判昭62・7・7民集41巻5号1133頁　[事案] 妻Yが夫Aの代理人としてXとの間で締結した連帯保証契約について、XがYに対し、117条1項に基づきその履行を求めた。原審は、117条に基づく無権代理人の責任は、表見代理の保護を受けない相手方を救済するためのものであるから、同条2項の

無過失とは「悪意に近いほどの重大な過失」に限定され、Xに重大な過失は認められないとして、Xの請求を認容した。上告審では、①117条2項の過失を重過失に制限解釈すべきか、②117条1項の責任は表見代理が成立する場合には否定されるべきなのかが争われた。最高裁は、原審判決を破棄している。

[判旨①] 117条による無権代理人の責任は、「相手方の保護と取引の安全並びに代理制度の信用保持のために、法律が特別に認めた無過失責任であり、同条2項……は、同条1項が無権代理人に無過失責任という重い責任を負わせたところから、相手方において代理権のないことを知っていたとき若しくはこれを知らなかったことにつき過失があるときは、同条の保護に値しないものとして、無権代理人の免責を認めたものと解され……、右の「過失」は重大な過失に限定されるべきものではない」。

[判旨②] 「表見代理の成立が認められ、代理行為の法律効果が本人に及ぶことが裁判上確定された場合には、無権代理人の責任を認める余地がないことは明らかであるが、無権代理人の責任をもって表見代理が成立しない場合における補充的な責任すなわち表見代理によっては保護を受けることのできない相手方を救済するための制度であると解すべき根拠はなく、右両者は、互いに独立した制度であ」り、「無権代理人の責任の要件と表見代理の要件がともに存在する場合においても、表見代理の主張をすると否とは相手方の自由であると解すべきであるから、相手方は、表見代理の主張をしないで、直ちに無権代理人に対し同法117条の責任を問うことができる……340)。そして、表見代理は本来相手方保護のための制度であるから、無権代理人が表見代理の成立要件を主張立証して自己の責任を免れることは、制度本来の趣旨に反」し、「無権代理人は、表見代理が成立することを抗弁として主張することはできない」。

### ◆表見代理を認める判決が確定した場合

例えば、Aを代理してBが商品をCより購入したが、Bには購入の代理権がなかった場合に、Cが当初Aに対して表見代理を主張して代金の支払を求めて、これを認める判決が確定したとする。ところが、Aが無資力でありその支払を期待できないことが判明したことから、Cが改めてBに対して無権代理人としての117条1項の責任を追及したいと考えているとして、これは可能であろうか。7-233判決は、「表見代理の成立が認められ、代理行為の法律効果が本人に

---

340) 117条の責任ではないが、無権代理人が振り出した約束手形につき、表見代理を主張して本人の責任を追及することも、これを主張しないで無権代理人に手形法8条の責任を問うこともできるとした判例がある（最判昭33・6・17民集12巻10号1532頁）。「表見代理は、善意の相手方を保護する制度であるから、表見代理が成立すると認められる場合であっても、この主張をすると否とは、相手方たる手形所持人の自由」と、相手方保護の制度であることが理由とされている。

及ぶことが裁判上確定された場合には、無権代理人の責任を認める余地がない」というので、CのBへの責任追及は認められないことになる。不真正連帯債務ならばいずれに対しても履行請求ができるが、選択債権ならば一度Aに対する責任追及を選択したならば、Bへの責任追及は認められないことになる。そして、選択を問題にすれば判決があるかどうかを問わないことになる。しかし、判例は確定判決を要求しているので、選択債権という構成ではないようである。表見代理が判決により確定された以上は損害がなくなるという説明も可能である。同一訴訟で、Aに表見代理、Bに無権代理人の責任追及を求める訴訟を提起して、両請求を認容できるのであろうか。

第8章
条件、期限および期間の計算

## §Ⅰ 条件

### 1 条件の意義および種類

**8-1 (1) 条件の意義**

　契約や意思表示の効力の発生または消滅が、将来の不確実な事実の発生にかからしめられている場合、意思表示の特約部分（**付款**という）を**条件**という。条件の付いた法律行為を**条件付き法律行為**という。効力の発生または消滅のいずれの特約とするかで、条件は**停止条件**と**解除条件**とに分けられる。将来の発生確実な事実は、期限（☞ 8-22）の対象にできるだけである。

**8-2 (2) 条件の種類**

　(a) 停止条件

　(ア) **停止条件の意義**　駅前で洋菓子屋を経営するAは、洋菓子を製造販売しているBから、新作のケーキ（甲ケーキ）の販売の申込みを受けたため、甲ケーキ50個を翌日店に置いてみて50個完売したら、次の週から1年間、甲ケーキ50個を毎日買い取ることを約束をしたとする。

　契約や意思表示の効力の発生を、将来の不確実な事実の発生にかからしめる場合、そのような合意または意思表示の特約部分を**停止条件**という。上記事例では、AB間で毎日50個の甲ケーキの1年間にわたる売買契約の合意がされているが、無条件ではない。翌日1日で甲ケーキ50個が完売したならばという条件付きの契約が有効に成立しているのであり、将来の発生不確実な事実の発生に契約等法律行為の効力発生がかからしめられている。

**8-3**　(イ) **停止条件の成就・不成就**　「停止条件付法律行為は、停止条件が成就した時からその効力を生ずる」(127条1項)。①条件とされた事実が実現することを**条件の成就**という。8-2の事例でいうと、翌日に甲ケーキが50個完売することである。停止条件の成就により、1年間、甲ケーキを毎日50個買い取る契約が効力を生じる（契約自体はすでに成立している）。②他方、条件とされた事実が実現しないことに確定することを、**条件の不成就**といい、翌日甲ケーキが50個完売しなかったことである。これにより停止条件付きの契約は効力が生じないことに確定する。

8-4　**(b) 解除条件**

**(ア) 解除条件の意義**　Aは、B社から建売住宅を購入する契約をして手付金を支払い、不履行の場合には手付は没収されること、代金の完済と引き換えに所有権移転登記および引渡しがされることを合意したが、その際、銀行ローンが組めるかどうか不安であったため、B社の紹介するC銀行の審査を経て住宅ローンを組めなかったら、売買契約はなかったことにして手付を返還する特約を入れてもらったとしよう。

契約や意思表示の効力を一旦発生させながら、将来の不確実な事実の発生によりその効力を失う余地を残しておく場合、そのような合意または意思表示の特約部分を**解除条件**という。上記事例では、Aとしては無条件で売買契約をしてしまうと、もし住宅ローンが組めないと、代金不払いになり契約が解除され手付を没収される危険性がある。買主としては、そのようなリスクを避けるために、住宅ローンが組めなかったことを解除条件としておくと都合がよい。ローン解除条項は解除条件と認定されている（福岡高那覇支判平11・8・31判時1723号60頁、東京地判平16・7・30判時1887号55頁）。

8-5　**(イ) 解除条件の成就・不成就**　「解除条件付法律行為は、解除条件が成就した時からその効力を失う」(127条2項)。①運悪くAがC銀行の住宅ローンを受けられなかった場合には、解除条件が成就し、AB間の建売住宅の売買契約は失効することになる。したがって、Bは受け取った手付をAに返還しなければならない。②他方で、AがC銀行の住宅ローンを受けられることになった場合には、解除条件が成就しないことに確定し、AB間の売買契約は効力を失わないことに確定する。

8-6　**◆出世払いの約束**

例えば、借主が「成功の暁に返す」と約束をして事業を新たに起こす資金として100万円を借り受けた場合、成功するか否かは将来の不確実な事実であり、この約束は条件を定めたものと考えるべきであろうか[341]。

①兄弟、親子などの関係がある場合には、確かに金を「貸す」という言葉を使用してはいるものの実は贈与であり、成功が解除条件であり出世したら返還するという約束と解釈することができる。この場合には、成功しなければ贈与を受けた金銭を返さなくてよい。②しかし、特別の関係がなければ、くれてやったも同然という解釈をするのは当事者の意思に反しよう。判例は、不確定期限付きの金銭消費貸借と認定した（☞8-7）。したがって、贈与ではなく消費貸借契約であ

り、貸主が、借主の事業が成功するか否か確定するまでは返還を猶予して「事業の成功のために援助をする」ことが目的とされているものである。失敗してその事業を止めてしまえば、もはや返還を猶予して事業の成功のために援助する必要がなくなるので、その時に返還を請求できることになる。必ずいつかはいずれかに確定するのであり、不確定期限にすぎない。

8-7

●**大判大 4・3・24 民録 21 輯 439 頁**　「出世なる事実が後日到来するや否や不確定のものなること勿論なるも、本件消費貸借契約の趣旨にして原判決認定の如く出世なる事実の到来に因りて債務の効力発生するものに非ずして、既に発生したる債務の履行を之に因りて制限し、債務者出世の時に至り其履行を為すべきものなるに於ては、其債務は<u>不確定期限を附したるものと謂ふ可く、停止条件附の債務に非ざる</u>」（貸金の返還請求に対して消滅時効について判断した文脈であり、続けて、「原審が出世なる事実を以て不確定期限なりとし、<u>其到来に因りて債権者たる上告人が之を知ると否とを問はず、消滅時効の進行すべきものと為したるは相当</u>」とした）。

8-8
◆**法定条件**
**(1) 法定条件の意義**
　条件は意思表示の内容の1つである。免除といった単独行為では、例えば今週中に 90 万円支払えば、残額 10 万円を免除する旨を表示することになる。ところが、ある効力の発生または消滅が、法律の規定により将来の発生不確実な事実にかからしめられている場合があり、条件に類似するが意思表示ではないので、これは**法定条件**といわれている[342]。

8-9
**(2) 法定条件の具体例**
　**(a) 法定停止条件の例**　法定停止条件の例として、家畜外動物の取得を挙げる

---

341) 出世払いの約束のほかにも、根室を引き払って出京（上京）したら支払うという約束も、出京の時または出京しないことが確定した時を不確定期限とされ（大判明 32・2・9 民録 5 輯 2 巻 24 頁）、また、家屋売却の上支払うというのも、家屋売却の時またはそれが不能になった時を不確定期限とするものと認定されている（大判大 4・12・1 民録 21 輯 1935 頁）。また、熱電供給システムの製造および設置に係る工事請負契約において、代金の支払につきリース契約を用いる合意がされた場合について、リース契約が締結されることを停止条件とするものではなく、リース契約が締結されないことになった時点で請負代金の支払期限が到来すると認められている（最判平 22・7・20 集民 234 号 323 頁）。
342) 法定停止条件付きの契約において、一方当事者が条件成就を妨害した場合に、他方当事者は 130 条 1 項の類推適用により条件成就とみなすことができるかが、農地売買の事例で問題とされた。判例は、「農地の売買は、公益上の必要にもとづいて、知事の許可を必要とせられているのであって、現実に知事の許可がない以上、農地所有権移転の効力は生じないものである」。「民法 130 条の規定するような当事者の『看做す』というがごとき当事者の意思表示に付する擬制的効果によって、右農地所有権移転の効力を左右することは性質上許されない」と判示している（最判昭 36・5・26 民集 15 巻 5 号 1404 頁）。

ことができる。例えばタヌキやキツネ、オオクワガタなどを家畜外動物というが、野生のものであれば無主物先占（239条1項）ができるが、例えばAが捕まえて飼っていたタヌキが逃げ出し、Bがこれを発見して野生のものであると思って捕まえた場合（善意が要件）、Bはその動物が逃げ出してから1ヶ月以内に所有者Aから返還を請求されないと、その動物の所有権を取得できる（195条）。この場合、Bが所有権を取得できるためには、逃げ出してから1ヶ月間返還請求を受けないことが必要である。

8-10　(b)　**法定解除条件の例**　法定解除条件の例として、盗品についての即時取得を挙げることができる。例えば、Aの所有する絵画を盗み出したBが、この絵画を自分の絵画と称して絵画商Cに持っていき売却したとする。Bは所有権を有しないのでCが所有権の移転を受けることはできないはずだが、192条によりCは所有権の取得が認められることになってしまう。ところが、盗品の場合には、193条により被害者Aは盗難の時から2年間は返還請求ができるということになっている。そのため、Cは所有権を取得できるが、Cの所有権取得はAが2年以内に返還請求をしたら、その所有権取得はなかったことになる（停止条件的に考える学説もある[☞物権法14-29]）。


## 2　条件のその他の分類

8-11　**(1)　既成条件の合意の効力**

　(a)　**既成条件の意義**　Aは風力発電機のメーカーであるが、B市と風力発電装置の販売について交渉し、B市は採算がとれるか不安であったため、その設置場所として検討されている$a$地区の昨年1年間の平均風速を昨年のデータから算出し、それが2メートル以上であったならば風力発電を導入する合意をしたとしよう。

　もし今後1年間の平均風速を計測して平均2メートル以上ならば装置を導入するというのであれば、それは将来の不確定な事実であり条件になる。ところが、上記事例では過去の事実である。しかし、過去の事実でも当事者間でまだ明らかになっていないという点では、条件に類似する。また、契約自由の原則から言って、過去の事実に契約の効力発生や失効をかからしめても問題はない。そこで、民法はこのような条件（これを**既成条件**という）の合意も有効と認めて、次のように条件に準じた規律をしている。

8-12　(b)　**既成条件の効力**　①「条件が法律行為の時に既に成就していた場合」、ⓐ「その条件が停止条件であるときはその法律行為は無条件」とし、

ⓑ「その条件が解除条件であるときはその法律行為は無効とする」(131条1項)。8-11の事例のように停止条件の場合、昨年1年間の平均風速が2メートル以上であったことが判明したならば、風力発電施設の売買・維持管理契約の効力が「無条件」に発生することになる。もし風速が2メートル以下であることを解除条件としており、平均風速が2メートル以下であったならば、契約は無効となる。

②他方、「条件が成就しないことが法律行為の時に既に確定していた場合」、ⓐ「その条件が停止条件であるときはその法律行為は無効」とし、ⓑ「その条件が解除条件であるときはその法律行為は無条件とする」(131条2項)。8-11の事例のように停止条件の場合、昨年1年間の平均風速が2メートル以上なかったことが判明したならば、風力発電施設の売買・維持管理契約は無効となる。もし風速が2メートル以下であることを解除条件としていたならば、平均風速が2メートル以上であったことが判明したならば、契約は無条件となる[343]。

8-13 **(2) その他の条件とその効力**

　**(a) 不法条件**　「不法な条件を付した法律行為は、無効とする。不法な行為をしないことを条件とするものも、同様とする」(132条)。不法な内容を条件とした場合、例えば今度の甲工事の入札で談合に応じてくれれば、今引き受けている乙工事を下請けに出すという合意をした場合、談合は違法であり、乙工事の下請契約は無効である。このような条件を**不法条件**といい、条件の合意部分だけではなくその法律行為（契約）自体が無効となる。また、不法行為をしないことを条件とする場合も、不法行為をしないのは当然であり、それを条件とすることは正義に反するため同様である。例えば自分を殺そうとしている者に対して、100万円をあげるので止めるよう求めその旨の合意が成立した場合も、その合意は無効となる。不法条件についての132条は90条の確認規定にすぎない。

8-14　**(b) 不能条件**　その事実の発生が不能であるのにその事実を条件とする場合に、これを**不能条件**という。例えば、AがBに対して、①死んだCが生

---

[343] なお、いずれの場合にも、「前2項に規定する場合において、当事者が条件が成就したこと又は成就しなかったことを知らない間は、第128条及び第129条の規定を準用する」ものとされる（131条3項）。

き返ったら10万円を贈与すると約束したり（停止条件の場合）、②10万円を贈与するが、死んだCが生き返ったら返してもらうと約束をする場合（解除条件の場合）である。常識的には心裡留保で済まされようが、ABがカルト的な宗教の信者で、Cが生き返るかもしれないと主観的に考えていた場合には問題になる。しかし、死者が生き返るのは不可能である。そこで、「不能の停止条件を付した法律行為は、無効とする」（133条1項）とされ、①の贈与契約は無効である。「不能の解除条件を付した法律行為は、無条件とする」（同条2項）とされ、②の贈与契約は無条件となる。

8-15　(c)　**(純粋) 随意条件**　この他、民法は、「停止条件付法律行為は、その条件が単に債務者の意思のみに係るときは、無効とする」と規定した（134条）。停止条件付きの法律行為（契約）において、その成就が債務者の意思のみにかかる場合、これを**(純粋) 随意条件**という。例えば、AがBに10万円を贈与する約束で、贈与者のAが支払う気になったら支払うといった条件を付けた場合、条件として意味をなさない。そのため民法は無効としているが、贈与が実際になされたら、再度その時点で贈与契約がされたと認定すれば足り不都合はない[344]。

8-16　◆**条件に親しまない行為**

条件を付けることが許されない行為もあり、これを**条件に親しまない行為**と呼ぶ。次の2つの類型が考えられ、いずれも無効の根拠は90条違反である。

①婚姻や離婚などの**身分行為**については、条件を付けることはその性質上許されない。身分行為に条件が馴染まない理由は、身分秩序を不安定にするというよりも、婚姻や離婚は、その効果が発生する時点で確定的な意思がなければならない行為だからである（内田297頁）。②取消し、解除といった**単独行為**については、条件を付けると相手方を一方的に不安定な状態に置くことになるので、原則として条件を付けられない。例えば、土地を強迫により売却させられた被害者が、隣に居住していた別の被害者が取消しをしたならば自分も取消しをするという意思表示をすることは許されない。しかし、解除の場合に、催告の際に催告期

---

[344] 買主やサービスを受ける者が試してみて気に入ったら契約をするという合意も有効である。アメリカにおいて、写真業を営むXが、Yに対して亡くなった娘の肖像写真を製作することを申し込み、写真が気に入らなければ代金はいらないと合意をした事例で、Xはできあがった写真を見せたもののYが気に入らないと言って代金の支払を拒絶し、どこが気に入らないか明示せず、さらに手を加えた写真を提供されても見ようとしなかったため、XがYに対して損害賠償を請求したが、ミシガン州最高裁判所はXの請求を棄却している。本件契約は、「Yが個人的に気に入るか否かというリスク」をXが明示的に引き受けたというのが理由である（樋口範雄『アメリカ契約法［第2版］』234頁）。日本でも同様に考えてよい。

間内に履行がされなければ解除をするというように、予め解除の意思表示を停止条件付きにしておくことは、債務者は履行すればよいだけであり、また、債権者に催告と解除の二度手間をとらせる必要もないので有効である。

### 3　条件付き法律行為の効力

8-17 **(1)　条件成就の効力**

　条件成就により、「停止条件付法律行為は、停止条件が成就した時からその効力を生」じ（127条1項）、「解除条件付法律行為は、解除条件が成就した時からその効力を失う」（同条2項）、ことになる。ただし、「当事者が条件が成就した場合の効果をその成就した時以前にさかのぼらせる意思を表示したときは、その意思に従う」ことになっており（同条3項）、例えば、解除条件付き売買では、条件成就の時から所有権が売主に復帰するが、これを契約の時に遡及するものと合意をしておくことができる。

8-18 **(2)　条件成就の妨害または不正な方法による条件成就**

　**(a)　条件成就の妨害**　8-2の事例で、Aが、甲ケーキが49個売れたところで、完売前に残りの1個を店の奥に隠してしまい、完売を阻止したとしよう。条件は成就していないが、Aが故意的に阻止したものである。このような行為が許されたら、条件成就を望まない当事者は条件成就を妨害すればよく、正義に反する。

　そのため、民法は、「条件が成就することによって不利益を受ける当事者が故意にその条件の成就を妨げたときは、相手方は、その条件が成就したものとみなすことができる」（130条1項）と規定した[345]。妨害がなければ条件が成就したとみられたことは必要ではない。ただし、「故意に」妨害することが必要であり、また、違法でなければならず、例えばショーウィンドウの目立たない所に陳列したとしても、妨害とまではいえないであろう。ほかにも例えば今年中に自分が結婚したら10万円をあげるという贈与契約がされた場合、結婚するか否かは本人の自由であるので結婚をしなくても130条

---

[345]　130条（現130条1項）を類推適用により拡大した判例もある。大阪高判昭55・4・30判時974号88頁は、賃貸借の両当事者が別々に不動産鑑定士に賃料の鑑定を依頼し、その鑑定額が一致することを条件として鑑定額を適正賃料とする合意をしたのに、一方は合意に従い鑑定を依頼したが、他方が鑑定を依頼しない場合に、一方の当事者はその依頼による鑑定額を適正賃料とみなすことができるものとされている。

1項の適用はない。

8-19　(b)　**不正な方法による条件成就**　130条1項とは逆に、条件を不正な方法で実現した場合については当初の民法には規定がなかった。しかし、判例は、特許権侵害について和解が成立し、ある製品を製作しないことに違反したら違約金を支払うことをYがXに約束したが、Xの関係者が客を装って違反した製品を作らせ、XがYに違約金の支払を求めた事例で、故意に条件を成就させたものとして、130条を類推適用し違約金の支払請求を認めなかった（最判平6・5・31民集48巻4号1029頁）。改正法はこれを明文化し、「条件が成就することによって利益を受ける当事者が不正にその条件を成就させたときは、相手方は、その条件が成就しなかったものとみなすことができる」ものとした（130条2項）。8-2の事例では、Bが知人に金を渡してケーキを買ってもらった場合が、これに該当する。話を聞いてBの友人らが1つずつ買いに行った場合はこれに該当しないが、Bが友人らが買いに行こうとしているのを知りながら止めなかった場合には不作為を問題にする余地はある。

8-20　**(3)　条件成就未確定の間の効力**

　(a)　**停止条件成就未定の契約**　8-2の事例でいえば、いまだ1年を期間とする毎日50個の継続的供給契約は効力を生じていないが、条件が成就するか否かを実行して確かめる合意があり、それはすでに効力を発生しているので、Aは1日甲ケーキを試しに販売してみる義務を負っている[346]。また、例えば、停止条件付きで不動産の贈与契約がされた場合には、契約は無効ではない。条件が成就したら契約の効力が生じるというのも契約の効力であり、有効な契約なのである。したがって、停止条件付き契約の詐欺取消し、書面によらない贈与の解除などが可能である。

8-21　(b)　**期待権の保護**

　Aは甲地を購入してそこに建物を新築して引っ越すことにし、現在居住している乙不動産を売りに出したが、甲地について購入後にBが所有権を主張して訴訟を提起しておりその所有権を取得できない可能性があるため、乙不動産の購入を申し出てきたCとの間で、AB間の訴訟でAが勝訴する

---

[346]　Aがケーキを扱っていて落としてしまって50個売れなかった場合には、故意ではないので条件成就とみなすことはできない。しかし、試験販売義務の不履行があり、売主側はもう一度翌日50個の試験販売を行うことを求めることができる。

ことを停止条件とする売買契約を締結し、条件成就後に代金を支払い、引き換えに所有権移転登記をすることにしたとする。

　停止条件であれ、解除条件であれ、条件成就により当事者の一方が財産を得られる場合に、そのような法的地位自体も法的保護の対象となると考えられる。そのため、民法は、「条件付法律行為の各当事者は、条件の成否が未定である間は、条件が成就した場合にその法律行為から生ずべき相手方の利益を害することができない」(128条)、また、「条件の成否が未定である間における当事者の権利義務は、一般の規定に従い、処分し、相続し、若しくは保存し、又はそのために担保を供することができる」(129条)という2つの規定を置いた。条件付きで財産を取得しうる地位を**期待権**ともいう。上記事例でいえば、Cが乙不動産の条件付き権利を登記により公示したり、また、この権利を担保にして融資を受けることができる。Cの期待権は、129条の規定に従い、相続や処分の対象とすることができる。Cが死亡してDが相続した場合には、期待権、より正確には停止条件付き売買の買主たる地位をDが相続により取得することになる。

　また、上記事例では、Aが乙不動産を他に売却して移転登記をしてしまえば、停止条件が成就してもBは所有権を取得できないことになる。そのため、上記128条のような規定を置き、Aは、期待権の対象である甲地を処分してはならないものとしたのである。債務不履行による損害賠償請求ができるようになるためには、条件の成就が必要である。

# §Ⅱ 期限

## 1　期限の意義

8-22　民法は、**期限**について特に定義はしていないが、始期と終期とを区別し、「法律行為に始期を付したときは、その法律行為の履行は、期限が到来するまで、これを請求することができない」(135条1項)、「法律行為に終期を付したときは、その法律行為の効力は、期限が到来した時に消滅する」(同条2項)、と規定した。

例えば、レンタカーを10月1日から10日まで借りる契約をした場合、①10月1日になれば借主はレンタカーの引渡しを求めることができ、これを**始期**という。②他方で、10月10日には契約は終了しレンタカーを返還しなければならず、これを**終期**という。この例からわかるように、その時期は必ず到来するものであり、この点で条件とは異なる。そして、期限も、来年の1月10日のようにいつ到来するかまで確実な**確定期限**と、到来は確実だがいつ到来するかは確定していない**不確定期限**とに分けられる（例えば、死んだ時に返還する等）。期限は、当事者が約定するだけでなく、裁判所により期限が付与されることもある（例えば、196条2項ただし書）。

8-23 ◆**期限を付けることが許されない行為**

条件の場合と同様に、次の2つの行為は期限を付けることも許されないと考えられている。①まず、身分行為に期限を付けることは許されないといわれている。例えば、婚姻に5年間だけ有効とかいうように期限を定めて婚姻届をすることはできない（内縁の合意も同様）。②次に、単独行為にも期限を付けることは無意味であり許されないといわれている。例えば、契約を解除や取消しをする意思表示、予約完結の意思表示をするに際して、その効力は1週間後に生じるといった意思表示はできない（期限の部分のみ無効）。

## 2　期限の利益

8-24 **(1)　期限の利益の意義**

売買契約において代金の支払を契約の1ヶ月後と約束した場合、1ヶ月支払が猶予されている。このように債務の履行が始期により猶予され、それにより受ける利益を**期限の利益**という。通常は、履行を猶予してもらう債務者が、期限の利益を受けるため、民法は「期限は、債務者の利益のために定めたものと推定する」ものと規定した（136条1項）。しかし、債権者に期限の利益がある、また、両者に期限の利益があることも考えられる。売買契約の売主の目的物引渡義務については、引渡時期を契約よりも後にすることは、売主（債務者）が目的物を調達する猶予を与えることになり売主の利益になるが、場合によっては、売主としては保管の費用もかかるので直ちにでも引渡しをしたいが、買主（債権者）が受領の準備が整っていないので受け取りを先に延ばしてもらったということもある。この場合には、買主が期限の利益を有することになる（受領義務についての期限の利益といってもよい）。

## (2) 期限の利益の放棄

「期限の利益は、放棄することができる。ただし、これによって相手方の利益を害することはできない」(136条2項)。

①債務者に期限の利益がある場合、例えば代金の支払に期限が付いている場合、買主は期限前に代金を支払うことができる。②しかし、債権者に期限の利益がある場合、例えば、売買契約において目的物の引渡しについて、買主の利益のため（受取り・保管の準備ができていない）期限が定められている場合には、売主が期限前に目的物を提供して、買主に受領を求めることはできない。③また、両者に期限の利益がある場合、自分の期限の利益は放棄できても相手方の期限の利益を害することはできない。ただし、相手方の期限の利益を金銭で補填できるならば、それをあわせて提供すれば期限の利益の放棄は有効である。例えば、定期預金契約の場合、預金者としては満期までの利息を受けられればよいので、期限までの利息もあわせて期限前に支払えば、銀行側が一方的に期限の利益を放棄することを認めてよい（大判昭9・9・15民集13巻1839頁）。消費貸借については、期限があっても借主はいつでも返還でき、ただ貸主に損害が生じたならばこれを賠償しなければならない（591条3項［666条2項により消費寄託に準用されている］）。

## (3) 期限の利益の喪失

### (a) 期限の利益の喪失

金銭債務について期限の利益を債権者が債務者に与えるのは、その期日に支払があることを信頼したからである。ところが、その信頼が失われ、支払の猶予を受ける資格を債務者が失った場合には、事情変更の原則の適用の1つとして、期限の利益を失わせてよい。民法は、この点、「次に掲げる場合には、債務者は、期限の利益を主張することができない」(137条) として、①「債務者が破産手続開始の決定を受けたとき」(1号)[347]、②「債務者が担保を滅失させ、損傷させ、又は減少させたとき」(2号)、および、③「債務者が担保を供する義務を負う場合において、これを供しないとき」(3号) の3つの事由を規定した。

---

[347] 旧民法では、「債務者が破産し又は顕然無資力と為りたるとき」に期限の利益を失うものとされていたが（財産編405条1号）、現行法では破産手続開始の決定に限定された。無資力は明確ではないためである。しかし、不安の抗弁権を認める余地はある（不安の抗弁権との関係につき、松井和彦「『契約危殆』状態における履行確保(1)」修道法学20巻1号49頁以下参照）。

2号は、債務者による担保の滅失等でなければならないので、物上保証人や第三取得者が担保を滅失等させても、債務者の期限の利益は失われない（増担保義務が問題になり、3号を問題にできるだけ）。抵当不動産の高価な従物を搬出して売却したり、集合動産譲渡担保において、目的物を全部処分し補充しない等が、2号の期限の利益喪失事由に該当する。3号は、保証人を付けると言っていたのに保証人を提供しなかったり、抵当権を設定するという約束であったのに、抵当権の設定登記に応じない等の事例である[348]。

8-27　**(b)　期限の利益喪失条項（過怠約款）**　137条は強行規定ではなく、その列挙された事由に期限の利益喪失を限定するものではない。当事者の合意で期限の利益を失う事由を約定することが可能である。特に債権回収につき債権者が強い関心を持ち、また、債権者が力関係において主導権を握って契約をするような場合、すなわちクレジット取引を含めて与信取引には、契約条項に期限の利益喪失条項が必ず置かれている[349]。例えば、クレジットの分割払いで、債務者が1回でも支払を怠ったならば、それ以後の各期の支払について期限の利益を失う旨が約定されている。銀行取引では数件の貸付が行なわれている場合に、1つの債務に支払遅滞が生じた場合に全ての債務について期限の利益を失わせる条項（クロスデフォルト規定）が置かれることがある。この場合、他の債務について継続して支払がなされていても、その債務まで期限の利益を失わせることは権利濫用にならない（最判平18・4・18 金判1242号10頁［権利濫用とした原審判決を破棄］）。

---

[348]　147条の要件が満たされれば、当然に期限の利益を失う（川島264頁、幾代476頁等）。ただし、「当然に期限到来の効果を生ずるというのではなく」、期限の利益を失うだけであり、債権者が請求しない限り遅滞には陥らない（我妻423頁）。412条1項ではなく、同条3項が適用されることになる。

[349]　債務の履行を遅滞している債務者に対して、債権者がその再建を支援・協力するために、その債務について分割払いによる期限の利益を付与することがあり、これは**崩し弁済契約**といわれる。この場合には、特に期限の利益喪失条項がなくても、支払が怠られたら分割弁済の期限の利益を失うと判示した下級審判決がある（東京地判昭35・7・13判時235号24頁）。

# §Ⅲ 期間の計算

8-28 **(1) 期間計算の基準の必要性**

　期限の約束で、10月1日から10月10日までと約束すれば問題ないが、10月1日から1週間ないし1ヶ月と定めた場合、いつが終期となるのか計算の基準が必要になる。期間の計算は、民法に限ったものではなく、選挙の○週間前に選挙の公示をしなければならないなどの場合の計算など、公法の場面でも登場する問題である。そのため、「期間の計算法は、法令若しくは裁判上の命令に特別の定めがある場合又は法律行為に別段の定めがある場合を除き、この章の規定に従う」ものとし、民法に限らず全ての法律における期間計算法の原則とされている（138条）。将来に向かっての計算のみならず、総会招集の例のように、遡る起算についても以下の期間計算法による。

8-29 **(2) 期間計算の方法**

　**(a) 時、分、秒を単位とする期間**　例えば、1時間以内食べ放題の食事の注文、10分間使用できる機械の利用といった契約内容の場合には、合意された時点から1時間、10分が計算される。このように、時、分、秒で時間を合意した場合には、その合意された時点から約束の時、分、秒を計算することになり、民法はこのことを「時間によって期間を定めたときは、その期間は、即時から起算する」（139条）と規定した。これを**自然的計算方法**という。

8-30 **(b) 日、週、月または年を単位とする期間**

　**(ア) 期間の起算点──初日不算入の原則**　例えば、商品の代金を支払期日が過ぎても支払わない買主に対して、売主が、4月1日に買主に対して「今日から3日以内に履行をせよ、3日以内に支払がないと売買契約を解除する」と通知をしたとする。3日が経過して解除の効力が生じるのはいつか。もし催告した日を算入すると、例えば夜の20時に催告がされた場合には、その日1日分については十分な猶予は与えられないことになる。そのため、民法は、「日、週、月又は年によって期間を定めたときは、期間の初日は、算入しない」と規定をした（140条本文）[350]。したがって、4月2日から

起算され、4月4日を過ぎて3日が経過したことになる。ただし、4月1日に明日（4月2日）から3日以内と定めた場合には、「その期間が午前零時から始まるとき」に該当し、4月2日からの起算はまるまる初日1日の猶予があるので初日も参入される（140条ただし書）。

8-31　**(イ)　期間の満了点——末日の終了**　期間を定めるのに日、週、月、年をもってした場合には、「期間は、その末日の終了をもって満了する」（141条）。4月1日に、3日以内という請求がされた場合には、2日から起算し4日の終了（夜中の0時）に満了することになる。ただし、「期間の末日が日曜日、国民の祝日に関する法律（……）に規定する休日その他の休日に当たるときは、その日に取引をしない慣習がある場合に限り、期間は、その翌日に満了する」（142条）。4月4日がもし日曜であるとすれば、翌日の4月5日の終了（夜中の0時）により満了することになる。

「週、月又は年によって期間を定めたときは、その期間は、暦に従って計算する」（143条1項）。「週、月又は年の初めから期間を起算しないときは、その期間は、最後の週、月又は年においてその起算日に応当する日の前日に満了する。ただし、月又は年によって期間を定めた場合において、最後の月に応当する日がないときは、その月の末日に満了する」（同条2項）。例えば、3月31日に1ヶ月以内と催告をした場合には、4月31日がないので、4月の最終日である4月30日の満了により、1ヶ月が満了することになる。

8-32　**◆毎月○日と分割払いの支払期日が約定された場合**
　期間計算の末日の問題ではないが、消費貸借契約において、毎月1回ずつ分割払いによって元利金を返済する約束がされ、返済期日を単に「毎月○日」（例えば毎月5日）と定めただけで、それが具体的には日曜日その他の一般の休日に当たる場合の取扱いが明定されなかった場合、どう処理されるべきであろうか。最判平11・3・11民集53巻3号451頁は、その地方において別異の慣習があるなど特段の事情がない限り、○日が休日であるときは、その翌日営業日を返済期日とする旨の、黙示の合意が当事者間にあったものと推認され、また、それが一般的な取引慣習であるという（142条参照とするためここで取り上げた）。

---

350）**年齢計算に関する法律**は、民法の初日不算入の原則に対して例外を認め、「年齢は出生の時から起算す」としている。誕生日が来たら年をとるという社会通念に従い初日算入としたのである。

# 第9章
# 時効

## 第1節　時効制度総論

### §I 時効の種類——消滅時効と取得時効

9-1 **(1) 2つの時効制度**

(a) **取得時効**　①他人の物を所有の意思を持って20年間占有すると、占有者はその物の「所有権を取得」できる（162条1項）。②また、占有者が自分の所有物であると善意無過失で信じて占有を開始した場合には、10年の占有でその物の「所有権を取得」できる（同条2項）。このように、一定の期間ある物を所有の意思を持って占有を継続している者に、その者が占有している物の所有権取得を認める制度を、**取得時効**という（①を**長期取得時効**、②を**短期取得時効**という）。民法は、所有権の取得時効のほか、それ以外の財産権（例えば通行地役権）の取得時効も認めている（163条）。

9-2 (b) **消滅時効**　債権は、「債権者が権利を行使することができることを知った時から5年間行使しないとき」は、「時効によって消滅する」（166条1項1号）。例えば、100万円を貸した場合に、返済期から5年過ぎると、貸金債権は時効により「消滅」するのである。また、不当利得返還請求権のように、債権者が債権の存在を知らなくても、権利行使ができる時から10年で時効により債権は消滅する（同項2号）。そして、債権以外の財産権も、所有権を除いて、「20年間行使しないときは、時効によって消滅する」ことになっている（同条2項）。このように、ある権利が一定期間行使されないことにより「消滅」したものと扱われる制度を、**消滅時効**という。

9-3 **(2) 2つの時効制度の規定**

取得時効と消滅時効の2つの時効制度は、ローマ法の昔から認められている制度であるが、民法における規定の仕方は2つに分かれている。①日本民法は、フランス民法、オーストリア民法同様に、時効の共通規定を置き消滅時効と取得時効とをあわせて規定している。②他方、ドイツ民法、スイス民法、イタリア民法のように、民法総則では消滅時効だけを規定し、取得時効は占有と共に物権法の中に規定する立法もある。英米法でも、取得時効

と消滅時効は、別の制度と理解されている。2つの時効制度はその制度趣旨も要件も異なり、これを無理に統一的に理解・説明すべきではなく、本来であれば取得時効は物権法で占有理論と共に扱われるべきものである。

## §II
# 時効制度の根拠・存在理由

9-4 　時効制度は、社会生活に平和をもたらす不可欠な制度と評価される一方で、不道徳な制度として批判の対象ともなっている[351]。しかし、時効制度が批判を受けながらも時代と地域を超えて存在していることは、この制度が人類社会に不可欠な制度であることの証である。

　他人から借金をしたのに、あるいは商品を購入して引渡しを受けたのに、消滅時効制度のおかげで借金や代金の支払を免れることができる、また、取得時効制度のおかげで、他人の土地に勝手に建物を建てて占有し続けてその土地を取得できる。これは不道徳な制度ではないかと、時効制度に違和感を持つであろう。時効制度は、どのような根拠により正当化されるのであろうか。

## 1　時効の3つの根拠

9-5 　起草者また初期の学説は、取得時効・消滅時効を区別することなく時効制度の統一的な根拠を探求し、以下の3つの根拠を挙げていた[352]。それは、後述する真の権利者や弁済者を保護するための説明であったり（☞(a)）、非

---

351) 「時効ほど、その価値（意義）および法構造の把握につき、時代により、また立法（法制）や論者の立場によって、多彩を極めている制度は存しない」（金山・軌跡3頁）と評される。内池教授は、「『人類の守護神』と『法による掠奪』との間に、時効を正しく制度化することは、常に至難の業であったし、将来もまたそうであろう」と評している（内池・歴史的課題176頁）。
352) 起草者による時効制度の存在理由の説明については、星野英一「時効に関する覚書」（以下、**星野・覚書**で引用）『民法論集第4巻』201頁以下参照。梅369〜370頁では、本文の3つの説明の原型をなすような説明がされている。①まず、「公益の為めに設けたるものにして、権利の永く不確定の景状に在るは大に取引の安全を害し社会の経済に影響する所少からざればなり」と述べる。②また、「権利者は自己の権利を等閑に付し敢て法律の保護を願わざる者なるが故に、之をして其権利を失はしむるも未だ必ずしも厳酷に失するものと謂うべからず」ともいう。③さらには、受取証書その他の証書を失ったのを奇貨とし、不正の利益を上げようと図る者も現われないとは限らないということを挙げる。

弁済者や無権利者を保護するための説明であったり（☞(b)）、玉虫色のまたは八方美人的説明になっている。また、土地については境界紛争という特殊な問題がある点も見逃しえない。

9-6 **(a) 弁済者・真の権利者保護——証明困難の救済（根拠①）**
　**㋐ 取得時効**　所有権の証明は、所有権の取得原因を証明しなければならないが、これは**悪魔の証明**といわれるほど困難である。自分の占有している物が自分の所有物であることを証明しようとすると、所有権の有効な取得を証明しなければならないが、そのためには売主や被相続人が所有者であったことを証明しなければならず、さらに同様の証明を最初の原始取得した者まで遡って行わなければならない。他方で、物を長期にわたって自分の物として占有している者は、所有者であるのが通常である。そのため、長年占有し続けている物について、占有者を所有者と扱うことは、所有権取得の証明の困難への救済となり、また、長年所有の意思を持って占有している者は通常は所有者であり正義に反することはない。

9-7 　**㋑ 消滅時効**　証明困難の救済という趣旨は、消滅時効にも同様に当てはまる。圧倒的多数の債務は適時に履行されている。ところが、債務を履行したのに、領収書等の証拠は時の経過によりなくなってしまいがちであり、請求された場合に支払ったという証明ができないと、裁判所としては支払を命じざるをえない。したがって、債務者が長期の経過により履行をしたことの証拠を失い、二重に履行をさせられることから救済をする必要がある。消滅時効制度により、弁済等の債務消滅の証明困難への救済が与えられ、また、弁済期から長期間経っている債務は弁済が済んでいるのが通常であり正義に反することもない。弁済の証拠の保全を時効期間だけ行えば足りることになり、事務の軽減に寄与する。

9-8 **(b) 非弁済者・無権利者保護**
　**㋐ 社会秩序維持という公益的理由（根拠②）**　ほとんどの事例は、(a)のように時効が認められる権利関係が真実の権利関係と合致するとしても、無権利者や弁済していない債務者も時効制度の恩恵を受けてしまう。それはイレギュラーな事例として、制度上避けられない反射的な不道徳な利益と切り捨てることもできるが、弁済していない債務者、無権利の占有者を保護する根拠も模索されている。確かに、不測の債務を負担させられる不法行為の損

害賠償義務のように、債務を免せしめること自体が認められてよい類型があるが、一般論としても説明が可能となる。

　それが、長期継続した事実状態をそのまま維持することが、その上に築かれている社会秩序を保護するために必要であるという説明である。この根拠は主としては取得時効に当てはまるものであり、判例でもこの説明は概ね取得時効でなされている[353]。ただし、消滅時効でも、債務者が債務を忘れていた、今更権利行使はないと期待していた計算可能性を保障したり、公示のない債権を知らずに債務者と取引をした債権者が、隠れた債権者の存在により害されることから保護すべき要請を考えることはできる。

9-9　**(イ)　権利の上に眠る者は保護されない（根拠③）**　(ア)の説明を補強する説明として、「権利の上に眠る者は保護せず」というローマ法の格言が援用される。権利を行使できたのに、それを怠ったのであるから、権利を失うという不利益を甘受すべきことになる。この根拠からは、権利者が権利を行使できたことが不利益甘受の根拠なので、権利行使ができない状況の場合には、時効の起算を否定したり、完成を猶予するといった調整は必須の要請となる。(ア)が主たる根拠づけで、(イ)は補助的な根拠づけにすぎない。

## 2　時効の根拠論についての疑問

9-10　**(1)　2つの両極端な時効観からの評価**

　上記3つの根拠を並列的に並べることには違和感を拭えない。根拠全体の整理が、時効の趣旨の理解との関係で必ずしも論理一貫してなされていない。また、多様な時効制度を十把一絡げにして説明することも適切ではないが、この点は後述する（☞ 9-20）。

　学説には、根拠②を中心的根拠とし、他の2つを付随的根拠とする理解が多い（鳩山587頁等）。非権利者に権利を与え、未弁済者たる債務者を解放する制度として時効を位置づけることになる[354]。これを**社会秩序維持説（非権利者・未弁済者保護説）**ということにするが、非権利者を権利者とし、未弁済者を債務から解放するための根拠として根拠②があり、その支えとして

---

353）例えば、最判昭45・12・18民集24巻13号2118頁は「時効による権利の取得は、権利者たるの外形をそなえた事実的支配状態が一定の期間継続することにより、これに権利取得の効果を認めるものである」という。

根拠③があり、いわばガス抜き的に根拠①が援用されているにすぎない[355]。根拠①は非権利者を権利者とし、未弁済者を債務から解放すること自体の根拠ではない。

逆に真の権利者・弁済者を保護することを時効の中心的根拠とする考えもあり（**権利者・弁済者保護説**といっておく）、時効制度は非権利者に権利を与えたり、未弁済者に債務を解放する制度ではなく、根拠①を時効制度の根拠とすることになる。制度上、非権利者や未弁済者が事実上反射的に利益を受けてしまうが、それを容認するために根拠②および③を持ち出すのではなく、反射的利益であり制度上やむをえないと言い切った方が潔い。

9-11 **(2) 根拠の検討**

**(a) 弁済者や権利者の保護＝「証明困難の救済」という根拠** 証明困難の救済という点については、まず、取得時効について、適法な取得者＝所有者の保護のためであれば、占有者に所有者としての推定を認めるだけで十分である。不動産については現在ではローマ法と異なって登記という制度があり、登記さえしておけば証明困難はありえない（境界争いの問題が残るだけ）。また、消滅時効についても、弁済者保護のためには、一定期間の経過による弁済推定を認めれば十分である[356]。証明に窮する弁済者や所有者らの保護が必要なことは異論あるまい。それを推定ではなく、時効制度によることは後述の司法制度的観点から正当化するしかない。推定では、相手方が争えばどんな昔のことでも審査しなければならないが、時効制度では形式的に期間の経過だけで解決できるのである。問題は、それを超えて未弁済者や

---

354) 社会秩序維持説は比較法的にみると特異であり、日本でこのような理解が定着した原因としては、旧民法の時効を法律上の推定制度（☞ 9-18）とする構成を否定するため、梅博士が社会秩序維持説を前面に押し出して時効制度の説明をしたという背景がある。これを有力学説が次々と承継し定着していったのである（藤原・諸問題2頁参照）。

355) 社会秩序維持説を貫いて、「時効にかかるべき権利義務を中心としてその周囲に形成された生活関係の安定にある」と、(a)の根拠のみによって一元的に説明する主張もある（内池・歴史的課題2頁以下）。松久教授は、消滅時効のみに限定してであるが、スピロウの時効学説に依拠し、資本主義社会における計算可能性を担保するために、権利の永続性に制限を設ける制度として位置づけている（松久・構造と解釈35頁以下）。弁済者の保護にもなる点については、「未弁済者保護の法的構成を備えた消滅時効制度の付随的機能」と評している。

356) 消滅時効の存在意義は、債務者に時効期間だけ弁済の記録を保存すればよいものとする「事務の効率化」に求める主張がある（四宮・能見359頁）。銀行の振込記録や領収書をPDF化できるなど、状況は変わっている。

無権利者の保護まで時効制度の目的として設定すべきかという点である。

9-12 **(b) 未弁済者や無権利者の保護のための根拠**
**(ア) 「社会秩序維持という公益的理由」という根拠**　9-8 の社会秩序維持という公益的理由に対しては、①公益的な制度であれば、当事者の援用・放棄の自由を認めるのは矛盾であるとの批判[357]、また、②不法占有者や未弁済の債務者などの保護ではなく、その事実状態に対する信頼をした第三者を保護すればよいという批判もされる。ⓐしかし、消滅時効につき、債務者と取引をした債権者が意外な債権者の登場により害されることへの保護だけでなく[358]、債務者が古い債権の主張により現在の事業に支障を来し、さらには倒産に追い込まれること、また、不法行為の損害賠償義務等は直截に債務者の解放が目的とされてよく、債務者自身を保護する必要性がないとはいえない[359]。制限物権の消滅時効については、所有権の負担を免がせしめること自体を認めてよい。ⓑまた、取得時効についても、短期取得時効については取引安全制度として合理的存在理由が認められる。境界紛争の場合には、時効制度により司法の負担を軽減し紛争を簡易に解決することが認められてよいが、それ以外の不法占有者に所有権を付与することまで、社会秩序維持を目的として設定して認めることは、甚だ疑問である。

9-13 **(イ) 「権利の上に眠る者は保護されない」という根拠**　確かに証拠に窮した弁済者や権利取得者の保護は必要であるが、それにとどまるべきではない。不法行為者に限らず債務から解放を受ける利益を認めてよいし、さらに時効制度がないと永遠に裁判所は審査しなければならず耐えられない。そのため、司法政策的に紛争を時効制度により形式的に解決することを認める必

---

357) 吾妻光俊「私法に於ける時効制度の意義」法協 48 巻 2 号 180 頁参照。
358) 消滅時効にまで社会秩序維持ということが援用されるのは、比較法的にみて異例である。消滅時効については、例えば PECL では、「基礎にある法政策的考慮」として、①債権行使に対して「時間の曖昧化作用」により防御が次第に困難になることからの債務者の保護、②期間の徒過は、債権に対する債権者の無関心を示すとともに、それにより、債務者にもはや債権を行使されることはないという合理的な期待を生じさせる、③時効により、不行使状態が長期間継続した債権をめぐる訴訟が防止される、といったことが挙げられる。また、取得時効と消滅時効の共通の正当化根拠としては、「時効法が有する機能の 1 つは、多大な費用と時間を要する訴訟が起こされるのを防止すること (ut sit finis litium) である」といわれる（同志社大学ヨーロッパ契約法研究会［訳］「ヨーロッパ契約法原則・第 3 部（第 4 回）」同法 312 号 5 頁、10 頁）。
359) 消滅時効についてであるが、存在理由に序列を付けて、第 1 次的に権利不行使への非難性を考え、法的安定性や立証・採証の困難の回避、権利不行使への信頼などは副次的な正当化理由として位置づけようとする考えもある（松本・時効 195 頁）。

要性があり、それを社会秩序維持というのであれば反対はしない。この結果、債権者が権利を奪われる可能性があるため、時効の完成猶予等の制度を完備することが要請され、それがなされているので「権利の上に眠る者は保護されない」という説明を補強的に持ち出すことは構わない。

結局、①司法の負担を軽減し、過去に遡る紛争を形式的に時効で解決するという社会的要請に応え[360]、②弁済者や権利者がこれにより証明困難から救済される——紛争にもならない事例のほとんどはこの事例——、③非弁済者の保護も債務によってのその要請の強弱はあるが認められ、短期取得時効は取引安全保護制度として権利取得の保護が目的であり、④長期取得時効だけは、①のために反射的に権利取得が認められるにすぎないが、それは制度上やむをえず、その保護を制度の目的として設定すべきではない[361]。

## §Ⅲ 時効は権利得喪の原因か——実体法説と訴訟法説

### 1　2つの法的構成

9-14　民法は、取得時効であれば、「所有権を取得する」（162条1項・2項）、所有権以外の財産権について「権利を取得する」（163条）、消滅時効であれば、債権、債権または所有権以外の財産権が「消滅する」と規定している（166条など）。したがって、規定の形式上は、時効を契約等と同列の実体法上の権利取得原因、また、弁済等と同列の実体法上の債権ないし債務の消滅原因として位置づけている。しかし、規定の表現通り時効を実体法上の権利取得ま

---

[360] 時効制度は司法政策的に認められた制度であり、紛争のコストを削減しまた司法の負担を軽減した制度であるとしても、非権利者や弁済していない債務者の意思を無視してまで強制すべきではないので、時効は職権で認定はできず、当事者の援用を必要とし（弁論主義の適用を認める）、また、時効の利益を放棄することを認め、私益的な制度としての要請との調和が認められるべきである。

[361] アメリカの出訴制限法の趣旨につき、連邦最高裁判所により次のようにいわれている（藤井啓吾「アメリカの時効制度と債権管理(上)」金法1587号47頁による）。「証拠が失われ、記憶が薄れ、証人がいなくなるまで休眠状態に置いた請求権を蘇らせることによる不意打ちを許さないことにより、正義を促進するものである。そこにある論理は、たとえ人が正当な権利を有していても限られた期間内に相手方に対してその権利を知らしめないことは不当である、ということであり、また、古びた請求から時がたてば解放される権利は、それらの請求を訴求する権利に優越する、ということである」、「さらに言えば、裁判所は、原告が権利の上に眠っていた場合には、古びた請求を裁かなければならないという負担から解放されるべきである」。

たは消滅原因と考えることについては、先の時効制度の根拠・制度趣旨との関係で、学説上争いがある。

9-15 **(1) 実体法説（権利得喪説）**

まず、民法の時効規定の形式に素直に、時効を実体法上の権利の取得原因また消滅原因と構成する学説を、**実体法説**という。実体法説によれば、時効自体が権利の得喪の原因、消滅時効であれば、債務者に対して債務を免責し、取得時効であれば、占有者が所有権を取得する原因ということになる[362]。民法の規定通り、権利の得喪原因と理解するのが通説的理解であり、判例であるといえよう。非権利者・未弁済者保護説では、時効制度はそのためにあるので適切な構成ということになる。

9-16 **◆債権の消滅ではなく、訴権ないし強制力の消滅という構成も可能**

ドイツ民法では、消滅時効は債務ないし債権の消滅ではなく、債務者に時効の抗弁権（＝拒絶権）を与えるだけである。ローマ法の時効による訴権の消滅が、ヴィントシャイトにより訴権が請求権と読み替えられた結果、債権は消滅せず請求権が時効により消滅すると構成されたのである。時効が完成しても債務を免れることはない。そのため、古くから、立法論としては、ドイツ民法の方式によるべきであるという意見が主張されている（穂積457頁、今泉479頁）。消滅時効完成により債務が消滅するのではないと考えるのは、比較法的には一般的な理解だといってよい。フランス民法も、2224条以下に訴権（action）が時効により消滅するものと規定し、訴権が消滅し自然債務になると理解されている（星野・時効194頁）。日本法の解釈論としても、時効完成により自然債務になり援用により債務が消滅するという立場や、時効援用により自然債務となると主張する学説がある（木村常信『民法異説の研究』41頁以下）。本書も、確定効果説に従い時効完成と同時に債権の強制力が消滅するものと制限解釈し、債務は自然債務として存続するものと考える（☞9-58）。

9-17 **(2) 訴訟法説（法定証拠説）**

これに対して、時効制度は訴訟制度と実体法が未分離に発展してきた領域であり、これを訴訟法的な制度と位置づける学説もある（川島428頁）。すなわち、時効制度は、債務を支払った債務者がその証明ができないことを救済

---

[362] 松久教授は、消滅時効について、注355に述べた根拠から、権利得喪説を採用する。すなわち、「①債務者といえども永遠に権利不行使という不安定な状態に置かれるべきではない（……）との要請と、②債務は履行さるべしとの要請の調和を図り、権利不行使という一定期間経過により、債務者に形成権たる援用権（……）を与え、援用権の行使により法律上の債務者の地位を免れしめる制度である」という（松久・構造と解釈42頁、133頁以下）。

し、また、所有権を取得した者がその証明ができないことを救済する制度にすぎないという考えである[363]。この考えによれば、債務の消滅原因、権利の取得原因それ自体の証明に代えて、一定の要件を満たして法定の期間を経過すれば、権利の消滅・取得の証明として認める制度を時効と考えることになる。これを**訴訟法説**といい、時効を所有権取得や債務消滅の原因自体の証明に代える法定の証拠として認めるということから**法定証拠説**ともいわれる。

9-18  ◆**旧民法は推定制度を採用**
　　旧民法証拠編89条には、時効につき「取得又は免責の法律上の推定なり」と規定されていた。ボアソナードは権利を取得していないまた義務を免れてもいない者まで保護する制度とはせず、時効の不道徳性を極力排除しようとしていたのである。他方で、旧商法352条は、消滅時効を債務の消滅を規定していることから、民商法の整合性を調整する必要が生じてきた。そのため、この点が、民法典論争において旧民法批判の原因の1つとされ、現行民法の起草者は、ボアソナードの推定という構成を捨てて実体法上の制度として時効により権利を取得しまた義務を免れるという形式に修正をしたのである。ところが、根本的な部分で旧民法とは断絶しながら、旧民法の多くの規定が現行時効法に承継されているところが、時効制度を難解なものとしている原因である（内池・歴史的課題224頁、星野・時効200頁）。このように、時効規定におけるいわばボタンのかけ違い規定の存在が、解釈上種々の問題を生じさせることになる（例えば、145条）。

## 2　類型的考察の必要性

9-19　時効制度はローマ法以来認められているとはいえ、複雑な歴史的背景の下に多様の内容を持って発展してきたものであり、統一的にその根拠や法的構成などを説明するのは、適切ではなくまた困難である。近時の学説は、時効について統一的な根拠を模索することを放棄し、それぞれの時効の類型ごとに時効の根拠そして法的構成を考えるようになってきている。

---

[363]　例えば、吾妻・注357論文法協48巻2号31～2頁は、「私は債権者債務者間に於て債権が如何に永年に亘って行使されずとするも、単にこの事によって債務者を保護すべき理由なしと考ふるのである。債務者が一度債務を負ひたる以上、之を履行すべきは法律上の義務であり、もし時効が債権者の権利不行使のみを責むるものとせば甚だしく債権者に採って苛酷であり、債権者債務者間の衡平を失する事となるのである。したがって如何に永年の間債権者がその権利を行使せずとするも債務ある以上之を支払ふべきは法律上当然なり」、と述べている。星野・覚書198頁も、「そもそも時効とは、もと非権利者だった者に権利を与え、債務者に債務を免れさせる制度ではなく、真の権利者の権利を保護し、弁済した者の免責を確保するための制度ではないか」（186頁）と評する。

まず、取得時効と消滅時効とを統一的に理解するのは適切ではない（舟橋167頁以下）。時効の根拠についても、取得時効については 9-6 以下の(a)(b)(ｱ)、消滅時効については(a)(b)(ｲ)と分けて説明することも提案されている。

消滅時効も、債権の消滅時効と地上権、抵当権等の制限物権の消滅時効とは趣旨が異なるものと考えられている。取得時効についても、長期と短期とで異なる理解がされるようになっている。20 年の原則の取得時効制度については、取得時効制度の沿革に従い、「真の権利者を権利証明の困難から解放することにより、その権利を確実ならしめるための制度であって、無権利者に権利を与えることを目的としたものではない」と明言する学説も登場している（藤原・諸問題4頁）。境界紛争の解決という政策的な運用場面は別として、非権利者に所有権を与える根拠をみつけるのは難しい。他方で短期取得時効は、192 条同様の取引安全保護制度として理解すべきであり、いわば時効の衣を着た外観法理と考えてよい。

### 第2節　時効の基礎理論

## §Ⅰ　時効の援用・時効利益の放棄（時効の基本概念①）

9-20　民法は、144 条から 161 条に、時効「総則」として取得時効と消滅時効に共通する通則を規定しており、以下には、この通則規定を説明していく。まず、145 条の「援用」について説明をしていくが、これは時効の根拠そして法的構成に大きくかかわる問題である。

### 1　時効の「援用」の法的性質——時効完成の効力

9-21　**(1)　問題の提起——時効の実体規定 vs 145 条**

①消滅時効であれば権利不行使、また、所有権の取得時効であれば所有の意思を持ってする物の占有が、②各時効規定において必要とされている期間（これを**時効期間**という）継続し、時効期間が満了することを、**時効の完成**という。時効の完成により発生する効力を検討していこう。

民法は、取得時効について、例えば162条1項では、20年間占有をすると「所有権を取得する」、消滅時効について、例えば166条1項柱書では、「債権は、……時効によって消滅する」と規定している。このように民法の規定の形式上は、時効完成により債権消滅、所有権取得という効果が当然に生じることになっている。しかし、時効が私的利益にかかわる制度である以上、当事者にその利益を享受するか否かの選択を認めるべきである（「利益といえども強制しえない」）。ただし、その実現には、①当然に時効の効果を生じさせつつ、その利益を放棄できるとするか (146条)、それとも、②時効の利益を享受する意思表示があって初めて時効の効果が生じるとするか、2つの構成が可能である。規定からは、民法は①を選択しているが、他方で145条は、「時効は、当事者（……）が援用しなければ、裁判所がこれによって裁判をすることができない」と規定しているため、良心規定説（☞注364）は、これを当事者の援用があるまで時効の効果自体が発生しないことを規定したものと理解し、②のように解釈する根拠に用いる[364]。

9-22 **(2)　訴訟法説と145条──援用＝攻撃防御方法**
　訴訟法説ないし法定証拠説では (☞9-17)、消滅時効でいえば、一定期間の権利不行使という事実をもって債務の消滅自体の証明に代えることを法が認めた制度であり、時効の完成によりこのような法定証拠を援用できることになる。したがって、145条の援用というのは、そのような法定の証拠の援用（訴訟上の主張）ということになり、援用とは訴訟上の攻撃防御方法の提出にすぎず、実体法上の意思表示ではないことになる[365]。この立場では、

---

364）旧民法は、「判事は職権を以て時効より生ずる請求又は抗弁の方法を補足することを得ず。時効は其条件の成就したるが為め利益を受くる者より之を援用することを要す」（証拠編96条1項）、「時効を援用するに利益を有する当事者の総ての承継人は、或は原告と為り或は被告と為り其当事者の権に基きて時効を援用することを得」（同97条）と規定していた（フ民2247条に由来）。145条については、本条の起草者梅は旧民法「証拠篇第96条の第1項と同じ意味であります、文章を少し簡単にした丈けのことで少しも変わらぬ積りであります」と説明する（民法議事速記録1巻416頁）。ところが、梅博士は、証拠編96条1項をそのまま145条として採用したと説明しながら、145条を良心に基づく規定と説明をしたのである（内池・歴史的課題224頁）。この説明だけ取り出して、145条を良心に目覚めて時効を主張しないことを認めた良心規定と理解する考えを**良心規定説**という。他方で、梅博士は、「誰でも援用が出来るということは言わぬでも知れたこと」と説明をしており（法典調査会民法議事速記録一410頁）、145条は、裁判所が職権をもって時効を理由とする判決をしてはならないことを定めただけであり、誰が援用できるかを定めた規定とは考えていないのである（金山直樹「判批」民商107巻6号922頁）。
365）川島447頁、453頁は、「時効の援用は裁判所における訴訟上の主張にすぎない」という。

145条は、私的自治の民事訴訟における適用として当事者が主張しない事実を裁判所が職権で認めることを禁止する**弁論主義**の確認規定にすぎない。

9-23 **(3) 実体法説と145条**

(a) **解除条件説——援用＝攻撃防御方法説** 民法の形式通りに、時効完成により当然に権利の消滅・取得の効果が生じると考える立場がある[366]（**解除条件説**[367]）。当然効果説と呼ぶこともできる。時効完成により当然に権利得喪の効果が発生するが、当事者の意思を無視して裁判所が職権で認定できず、145条により弁論主義による規律に任せ当事者の援用が必要なことが宣言されていると考える。

本書はこの立場を採用するが、消滅時効についてはその効果は債権の強制力の消滅であり、債務は自然債務として存続するものと考える[368]。債務者は時効を援用しようとしまいと、債務は存続しているので依然として任意に有効な弁済をすることができる。また、146条の反対解釈により、当事者は時効完成により生じた時効の効果（利益）を放棄することができ、これにより強制力のある債権に復帰する。

9-24 ◆**援用をめぐる判例の状況**
**(1) 解除条件説によって立つ初期の判例**

当初の判例は、解除条件説を採用し、145条については単に弁論主義を確認しただけの規定と理解していた。例えば大判明38・11・25民録11輯1581頁で、「消滅時効に罹りたる権利は、当事者が時効を援用するに因りて始めて消滅するものにあらずして、時効成就の時に於て業已に消滅するものとす」すなわち「民法第145条の規定は消滅時効に付て之を云へば、時効に因りて利益を享受す

---

366) 石田文492頁、柚木255頁以下、薬師寺1038頁。近時の学説としては、金山・理論と解釈264頁以下。金山教授は、時効完成によって「法的債務」は当然に消滅し、援用は要件ではなく、援用があろうがなかろうが「真の事実」たる「自然債務」は弁済があるまで永久に存続するとし、145条については弁論主義の規定ではなく処分権主義の規定であると述べる（「〈鼎談〉時効の過去・現在・未来を語る」判夕1251号16〜7頁）。
367) 確定効果説でも時効利益の放棄を認めるので、時効の完成により権利の取得また債務の消滅といった効果が直ちに発生するが、その効果は時効の利益を放棄するかまたは時効を援用しない（事実審の口頭弁論終結時までに）という解除条件付きであることになる（鳩山576〜7頁、瞠道284〜5頁、沼332頁以下）。
368) 時効完成によって時効完成の抗弁権、すなわち履行拒絶の抗弁権が発生し、援用によって初めて債務が消滅するという異説もある。時効の効果を自然債務化と考える学説も、理念的には3つが考えられることになる。①時効完成により当然に自然債務になるとする考え（本書の立場☞9-38）、②時効完成により自然債務になり、援用により消滅するという考え、および、③時効の援用により初めて自然債務化するという考え、である。

る者が抗弁方法として之を利用するにあらざれば裁判所は時効に因りて権利の消滅したる事実を認定することを得ざるものと為したるに過ぎず。要するに裁判所は職権を以て時効の法則を適用するを得ざる趣旨を明にしたる規定に外ならず」という（大判大7・7・6民録24輯1467頁、大判大8・7・4民録25輯1215頁など同様）。

9-25 **(2) 停止条件説的な判例**

ところが、次第に当事者の援用によって初めて時効の効力が生ずるかのような説明に変わっていく。例えば、大判昭10・12・24民集14巻2096頁は、145条で時効の援用を要するものと規定したのは、「一に<u>当事者の意思に反して強制的に時効の利益を享けしむるを不可としたるに外なら</u>」ず、その趣旨からは、「<u>出来得る限り実質的権利関係と裁判の結果との不一致を避け</u>」るべきである。「<u>取得時効に付ては直接時効の利益を享くる者は裁判上たると裁判外たるとを問はず、何時にても之が援用を為すを得べく、一旦其の援用ありたる時は茲に時効による権利の取得は確定不動のものとなり、爾後は契約其の他の法律事実と同く何人と雖訴訟に於て之が主張を為し得</u>」という。

9-26 **(3) 停止条件説を宣言した判例**

ついには特殊な事例でありその先例価値は疑問視されるが、最判昭61・3・17民集40巻2号420頁は、「145条及び146条は、<u>時効による権利消滅の効果は当事者の意思をも顧慮して生じさせることとしていることが明らかであるから、時効による債権消滅の効果は、時効期間の経過とともに確定的に生ずるものではなく、時効が援用されたときにはじめて確定的に生ずるものと解するのが相当である</u>」と明言する（買主勝訴）。その後も、最判平6・9・8判タ863号144頁も同旨を宣言する[369]。

9-27 **(b) 停止条件説 or 要件説——援用＝意思表示説**

❶ **停止条件説** 現在多数説と思われる考えは、時効期間の満了（＝時効完成）により時効は成立するが、当事者による時効の援用を法定の停止条件とする考えである[370]。消滅時効を例にとれば、時効の完成により当事者の援用を停止条件として時効による債務消滅という効果が生じることになる。したがって、当事者の援用は、時効の効果を発生させる意思表示であり、それは形成権の行使ということになる。換言すれば、時効の完成は、援用権という形成権を成立させるだけであり、その行使＝援用により初めて時効の効

---

[369] 所有権移転のための知事への許可申請協力請求権が時効にかかったが、その援用前に農地が非農地化すれば、その時点で所有権移転の効力が発生するので、その後に時効の援用があってもこの効力は覆らないとした判決である。非農地化前に援用がされれば、所有権移転の効力は生じないことになる。

[370] 穂積457頁といった戦前の学説のほか、我妻444頁、幾代536頁、川井316頁以下、石田穣1032頁、加藤390頁といった戦後の学説が支持する。

果が生じることになる。判例は形式的に述べられたところだけを観察すれば、このような立場を採用している（☞ 9-26）。

9-28　❷　**要件説**　停止条件説は、時効の完成までが時効の成立要件であり、援用はその効力発生のための法定の条件と位置づけるのに対して、要件説は、援用までもを時効完成と並ぶ時効の「要件」と位置づける[371]。援用があって初めて時効が成立すると構成する点が❶と異なるだけで、援用が形成権の行使である意思表示にすぎないことなど、援用を効力要件とするか法定条件とするか以外は、停止条件説と異ならない。この学説に対しては、援用を時効の完成と同列の要件に位置づけるのは適切ではないと批判がされている。

9-29　◆**援用前の共同相続——援用権の相続**
　　債務者が債務の消滅時効完成後に援用をせずに死亡し共同相続があった場合、または、被相続人により物の取得時効が完成後に援用しないまま死亡し、共同相続があった場合に、相続人にはいかなる権利が認められるであろうか。援用の法的理解により異なってくる。

9-30　　❶　**援用＝攻撃防御方法説（解除条件説）**　まず、援用を攻撃防御方法の提出にすぎないと考えれば（訴訟法説、解除条件説）、すでに被相続人の下で債務が消滅しまたは財産権が取得されており、相続人は債務を相続しないまたは財産権を相続することになり、援用するか否か弁論主義の下で自由であることは被相続人におけると同じである。ただし、時効の利益を放棄する権利は相続の対象になり、①全員でなければ放棄ができないと考えるべきか、②相続人ごとに相続分に応じた放棄ができるのか、問題は残ろう。各人の自由を尊重することが私的自治を尊重することになり、②と考えるべきことになろう。

9-31　　❷　**援用＝意思表示説（停止条件説 or 要件説）**　これに対して、援用を意思表示と考える立場では、実体法上の権利である援用権が共同相続されることになる。そして、①援用権が相続分に応じて分割帰属しうるのか、それとも、②不可分的に１つの援用権として帰属するのかが問題になる。最判平13・7・10判時1766号42頁は、土地の取得時効の事例において、共同相続人の１人は遺産分割により目的物を取得する旨の協議が成立していない限り、「自己の相続分の限度においてのみ取得時効を援用することができる」だけで、登記名義人に対して自分への移転登記請求をしたのを退けている[372]。共同占有により時効が完成

---

[371] 星野284頁、須永305頁、鈴木272頁、石田喜343頁など。松久・構造と解釈41頁は、消滅時効についてであるが、「「援用」は「期間経過」と共に、消滅時効の効果、即ち権利消滅の一要件と解する」という。援用を「裁判所に対して時効法規の適用を求める行為」とする考えもある（内池・歴史的課題14頁）。

[372] 時効にかかった債務の共同相続では、判例の見解では分割債務になるので、各相続人が自分の相続した分割債務について独自に援用権が認められることになろう。

し、各占有者に固有の援用権が成立する場合と同じように考えることになる。

## 2 時効の援用の場所・時期および撤回

9-32 **(1) 時効の援用の場所――訴訟上の主張**

①援用＝攻撃防御方法説（訴訟法説、解除条件説）では、時効の援用は、法定証拠の援用、または、実体法上すでに生じている効果の訴訟上の主張ということになり、援用は単なる訴訟上の攻撃防御方法の提出という訴訟行為にすぎない。訴訟外で時効を主張して拒絶をすることももちろん可能である。この説に対しては、①145条に対しては、「良心規定」とは異なった位置づけをすることになる、②自明の理をなぜわざわざ時効についてだけ145条で規定しなければならないのか、などと批判がされている。しかし、公益的な制度だとすると職権による認定も可能とされかねず、それを否定する確認規定を置く必要があり、無意味な規定ではない。

②他方で、援用＝意思表示説（要件説や停止条件説）では、援用は形成権の行使であり意思表示となる。援用は実体法上の効果を生じさせる意思表示であり、裁判外でも意思表示ができることになる。そして、援用の意思表示がされたことを訴訟で主張するという意味での援用が別に考えられるが（これは利益のある者全てができる）、これはすでに生じた援用の効果を主張するだけの行為であり訴訟上の攻撃防御方法にすぎない。

9-33 **(2) 時効の援用の時期**

①援用＝攻撃防御方法説（訴訟法説、解除条件説）では、時機に後れた攻撃防御方法の提出（民訴157条1項）とならない限り、その訴訟の事実審の口頭弁論の終結までできることになる。②他方、援用＝意思表示説（要件説や停止条件説）では、ⓐ実体法的意思表示としての援用をするにしても、その訴訟で主張できたにもかかわらず主張しなかった以上、その後に援用することは判決の既判力――その訴訟で主張しえた事由は確定判決によりもはや主張しえなくなる――により遮断される。ⓑまた、裁判外で援用したという事実を主張する場合には、攻撃防御方法の提出にすぎないことになる。

9-34 **(3) 時効の援用の撤回**

①援用＝攻撃防御方法説（訴訟法説、解除条件説）では、その撤回は攻撃防御方法の撤回にすぎない（川島447頁）。裁判外で援用しても何らそれによ

り効果が生じるわけではないので、時効の利益を放棄することはできる（以上は、本書の立場）。②これに対して、援用＝意思表示説（要件説や停止条件説）では、一度なした援用の意思表示を撤回することが可能なのかは問題になる。なぜなら、援用により債務消滅等の実体法上の効力が発生するからである。ⓐまず、停止条件説に立脚して、援用は時効の効果を確定させる意思表示であり、援用により権利の得喪が確定的となったのであるから撤回は許されないという考えがあった（鳩山593頁、我妻452頁など）。ⓑ確かに、解除や取消しの意思表示は、一度した意思表示を自由に撤回できるとなると法律関係が不安定になるため、撤回は許されるべきではない（解除につき540条2項で明記）。しかし、同じ単独行為といっても、145条を良心規定と考えれば撤回を認める必要性があり、また、相手方に特に不利益はないので、近時の学説は撤回を肯定する傾向にある（星野287頁、須永308頁、鈴木277頁など）。

### 3 時効の援用権者

9-35　145条では、時効の「援用」ができる者は「当事者」と規定されている。弁論主義の確認規定にすぎないと考えれば、「当事者」というのは特段意味のある概念ではなく、訴訟上時効を主張する利益がある一切の者が時効を援用できることになる（☞9-54）。ところが、145条を実体法的に意味のある良心規定として理解しようとする学説は（停止条件説や要件説）、援用権という形成権を誰が持つかを問題として、145条を「当事者」に援用権を認める規定として位置づけている。改正法は、145条の「当事者」に括弧書を追加して「当事者（消滅時効にあっては、保証人、物上保証人、第三取得者その他権利の消滅について正当な利益を有する者を含む。）」と規定した。暗に停止条件説が採用され、援用権者は145条の当事者の解釈によること、消滅時効については時効を援用する「正当な利益を有する」ことが基準として提示されている。

9-36 **(1) 援用＝攻撃防御方法説（訴訟法説 or 解除条件説）**

　　**(a) 基本的には利益ある全ての者が援用できる**　解除条件説では、時効の完成により当然に権利の取得・消滅という効果が発生することになる。したがって、例えば債権の消滅時効でいえば、債権の消滅を誰が主張できるかという訴訟上の問題として考えられる。「時効を援用し得る者は時効に因る権

利得喪の事実を主張する正当の利益を有する者である」と述べられている（薬師寺1041頁）[373]。本書も、債権の消滅時効の効果を債権の強制力の消滅と理解するが、解除条件説によるので同様になる。また、訴訟法説の立場でも同様の結論になる。例えば、「当該の訴訟上の請求について時効の主張をなす法律上の利益を有する者」に援用を認めている（川島454頁）。

9-37　**(b) 基本的法律関係の当事者が放棄したらどうなるか**　時効により利益を受けるといっても、債権の消滅時効でいうと、①債務者のように時効の直接の効果により債務を免れる者と、②担保の付従性により負担を免れる保証人や物上保証人など、さらには、債権が消滅し抵当権が消滅したために順位が上昇する後順位抵当権者や一般担保が増加する利益を受ける一般債権者など、時効の間接的・派生的な効果を受ける者とが考えられる。

　①本書の解除条件説では、時効の利益を放棄できる者は債務者に限られる（取得時効では権利を取得した占有者）。債務者が時効の利益を放棄して債務が消滅していないことになったならば、その効果は絶対効が認められ、保証人らも債務が消滅しているという主張ができなくなる。②訴訟法説でも、債務が消滅していないという債務者の自白により法定証拠が効力を失った以上、保証人らについても法定証拠の援用はできなくなるはずである。

9-38　**(2) 援用＝意思表示説（停止条件説・要件説）**

　**(a) 援用権を誰に認めるかという実体法上の問題**　これに対して、実体法説の停止条件説や要件説では、145条の「当事者」の援用権の行使によって初めて権利が消滅したり取得されるため、誰に援用権を認めるかは、145条の「当事者」の解釈にかかることになる。債権の消滅時効を例にとると、債務者に援用権が認められるのは当然である。そして、債務者の援用は弁済同様に絶対効が認められ、債務者の援用により債務が消滅したという事実を、保証人や物上保証人が訴訟上主張することができる。では、債務者が援用していないのに、さらには時効の利益を放棄したのに、保証人や物上保証人という間接的な効果に基づき時効の利益を受ける者に、自分との相対的な関係において債務を消滅させる固有の援用権を認めるべきであろうか[374]。

---

[373] 訴訟において主債務者が時効を主張しなかったが、保証人は時効を主張することができることは、判決の相対効という訴訟法の理論により説明できる。

9-39　**(b) 援用権者の基準**　援用権は、時効の直接の効果を受ける者以外にも広く認めるのが通説・判例であるが、その基準を明らかにすることが必要になる。例えば、我妻教授は、「時効によって直接権利を取得しまたは義務を免れる者の他、この権利または義務に基づいて権利を取得しまたは義務を免れる者をも包含する」という(我妻445～6頁[375])。消滅時効でいえば、間接的な効果を受ける者でもよいが、義務（責任も含めてよいであろう）を免れることが必要であり、後順位抵当権者のように棚ぼた的に順位上昇の利益を受けるにすぎない者は含まれないことになる。改正法は、消滅時効について「含む」というだけでこれに限定しない含みを示しつつ、「正当な利益を有する者」という基準を明示した(145条括弧書)。従前の判例の結論を変更する趣旨ではなく、直接の利益を言い換えたものであり、判例は「正当な利益を有する者」の解釈として先例価値が維持されることになる。他方で、学説には抑止的に援用権者を解釈しようというものもみられる(☞9-40)。

9-40　**◆制限的な解釈を提言する学説**
　　　例えば、松久教授は、消滅時効も取得時効も権利者から権利を奪うものであり、義務者を義務から解放することが目的であり(☞注355)、この目的からは、①原則として援用権は時効の援用により自己の義務を免れる者に限定すべきであるが、それ以外にも、②ⓐ直接の当事者が第三者のために時効を援用すべき関係にあるか、または、ⓑほかに第三者に援用を認めるべき特別の理由が見出されること、といった2つの要件が満たされる場合に限り、①以外にも援用を認めようとしている[376]。また、時効の非倫理的色彩を批判し、時効制度を制限的に運用すべきことを唱える学説もある。

---

374)　保証人らには絶対効を持つ援用権は認められない。認められるのは、その者と債権者との相対的な関係でのみ債務消滅という効果を生じさせる援用権にすぎない。債務者だけでなく、他の保証人や物上保証人にも効力は及ばず、各人が自己の固有の援用権を行使するか放棄するか自由に決められることになる。また、主債務者が時効の利益を放棄しても、その効果は保証人には及ばず、保証人は依然として主債務の消滅時効の援用が可能である。以上は各人に援用権を認め、これに私的自治の原則を当てはめた帰結である。
375)　遠藤教授も、「時効の援用権者は、時効によって自らの義務なり責任なりを免れる者に限定すべきであり、それによって自己の利益が増進するような者は含まれない」と主張する(遠藤浩「時効の援用権者の範囲と債権者代位権による時効の援用」手形研究319号61頁)。
376)　松久・構造と解釈198頁以下。消滅時効にかかった債権の債務者に対する他の債権者、取得時効しうる占有者の債権者、後順位抵当権者、債権者代位における受益者には援用権は認めない。

◆援用権者についての判例の状況
**(1) 制限的な時代の判例**

　援用権者を制限していた時期の判例は、抵当不動産の第三取得者（大判明43・1・25民録16輯22頁）、詐害行為の受益者（大判昭3・11・8民集7巻980頁）、予約完結権の消滅時効につき、再売買予約の目的物の転得者（大判昭9・5・2民集13巻670頁）、一般債権者により消滅時効を援用してなされた配当異議の訴えの提起（大判昭11・2・14新聞3959号7頁）などにつき、援用を否定していた。大判明43・1・25は、援用権者についての一般基準を初めて明らかにしており、「当事者とは、時効に因り直接に利益を受くべき者、即取得時効に因り権利を取得し又は消滅時効に因りて権利の制限若くは義務を免るる者を指称す。故に時効に因り間接に利益を受くる者は所謂当事者に非ず」という。しかし、時効により「権利を取得」また時効により「義務を免れるる者」に限定しながら、保証人（大判大4・12・11民録21輯2051頁）や連帯保証人（大判昭7・6・21民集11巻1186頁）には援用権を認めており、矛盾していると批判された[377]。時効により主債務が消滅し、付従性により保証債務が消滅するにすぎないのである。

**(2) 拡大後の判例**

　その後、学説の批判を受けて、判例は時効により直接に利益を受ける者という基準を維持しつつ、援用権者を拡大していく。そのため、判例の「直接」「間接」という基準は有効に機能していない（川井319頁）、「債務又は義務」を問題にしていたのが、相手方に対して「法律的な負担」を負っている者も含めるように変わっただけであるという評価がされる（森田宏樹「時効援用権者の範囲画定について(1)」曹時54巻6号18頁）。

　　(a) **消滅時効**　戦後の判例は、譲渡担保の物上保証人（最判昭42・10・27民集21巻8号2110頁）[378]、抵当権の物上保証人（最判昭43・9・26民集22巻9号2002頁）、抵当権不動産の第三取得者（最判昭48・12・14民集27巻11号1586頁）、仮登記担保不動産の第三取得者（最判昭60・11・26民集39巻7号1701頁）、売買予約仮登記のある不動産の抵当権者（最判平2・6・5民集44巻4号599頁［予約完結権の消滅時効の援用］）、詐害行為の受益者（最判平10・6・22民集52巻4号1195頁）、譲渡担保権者から清算金が支払われておらず留置権が成立している不動産を譲り受けた第三者（☞9-44）などに、援用権を認めている。

　これに対して、第1順位の抵当権の被担保債権の消滅時効につき、第2抵当権者の援用権は否定されている（☞9-45）。直接の利益（直接の効果ではない）vs

---

[377] 我妻栄「抵当不動産の第三取得者の時効援用権」『民法研究Ⅱ』203頁以下。解除条件説であれば利益ある者全てが援用できるはずであり、これを制限することには解除条件説とは相容れない要素が含まれていた。

[378] 最判昭42・10・27は、援用権者の基準について、「時効は当事者でなければこれを援用しえないことは、民法145条の規定により明らかであるが、右規定の趣旨は、消滅時効についていえば、時効を援用しうる者を権利の時効消滅により直接利益を受ける者に限定したものと解される」と述べる。

反射的な利益という区別を用いているが、間接的であろうと「権利を取得しまたは義務を免れる者」を詐害行為の受益者や留置権の目的物の譲受人等責任を免れる者にも拡大しているにすぎない。直接または間接に「権利を取得し、または、義務ないし物的責任を免れる者」を基準にしているといってよい。

9-44
> ●最判平11・2・26判時1671号67頁（譲渡担保不動産の第三取得者――清算金債権の消滅時効）　譲渡担保権が実行され売却された不動産の譲受人は、「所有権に基づき、目的物を占有する譲渡担保権設定者に対してその引渡しを求めても、譲渡担保権設定者が譲渡担保権者に対する清算金支払請求権を被担保債権とする留置権を主張したときには、無条件でその引渡しを受けることができず、また、留置権に基づく競売がされたときにはこれにより目的物の所有権を失うことがあるという制約を受けているが、清算金支払請求権が消滅することにより目的物の所有権についての右制約を免れることができる地位にあり、清算金支払請求権の消滅によって直接利益を受ける者に当たる」（清算金支払請求権の消滅時効の援用肯定）。

9-45
> ●最判平11・10・21民集53巻7号1190頁（後順位抵当権者――先順位抵当権の被担保債権の消滅時効）　［事案］第1順位の抵当権の被担保債権の消滅時効につき、後順位抵当権者に時効援用権が認められるかが議論され、援用権を否定した原審判決に対して、第三取得者と区別すべき理由がないと上告がされる。最高裁は次のように判示して上告を棄却する[379)]。
> 　［判旨］「145条所定の当事者として消滅時効を援用し得る者は、権利の消滅により直接利益を受ける者に限定される」。後順位抵当権者は、「先順位抵当権の被担保債権が消滅すると、後順位抵当権者の抵当権の順位が上昇し、これによって被担保債権に対する配当額が増加することがあり得るが、この配当額の増加に対する期待は、抵当権の順位の上昇によってもたらされる反射的な利益にすぎない」。「後順位抵当権者は、先順位抵当権の被担保債権の消滅により直接利益を受ける者に該当するものではなく、先順位抵当権の被担保債権の消滅時効を援用することができない」。第三取得者は「不動産の所有権を失うという不利益を受けることがあり得……後順位抵当権者と第三取得者とは、その置かれた地位が異なる」[380)]。

379)　援用権が否定されるべき事例としては、判例はないが、不法行為の損害賠償義務者が、被害者が損害として賠償請求している修理費用などの債務について消滅時効が完成している場合に、これを援用し損害なしにして賠償請求を争うという事例が考えられる。賃借人が修理業者に対して負担する修理代金債務の時効が完成しているので、賃借人による費用償還請求に対して、賃貸人が時効を援用して争うのも同様である。

9-46　　　(b)　取得時効　①土地の取得時効につき、時効取得者たる占有者からその土地上に建てた建物を賃借している者につき、判例は「土地の取得時効の完成によって直接利益を受ける者ではないから、右土地の所有権の取得時効を援用することはできない」として援用権を否定している（最判昭44・7・15民集23巻8号1520頁）。②学説には一方で、判例のいう土地の取得時効につき直接利益を受ける者に当たらず、ただし、土地占有者の援用権を代位行使し、絶対的な時効援用の効力を生じさせることができ、これは代位権の転用であり無資力要件を不要とする主張がある（関武志「取得時効の援用権者に関する覚書」『現代企業法の新展開』302頁以下）。③他方で、この判決は援用権者の拡大が顕著になる以前の判決であり、建物賃借人も賃貸人による土地の取得時効を認めなければ賃借権を失うので、援用権を認めるべきであるという主張もある（河上539頁）。

### 4　時効の利益の放棄

9-47　(1)　**時効の利益の放棄**

　(a)　**時効完成前の放棄の効力**　民法は、「時効の利益は、あらかじめ放棄することができない」と規定している（146条）。この規定の反対解釈として、時効の利益も時効完成後は放棄をすることができることになる。時効は公益的な制度だとはいわれるが、完成後の時効の利益の放棄を否定する学説はない。時効の利益を放棄した場合に、一度完成した時効は否定されるだけで、再度時効期間を経過すれば新たな時効が完成する（通説）。

　時効完成前に予め時効の利益を放棄できないのは、事前の放棄を認めると、債権者、特に貸主がその貸付けをするという有利な立場を利用して、時効を排除する合意を求めてきて、借主はこれを断れず時効制度が骨抜きにされる可能性があるからである[381]。この趣旨からは、時効期間を法定の期間よりも長くする合意なども禁止されるべきである[382]（9-136も参照）。

---

380)　ただし、判例は時効援用権の代位行使を認めるので（最判昭43・9・26民集22巻9号2002頁）、所有者である債務者が抵当権を設定している場合には、後順位抵当権者は設定者（債務者）の援用権を代位行使できるので不都合はない。

381)　起草者は、「時効の制度なければ頗る公益を害する結果を生ずべきを以て之を設けた」のであり、これを排除することは認められないことを理由としている（梅375頁）。

382)　時効の利益を予め放棄できない理由は、①時効制度は永続した事実状態を尊重する公益的制度であり、個人の意思によって予め排除できないこと、および、②債権者が力関係において勝っている場合に、債務者の窮状に乗じて予め時効の利益を放棄させることになり不都合なことであり、「同様の趣旨」から、時効期間を延ばしたり、中断事由を排除したり時効の完成を困難にする合意も無効と考えられている（我妻452頁）。

## (b) 時効完成後の放棄の効力

9-48 **❶ 解除条件説** 解除条件説では、時効期間の経過により当然に権利取得・消滅という効果が発生するので、事前の放棄は、このような効果の発生を否定し時効制度の適用を排除する合意ということになる。そして、時効完成後の放棄は、時効によって発生した権利の取得や義務の消滅という効果をなかったことにする意思表示ということになる。したがって、解除条件説では、援用は意思表示ではなく攻撃防御方法の提出であるが、放棄は意思表示であることになる（薬師寺1047頁）。本書はこの立場である。

9-49 **❷ 停止条件説および要件説** これに対して、実体法説でも解除条件説以外の学説では、事前の放棄は、予め時効期間が満了しても援用権が成立しないことを合意するものであり（将来の援用権の事前放棄）、146条でこのような合意を禁止したことになる。そして、時効完成後の放棄は、時効完成により成立した援用権という実体法上の権利を放棄する意思表示になる。こうして、停止条件説などでは、援用も放棄も共に意思表示である。

9-50 **(2) 時効の利益の放棄とはならない場合——時効完成後の債務承認**

実体法説では、時効利益の放棄は援用権を放棄する意思表示（停止条件説・要件説）または生じた時効の効果を覆す意思表示（解除条件説）であるので、そのような意思表示がされることが必要である。時効完成を知らずに、債務者が債権者に支払を約束しても、これは時効の利益を放棄する意思表示にはならない。では、債務者は債務を認めた後に、時効が完成していたことを知り、時効を援用して支払を拒むことができるであろうか。この問題は、**時効完成後の債務承認**として議論されている。取得時効でも、時効完成を知らずに占有者が目的物の返還を約束する場合に、同様の問題が生じる。

9-51 **(a) 訴訟法説（法定証拠説）** 訴訟法説は、「時効援用権者の効果意思に関係なく生ずる援用権の喪失」というものを認める。すなわち、「いわゆる『時効利益の放棄』は、実は『放棄』ではなく、『放棄意思』ないし『権利喪失意思』に関係なく一定の事由によって生ずるところの援用権の喪失」であるという（川島466頁）。法定証拠説の趣旨を貫徹すれば、法定証拠ないし法定の推定と矛盾する事実があればよいのであり、援用権の放棄といった意思表示の効果を問題にする必要はない。したがって、時効という法定証拠ないし法定の推定を覆す事実、債務の消滅時効であれば債務を弁済していないと

いうことを明らかにする債務者の行為があればよく、時効の完成を知っていようといまいと、法定証拠が覆されることになる。

9-52　**(b)　実体法説**

**❶　解除条件説**　解除条件説では、時効により債務は消滅しており（本書は強制力の消滅）、債務者が債務を承認しても放棄の意思表示により時効の効力が覆されない限り、債務は消滅したままである。したがって、時効完成後に債務承認がされても、時効の利益の放棄がなされない限り、債務者は時効を援用することができる（薬師寺1049頁）。時効の効果を覆す時効利益の放棄がされなければならないので、単に債務承認がされただけでは足りないことになる（本書は判例に反対）。

9-53　**❷　停止条件説および要件説**　停止条件説または要件説では、時効完成により援用権が成立するだけであり、債務承認をしたのに、その後に援用権を行使するのは矛盾行為禁止の原則に抵触しないかが問題になる。この点、判例は次のように援用を原則として否定し、通説は矛盾行為を理由にこれを支持するが（近江353頁、潮見318頁、中舎383頁等）、反対する学説もある[383]。

9-54　**◆信義則を根拠に援用を否定する判例**
①判例は、かつては、時効の利益放棄は時効の完成を知っていてなさなければならず、債務者は時効の完成を知っているものと推定して反証を認めないという処理をしていた（大判大6・2・19民録23輯311頁など）。弁済をした場合も同様に、時効の利益の放棄の推定により処理をしていた（最判昭35・6・23民集14巻8号1498頁）。②しかし、時効完成を知っているという推定については、学説から経験則に反するとして批判され、判例は変更される。時効の完成を知らなくても、債務承認により、債務者はもはや信義則上時効の援用ができなくなるという処理が採用される（最大判昭41・4・20 ☞ 9-55）[384]。解除条件説では、「援用」という形成権の行使を制限することはできず、この判決は停止条件説を採用する嚆矢であった。なお、信義則を根拠とするため、場合によっては債務承認があっても、信義則に反しないとして援用権の存続を認めることは可能である（☞ 9-56）。

---

383）　松久教授は、債務消滅説の観点から、債権者の信頼保護は債権者に時効中断行為（現在では時効の完成猶予制度）に出る手段が残されていることが前提であり、時効が完成して債権者が中断行為に出る可能性を失ったあとは、法的保護に値する信頼はないとして、判例に反対する（松久・構造と解釈88頁以下）。
384）　一度成立した援用権が消滅するだけであり、さらに時効のために必要な期間が経過すれば、別の時効そしてその援用権が成立する（最判昭45・5・21民集24巻5号393頁）。

9-55

> ●最大判昭41・4・20民集20巻4号702頁　「債務者は、消滅時効が完成したのちに債務の承認をする場合には、その時効完成の事実を知っているのはむしろ異例で、知らないのが通常であるといえるから、債務者が商人の場合でも、消滅時効完成後に当該債務の承認をした事実から右承認は時効が完成したことを知ってされたものであると推定することは許されない」（先例を変更）。しかし、「債務者が、自己の負担する債務について時効が完成したのちに、債権者に対し債務の承認をした以上、時効完成の事実を知らなかったときでも、爾後その債務についてその完成した消滅時効の援用をすることは許されない」。「けだし、時効の完成後、債務者が債務の承認をすることは、時効による債務消滅の主張と相容れない行為であり、相手方においても債務者はもはや時効の援用をしない趣旨であると考えるであろうから、その後においては債務者に時効の援用を認めないものと解するのが、信義則に照らし、相当であるからである。また、かく解しても、永続した社会秩序の維持を目的とする時効制度の存在理由に反するものでもない」。

9-56

◆**時効完成後の債務承認があったが援用権が消滅しない場合**

最高裁判決はないが、時効完成後に債務承認があっても、債務者が援用権を失わないことを認める下級審判決がある。債権者の信頼が信義則上保護するに値しないと認められる特段の事情が必要なので（債務者に証明責任あり）、債権者側が時効の援用を債務者にさせないように意図的に策を弄したといった等の事情が必要になる[385]。援用が認められたのは、以下のような事例である。

①「債権者が消滅時効完成後に欺瞞的方法を用いて債務者に一部弁済をすればもはや残債務はないとの誤信を生ぜしめ、その結果債務者がその債務の一部弁済をした場合」（東京地判平7・7・26金判1011号38頁［返還請求が認められる］）、②「取引経験、法的知識において圧倒的に勝る債権者が時効の完成を知りつつ、法的に無知な債務者にあえてこれを告げないまま債務の一部の弁済をさせたような場合や、債権者が債務者の時効援用の主張を封じるために時効完成後甘言を弄して少額の弁済をさせた上で態度を一変させて残元金及び多額に上る遅延損害金を請求するような場合」（札幌簡判平10・12・22判タ1040号211頁）、③「脅迫的言動を用いて本件金銭消費貸借契約の残債務の一部支払を迫り、その結果、［借主］が恐

---

385）東京高判平7・2・14判時1526号102頁（上告審である最判平7・9・8金法1441号29頁が正当として是認）は、「主債務の時効完成後に保証人が保証債務を履行した場合でも、主債務が時効により消滅するか否かにかかわりなく保証債務を履行するという趣旨に出たものであるときは格別、そうでなければ、保証人は、主債務の時効を援用する権利を失わない」という一般論を述べる（実際に援用を認める）。保証人は主債務者とは異なる扱いがされることになる。

怖心を抱いたために本件支払をし」、その金額も90万円以上ある債務総額のうちの合計1万5000円にすぎない事例（大阪地判平25・10・25消費者法ニュース99号274頁）、④脅迫は用いていないが、「Aは、Yの法律に対する無知と困惑に乗じて、僅かな金銭を支払わせることにより、Yの時効援用権を喪失させることを目的としていたことすらうかがわせる」事例（宮崎地判平26・4・23消費者法ニュース100号357頁）、⑤「Xは、Yの法的知識の欠如に乗じて債務を一部弁済させることにより、Yが消滅時効の完成した債務を承認したと評価しうる実績を残すことで、Yの消滅時効の援用権を遮断することを意図していた」事例（仙台簡判平25・12・18消費者法ニュース99号277頁）、である。

9-57 **◆既判力による時効の抗弁の制限**
　例えば、債務者が時効の完成を知らずに、債権者からの支払を求める訴訟において時効を主張せず、請求認容判決が出されて確定した場合に、債務者は債務承認をしたわけではない。当初、大判大11・4・14民集1巻187頁は、確定効果説の立場から「提出し得べかりし防御方法を提出せざりしに過ぎず」、明示・黙示に時効の利益が放棄されたわけではないとして、時効の援用を認めた。しかし、その後、敗訴した債務者が、強制執行に対して請求異議の訴えを提起し時効を援用した事例では、時効の援用が否定され（大判昭9・10・3新聞3757号10頁）、また、抵当権の抹消登記手続を請求した事例でも、援用が否定されている（大判昭14・3・29民集18巻370頁）。その理由は、前訴で主張しえた事由は既判力により遮断されるが、時効の抗弁も同様に遮断されることである。

## 5　時効の援用および放棄の効果

9-58 **(1)　時効の援用の効果**

　**(a)　時効による権利得喪**　民法は、時効により債権が消滅し、所有権を取得するという効果を認めている。その発生時期をめぐっては、時効完成と同時に生じるのか（解除条件説）、援用を待って発生するのかは（停止条件説、要件説）、学説により異なる。

　債権の消滅時効に関する限り[386]、債権は消滅せず請求権（強制力）のみ消滅、訴権のみ消滅というのが比較法的には普通の理解である（☞9-18）。しかし、起草者は異例なことを知りつつ簡単でよいと考えてあえて債権自体

---

[386]　地上権等の制限物権の消滅は権利自体の消滅と考えるしかない。また、取得時効も、時効により権利を取得するものと構成せざるをえない。問題になるのは債権の消滅時効だけである。

の消滅という構成を採用したのである。解釈による修正は不可能ではなく、以下には、債権の消滅時効の効果について説明していこう。

①まず、規定の文言通り、「債権は……消滅する」と考える学説が通説である[387]（**債権消滅説**）。判例も、条文通り債権（債務）が消滅すると考えているといってよい。②しかし、消滅という文言はそのまま活かしつつ、「債権」というのを「債権の強制力」の消滅と制限解釈をすることは不可能ではない（**自然債務説**）[388]。債権の強制力のみが消滅し自然債務になるという効果は、確定効果説では時効完成により当然に発生し、停止条件説や要件説では援用により生じることになる。消滅時効の効果が自然債務となるだけであるならば、あえて援用によってこの効果が発生すると構成する必要はない。本書は、解除条件説＋自然債務説を採用する（☞9-23）[389]。

9-59　**(b) 時効の遡及効**　「時効の効力は、その起算日にさかのぼる」（144条）。訴訟法説は措き、実体法説では、債務消滅、権利取得という実体法的効力が、144条により時効の起算点に遡及することになる。そのため、不動産の取得時効でいえば、その不動産を取得時効した者は占有開始に遡り所有権を取得していたものと扱われることになり、登記名義人が不動産の固定資産税を支払っていればそれは時効取得者が支払うべきものであったことになり、求償ができることになる。また、消滅時効でいえば、債権は起算点の時点で消滅したものと扱われ、その後の利息は発生していなかったことになる。本書の自然債務説では、遡及的に強制力がなかったことになる。

9-60　**(c) 援用の効果の人的範囲——相対効の原則**

❶ **援用＝攻撃防御方法説（訴訟法説および解除条件説）**　①まず、訴訟法説では、援用とは訴訟上時効という法定証拠の提出という攻撃防御方法＝訴訟行為にすぎないため、同じ時効をめぐって、時効を援用したか否かで判決が異なることは訴訟法レベルの問題に解消される。②本書の実体法説の解

---

387) 債権消滅説では、援用後に債務者が心変わりして支払おうとする場合に、①援用の撤回ということで説明するか（可能☞9-34）、または、②705条の非債弁済でその返還を否定するしかないことになる。援用の撤回構成では、支払を約束した場合にも、約束通りの支払を求めることは可能になる。
388) 強制力がなくなり、詐害行為取消権は消滅するが、抵当権は債務が存続しているので強制（実行）できないだけで存続すると考えるべきではなく、実行できない担保権も消滅すると考えるべきである。したがって、保証債務も、主債務の時効完成により消滅すると考えるべきである。
389) 本書の解除条件説＋自然債務説では、支払は有効になるが、自然債務化という時効の効果を覆すためには、時効の利益放棄という意思表示が必要である（☞9-23）。

除条件説でも、援用は、消滅時効でいえば債務（の強制力）が時効により消滅したという過去の事実を訴訟上主張するだけの攻撃防御方法の提出（＝訴訟行為）にすぎないことになり、訴訟上主張しうる利益がある全ての者が援用でき、時効の援用の有無により判決が異なってくるのも当然である。

9-61　❷ **援用＝意思表示説（停止条件説および要件説）**　これに対して、援用を形成権の行使とみる停止条件説や要件説では、複数の者が同一の時効について各自固有の実体法上の形成権としての援用権を持つことになり、その1人による援用の意思表示によって生じた権利の取得・消滅という効果が他の者にも及ぶのかが問題になる。この問題も、2つの類型に分けて考える必要がある。以下に敷衍して検討をしよう。

9-62　**(ア) 同列の当事者の場合——相対効の原則**　ABがCの土地を共同で占有し時効が完成した場合、1つの援用権を準共有するのではなく、各自独立した援用権を取得し、援用により共有持分を取得することになる。ABはいずれも時効の直接の効果を受ける同列の者である。時効の完成猶予については、相対効であることは明文規定があるが（153条）、援用の効力については規定がない。私的自治の原則からは、各人に形成権の行使選択を認める以上は、その行使・放棄は相対効になるはずである（時効の援用・放棄の相対効の原則）。したがって、例えばAが放棄してもBは援用でき、Aが援用してもBは放棄できることになる[390]。連帯債務や不可分債務も、債務者ごとに時効完成が問題となり、また、援用権の行使・放棄は相対効の原則による。

9-63　**(イ) 間接の効果を受ける者が問題になる場合**　例えば、主債務が時効にかかる場合、①時効の直接の効果を受ける主債務者、および、②間接的な「効果」を受ける保証人、物上保証人等、いずれも直接の「利益」を基準に援用権を認める判例では固有の援用権が認められるが、両者の援用、さらには時効利益の放棄の人的効力についてはどう考えるべきであろうか（時効の完成猶予については457条1項に特別規定がある）。

①間接の効果を受ける保証人等の援用は、自己との相対的な効果にとどまる（間接の効力を受ける者の援用・放棄は相対効の原則通り）[391]。②これに

---

[390]　1つの所有権についての取得時効の援用権は1つであり、ABが準共有しAB共同でないと、援用・放棄ができないという処理も考えられないではない（援用権の不可分性）。しかし、各人の自由な選択を保障するべきであり、ABにそれぞれ援用権を認めるべきである。なお、282条・283条参照。

対して、直接的な効果を受ける主債務者が援用した場合はどう考えるべきであろうか。この点は、9-67 に説明したい。

9-64　(2)　**時効利益の放棄の効果**
　(a)　**訴訟法説**　①主債務者が主債務は弁済されていないことを自白した以上、時効による債務消滅の法定証拠は存続の基礎を失い消滅することになる。そのような法定証拠を覆す自白の効力が認められるのは、債権の消滅時効についていえば債務者自身の自白に限定され、また法定証拠が消滅した以上、自白をした主債務者だけではなく一切の者との関係で法定証拠が消滅することになる。②他方で、保証人が主債務の存在を認めても、それは法定証拠の成立を覆す効力は認められない。

9-65　(b)　**実体法説①──解除条件説**　解除条件説では、時効の利益の放棄ができるのは、主債務者に限られる。そして、主債務者が時効の利益を放棄したならば、その効果は絶対効であり[392]、保証人や物上保証人らにもその効力が及ぶと考えるべきである。ただし、時効利益の放棄は債権者を害する意思表示であるので詐害行為取消しの対象となる。保証人による主債務の時効の利益の放棄は考えられず、保証人が弁済前に主債務者への通知を怠った場合には主債務者への求償ができない（463条1項・443条1項）。この本書の立場では、9-67 以下のような問題は生じることはない。

9-66　(c)　**実体法説②──停止条件説および要件説**
　㋐　**主債務者が時効の利益を放棄した場合**　私的自治の原則の適用により、他人が援用権を放棄しても他の援用権者には影響はなく、例えば主債務者が援用権を放棄しても保証人の援用権には影響はないことになる[393]。したがって、依然として保証人は自己の援用権を行使して、自分との相対的関係で主債務を消滅させ付従性による保証債務の消滅を主張することができ

---

391)　物上保証人による被担保債権の消滅時効の援用は、債務者、保証人、他の物上保証人など援用権を持つ者に対して効力が及ばないが、その物上保証人の不動産の後順位抵当権者や一般債権者は、物上保証人の援用の効力を主張できるであろう。
392)　時効の直接の効果を受ける者が複数いれば他の者には効力は及ばないのは当然である。例えば、連帯債務が全て時効完成後に、債務者の1人が時効の利益を放棄しても、他の債務者には影響はない。
393)　判例もこの結論を認める（大判大5・12・25民録22輯2494頁、大判昭6・6・4民集10巻401頁）。では、もし保証人が保証債務を承認したのだとしたらどうなるのであろうか。判例は「保証人が、主債務者の債務承認を知って、保証債務を承認した場合には、保証人がその後主債務の消滅時効を援用することは信義則に照らして許されない」とした（最判昭44・3・20判時557号237頁）。

る。保証人の援用・放棄いずれも相対的であり、主債務者に影響を及ぼさないことはすでに述べた通りである。

9-67　**(イ)　主債務者が時効の援用をした場合**　では、主債務者の援用も相対的な効力しか有しないと考えるべきであろうか。問題になるのは、保証人が自己の援用権を放棄または喪失した後に、主債務者が援用した場合である。

①確かに主債務者の援用も相対効だとするならば、保証人との相対的な関係では主債務は存続することになり、債権者との関係でその弁済は有効であるが、保証人は主債務者に求償できず酷である。②しかし、時効の直接の効果を受ける主債務の援用については、絶対効を認め保証人にもその効力が及ぶことが当然視されている[394]。そうすると、保証人は放棄により固有の援用権を失っているが、その後の主債務者による援用の効力は保証人にも及び、保証債務の付従性による消滅を主張することができることになる[395]。ただし、保証人が主債務者が援用するか否かにかかわらず、新たに独立債務を負担する合意をしたと認めることは可能である[396]。しかし、そのような意思表示があったことについての認定は慎重にされるべきことになる[397]。

---

394)　松久・構造と解釈206頁以下、220頁以下は、「直接の当事者」の援用は絶対効とし、これまで学説がこのような区別をせず一般的基準として援用の相対効を述べてきたことを批判する。ただし、放棄については、第三者の放棄だけでなく直接の当事者の放棄も相対効と認める（同217頁注56）。
395)　本書の立場では、時効の直接の効果を受ける主債務者のみが時効の利益を放棄できるので、保証人による時効利益の放棄はありえない。弁済をしても無効であり、求償ではなく、債権者に返還を請求できる（705条が適用される場合は別）。
396)　債権者が主債務者を免除し、その代わりに保証人から必ず支払う約束を取り付けた場合には、その合意により保証人の債務が付従性のない独立債務に変更されることが認められている（最判昭46・10・26民集25巻7号1019頁）。
397)　例えば、我妻教授は、保証人の放棄は有効だがその後に主債務者が援用した場合にはこれを援用できるが、ただし「保証人だけがその利益を放棄するつもりなら」放棄を認めても保証債務の附従性に反しないという（我妻栄『新訂債権総論』482頁）。このような放棄は主債務者への求償が否定されるので、特別の事情がある場合にのみ認めるべきであるという。

## §Ⅱ 時効の完成猶予・更新（時効の基本概念②）

### 1 時効の中断・停止から完成猶予・更新へ

9-68 **(1) 改正前の時効の中断・停止**

**(a) 時効の中断——自然中断以外の廃止** 当初の民法規定には、時効の中断という制度があった。**時効の中断**とは、時効完成前にすでに経過した時効期間を全く白紙に戻し、時効をゼロから再スタートさせる制度である。例えば、貸金債権について、弁済期到来から1年後に債権者が債務者に対して訴えの提起により支払を求めた場合、裁判上の請求により消滅時効期間がゼロにリセットされ、判決の確定により新たな時効が進行することになる。

しかし、改正法により、中断制度は廃止され、訴えが提起されても、時効は依然として進行し続けることになった。とはいえ、訴えの提起が無意味になったのではない。というのは、訴えを提起して、訴訟が係属していれば、時効期間が経過しても時効は完成しないのである。それが、改正法が導入した**完成猶予**の制度である。詳しくは後述する。

ただし、取得時効の特有の中断事由として、取得時効の成立要件である占有が失われたことによる中断があり（164条）、**自然中断**といわれているが——準占有にも準用される（165条）——、これは改正後も維持されている。

9-69 **(b) 時効の停止（完成停止）** 改正前には、中断とは別に時効の**停止**制度があった。これは、時効の中断のように時効期間をゼロにリセットするのではなく、時効完成時に中断手続を権利者がとることを期待できない状況にある場合に、その事由がなくなってから一定期間経過まで時効の完成を停止させる制度である。時効の完成停止制度は、権利行使障害事由がある場合にその完成を停止させる制度であり、権利行使による中断制度と別の制度である。権利行使を根拠とする中断制度を受け継いだ完成猶予制度とは別に、停止制度はそのまま残すことも考えられたが、改正法は停止を完成猶予へと変更し、この結果、完成猶予には異質な2つの制度が含まれることになった。

9-70 **(2) 完成猶予・更新制度の導入**

改正前は、「時効は、次に掲げる事由によって中断する」とし（旧147条）、

中断事由として、①「請求」、②「差押え、仮差押え又は仮処分」、および、③「承認」を列挙していた。改正法は、①裁判上の請求等（147条）、②強制執行等（148条）、③仮差押え等（149条）、④「催告」（150条）、⑤「協議を行う旨の合意」（151条）をそれぞれ、①②③の事由がある間、④では催告がされてから6ヶ月を経過するまでの間、⑤では協議の合意から1年を経過する等までの間、「時効は、完成しない」ものと規定して、**完成猶予**という制度を導入した。⑤は改正前の中断事由にはなく新設されたものである。また、すでに進行した時効期間をゼロにリセットし新たな時効を進行させる制度として、完成猶予とは別に**更新**という制度を導入した。従前の中断事由についての議論や判例が、完成猶予事由や更新にも妥当するものかどうかは慎重に考察することが必要である。

9-71 ◆**中断制度における中断の根拠をめぐる議論**
①訴訟法説では、すでに進んだ時効を無にできる時効の中断は、法定証拠の成立を阻止する事由によることが必要になる。このような観点からいえば、ⓐ債務者自身の承認は別として、ⓑそれ以外の事由については、単に権利の主張をしたというだけでは足りず、最終的に公権的に権利の存在が確定されることが必要であるはずである（**権利確定説**）[398]。しかし、確定まで中断を認めないと、訴訟を提起したのに判決前に時効にかかってしまうので、権利確定のために訴訟提起などの前提行為の着手により暫定的に中断を認める必要があった。②他方、実体法説では、時効の根拠との関係で、永続した事実状態が崩されるとか、権利の上に眠る者ではないことになるということが中断のために必要とされた[399]。権利者が権利に目覚め、その権利がないことを前提に築かれた社会秩序を覆す権利行使をすることが時効中断の根拠になる（**権利行使説**）。

改正法では、中断制度が廃止されたため上記の議論は不要となり、権利行使型の完成猶予事由は権利行使をしていること、また、停止型の完成猶予事由は権利行使を期待できないことを、それぞれ単に完成停止事由と考えれば足りることになった。更新には別個に権利の確定や承認が必要である。

---

[398] 例えば、川島473頁は、「もし強い証拠力をもつ事実によって、一定の時における権利の存在が確認し得られるならば、挙証上の困難はその時以後の権利の存続についてのみ存在するのであり、だから、時効期間は改めてその時から起算されてよいことになる」という。

[399] 判例は、債務不存在確認訴訟において、債務者が被告として争った事例で（債権が認められ原告敗訴が確定）、時効中断を認める際に、「消滅時効の中断は法律が権利の上に眠れる者の保護を拒否して、社会の永続せる状態を安定ならしむることを一事由とする時効制度に対し、其の権利の上に眠れる者に非ざる所以を表明して、該時効の効力を遮断せんとするもの」であり、本件の場合に裁判上の請求に準ずるものと解するも、先の時効の制度趣旨に反しないと述べている（大連判昭14・3・22民集18巻238頁）。

## 2 完成猶予事由①──権利行使型の完成猶予事由

9-72 **(1) 裁判上の請求等（147条1項）**

**(a) 完成猶予が認められる期間**　民法は、完成猶予事由として、まず、「裁判上の請求等」と題して、①「裁判上の請求」(1号)、②「支払督促」(2号)、および、③民事訴訟法275条1項の「和解」または民事調停法もしくは家事事件手続法による「調停」(3号)、および、④「破産手続参加、再生手続参加又は更生手続参加」(4号) の4つを掲げている（147条1項）。これらの事由は、ⓐ判決が出されるなどして時効の更新が認められる場合と、ⓑ判決等に至らず時効の更新が認められない場合とにさらに分けられる。

ⓐ確定判決等があると、進行または停止していた時効は無になり、時効が「新たにその進行を始める」ことになる（147条2項）。確定判決は更新事由ということになる。ⓑ他方で、147条1項柱書は括弧書を付けて、「（確定判決又は確定判決と同一の効力を有するものによって権利が確定することなくその事由が終了した場合にあっては、その終了の時から6箇月を経過する）までの間は、時効は、完成しない」と規定している。取下げや却下があった場合でも、それから6ヶ月は完成猶予を認めたのである[400]。

9-73 **(b) 完成猶予が認められる事由**

**㋐ 裁判上の請求（147号1項1号）**　「裁判上の請求」には、原告として支払を請求したり、権利の確認請求をする場合のほかに、被告としての権利主張も含まれるのかが議論されている。判例は応訴についても、改正前の時効中断の時代に、裁判上の請求に準ずるものとして類推適用を肯定したが、留置権を主張して拒絶しているにすぎない事例では裁判上の請求に準じる扱いを否定し、裁判上の「催告」という概念を認め「催告」としての中断効を認めていた。改正後は、いずれも完成猶予についての解釈としてそのまま引き継がれていくことになる。

---

[400]　なお、同時履行の抗弁権があり、自分の債務の履行を提供しないで請求しても、相手方を履行遅滞にしたり解除の要件としての催告としての効力は認められないが、その場合にも時効の完成猶予の効力は認めてよい。

9-74 ◆**応訴と裁判上の請求**——**被告が抗弁として権利の存在を主張する場合など**
　中断事由の時代の判例であるが、「裁判上の請求」とは、原告となって支払を求めたり、占有者に明渡しを求めることが必要なのか、債務不存在確認訴訟や所有権確認訴訟の被告になって債権や所有権を主張して、請求棄却を求めるのもこれに準じて、裁判上の請求と同様の効力を認めてよいのかが議論されていた（厳密にいえば類推適用）。後者でも、被告の主張が認められ、請求棄却になれば判決により権利の存在が認められたことになる。そのため後者も「裁判上の請求」の規定を類推適用して、改正前は中断、新法では完成猶予事由として認めてよいのかが問題となり、改正前の議論は基本的には完成猶予の問題にそのまま先例価値が認められるというべきである。判例は、(1)と(2)は裁判上の請求に準じて中断を認め、(3)については裁判上の請求に準ずるものとは認めず、ただし裁判上の催告としての暫定的な中断効のみを認めている。

9-75 **(1)　権利の存在または不存在確認訴訟に対して争う場合**
　**(a)　当初は裁判上の請求を否定**　当初の判例は「裁判上の請求」を厳格に解して、占有者が原告となった土地所有権確認訴訟において、被告が所有権を主張して、これが認められ原告の請求が棄却された場合にも、被告の主張は裁判上の請求に該当しないとされ（大判大9・9・29民録26輯1431頁）、また、準消費貸借の成立を争う債務者が原告となった債務不存在確認訴訟において、被告とされた債権者が準消費貸借の成立、したがって債権の存在を主張し、債権者の主張が認められ、債務不存在確認の訴えが棄却された事例についても、被告の債権についての主張は裁判上の請求ではないとされた（大判昭6・12・19民集10巻1237頁）。

9-76 　**(b)　裁判上の請求に準ずるものとして肯定**　その後に、大連判昭14・3・22民集18巻238頁により、債務者による債務不存在確認訴訟に対して、被告たる債権者が債権を主張して請求棄却を求める答弁書を裁判所に提出した時に中断が認められるものと、判例変更される。すなわち、「裁判上の請求に準ずべきもの」として、「被告が請求棄却の判決を求むる答弁書又は準備書面を裁判所に提出したる時を以て、又若し斯る書面を提出せざる場合には、口頭弁論に於て同様の主張を為したる時を以て」時効が中断するとされた[401]。改正法下では、権利主張がされており、棄却により権利の存在が「確定」されるため（147条2項の「更新」につながる権利行使であることが必要）、完成猶予そして更新を認めてよいであろう。

---

401）大連判昭14・3・22は、理由として、①「其の権利の上に眠れる者に非ざる所以を表明して該時効の効力を遮断せんとするものな」ること、②「権利関係の存否が訴訟上争はれつつある間に、他の一方に於て該権利が時効に因り消滅することあるを是認せんとするかが如き結果を招来すべき解釈を採用することは条理にも合致せざる」こと、および、③「消極的確認の請求を棄却する判決」は、「積極的確認請求の訴訟に於て原告勝訴の判決が確定したると同一に帰すべき」ことを挙げている。

## (2) 移転登記請求訴訟などに対して争う場合

9-77 **(a) 移転登記請求を所有者が争う場合** 不動産の占有者が、その占有にかかる不動産が自分の所有に属するものとして、登記名義人たる所有者に移転登記手続を請求した訴訟で、被告とされた所有者が所有権を主張してこれを争い、原告が後日取得時効を請求原因として追加したのに対し、被告が、請求棄却を求めて所有権が自分に帰属することを主張した時点で取得時効が中断するものと認められている（最大判昭43・11・13民集22巻12号2510頁）。その理由は、「原判決は、本件係争物件につき、<u>Xらに所有権（共有権）に基づく所有権移転登記請求権がないことを確定しているに止まらず、進んでYらにその所有権（共有権）があることを肯定していると解されるのであるから</u>」、<u>裁判上の請求に「準じ」時効中断の効力を認めてよい</u>ということである[402]。

9-78 **(b) 抵当権設定登記の抹消登記請求に対して債権者が争う場合** また、債務者が債権者（抵当権者）に対して、債務の不存在を理由に、抵当権設定登記の抹消登記手続を請求したのに対して、債権者が被担保債権の存在を主張して棄却を求め、債権の存在そして抵当権が認められたため請求が棄却された場合にも、「<u>裁判上の請求に準じるもの</u>」と認めて、(a)と同様に解されている（最判昭44・11・27民集23巻11号2251頁[403]）。改正法下では、裁判上の請求に準じて完成猶予が類推適用されるとしても、更新のためには(a)では所有権、(b)では債権が「確定」することが必要である。そのため、上記事例では、147条1項柱書括弧書により判決から6ヶ月の完成猶予が認められるだけである。

9-79 **(3) 返還請求訴訟において占有者（債権者）が留置権を主張する場合**

債権者が留置権に基づいて占有している物を、債務者である原告が所有権に基づいて債権者（留置権者）に対して返還請求訴訟を提起し、これに対して被告（債権者＝留置権者）が留置権を主張し、裁判所が留置権の成立を認め引換給付の判決を下した事例については、判例は、留置権の被担保債権の存在の主張を裁判上の請求とは認めず、**裁判上の催告としての暫定的な中断の効力を認めるにすぎない**（☞9-80）。留置権が返還請求を拒絶する根拠とされ、その前提として被担保債権の主張がされているにすぎない。そのため、被担保債権の存在を間接的に主張した点で共通するその後の最判昭44・11・27（☞9-78）によって変更されたという評価もされている（四宮316頁、石田穣1065頁）[404]。改正法では(2)と同様に考えてよいであろう。

---

[402] 「準じ」と表現し類推適用という表現を避けたのはなぜか疑問が残る。無意味なバリエーションを増やすべきではなく、端的に類推適用と説明すべきである。

[403] 「Yは第一審第一回口頭弁論期日における答弁書の陳述をもつて、請求棄却の判決を求めるとともに、確定債権50万円の取得およびこれに基づく右各登記の有効なことを主張したのであつて、これによって<u>Yの本件売掛代金債権についての権利行使がされたものと認められないことはない。……Yの前示答弁書に基づく主張は、裁判上の請求に準じるものとして、本件売掛代金債権につき消滅時効中断の効力を生じる</u>」とされている。

9-80
> ●最大判昭38・10・30民集17巻9号1252頁 「留置権の抗弁を提出する場合には、留置権の発生、存続の要件として被担保債権の存在を主張することが必要であり、裁判所は被担保債権の存否につき審理判断をなし、これを肯定するときは、被担保債権の履行と引換に目的物の引渡をなすべき旨を命ずるのであるから、かかる抗弁中には<u>被担保債権の履行さるべきものであることの権利主張の意思が表示されているものということができる</u>」。ただし、単なる抗弁にすぎないのであり、訴えの提起に準ずる<u>効力があるもの</u>ということはできない。「しかし、訴訟上の留置権の抗弁は、これを撤回しない限り、当該訴訟の係属中継続して目的物の引渡を拒否する効力を有するものであり、従って、該訴訟が被担保債権の債務者を相手方とするものである場合においては、右抗弁における被担保債権についての権利主張も継続してなされているものといい得べく、<u>時効中断の効力も訴訟係属中存続する</u>」（当該訴訟の終結後6ヶ月以内に他の強力な中断事由に訴えれば、時効中断の効力は維持される）。

9-81
### ◆裁判上の請求に準ずる扱いも裁判上の催告も否定された事例

応訴ではなく、建物建築請負人が、建築代金未払いであるのに注文者が建物について自己名義の所有権保存登記をしたため（判例によれば代金支払ないし引渡しまでは建物は請負人所有）、注文者に対して抹消登記を求める訴訟を提起し、途中で請負代金の支払請求に訴えを変更した事例で、最高裁は、当初の請求に、請負代金債権について訴訟上の請求に準じる扱いも裁判上の催告も否定している（☞9-82）。もし、逆に請負人が所有権保存登記をして、注文者が所有権移転登記を請求し、代金が支払われていないので所有権が移転しておらず、請求棄却になった場合には、担保としての所有権を主張し被担保債権の権利行使を認めることができ、留置権についての9-80と同じ判断が示された可能性はある。そのほかにも、譲渡担保権者が、債務不履行を理由に譲渡担保を実行し、債務者に目的物の引渡しを請求する訴訟を提起してこれが認められても、譲渡担保の被担保債権の時効中断は認められない（大判昭2・9・30新聞2771号14頁）[405]。

9-82
> ●最判平11・11・25判時1696号108頁 「本件訴訟における当初の

---

404) 学説には、①中断を否定する学説（船越330頁）、②判例同様に裁判上の催告の効力のみを認める学説（我妻466頁）、そして、③裁判上の請求に準じて確定的な中断効を認める学説（四宮316頁、石田穣1063頁［争点効による確定も含める］、川井332頁）、に分かれる。
405) 譲渡担保権者が担保権実行のために目的物の引渡しを債務者（設定者）に請求した場合に、被担保債権の時効中断の効力を否定した判例もある（大判昭2・9・30新聞2771号14頁）。

> 請求は、建物所有権に基づく妨害排除請求権を行使して本件登記の抹消登記手続を求めるものと解されるのに対し、訴え変更後の請求は、請負契約に基づく履行請求権を行使して請負残代金の支払を求めるものであり、<u>訴訟物たる請求権の法的性質も求める給付の内容も異なっている。</u>」「そうすると、本件訴訟の提起を請負代金の裁判上の請求に準ずるものということができないことはもちろん、<u>本件登記の抹消登記手続請求訴訟の係属中、請負代金の支払を求める権利行使の意思が継続的に表示されていたということも困難</u>であるから、その間請負代金について催告が継続していたということもできない」。

9-83 **◆詐害行為取消訴訟や債権者代位訴訟の基礎となる債権**
　例えば、債権者がその債務者の権利を代位行使する代位訴訟を提起したり、債務者の行為を詐害行為として受益者を相手として取消し・逸出した財産の取戻しを求める訴訟を提起し、いずれもそれが認容されたとしても、その基礎となった被保全債権については時効が中断しないというのが判例である（詐害行為取消訴訟について、大判昭17・6・23民集21巻716頁、最判昭37・10・12民集16巻10号2130頁）。しかし、債権者代位権や取消権の要件として、債権の存在があり、これらの権利の成立を認めるということは、債権の存在を認めたことになる。そのため、学説には、①判例に反対して、時効中断を肯定するものが有力であるが（我妻459頁、川井333頁）、②中断を否定する学説もある（船越334頁）。改正法では、被保全債権が判決により「確定」されるのではないので、裁判上の催告の限度での完成猶予の効力のみを認めるにとどめるべきである[406]。

9-84 　**(イ) 支払督促**（147条1項2号）　民訴法382条以下には「支払督促」手続が用意されている。金銭その他の代替物等の給付について、裁判所の書記官が債権者の申立てにより「支払督促を発する」手続であり、債務者が送達を受けてから2週間以内に督促異議の申立てをしないときは、債権者の申立てにより裁判所書記官は仮執行の宣言をし（民訴391条1項）、「仮執行の宣言を付した支払督促に対し督促異議の申立てがないとき、又は督促異議の申立てを却下する決定が確定したときは、支払督促は、確定判決と同一の効力を有する」（民訴396条）。このように、支払督促は裁判所による確定効をもたら

---

[406]　「裁判上の催告」として暫定的な中断を認める学説として、小山昇「判批」『判例民事法昭和17年度』36事件、松久・構造と解釈81頁。

すことを目的とした債権者の権利行使であり、「更新」が認められるとともに、この手続が係属している限り、時効の完成が猶予される。

9-85　**(ウ)　和解の申立て・調停の申立て**（147条1項3号）　債権者はいきなり訴訟や支払督促の手続をとることなく、和解（起訴前の和解）の申立てを裁判所に行うことができる(民訴275条)。そして、この申立てに応じて和解が成立し和解調書が作成されると、確定判決と同一の効力を有する(民訴267条)。民事調停法もしくは家事審判法による調停の申立ても同様である。

9-86　**(エ)　破産手続参加等**（147条1項4号）　債務者について破産手続が開始した後は、債権者は破産手続外の権利行使ができなくなり、破産手続に参加することにより権利行使をするしかなくなる。そのため、破産手続参加も完成猶予事由として147条1項4号に規定された。再生手続ないし更生手続への参加も同様である。

9-87　**(2)　強制執行等および仮差押え等**（148条・149条）

**(a)　強制執行等**（148条）　民法は、権利行使による完成猶予の第2グループとして、①「強制執行」(148条1項1号)、②「担保権の実行」(2号)、③「民事執行法……195条に規定する担保権の実行としての競売の例による競売」(3号)、および、④「民事執行法第196条に規定する財産開示手続」(4号)を掲げている。「その事由が終了するまで」時効の完成が猶予され、終了により時効が更新される（148条2項☞9-103）。

　裁判上の請求等だけでは、一度判決等を得たのに債務者が履行をしなければ再度訴訟を提起しなければならないが、それとは別に強制執行等により時効の完成猶予が認められることにしたのである。また、「申立ての取下げ又は法律の規定に従わないことによる取消しによってその事由が終了した場合にあっては、その終了の時から6箇月を経過する」まで、「時効は、完成しない」ものとされている。

9-88　**◆物上保証人の抵当不動産についての競売手続**
　例えば、物上保証人所有の不動産の上の抵当権の実行に着手し、競売開始が決定されて、債務者に競売の利害関係人として競売開始決定の正本が送達され、これが債務者に到達した時に時効の中断が認められている(最判平8・7・12民集50巻7号1901頁[407])。債務者所在不明による、民事法113条の競売開始決定の公示送達も同様である(最決平14・10・25民集56巻8号1942頁)。その理由としては、155条（改正154条）の、時効中断の効力が当該時効中断行為の当事者およびその承継

人以外で時効の利益を受ける者に及ぶべき場合に、その者に対する通知を要することとし、もって債権者と債務者との間の利益の調和を図った趣旨に求められている。なお、債務者についての時効中断は、9-116 に述べるように物上保証人にも効力を及ぼすことになる。改正法の完成猶予にも妥当する議論である。

9-89 **(b) 仮差押え等（149条）** さらに、民法は、①「仮差押え」（1号）および②「仮処分」（2号）につき、「その事由が終了した時から 6 箇月を経過するまでの間は、時効は、完成しない」ものと規定している（149条）。

仮差押えは、「金銭の支払を目的とする債権について、強制執行をすることができなくなるおそれがあるとき、又は強制執行をするのに著しい困難を生ずるおそれがあるときに発することができる」ものである（民保20条1項）。強制執行のためには債務名義が必要であり（民執22条）、債務名義を得るためには訴訟を起こして勝訴判決を受けること等が必要となる。そのため、判決を得る前に債務者が資産隠しをするおそれがある場合、仮差押えにより財産を保全しておくのである[408]。仮処分（民保23条1項・2項）については説明を省略する。

9-90 **(3) 催告（150条）——裁判外の請求**

日本の時効法に特異な規定として、裁判外の「催告」に暫定的ではあるが中断効を認める規定があり、完成猶予に引き継がれている。すなわち、「催告があったときは、その時から 6 箇月を経過するまでの間は、時効は、完成しない」ものとされている（150条1項）。この結果、例えば、あと 1 ヶ月で時効が完成する場合に、ともかく「催告」をしておくことにより、それから 6 ヶ月の完成猶予が認められる。この規定のおかげで、時効完成間際に債務者に裁判外の催告をすることによって債権者が暫定的な権利保全ができ

---

[407] 債権者が物上保証人に対して申し立てた不動産競売について、執行裁判所が競売開始決定をしこれが債務者に送達された後に、保証人が代位弁済をした上で、競売手続中の物上保証人の設定した抵当権につき担保権移転の付記登記をして、差押債権者の承継を執行裁判所に申し出た場合には、この申出について主債務者に旧 155 条所定の通知がされなくても、保証人の主債務者に対する求償権につき、承継の申出時から競売手続の終了に至るまで中断するものとされている（最判平 18・11・14 民集 60 巻 9 号 3402 頁）。

[408] 不動産の仮差押えがされた場合に、「仮差押えによる時効中断の効力は、仮差押えの執行保全の効力が存続する間は継続すると解するのが相当である」、「仮差押えの被保全債権につき本案の勝訴判決が確定したとしても、仮差押えによる時効中断の効力がこれに吸収されて消滅するものとは解し得ない」とされている（最判平 10・11・24 金判 1055 号 3 頁）。議論があった点を明らかにしたものであり、改正法でも完成猶予についてそのまま引き継がれることになる。

ることになる。これは、裁判を最後の手段として考え、なるべく問題を裁判外で処理しようとするわが国の国民心理に配慮した規定である。

ただし、「催告によって時効の完成が猶予されている間にされた再度の催告は、前項の規定による時効の完成猶予の効力を有しない」ものとされる (150条2項)。先の例でいうと、すでに本来の時効完成時期を超えている5ヶ月間の間に再度「催告」をしても、完成猶予の効果は認められず、当初の催告から6ヶ月の経過で時効が完成することになる[409]。

9-91　◆裁判上の催告
　150条の「催告」において本来予定されていたのは、裁判外で行われるものであるが、我妻教授により「裁判上の催告」という概念が提唱され（我妻栄「確認訴訟と時効中断」『民法研究Ⅱ』）、これが判例により、留置権の主張 (☞ 9-80)、明示的一部請求 (☞ 9-125)、請求権競合 (☞ 9-127) で認められている（特殊な例として ☞ 9-119)。裁判上の催告とは、裁判上の請求とはならないが、改正法では中断が廃止され、「確定」による更新はない限り、裁判上の請求に準じても裁判上の催告も判決から6ヶ月の完成猶予が認められるだけである。「催告」としての暫定的中断効のみを認めるものの、訴訟が維持されている限りその意思が継続して表示されているものである。口頭弁論終結後6ヶ月以内に他の完成停止措置をとれば停止の効力は維持されるというものである。

9-92　**(4)　協議を行う旨の合意 (151条)**

　**(a)　時効制度における考慮の必要性**　例えば、債権者と債務者が債権について交渉している間に、その債権の時効期間が満了しそうな場合に、円満に交渉が続いているのに、交渉に水をさすように訴訟手続等をとれというわけにはいくまい。また、債権者としては、権利行使の一環として交渉をしているのである。2004年に制定されたいわゆるADR法が認証ADR制度を利用した裁判外紛争処理手続をとった場合に、中断効（完成猶予）を認める規定を導入した (ADR法25条1項)。ADR法により認証された機関以外による交渉や相対交渉の場合には、民法の原則によることになるが、改正法は、**協議を行う旨の合意**による完成猶予という制度を導入している。この制度の問

---

[409] 最判昭43・2・9民集22巻2号122頁は、「被上告人が本件留置料の支払を催告したのに対し、上告人が請求権の存否につき調査のため猶予を求めていた……場合には、民法153条所定の6ヶ月の期間は、上告人から何分の回答があるまで進行しない」とした。そのため、「理論的には、民法典が定める停止事由以外にも時効停止が認められる場合がありうることを意味している」と評されている（森田宏樹「裁判外紛争解決手続きに対する時効中断効の付与」『民法学における法と政策』156頁）。

題点は、交渉の開始および終了の認定の点であり、この点の争いを避けるため、改正法は以下のように規定した。

9-93 **(b) 協議を行う旨の合意の要件および完成猶予される期間**

**(ア) 協議を行う旨の合意の要件** 「権利についての協議を行う旨の合意が書面でされたとき」が要件とされており（151条1項柱書）、事実上交渉がされているのでは足りない。民法は、「その内容を記録した電磁的記録（電子的方式、磁気的方式その他人の知覚によっては認識することができない方式で作られる記録であって、電子計算機による情報処理の用に供されるものをいう。以下同じ。）によってされたときは、その合意は、書面によってされたものとみな」している（151条4項）。この結果、パソコンで合意のデータを作成し、これをメールに添付して送付し、相手方の了解を得た場合、または、メールの本体に張り付けた場合でも「書面」と認められることになる。

9-94 **(イ) 協議を行う旨の合意による完成猶予期間** 協議を行う旨の合意による時効の完成猶予は、その要件を満たした合意がされてから、「次に掲げる時のいずれか早い時までの間は、時効は、完成しない」（151条1項柱書）。

> ① 「その合意があった時から1年を経過した時」（1号）
> ② 「その合意において当事者が協議を行う期間（1年に満たないものに限る。）を定めたときは、その期間を経過した時」（2号）
> ③ 「当事者の一方から相手方に対して協議の続行を拒絶する旨の通知が書面でされたときは、その通知の時から6箇月を経過した時」（3号）

1年以上の協議期間の合意をしても、期間の部分だけ無効になり（2号）、1号により1年に限界づけられる。協議の合意期間の有無を問わず、3号により一方的に「協議の続行を拒絶する旨の通知」を書面でした場合には、その時点から6ヶ月で完成猶予の効力は失われる。ここでの「書面」も電磁的記録によることが可能である（151条5項）。①～③のいずれかが適用されるので、例えば、拒否通知から6ヶ月以内でも、合意から1年を経過すれば猶予の効力は失われる。

9-95 **(ウ) 協議が成立せず延長される場合** 当事者の協議が成立しないが決裂もしていない状態で、合意から1年過ぎてしまうと完成猶予の効力が失われ

てしまう。当事者は協議を再度延長でき、「時効の完成が猶予されている間にされた再度の同項の合意は、同項の規定による時効の完成猶予の効力を有する」(151条2項本文)。ただし、「その効力は、時効の完成が猶予されなかったとすれば時効が完成すべき時から通じて5年を超えることができない」(同ただし書)。協議により完成猶予は5年を限度とすることになる。

催告によって時効の完成が猶予されている間に、協議の合意がなされても、「時効の完成猶予の効力を有しない」(151条3項前段)。また、協議の合意により「時効の完成が猶予されている間にされた催告」も同様であり、完成猶予の効力が認められない(同項後段)。催告は暫定的な完成猶予なので、これと協議の合意を組み合わせても猶予の延長は認められないのである。

### 3 完成猶予事由②——権利行使障害型の完成猶予事由

9-96 **(1) 時効の完成停止から完成猶予へ**

改正前の時効の停止は、権利行使が事実上期待できない事由がある場合に、その事由がある限り時効の完成を「停止」させ、その事由がなくなってから6ヶ月または3ヶ月経過して初めて時効の完成を認める制度である。したがって、時効中断に代わる権利行使による「完成猶予」制度とは異なるが、時効の完成を猶予させている点で変わらないので、完成停止制度も完成猶予制度の中に含めることにして、表題の停止を猶予に変更する改正がされただけである。すなわち、「時効は、完成しない」という従前の停止の規定はそのままであり、表題だけが変更されている(158条〜161条)。

9-97 **(2) 権利行使障害型の完成猶予事由**

**(a) 6ヶ月の完成猶予事由**

**(ア) 未成年者および被後見人についての完成猶予①** (158条1項) 「時効の期間の満了前6箇月以内の間に未成年者又は成年被後見人に法定代理人がないときは、その未成年者若しくは成年被後見人が行為能力者となった時又は法定代理人が就職した時から6箇月を経過するまでの間は、その未成年者又は成年被後見人に対して、時効は、完成しない」(158条1項)。被保佐人と被補助人は単独で権利行使ができるために、このような停止は認められていない[410]。

9-98 **(イ) 未成年者および被後見人についての完成猶予②** (158条2項) 「未成年

者又は成年被後見人がその財産を管理する父、母又は後見人に対して権利を有するときは、その未成年者若しくは成年被後見人が行為能力者となった時又は後任の法定代理人が就職した時から6箇月を経過するまでの間は、その権利について、時効は、完成しない」(158条2項)。これらの法定代理人が未成年者や被後見人に代わって、自分に対して時効の完成猶予の手続をとることは期待できないからである。

9-99　**(ウ)　夫婦間の権利の時効の完成猶予** (159条)　「夫婦の一方が他の一方に対して有する権利については、婚姻の解消の時から6箇月を経過するまでの間は、時効は、完成しない」(159条)。婚姻中は権利行使が期待できないことが根拠である。正式の婚姻の場合でなく、内縁の場合にも類推適用してよいであろう。親子や兄弟等も問題になるが、反対解釈として、夫婦関係以外は考慮しないと割り切るしかあるまい。

9-100　**(エ)　相続財産に関する時効の完成猶予** (160条)　「相続財産に関しては、相続人が確定した時、管理人が選任された時又は破産手続開始の決定があった時から6箇月を経過するまでの間は、時効は、完成しない」(160条)。①相続財産である債権につき消滅時効が完成しそうな場合のみならず、②相続財産に属する財産につき第三者による取得時効が完成しそうな場合についても、本条の適用が認められる。

9-101　**(b)　3ヶ月の完成猶予——天災等の時効の完成猶予** (161条)　「時効の期間の満了の時に当たり、天災その他避けることのできない事変のため第147条第1項各号又は第148条第1項各号に掲げる事由に係る手続を行うことができないときは、その障害が消滅した時から3箇月を経過するまでの間は、時効は、完成しない」(161条)。例えば、大地震により都市機能が麻痺し、事実上権利行使が期待できない社会的状態になった場合が考えられる。

---

410)　事理弁識能力を欠く常況にあるが成年後見開始の審判を受けていない者については、158条は適用にならないが、類推適用の余地はある（除斥期間の事例であるが、最判平10・6・12☞9-165）。遺留分減殺請求権の事案で、「精神上の障害により事理を弁識する能力を欠く常況にあるものの、まだ後見開始の審判を受けていない者について」、「少なくとも、時効の期間の満了前の申立てに基づき後見開始の審判がされたときは、民法158条1項の類推適用により、法定代理人が就職した時から6箇月を経過するまでの間は、その者に対して、時効は、完成しない」とされている（最判平26・3・14民集68巻3号229頁）。

## 4 時効の更新――旧時効期間の無効化と新たな時効の進行

9-102 **(1) 更新制度**

改正前は、例えば訴え提起であれば直ちに時効が中断しそれが継続し、判決が確定して新たな時効が進行するという構造になっていた。しかし、改正法は、中断制度を廃止し完成猶予と更新という2つの制度に分解した。時効の進行または猶予中に、更新事由があれば、進行または猶予中の時効は無になり、新たな時効が進行することになる。このように、従前の時効の効力を失わせ、新しい時効をゼロからスタートさせる制度が**時効の更新**制度である。更新事由は権利の確定または承認など（☞9-103）である。

9-103 **(2) 時効の更新事由**

**(a) 権利の確定・強制執行等の終了**　①裁判上の請求等については、「確定判決又は確定判決と同一の効力を有するものによって権利が確定し」た場合には、147条1項「各号に掲げる事由が終了した時から新たにその進行を始める」(147条2項)。②強制執行等の場合には、「時効は、同項各号に掲げる事由が終了した時から新たにその進行を始める」(148条2項本文)。「ただし、申立ての取下げ又は法律の規定に従わないことによる取消しによってその事由が終了した場合」は、更新の効果は認められない(同項ただし書)。この場合には、終了から6ヶ月の完成猶予が認められるだけである。

仮差押え等、催告および協議の合意については、完成猶予事由になるだけであり、確定判決等を得る手続をとり確定判決等を得ない限り、時効の更新は認められない。

9-104 **◆主債務の破産免責の確定と保証債務の更新時期**

主債務者につき会社更正手続が開始し、更生手続参加により主債務について更新が認められ、その効力は保証債務に及ぶが（457条1項）、更生計画確定の時に主債務について免除がされた場合（☞9-105）、保証債務の時効の更新（再進行）はいつであろうか。この点、中断についての判決であるが、判例は、「更生手続参加は、更生債権者又は更生担保権者の権利行使としての実質を有し、会社更生法5条の規定によってこれに認められる時効中断の効力は、更生会社の債務を主たる債務とする保証債務にも及ぶとともに、右権利行使が続いている限り維持され」、更生計画において債務の免除が定められた場合には、「右債務を主たる債務とする保証債務の消滅時効は」、更生計画認可決定までにさらに進行を始め

ないという（最判昭53・11・20民集32巻8号1551頁）。改正法の更新の時点の解釈として参考とされるべきである。

9-105 ◆**主債務者の破産免責等と主債務の更新**
**(1) 破産免責の事例**
　主債務者が個人であり破産免責を受けた場合、保証債務はその影響を受けず存続する（破産253条2項）。この場合、破産免責を受けた主債務については、①消滅説、②自然債務説および③責任なき債務説の対立がある。②③では、保証債務について完成猶予や更新をしても、主債務が残っているのでその消滅時効が考えられ保証人がそれを援用できてしまわないか、という疑問がある。この点、判例は自然債務説を採用し、権利行使ができないため時効の起算が考えられず、主債務については、時効の完成がありえないという解決をした（☞ 9-106）。破産免責を受けた主債務について完成猶予措置をとるのは無駄であり、適切な解決である（同様の問題は物上保証についても生じる）。

9-106 ●最判平11・11・9民集53巻8号1403頁　「免責決定の効力を受ける債権は、債権者において訴えをもって履行を請求しその強制的実現を図ることができなくなり、右債権については、もはや民法166条1項に定める『権利ヲ行使スルコトヲ得ル時』を起算点とする消滅時効の進行を観念することができないというべきであるから、破産者が免責決定を受けた場合には、右免責決定の効力の及ぶ債務の保証人は、その債権についての消滅時効を援用することはできない」。

9-107 **(2) 破産手続終結による法人格の消滅**
　主債務が法人であり、破産手続終結により法人格が消滅した場合、保証債務への効力についての規定はないが、このような事態のための保証なので保証債務は存続するものと考えられている。しかし、主債務者が消滅し主債務が消滅するのに、保証債務が存続することをどう理論的に説明するのかが議論され、学説には、①保証債務との関係では主債務者が存続しているものとみなす考え、②債務者のない主債務を存続させる考え、③主債務が消滅することを認め、保証債務は独立担保債務として存続するという考えに分かれる。判例は主債務の消滅を認め、もはや主債務の時効を問題にすることはできないとした（☞ 9-108）。本書は③の立場から判例を支持したい。

9-108 ●最判平15・3・14民集57巻3号286頁　主債務者が破産手続終結

により法人格を失った後、保証人が主債務について時効完成を主張した事例で、最高裁は、「会社が破産宣告を受けた後破産終結決定がされて会社の法人格が消滅した場合には、これにより会社の負担していた債務も消滅するものと解すべきであり、この場合、もはや存在しない債務について時効による消滅を観念する余地はない。この理は、同債務について保証人のある場合においても変わら」ず、「保証人は、主債務についての消滅時効が会社の法人格の消滅後に完成したことを主張して時効の援用をすることはできない」として、この主張を退けた。

9-109　**(b) 承認（152条）**　消滅時効において債務者が債務を認めたり、取得時効において占有者が占有物が他人の所有であることを認めることは、「承認」として時効の更新事由となる（152条）。すなわち、「時効は、権利の承認があったときは、その時から新たにその進行を始める」ことになる（152条1項）。「承認をするには、相手方の権利についての処分につき行為能力の制限を受けていないこと又は権限があることを要しない」（同条2項）。

　中断事由としての承認についての判例は、更新事由としての承認の解釈にそのまま妥当するものと考えてよい。承認は形式を問わず、例えば、別件訴訟である物上保証人による根抵当権登記抹消登記請求訴訟において、債務者が証人として債務の存在を認める旨の証言をしたことが、消滅時効の中断事由たる承認に該当すると認定されている（最判平9・5・27金法1487号49頁）。意思表示ではないので、相手方に対して行う必要はないためである。

9-110　**◆一部弁済と残部の債務承認また時効完成後の一部弁済**
　①承認は黙示であってもよく、債務者が債務の一部について一部のみの弁済として弁済をすることは、債務の残部について承認をしたものとして認められる。②また、時効完成後の場合には、支払は有効であるが、残部については時効完成後の支払約束と同じ問題を生じることになり、信義則による援用権の喪失が問題となる（☞9-50以下）。②について、信販会社の立替金債権を譲り受けた貸金業者の不当な取立てにより、債務者が一部を支払った事例において、債権者が欺瞞的方法を用いて債務者に一部弁済を促したり、債権の取立てが法令や各種通達などに抵触する方法でなされた場合にまで、債権者の信頼を保護するために、債務者が援用権を喪失すると解するいわれはないとされた事例がある（東京簡判平11・3・19判タ1045号169頁）。9-56とパラレルな問題である。

9-111 ◆**主債務を相続した保証人による保証債務の弁済と主債務の承認**
　保証人が主債務者を単独相続した後に、債務の一部を弁済した場合に、これが保証債務の弁済であり残保証債務の承認になるものの、残部の主債務の承認にはならないと主張された事例がある。主債務と保証債務が併存し、確かにいずれの債務を履行するかは自由である。最高裁は、「主たる債務者兼保証人の地位にある者が主たる債務を相続したことを知りながらした弁済は、これが保証債務の弁済であっても、債権者に対し、併せて負担している主たる債務の承認を表示することを包含する」。「保証人が主たる債務を相続したことを知りながら保証債務の弁済をした場合、当該弁済は、特段の事情のない限り、主たる債務者による承認として当該主たる債務の消滅時効を中断する効力を有する」とし、保証債務のみの承認という主張を退けた（最判平25・9・13金判1426号14頁）。

## 5　完成猶予および更新の効力の及ぶ範囲

9-112 **(1)　完成猶予および更新の人的効力の及ぶ範囲——相対効の原則 (153条)**
　**(a)　同列の援用権者が複数いる場合**　民法は、時効の完成猶予および更新の効力が及ぶ者の範囲について規定を置いている。
　まず、完成猶予と更新の両者が問題となる裁判上の請求等（147条）と強制執行等（148条）について、「時効の完成猶予又は更新は、完成猶予又は更新の事由が生じた当事者及びその承継人の間においてのみ、その効力を有する」ものとされる（153条1項）。完成猶予のみが問題となる仮差押え等（149条）、催告（150条）および協議の合意（151条）については、「時効の完成猶予は、完成猶予の事由が生じた当事者及びその承継人の間においてのみ、その効力を有する」と規定する（153条2項）。また、更新のみが問題となる承認（152条）については、「更新の事由が生じた当事者及びその承継人の間においてのみ、その効力を有する」ものとされる（153条3項）。要するに、私的自治の原則からいって、その事由の生じた者またその承継人についてのみ、問題の効力が生じるということである（**相対効の原則**）。
　なお、強制執行等（148条）および仮差押え等（149条）による時効の完成猶予または更新の効力は、「時効の利益を受ける者に対してしないときは、その者に通知をした後でなければ」生じない（154条）。
　相対効の原則の結果、例えば、AからBCが共同で商品を購入し、BCがそれぞれ10万円ずつの代金債務（分割債務）を負担した場合に、Bが債務

承認をして時効の更新が生じても、Cにはその効力は及ばない。BCが連帯債務者の場合でも、請求の絶対効が改正により否定されたので、債権者AがBに請求（催告）して完成猶予が生じても、Cにはその効力は及ばない。Aの土地をBCが共同で占有し取得時効が問題になる場合に、BのみがAの所有権を承認した場合、Bの取得時効のみが更新されるにすぎない。

9-113　**(b)　同じ時効について派生的な援用権者がいる場合**　問題となるのは、同一の時効について債務者と保証人や物上保証人のように、判例・通説ではいずれにも固有の援用権が認められるが、時効の効果としては間接的な効果を受けるにすぎない者が関係する場合である。この場合に、そもそも債務について、債務者とは別に保証人や物上保証人に、独自の起算・完成猶予・更新また完成を想定すべきなのかが問題とされるべきである。①この点につき、債務者についてのみ起算・完成を考えれば問題は生じない。②ところが、債務者、保証人、物上保証人ごとに時効完成を考えると、主債務の時効について、債務者について生じた完成猶予の効果が、保証人や物上保証人に及ぶのと説明する必要を生じる（☞9-115以下）。

なお、弁済をした共同保証人の1人につき、主債務者に対する求償権について時効中断事由があっても、他の共同保証人に対する求償権（465条1項）には中断の効力は及ばないとされており（最判平27・11・19民集69巻7号1988頁）、これは完成猶予・更新にも当てはまる。

9-114　**◆代理占有者に対する請求の間接占有者に対する効力**
例えば、他人の土地を所有者として第三者に賃貸した場合には、賃貸人が、その土地について間接占有を取得し、賃借人の占有を通じて時効取得ができる。この場合に、所有者は、直接占有者たる賃借人と間接占有者たる賃貸人のいずれに対しても明渡しを請求できるが、賃借人に対する請求によっても、賃貸人による取得時効が中断（改正法では完成猶予）すると考えられている（大判大10・11・3民録27輯1875頁）。「代理占有者たる上告人に対する明渡の請求は、同時に占有者本人たる従参加人に対し所有権行使の意思を発現するに外ならずして、之に因りて其者の取得時効が中断せらるる」という理由である。

9-115　**㋐　それぞれ時効の起算・完成猶予を問題にする考え**　保証人など派生的利益を受ける者にも固有の援用権を認めるだけでなく、時効の起算・完成などもそれぞれ別々に検討することも考えられる。判例は9-113の①②を議論しており、この立場を前提にしているかのようである（☞9-117）。

このように考える根拠の1つとして、457条1項が「主たる債務者に対する履行の請求その他の事由による時効の完成猶予及び更新は、保証人に対しても、その効力を生ずる」と153条に対して例外を規定していることがある。しかし、この規定は、主債務の完成猶予や更新が保証債務に効力を及ぼすことを規定したものであり、主債務の完成猶予や更新について主債務者と保証人とについてばらばらに考えることを認めているものではない。

9-116　**(イ)　時効起算・完成を直接当事者に一本化する考え**　主従の関係に立つ保証の例でいうと、主債務の時効の起算・完成を主債務者と保証人や物上保証人とに別々に考えるのではなく、主債務の時効の起算・完成は主債務者についてのみ問題にして、時効が完成したならば、主債務者のみならず保証人や物上保証人にも時効援用——判例では援用権——を認めるという処理が適切である[411]（☞9-118）。完成後には、援用権を問題にする判例では主債務者、保証人らそれぞれに成立した援用権の運命は別々になるが、完成前は主債務者について時効が完成するか否かを問題にすれば足りることになる。

　本書の確定効果説の立場からは、消滅時効でいえば債務者についてのみ起算・完成を問題にすればよく、完成後にも形成権としての援用権を問題にする必要もない。

9-117　**◆間接的な効果を受ける者と時効の完成猶予**
　**(1)　時効の起算・完成猶予をばらばらに考えると**
　　最判平7・3・10判時1525号59頁は、債務者の承認により被担保債務についての時効中断効は、396条の趣旨から物上保証人にも及ぶものとしている。債務について時効の中断・完成をばらばらに考えることが前提にされている。債権者は物上保証人に対して、独自に債務の時効中断措置がとれないので、結論としてこれが妥当であると考えられている。物上保証人所有不動産の競売手続において、債務者の所在が不明なため、開始決定の債務者への送達が公示送達の方法により行われた場合にも、債務者につき時効中断の効力が認められ、物上保証人にも及ぶものとされている（最判平14・10・25民集56巻8号1942頁）。以上は、改正法における完成猶予・更新にそのまま当てはまる。

9-118　**(2)　時効完成は債務者についてのみ考える**
　　これに反し、時効完成は債務者のみについて考えれば（☞9-116）、物上保証

---

411)　東京地判平13・6・8金法1618号82頁は、抵当不動産の第三取得者につき独自に時効の進行は考えられないと述べており、このような立場を採用しているものと考えられる。

人への時効完成猶予の効力を考える必要性がそもそも生じない。債務者について時効が完成したかどうかだけを考えればよく、完成していなければ物上保証人も時効を援用できず、完成していれば物上保証人も時効を援用できるというだけである（☞9-131）。改正法では、債務者についての時効完成猶予の効力を物上保証人に拡大する必要性はない。(1)の考えでは、私的自治の原則の例外として、主たる法律関係についての完成猶予は従たる法律関係に及ぶという一般原則を解釈によって打ち立てる必要があるが、(2)の考えでは一切問題を生じないことになる。本書は(2)の立場を支持する。

9-119 **◆時効中断（完成猶予）が拡大された特殊な事例**
　商事代理の場合には、相手方が代理行為であることを知りえなかった場合には、相手方は商法504条ただし書により代理人と本人のいずれかとの契約を選択できる（☞4-145）。売主側が代理人による売買であり、本人が相手方に代金支払を求めて訴訟を提起したが、相手方が代理人との契約を選択したため、本人ではなく代理人が売主とされたとする。この場合に、本人による代金債権の行使による時効中断は、相手方の代理人の選択により無にされてしまうのであろうか。最高裁は催告に準じた効力を認めており、完成猶予にも応用できよう。
　「相手方の選択以前には本人の債権と代理人の債権が併存していると解されるが、両者は別個独立の債権というより、後者が選択されれば前者はその主張ができなくなるという関係において単に権利の帰属者の点においてのみ択一的な債権として併存しているにすぎず、債権の実体は単一であるとみることができる」。したがって、本人による「訴訟が係属している間継続的にされているとみうる本人の権利主張に着目し、かつ、相手方に対する本人および代理人の債権の実質的単一性ないし相関的性格にかんがみるときは、本人の請求は、その提起した訴訟が係属している限り代理人の債権について暫定的中断事由たる催告に準じた時効中断の効力を及ぼす」（最判昭48・10・30民集27巻9号1258頁）。

9-120 **(2) 完成猶予の物的効力の及ぶ範囲——一部請求**
　改正前の議論であるが、債権者が債権額の全額ではなくその一部、例えば100万円の債権のうち60万円のみの支払を求める訴訟を提起した場合に、時効中断の効力は60万円の部分についてのみ生じるのか、それとも債権全部すなわち残額の40万円についても及ぶのかが議論されていた。中断の効力が生じないとすると、その後に請求を100万円に拡大しても、すでに残額40万円については時効が完成しているということがありうる。実際に問題になっているのは、損害賠償請求の事例である。以下の判例は、改正後の完成猶予にそのまま引き継がれるといってよい。

### 第9章　時効

9-121　**(a) 判例の状況**

**(ア) 当初は一部請求一般につき残部に時効中断効が生じないと判示**　判例は、当初、不法行為による損害賠償請求につき、「請求に因る時効の中断は、裁判上の請求たると裁判外の請求たるとを問はず、<u>其の請求ありたる範囲に於てのみ</u>時効の中断を来すものなるを以て、一部の請求は残部の請求に対する時効中断の効力を生ずることなし」とし（大判昭4・3・19民集8巻199頁）、残部について時効中断の効力を否定した。しかし、損害賠償請求権は、損害額や過失相殺、損益相殺が争いになり金額が事前に確定されていないのである。訴訟提起には、訴訟費用として請求額に応じた印紙税を支払わなければならないので、訴訟の状況をみつつ請求を拡張することが戦略的に必要とされるのである。

9-122　**(イ) 現在は事案を分けて考えられている**　その後、判例は事案を分けて考えるようになっており、①債権者が一部請求と明示してして請求した場合には、残部については裁判上の請求による時効中断の効力が認められない（☞9-123）。ただし、明示的一部請求事例でも、残部について裁判上の催告は認められる（☞9-124）。②他方、全部として請求したが結果的に一部請求になっていた場合には、残部についても裁判上の請求による時効中断の効力が認められる[412]（☞9-125）。なお、予見できない後遺症による損害については、債権は1つであるがその部分について別個に時効が起算される（724条前段［現1号］につき最判昭42・7・18民集21巻6号1559頁）。

9-123　**❶ 明示的一部請求は残部について裁判上の請求は認められない**　判例は、「裁判上の請求があったというためには、単にその権利が訴訟において主張されたというだけでは足りず、いわゆる<u>訴訟物となったことを要する</u>」ことを理由として、「一個の債権の数量的な一部についてのみ判決を求める旨を明示して訴が提起された場合、原告が裁判所に対し主文において判断すべきことを求めているのは債権の一部の存否であって全部の存否でないことが明らかであるから、訴訟物となるのは右債権の一部であって全部ではな

---

[412]　根抵当権の極度額を被担保債権が超える場合に、極度額を超える被担保債権を請求債権として<u>競売の申立てがされた場合には、配当を受けられるのは極度額の限度に限られるが、債権全部について行使がされているといえるため、被担保債権全額につき時効中断の効力が生じる</u>（最判平11・9・9判時1689号74頁）。

い」とする（最判昭34・2・20民集13巻2号209頁）。そのため、「その後時効完成前残部につき請求を拡張すれば、残部についての時効は、拡張の書面を裁判所に提出したとき中断する」とされた。

9-124　❷　**明示的一部請求でも残部につき裁判上の催告が認められる**　上記判決は中断を一切否定したが、その後、「請求原因事実を基本的に同じくすること、明示的一部請求の訴えを提起する債権者としては、将来にわたって残部をおよそ請求しないという意思の下に請求を一部にとどめているわけではないのが通常であると解されること」から、「明示的一部請求の訴えに係る訴訟の係属中は、原則として、残部についても権利行使の意思が継続的に表示されているものとみることができる」として、「当該訴えの提起は、残部について、裁判上の催告として消滅時効の中断の効力を生ずる」ものと変更された（最判平25・6・6民集67巻5号1208頁）。

9-125　❸　**全部としての請求では残部も裁判上の請求の効力が認められる**　他方、「一個の債権の一部についてのみ判決を求める趣旨……が明示されていないときは、請求額を訴訟物たる債権の全部として訴求したものと解すべく、この場合には、訴の提起により、右債権の同一性の範囲内において、その全部につき時効中断の効力を生ずる」ものとされている（最判昭45・7・24民集24巻7号1177頁）。

9-126　(b)　**学説の状況**　①訴訟法説の立場に立つ学説により、明示的に一部請求として訴えが提起された場合でも、その請求を認容する判決は、その請求部分を包含する請求権の存在を確認するものであり、残部請求権の時効の中断も認めるべきであると主張されている（川島478頁）[413]。②他方、判例を支持する学説がある一方（幾代592頁、船越332頁、川井331頁）、③全部請求の場合でも、残部については裁判上の催告の効力にとどめる学説もある（我妻467頁）。本書としては、判例を支持し、全部請求形式の場合には残部についても裁判上の請求を認め、一部請求として明示した場合にも、残額について裁判上の催告としての効力を認め（訴訟終了後6ヶ月まで完成猶予の効力が認められる）、結局は、訴訟中に請求を拡張した場合には、時効完成が阻止

---

413)　訴訟法学者には、債権全体が不可分的に訴訟の目的となり、既判力は全額につき及ぶという主張もある（兼子一『民事法研究（一）』420頁）。

されることに変わりがない。

◆**請求権競合と時効中断（完成猶予）**
**(1) 不法行為に基づく損害賠償請求と不当利得に基づく返還請求（中断肯定）**
　不法行為による損害賠償請求権と不当利得返還請求権とが競合する場合に、債権者がいずれか1つの債権を請求原因として請求訴訟を提起した場合に、他の請求権についても時効中断をするのかが争われた事例がある[414]。最判平10・12・17判時1664号59頁は、XらがYに対してその着服した預金払戻金および甲株券の売却代金相当額につき損害賠償を請求する訴訟を提起したが、Xらは、第一審口頭弁論期日において、不当利得返還請求を追加した上（すでに不当利得から10年経過）、損害賠償請求の訴えを取り下げたため、Yが10年の時効期間の経過による時効を援用した事例である。最高裁は、不当利得返還請求は「本件訴訟の訴訟物である不法行為に基づく損害賠償請求とその基本的な請求原因事実を同じくする請求であり」、「前記損害賠償請求と経済的に同一の給付を目的とする関係にあるということができるから、前記損害賠償を求める訴えの提起により、本件訴訟の係属中は、右同額の着服金員相当額についての不当利得返還を求める権利行使の意思が継続的に表示されているものというべきであり、右不当利得返還請求権につき催告が継続していたものと解するのが相当である」とした。完成猶予にも妥当する先例である。

**(2) 債務不履行と不法行為に基づく損害賠償請求（中断肯定）**
　債務不履行に基づく損害賠償請求権と不法行為に基づく損害賠償請求権についても同様の問題がある。Xが、Yにより課税のない形でマンションを建築できると勧誘されて等価交換方式でマンションを建築したが実際には特例の適用が受けられず多額の所得税および地方税の納税を余儀なくされたため、XがYに対して、①第1審では契約上の債務不履行を理由に損害賠償を請求したが、これが棄却されたため、②控訴審において、Xが不法行為を理由とする損害賠償請求を追加し、控訴審ではこの請求が認容された事例で、①の段階で不法行為に基づく損害賠償請求権についても裁判上の請求に準ずる中断効を認めた下級審判決がある（東京高判平10・4・22判時1646号71頁）。「同じ事実関係を異なる法的観点から構成し直したものにすぎない」というのが理由である。上記の最判平10・12・17の趣旨が当てはまるので、適切な解決である。

---

[414]　詐害行為取消権について、債権者が複数の債権を有していても債権毎に取消権が成立するものではなく1つの取消権が成立するだけであるため、債権者が当初甲債権に基づいて債権者取消訴訟を提起後、乙債権に変更しても、「攻撃防御方法が変更されたにすぎず、訴えの交換的変更には当たらないから」、甲債権に基づく取消訴訟の提起による詐害行為取消権の消滅時効の中断の効力に影響がないとされる（最判平22・10・19金判1355号16頁）。

9-129　**(3) 債務不履行解除に基づく代金返還請求と錯誤無効に基づく代金返還請求（中断否定）**

　　残土による埋立てのための土地使用契約でXからYに交付された代金の返還請求事例である。契約後に土地に残土を搬入する車両進入道路について問題が生じたため、①大型車両の進入道路を確保する約束があったとして、債務不履行に基づく契約解除を理由に原状回復請求権を訴訟物として代金の返還請求をしたが、特約が認定されずXが敗訴した。②そのため、Xが控訴し、錯誤無効により不当利得返還請求を追加した。①の訴訟提起により、錯誤無効に基づく代金の返還請求権の時効中断が生じるかが問題とされた。東京高判平12・9・28判タ1088号203頁は、「解除による原状回復請求権の存否につき当事者が主張、立証し、裁判所が審理、判断した事項によって、錯誤無効による不当利得返還請求権の要件の存在が明らかになっている場合には、錯誤無効による不当利得返還請求権についても時効の中断の可能性がある」と傍論的に述べつつも、結局は、本件ではその要件を満たしていないとして、時効中断を否定し控訴を棄却した。全く訴訟物が異なるため妥当な解決である。

# 第3節　消滅時効

## §I　債権の消滅時効

9-130　債権の消滅時効の要件は、①**時効期間**の経過、および、②その間の債権の不行使である。権利の行使については、時効の完成猶予のところで説明したので、ここでは、時効期間とその起算点について説明することにする。

　立法論的には、時効期間を何年とすべきかの判断は容易ではないが、期間のみに目を奪われるべきではない。総合的な時効完成の難易度ないし容易度が検討されるべきであり、時効期間はその1つの判断要素にすぎない。すなわち、起算点、中断・停止（日本では完成猶予）なども総合考慮して、権利保護についての十分な調整に配慮した上で、時効期間を短縮して司法の負担軽減、債務者の解放との妥当な調整をが図られるべきである。

## 第9章 時効

9-131 ◆**世界の消滅時効法の潮流**
**(1) 単純化**
　ローマ法をベースとしつつ、中世法の積み重ねにより、債権の種類によって時効期間が異なったり（特に短期消滅時効制度）、起算点が異なったりと複雑な法状況を解消し、可能な限り単純化——その中心は時効期間の単純化——して理解しやすくしようというのが、世界的流れである。時の経過だけで、実体審理をせずに形式的に門前払いができる時効制度の本質からして、時効の適用について争いが生じるようでは本末転倒だからである。

9-132 **(2) 短期化**
　消滅時効期間は、ローマ法では 30 年とされていた。ところが、近世に至って、不法行為債権については短期化され、また二重期間化される傾向にある。他方で、商慣習法により取引上の代金債権（金銭債権）については、最短 6 ヶ月の短期消滅時効が認められている。この結果、原則的な時効期間（これもローマ法の 30 年を維持する立法は次第に減少）は貸金債権、保証債権、不当利得返還請求権くらいにしか適用にならない状況になっていた。ならば単純化を進めて、短期消滅時効に期間に一元化しても法状況は大きく変わらないことになる。そのため、5 年や 3 年といった消滅時効期間を原則とする立法が近時増えている。

9-133 **(3) 時効期間の短期化とのバランス調整**
　**(a) 主観的起算点の採用**　時効期間の短期化に対する債権者の権利保障との調整としては、まず、起算点についての権利者保護への配慮が指摘できる。権利が発生し、期限到来や停止条件の成就といった法的障害がなければよいのではなく、権利また債務者を知り権利行使の事実上の可能性があることを起算点の要件とすることが考えられる。ただし、そうするといつまでも起算がされない可能性があるので、本来の起算点から最大限を画する二重期間の設定が不可欠になり、短期化して主観的起算点を採用する立法は、デッドラインを画する二重の期間制限を導入している（長期の方は時効とはされるが中断を認めない）。

9-134 　**(b) 停止・中断等の債権者の利益配慮への制度の充実**　他方で、停止（起算停止は(a)。進行停止と完成停止がここにかかわる）・中断などの権利者の利益保護のための制度を充実させる必要がある。立法によっては、裁判外の請求に確定的な時効中断の効果を認めたり、裁判所に、裁量的な時効期間の延期を認める規定が置かれている。そのほか、司法制度へのアクセスの改善、ADR 制度の充実なども必要なことはいうまでもない。また、確定債権化による時効期間の長期化、時効における合意の可能性をある程度認め、時効期間を変更したり、中断事由の合意による追加を認めるなども、短期化との調整を図る方策といえる。

第 3 節　消滅時効　　§ I　債権の消滅時効

## 1　債権の消滅時効期間

9-135　**(1)　総論——単純化（統一化）と短期化**

　債権の消滅時効期間については、いかなる債権を何年の時効期間に服せしめるのかは、歴史的にまた立法としても一貫してはいない[415]。世界の時効立法をみると、大きく次のように分類できよう。

　①まず、原則的時効期間＋短期消滅時効を設ける立法として、ⓐローマ法以来の30年の時効期間を維持とするのはルクセンブルクなど少数（ドイツは2001年、フランスは2008年の改正で放棄）、ⓑ20年がギリシャ、ポルトガル、ⓒ15年がスペイン、ⓓ10年がスイス、イタリア、ベルギーなどである。10年以上の時効期間を原則とする立法では、別個に5年以下の短期消滅時効が必ず導入されるが、商法に商事特別時効を導入するのは改正前の日本、フランス、スペインなど少なく、不法行為についての特別の時効期間はほぼどこの国でも導入している。

　②他方で、10年より短い時効期間を設定するのが近時の立法の潮流である。ⓐ2008年のフランス改正民法は主観的起算点による5年の時効期間＋10年の最長期間により構成されている。短期消滅時効は廃止されたが、消費者法典に事業者の消費者に対する債権につき2年の短期時効制度が導入されている。ⓑ2001年改正ドイツ民法は、主観的起算点による3年の時効期間＋10年の最長期間を設定している（PECL、DCFRまたUNIDROITも）。ⓒロシア、中国、ウズベキスタンなどでは、原則的時効期間をさらに短い2年にし、ⓓ北朝鮮では、市民間および市民・企業間の債権は1年、企業間の債権は3ヶ月または6ヶ月である（260条・261条）。

　③そのほかには、ローマ法によらない判例法に基づくイギリスは、依然としてばらばらの時効期間によっている。アメリカの出訴制限法は各州で異なっており、契約上の債権についてイギリス同様6年とする州が多いが、3年にする州、15年にする州まで様々であり、また捺印証書やモーゲイジ証書による場合にはより長期の期間とするなどの修正も州によっては認められて

---

[415]　ドマ（フランスの中世の法学者）は、時効が制度として存在することは自然法上の要請であるが、その期間をどう定めるかは人為的な実定法によるしかないという（金山直樹「時効法の課題」同編『消滅時効法の現状と改正提言』7頁）。

いる（藤井啓吾「アメリカの時効制度と債権管理(下)」金法1587号49頁）。

9-136 **◆時効期間の合意による変更**
　時効制度を社会秩序維持のための公益的制度であると考えれば、債権者・債務者間の合意により時効期間を変更することはできないことになる（取得時効では期間変更の合意はありえない）。しかし、債務者の解放という私的利益保護も含んだ制度であれば、公序良俗に反する内容でなければ時効期間の延長・短縮も可能なはずである。この点について、わが国では規定がなく解釈に任され、時効規定は強行規定であり、合意により変更できないというのが通常の理解である。比較法においても、時効期間の合意についての処遇は多様であり帰一するところを知らない[416]。また、比較法的にみると、時効についての合意は、中断・停止（日本では完成猶予）についての合意の可否も問題になる（9-158は合意の効力を認める）。

9-137 **(2) 原則的時効期間ないし普通時効期間（166条1項）[417]**
　改正前の民法の当初規定では、債権の原則的時効期間は、客観的起算点（旧166条）からの10年であり（旧167条1項）、商事債権については原則が5年とされ（商法旧522条）、そのほかに、3年から1年の短期消滅時効が設けられていた。改正法は、これを5年に短期化・一元化し短期消滅時効また商事時効を廃止し単純化した。ただし、5年については主観的起算点によっており、それとは別に最長期間を画する10年の時効期間を導入した。

> ① 「債権者が権利を行使することができることを知った時から5年間行使しないとき」（166条1項1号）
> ② 「権利を行使することができる時から10年間行使しないとき」
> （同項2号）

---

416）　立法は、①日本民法のように何ら規定しない立法、②ケベック民法2884条、スイス債務法129条のように一切の合意を禁止する立法、③ガンドルフィー草案（ただし、消費者の債権については無効）のように、短縮を有効として、下限を設定しない立法、④国際動産売買における時効に関する条約（書面必要）は、延長を可能とするが10年の期間を限度する。⑤短縮・延長いずれも有効とするものが近時は多く、PECLは、下限1年、上限30年という制限を設定する。

417）　「金銭の給付を目的とする国の権利」、「金銭の給付を目的とする普通地方公共団体の権利」は、特別規定がない限り——恩給債権の時効期間は7年である（恩給法5条）——5年の時効期間である（会計法30条、地方自治法236条1項）。また、消滅時効といいながら特殊な扱いがされている。即ち、「金銭の給付を目的とする国の権利の時効による消滅については、別段の規定がないときは、時効の援用を要せず、また、その利益を放棄することができないものとする」と規定されている（会計法31条1項）。

ただ、人の生命または身体の侵害による損害賠償請求権については例外を認めている。すなわち、「人の生命又は身体の侵害による損害賠償請求権の消滅時効について」は、②の10年が20年に変更される(167条)。

短期消滅時効制度の廃止により、1年から3年で時効にかかっていた債権が5年の時効期間に延ばされたことになる。フランスのように事業者の消費者に対する債権について2年の消費者時効制度を導入する立法もあり、事業者の消費者に対する債権につき1年から3年の短期の時効による解放を認めていたのがなくなった点を問題視する指摘もある。しかし、短期消滅時効が合理的な制度ではなかったまでである[418]。

年金等の「定期金の債権」は契約上の地位そのものであり、これによって発生する個々の債権とは異なった規律がなされている。主観的起算点から10年(168条1項1号)、客観的起算点から20年の時効(同2号)に服する。

9-138 **(3) 確定債権についての特則 (169条)**

**(a) 確定債権制度の導入** 当初の民法規定にはなかったが、10年より短い時効期間の債権、例えば1年の時効期間の債権につき判決を得たのに、依然として1年の時効期間のままであり、1年ごとに時効中断措置をとらなければいけないのは煩雑である。そのため、昭和13年の民法改正により、債権が判決等で確定されると時効期間は10年になるという**確定債権制度**が導入された(旧174条の2)。改正法でも時効の原則期間が5年とされたため確定債権制度が維持された。すなわち、「確定判決又は確定判決と同一の効力を有するものによって確定した権利については、10年より短い時効期間の定めがあるものであっても、その時効期間は、10年とする」ものと規定されている(169条1項)。ただし、「前項の規定は、確定の時に弁済期の到来していない債権については、適用しない」と規定されている(同条2項)。

9-139 **(b) 確定債権化の要件** 確定債権化が認められるためには、確定判決がなされるかこれと同様の確定力を持つ書面の作成が必要になる(訴訟上の和解等)。債務者が破産し債権表に債権が記載された場合には、債権表の記載は確定判決と同一の効力を有するため(破124条3項)、169条が適用される(最判昭44・9・2民集23巻9号1641頁、最判平7・3・23民集49巻3号984頁[419]など)。

---

[418] 歴史的には、商人等は卑賤な者とされ、短期消滅時効の背景にはこれらの階層の人々に対する不信用・軽蔑の念があったといわれている(金山・理論と解釈83頁)。

他方、執行証書（民執22条5号）が作成された債権は、確定債権にはならない。「確定判決と同一の効力を有する」ことが必要なので、執行証書には執行力は認められても既判力はないためである（東京高判昭56・9・29東高民時報32巻9号219頁など）。執行証書を作成すれば時効期間を10年にできるとなると、私人に時効期間を延長する合意を認めないわが国では、これを潜脱することになるため上記の問題も否定せざるをえない。

9-140 **(c) 保証債務をめぐる問題点**[420]
**(ア) 主債務の確定債権化の保証債務への影響** 主債務が判決等により確定債権となり10年の消滅時効期間に服することになった場合に、保証債務についてもその効力が及び、保証債務も10年の時効期間となる（最判昭43・10・17判時540号34頁[421]。最判昭46・7・23判時641号62頁も同様）。457条1項の趣旨が根拠とされている（457条1項の類推適用）。457条1項は、保証債務が主債務よりも先に消滅時効にかかることを阻止する規定であり、396条と同趣旨の規定である。

学説には否定説もあるが（高島349頁）、判例を支持するのが通説である。例えば、457条1項は「時効の点では主債務と保証債務と足並をそろえさせて、主債務の方を押さえておけば、保証債務だけが先に時効に罹らないようにする趣旨」であり、その趣旨はここにも当てはまるとして保証債務の確定債権化を肯定している（兼子一「判批」『判例民事法昭和20年度』40頁）。

419) 本判決は、債権表への記載は「届出債権につき異議がないことが確認されることによって、債権の存在及び内容が確定されることを根拠とするものであ」り、原債権について「債権調査の期日の後に保証人が弁済によって取得した求償権の行使として届出債権の名義変更の申出をしても、右求償権の存在及び内容についてはこれを確定すべき手続がとられているとみることができない」として、同申出による求償権の確定債権化を否定している。
420) 保証債務以外にも、確定債権化の別の債権への効力が問題とされている事例がある。①まず、手形債権の確定債権化の効力は原因債権にも及ぶ（最判昭53・1・23民集32巻1号1頁）。そうでなければ、「原因債権について訴を提起するなどの方法を講じてその時効を中断しなければならないというのでは、手形債権者の通常の期待に著しく反する結果となること」が理由である。②他方、「破産法287条1項[注・現124条3項]により債権表に記載された届出債権が破産者に対し確定判決と同一の効力を有するとされるのは、届出債権につき異議がないことが確認されることによって、債権の存在及び内容が確定されることを根拠とするものである」ため、債権調査の期日の後に保証人が弁済によって取得した事後求償権には、確定債権化の効力は及ばない（最判平7・3・23民集49巻3号984頁）。
421) 最判昭43・10・17は、「民法457条1項は、主たる債務が時効によって消滅する前に保証債務が時効によって消滅することを防ぐための規定であり、もっぱら主たる債務の履行を担保することを目的とする保証債務の附従性に基づくものであると解されるところ、民法174条ノ2の規定によって主たる債務者の債務の短期消滅時効期間が10年に延長せられるときは、これに応じて保証人の債務の消滅時効期間も同じく10年に変ずるものと解するのが相当である」と判示する。

9-141　**(イ)　保証債務の確定債権化と主債務への影響**
❶　**否定説**　保証債務につき確定債権化がされても、主債務については何らの影響がないというのが判例である。「債権者と連帯保証人との間の判決に因り債権確定したるときと雖も、該当事者の間に於てのみ短期時効は10年となるに過ぎずして、当事者以外の主たる債務者との関係に於ては右確定判決は時効期間に付何等の影響な」しとされている（大判昭20・9・10民集24巻82頁）。判例を支持する学説は、確定債権化は、「当事者間で確定判決のあったことに基づく付従的効果であるから、確定判決の既判力の及ぶ者、したがって通常は当事者に限り、またその確定された債権についてだけ生じると認めるのが当然である」という[422]。しかし、保証債務が主債務よりも重い態様であることは認められないため、時効期間にもこれを当てはめれば[423]、主債務に影響がなく5年の時効期間のままだとすれば、保証債務も5年の時効期間となるのではないかという疑問が残される。

9-142　❷　**肯定説**　他方で、主債務への確定債権化の効力を肯定する学説もある。昭和20年判決について否定説に好意的評釈が現われた後、我妻博士により「当否はすこぶる疑問」と評され（我妻501頁）、判例のような解釈は「連帯保証については本条の趣旨を結局無意味に帰せしむる」という批判も現われる（注民(5) 371頁［平井］）。その後、肯定説の根拠を探る試みがされ、「確定判決によって保証債務としての存在が確定されたのであれば、主債務も、存在が明確になったものとして、10年の時効に転換される、と解すべきであろうか」と説明される（四宮311頁以下）。近時も、酒井弁護士が詳細な検討をしており[424]、肯定説が有力になりつつある（石田穣1148頁等）。

9-143　◆**債権の一部についての確定債権化と残部債権への効力**
　　債権の一部について確定判決があり確定債権化した場合には、確定債権化の効力は残部にも及ぶのであろうか。実際に問題となっているのは損害賠償債権について、確定判決後に後遺症が発生した場合である。先にみたように、全部として請求すれば残部についても時効中断（現在では、完成猶予および更新）の効力が

---

[422]　兼子・前掲40頁。今泉581頁も同様。否定説として、末川博「判批」民商23巻4号60頁、注解民法Ⅰ291頁［滝澤］など。
[423]　保証債務が10年の時効期間に服する債務であっても、保証債務の付従性から、主債務がより短い期間——改正前の例えば1年の短期消滅時効——の消滅時効に服するのであれば、その時効期間の限度に短縮されるものと考えられている（大判大4・7・13民録21輯1387頁など）。
[424]　酒井廣幸「連帯保証人に対する確定判決と主債務の時効期間の延長」銀行549号22頁。

生じるが（☞ 9-125）、確定債権化の効力はどうであろうか。

　最高裁判決はないが、訴訟上の和解が成立した後に後遺症が発生した事例で、「被告らが容認した損害の中には、後遺障害に関連した損害は含まれておらず、その存在が訴訟手続の中で確認されたものではないので、右和解の成立をもって、後遺障害に関連した損害についてまで、時効期間が民法174条の2第1項によって、10年に伸長されたと認めることはできない」とされている（東京地判平7・9・20判時1567号116頁）。予見しえない後遺症については、そもそも中断（完成猶予）を問題にするまでもなく、時効の起算点が後遺症発症後に緩和されるが（最判昭42・7・18民集21巻6号1559頁）、後遺症による損害について判決で確定されているわけではなく、確定債権化の効力がこれに及ばないのは仕方ない。

## 2　消滅時効の起算点──二重の時効期間

9-144 **(1)　主観的起算点による5年の時効期間**（166条1項1号）

　5年の時効期間については、起算点は「債権者が権利を行使することができることを知った時」である。このように、債権者が債権の成立およびその行使しうることを知った時を起算点とする場合、この起算点を**主観的起算点**という。主観的起算点は、時効期間を5年に短期化する見返りとして、債権者保護との調整として導入されたものである[425]。

　1号の5年の時効期間が起算されるためには、債権者またその債権行使の代理権を持つ代理人が、債権の成立と期限の到来、条件成就など権利行使についての法律上の障害がないことを知ることが必要である。「知った」ことを要求し、別に10年の二重の期間制限を設定しているため、知りえた場合に拡大すべきではない。例えば、不当利得の成立を知らない場合（無効な弁済がされたなど）、債務不履行を知らない場合（手術の際に腹の中にガーゼを置き忘れたなど）、出世払い約束で出世という不確定期限の到来を知らない場合には、5年の時効期間は直ちには起算されないことになる。

9-145 **(2)　客観的起算点による10年の時効期間**（166条1項2号）

　**(a)　デッドラインとしての原則的時効期間の維持**　改正前の時効の原則

---

[425]　2001年改正ドイツ民法は、年末時効制度を創設した。債権者が請求権を基礎付ける事実および債務者を知り、または、重過失なくして知るべきであった年の終了から起算され（199条1項）、翌年の1月1日から前の年の債権は一斉に時効が開始し、3年後の年末に時効が完成する。このような処理には、年明けには3年過ぎた債権の領収書などを一斉に廃棄できるという利点がある。

は、期間が10年であり（旧167条1項）、またその起算点については、「消滅時効は、権利を行使することができる時から進行する」と規定されていた（旧166条1項）。債権者の主観を問わずに時効を起算させる場合、その起算点を**客観的起算点**という。改正法は、この2つの規定を合体させて166条1項2号に移して、主観的起算点による5年の時効がいつまでも起算されない不都合を回避しようとしたのである。

ただし、「人の生命又は身体の侵害による損害賠償請求権」については、10年ではなく20年とされる（167条）。不法行為の20年のデッドラインたる期間（724条2号）と平仄を合わせたのである。

9-146　(b)　**客観的起算点の意義**
(ア)　**法律上の権利行使障害の不存在**　166条1項2号の「権利を行使することができる時」という客観的起算点については、改正前の旧166条1項の解釈がそのまま引き継がれることになる。

客観的起算点は、起草者によれば主として条件および期限に関する規定であると説明されている。停止条件付き債権が成立しても条件成就まで、期限の定めのある債権が成立しても期限到来までは、債権者は履行請求ができないが、これを「法律上権利行使ができない」と説明して、債権者が病気である等、事実上権利行使ができないことは考慮されないと考えられていた。

この結果、事実上、債権者に権利行使が期待できなくても10年の時効は起算され、一定の事由が完成猶予事由（旧停止事由）として認められるだけである。債権者に権利行使が事実上期待できない事情があっても、客観的起算点では考慮されないのが原則である。債権者が債権の成立さえ知らない場合でも同じである[426]。不当利得の事実を本人（債権者）が知らない間に時効が進行するかが問題とされ、時効の起算（また完成）が肯定されている[427]。また、準禁治産者（現行の被保佐人）は訴訟をするには保佐人の同意が必要であるが（13条1項4号）、保佐人の同意を得られずに訴えを提起できなかったとしても時効の起算は妨げられないとされている（最判昭49・12・

---

426)　大判大4・3・24民録21輯439頁は、不確定期限付き債務とされる出世払い債務の時効の起算点につき、大審院は、「不確定期限の債務と雖も其到来の時より債権者は弁済を請求し得べく之と同時に消滅時効は当然進行すべく、債権者が期限の到来を知ると否と又其過失の有無を問ふことを要せざるものとす。……<u>債権者の過失なくして期限の到来を知らざるも毫も時効の進行を妨ぐることな</u>」しとした。

20民集28巻10号2072頁[428]）。他方、法定の期限が付いているものと認められた事例として、宅建業法に基づいて供託された営業保証金の取戻請求権につき同法30条2項の10年という制限につき、「法律上の障害があることは明らかである」とされた事例がある（最判平28・3・31民集70巻3号969頁）。

9-147　**◆期限の定めのない債権**

期限の定めのない債権は、債権の発生時が権利を行使しうる時となる（不当利得返還請求権につき、大判昭12・9・17民集16巻1435頁☞注427）。例外は、返還時期を定めない消費貸借における貸主の貸金返還請求権＝貸金債権である。この場合には、591条1項により、貸主は直ちに返還を請求できるのではなく、相当期間を定めて催告しなければ返還を請求できないからである。そのため、相当期間を置けば、契約後直ちにでも解約の意思表示ができるのであり、要するに契約から相当期間経過後には返還請求ができたのである。そのため、契約から解約のために必要な相当期間を経過した時から時効が進行すると考えられている[429]。

9-148　**◆不作為債権の時効の起算点**

不作為を求める債権は、その継続的な違反状態があって初めて履行請求が問題となり、消滅時効もその時から進行する（ド民199条5項は明記）。例えば、2階建て以上の建物を建築しない合意をしたのに、3階建ての建物を建築した場合、3

---

427）　大判昭12・9・17民集16巻1435頁は、「非債弁済に付ては所論の如く弁済を為したる者が債務の存在せざることを知らざる場合に限り給付したるものの返還を請求することを得るものなれば、返還請求権発生の時に於ては権利者は此の権利の発生を了知するに由なく之を行使すること能はざるものなれども、之れ<u>事実上権利を行使することを得ざるに止まり法律上行使不能なりと云い難く</u>、前示民法第166条に所謂権利を行使することを得る時とは<u>法律上之を行使し得べき時を意味し事実上之を行使するや否やは何等関係なく</u>」として、期限の定めのない債権であるため、成立と同時に時効の進行を認めた（二重期間が設定されていないので、永遠に時効が完成しなくなる不都合が指摘されている）。

428）　本判決は、「消滅時効の制度の趣旨が、一定期間継続した権利不行使の状態という客観的な事実に基づいて権利を消滅させ、もって法律関係の安定を図るにあることに鑑みると、右の権利を行使することができるとは、権利を行使し得る期限の未到来とか、条件の未成就のような権利行使についての法律上の障碍がない状態をさすものと解すべきである」、「<u>準禁治産者が訴を提起するにつき保佐人の同意を得られなかったとの事実は、権利行使についての単なる事実上の障碍にすぎ</u>」ないという。

429）　定期預金について解約がないと期間が満了しても自動的に同じ内容で継続扱いになる条項がある場合（**自動継続定期預金**）、「自動継続特約の効力が維持されている間は、満期日が経過すると新たな満期日が弁済期となるということを繰り返すため、……初回満期日が到来しても、預金払戻請求権の行使については法律上の障害がある」として、「自動継続定期預金契約における預金払戻請求権の消滅時効は、<u>預金者による解約の申入れがされたことなどにより、それ以降自動継続の取扱いがされることのなくなった満期日が到来した時から進行する</u>」とされる（最判平19・4・24民集61巻3号1073頁）。満期日から起算するのは、「預金者に対し契約上その自由にゆだねられた行為を事実上行うよう要求するに等しいものであり、自動継続定期預金契約の趣旨に反する」と説明しており、むしろ期待可能性説（☞9-151）を適用したものといえよう（戸田久「最判解説」判解民平成19年度(上)352頁参照）。

階部分の撤去の請求権は、その違反建築がされてから10年（債権者が知ってから5年）で時効にかかる。隣の工場と住民との協定により夜8時以降の操業はしないことになっていたのにこれに違反した場合には、損害賠償請求権の消滅時効を問題にすれば足りる。なお、一般的な不可侵義務違反の場合には、例えば所有権に基づく妨害排除請求権は、侵害状態がある限り不断に妨害排除請求権が発生し続けるので消滅時効を考える余地はない（☞9-184）。

9-149 **◆同時履行の抗弁権や留置権の対抗を受ける債権**
　同時履行の抗弁権や留置権の対抗を受ける債権は、債権者が反対給付を提供して債務者の同時履行の抗弁権などの行使を退けることができるのであるから、時効の進行は妨げない。すなわち、自分で除去できる抗弁権が付着しているにすぎない場合には、権利行使ができない場合には当たらないのである。請負代金債権は契約と同時に成立しているが、①仕事完成までは仕事完成が先履行の関係に立つので時効は起算されず、②仕事完成後は同時履行の抗弁権の対抗を受けるが（633条）、同時履行の抗弁権は時効の起算の障害にはならないため、起算点は仕事完成時と考えられる。ただ完成の意義をめぐっては議論がある。

9-150 **◆期限の利益喪失約款付きの債権**
　例えば、代金を分割払いにして、1回でも支払が遅れると残額を直ちに全部支払うよう請求できるという特約（期限の利益喪失約款）がある場合に、債務者が支払を怠ったならば、その残額の債権の時効は、債権者は全額を請求できるようになるので直ちに起算されるのであろうか。
　①判例は、債権者が全額の請求をした時から残額全額につき時効が進行すると考えている（大連判昭15・3・13民集19巻544頁、最判昭42・6・23民集21巻6号1492頁［**請求時時効起算説**］）。後者の判決は、「一回の不履行があっても、各割賦金額につき約定弁済期の到来毎に順次消滅時効が進行し、債権者が特に残債務全額の弁済を求める旨の意思表示をした場合にかぎり、その時から右全額について消滅時効が進行する」という（賛成する学説として、柚木・下434頁）。②これに対し、通説は、形成権があるというのはいつでも残額全部を請求できるのと同じであることから、債権者の意思表示があろうとなかろうと直ちに残額全部につき時効が進行すると考えている（我妻487頁、川島519頁、幾代510頁、四宮306頁、川井371頁）。その後に分割払いがなされ債権者が容認している場合には期限の利益喪失という効果が放棄されたと考えれば足り、通説に賛成したい。

9-151 　**(イ) 権利行使期待可能性を例外的に考慮すべきか**　民法の権利行使期待可能性の問題は完成猶予（旧停止事由）において考慮するという立場からは、規定のない事由については完成猶予の規定の類推適用による、ないしは、権

利行使障害型の完成猶予事由を例示列挙と考えて、規定のない完成猶予事由を認めるというのが筋かもしれない。しかし、学説により権利行使期待可能性を起算点の判断において考慮すべきことが提案された。すなわち、星野教授は、「法律的に権利が発生していたか否かが裁判所で始めて明らかになる場合も少なくなく、その際に、債権者、とりわけ素人にその判断の危険を負担させることは酷である」と批判し、結論として、「これは『権利を行使しうることを知るべかりし時期』すなわち、債権者の職業・地位・教育などから、『権利を行使することを期待ないし要求することができる時期』と解すべきである」と提案する（星野・覚書 310 頁）。その後、権利行使期待可能性を考慮する学説が増えている[430]（石田穣 1128 頁、松本・時効 166 頁[431]）。

判例も、賃貸人の受領拒絶による弁済供託の場合の、賃借人の供託金取戻請求権につき、9-152 のように判示した判決を皮切りに、権利行使期待可能性を考慮する判決が出されている（☞ 9-156 以下）。期待可能性説は判例に現われていない事例についても活用の可能性が考えられている[432]。また、法律上の権利行使可能性を問題にしながら実質的に権利行使期待可能性を考慮している判決もみられる（☞ 9-153 以下）[433]。改正後の 166 条 1 項 2 号の解釈として、引き継がれるとみてよく、さらには、1 号の主観的起算点でも権

---

[430] 肯定論者は、権利行使の期待可能性は、特定の権利者本人を基準とするのではなく、通常人を基準として判断する（徳本伸一「消滅時効の起算点について」金沢 41 巻 2 号 137 頁）。新井敦志「判批」立正 42 巻 1 号 298 頁も、「当該権利の性質から客観的に見て誰が権利者であろうと権利行使が事実上期待不可能」を 166 条 1 項（旧規定）に含めて、進行の障害事由として認めようとする。

[431] 松本・時効 206 頁は、起算点に、権利行使可能性＝法律上の障害がないことだけでなく、時効の進行の問題である権利行使期待可能性の考慮も持ち込むことを認める。

[432] 例えば、法人の破産手続が終結したが、残余財産が後日発見された場合、「破産手続きの終了後当該財産の発見までの間、債権者の会社に対する権利行使が現実に期待できたとはいえないから、その権利行使が現実に期待できるようになった時まで消滅時効は進行しないと解することができる」と評されている（松並重雄「判解」判解民平成 15 年度(上) 186 頁）。

[433] 貸金業者との間で金銭消費貸借を締結し、継続的に借入れと返済を繰り返し、過払金が発生していた事例で、最判平 21・1・22 民集 63 巻 1 号 247 頁は、**過払金返還請求権**の時効の起算点につき、過払金を新たに生じた貸金債権の弁済に充当する旨の「過払金充当合意」が含まれている場合には、「新たな借入金債務の発生が見込まれる限り、過払金を同債務に充当することとし、借主が過払金に係る不当利得返還請求権（以下「過払金返還請求権」という。）を行使することは通常想定されていない」ため、「過払金充当合意を含む基本契約に基づく継続的な金銭消費貸借取引においては、同取引継続中は過払金充当合意が法律上の障害となる」とし、「過払金返還請求権の消滅時効は、過払金返還請求権の行使について上記内容と異なる合意が存在するなど特段の事情がない限り、同取引が終了した時点から進行する」とした（最判平 21・3・3 判時 2048 号 9 頁なども同様）。むしろ権利行使の期待可能性を問題にすべきであったという評価もされている（石松勉「過払金返還請求権の消滅時効の起算点について」福岡 54 巻 1 号 151 頁）。

利行使期待可能性がさらに必要とされると解すべきである。

9-152　●最大判昭 45・7・15 民集 24 巻 7 号 771 頁　賃貸借契約の終了をめぐって争いが生じ、存続を主張する賃借人による賃料供託事例で（賃貸人の供託金返還請求権の時効が問題になった。当事者間に和解が成立し、賃借人が建物を立ち退く代わりに、それまでの賃料の放棄がされたので、賃借人がそれまで供託していた賃料の払戻しを請求したのに対して、供託所が時効を援用）、賃借人が供託金を取り戻すと「相手方の主張を認めて自己の主張を撤回したものと解せられるおそれがあるので、<u>争いの解決をみるまでは、供託物払渡請求権の行使を当事者に期待することは事実上不可能</u>にちかく、右請求権の消滅時効が供託の時から進行すると解することは、<u>法が当事者の利益保護のために認めた弁済供託の制度の趣旨に反する結果となる</u>」として、「弁済供託における供託物の取戻請求権の消滅時効の起算点は、供託の基礎となった債務について紛争の解決などによってその不存在が確定するなど、<u>供託者が免責の効果を受ける必要が消滅した時と解するのが相当である</u>」と判示されている。

9-153　**◆法律上の権利行使可能性レベルで問題を解決する判例**
　塵肺炎の事例ように、進行性疾患であり長期経過した時点で初めて症状が現われる事例では、安全配慮義務違反による損害賠償請求について、症状が現われた時には違反がなくなってからすでに 10 年の時効期間が経過してしまっている可能性がある。しかし、損害が発生しなければ損害賠償債権が成立しないので、その行使も考えられず損害の発生は不可欠である（権利成立は起算の当然の前提）。判例は、この前提の下に、損害の発生を各段階また死亡の段階とを分けている[434]。不法行為においては、将来の介護費用まで賠償請求できることを説明するために、損害は不法行為時にすでに発生しており損害賠償請求権は不法行為時に成立していたと「法的な擬制」がなされるが（最判平 11・12・20 民集 53 巻 9 号 2038 頁）、この事例にはこの擬制は認められない。

9-154　●最判平 6・2・22 民集 48 巻 2 号 441 頁（日鉄鉱業長崎塵肺訴訟）　じ

---

434）損害賠償債権は成立しているが権利行使の期待可能性がないため時効を起算しないというのではなく、そもそもいまだ権利自体が成立していない事例である。防塵マスクの装着なしに炭鉱作業に従事させたといった安全配慮義務違反があっても、塵肺を発症するか不明であるし、ましてや死亡するとは限らない。他にも、ワラント取引についての勧誘上の説明義務違反による債務不履行を理由とした損害賠償請求権につき、大阪地判平 11・3・30 金法 1558 号 37 頁は、時効の起算点について、勧誘時と解するのは損失が生じるか未確定であるため相当でなく、「少なくとも損失額が確定したときには期限の定めのない債務として具体的請求権として発生し、右時点においては訴求するにつき<u>法律上の障害がない</u>ことから、右をもって起算点と解すべきである」としている。

ん肺については、「例えば、管理二、管理三、管理四と順次行政上の決定を受けた場合には、事後的にみると一個の損害賠償請求権の範囲が量的に拡大したにすぎないようにみえるものの、このような過程の中の特定の時点の病状をとらえるならば、その病状が今後どの程度まで進行するのかはもとより、進行しているのか、固定しているのかすらも、現在の医学では確定することができないのであって、管理二の行政上の決定を受けた時点で、管理三又は管理四に相当する病状に基づく各損害の賠償を求めることはもとより不可能である。以上のようなじん肺の病変の特質にかんがみると、管理二、管理三、管理四の各行政上の決定に相当する病状に基づく各損害には、質的に異なるものがあるといわざるを得ず、したがって、重い決定に相当する病状に基づく損害は、その決定を受けた時に発生し、その時点からその損害賠償請求権を行使することが法律上可能となる」。

9-155

●**最判平 16・4・27 判時 1860 号 152 頁（日鉄鉱業筑豊塵肺訴訟）**
「じん肺によって死亡した場合の損害については、死亡の時から損害賠償請求権の消滅時効が進行すると解するのが相当である。なぜなら、その者が、じん肺法所定の管理区分についての行政上の決定を受けている場合であっても、その後、じん肺を原因として死亡するか否か、その蓋然性は医学的にみて不明である上、その損害は、管理二〜四に相当する病状に基づく各損害とは質的に異なるものと解されるから」である。

9-156

◆**権利行使期待可能性を考慮する判例**
**(1) 債務不履行に基づく損害賠償請求権**
　東京高判平 18・10・12 判時 1978 号 17 頁は、産院における新生児の取違えを理由とする債務不履行に基づく損害賠償請求につき、誤った引渡しがされた時に債務不履行に基づく損害賠償請求権を取得したが、権利行使の現実的期待可能性を視野に入れて時効の起算点は考えられるべきであるとして、「両親及び子が取り違えの事実を知ることのできる客観的な事情が生ずることにより、その損害が顕在化して初めて権利行使を期待することが可能となる」とし、時効の完成を否定した（不法行為については 724 条後段［改正前］の適用肯定）[435]。

---

[435]　血液検査の結果により親子関係に疑問を持つことが可能になった時（平成 9 年）から起算をしている（取違えは昭和 33 年）。原審判決である東京地判平 17・5・27 判時 1917 号 70 頁は、不法行為については 20 年の除斥期間を認め、債務不履行による損害賠償請求権についても、166 条の起算点を権利行使についての法律上の障害のない状態として、退院の時から起算をして時効完成を認めて請求を一切棄却していた。

### (2) 保険金請求権

被保険者 A が行方不明になっていたが、山中で A が運転していた自動車と A の白骨化した遺体が発見され、4 年近く前に事故により死亡していたことがわかった事例で、保険金の受取人 X が、Y に対し保険金の支払を求める訴訟を提起した。Y は、A の死亡（保険事故発生＝保険金請求権成立）の日から 3 年が経過するまでの間に保険金の請求がなかったから、約款中の時効消滅条項の適用により[436]、X の保険金請求権は時効により消滅したなどと主張した。最高裁は、時効完成を認めなかった原審判決を支持し期待可能性説を認める一般論を述べている（☞ 9-158）[437]。

> ●最判平 15・12・11 民集 57 巻 11 号 2196 頁 「本件消滅時効にも適用される民法 166 条 1 項が、消滅時効の起算点を『権利ヲ行使スルコトヲ得ル時』と定めており、単にその権利の行使について法律上の障害がないというだけではなく、さらに<u>権利の性質上、その権利行使が現実に期待することができるようになった時から消滅時効が進行する</u>というのが同項の規定の趣旨であること［注：最大判昭 45・7・15 ☞ 9-152 を参照として掲げる］にかんがみると、本件約款が本件消滅時効の起算点について上記のように定めているのは、本件各保険契約に基づく保険金請求権は、<u>支払事由（被保険者の死亡）が発生すれば、通常、その時からの権利行使が期待できる</u>と解されることによるものであって、当時の客観的状況等に照らし、<u>その時からの権利行使が現実に期待できないような特段の事情の存する場合についてまでも、上記支払事由発生の時をもって本件消滅時効の起算点とする趣旨ではない</u>と解するのが相当である。そして、本件約款は、<u>このような特段の事情の存する場合には、その権利行使が現実に期待することができるようになった時以降において消滅時効が進行する趣旨</u>と解すべきである」。

### (3) 債権者不確知による賃料の供託金取戻請求権

賃貸人の相続により賃借人が債権者を確知しえないことを理由に供託した場合

---

436) 商法 663 条・683 条 1 項（当時）によれば時効期間は 2 年であるが、約款により 3 年に延長されていた事例。現在では、保険法 95 条により 3 年とされている。

437) 自賠法 72 条に基づく国に対する保障金の支払請求権（自賠 3 条による救済が得られない被害者のための補充的な権利）につき、その権利の性質上、自賠法 3 条による請求権の不存在が敗訴により確定するまでその権利行使を現実に期待できなかったとして、自賠法 3 条に基づく訴訟の敗訴確定時が時効の起算点とされている（最判平 8・3・5 民集 50 巻 3 号 383 頁）。また、表見代理が争われて、相手方から訴訟が起こされ表見代理を認める判決が出された場合、本人の表見代理が認められた契約上の債権については、判決確定まで権利行使を期待できない。

につき、供託金の取戻しをすると供託しなかったものとみなされ、賃料債務について折角の履行遅滞を免れた効果が失われてしまうことになるので、法的に権利行使はできても事実上その行使が期待できないため、供託金取戻請求権の消滅時効の起算点について、9-160 のように判示されている。

9-160

●**最判平 13・11・27 判時 1769 号 12 頁**　「供託の基礎となった債務につき免責の効果を受ける必要がある間は、供託者に供託物取戻請求権の行使を期待することはできず、供託物取戻請求権の消滅時効が供託の時から進行すると解することは、上記供託制度の趣旨に反する結果となる。そうすると、弁済供託における供託物の取戻請求権の消滅時効の起算点は、過失なくして債権者を確知することができないことを原因とする弁済供託の場合を含め、供託の基礎となった債務について消滅時効が完成するなど、供託者が免責の効果を受ける必要が消滅した時と解するのが相当である」（最大判昭 45・7・15 ☞ 9-152 を参照とする）。結論として、賃料債務が 169 条（改正前）により 5 年で時効にかかるので、5 年経過して賃料債務が時効にかかった時点から供託金取戻請求権の 10 年の消滅時効が進行するという。

9-161

**◆契約上の債権とその不履行による損害賠償請求権**

　契約上の債権とその不履行による損害賠償債権とを 1 つの同一の債権が内容的に変更しただけで、同一性を有すると考える**同一債権説**では、債務不履行請求権の拡大領域は別として、本来の契約上の債権と債務不履行による損害賠償請求権とは同一の債権であるので、その 1 つの債権の消滅時効が考えられるだけである。そうすると、消滅時効の起算点については 166 条にいうその債権を行使しうる時とは、契約上の債権の行使可能時期を基準とすることになる。最判平 10・4・24 判時 1661 号 66 頁は、履行不能の時から損害賠償義務の消滅時効を起算した原判決を破棄して差戻しをしており、同一債権説を採用し本来の契約上の債権の行使ができる時から時効を起算すべきであるとした。しかし、たとえ同一の債権であるとしても、損害賠償請求権の行使可能性の保障を別個に考えるべきであり、履行不能による填補賠償請求権発生時から時効を起算すべきである。

## §Ⅱ 除斥期間および形成権の期間制限

### 1 除斥期間——消滅時効との差異

9-162 **(1) 除斥期間の意義**

　旧民法には、「或る訴権の行使の為め法律に定めたる期間は其訴権の性質に因り取得時効又は免責時効の一般の規則に従う<u>但法律が明示又は黙示にて例外を設けたる場合は此限に在らず</u>」（証拠編92条）という規定があり、消滅時効とは異なる「例外」たる権利行使期間が予定されていた。現行民法にはこの規定は採用されなかったが、起草者も消滅時効とは異なる権利の存続期間の存在を認めている（予定期間と称していた）[438]。この権利の存続期間は、現在では学理上、**除斥期間**といわれ、これを認めることには異論はないが、どの規定を除斥期間と考えるか、また、除斥期間と消滅時効にどのような差を認めるかが議論されている。

　除斥期間が認められる根拠については、起草者は特に速やかな権利行使の促進が要請されることを挙げ、高度の公益性を根拠としている。しかし、これが十分な説明か、また、消滅時効以外の権利行使期間を一律に考えるべきなのか、疑問がある[439]。除斥期間も多様であり、消滅時効と除斥期間も一応の区別でしかなく、全て白黒決められるものではなく、灰色の期間制限制度も容認せざるをえず、柔軟な運用がされるべきである[440]。

9-163 **(2) 除斥期間の特徴——消滅時効との差異**

　除斥期間にも多様なものがあることから、以下の全ての点が全ての除斥期

---

[438] 例えば、「占有保持の訴えは……1年以内に提起しなければならない」（201条1項本文）、「2年間……その物の回復を請求することができる」（193条）、「買主がその不適合を知った時から1年以内にその旨を売主に通知しないときは、……履行の追完の請求、代金の減額の請求、損害賠償の請求及び契約の解除をすることができない。」（566条）など、時効と表示しない規定がある。家族法にも多く、特別縁故者の財産分与請求につき、家庭裁判所による捜索公告期間の満了後3カ月以内に「しなければならない」（958条の3第2項）と規定されている。

[439] お年玉付き年賀葉書の懸賞の受取期間、宝くじや当たり馬券の受取期間、商品についている点数を集めて景品と交換できる期間などは、時効とは違う法定または約定の権利の存続期間である（ただし、引き渡された商品に欠陥があれば、期間を過ぎても交換を請求できよう）。

[440] 期間内の権利行使を訴え提起に限定している権利行使期間制限規定があり、これを特に**出訴期間**といっている。例えば、占有訴権は1年以内の「訴え」の「提起」が要求されている（201条1項本文）。

間に当てはまるものではないが、除斥期間の消滅時効に対する差異としては最大で次の5つが指摘されている。

9-164 **(a) 起算点は権利発生時** 時効の起算点は権利を行使しうる時であるが、除斥期間は権利の存続期間であるため、権利発生時であり、行使ができるかは問わない。二重期間制度で、権利存続のデッドラインを画する相当の長期の除斥期間については、権利の存続期間として発生時から起算され、短期の時効期間は主観的起算点によるのとは異なっている。

9-165 **(b) 完成猶予や更新がない** 除斥期間では、完成猶予や更新が否定される。期間内にそれぞれの規定の要求する権利行使があれば、除斥期間というハードルはクリアされ、後は消滅時効の規定のみに服することになる。除斥期間の完成猶予や更新を問題にする必要はない。停止（現在の第2類型の完成猶予）については、学説はこれを除斥期間にも適用を認める提案があり（我妻437頁）、判例も724条の20年を除斥期間としながらも——改正法では時効期間と明記される——停止を認めている（最判平10・6・12民集52巻4号1087頁［停止事由が全て類推適用されるという一般論を認めるものではない[441]］）。

9-166 **(c) 当事者による援用は不要** 消滅時効では援用を意思表示と考える学説では、援用がなければ権利消滅という実体法的効果は発生しない。また、援用を訴訟上の攻撃防御方法と考えても、弁論主義の適用により権利の消滅という実体法的効果が訴訟で主張されなければ、時効に基づいた判決はされない。これに対して、除斥期間は公益的観点からの権利の存続期間であり、①当事者の援用を要せず期間満了により当然に権利が消滅し、また、②公益的な制度であり、弁論主義に服さず当事者の主張なしにも裁判所は権利の消滅を認定できる（我妻438頁）[442]。ただし、全ての除斥期間についてそのような扱いが妥当なのかは、検討を要する課題である[443]。

9-167 **(d) 権利消滅の効力の不遡及** 消滅時効ではその効力は起算点に遡るが、

---

[441] 本判決は、「その心神喪失の常況が当該不法行為に起因する場合……、心神喪失の原因を与えた加害者は、20年の経過によって損害賠償義務を免れる結果となり、著しく正義・公平の理念に反する」。「少なくとも右のような場合にあっては、当該被害者を保護する必要があ……り、その限度で民法724条後段の効果を制限することは条理にもかなう」。「したがって、不法行為の被害者が不法行為の時から20年を経過する前6箇月内において右不法行為を原因として心神喪失の常況にあるのに法定代理人を有しなかった場合において、その後当該被害者が禁治産宣告を受け、後見人に就職した者がその時から6箇月内に右損害賠償請求権を行使したなど特段の事情があるときは、民法158条の法意に照らし、同法724条後段の効果は生じない」と下線部のような限定をしている。

除斥期間は権利の存続期間というにすぎず、その期間だけ権利が存続してその期間を経過すれば当然に消滅するだけであり、権利消滅の効力を遡及させる必要性はない。遅延損害金が発生している場合に、効力を遡及させないと遅延損害金だけ残ってしまいそうであるが、遅延損害金も含めて権利の存続期間と考えるべきである。

9-168 (e) **放棄ができない** 消滅時効の場合には債務者は時効が完成しても援用するか放棄するかの自由が認められているが、除斥期間は、公益的な制度であり除斥期間が経過すれば権利消滅の効果が確定的に発生し、援用が不要とされると共に放棄することも認められない。債務者の解放よりも裁判所に対して、その権利をめぐる訴訟から解放するという公益的目的が中心になっており、債務者の解放という私的利益も目的とし債務者の自己決定を尊重すべき消滅時効とは異なっている。

9-169 (3) **除斥期間と消滅時効との区別の基準**

起草者は、除斥期間の場合には時効という表現で規定しなかったと説明している[444]。当初の学説も、時効期間か除斥期間かは条文の規定の形式によるという起草者の考えに従っていた（鳩山586頁など）。しかし、現在の学説は、条文の表現の差によって消滅時効か否か分けるのではなく、各期間につき実質的に検討をして、除斥期間か消滅時効かを判断しようとしている。その結果、時効と除斥期間の区別の実質的な基準の設定が問題とされることになった。しかし、現在に至るまで、判例による明確な基準は確立されておらず、学説による提案も必ずしも確立されているわけではない[445]（☞ 9-170以下）。改正法では、除斥期間の例とされてきた担保責任の期間制限が権利行使期間ではなく通知懈怠による権利失効期間へと変更されている（566条・

---

[442] 724条後段について、最判平10・6・12（☞ 9-165）は、「民法724条後段の規定は、不法行為による損害賠償請求権の除斥期間を定めたものであり、不法行為による損害賠償を求める訴えが除斥期間の経過後に提起された場合には、裁判所は、当事者からの主張がなくても、除斥期間の経過により右請求権が消滅したものと判断すべきであるから、除斥期間の主張が信義則違反又は権利濫用であるという主張は、主張自体失当である」と判示している。

[443] これは定義の問題でもある。近時は、原則的時効期間を短期化し、かつ最長期間を設けて原則的時効について停止・中断があってもその期間を経過すれば時効が完成するという二重期間制度を採用する立法やモデル法などが増えている。しかし、長期の期間も時効と明記され援用が必要とされている。

[444] 166条以下は、表題が「消滅時効」なので、「消滅する」とだけ規定されているが、時効の編以外の所では、時効の規定は、例えば126条により「時効によって消滅する」と明記されている。

637条)。

9-170 ◆除斥期間の基準
**(1) 形成権**
　まず、取消権や解除権といった形成権は、権利行使による時効中断ということが当てはまらないことから、これを除斥期間とするのが学説の一般的傾向である。この考えによれば、126条の取消権の期間制限は、条文の表現では消滅時効であるが、5年、20年とも除斥期間ということになる(126条につき☞9-192)。しかし、判例は、借地人の建物買取請求権(現借地借家13条)については、特別の期間が規定されておらず消滅時効に服するものとし167条1項(改正前)を適用している(最判昭42・7・20民集21巻6号1601頁)。

9-171 **(2) 二重の期間制限の長期**
　また、債権についても、二重の期間が設定されている場合には、短い方は時効期間であっても、長期の方は権利行使の最大限(デッドライン)を画したものなので時効の中断(現完成猶予)を認めるのは適切ではなく、長期の方の期間は除斥期間と理解する学説がある(四宮・能見388頁)。旧724条後段の20年について、判例は「同条後段の20年の期間は被害者側の認識のいかんを問わず一定の時の経過によって法律関係を確定させるため請求権の存続期間を画一的に定めたもの」と除斥期間とした(最判平元・12・21民集43巻12号2209頁)。学説にはむしろ反対が強く、改正法は3年も20年もいずれも時効であることを明記した。したがって、この方程式も一般の承認を得ているわけではなく、また、これを適用したら166条1項2号も除斥期間になってしまう。

## 2 取消権の存続期間

9-172 **(1) 二重の期間制限**

> ① 取消権者が追認をすることができる時から5年
> ② 行為の時から20年

445) 判例は、規定の形式にとらわれず期間の実質から判断している。例えば、保管金規則(明治23年法律第1号)1条は、政府において保管する公有金私有金は起算日より満5年を過ぎて払戻しの請求のないときは政府の所得とする旨定めているが、国の一時的な預り金である保管金の性質上保管の関係を画一的に結了しようとする趣旨に鑑みると、同条は保管金に対する権利行使について除斥期間を定めたものと解されている(最判昭56・10・13民集35巻7号1206頁)。最判平19・2・6民集61巻1号122頁(在ブラジル被爆者健康管理手当て請求事件)は、地方自治法236条が、援用を要せず、その利益を放棄できないと規定しているにもかかわらず(2項)、時効と判断して、国が時効を主張して支給義務を免れることは信義則に反して許されないとした。

民法は、取消権について、「取消権は、追認をすることができる時から5年間行使しないときは、時効によって消滅する。行為の時から20年を経過したときも、同様とする」と規定している（126条）。消費者取消権は、1年と5年である（消費者契約法7条1項）。724条は改正法により2つの期間共に時効であることを明記されたが、126条は変更されていない。

取消しをいつまでも認めては法律関係の安定を害する。他方で、詐欺取消しの場合には、被害者がすぐには詐欺に気がつかないこともあり、行為時から5年を起算するのは酷なので、起算点を取消原因を知った時（追認をすることができる時）としつつ、別個に行為の時から20年というデッドラインを設定したのである。

立法論的には5年が適切なのかは問題があり、近時の立法はもっと短い期間を設ける傾向にある[446]。旧民法は5年の期間制限だけであったが、126条は426条（改正法では10年に変更された）、724条および884条と共に20年をデッドラインとする二重の期間制限を導入した。20年は客観的起算からの20年の原則的時効期間も適用しようとしただけであったが、司法省の法案が帝国議会で修正を受け、時効の原則期間が10年にされたのに20年のままにされた。帝国議会での変更なので意図は不明であり、立法過誤でなければデッドラインを原則の時効期間よりもあえて長くしたと考えるほかない。

9-173 **(2) 期間制限の法的性質と適用範囲——取消後の原状回復請求権への適用**

126条をめぐっては、①5年は時効と明記されているが、20年の長期の期間も時効期間と考えるべきか、また、②取消後の原状回復請求権につき、取消しの期間制限とは別に、取消しから別個の一般の時効期間に服せしめるべきか（二段構成説）、それとも原状回復請求まで含めて126条の5年または20年の期間制限を受けると考えるべきか（一段構成説）、この2点について議論がある。関連した問題でありあわせて説明する。

---

[446] UNIDROIT3-15条は、諸事情を考慮した上で合理的な期間内に取り消さなければならないとするだけである。ドイツ民法では、錯誤は、表意者が錯誤を認識してから遅滞なく取消しをする必要があるが（121条1項。さらに意思表示から10年という2項の制限もある）、詐欺または強迫による取消しは1年間の取消しが可能とされている（124条1項）。

9-174　(a)　**取消権のみを問題にする学説（二段構成説）**
❶　**両期間時効期間説**　起草者が、126条の5年、20年共に取消権の時効期間と考えて原案を起草したことは明らかである。民法施行後しばらくは、起草者の考えに従い2つの期間共に時効期間であるという理解が支配的であった。取消権の時効については、取消しがあれば直ちにその効力が生じ、取消権の完成猶予・更新を考える必要はないが、当事者の援用が必要であり除斥期間のように職権での認定は許されない。そのため、5年と20年のいずれも時効と考えるべきである。また、相手方が自由に処分しうる私的利益の問題であり、時効の利益の放棄も認めてよい。

9-175　❷　**5年時効期間・20年除斥期間説**　ところが、昭和年代に入ると、二重期間について長期の期間は、時効中断・停止（現在では完成猶予）によりさらに延長することはなく、20年は法的安定性の要請に根拠づけられた除斥期間であるという考えが登場する。①中断・停止（完成猶予）を認めない、②職権で裁判所が認定できる、③時効のように放棄をすることができないことになる。しかし、20年も上述のように時効期間と考えるべきである。

9-176　(b)　**取消しと原状回復請求をあわせて問題にする学説（一段構成説）**[447]
川島博士は、「取消というのは、契約がなかった状態への回復を請求する権利もしくは契約にもとづく請求を拒絶する権利を正当化するために、有効な契約の効力を否認する論理的根拠として構成された概念であり、これを機能的に見るならば、『取消』（……）を理由とする請求権もしくは拒絶権があるにすぎない」として、場面を分けて考える（川島542頁[448]）。

①まず、履行済みの場合には、原状回復請求権の時効を問題とし、これに126条を適用する。形式的にみれば取り消して初めて原状回復請求権が成立するのであるが、取消権者はいつでも取り消して返還請求できるので、返還請求権を問題にするのである。このようにして、既履行事例では、126条を取消前から返還請求権の時効期間として構成する。②他方、未履行の場合に

---

447)　柳沢教授は、5年と20年のいずれについても除斥期間と考えている（柳沢秀吉「消滅時効と除斥期間」名城41巻1号55頁。四宮・能見388頁も同様）。形成権は当事者の一方的な意思表示によって法律関係を作り変えてしまう権限であり、中断（現完成猶予）もありえないことが理由である。
448)　川島武宜『民法解釈学の諸問題』156頁以下も参照。四宮223頁は、未履行の場合は取消権の除斥期間、既履行の場合には、返還請求権の消滅時効と構成する。他に、一段構成を支持する学説として、近江329頁、加藤415頁、河上584頁、四宮・能見292頁、中舎289頁がある。

は、取消しは相手方の履行請求を拒絶するために行使するものであり、取消権は履行拒絶権として機能することになる。そして、この場合には126条を適用せず抗弁権の永久性の理論を肯定する（☞9-177）[449]。

9-177 **◆抗弁権の永久性の理論**
　権利が、現状変更的ないし攻撃的に行使されるのではなく、現状維持的ないし防御的（抗弁的）に行使される場合には、消滅時効にかからないことを認める法理を、**抗弁権の永久性の理論**という（山崎敏彦『抗弁権永久性の理論』参照）。同時履行の抗弁権のような抗弁権そのものに限らず、取消権が未履行ケースで抗弁的に機能する場合にも問題とされる。したがって、この法理は、本文に挙げた取消権の場合のほかにも、売買契約における買主が代金未払いの場合の代金減額請求権、書面によらない贈与の解除権（550条）などにも適用される。根拠として挙げられるのは2つである。
　①1つは、抗弁権は相手方の請求があって初めて行使が必要になるものであり、権利者に消滅時効の前提である怠慢が存在しないこと。②他は、消滅時効の対象は訴権ないし請求権であり、実体権そのものではなく、時効が完成しても実体権が消滅するわけではなく、抗弁権は存続しうることである。問題は後者であり、わが国では訴権ないし請求権時効ではなく、実体権そのものの時効による消滅を認めている。そのため、権利濫用により処理すればよいという反論がされている（加藤420頁）。不確定効果説では援用権の権利濫用を考えられるが、確定効果説では、抗弁権永久性の法理により取消権の時効を否定せざるをえない。

9-178 **(3) 取消後の原状回復請求権**
　**❶ 一段構成説**　①まず、取消権と請求権を一体的に期間制限に服せしめる9-176の立場では、取消権および原状回復請求権について一体的に、ⓐ5年の時効期間、および、ⓑ20年の除斥期間に服せしめる（加藤414頁以下）。②未履行の場合には抗弁権の永久性を問題とし、既履行の場合の返還請求権の時効期間とする学説もある（請求権一段構成［川島542頁☞9-176］）。これらの立場では、詐欺取消しであれば、詐欺を認識してから5年以内に返還請求までしなければならない。この学説に対しては、権利保護に十分ではない、法律関係が取消しにより無効に確定すれば、もはや不安定ということは当てはまらず早期確定の必要は認められないなどと批判がされている。

---

[449]　取消権に抗弁権の永久性の理論を認めるものとして、山崎・9-177文献284頁、須永289頁、田山304頁など。本書としては、給付があった時から取消権の時効期間を起算し、給付があるまでは時効が起算されない結果、抗弁権の永久性の理論を認めるのと等しい結論になる。

9-179　❷　**二段構成説——取消時起算**　取消権と、取消しにより成立する原状回復請求権とについては別個の時効に服せしめる考えがあり、126条も「取消権は」と、明確に取消権を時効の対象としている。原状回復請求権には別個に166条1項の時効の一般規定が適用されることになる。このように考えても、詐欺を知ってから最大限10年であり（126条＋166条1項1号）、不当に長期化することにはならない。取消しについての判例はないが、解除について原状回復義務について別個の時効を問題としている（大判大7・4・13民録24輯669頁）。取消権の原状回復請求権につき別々の時効を認めることが、それぞれの権利保障に適合する（本書もこの立場）。

### 3　取消権以外の形成権

9-180　法律関係を消滅させる形成権として解除権、法律関係を生じさせるものとして予約完結権といったものを例にして考えると、形成権の時効をめぐっては次の3つの問題を生じる。これらの問題に焦点を当てて、学説を整理してみよう。なお、賃料増減請求権については、その状態が存在している限り時効はありえないと考えてよい。

---

①　形成権自体の行使の期間制限は何年と考えるべきか。
②　その期間制限は消滅時効か。
③　形成権の行使の結果発生する債権の時効との関係はどう考えるべきか。

---

9-181　❶　**二段構成説**　形成権とその行為により発生する債権の期間制限を別個に考える立場があり（③の問題について二段構成）、判例は明確ではないが、他の判例の趣旨からすると（最判平19・4・24民集61巻3号1073頁、最判平21・1・22民集63巻1号247頁等）、二段階に構成する考えに親和的である。この立場では、①②の問題はどう考えられるべきであろうか。

　①まず、形成権は債権以外の財産権として、166条2項により20年の時効にかかると考えることもできる。そして、形成権の行使により発生した返還請求権や契約の履行請求権につき、その時からこれらの債権の消滅時効が別個に計算される（166条1項2号の5年）。しかし、直ちに形成権を行使すると、それにより発生した債権の行使には5年の時効期間が適用されるの

に、行使をしなければ 20 年間は時効にかからないのは不合理である。

②そのため、通説は、二段構成は認めつつも、解除権や予約完結権などの形成権については、その行使により発生する債権と同じ期間を適用している。改正法では、166 条 1 項により 5 年または 10 年ということになる。判例も、167 条（現 166 条）1 項の消滅時効を適用する（大判大 10・3・5 民録 27 輯 493 頁［売買予約完結権］）。

9-182 ◆**賃貸借契約の解除権についての消滅時効の起算点**
　　賃借人が賃貸人による賃料増額を争い賃料の支払をせず、数年後に賃借人の適当と考える賃料額を一括して供託し、その後も賃借人が自ら適切と考える額を供託し続けている事例で、賃貸借契約には賃料の支払を 1 ヶ月でも怠ると契約を解除できる特約が含まれており、賃貸人が解除を主張したのに対して、賃借人から解除権の消滅時効が主張された。原判決は、解除権の時効をその行使ができる時から起算し、時効完成を認めた。しかし、最高裁は、賃貸借契約の解除権の「消滅時効については民法 167 条 1 項が適用され、その権利を行使することができる時から 10 年を経過したときは時効によって消滅する」ものの、長期間の地代支払債務の不履行による解除については、賃貸人は、「これを一括して一個の解除原因にあたるものとして解除権を行使していると解するのが相当であ［り］……最初の地代の不払があった時から直ちに右長期間の地代支払債務の不履行を原因とする解除権について消滅時効が進行するものではなく、最終支払期日が経過した時から進行する」とし、時効完成を否定した（最判昭 56・6・16 民集 35 巻 4 号 763 頁）[450]。

9-183 ❷ **一段構成説**　特別規定のある取消権について一段構成をする学説は、特別規定がない形成権にもその趣旨を応用し、形成権とその行使により発生する債権について一体的に消滅時効を考えている（四宮・能見 388 頁など）。ただし、未履行の場合には抗弁権の永久性を持ち出し、既履行の場合には請求権の消滅時効一本のみを問題にする学説もある（川島 542 頁、須永 288 頁）。

---

[450]　ただし、無断転貸を理由とする解除権については、転貸借に基づき転借人が使用収益を開始した時から、解除権の行使が可能になったとして、10 年の消滅時効期間をその時点から起算している（最判昭 62・10・8 民集 41 巻 7 号 1445 頁）。

> §Ⅲ
> # 債権以外の権利の消滅時効

9-184　消滅時効にかかるのは債権に尽きない。「債権又は所有権以外の財産権は、権利を行使することができる時から20年間行使しないときは、時効によって消滅する」(166条2項)。債権は166条1項の規定によるためであり、所有権は消滅時効にかからないことを意味している。そのため、所有権の派生的権利である物権的請求権も消滅時効にはかからないと考えられている。共有持分権も消滅時効にかからない。取得時効の反射として所有権が消滅することがあるが、それは消滅時効ではない。

　所有権以外の財産権は、20年の消滅時効に服するが、地役権については289条、抵当権については396条・397条に特則が置かれている。抵当権についていうと、被担保債権が債務承認により更新し続けられているのに、被担保債権のための権利である抵当権だけが時効にかかるのは適切ではないので、債務者と設定者については166条2項の適用が否定されている。その反対解釈として、第三取得者との関係では、抵当権も166条2項の原則通り消滅時効にかかることになる。また、土地所有権の拡大である隣地通行権などの相隣関係法上の権利や、共有関係に伴う共有物分割請求権などは、相隣関係、共有関係が存在する限り時効にかかることはない。

　知的財産権は特別法で存続期間が規定されており、例えば、特許権は出願日より20年 (特許法67条1項)、著作権は著作者死亡より50年で消滅する (著作権法51条2項)。

# 第4節　取得時効

## §I 所有権の取得時効

### 1　原則としての 20 年の取得時効

9-185 「20 年間、所有の意思をもって、平穏に、かつ、公然と他人の物を占有した者は、その所有権を取得する」(162 条 1 項)。この規定から導かれる取得時効の要件は次のようである。

> ①　「他人の物」を、
> ②　ⓐ「所有の意思」を持って、ⓑ「平穏に、かつ、公然」と「占有」し、
> ③　その占有が 20 年継続していること。

　善意無過失で占有が開始された場合には、10 年の占有で取得時効が可能なので (162 条 2 項)、その反対解釈として、162 条 1 項の 20 年の取得時効は、悪意または善意だが過失により所有の意思を持って他人の物の占有を開始した場合についての規定であり、悪意の占有者でも平穏かつ公然に占有していれば取得時効が可能となる。占有については物権法で講義されるので、ここでは占有の議論は必要に応じて説明するにとどめる。

9-186 　◆**悪意でもよいか──取得時効制度の評価**
　162 条 1 項の長期取得時効は、悪意占有者にも認められるのであろうか。これまでの通説は、同条 2 項の単純な反対解釈、そして、同条 1 項が「所有の意思をもって、平穏に、かつ、公然と他人の物を占有」することだけを要件とし、善意を要件とはしていないこと、また、実質的な理由として、永続した占有状態をそのまま権利関係に高めて社会生活の安定を図る必要性は悪意者でも当てはまることから、悪意占有者の取得時効を認めている。近時、悪意の占有者は、占有開始時から悪意か途中で悪意になったかを問わずに 162 条 1 項から全て排除する提案がされている (鎌野邦樹「時効制度の存在理由」『民法基本論集第 1 巻』241 頁)[451]。確

---

[451]　ポティエ（フランス中世の法学者）は取得時効制度を善意の取得者保護の制度とし、善意を要件としていた（金山・軌跡 101 頁）。

かに悪意占有者の保護は取得時効制度の根拠や目的は当てはまらない。しかし、過去の事実状態について、悪意か、取引があったか、境界がどことされていたかといったことを一切実質審理せずに、占有と時の経過だけで権利関係を確定して、司法の負担を軽減する趣旨からは、正義に反するような悪質な事例に例外的に占有の「平穏」性を争う余地を認めるにとどめるべきである。

9-187 **(1)　「他人の物」の占有（要件①）**

　　Aは親類のBに甲山林を売却し、Bが甲山林の引渡しを受け占有をしているが、代金は支払われておらず、また、移転登記もされないままになっているとする。その後に、①Aが死亡し売買の事実を知らない相続人Cが、Bに対して甲山林の明渡しを求めた事例、また、②Bの占有開始から9年後（または15年後ないし21年後）に、Aが甲山林をDに売却し所有権移転登記をし、DがBに対して甲山林の明渡しを求めた事例につき、取得時効をめぐる問題点を検討してみたい。

　　「他人の物」とはされているものの、自分の物ではあるが、そのことを証明できない事例も救済の対象であり、他人の物であることを積極的に証明する必要はない。訴訟上、取得時効得の主張は、売買などによる所有権の取得を主張する主位的な主張に対して、予備的な主張として用いられることが多い。ただし、自己所有物の取得時効が問題とされ、その可否が議論される事例もあり、この点は9-188以下に述べる。

　　取得時効ができる「物」には、不動産も含まれ、区分所有権も、また共有持分も取得時効可能であり、また、不動産でも登記は取得時効の要件ではなく占有だけでよいので、1筆の土地の一部だけを取得時効することも可能である（大判大13・10・7民集3巻509頁等）[452]。区分所有権の取得時効においては、共用部分の持分、敷地利用権もあわせて取得することになる。公用物については議論がある（☞9-193）。

9-188　　◆**自己の物の取得時効が問題とされる事例**[453]
　　　**(1)　二重譲渡の場合**
　　　　❶　**肯定説（占有時起算説＝判例）**　判例は、「取得時効は、当該物件を永続し

---

452)　農地法3条は農地の所有権移転のためには農業委員会等の許可を必要としているが、農地の取得時効による所有権移転登記の申請には農地法3条は適用にならず、上記許可は不要とされている（昭38・5・6民甲1285号民事局長回答・登先23号8頁、最判昭50・9・25民集29巻8号1320頁）。

## 第4節　取得時効　§1　所有権の取得時効

て占有するという事実状態を」「権利関係にまで高めようとする制度であるから、所有権に基づいて不動産を永く占有する者であっても」取得時効を援用できるものとする（最判昭42・7・21 ☞ 9-189）。こうして、判例は自己が有効に取得した物について、取得時効を主張することを認めるのである。この結果、主位的に主張した売買等による取得が177条により退けられたにもかかわらず、予備的な取得時効の主張により救われることになる。177条の対抗問題を無意味にするだけでなく、時効の起算点との関係でも問題が残される[454]。

9-189

> ●**最判昭42・7・21民集21巻6号1643頁**　［事案］YはAから本件不動産の贈与を受け、引渡しを受け占有してきたが所有権移転登記を受けていなかった。その後、Aは本件不動産に抵当権を設定し、その実行によりXが本件不動産を競落し、所有権取得登記を経た。XからYに対する所有権に基づく明渡請求がなされ、原審は自己の物の取得時効を否定しXの請求を認容した、最高裁は以下のように判示して原審判決の破棄差戻しを命じる。
>
> ［判旨］「所有権に基づいて不動産を<u>占有する者</u>についても、民法162条の適用があるものと解すべきである。けだし、取得時効は、当該物件を永続して占有するという事実状態を、一定の場合に、権利関係にまで高めようとする制度であるから、所有権に基づいて不動産を永く占有する者であっても、①その登記を経由していない等のために所有権取得の立証が困難であったり、②または所有権の取得を第三者に対抗することができない等の場合において、取得時効による権利取得を主張できると解することが制度本来の趣旨に合致するものというべきであり、民法162条が時効取得の対象物を他人の物としたのは、通常の場合において、自己の物について取得時効を援用することは無意味であるからにほかならないのであって、同条は、自己の物について取得時効の援用を許さない趣旨ではない」。

9-190　❷　**否定説（登記時起算説）**　しかし、本来は、売買等の二重譲渡の対抗関係

---

453) 判例は自己の物の取得時効を認めるが、譲受人が移転登記まで受けている場合には、もはや自己の物の取得時効を主張させる必要はない。取得時効を理由とした移転登記を受けた場合に（抵当権付きのまま）、不動産の抵当権を消滅させるために（397条）、新たな取得時効を問題にすることは許されないとされており（最判平15・10・31判時1846号7頁）、妥当な解決である（396条によるべきである）。

454) 最判昭46・11・5民集25巻8号1087頁は、最判昭42・7・21を援用しつつも、第二譲受人登記の時から時効を起算する原判決を破棄し、所有権は「売主から第二の買主に直接移転するのであり、売主から一旦第一の買主に移転し、第一の買主から第二の買主に移転するものではなく、<u>第一の買主は当初から全く所有権を取得しなかったことになるのである</u>」としている。説明も、遡及的に他人の物になるという説明によっており、自己の物でもよいという理由づけではない。

であり、まずその規律を優先すべきであり、177条の規律がまず適用されるべきである。9-187②ケースでいうと、Dの登記がされてDが所有者と認められるが、占有しているBにつき一切取得時効を認めないのは不合理であり、Dの登記時点からBは他人（＝D）の物を占有していることになり、この時点からBの取得時効を起算すべきである。取引の安全保護が問題にならないので、原則の162条2項の適用につき10年間の善意無過失の継続を必要とすべきである。本書としては判例に反対し、登記時起算説を支持したい。

9-191 **(2) 契約の規律を相手方が主張する場合**

9-187①ケースでBが占有してから10年が過ぎたとする。この場合に、Bは契約上の移転登記請求権を、売主の地位を承継した相続人Cに対して行使すると、Cにより代金支払との同時履行の抗弁権の主張がされる可能性がある。そのため、これを回避しようとして、Bが162条2項の10年の取得時効を主張し、取得時効により取得した所有権に基づく移転登記請求をした場合に、これは認められるのであろうか。

判例は、二重譲渡についての自己の物の取得時効を認める9-189判決を援用し、ここでも取得時効の成立を認める（☞9-192）。9-187①ケースでは、Bは取得時効を原因として、Cに対して移転登記を求めることができることになる。時効により取得した所有権に基づく移転登記請求であり、Bは代金を支払うことなく所有権移転登記を求めることができる。しかし、売主から売買契約の証明をして、代金の支払との同時履行の抗弁について抗弁権の永久性の理論を認めた上で、時効による所有権移転登記請求へも対抗を認めるべきである。

9-192 ●**最判昭44・12・18民集23巻12号2467頁** ［事案］亡Aから本件不動産を買い受けたXが、Aを家督相続して本件不動産につき所有権取得登記を経由したYに対し、代金と引換えに所有権移転登記を求めた。Yは売買の事実を争い、たとえ売買がされたとしても10数年を経ており貨幣価値の著しい変動があるので現在の時価の支払を受けるまで所有権移転登記には応じられないと主張した。原審判決は、売買契約を認め、信義則上代金を増額することが相当であるとして、現在価格（代金の33倍強）の支払との引換えに所有権移転登記を命じた。Xは上告して、予備的に取得時効を主張していたのに原審判決がこの点について判断していない、もし時効が認められればYの抗弁は認められないと主張した。最高裁は、Xの上告を受け入れ原審判決の破棄差戻しを命じている。

［判旨］「所有権に基づいて不動産を占有する者についても、民法162条の適用があると解するのは、当裁判所の判例の採用する見解である」（9-189判決を引用）。「不動産の……買主が売主から右不動産の引渡を受けて、みずから所有の意思をもつて占有を取得し、（その占有開始の時か

ら）民法162条所定の期間を占有したときには、買主は売主に対する関係でも、時効による所有権の取得を主張することができる」。「けだし、このような契約当事者においても、その物件を永続して占有するという事実状態を権利関係にまで高めようとする同条の適用を拒むべき理由はなく、このように解したとしても、その契約により発生すべきその余の法律関係については、その法律関係に相応する保護が与えられており、当事者間の権利義務関係を不当に害することにはならないからである」。

9-193　◆**公用物の取得時効**
　国や地方公共団体所有の公有地、例えば道路、河川敷、公園なども取得時効ができるのであろうか。公用物については、明治憲法下では公用廃止がない限り私人による取得時効は認められないと考えられていたが、戦後は、公用財産としての形態・機能を欠くに至ったならば取得時効が可能と考えられている。最判昭44・5・22民集23巻6号993頁は、国が自創法により土地を所有者から買収し、これを小作人であるX先代に売り渡したが、京都府知事はこの売渡処分を取り消し京都市都市計画公園とすることに決定したものの、京都市（＝Y）は公用開始をしていない事例につき（X先代は取消後も占有）、「現に公共用財産としてその使命をはたしているものではなく、依然としてこれにつきXらの先代の耕作占有状態が継続されてきたというのであるから、かかる事実関係のもとにおいては、Xらの先代の本件土地に対する取得時効の進行が妨げられるものとは認められない」と判示する。最判昭51・12・24民集30巻11号1104頁は、「公共用財産が、長年の間事実上公の目的に供用されることなく放置され、公共用財産としての形態、機能を全く喪失し、その物のうえに他人の平穏かつ公然の占有が継続したが、そのため実際上公の目的が害されるようなこともなく、もはやその物を公共用財産として維持すべき理由がなくなった場合には、右公共用財産については、黙示的に公用が廃止されたものとして、これについて取得時効の成立を妨げない」という一般論を展開している。問題の係争地は、公図上水路として表示されている国有地であるが、古くから水田、あるいは畦畔に作り変えられ、水路としての外観を全く喪失していた、Xは自創法により国から本件水田の売渡しを受けたが、Xは本件係争地を含んだ水田と畦畔全体の売渡しを受けたものと信じて係争地の占有を続けた事例である。最高裁は、上記基準を当てはめ、Xの取得時効を認めている。なお、私有地を公共団体が取得時効することも可能である。

9-194　**(2)　所有の意思が認められる占有＝自主占有であること（要件②）**
　取得時効が認められるためには、「所有の意思をもって」する占有（**自主占有**）でなければならない。賃借人のように他人の物を自己のために占有

（**他主占有**）したり、受寄者のように他人の物を他人のために所持する者（占有の認められない所持者）は、占有をいくら続けても占有物を時効取得しえない。所有の意思に関しては、占有を取得した原因がわかる場合には、その原因の性質によって客観的に判断されるため（☞9-195）、186条1項の推定規定が適用になるのは、占有取得の原因が不明かまたはその原因の客観的性質だけで所有の意思の有無を判断しかねる場合に限られる。なお、取得時効が認められるためには、他人に賃貸してその者を通じていわゆる間接占有をしている場合でもよい。

9-195　◆**所有の意思の有無はどう判断するか**
　　　「所有の意思」があるか否かは、取得時効されることにより所有権を失う所有者の時効を阻止する機会の確保の必要性も考慮しなければならず、占有者の内心ではなく、占有を取得した原因（これを「**権原**」という）により客観的に判断すべきものと考えられている（185条が参考にされる）。すなわち、他人から無償で借りて物の引渡しを受けた者（使用借主）は、心の中では返すつもりはなく自分の物にするつもりであっても、所有の意思は認められない。権原の性質により客観的に判断できない場合には、占有者は所有の意思ありと推定されるが、これを争う者が「**他主占有事情**」（所有者ならばとらない行為などの事情）を証明し、これに対して所有の意思を主張する者は「**自主占有事情**」（所有者ならばとる行為などの事情）を証明し合うことになる。

9-196　**(3)　20年間の占有の継続（要件③）——前主の占有の併合主張**

　(a)　**20年の占有の継続**　取得時効のためには、ローマ法以来30年の占有継続が必要とされているが、日本ではこれを短くし、原則としての取得時効の期間を20年とした[455]。消滅時効では中断制度が廃止されたが、取得時効に特有の時効中断事由として**自然中断**というものがあり、占有が途切れると取得時効は中断しそれまでの占有は無に帰すことになる（ただし、203条ただし書の保護あり）。もっとも、ある時点とある時点において占有をしていたことが証明されれば、その間の占有継続が推定されるので（186条2項）、時効援用者による20年間の占有継続の証明は軽減されている。

---

455）消滅時効については、時効期間の短期化の世界的な流れがあるが、取得時効にはそのような動きはなく、ドイツやフランスでも、原則としてローマ法以来の30年の占有継続が取得時効の要件とされている（善意だと10年）。

9-197　**(b) 占有者に変更があった場合**
　**(ア) 複数の占有を積算可能**　ところで、自主占有の継続は必要であるが、同一の者が占有をしている必要はない。「占有者の承継人は、その選択に従い、自己の占有のみを主張し、又は自己の占有に前の占有者の占有を併せて主張することができる」(187条1項)。例えば、Aが自主占有している他人の土地をBに売却して、Bが占有を承継した場合、BはAの占有と自己の占有をあわせて主張することができる。そうでないと、占有者が変わるたびに時効が中断してしまい、長く続いた占有状態を権利関係に高めようとする取得時効制度の趣旨に反するからである。

9-198　**(イ) 前主の無占有の瑕疵を承継**　「前の占有者の占有を併せて主張する場合には、その瑕疵をも承継する」(187条2項)。前の占有者の占有をあわせて主張する場合、前の占有者Aが悪意であれば、自分Bが善意であっても、BはAの占有と自分の占有をあわせて主張する場合には悪意の占有の20年の時効しか主張することができない。併合主張するかどうかの選択は自由であるため、例えば、Aが悪意で5年占有、Bが善意無過失で10年占有した場合、Bは自己の善意無過失の占有だけで10年の短期取得時効を主張することができる。

9-199　**◆前主が善意で後主が悪意（または善意有過失）の場合**
　　例えば、A所有の甲地をBが勝手に移転登記をして自己の土地と偽ってCに売却し、Cが善意無過失で8年占有した後に甲地をDに売却したが、Dはたまたま甲地がA所有でありBにより無断で売却がされた事実を知っていたとする。Cが善意無過失で占有承継人Dが悪意であったことになる。この場合に、DがCの占有をあわせて主張する場合には、DはCの占有を承継したものであり、Cを起点とする1つの占有を主張できるので、占有の初めに善意無過失の占有であるとして162条2項の適用を主張できるのであろうか。

9-200　　**❶ 10年期間説（第一占有者基準説）**　判例は、162条2項を適用し10年でよいとした（最判昭53・3・6民集32巻2号135頁[456]）。C善意、D悪意の占有の併合につき、10年の取得時効の善意は占有の開始時点でよいため、CとDの占有

---

456) 本判決は、「民法162条2項の規定は、時効期間を通じて占有主体に変更がなく同一人により継続された占有が主張される場合について適用されるだけではなく、占有主体に変更があつて承継された二個以上の占有が併せて主張される場合についてもまた適用されるものであり、後の場合にはその主張にかかる最初の占有者につきその占有開始の時点においてこれを判定すれば足りる」と結論を述べるだけで、理由について説明をしていない。

を1つの占有として併合すると、Cは善意無過失であるが悪意のDが承継したのは、途中で同一人が悪意になったのとパラレルに考えるのである。学説にもこれに賛成する学説がある（石田穣1116頁、近江351頁）。その理由は、占有者ごとに善意無過失を判断するのは、占有「承継の論理に反し、187条の規定を無視するものといわざるをえない」ということにある（近江351頁）。なお、特定承継と相続による包括承継とを分け、包括承継についてのみ被相続人を基準とするという折衷的な学説もある（幾代499頁）。

9-201　❷ **20年期間説（双方基準説）**　これに対して、時効の利益を享受するD自体は悪意であり、DがCの占有を併合して取得時効を主張するためには、162条1項の20年の悪意の占有者の取得時効しか認めないのが通説である（四宮304頁、川井360頁、内田408頁、藤原・占有152頁）。この考えでは、Dが2年占有後（時効未完成）、さらに善意無過失のEに譲渡しても、Dのところで一度162条2項の適用が否定されたので、EがCDEの占有を併合主張しても瑕疵が承継されよう（187条2項）。本書は❷説に賛成したい。162条2項は取引安全保護規定であり（☞9-205）、それぞれの占有者ごとに保護の可否を考えるべきである。

9-202　◆ **187条1項は相続にも適用されるか**
　1つの財産権としての占有権を問題にすれば、相続の場合は、被相続人の占有権を相続人が承継するだけで、前後同一の者の占有と同視され、187条による占有選択の余地がないかのようである。過去には相続には187条の適用を否定する判例もあった（大判大4・6・23民録21輯1005頁等）。しかし、最判昭37・5・18民集16巻5号1073頁は、187条1項は「相続の如き包括承継の場合にも適用せられ、相続人は必ずしも被相続人の占有についての善意悪意の地位をそのまま承継するものではなく、その選択に従い自己の占有のみを主張し又は被相続人の占有に自己の占有を併せて主張することができる」と、判例を変更した。

## 2　10年の短期取得時効

9-203　①Aが、B所有の甲地をBに無断で所有権移転登記をしたCから購入し、引渡しおよび所有権移転登記を受け、建物を建てて10年間占有している事例、および、②Aは、父親CがBから管理を任され甲地と乙地を占有しました乙地につきC名義に所有権移転登記がされていたが、Cの死亡後、甲地と乙地を相続により取得したと思って占有を開始し10年間占有をしている事例を考えてみよう。

　「10年間、所有の意思をもって、平穏に、かつ、公然と他人の物を占有した者は、その占有の開始の時に、善意であり、かつ、過失がなかったとき

第4節 取得時効 | §1 所有権の取得時効

は、その所有権を取得する」(162条2項)。これを**短期取得時効**という。短期取得時効は、判例を分析すると、不動産について、無効な譲渡取引による場合（他人物売買や無権代理）、および、有効な譲渡取引によって占有を取得したが未登記の場合のための制度として機能していると評されている（星野・時効264頁）。①の取引安全保護が問題となる事例はよいとしても、②の取引に関わらない事例にも162条2項を適用してよいのかは問題となり、短期取得時効制度の理解に関わることになる。

9-204 **(1) 短期取得時効制度の位置づけ**

❶ **同一制度単純特則説** 取得時効を永続した事実状態を尊重してこれを法律状態に高める制度と統一的に理解した上で、10年の短期取得時効は20年の一般の取得時効と本質を異にするものではなく、単に善意無過失の占有者保護のために時効期間を短くする特則を規定したものと考える学説がある（川井356頁）。この考えでは、善意無過失であればよく取引に基づく必要はなくなる。しかし、善意無過失が占有開始時だけでよいとされていることの合理的な説明ができるのか、疑問が残される。

9-205 ❷ **162条1項2項峻別論** 沿革的には（☞9-206以下）、162条2項は192条の即時取得とパラレルな取引安全保護法理の規定である（来栖三郎『来栖三郎著作集Ⅰ』350頁、星野・覚書304頁）。動産では、取引＋善意無過失＋占有取得だけでよいが（192条）、動産よりも重要な不動産については、権利を失う所有者保護とのバランスから、取引＋善意無過失＋占有取得かつ10年間の占有継続と要件を過重したものである。外観法理に取得時効的な要件過重をした制度というべきである[457]。192条も162条2項もいずれもその旧民法の対応規定では「正権原」が要求されていたのである（☞9-206）。ところが、現代語化に際して、192条には「取引行為」が要件として明記されたのに対して、162条2項では同様の修正はされず、逆に不動産に限定されていたのを「物」と動産も含むように変更がされた。162条2項は、動産についても、取引に基づかないが善意無過失の場合に適用されることになったのである。ただし、取引に基づく9-203①の事例では占有開始時の善

---

[457] 他人物売買は債権契約として有効であり、所有権取得という物権的効力の部分が取得時効や即時取得で補完されるだけなので、即時取得におけるのと同様に売買契約自体が債権的に有効であることが前提となる。そうでない限り、10年の善意無過失の継続が必要である。

意無過失で足りるが、取引に基づかない 9-203 ②の事例では 10 年間の善意無過失の継続を要求すべきである（☞ 9-212）。

9-206　◆ 10 年の短期取得時効の沿革
(1)　旧民法の規定——短期取得時効には「正権原」を要求
　旧民法では、不動産の取得時効（第5章）と動産の取得時効（第6章）とが別々に規定されていた。①不動産の場合には、ⓐ正権原（＝取引）かつ善意の場合には 15 年、ⓑ正権原によらない場合および正権原によるが悪意の場合には 30 年の取得時効とされていた（証拠編 140 条）。②他方で、動産については、ⓐ正権原かつ善意の場合には即時に時効の利益を受け（144 条 1 項）、ⓑ無権原および正権原によるが悪意が証明された場合には（証明責任が不動産と異なる）、30 年の時効とされていた（148 条）。
　要するに、不動産、動産共に原則は 30 年であり（ⓑが原則）、正権原かつ善意の場合に例外が規定されていることになる。それ以前の明治 18 年の民事期満効規則草案では、30 年という原則を置き（14 条）、正権原かつ善意の場合には、不動産につき 15 年の時効（15 条）、動産については 3 年の時効とされていた（16 条）。この動産の 3 年が旧民法では即時の時効に修正され、さらに現行民法では、時効というのは適切ではないとして、物権法の占有規定に移されたのである（192 条以下）。動産も不動産も例外が認められるためには正権原（売買などの取引）＋善意が必要とされていたのである。

9-207　(2)　現行法への移行——短期取得時効における「正権原」要件の削除
　ところが、現行法は、短期取得時効（162 条 2 項）および即時取得（192 条）のいずれについても、正権原という要件を削除し善意無過失という要件に変更した458)。しかし、無過失という要件を追加したのはよいが、正権原という要件を削除したのは疑問である。動産については、192 条の解釈により「取引行為」（＝正権原）が必要とされ、これが現代語化に際して明記された。ところが、不動産については、162 条 2 項がパラレルに理解されることはなかった。取引に基づかない善意無過失の事例（9-203 ②の事例）は、動産・不動産共に 162 条 1 項の 20 年の取得時効によるはずであった。ところが、162 条 2 項は、現代語化に際して、取引に基づかない動産の善意無過失の占有を包含するために、不動産とされていたのを動産を含める趣旨で「物」へと変更したのである。この結果、正権原がなくても（＝取引によらなくても）善意無過失ならば、動産・不動産共

---

458)　旧民法の「正権原」という要件は、現行民法では一切姿を消している。現行 189 条の元になった旧民法財産編 206 条は、正権原を有する善意占有者に果実取得権認め（1 項）、正権原を有しない善意占有者は、消費した果実の返還を免れしめていたが（2 項）、正権原が消えて単に善意の占有者に果実取得権を認めている（189 条 1 項）。不動産について正権原（取引）に基づく善意無過失の占有者に限り（動産は 192 条）、取得時効が成立する前に返還が請求された場合に、果実・使用利益の返還だけは免れしめようとした規定であった。正権原に基づかない善意占有者は消費した果実の返還免除だけであった。

に162条2項により10年の取得時効が認められることになった。

9-208 **(2) 短期取得時効の要件**

　**(a) 取得時効に共通の要件**　まず、長期・短期の取得時効に共通の要件があり、それは、占有の取得、それが所有の意思に基づくものであること、すなわち自主占有であること、また、平穏かつ公然の占有であること、さらに他人の物の占有であることである。目的物は、当初は「不動産」に適用が限定されていたが「物」一般に適用が拡大されたことはすでに述べた。善意無過失でも取引に基づかない占有事例は、動産・不動産を問わず162条1項の長期取得時効によらしめる趣旨であったのに、同条2項の適用が認められているのである（☞9-207）。

9-209　**(b) 短期取得時効の特則たる要件**　短期取得時効では、要件について2つの特則が規定されている。①一方で、取得時効に必要な占有期間についての要件が、162条1項の原則の20年間から10年間に短縮され、その代わりに、②占有者が占有の開始時に他人の物であることについて善意無過失であることが必要とされ要件が加重されている。ここでの善意については、自己に所有権があると確信することとする立場（確信説）と、所有権取得を妨げる事情の存在を知らないこととする立場（不知説）とに分かれるといわれるが、実益のある議論ではない。③本書では、このほか、取引に基づくことを要件として要求するが、ただ、取引に基づかない場合にも10年間の善意無過失の継続を要件として162条2項の類推適用を肯定する（☞9-233）。

9-210　　**◆無過失の証明責任**
　　162条2項については、192条におけると同様に無過失の証明責任が問題となる（善意また他の要件は186条1項により推定される）。192条については、従来の判例を変更して、最判昭41・6・9民集20巻5号1011頁が188条を根拠に無過失まで推定されるものとされた。しかし、188条の適法占有の推定からの反射的な推定であり、登記を公示とする不動産には妥当しない。そのため、学説は、162条2項については、無過失は短期取得時効を主張する者が証明しなければならないと考えている（我妻480頁、於保304頁、川島565頁、幾代495頁）。しかし、不動産取引では、登記の推定力により占有者の善意無過失を事実上推定することができる。取引によらない場合には、短期取得時効を援用する側で善意無過失を証明しなければならない。

## ◆善意の継続を要求しない点
### (1) 制度の沿革

9-211　善意占有者の短期取得時効について、占有の開始の時の善意のみで足りるとするのはローマ法に由来するが、教会法ではより厳格な道徳的見地から全期間を通じて善意であることが要求され、フランスの慣習法もほぼこれに従っていた。しかし、フランス民法はローマ法の立場に立ち戻り、不動産につき正権原（juste titre）により善意にて占有を取得した場合には、10年での取得時効を認めている（フ民2272条2項。金山・軌跡366頁以下参照）。ところが、ドイツ民法、スイス民法など多くの立法は、時効期間中の善意の継続を要求している。旧民法はフランス民法に従い、財産編182条1項で、「権原創設の当時」を基準とすることが規定された。現行民法はこれを承継している（藤原・占有148頁）。

### (2) 取引に基づかないが善意無過失の占有者

9-212　162条2項は、現代語化の際に、取引に基づかない場合にも適用されるとの理解を前提とした改正がされた（☞9-207）。では、取引に基づかない場合にも、占有開始時の善意無過失だけでよいのであろうか。

①取引に基づかないが善意無過失で占有を始めた者についても、162条2項をそのまま適用してよいというのが判例そして通説であり、占有の取得原因によって要件を異にするのは、時効の制度趣旨からみて疑問といわれている（川井359頁）。②しかし、対価を出捐する取引に基づく場合と同じ保護を与えるのは不合理である。取引に基づかない場合には（9-203②の事例）、10年間善意無過失の継続が必要であるという学説が主張されており（四宮304頁、注民(5)227頁［安達］）、本書はこれを支持したい（162条2項の類推適用と構成）。

## 3　取得時効の効果

9-213　取得時効の効果は、「その所有権を取得する」ことである（遡及する☞9-59）。取得時効により所有権の取得は、原始取得であり、取得時効による所有権の原始取得の結果、本来の所有者の所有権が反射的に消滅することになる。また、従前の所有権だけでなく、その不動産の抵当権や地上権などの制限物権もあわせて反射的に消滅するのが原則である。

しかし、原始取得とはいっても、取得される所有権は「取得時効の基礎となる占有の状態によって定ま」り、「制限物権の存在を容認して占有するば制限物権付きの所有権を取得」するといわれている（大久保邦彦「判批」民商146巻6号87頁）。例えば、抵当権付きの不動産の売買契約が無効であった場合、買主は善意無過失であれば10年間の占有でその所有権を時効取得するが、

抵当権付きの土地として譲渡を受けた以上の棚ぼた的利益を与える必要はない。この場合には、原始取得ではあるが、抵当権付きの所有権を時効取得すると考えるべきである。

# §Ⅱ 所有権以外の財産権の取得時効

## 1 所有権以外の財産権の取得時効

9-214 「所有権以外の財産権を、自己のためにする意思をもって、平穏に、かつ、公然と行使する者は、前条の区別に従い20年又は10年を経過した後、その権利を取得する」(163条)。このように、「所有権以外の財産権」も取得時効が可能である。要件は所有権のように自主占有ではなく、「自己のためにする意思をもって」する財産権の「行使」である。要するに、例えば通行地役権であれば、他人の土地に勝手に道路を開設して[459]、自己所有地への通行のために使用（通行）をしていればよい。通行地役権の取得時効は、通路開設が要求され権利行使が「客観的に明らか」であるため、登記なくして第三者に対して対抗可能である（最判平10・2・13民集52巻1号65頁）。

抵当権については、抵当権の設定登記をしただけでは権利行使とはいえないため、抵当権の取得時効を認めるべきではない。著作権法21条の複製権については、傍論的に取得時効の可能性が肯定されている[460]。また、慣習法上の物権についても、取得時効を認めることは可能である。例えば、墓地の永代使用権について、その設定が証明できなくても取得時効を援用できる。

---

[459] 地役権については、例えば通行地役権を考えると、毎日通行しているというだけで地役権の時効取得を認めるのは、好意で容認していた所有者に酷であり、「継続的に行使され、かつ、外形上認識することができるもの」と要件が加重されている（283条）。この要件は判例により、「いわゆる『継続』の要件として、承役地たるべき他人所有の土地の上に通路の開設を要し、その開設は要役地所有者によってなされることを要する」と具体化されている（最判昭30・12・26民集9巻14号2097頁）。

[460] 「時効取得の要件としての複製権の継続的な行使があるというためには、著作物の全部又は一部につきこれを複製する権利を専有する状態、すなわち外形的に著作権者と同様に複製権を独占的、排他的に行使する状態が継続されていることを要し、そのことについては取得時効の成立を主張する者が立証責任を負う」とされている（最判平9・7・17民集51巻6号2714頁）。

## 2　不動産賃借権の取得時効

9-215　　A所有の甲地につきAに無断で自己名義に所有権移転登記をしたB（Aの同居の息子）は、甲地を自分の土地としてCに賃貸したとする。Cは甲地の上に建物を建て、Bを所有者と信じてBに地代を支払い続けている。賃貸借から10年以上が経過した時点で、AがCに対して建物収去土地明渡しを求めてきたとして、Cの法的保護を考えてみたい。また、BがAの代理人と称してCに甲地を賃貸した場合もあわせて考えてみたい。

　　債権も「財産権」であるが、それを生じさせた契約の保護を考える以上に、その取得時効を考える余地はない。不動産の賃借権は、債権ではなく賃借人たる地位という契約上の地位であり、契約関係を離れて、財産権として賃借権の取得時効を認めることには躊躇を覚える。ところが、不動産賃借権の取得時効は問題にされることはなかったが、昭和30年代後半に取得時効を認める判例が登場し（☞9-217以下）、通説となっている[461]。したがって、上記事例ではCは賃借権を取得時効できるが、地上権とは異なり賃貸借契約という債権関係がどうなるのかは疑問が残る。

　　しかし、学説には、不動産賃借権の取得時効を認めることに批判的な主張もあり（三宅正男『契約法（各論）下巻』657頁以下、草野元己「判批」民商145巻4・5号124頁）、黙示的な同意・追認により対応でき、目的物所有者に将来にわたって賃貸人として新たな債務負担を課することは、意思自治の原則からも適切ではないと批判されている（河上554頁）。本書もこの疑問を共有しており、契約関係まで取得時効により成立させることを認めるのは疑問である[462]。

9-216　　**◆賃借権の取得時効の要件**
　　賃借権の取得時効の要件としては、この問題についての初めての判決（最判昭43・10・8民集22巻10号2145頁）により、①「土地の継続的な用益という外形的

---

[461]　不動産の使用貸借上の借主の権利の時効取得も傍論的には可能とされ（最判昭48・4・13集民109号93頁）、使用借権の取得時効を認める下級審判決がある一方で（例えば、東京高判平25・9・27判タ1393号170頁）、これを否定した判決もある（大阪高判平20・8・29判タ1280号220頁）。
[462]　賃借権は、賃貸借契約に基づく賃借人の権利であり、物権ではなく契約上の賃借人たる地位であり、賃借権の取得時効により所有者との間に賃貸借契約が成立するのであろうか。杉山修「不動産賃借権と時効取得」判タ103号は、賃借権の時効取得により契約が成立するわけではなく、「賃貸借契約とは全く無関係にこれと異なる賃貸借法律関係を生ずる」という（391頁）。

事実が存在し」、かつ、②「それが賃借の意思に基づくことが客観的に表現されている」ことが要求されている[463]。9-215の場合には、この2つの要件が満たされていることは明らかであり、Cは賃借権を時効取得できる[464]。①②の要件はいわば不動産所有者の了知可能性を確保するための要件であり、適切なものと考えられている（藤原・占有240頁）。というのは、すでにみたように、取得時効の要件である所有の意思を客観的に判断するというのは、不利益を受ける所有者が時効完成を阻止できるようにするためであり、ここでも同様に不利益を受ける所有者の保護を配慮すべきであるからである。

9-217 **◆不動産賃借権の取得時効が認められた事例**
　不動産賃借権の取得時効が問題になった事例は、以下のように整理されている（藤原・占有219頁以下参照）。いずれにおいても、所有者からの賃借人に対する明渡請求に対して、賃借人がこれを争うという訴訟形態であり、判例は、いずれも所有者からの明渡請求を棄却したものであり、その後の法律関係がどうなるのか、積極的に賃借権の内容について明らかにしたものはない。9-215の事例では、遡及的にAC間の賃貸借となり、無権代理の事例ではAC間の無権代理による賃貸借が遡及的に有効になるのに等しい。他方で、権利濫用により明渡請求を拒絶するのでは、積極的な利用権限は認められないので不都合であるし、また、権利濫用はそう安易に用いるべき原理ではない。

9-218 **(1) 無断転貸借の事例**
　まず、不動産の賃借人が賃貸人に無断で、目的不動産を転貸した事例において、転借人から、①第一次的に承諾があるとして転貸借の対抗、そして、②予備的に賃借権の取得時効が主張された事例がある（最判昭44・7・8民集23巻8号1374頁[465]）。認められる賃借権の内容は明確にはされていない。「Xに対抗できる転借権」の取得時効を問題としており、債権契約として無断転貸借は有効なのであり、時効により取得するのは、転貸借ではなく実質的にはその賃貸人に対する対

---

[463]　農地の賃貸借には、農業委員会等の許可を受けなければならないが（農地法3条1項）、農地賃借権の取得時効には上記の許可は不要と考えられている。「同条が設けられた趣旨は、同法の目的（1条）からみて望ましくない不耕作目的の農地の取得等の権利の移転又は設定を規制し、耕作者の地位の安定と農業生産力の増進を図ろうとするものである。そうすると、耕作するなどして農地を継続的に占有している者につき、土地の賃借権の時効取得を認めるための上記の要件が満たされた場合において、その者の継続的な占有を保護すべきものとして賃借権の時効取得を認めることは、同法3条による上記規制の趣旨に反するものではない」というのが理由である（最判平16・7・13判時1871号76頁）。

[464]　否定された事例として、最判昭53・12・14民集32巻9号1658頁は、本件土地はAがXから賃借し、その地上に本件建物を所有していたが、Yらの被承継人BがAから本件建物とその敷地の賃借権を譲り受け（昭和34年5月4日）その引渡しを受けたが、賃借権の譲渡についてXの承諾を得ておらず、BはXに賃借権譲渡の承諾を求めたが拒絶せられ（昭和35年6月頃）、Aの賃料不払いによってすでにAとの賃貸借契約は解除ずみであるとして建物収去土地明渡しを求められた事例で、「Bが前記昭和34年5月以降賃借意思に基づいて本件土地の使用を継続してきたものということはできない」と判示する。

抗力であるといわれている（藤原・占有221頁）。上記判例は、A所有の土地の賃借人Bからの転借人Cにつき、①CのBに対するAに対抗しうる賃借権の取得時効なのか、②CのAに対する賃借権の取得時効なのかは明確にしていない。もし②だとするとBC間の賃貸借と重複するが、どう処理されるのであろうか。

9-219　**(2)　他人物賃貸借の事例**

次に、他人の不動産を所有者以外の者が、無権限で賃貸し賃料を受け取る事例があり、その場合、実際には所有者と無断賃貸人との間には何らかの関係があることが多い（最判昭62・6・5判時1260号7頁［肯定］）。自分の土地として賃貸する事例であり、この場合には、無断賃貸人は賃借人を通じて間接占有を有していることになり、それに所有の意思が認められれば無断賃貸人に取得時効が可能になる。ただし、Aの土地をAを装ってBがCに賃貸した場合には、無権代理に準じ、Bが間接占有による土地所有権の取得時効を認めることはできない。

9-220　**(3)　無権代理の事例**

さらには、所有者の代理人として土地を賃貸した者が無権代理であったが、賃借人が代理権を信じ、土地上に建物を建てて居住し、賃借人がこの代理人として賃貸した者およびその相続人に賃料を支払ってきた事例で、「本件土地の継続的な用益が賃借の意思に基づくものであることが客観的に表現されている」として、163条による賃借権の取得時効が認められている（最判昭52・9・29判時866号127頁）。この場合、まず表見代理（**(2)**でもAを装った事例はその類推適用）が主張され、やはり不動産賃借権の取得時効は予備的主張となる。

9-221　**(4)　その他の事例**

その他、①賃借人が賃借地を超えて、賃借していない土地部分も賃借したものとして使用をしている場合（最判昭43・10・8民集22巻10号2145頁［肯定］）[466]、②賃借権の無断譲渡の場合（最判昭52・10・24金判536号28頁、最判昭53・12・14民集32巻9号1658頁［いずれも、賃借意思が客観的に表現されたものとはいえないとして否定］）、③賃貸借契約が契約締結時の取締法規に違反して無効な場合（最判昭45・12・15民集24巻13号2051頁［肯定］[467]）がある。④有効に賃借権を取得している者について、賃貸借契約後、賃借権が対抗要件を満たす前に、目的不動産に抵当権が設定され登記がされ、抵当権が実行された事例で、賃借権の取得時効の主張

---

[465]　本判決は、不動産賃借権の取得時効は最判昭43・10・8民集22巻10号2145頁により認められており、「この法理は、他人の土地の継続的な用益がその他人の承諾のない転貸借にもとづくものであるときにも、同様に肯定することができる」とし、原審判決を破棄差戻しを命じている。

[466]　境界が不明であったために、一部他人物賃貸借になっていた場合についても、客観的に一体のものとして用益をし続け、その一体的な用益の資料として賃料を支払っていたため、他人所有部分についての賃借権を取得し、反射的にその土地についての賃借人はその部分について賃借権を失うとした判決がある（東京高判平18・11・28判時1974号151頁）。

[467]　寺院境内の土地の賃貸借が当時の法令に違反して無効であった事例であるが、その後に法令の改正により適法になっても有効になることはないとして、賃借権の取得時効により賃借人を救済した判決である。

が退けられている[468]（最判平23・1・21判タ1342号96頁☞9-223）。

9-222 **◆有効な賃借権者による賃借権の取得時効の援用の可否**
有効な賃貸借がされた事例で、その後に抵当権が設定され競売により買受人所有となった事例で、賃借権の取得時効を認めつつも（自己所有物についても取得時効を認めるのと同様）、取得時効後の抵当権者への対抗を否定する判決がある。9-223判決であり、抵当権設定後さらに賃借権の取得時効の完成に必要な期間が経過したため、新たに時効取得した賃借権を抵当権に対抗しうるのではないかが、議論された（否定）。賃借権の取得時効を否定する本書の立場では、問題自体生じることはない。むしろ抵当権の消滅時効を問題とすべきであるが、抵当権に対抗できない抵当不動産の賃借人には、396条の制限を認めるべきであり、166条2項による抵当権の消滅時効の援用を認めるべきではない。この結果、賃借人は被担保債権の消滅時効による抵当権の消滅を主張するしかない。

9-223 **●最判平23・1・21判時2105号9頁** ［事案］公売により本件土地を取得したＸが、所有権に基づき、①本件土地上に本件建物を所有して本件土地を占有するＹ₁に対し、建物収去土地明渡しを求めるとともに、②Ｙ₁からそれぞれ本件建物の一部を賃借して占有しているＹ₂らに対し、建物退去土地明渡しを求めた。Ｙ₁は、本件土地を前所有者から賃借していたが、上記公売の基礎となった抵当権（抵当権者は旧大蔵省）の設定登記に先立って賃借権の対抗要件を具備していない（賃貸借・建物建築は昭和16年、抵当権設定登記は平成8年、建物の保存登記は平成18年）。第1審判決は賃借権の取得時効を認めてＸの請求を棄却したが、原審判決はＸの請求を認容する。Ｙらが上告するが、最高裁は上告を棄却する。
［判旨］「抵当権の目的不動産につき賃借権を有する者は、<u>当該抵当権の設定登記に先立って対抗要件を具備しなければ、当該抵当権を消滅させる競売や公売により目的不動産を買い受けた者に対し、賃借権を対抗することができない</u>……。したがって、<u>不動産につき賃借権を有する者がその対抗要件を具備しない間に、当該不動産に抵当権が設定されてその旨の登記がされた場合、上記の者は、上記登記後、賃借権の時効取得に必要とされる期間、当該不動産を継続的に用益したとしても、競売又は公売により当該不動産を買受けた者に対し、賃借権を時効により取得したと主張して、これを対抗することはできない</u>」。

---

468) 抵当権に対抗できない借地権者が、その後に時効取得した新たな借地権を主張し、時効完成時の抵当権に対抗できるとしとするのは潜脱的な取得時効の援用であり、賃借権の取得時効を否定すべきである。

# 事項索引

＊頁数ではなく、通し番号または注による。

### ［あ］

| | |
|---|---|
| 愛人 | 6-53 |

### ［い］

| | |
|---|---|
| 遺骨 | 注86 |
| 意思自治の原則 | 6-1 |
| 意思能力 | 6-143 |
| 意思の合致 | 6-13〜 |
| 意思表示 | |
| 　──の解釈 | 6-17〜 |
| 　──の効力発生時期 | 6-310 |
| 　──の受領能力 | 6-324 |
| 意思無能力 | 6-143〜 |
| 　──無効 | 6-144 |
| 　──と制限行為能力 | 6-149 |
| 医師の応召義務 | 6-6 |
| 板付飛行場事件 | 2-18 |
| 一段構成説 | 9-178 |
| 一部請求（完成猶予） | 9-120〜 |
| 一部無効 | 6-173 |
| 一般財団法人 | 4-4 |
| 一般社団法人 | 4-3 |
| 一般条項 | 2-2 |
| 一般法人 | 4-8 |
| 　──の消滅 | 4-102 |
| 　──の組織 | 4-86 |
| 　──の定款変更 | 4-100〜 |
| 委任による代理→任意代理 | |
| 隠匿行為 | 6-90 |
| 　三者間の── | 6-93 |

### ［う］

| | |
|---|---|
| 宇奈月温泉事件 | 2-15 |
| 裏口入学斡旋 | 6-51 |
| ウルトラ・ヴァイレスの法理 | 4-65 |

### ［え］

| | |
|---|---|
| 営利法人 | 4-6 |
| ＮＨＫ受信契約 | 6-7 |

### ［お］

| | |
|---|---|
| 応訴と裁判上の請求 | 9-74〜 |

### ［か］

| | |
|---|---|
| 外国人 | 3-6 |
| 解除条件 | 8-4 |
| 解除条件説（時効の援用） | 9-23 |
| 解除条件説（胎児） | 3-17 |
| 隔地者 | 6-311 |
| 確定期限 | 8-22 |
| 確定債権 | 9-138 |
| 　──と保証をめぐる問題 | 9-140 |
| 　債権の一部の── | 9-143 |
| 家具リース金融 | 6-91 |
| 果実 | 5-20 |
| 　天然── | 5-20 |
| 　法定── | 5-21 |
| 苛性ソーダ密輸資金融資事件 | 6-64 |
| 家族法 | 1-1 |
| 過払金返還請求権（時効の起算点） | 注433 |
| 貨幣→金銭 | |
| 空クレジットの保証（錯誤） | |
| 仮差押え（完成猶予） | 9-89 |
| 慣習 | 6-31 |
| 監事 | 4-93 |
| 完成猶予 | 9-68〜 |
| 　権利行使型── | 9-72〜 |
| 　権利行使障害型── | 9-97〜 |

465

| | | | | |
|---|---|---|---|---|
| 間接代理 | 7-4 | 虚偽表示 | 6-87〜 |
| 管理行為 | 6-42 | ——の無効の根拠 | 6-88 |
| | | ——と708条 | 6-89 |
| [き] | | 虚偽表示無効 | 6-87 |
| 期間 | 8-28 | ——の対抗不能 | 6-94 |
| ——の計算法 | 8-29〜 | ——と第三者からの無効主張 | 6-96 |
| ——の満了 | 8-31 | ——と第三者の登記 | 6-104 |
| 期限 | 8-22 | ——による権利取得 | 6-102 |
| 期限の利益 | 8-24 | 強迫 | 6-217〜 |
| ——の喪失 | 8-26 | ——と心裡留保 | 6-222 |
| ——条項 | 8-27 | 経済的—— | 6-220 |
| ——の放棄 | 8-25 | 居所 | 3-55 |
| 既成条件 | 8-11 | 金銭 | 5-13 |
| 帰属 | 5-5 | 禁治産者 | 6-192 |
| 期待権 | 8-21 | 禁反言 | 2-20 |
| 危難失踪 | 3-27 | | |
| 94条2項の類推適用 | 6-114〜 | [く] | |
| 意思外形対応型の—— | 6-116〜 | 組合・社団峻別論 | 4-25 |
| 意思外形非対応型の—— | 6-129〜 | クリーンハンズの原則 | 6-68 |
| 寄付行為 | 4-60 | 群馬司法書士会復興支援拠出金事件 | 4-77 |
| ——の仮装行為 | 4-61 | | |
| 基本代理権 | 7-194〜 | [け] | |
| ——と越権行為との関連性 | 7-206 | 経済的公序 | 6-54 |
| 公法上の—— | 7-203〜 | 芸娼妓契約 | 6-179 |
| 事実行為の授権と—— | 7-197〜 | 形成権 | 1-11〜 |
| 法定代理と—— | 7-189 | ——と時効 | 9-180〜 |
| 日常家事債務と—— | 7-190〜 | 契約解釈 | 6-17〜 |
| 欺罔の故意 | 6-209 | 契約拘束力の原則 | 6-183 |
| 客観的起算点 | 9-146 | 契約自由 | |
| 給付の不均衡 | 6-56 | ——の原則 | 6-2〜 |
| 協議を行う旨の合意 | 9-92 | ——の制約 | 6-4〜 |
| 強行規定 | 6-70〜 | 原状回復義務 | 6-180〜 |
| ——違反無効の根拠条文 | 6-71 | ——の時効（取消しとの関係） | 9-178 |
| 片面的—— | 注136 | 現存利益 | 3-38, 6-307, 6-309 |
| 強行法規→強行規定 | | 顕名 | 7-78 |
| 行政的取締法規→取締法規 | | ——の根拠 | 7-79〜 |
| 競業避止義務 | 6-54 | ——のない場合 | 7-84〜 |
| 強制執行（完成猶予） | 9-87 | 黙示の—— | 7-81 |
| 競争秩序 | 6-54 | 顕名主義 | 7-78 |
| 共通錯誤 | 6-258 | 権利確定説 | 9-71 |
| 共同代理 | 7-61 | 権利行使期待可能性(消滅時効の起算点) | |
| 許可法人 | 4-51 | | 9-151 |

# 事項索引

| | |
|---|---|
| 権利行使説 | 9-71 |
| 権利得喪説 | 9-15 |
| 権利の上に眠る者は保護せず | 9-9 |
| 権利能力 | 3-1 |
| ——の始期 | 3-2 |
| ——の終期 | 3-18 |
| 権利能力なき財団 | 4-22 |
| 権利能力なき社団 | 4-23〜 |
| ——の契約当事者 | 4-49 |
| ——の権利帰属 | 4-29 |
| ——の構成員の責任 | 4-45 |
| ——の債権の帰属 | 4-39 |
| ——の財産への強制執行 | 4-44 |
| ——の債務の帰属 | 4-40〜 |
| ——の成立要件 | 4-27 |
| ——の代表者の責任 | 4-46 |
| ——の登記名義 | 4-36 |
| ——の内部関係 | 4-28 |
| ——の不法行為責任 | 4-50 |
| 権利能力平等の原則 | 3-6 |
| 権利濫用→権利濫用禁止 | |
| 権利濫用禁止 | 2-12〜 |
| ——の機能 | 2-30〜 |
| ——の効果 | 2-25〜 |
| ——の要件 | 2-13〜 |

## [こ]

| | |
|---|---|
| 効果帰属要件 | 7-109 |
| 公益信託 | 4-5 |
| 公益的無効 | 6-167 |
| 公益法人 | 4-7 |
| 公共用物 | 注85 |
| 公示による意思表示 | 6-321〜 |
| 公序 | 6-48 |
| ——と良俗 | 6-48 |
| 公序良俗 | 6-45〜 |
| ——の分類 | 6-51〜 |
| 公序良俗違反無効 | 6-67〜 |
| ——の判断基準時 | 6-66 |
| 更新（時効） | 9-68〜, 9-102〜 |
| 更新料（不当条項） | 6-161 |
| 高知鉄道線路無断敷設事件 | 2-19 |

| | |
|---|---|
| 合同行為 | 6-36 |
| 抗弁 | 1-19〜 |
| 抗弁権の永久性の理論 | 9-177 |
| 公法 | 1-1 |
| 合有説 | 4-33 |
| 公用物の取得時効 | 9-193 |

## [さ]

| | |
|---|---|
| 債権行為 | 6-39 |
| 最高原理説 | 6-49 |
| 催告（完成猶予） | 9-90 |
| 裁判上の—— | 9-91 |
| 催告権 | 6-279 |
| 取り消しうべき行為の—— | 6-279 |
| 無権代理行為の—— | 7-116 |
| 財産隠匿行為と708条 | 6-89 |
| 財産権 | 1-5 |
| 財産行為 | 6-44 |
| 財団法人 | 4-4 |
| 裁判上の催告 | 9-91 |
| 裁判上の請求（完成猶予） | 9-72 |
| 詐欺的心裡留保 | 6-79, 6-83 |
| 錯誤 | 6-223〜 |
| ——の重大性 | 6-234 |
| ——の種類 | 6-225〜 |
| 基礎事情の—— | 6-227〜 |
| 性状の—— | 6-228 |
| 動機の—— | 6-227〜 |
| 内容の—— | 6-225 |
| 表示上の—— | 6-225 |
| 美術品についての—— | 6-245 |
| 錯誤一元説 | 6-254 |
| 錯誤二元説 | 6-254 |
| 作成者に不利にの原則 | 6-23 |
| 詐欺 | 6-208〜 |
| ——と錯誤 | 6-216 |
| ——の違法性 | 6-210 |
| 第三者による—— | 6-214 |
| 不作為による—— | 6-211 |
| 差押債権者の第三者性 | 6-101 |
| 詐術 | 6-200〜 |

## [し]

| | |
|---|---|
| 死因行為 | 6-43 |
| 資格併存説 | 7-142 |
| シカーネ禁止 | 2-12 |
| 私権の公共性 | 2-1〜 |
| 時効 | 9-1〜 |
| ——完成後の債務承認 | 9-50〜 |
| ——の更新 | 9-102〜 |
| ——の種類 | 9-1〜 |
| ——の遡及効 | 9-59 |
| ——の存在理由（根拠） | 9-4〜 |
| ——の中断 | 9-68 |
| ——の停止 | 9-69 |
| ——の利益の放棄 | 9-47〜 |
| ——の効果 | 9-64〜 |
| ——の法的構成 | 9-14〜 |
| 時効の援用 | 9-21〜 |
| ——の効果 | 9-58 |
| ——（人的範囲） | 9-60〜 |
| ——の時期 | 9-33 |
| ——の撤回 | 9-34 |
| ——の法的性質 | 9-21 |
| ——の場所 | 9-32 |
| 共同相続と—— | 9-29 |
| 実体法説と—— | 9-23 |
| 訴訟法説と—— | 9-22 |
| 時効の援用権 | |
| ——者 | 9-35〜 |
| ——（援用＝意思表示説） | 9-38 |
| ——（援用＝攻撃防御方法説） | 9-36 |
| ——の喪失 | 9-50〜 |
| 時効の完成猶予 | 9-68〜 |
| ——の人的範囲 | 9-112 |
| ——の物的範囲（一部請求） | 9-120 |
| 応訴と—— | 9-74〜 |
| 請求権競合と—— | 9-127 |
| 留置権の主張と—— | 9-79 |
| 死後懐胎子 | 3-8 |
| 自己契約 | 7-57 |
| 自己物の取得時効 | |
| 使者 | 7-6〜 |
| ——と代理規定 | 7-7〜 |

| | |
|---|---|
| 自主占有 | 9-194 |
| 自然人 | 3-1 |
| 自然的計算方法 | 8-29 |
| 自治会 | 4-31 |
| 失踪宣告 | 3-23〜 |
| ——の効果 | 3-32 |
| ——の死亡擬制時期 | 3-33 |
| ——の取消し | 3-35 |
| ——と第三者保護 | 3-41〜 |
| ——と身分行為 | 3-47 |
| ——の要件 | 3-26〜 |
| 実体法 | 1-2 |
| 実体法説（時効） | 9-15 |
| 実定法 | 注2 |
| 私的自治の原則 | 6-1 |
| 支払督促（完成猶予） | 9-84 |
| 私法 | 1-1 |
| 死亡 | 3-18 |
| 社会秩序維持説 | 9-10 |
| 社員総会 | 4-95 |
| 社団 | 4-24〜 |
| ——と組合 | 4-24 |
| 社団法人 | 4-3 |
| 住所 | 3-50〜 |
| ——と区別すべき概念 | 3-53〜 |
| 従たる権利 | 5-19 |
| 従物 | 5-15 |
| 重要事項不実告知 | 6-263 |
| 主観的起算点 | 9-144 |
| 授権 | 7-4 |
| 受信契約 | 6-7 |
| 受胎良馬事件 | 6-238 |
| 出生 | 3-3 |
| 出世払い | 8-6 |
| 受働代理 | 7-14 |
| ——と到達 | 7-15 |
| 取得時効 | 9-1, 9-185〜 |
| 公用物の—— | 9-193 |
| 自己の物の—— | 9-188 |
| 所有権以外の—— | 9-214 |
| 短期—— | 9-203 |
| 長期—— | 9-185 |

事項索引

| | | | |
|---|---|---|---|
| 不動産賃借権の―― | 9-215 | 人格承継説 | 7-139 |
| 主物 | 5-15 | 人格遡及説 | 3-15 |
| 受領能力 | 6-324 | 信義誠実の原則 | 2-3～ |
| 純粋随意条件→随意条件 | | 信義則 | 2-3～ |
| 準則主義 | 4-53 | ――と権利濫用禁止 | 2-5 |
| 準則法人 | 4-53 | ――の機能 | 2-4 |
| 準物権行為 | 6-41 | 信義則説 | 7-141 |
| 準法律行為 | 6-33 | 信玄公旗掛松事件 | 2-28 |
| 条件 | 8-1～ | 心臓停止説 | 3-20 |
| ――成就の妨害 | 8-18 | 親族法 | 1-1 |
| ――に親しまない行為 | 8-16 | 心裡留保 | 6-79～ |
| ――の成就 | 8-3 | 詐欺的―― | 6-79, 6-83 |
| 不正な方法での―― | 8-19 | | |
| ――の不成就 | 8-3 | [す] | |
| 商事時効 | 9-137 | 随意条件 | 8-15 |
| 承認（更新） | 9-109 | | |
| 一部弁済と―― | 9-110 | [せ] | |
| 消費者契約 | 6-150 | 正権原（取得時効） | 9-206 |
| ――法 | 6-262 | 制限行為能力 | 6-185～ |
| 消費者公序 | 6-55 | ――の詐術 | 6-200～ |
| 消費者取消権 | 6-262～ | 制限的人格説 | 3-17 |
| 消滅時効 | 9-2, 9-130～ | 性状の錯誤 | 6-228 |
| ――の起算点 | 9-144 | 生前行為 | 6-43 |
| ――（期限の利益喪失約款） | 9-150 | 静的安全保護 | 6-1 |
| ――（自動継続定期預金） | 注429 | 正当な理由 | 7-207 |
| ――（塵肺炎） | 9-153～ | ――の証明責任 | 7-209 |
| ――（不作為債権） | 9-148 | 成年後見 | 6-192 |
| ――（保険金請求権） | 9-157 | 成年被後見人 | 6-192 |
| 債権以外の―― | 9-184 | 成立要件 | 6-163 |
| 将来の賃料債権 | 5-26 | 世田谷砧日照権訴訟 | 2-29 |
| 除斥期間 | 9-162 | 絶対的構成 | 3-45, 6-110 |
| ――と時効 | 9-163 | 絶対的無効 | 6-169 |
| 職権消滅 | 注42 | 全部露出説 | 3-5 |
| 初日不算入の原則 | 8-30 | 占有の自力救済 | 2-39 |
| 処分行為 | 6-40 | 占有の併合主張（取得時効） | 9-197 |
| 署名代理 | 7-91～ | | |
| 自力救済→自力救済の禁止 | | [そ] | |
| 自力救済条項 | 2-36 | 総合判断説 | 6-62 |
| 自力救済の禁止 | 2-33～ | 総合要件説 | 7-23 |
| 自力執行権 | 2-41 | 相対的構成 | 3-46, 6-110 |
| 事理弁識能力 | 6-192 | 相対的無効 | 6-169 |
| 人格権 | 1-9 | 双方代理 | 7-57 |

469

| | |
|---|---|
| 総有説 | 4-34 |
| 訴訟法説 | 9-17 |

[た]

| | |
|---|---|
| 対抗不能 | |
| 　　取消しの―― | 6-284〜 |
| 対抗問題説（取消し） | 6-291 |
| 第三者 | |
| 　　虚偽表示における―― | 6-100 |
| 　　　　――の権利取得 | 6-102 |
| 胎児 | 3-7〜 |
| 　　――に対する遺贈 | 3-10 |
| 　　――に対する不法行為 | 3-12 |
| 　　――による相続 | 3-9 |
| 　　――についての法的構成 | 3-14〜 |
| 　　――の死産 | 3-13 |
| 大深度地下利用 | 注87 |
| 代表 | 4-90 |
| 代表権濫用 | 7-62〜 |
| 　　――と使用者責任 | 7-68 |
| 　　法定代理と―― | 7-69〜 |
| 代表者の不法行為 | 4-81 |
| 代理 | 7-1〜 |
| 　　――に親しまない行為 | 7-18 |
| 　　――の社会的意義 | 7-16 |
| 　　――の分類 | 7-11〜 |
| 　　――の法的構成 | 7-20〜 |
| 代理権 | |
| 　　――の消滅 | 7-71 |
| 　　――の発生原因 | 7-24〜 |
| 　　――の範囲 | 7-34〜 |
| 　　――の本質 | 注264 |
| 　　委任契約の取消しと―― | 7-29〜 |
| 代理権授与行為 | 7-26 |
| 　　――（単独行為説） | 7-27 |
| 　　――（無名契約説） | 7-28 |
| 　　――（融合契約説） | 7-28 |
| 代理権濫用 | 7-62〜 |
| 代理行為 | 7-78〜 |
| 　　――の瑕疵 | 7-95〜 |
| 　　――（本人が詐欺を受けた場合） | 7-99 |
| 代理人行為説 | 7-22 |

| | |
|---|---|
| 代理人による詐欺 | 7-104 |
| 対話者 | 6-311 |
| 諾成契約 | 6-10 |
| 諾成主義 | 6-10 |
| 立木 | 5-11 |
| 脱法行為 | 6-78 |
| 建物 | 5-10 |
| 短期取得時効 | 9-203 |
| 　　――における善意の継続 | 9-211 |
| 　　――における無過失の証明 | 9-210 |
| 　　――の趣旨 | 9-204 |
| 　　取引に基づかない場合と―― | 9-212 |
| 男女差別 | 6-51 |
| 断定的判断の提供 | 6-264 |
| 単独行為 | 6-34 |
| 　　――の無権代理 | 7-130〜 |

[ち]

| | |
|---|---|
| 地縁による団体 | 4-31 |
| チケット金融 | 6-91 |
| 中間法人 | 4-8 |
| 長期取得時効 | 9-185〜 |
| 調停の申立て（完成猶予） | 9-85 |
| 直接訴権 | 7-47〜 |
| 　　――の法的構成 | 7-48〜 |

[つ]

| | |
|---|---|
| 追完説 | 7-140 |
| 追認 | |
| 　　取り消しうる行為の―― | 6-273 |
| 　　他人の権利処分の―― | 7-5 |
| 　　無権代理行為の―― | 7-111 |
| 追認拒絶権 | |
| 　　本人の―― | 7-114 |
| 追認権者（取消し） | 6-276 |
| 通謀虚偽表示→虚偽表示 | |

[て]

| | |
|---|---|
| 定款 | 4-55 |
| 　　――の変更 | 4-100 |
| 定期金債権 | 9-137 |
| 定型約款 | 6-154〜 |

事項索引

| | | | |
|---|---|---|---|
| ——の事後的変更 | 6-157 | 消費者—— | 6-263 |
| 停止条件 | 8-2 | 　無権代理行為の—— | 7-115 |
| 停止条件説（時効の援用） | 9-27 | 取消権者 | 6-270〜 |
| 停止条件説（胎児） | 3-15 | 取締規定違反 | 6-72〜 |
| 定年差別 | 注121 | ——の契約締結後の改変 | 6-77 |
| 適合性の原則 | 6-55 | | |
| 転得者 | | [な] | |
| 　虚偽表示と—— | 6-100 | 内容の錯誤 | 6-225 |
| 　失踪宣告と—— | 3-44 | なりすまし行為 | 7-91 |
| 　表見代理と—— | 7-217 | | |
| 天然果実 | 5-20 | [に] | |
| | | 二段構成説 | 9-179 |
| [と] | | 日常家事債務 | 7-190〜 |
| 問屋 | 7-4 | 任意規定 | 6-30 |
| 登記の公信力 | 6-114 | 任意代理 | 7-12 |
| 動機の錯誤 | 6-227 | 任意代理権 | |
| 動機の不法 | 6-60 | 　——の消滅 | 7-71〜 |
| 　——と主張制限説 | 6-65 | 　——の範囲 | 7-35 |
| 東京地裁厚生部事件 | 7-181 | 　死後の事務委託と—— | 7-73 |
| 動産 | 5-12 | 認可法人 | 4-52 |
| 同時死亡の推定 | 3-22 | 認証法人 | 4-52 |
| 同時履行の抗弁権（取消し） | 6-308 | 認定死亡 | 3-28 |
| 到達 | 6-312〜 | | |
| 　みなし—— | 6-318 | [の] | |
| 到達主義 | 6-310 | 脳死 | 3-19 |
| 動的安全保護 | 6-1 | 脳死説 | 3-21 |
| 東北食品栄養協会事件 | 4-43 | 能働代理 | 7-13 |
| 動物 | 5-3 | | |
| 独立呼吸説 | 3-4 | [は] | |
| 特許法人 | 4-54 | 白紙委任状 | 7-173〜 |
| 土地 | 5-7 | 　——の交付と補充等 | 7-174 |
| 　——の構成部分 | 5-17 | 　——の第三者による利用 | 7-175 |
| 　——の定着物 | 5-8 | 破産手続参加（完成猶予） | 9-86 |
| 取消し | 6-270〜 | 発信主義 | 6-310 |
| 　——と第三者 | 6-283 | 発電用トンネル事件 | 2-17 |
| 　——（取消前） | 6-292 | 阪神電鉄事件 | 3-16 |
| 　——（取消後） | 6-296 | | |
| 　——と物権変動 | 6-289〜 | [ひ] | |
| 　——による利得の返還 | 6-307 | 非営利法人 | 4-7 |
| 　——の効果 | 6-282〜 | 非顕名主義 | 7-87 |
| 取消権 | | 非権利者・未弁済者保護説 | 9-10 |
| 　——の存続期間 | 9-172〜 | 美術品の真贋（錯誤） | 6-245 |

471

| 人 | 3-1 | | [へ] | |
|---|---|---|---|---|
| 非真意表示 | 6-79, 6-82 | | 片面的強行規定 | 注136 |
| 否認 | 1-18 | | | |
| 被保佐人 | 6-194 | | [ほ] | |
| 被補助人 | 6-197 | | 法人 | 4-1〜 |
| 表意者の重過失（錯誤） | 6-255〜 | | ——の活動 | 4-64 |
| ——と電子消費者契約 | 6-259 | | ——の性質による制限 | 4-64 |
| 表見代理 | 7-168〜 | | ——の目的による制限 | 4-65〜 |
| ——と無権代理 | 7-231〜 | | ——の機能 | 4-9〜 |
| ——の効果 | 7-229〜 | | ——の行為能力 | 4-15 |
| 109条の—— | 7-169〜 | | ——の種類 | 4-3〜 |
| 110条の—— | 7-186〜 | | ——の政治献金 | 4-74 |
| 112条の—— | 7-222〜 | | ——の設立 | 4-51 |
| 表見代理の重畳的適用 | | | ——の占有 | 4-16 |
| 109条＋110条 | 7-225 | | ——の不法行為 | 4-15, 4-78〜 |
| 112条＋110条 | 7-227 | | ——能力 | 4-15, 4-79 |
| 表示意思 | 6-226 | | 法人格 | 3-1 |
| 表示機関 | 7-6 | | ——なき社団→権利能力なき社団 | |
| 表示上の錯誤 | 6-225 | | ——の始期 | 3-2 |
| | | | 法人格否認の法理 | 4-18 |
| [ふ] | | | 法人格平等の原則 | 3-6 |
| 不意打条項 | 6-153 | | 法人学説 | 4-14〜 |
| 不確定期限 | 8-22 | | 法人設立行為の性質 | 4-56 |
| 復代理 | 7-39〜 | | 法人代表→代表 | |
| ——の終了 | 7-56 | | 法人登記 | 4-63 |
| 復代理人 | | | 法人法定主義 | 4-21 |
| ——の行為と代理人の責任 | 7-54〜 | | 法人本質論→法人学説 | |
| 付合契約 | 6-150 | | 法定解除条件説 | 3-17 |
| 不在者 | 3-24 | | 法定果実 | 5-21 |
| ——の財産管理 | 3-24 | | 法定証拠説 | 9-17 |
| 不作為による詐欺 | 6-211 | | 法定条件 | 8-8 |
| 不成立 | 6-162 | | ——と130条 | |
| 物 | 5-1〜 | | 法定代理 | 7-11 |
| 普通失踪 | 3-30 | | ——と110条 | 7-189 |
| 物権行為 | 6-40 | | 法定追認 | 6-274 |
| 不動産 | 5-7〜 | | 法定停止条件説 | 3-15 |
| 不当条項 | 6-150 | | 暴利行為 | 2-21, 6-56 |
| ——の規制 | 6-158〜 | | 法律行為 | 6-32 |
| 不能条件 | 8-14 | | ——の解釈 | 6-17 |
| 不法原因給付 | 6-68 | | 法律効果 | 1-3 |
| 不法条件 | 8-13 | | 法律要件 | 1-3 |
| 不要式行為 | 6-38 | | 保佐人 | 6-194 |

事項索引

| | |
|---|---|
| 補充的解釈 | 6-25 |
| 保存行為 | 6-42 |
| ポロにせ商品事件 | 6-75 |
| 本人行為説 | 7-21 |
| 本人を装った場合→なりすまし行為 | |

[み]

| | |
|---|---|
| 未成年者 | 6-187 |
| ——の婚姻による成年擬制 | 注186 |
| みなし到達 | 6-318 |
| ——条項 | 6-319 |
| 南九州税理士会政治献金事件 | 4-76 |
| 身分権 | 1-10 |
| 身分行為 | 6-44 |
| 未分離果実 | 5-11 |

[む]

| | |
|---|---|
| 無権代理 | 7-108 |
| ——と追認 | 7-111 |
| ——無効 | 7-109 |
| 単独行為の—— | 7-130〜 |
| 無権代理と相続 | 7-133〜 |
| ——（共同相続） | 7-159〜 |
| ——（無権代理人ついで本人） | 7-163 |
| ——（本人による相続） | 7-150〜 |
| ——（無権代理人による相続） | 7-134〜 |
| ——（本人の追認拒絶後） | 7-148〜 |
| 無権代理人 | |
| ——の後見人就任 | 7-145〜 |
| ——の責任 | 7-117〜 |
| 無権利説（取消し） | 6-290 |
| 無権利の法理 | 6-114 |
| 無効 | |
| ——と不成立 | 6-162 |
| ——の分類 | 6-162 |
| 意思無能力—— | 6-144 |
| 一部—— | 6-173 |
| 公序良俗違反—— | 6-67 |
| 絶対的—— | 6-169 |
| 全部—— | 6-173 |
| 相対的—— | 6-169 |
| 無効行為の追認 | 6-171 |

| | |
|---|---|
| 矛盾行為禁止 | 2-20 |
| 無体物 | 5-2, 5-4 |
| 無能力制度 | 6-186 |

[め]

| | |
|---|---|
| 名義貸し | |
| 空クレジットにおける—— | 6-84 |
| 免責条項 | 6-158 |

[も]

| | |
|---|---|
| 黙示の意思表示 | 6-26 |
| 物 | 5-1 |

[や]

| | |
|---|---|
| 約款の拘束力 | 6-152 |
| 八幡製鉄政治献金事件 | 4-75 |

[ゆ]

| | |
|---|---|
| 有効要件 | 6-162〜 |
| 有体物 | 5-2 |
| 有毒アラレ事件 | 6-74 |

[よ]

| | |
|---|---|
| 要件事実 | 1-3 |
| 要件説（時効援用） | 9-28 |
| 要式契約 | 6-12 |
| 要式行為 | 6-37 |
| 要物契約 | 6-11 |

[り]

| | |
|---|---|
| 利益衡量 | 6-94 |
| 利益相反行為の禁止（理事） | 4-87 |
| 理事の代表権の制限 | 4-91 |
| 良心規定説 | 注364 |
| 了知可能性 | 6-313 |

[れ]

| | |
|---|---|
| 例文解釈 | 6-29 |

[わ]

| | |
|---|---|
| 和解の申立て（完成猶予） | 9-85 |

# 判例索引

＊頁数ではなく、通し番号または注による。●が付いているものは、アミカケ枠で詳しく説明している箇所である。

［明治時代］
──明治 30 年代──
大判明 32・2・9 民録 5 輯 2 巻 24 頁 … 注 341
大判明 33・5・7 民録 6 輯 5 巻 15 頁 …… 6-293
大判明 36・1・29 民録 9 輯 102 頁 ……… 4-70
大判明 36・7・7 民録 9 輯 888 頁 ……… 7-188
大判明 37・1・28 民録 10 輯 57 頁 …… 注 152
大判明 37・2・19 刑録 10 輯 296 頁 … 注 235
大判明 37・12・26 民録 10 輯 1696 頁 … 6-95
大判明 38・5・11 民録 11 輯 706 頁 … 6-143
大判明 38・11・25 民録 11 輯 1581 頁 … 9-24
大判明 38・12・19 民録 11 輯 1786 頁 ‥ 6-236
大判明 39・3・31 民録 12 輯 492 頁 … 7-105
大判明 39・5・17 民録 12 輯 837 頁 … 6-275
──明治 40 年代──
大判明 43・1・25 民録 16 輯 22 頁 ……… 9-41
大判明 45・3・14 刑録 18 輯 337 頁 …… 6-51

［大正時代］
大判大 1・9・25 民録 18 輯 810 頁 ……… 4-71
大判大 3・3・16 民録 20 輯 210 頁 ……… 7-97
大判大 3・7・9 刑録 20 輯 1475 頁 … 6-113
大判大 3・10・3 民録 20 輯 715 頁 … 7-111
大判大 3・10・29 民録 20 輯 846 頁 … 7-188
大判大 3・11・20 民録 20 輯 963 頁 … 注 152
大判大 3・12・15 民録 20 輯 1101 頁 … 6-237
大判大 4・3・24 民録 21 輯 439 頁 …… ●8-7
大判大 4・6・23 民録 21 輯 1005 頁 … 9-202
大判大 4・6・30 民録 21 輯 1087 頁 … 注 238
大判大 4・7・13 民録 21 輯 1387 頁 … 注 423
大判大 4・10・2 民録 21 輯 1560 頁 … 7-120
大判大 4・12・1 民録 21 輯 1935 頁 … 注 341
大判大 4・12・11 民録 21 輯 2051 頁 …… 9-41
大判大 4・12・24 民録 21 輯 2187 頁 ‥ 注 190
大判大 5・1・26 刑録 22 輯 39 頁 …… 注 196
大判大 5・6・1 民録 22 輯 1113 頁 …… 3-34
大判大 5・6・10 民録 22 輯 1149 頁 … 6-309
大判大 5・11・21 民録 22 輯 2250 頁 … 6-89
大判大 5・12・6 民録 22 輯 2358 頁 … 6-203
大判大 5・12・25 民録 22 輯 2494 頁 ‥ 注 393
大判大 6・1・22 民録 23 輯 14 頁 ……… 2-28
大判大 6・2・7 民録 23 輯 210 頁 ……… 7-38
大判大 6・2・19 民録 23 輯 311 頁 ……… 9-54
大判大 6・2・24 民録 23 輯 284 頁 …… 6-238
大判大 6・5・18 民録 23 輯 831 頁 …… 注 36
大判大 6・9・26 民録 23 輯 1495 頁 … 6-203
大判大 7・4・13 民録 24 輯 669 頁 … 9-179
大判大 7・5・16 民録 24 輯 967 頁 …… 注 201
大判大 7・5・23 民録 24 輯 1027 頁 … 注 282
大判大 7・6・13 民録 24 輯 1263 頁 … 7-227
大判大 7・7・6 民録 24 輯 1467 頁 ……… 9-24
大判大 8・2・24 民録 25 輯 340 頁 …… 7-212
大判大 8・3・3 民録 25 輯 356 頁 ……… ●2-28
大判大 8・7・4 民録 25 輯 1215 頁 … 9-24
大判大 9・4・27 民録 26 輯 606 頁 …… 7-92
大判大 9・9・29 民録 26 輯 1431 頁 …… 9-75
大判大 9・11・24 民録 26 輯 1862 頁 …… 5-14
大判大 9・12・18 民録 26 輯 1947 頁 … 注 8
──大正 10 年代──
大判大 10・2・14 民録 27 輯 285 頁 …… 7-38
大判大 10・3・5 民録 27 輯 493 頁 … 9-181
大決大 10・7・8 民録 27 輯 1313 頁 … 注 93
大判大 10・7・13 民録 27 輯 1318 頁 … 7-92
大判大 10・9・29 民録 27 輯 1774 頁 … 6-178

大判大 10・11・3 民録 27 輯 1875 頁 … 9-114
大判大 11・4・14 民集 1 巻 187 頁 ……… 9-57
大判大 11・5・23 新聞 2011 号 21 頁 ‥ 注 158
大判大 12・3・14 新聞 2136 号 19 頁 ‥ 6-204
大判大 13・10・7 民集 3 巻 509 頁 …… 9-187
大判大 14・10・5 民集 4 巻 489 頁 …… 7-38
大判大 14・12・3 民集 4 巻 685 頁 ……… 注 8

[昭和時代]
大判昭 2・3・22 民集 6 巻 106 頁
　　　　………………………… 7-135, ●7-136
大判昭 2・9・30 新聞 2771 号 14 頁
　　　　……………………………… 9-81, 注 405
大判昭 2・12・24 民集 6 巻 754 頁
　　　　…………………………… 7-223, 7-224
大判昭 3・11・8 民集 7 巻 980 頁 …… 9-41
大判昭 4・3・19 民集 8 巻 199 頁 …… 9-121
大判昭 4・5・3 民集 8 巻 447 頁 ……… 7-179
大判昭 4・11・22 新聞 3060 号 16 頁 … 6-275
大判昭 5・2・12 民集 9 巻 143 頁 …… 7-208
大判昭 5・3・4 民集 9 巻 299 頁 ……… 注 301
大判昭 5・4・18 新聞 3147 号 13 頁 … 6-204
大判昭 5・12・18 民集 9 巻 1147 頁 …… 5-17
大判昭 5・12・23 評論全集 20 巻民 31 頁
　　　　…………………………………………… 7-38
大判昭 6・6・4 民集 10 巻 401 頁 …… 注 393
大判昭 6・12・17 新聞 3364 号 17 号 …… 4-70
大判昭 6・12・19 民集 10 巻 1237 頁 … 9-75
大判昭 7・3・5 新聞 3387 号 14 頁 …… 7-105
大判昭 7・4・19 民集 11 巻 837 頁 …… 4-61
大判昭 7・5・27 民集 11 巻 1069 頁 …… 4-84
大判昭 7・6・6 民集 11 巻 1115 頁 …… 注 285
大判昭 7・6・21 民集 11 巻 1186 頁 …… 9-41
大決昭 7・7・26 民集 11 巻 1658 頁 …… 注 40
大判昭 7・8・9 民集 11 巻 1879 頁 …… 注 238
大判昭 7・10・6 民集 11 巻 2023 頁 …… ●3-16
大判昭 7・12・20 新聞 3512 号 14 頁 ‥ 注 139
大判昭 8・1・31 民集 12 巻 24 頁 …… 6-204
大判昭 8・4・28 民集 12 巻 1040 頁 …… 6-275
大判昭 8・6・16 民集 12 巻 1506 頁 …… 6-100
大判昭 8・8・7 民集 12 巻 2279 頁 …… 7-218
大判昭 8・9・18 民集 12 巻 2437 頁 …… 注 149

大判昭 8・11・22 民集 12 巻 2756 頁 ‥ 注 336
大判昭 9・5・1 民集 13 巻 875 頁 ……… 6-57
大判昭 9・5・2 民集 13 巻 670 頁 ……… 9-41
大判昭 9・5・4 民集 13 巻 633 頁 ……… 7-8
大判昭 9・9・15 民集 13 巻 1839 頁 …… 8-25
大判昭 9・10・3 新聞 3757 号 10 頁 …… 9-57
——昭和 10 年代——
大判昭 10・3・2 大審院裁判例 9 巻民 47 頁
　　　　……………………………………… 6-177
大判昭 10・8・10 新聞 3882 号 13 頁 ‥ 注 280
大判昭 10・9・10 民集 14 巻 1717 頁 … 7-5
大判昭 10・10・1 民集 14 巻 1671 頁 … 注 90
大判昭 10・10・5 民集 14 巻 1965 頁 ‥ ●2-15
大判昭 10・12・24 民集 14 巻 2096 頁 … 9-25
大判昭 11・2・14 民集 15 巻 158 頁
　　　　……………………………… 6-315, 注 249
大判昭 11・2・14 新聞 3959 号 7 頁 …… 9-41
大判昭 11・2・25 民集 15 巻 281 頁 …… 注 63
大判昭 11・7・10 民集 15 巻 1481 頁 …… 2-17
大判昭 12・3・10 民集 16 巻 313 頁 …… 注 29
大判昭 12・8・7 判決全集 4 巻 15 号 5 頁
　　　　…………………………………………… 7-213
大判昭 12・8・10 新聞 4185 号 36 頁 ‥ 注 157
大判昭 12・9・17 民集 16 巻 1435 頁
　　　　……………………………… 9-147, 注 427
大判昭 13・2・7 民集 17 巻 59 頁 ……… 3-42
大判昭 13・3・30 民集 17 巻 578 頁 …… 6-63
大判昭 13・10・26 民集 17 巻 2057 頁
　　　　……………………………………… ●2-19
大判昭 13・12・16 新聞 4370 号 7 頁 …… 7-178
大連判昭 14・3・22 民集 18 巻 238 頁
　　　　………………………… 9-76, 注 399, 注 401
大判昭 14・3・29 民集 18 巻 370 頁 …… 9-57
大判昭 14・10・26 民集 18 巻 1157 頁
　　　　……………………………………… 6-309
大判昭 14・11・6 民集 18 巻 1224 頁 …… 6-54
大判昭 14・12・6 民集 18 巻 1490 頁 …… 7-97
大連判昭 15・3・13 民集 19 巻 544 頁 … 9-150
大判昭 15・4・24 民集 19 巻 749 頁 …… 7-179
大判昭 16・2・28 民集 20 巻 264 頁 …… 注 327
大判昭 16・3・15 民集 20 巻 491 頁 …… 7-38
大判昭 16・8・26 民集 20 巻 1108 頁 ‥ 注 139

475

大判昭 16・8・30 新聞 4747 号 15 頁 ····· 7-97
大判昭 16・12・6 判決全集 9 輯 13 号 3 頁
 ························································ 7-180
大判昭 17・2・25 民集 21 巻 164 頁
 ························ 7-135, ●7-137, 注 315
大判昭 17・5・16 判決全集 9 輯 20 号 2 頁
 ························································ 7-198
大連判昭 17・5・20 民集 21 巻 571 頁
 ·························································· 注 322
大判昭 17・6・23 民集 21 巻 716 頁 ······ 9-83
大判昭 17・9・8 新聞 4799 号 10 頁 ···· 注 158
大判昭 17・9・30 民集 21 巻 911 頁
 ································· 6-291, ●6-299
大判昭 18・12・22 民集 22 巻 1263 頁
 ························································ 6-101
大判昭 19・6・28 民集 23 巻 387 頁 ····· ●6-16
大連判昭 19・12・22 民集 23 巻 626 頁
 ······················································· ●7-228

————昭和 20 年代————
大判昭 20・9・10 民集 24 巻 82 頁 ······· 9-141
最判昭 25・12・1 民集 4 巻 12 号 625 頁
 ···························································· 注 5
最判昭 26・6・1 民集 5 巻 7 号 367 頁 ···· 7-59
東京地判昭 26・10・6 下民集 2 巻 10 号 1172
 頁 ······················································· 7-26
最判昭 27・1・29 民集 6 巻 1 号 49 頁 ·· 7-213
最判昭 27・2・15 民集 6 巻 2 号 77 頁 ···· 4-69
最判昭 27・11・20 民集 6 巻 10 号 1015 頁
 ·························································· 注 125
最判昭 28・4・23 民集 7 巻 4 号 396 頁
 ············································· 3-28, 7-73
最判昭 29・2・12 民集 8 巻 2 号 448 頁
 ···························································· 注 12
最判昭 29・2・12 民集 8 巻 2 号 465 頁
 ························································ 6-242
最判昭 29・8・20 民集 8 巻 8 号 1505 頁
 ······················································· ●6-117
最判昭 29・8・31 民集 8 巻 8 号 1557 頁
 ·············································· 6-63, 6-64
最判昭 29・11・26 民集 8 巻 11 号 2087 頁
 ································· 6-241, 注 210

————昭和 30 年代————
最判昭 30・7・15 民集 9 巻 9 号 1086 頁
 ······························· 6-57, ●6-58, 7-182
最判昭 30・10・7 民集 9 巻 11 号 1616 頁
 ································· 6-178, ●6-179
最判昭 30・10・28 民集 9 巻 11 号 1748 頁
 ···························································· 4-70
最判昭 30・12・26 民集 9 巻 14 号 2097 頁
 ·························································· 注 459
最判昭 31・5・18 民集 10 巻 5 号 532 頁
 ························································ 6-174
最判昭 31・10・12 民集 10 巻 10 号 1260 頁
 ·························································· 注 275
東京高判昭 31・10・30 高民集 9 巻 10 号 626
 頁 ····················································· 注 28
最判昭 31・12・20 民集 10 巻 12 号 1581 頁
 ··························································· 2-16
最判昭 31・12・28 民集 10 巻 12 号 1613 頁
 ·························································· 注 146
東京地判昭 32・2・28 判時 120 号 20 頁
 ···························································· 6-29
最判昭 32・6・7 民集 11 巻 6 号 936 頁
 ·························································· 注 171
最判昭 32・11・14 民集 11 巻 12 号 1943 頁
 ···························································· 注 57
最判昭 32・11・29 民集 11 巻 12 号 1994 頁
 ························································ 7-227
最判昭 32・12・5 新聞 83＝84 号 16 頁
 ·································· 7-120, 注 302
最判昭 32・12・19 民集 11 巻 13 号 2299 頁
 ·························································· 注 219
最判昭 33・3・28 民集 12 巻 4 号 648 頁
 ···························································· 4-70
最判昭 33・6・14 民集 12 巻 9 号 1492 頁
 ·························································· 注 211
最判昭 33・6・17 民集 12 巻 10 号 1532 頁
 ·························································· 注 340
最判昭 33・7・1 民集 12 巻 11 号 1601 頁
 ························································ 6-219
最判昭 33・9・18 民集 12 巻 13 号 2027 頁
 ···························································· 注 78

判例索引

最判昭 33・10・24 民集 12 巻 14 号 3228 頁
  ················································· 7-121
最判昭 34・2・13 民集 13 巻 2 号 105 頁
  ················································· 7-38
最判昭 34・2・20 民集 13 巻 2 号 209 頁
  ················································· 9-123
最判昭 34・6・18 民集 13 巻 6 号 737 頁
  ················································· 7-144
最判昭 34・7・24 民集 13 巻 8 号 1176 頁
  ················································· 注 325
東京地判昭 34・8・11 判時 203 号 17 頁
  ················································· 6-51
最判昭 35・2・2 民集 14 巻 1 号 36 頁
  ················································· 注 158
最判昭 35・2・19 民集 14 巻 2 号 250 頁
  ·············································· 7-198, ●7-198
最判昭 35・3・18 民集 14 巻 4 号 483 頁
  ················································· 6-76
東京地判昭 35・3・19 判時 220 号 31 頁
  ················································· 注 93
最判昭 35・5・24 民集 14 巻 7 号 1154 頁
  ················································· 6-207
最判昭 35・6・2 民集 14 巻 7 号 1192 頁
  ················································· 注 125
最判昭 35・6・23 民集 14 巻 8 号 1498 頁
  ················································· 9-54
東京地判昭 35・7・13 判時 235 号 24 頁
  ················································· 注 349
最判昭 35・7・27 民集 14 巻 10 号 1913 頁
  ················································· 4-71
最判昭 35・10・18 民集 14 巻 12 号 2764 頁
  ················································· 7-212
最判昭 35・10・21 民集 14 巻 12 号 2661 頁
  ················································· ●7-181
最判昭 36・4・20 民集 15 巻 4 号 774 頁
  ················································· ●6-316
最判昭 36・5・26 民集 15 巻 5 号 1404 頁
  ················································· 注 342
東京高判昭 36・7・17 判タ 122 号 56 頁
  ················································· 注 213
最判昭 36・11・21 判時 284 号 15 頁 ··· 7-214

最判昭 36・12・12 民集 15 巻 11 号 2756 頁
  ················································· 7-217
最判昭 37・3・29 民集 16 巻 3 号 643 頁
  ················································· 注 89
最判昭 37・4・10 民集 16 巻 4 号 693 頁
  ················································· 6-53
最判昭 37・4・20 民集 16 巻 4 号 955 頁
  ·············································· 7-135, ●7-152, 注 312
最判昭 37・5・18 民集 16 巻 5 号 1073 頁
  ················································· 9-202
最判昭 37・8・10 民集 16 巻 8 号 1700 頁
  ················································· 7-5
最判昭 37・9・14 民集 16 巻 9 号 1935 頁
  ················································· ●6-118
最判昭 37・10・12 民集 16 巻 10 号 2130 頁
  ················································· 9-83
最判昭 37・11・27 判時 321 号 17 頁 ··· 6-242
最判昭 37・12・25 集民 63 号 953 頁 ··· 6-240
最判昭 38・2・21 民集 17 巻 1 号 182 頁
  ················································· 7-38
最判昭 38・5・21 集民 66 号 85 頁 ······ 注 213
最判昭 38・5・31 民集 17 巻 4 号 600 頁
  ················································· 注 66
最判昭 38・6・7 民集 17 巻 5 号 728 頁
  ················································· 6-109
最判昭 38・9・5 民集 17 巻 8 号 909 頁
  ················································· ●7-65
最大判昭 38・10・30 民集 17 巻 9 号 1252 頁
  ················································· ●9-80
最判昭 39・1・23 民集 18 巻 1 号 37 頁
  ················································· ●6-74
最判昭 39・1・24 判時 365 号 26 頁 ······ 5-14
最判昭 39・1・28 民集 18 巻 1 号 136 頁
  ················································· 注 73
東京高判昭 39・3・3 高民集 17 巻 2 号 89 頁
  ·············································· 7-225, ●7-226
最判昭 39・4・2 民集 18 巻 4 号 497 頁
  ················································· 7-203
最判昭 39・5・23 民集 18 巻 4 号 621 頁
  ················································· ●7-176
東京地判昭 39・6・8 下民集 15 巻 6 号 1309 頁 ················································· 7-182

477

最判昭 39・9・15 民集 18 巻 7 号 1435 頁
……………………………………………… 7-218
最判昭 39・9・25 集民 75 号 525 頁 …… 6-241
最判昭 39・10・13 民集 18 巻 8 号 1578 頁
………………………………………………… 注 16
最判昭 39・10・15 民集 18 巻 8 号 1671 頁
……………………………………… 4-27, ●4-35
最判昭 39・10・29 民集 18 巻 8 号 1823 頁
………………………………………………… 6-76

――昭和 40 年代――

最判昭 40・3・9 民集 19 巻 2 号 233 頁
………………………………………………… ●2-18
最判昭 40・5・4 民集 19 巻 4 号 811 頁 ‥ 5-19
東京高判昭 40・5・7 金法 414 号 13 頁
………………………………………………… 7-182
最判昭 40・6・18 民集 19 巻 4 号 986 頁
……………………………………… 7-135, 注 309
最判昭 40・7・2 集民 79 号 671 頁 …… 7-121
最判昭 40・10・8 民集 19 巻 7 号 1731 頁
………………………………………………… 6-242
東京地判昭 40・10・18 判時 441 号 43 頁
………………………………………………… 注 260
最判昭 40・12・7 民集 19 巻 9 号 2101 頁
………………………………………………… 注 27
最判昭 41・1・21 集民 82 号 109 頁 …… 注 323
最判昭 41・3・18 民集 20 巻 3 号 451 頁
………………………………………… ●6-120, 6-125
最大判昭 41・4・20 民集 20 巻 4 号 702 頁
………………………………………… 9-54, ●9-55
最判昭 41・4・22 民集 20 巻 4 号 752 頁
………………………………………………… 7-184
最判昭 41・4・26 民集 20 巻 4 号 826 頁
………………………………………………… 注 305
最判昭 41・4・26 民集 20 巻 4 号 849 頁
………………………………………………… 4-71, 4-72
最判昭 41・5・17 集民 83 号 531 頁 …… 7-180
最判昭 41・6・9 民集 20 巻 5 号 1011 頁
………………………………………………… 9-210
最判昭 41・6・21 民集 20 巻 5 号 1052 頁
………………………………………………… 4-82
最判昭 41・7・28 民集 20 巻 6 号 1265 頁
………………………………………………… 6-89

最判昭 42・4・20 民集 21 巻 3 号 697 頁
…………………………………………… ●7-66, 7-68
最判昭 42・6・22 民集 21 巻 6 号 1479 頁
………………………………………………… 注 163
最判昭 42・6・23 民集 21 巻 6 号 1492 頁
………………………………………………… 9-150
最判昭 42・7・18 民集 21 巻 6 号 1559 頁
………………………………………………… 9-122
最判昭 42・7・20 民集 21 巻 6 号 1601 頁
………………………………………………… 9-170
最判昭 42・7・21 民集 21 巻 6 号 1643 頁
……………………………… 9-188, ●9-189, 注 454
福岡高判昭 42・10・12 民集 24 巻 3 号 163
頁 …………………………………………… ●6-246
最判昭 42・10・19 民集 21 巻 8 号 2078 頁
……………………………………………… 4-31, 注 53
最判昭 42・10・27 民集 21 巻 8 号 2110 頁
……………………………………………… 9-43, 注 378
最判昭 42・11・2 民集 21 巻 9 号 2278 頁
………………………………………………… 注 287
最判昭 42・11・10 民集 21 巻 9 号 2417 頁
………………………………………………… 7-177
最判昭 43・2・9 民集 22 巻 2 号 122 頁
………………………………………………… 注 409
最判昭 43・3・8 民集 22 巻 3 号 540 頁 ‥ 7-59
最判昭 43・3・8 判時 516 号 41 頁 ……… 注 31
最大判昭 43・4・24 民集 22 巻 4 号 1043 頁
………………………………………………… 7-89
最判昭 43・8・2 民集 22 巻 8 号 1571 頁
………………………………………………… 注 10
最判昭 43・9・3 民集 22 巻 9 号 1767 頁
………………………………………………… 注 23
最判昭 43・9・26 民集 22 巻 9 号 2002 頁
……………………………………………… 9-43, 注 380
最判昭 43・10・8 民集 22 巻 10 号 2145 頁
……………………………………………… 9-216, 注 465
最判昭 43・10・17 民集 22 巻 10 号 2188 頁
……………………………………………… 6-133, ●6-131
最判昭 43・10・17 判時 540 号 34 頁
……………………………………………… 9-140, 注 421
最大判昭 43・11・13 民集 22 巻 12 号 2510
頁 ……………………………………………… 9-77

最判昭 43・11・26 判時 544 号 32 頁
………………………………… 2-17, 注 18
最判昭 44・2・13 民集 23 巻 2 号 291 頁
………………………………… ●6-206
最判昭 44・2・27 民集 23 巻 2 号 511 頁
………………………………………… 4-19
最判昭 44・3・20 判時 557 号 237 頁 ‥ 注 393
最判昭 44・3・28 民集 23 巻 3 号 699 頁
………………………………… 5-17, 注 94
最判昭 44・5・22 民集 23 巻 6 号 993 頁
………………………………………… 9-193
最判昭 44・5・27 民集 23 巻 6 号 998 頁
………………………………………… 6-104
最判昭 44・6・26 民集 23 巻 7 号 1175 頁
………………………………………… 4-60
最判昭 44・7・4 民集 23 巻 8 号 1347 頁
……………………………… 4-71, 4-73
最判昭 44・7・8 民集 23 巻 8 号 1374 頁
………………………………………… 9-218
最判昭 44・7・15 民集 23 巻 8 号 1520 頁
………………………………………… 9-46
最判昭 44・7・25 判時 574 号 26 頁 ‥‥ 注 336
最判昭 44・9・2 民集 23 巻 9 号 1641 頁
………………………………………… 9-139
最判昭 44・10・7 判時 575 号 35 頁 ‥‥‥ 6-54
最判昭 44・10・17 判時 573 号 56 頁 ‥‥ 7-26
新潟地判昭 44・10・31 判時 586 号 86 頁
………………………………………… 6-204
最判昭 44・11・4 民集 23 巻 11 号 1951 頁
………………………………………… 4-22
最判昭 44・11・6 民集 23 巻 11 号 2009 頁
………………………………………… 注 101
最判昭 44・11・14 民集 23 巻 11 号 2023 頁
………………………………………… 6-86
最判昭 44・11・21 民集 23 巻 11 号 2097 頁
………………………………………… 注 287
最判昭 44・11・26 民集 23 巻 11 号 2150 頁
………………………………………… 4-85
最判昭 44・11・27 民集 23 巻 11 号 2251 頁
……………………………… 9-78, 9-79
最判昭 44・12・18 民集 23 巻 12 号 2467 頁
………………………………………… ●9-192

最判昭 44・12・18 民集 23 巻 12 号 2476 頁
……………………………… 7-191, ●7-193
最判昭 44・12・19 民集 23 巻 12 号 2539 頁
……………………………… 7-218, ●7-219, 注 295
最判昭 45・2・26 民集 24 巻 2 号 104 頁
………………………………………… 6-76
最判昭 45・3・26 民集 24 巻 3 号 151 頁
………………………………………… 6-246
最判昭 45・3・26 判時 587 号 75 頁 ‥‥ 7-217
宇都宮地判昭 45・4・9 判時 594 号 35 頁
………………………………………… 注 90
最判昭 45・4・16 民集 24 巻 4 号 266 頁
……………………………… ●6-125, 6-126
最判昭 45・5・21 民集 24 巻 5 号 393 頁
………………………………………… 注 384
最判昭 45・5・29 判時 598 号 55 頁 ‥‥ 6-239
最判昭 45・6・2 民集 24 巻 6 号 465 頁
……………………………… 6-110, 6-135
最判昭 45・6・24 民集 24 巻 6 号 625 頁
……………………………… 4-66, 4-75
最大判昭 45・7・15 民集 24 巻 7 号 771 頁
……………………………… ●9-152, 9-158
最判昭 45・7・24 民集 24 巻 7 号 1116 頁
………………………………………… 6-110
最判昭 45・7・24 民集 24 巻 7 号 1177 頁
………………………………………… 9-125
最判昭 45・7・28 民集 24 巻 7 号 1203 頁
………………………………………… 7-225
最判昭 45・9・22 民集 24 巻 10 号 1424 頁
………………………………………… ●6-128
最大判昭 45・10・21 民集 24 巻 11 号 1560 頁
………………………………………… 6-53
最判昭 45・11・19 民集 24 巻 12 号 1916 頁
………………………………………… ●6-137
最判昭 45・12・15 集民 101 号 733 頁
………………………………………… 注 305
最判昭 45・12・15 民集 24 巻 13 号 2051 頁
……………………………… 6-77, 9-221
最判昭 45・12・15 民集 24 巻 13 号 2081 頁
………………………………………… 7-214
最判昭 45・12・18 民集 24 巻 13 号 2118 頁
………………………………………… 注 353

最判昭 45・12・24 民集 24 巻 13 号 2230 頁
………………………………………………●7-202
最判昭 46・6・3 民集 25 巻 4 号 455 頁
………………………………………7-204, ●7-205
最判昭 46・7・23 判時 641 号 62 頁……9-140
最判昭 46・10・26 民集 25 巻 7 号 1019 頁
………………………………………………注 396
最判昭 46・11・5 民集 25 巻 8 号 1087 頁
………………………………………………注 454
最判昭 47・2・17 金法 643 号 32 頁……6-121
最判昭 47・2・18 民集 26 巻 1 号 46 頁
………………………………………………7-145
最判昭 47・6・2 民集 26 巻 5 号 957 頁
………………………………………………4-36, 注 61
最判昭 47・6・27 民集 26 巻 5 号 1067 頁
………………………………………………●2-29
最判昭 47・9・7 民集 26 巻 7 号 1327 頁
………………………………………6-308, 注 239
最判昭 47・11・28 民集 26 巻 9 号 1715 頁
………………………………………………●6-133
最判昭 47・12・22 判時 696 号 189 頁
………………………………………………7-111
最判昭 48・4・13 集民 109 号 93 頁……注 461
最判昭 48・5・25 集民 109 号 251 頁…7-223
最判昭 48・6・28 民集 27 巻 6 号 724 頁
………………………………………6-101, ●6-126
最判昭 48・7・3 民集 27 巻 7 号 751 頁
………………………………………………●7-154
最判昭 48・10・9 民集 27 巻 9 号 1129 頁
………………………………………………●4-43
最判昭 48・10・26 民集 27 巻 9 号 1240 頁
………………………………………………4-20
最判昭 48・10・30 民集 27 巻 9 号 1258 頁
………………………………………………9-119
最判昭 48・12・14 民集 27 巻 11 号 1586 頁
………………………………………………9-43
最判昭 48・12・24 集民 110 号 817 頁
………………………………………………7-216
最判昭 49・3・1 民集 28 巻 2 号 135 頁…6-76
最判昭 49・3・22 民集 28 巻 2 号 368 頁
………………………………………………注 334

最大判昭 49・9・4 民集 28 巻 6 号 1169 頁
………………………………………………注 312
最判昭 49・9・26 民集 28 巻 6 号 1213 頁
………………………………………6-293, ●6-295
最判昭 49・12・20 民集 28 巻 10 号 2072 頁
………………………………………………9-146
——昭和 50 年代——
最判昭 50・2・25 民集 29 巻 2 号 143 頁‥2-7
最判昭 50・2・28 民集 29 巻 2 号 193 頁
………………………………………………2-20
最判昭 50・4・25 民集 29 巻 4 号 456 頁
………………………………………………2-26
最判昭 50・6・27 判時 784 号 65 頁……注 245
最判昭 50・7・14 民集 29 巻 6 号 1012 頁
………………………………………………4-82
最判昭 50・9・25 民集 29 巻 8 号 1320 頁
………………………………………………注 452
東京地八王子支決昭 50・12・8 判時 803 号
18 頁 ………………………………………6-9
最判昭 51・4・9 民集 30 巻 3 号 208 頁
……………………………………7-46, 7-51, ●7-52
最判昭 51・6・25 民集 30 巻 6 号 665 頁
………………………………………………●7-215
福岡高判昭 51・11・22 判時 856 号 56 頁
………………………………………………6-92
最判昭 51・12・24 民集 30 巻 11 号 1104 頁
………………………………………………9-193
最判昭 52・9・29 判時 866 号 127 頁…9-220
最判昭 52・10・24 金判 536 号 28 頁…9-221
最判昭 53・1・23 民集 32 巻 1 号 1 頁
………………………………………………注 420
最判昭 53・3・6 民集 32 巻 2 号 135 頁
………………………………………………9-200
最判昭 53・5・25 判時 896 号 29 頁……7-216
最判昭 53・6・23 判時 897 号 59 頁……注 31
東京高判昭 53・7・19 判時 904 号 70 頁
………………………………………………6-83
東京地判昭 53・9・21 判タ 375 号 99 頁
………………………………………………7-182
東京地判昭 53・10・16 下民集 29 巻 9 ～ 12
号 310 頁 ………………………………6-212

最判昭 53・11・20 民集 32 巻 8 号 1551 頁
……………………………………………… 9-104
最判昭 53・12・14 民集 32 巻 9 号 1658 頁
………………………………………… 9-221, 注 464
最判昭 54・9・6 民集 33 巻 5 号 630 頁
……………………………………………… 6-177
大阪地判昭 54・10・25 判時 962 号 103 頁
……………………………………………… 7-182
最判昭 54・12・14 判時 953 号 56 頁…… 7-111
最判昭 55・2・8 民集 34 巻 2 号 138 頁
……………………………………………… 注 53
大阪高判昭 55・4・30 判時 974 号 88 頁
……………………………………………… 注 345
東京地判昭 55・7・17 判時 989 号 69 頁
……………………………………………… 注 131
最判昭 55・9・11 民集 34 巻 5 号 683 頁
………………………………………… 6-109, 注 155
最判昭 55・10・23 民集 34 巻 5 号 747 頁
……………………………………………… 注 200
最判昭 55・12・11 民集 34 巻 7 号 872 頁
……………………………………………… 6-8
最判昭 56・3・24 民集 35 巻 2 号 300 頁
……………………………………………… 注 121
最判昭 56・4・28 民集 35 巻 3 号 696 頁
……………………………………………… 4-61
最判昭 56・6・16 民集 35 巻 4 号 763 頁
……………………………………………… 9-182
東京高判昭 56・9・29 東高民時報 32 巻 9 号 219 頁………………………………… 9-139
最判昭 56・10・13 民集 35 巻 7 号 1206 頁
……………………………………………… 注 445
最判昭 57・12・17 判時 1070 号 26 頁 ‥ 注 20
名古屋地判昭 58・3・31 判時 1081 号 104 頁
……………………………………………… 注 126
最判昭 58・4・7 民集 37 巻 3 号 256 頁
………………………………………… ●4-88, 7-110
東京地判昭 58・6・10 判時 1114 号 64 頁
……………………………………………… 7-182
東京地判昭 58・7・19 判時 1100 号 87 頁
……………………………………………… 6-204
東京地判昭 59・1・30 判時 1129 号 73 頁
……………………………………………… 注 127

東京高判昭 59・8・30 判時 1128 号 48 頁
……………………………………………… 注 78
最判昭 59・9・18 判時 1137 号 51 頁…… 2-7
——昭和 60 年代——
東京高決昭 60・10・25 判時 1181 号 104 頁
……………………………………………… 6-255
最判昭 60・11・26 民集 39 巻 7 号 1701 頁
……………………………………………… 9-43
最判昭 60・11・29 民集 39 巻 7 号 1760 頁
……………………………………………… 4-92
茨木簡判昭 60・12・20 判時 1198 号 143 頁
……………………………………………… 注 296
最判昭 61・3・17 民集 40 巻 2 号 420 頁
……………………………………………… 9-26
最判昭 61・5・29 判時 1196 号 102 頁… 6-55
大阪地判昭 61・9・29 判タ 622 号 116 頁
……………………………………………… 注 197
最判昭 61・11・20 判時 1220 号 61 頁… 6-57
最判昭 61・11・20 民集 40 巻 7 号 1167 頁
……………………………………………… 6-53
最判昭 62・6・5 判時 1260 号 7 頁……… 9-219
東京地判昭 62・6・29 判時 1270 号 96 頁
……………………………………………… 注 333
最判昭 62・7・7 民集 41 巻 5 号 1133 頁
………………………………… 7-118, 7-126, ●7-233
大阪地判昭 62・8・7 判タ 669 号 164 頁
……………………………………………… 注 213
最判昭 62・10・8 民集 41 巻 7 号 1445 頁
……………………………………………… 注 450
最判昭 63・3・1 判時 1312 号 92 頁…… 7-164

[平成]

最判平 1・9・14 判時 1336 号 93 頁…… 6-240
福岡高判平 1・11・9 判時 1347 号 55 頁
……………………………………………… ●6-85
最判平 1・12・21 民集 43 巻 12 号 2209 頁
……………………………………………… 9-171
福島地いわき支判平 2・2・28 判時 1344 号 53 頁…………………………………… 2-26
最判平 2・6・5 民集 44 巻 4 号 599 頁… 9-43
大阪高判平 2・6・21 判タ 732 号 240 頁
……………………………………………… 注 182

最判平 3・9・3 集民 163 号 189 頁……注 17
東京地判平 3・9・26 判時 1428 号 97 頁
　……………………………………注 199
東京地判平 3・11・26 判時 1441 号 91 頁
　……………………………………注 333
福岡地判平 4・2・13 判時 1438 号 118 頁
　……………………………………6-9
東京地判平 4・3・6 判タ 799 号 189 頁
　……………………………………7-106
名古屋高判平 4・6・25 判時 1444 号 80 頁
　……………………………………6-207
最判平 4・9・22 金法 1358 号 55 頁……7-73
最判平 4・12・10 判時 1445 号 139 頁
　……………………………………注 273
最判平 4・12・10 民集 46 巻 9 号 2727 頁
　……………………………………●7-70
最判平 5・1・21 民集 47 巻 1 号 265 頁
　……………………………………●7-160
最判平 5・1・21 判タ 815 号 121 頁……注 314
最判平 5・7・20 判時 1519 号 69 頁……6-93
仙台地判平 5・12・16 判タ 864 号 225 頁
　……………………………………6-147
最判平 6・2・22 民集 48 巻 2 号 441 頁
　……………………………………●9-154
最判平 6・5・31 民集 48 巻 4 号 1029 頁
　……………………………………8-19
最判平 6・5・31 民集 48 巻 4 号 1065 頁
　……………………………………注 53
東京高判平 6・7・18 判時 1518 号 19 頁
　……………………………………注 211
最判平 6・9・8 判タ 863 号 144 頁……9-26
最判平 6・9・13 民集 48 巻 6 号 1263 頁
　……………………………………●7-147
東京高判平 7・2・14 判時 1526 号 102 頁
　……………………………………注 385
最判平 7・3・10 判時 1525 号 59 頁……9-117
最判平 7・3・23 民集 49 巻 3 号 984 頁
　…………………………………9-139, 注 420
最判平 7・7・7 金法 1436 号 31 頁……注 145
東京地判平 7・7・26 金判 1011 号 38 頁
　……………………………………9-56
最判平 7・9・8 金法 1441 号 29 頁……注 385

東京地判平 7・9・20 判時 1567 号 116 頁
　……………………………………9-143
最判平 7・11・30 判時 1557 号 136 頁
　……………………………………●7-83
最判平 8・3・5 民集 50 巻 3 号 383 頁
　……………………………………注 437
京都地判平 8・3・18 金判 1003 号 35 頁
　……………………………………注 333
最判平 8・3・19 民集 50 巻 3 号 615 頁‥4-76
最判平 8・7・12 民集 50 巻 7 号 1901 頁
　……………………………………9-88
福岡高決平 8・9・19 家月 49 巻 1 号 126 頁
　……………………………………3-27
最判平 9・5・27 金法 1487 号 49 頁……9-109
最判平 9・6・5 民集 51 巻 5 号 2053 頁
　……………………………………注 301
最判平 9・7・1 民集 51 巻 6 号 2251 頁
　……………………………………●2-24
最判平 9・7・17 民集 51 巻 6 号 2714 頁
　……………………………………注 460

――平成 10 年代――
最判平 10・2・13 民集 52 巻 1 号 65 頁
　……………………………………9-214
最判平 10・3・24 民集 52 巻 2 号 399 頁
　……………………………………5-26
東京高判平 10・4・22 判時 1646 号 71 頁
　……………………………………9-128
最判平 10・4・24 判時 1661 号 66 頁…9-161
最判平 10・6・11 民集 52 巻 4 号 1034 頁
　………………………………●6-317, 注 249
最判平 10・6・12 民集 52 巻 4 号 1087 頁
　………………………………9-165, 注 410
最判平 10・6・22 民集 52 巻 4 号 1195 頁
　……………………………………9-43
最判平 10・7・17 民集 52 巻 5 号 1296 頁
　……………………………………●7-149
最判平 10・9・3 民集 52 巻 6 号 1467 頁
　……………………………………注 112
東京高判平 10・9・28 判タ 1024 号 234 頁
　……………………………………●6-247
最判平 10・11・24 金判 1055 号 3 頁‥注 408

# 判例索引

最判平 10・12・17 判時 1664 号 59 頁
………………………………… 9-127, 9-128
札幌簡判平 10・12・22 判タ 1040 号 211 頁
………………………………………… 9-56
大阪地判平 11・1・21 判タ 1053 号 111 頁
………………………………………… 注 53
最判平 11・2・23 民集 53 巻 2 号 193 頁
………………………………………… 注 180
最判平 11・2・26 判時 1671 号 67 頁‥●9-44
最判平 11・3・11 民集 53 巻 3 号 451 頁
………………………………………… 8-32
東京簡判平 11・3・19 判タ 1045 号 169 頁
………………………………………… 9-110
水戸地下妻支判平 11・3・29 金判 1066 号 37
頁 ………………………………………… 注 213
大阪地判平 11・3・30 金法 1558 号 37 頁
………………………………………… 注 434
福岡高那覇支判平 11・8・31 判時 1723 号 60
頁 ……………………………………………… 8-4
最判平 11・9・9 判時 1689 号 74 頁 …‥ 注 412
最判平 11・10・21 民集 53 巻 7 号 1190 頁
………………………………………… ●9-45
大阪高判平 11・10・26 判タ 1031 号 200 頁
………………………………………… 2-35
最判平 11・11・9 民集 53 巻 8 号 1403 頁
………………………………………… ●9-106
最判平 11・11・25 判時 1696 号 108 頁
………………………………………… ●9-82
最判平 11・12・20 民集 53 巻 9 号 2038 頁
………………………………………… 9-153
札幌地判平 11・12・24 判時 1725 号 160 頁
………………………………………… 2-36
大阪地判平 12・6・19 労判 791 号 8 頁 … 6-54
最判平 12・9・22 民集 57 巻 7 号 2574 頁
………………………………………… 1-9
東京高判平 12・9・28 判タ 1088 号 203 頁
………………………………………… 9-129
東京高判平 12・9・28 判時 1735 号 57 頁
………………………………………… 注 296
東京高判平 12・11・29 判時 1741 号 82 頁
………………………………………… 注 294

最判平 12・12・19 判時 1737 号 35 頁
………………………………… 5-19, ●6-142
最判平 13・3・27 民集 55 巻 2 号 434 頁
………………………………………… 2-9
東京地判平 13・6・8 金法 1618 号 82 頁
………………………………………… 注 411
最判平 13・6・11 判時 1757 号 62 頁‥●6-75
最判平 13・7・10 判時 1766 号 42 頁 …‥ 9-31
福岡地判平 13・10・18EX/DB25437455
………………………………………… 注 215
最判平 13・11・27 判時 1769 号 12 頁
………………………………………… 9-160
宮崎地判平 14・2・15 消費者法ニュース 52
号 72 頁 ………………………………… 2-35
東京地判平 14・3・8 判時 1800 号 64 頁
……………………………… 6-258, 注 218
神戸地判平 14・3・15 消費者法ニュース 52
号 81 頁 ………………………………… 2-35
最判平 14・4・25 判タ 1091 号 215 頁 … 4-77
名古屋高判平 14・5・23 判時 1798 号 86 頁
………………………………………… 2-36
最判平 14・7・11 判時 1805 号 56 頁
………………………………………… ●6-243
堺簡判平 14・9・19 消費者法ニュース 53 号
36 頁 …………………………………… 6-91
東京地判平 14・9・30 判時 1815 号 111 頁
………………………………………… 6-175
最決平 14・10・25 民集 56 巻 8 号 1942 頁
………………………………………… 9-88
札幌地判平 14・11・11 判時 1806 号 84 頁
………………………………………… 注 106
最判平 15・3・14 民集 57 巻 3 号 286 頁
………………………………………… ●9-108
福岡高判平 15・3・28 判時 1842 号 72 頁
………………………………………… ●7-221
最判平 15・4・18 民集 57 巻 4 号 366 頁
………………………………………… 注 138
最判平 15・6・13 判時 1831 号 99 頁
………………………………………… ●6-138
奈良地判平 15・7・1 消費者法ニュース 57 号
35 頁 …………………………………… 6-176

483

横浜地判平15・9・19判時1858号94頁
　……………………………………………注223
最判平15・10・31判時1846号7頁‥注453
最判平15・12・11民集57巻11号2196頁
　……………………………………●9-158
最判平16・4・27判時1860号152頁
　……………………………………●9-155
最判平16・7・8判時1873号131頁…6-242
最判平16・7・13判時1871号76頁‥注463
最判平16・7・13民集58巻5号1368頁
　………………………………………注282
東京地判平16・7・30判時1887号55頁
　…………………………………………8-4
東京地判平16・8・27判時1886号60頁
　………………………………………注130
大阪高判平16・9・9金判1212号2頁…6-78
東京地判平17・3・25金判1223号29頁
　………………………………………注143
東京地判平17・5・27判時1917号70頁
　………………………………………注435
東京地判平17・8・23判時1921号92頁
　………………………………………注215
松山地西条支判平17・11・29EX/DB254372
　59 ………………………………… 6-176
最判平17・12・16集民218号1239頁
　………………………………………注176
最判平18・2・23民集60巻2号546頁
　……………………………………●6-139
最判平18・3・17民集60巻3号773頁
　………………………………………注121
最判平18・3・28民集60巻3号875頁
　………………………………………3-12
最判平18・4・18金判1242号10頁……8-27
名古屋地判平18・6・30判時1977号111頁
　………………………………………注211
最判平18・9・4民集60巻7号2563頁
　…………………………………………注35
東京高判平18・10・12判時1978号17頁
　……………………………………9-156
最判平18・11・14民集60巻9号3402頁
　………………………………………注407

最判平18・11・27民集60巻9号3597頁
　……………………………………6-159
東京高判平18・11・28判時1974号151頁
　………………………………………注466
最判平19・2・6民集61巻1号122頁
　………………………………………注445
最判平19・2・13民集61巻1号182頁
　………………………………………注114
名古屋地判平19・3・23判時1986号111頁
　………………………………………注213
最判平19・4・24民集61巻3号1073頁
　………………………………9-181, 注429
最判平19・6・7民集61巻4号1537頁
　………………………………………注114
大阪高判平19・12・18金法1842号105頁
　………………………………………注295
——平成20年代——
高松高判平20・1・29判時2012号79頁
　………………………………………注123
広島簡判平20・2・28消費者法ニュース77
　号187頁 ……………………………注197
最決平20・5・1金法1842号103頁‥注295
最判平20・6・10民集62巻6号1488頁
　………………………………………注181
大阪高判平20・8・29判タ1280号220頁
　………………………………………注461
東京地判平20・12・24判タ1301号217頁
　………………………………………注169
最判平21・1・22民集63巻1号247頁
　………………………………9-181, 注433
最判平21・3・3判時2048号9頁……注433
東京地判平21・3・26判タ1314号237頁
　………………………………………注60
最決平21・8・12民集63巻6号1406頁
　…………………………………………6-76
大阪高判平21・8・25判時2073号36頁
　………………………………………注123
最判平22・1・29判タ1318号85頁‥●2-22
最判平22・3・30判時2075号32頁‥注226
札幌地判平22・4・22判時2083号96頁
　………………………………………注211

大阪地判平 22・6・10 金法 1913 号 112 頁
……………………………………注 145
最判平 22・6・29 民集 64 巻 4 号 1235 頁
……………………………………4-44
最判平 22・7・20 集民 234 号 323 頁‥注 341
最判平 22・10・19 金判 1355 号 16 頁
……………………………………注 414
東京地判平 22・10・27 判時 2105 号 136 頁
……………………………………6-54
東京高判平 22・12・8 金判 1383 号 42 頁
……………………………………注 195
札幌簡判平 23・1・14 判時 2105 号 103 頁
……………………………………6-91
最判平 23・1・21 判タ 1342 号 96 頁‥‥9-221
最判平 23・1・21 判時 2105 号 9 頁‥●9-223
最決平 23・2・9 判時 2107 号 112 頁‥‥4-44
最判平 23・3・18 判時 2115 号 55 頁‥‥注 22
大阪高判平 23・6・10 判時 2145 号 32 頁
……………………………………注 26
最判平 23・7・15 民集 65 巻 5 号 2269 頁
……………………………………6-161
最判平 23・10・18 民集 65 巻 7 号 2899 頁
……………………………………7-5
最判平 23・10・25 民集 65 巻 7 号 3114 頁
……………………………………注 183
東京地判平 23・11・28 判タ 1390 号 263 頁
……………………………………6-59
最判平 23・12・16 判時 2139 号 3 頁‥●6-52
大阪地判平 24・4・24 判時 2154 号 84 頁
……………………………………注 132
東京地判平 24・7・26 判時 2162 号 86 頁
……………………………………注 216
最判平 24・9・4 金判 1413 号 46 頁……5-26

最判平 25・4・9 判時 2187 号 26 頁……注 21
京都地判平 25・5・23 判時 2199 号 52 頁
……………………………………注 123
最判平 25・6・6 民集 67 巻 5 号 1208 頁
……………………………………9-124
横浜地相模原支判平 25・6・27 裁判所ウェブサイト
……………………………………6-7
大阪高判平 25・9・5 判時 2204 号 39 頁
……………………………………注 110
最判平 25・9・13 金判 1426 号 14 頁…9-111
東京高判平 25・9・27 判タ 1393 号 170 頁
……………………………………注 461
大阪地判平 25・10・25 消費者法ニュース 99 号 274 頁
……………………………………9-56
東京高判平 25・10・30 判時 2203 号 34 頁
……………………………………6-7
仙台簡判平 25・12・18 消費者法ニュース 99 号 277 頁
……………………………………9-56
最判平 26・2・27 民集 68 巻 2 号 192 頁
……………………………………注 62
最判平 26・3・14 民集 68 巻 3 号 229 頁
……………………………………注 410
宮崎地判平 26・4・23 消費者法ニュース 100 号 357 頁
……………………………………9-56
東京高判平 27・3・24 判時 2298 号 47 頁
……………………………………6-319
最判平 27・11・19 民集 69 巻 7 号 1988 頁
……………………………………9-113
最判平 28・1・12 民集 70 巻 1 号 1 頁
………………………6-244, 6-251, 注 213
最判平 28・3・31 民集 70 巻 3 号 969 頁
……………………………………9-146

# 条文索引

＊頁数ではなく、通し番号または注による。

[民法]

| | |
|---|---|
| 1条1項 | 2-1 |
| 2項 | 2-3〜 |
| 3項 | 2-12〜 |
| 2条 | 注4 |
| 3条1項 | 3-1〜 |
| 2項 | 3-6 |
| 3条の2 | 6-143〜 |
| 4条 | 6-187 |
| 5条1項ただし書 | 6-189 |
| 2項 | 6-188 |
| 3項 | 6-190 |
| 6条 | 6-191 |
| 7条 | 6-192 |
| 8条 | 6-192 |
| 9条 | 6-193 |
| 11条 | 6-194 |
| 12条 | 6-194 |
| 13条1項 | 6-195 |
| 2項 | 6-195 |
| 4項 | 6-195 |
| 15条1項 | 6-197 |
| 2項 | 6-197 |
| 3項 | 6-198 |
| 16条 | 6-197 |
| 17条1項 | 6-198 |
| 3項 | 6-198 |
| 4項 | 6-199 |
| 20条 | 6-279 |
| 21条 | 6-200〜 |
| 22条 | 3-50 |
| 23条 | 3-55 |
| 25条〜29条 | 3-24 |
| 30条1項 | 3-26 |
| 2項 | 3-27 |
| 31条 | 3-33 |
| 32条1項前段 | 3-35 |
| 後段 | 3-41 |
| 2項 | 3-37 |
| 32条の2 | 3-22 |
| 33条1項 | 4-21 |
| 34条 | 4-65〜, 注75 |
| 85条 | 5-2 |
| 86条1項 | 5-7 |
| 2項 | 5-12 |
| 87条1項 | 5-15 |
| 88条1項 | 5-20 |
| 2項 | 5-21 |
| 89条1項 | 5-22 |
| 2項 | 5-25 |
| 90条 | 6-45〜 |
| 91条 | 6-30, 6-46, 6-70〜 |
| 92条 | 6-31 |
| 93条1項 | 6-79〜 |
| 2項 | 6-86 |
| 94条 | 6-87〜 |
| 94条2項（類推適用） | 4-38, 6-114〜 |
| 95条1項 | 6-223〜 |
| 2項 | 6-235 |
| 3項 | 6-255, 6-283 |
| 4項 | 6-261 |
| 96条1項 | 6-208〜, 6-217〜 |
| 2項 | 6-214 |
| 3項 | 6-283 |
| 97条1項 | 6-310 |
| 2項 | 6-318 |
| 3項 | 6-320 |
| 98条1項 | 6-321 |

| | | | |
|---|---|---|---|
| 2 項 | 6-322 | 120 条 1 項 | 6-188, 6-199, 6-270 |
| 3 項 | 6-323 | 2 項 | 6-270 |
| 98 条の 2 | 6-324〜 | 121 条の 2 第 1 項 | 6-307 |
| 99 条 1 項 | 7-3〜 | 第 2 項 | 6-307 |
| 2 項 | 7-14 | 第 3 項 | 6-147, 6-307 |
| 100 条本文 | 7-84 | 122 条 | 6-273 |
| ただし書 | 7-86 | 123 条 | 6-273 |
| 101 条 1 項 | 7-95〜 | 124 条 1 項 | 6-276 |
| 2 項 | 7-95〜 | 2 項 1 号 | 6-277 |
| 3 項 | 7-101 | 2 号 | 6-196, 6-199, 6-278 |
| 102 条 | 7-103 | 125 条 | 6-274 |
| 103 条 | 7-35〜 | 126 条 | 9-172 |
| 1 号 | 7-36 | 127 条 1 項 | 8-3 |
| 2 号 | 7-37 | 2 項 | 8-5 |
| 104 条 | 7-43 | 3 項 | 8-17 |
| 105 条 | 7-44 | 128 条 | 8-21 |
| 106 条 1 項 | 7-41 | 129 条 | 8-21 |
| 2 項 | 7-45〜 | 130 条 1 項 | 8-18 |
| 107 条 | 7-67 | 2 項 | 8-19 |
| 108 条 1 項本文 | 7-58 | 131 条 1 項 | 8-12 |
| 1 項ただし書 | 7-59〜 | 2 項 | 8-12 |
| 2 項 | 7-67 | 132 条 | 8-13 |
| 109 条 1 項 | 7-169〜 | 133 条 | 8-14 |
| 2 項 | 7-225 | 134 条 | 8-15 |
| 110 条 | 7-186〜 | 135 条 | 8-22 |
| （類推適用） | 4-92, 7-218 | 136 条 1 項 | 8-24 |
| 111 条 1 項 | 7-71 | 2 項 | 8-25 |
| 2 項 | 7-77 | 137 条 | 8-26 |
| 112 条 1 項 | 7-222〜 | 138 条 | 8-28 |
| 2 項 | 7-227 | 139 条 | 8-29 |
| 113 条 1 項 | 7-109 | 140 条 | 8-30 |
| 2 項 | 7-114 | 141 条 | 8-31 |
| 114 条 | 7-116 | 142 条 | 8-31 |
| 115 条 | 7-115 | 143 条 | 8-31 |
| 116 条 | 7-109, 7-111 | 144 条 | 9-59 |
| 117 条 1 項 | 7-117〜, 7-122, 7-232 | 145 条 | 9-35〜 |
| 2 項 | 7-124〜 | 146 条 | 9-47 |
| （類推適用） | 7-121 | 147 条 1 項 1 号 | 9-73 |
| 118 条 | 7-130〜 | 2 号 | 9-84 |
| 前段 | 7-131 | 147 条 1 項 3 号 | 9-85 |
| 後段 | 7-132 | 4 号 | 9-86 |
| 119 条 | 6-171 | 2 項 | 9-103 |

487

| | | | | |
|---|---|---|---|---|
| 148 条 1 項 | 9-87 | 593 条の 2 | | 6-11 |
| 2 項 | 9-103 | 653 条 1 号 | | 7-72, 7-74 |
| 149 条 | 9-89 | 2 号 | | 7-75 |
| 150 条 | 9-90 | 3 号 | | 7-76 |
| 151 条 | 9-92 | 657 条の 2 | | 6-11 |
| 152 条 | 9-109 | 721 条 | | 3-11 |
| 153 条 | 9-112 | 748 条 1 項 | | 注 231 |
| 154 条 | 9-112 | 761 条 | | 7-190 ～ |
| 158 条 1 項 | 9-97 | 808 条 1 項 | | 注 231 |
| 2 項 | 9-98 | 818 条 3 項 | | 7-61 |
| 159 条 | 9-99 | 824 条 | | 6-188 |
| 160 条 | 9-100 | 859 条 1 項 | | 6-188 |
| 161 条 | 9-101 | 882 条 | | 3-18 |
| 162 条 1 項 | 9-185 ～ | 886 条 1 項 | | 3-9 |
| 2 項 | 9-203 ～ | 2 項 | | 3-13 |
| 163 条 | 9-214 | 965 条 | | 3-10 |
| 164 条 | 9-68 | | | |
| 165 条 | 9-68 | | ［医師法］ | |
| 166 条 1 項 1 号 | 9-137, 9-144 | 19 条 1 項 | | 6-4, 6-6 |
| 2 号 | 9-137, 9-145 | | | |
| 166 条 2 項 | 9-184 | | ［一般法人法］ | |
| 167 条 | 9-137 | 11 条 1 項 | | 4-55 |
| 168 条 | 9-137 | 5 号 | | 4-95 |
| 169 条 | 9-138 | 13 条 | | 4-59 |
| 186 条 2 項 | 9-196 | 35 条 | | 4-96 |
| 187 条 1 項 | 9-197 | 4 項 | | 4-100 |
| 2 項 | 9-198 | 36 条 1 項・2 項 | | 4-97 |
| 189 条 1 項 | 5-24 | 37 条 | | 4-97 |
| 193 条 | 8-10 | 48 条 1 項 | | 4-98 |
| 239 条 1 項 | 8-9 | 49 条 1 項・2 項 | | 4-98 |
| 344 条 | 6-11 | 2 項 4 号 | | 4-100 |
| 446 条 2 項 | 6-12 | 60 条 1 項 | | 4-86 |
| 466 条の 6 | 5-26 | 2 項 | | 4-94 |
| 521 条 1 項 | 6-3 | 61 条 | | 4-93 |
| 2 項 | 6-3 | 64 条 | | 4-86 |
| 522 条 1 項 | 6-10 | 76 条 | | 4-86 |
| 2 項 | 6-10 | 77 条 | | 4-89 |
| 557 条 | 6-11 | 78 条 | | 4-81 |
| 587 条 | 6-11 | 82 条 | | 注 319 |
| 587 条の 2 | 6-11 | 83 条 | | 4-86 |
| 591 条 1 項 | 9-147 | 84 条 1 項 | | 4-87 |
| 3 項 | 8-25 | 99 条 1 項 | | 4-93 |

| | | | |
|---|---|---|---|
| 103条1項 | 4-93 | [司法書士法] | |
| 107条1項 | 4-94 | 21条 | 6-4 |
| 146条 | 4-100 | | |
| 148条 | 4-102 | [社会保険労務士法] | |
| 149条 | 4-102 | 20条 | 6-4 |
| 155条 | 4-60 | | |
| 163条 | 4-60 | [借地借家法] | |
| 165条 | 4-62 | 22条 | 6-12 |
| 178条以下 | 4-99 | 23条3項 | 6-37 |
| 197条 | 4-81, 4-86, 4-87, 4-89, 4-93 | 38条 | 6-12 |
| 200条1項・2項 | 4-101 | | |
| 202条 | 4-103 | [消費者契約法] | |
| 207条 | 4-104 | 3条1項後段 | 6-266 |
| 208条1項・2項 | 4-105 | 4条1項1号 | 6-263 |
| 239条 | 4-105 | 2号 | 6-264 |
| 264条1項1号 | 4-62 | 2項 | 6-265 |
| 299条 | 4-63 | 3項 | 6-267 |
| 316条 | 4-63 | 4項 | 6-267 |
| | | 5項 | 6-268 |
| [恩給法] | | 5条1項・2項 | 6-268 |
| 11条 | 6-78 | 6条の2 | 6-268 |
| | | 7条1項 | 6-269 |
| [会社法] | | | |
| 354条 | 注319 | [消費者生活協同組合法] | |
| 429条1項 | 4-85 | 15条2項 | 6-4 |
| 828条1項1号 | 4-62 | | |
| | | [商法] | |
| [海上運送法] | | 14条 | 7-82, 注319 |
| 12条 | 6-4 | 24条 | 注319 |
| | | 25条 | 注319 |
| [ガス事業法] | | 26条 | 注319 |
| 16条1項 | 6-4 | 504条 | 7-87〜 |
| [公証人法] | | [水産業協同組合法] | |
| 3条 | 6-4 | 25条 | 6-4, 6-8 |
| [戸籍法] | | [水道法] | |
| 89条 | 注41 | 15条1項 | 6-9 |
| [歯科医師法] | | [臓器移植法] | |
| 19条1項 | 6-4 | 6条 | 3-19 |

［電気事業法］
17条1項　　　　　　　　　　　6-4

［電気通信事業法］
25条1項　　　　　　　　　　　6-4

［道路運送法］
13条　　　　　　　　　　　　6-4
65条　　　　　　　　　　　　6-4

［農業協同組合法］
19条　　　　　　　　　　　　6-4

［年齢計算に関する法律］
　　　　　　　　　　　　　　注350

［破産法］
64条　　　　　　　　　　7-4, 7-5
124条3項　　　　　　　9-139, 注420
253条2項　　　　　　　　　　9-105

［文化財保護法］
46条1項　　　　　　　　　　　6-4

［放送法］
64条1項　　　　　　　　　　　6-7

［法の適用に関する通則法］
3条　　　　　　　　　　　　6-31

［民事訴訟法］
29条　　　　　　　　　　　　4-29
110条　　　　　　　　　　　6-321
113条　　　　　　　　　　　9-88
157条1項　　　　　　　　　　9-33
228条4項　　　　　　6-226, 注177, 注203
267条　　　　　　　　　　　9-85
275条　　　　　　　　　　　9-85
382条以下　　　　　　　　　9-84
391条1項　　　　　　　　　9-84
396条　　　　　　　　　　　9-84

［民事執行法］
151条　　　　　　　　　　　5-26

［旅館業法］
5条　　　　　　　　　　　　6-4

平野　裕之（ひらの・ひろゆき）
1960年　東京に生まれる
1982年　明治大学法学部卒業
1984年　明治大学大学院法学研究科博士前期課程修了
1995年　明治大学法学部教授
現　在　慶應義塾大学大学院法務研究科教授
　　　　早稲田大学法学部非常勤講師
　　　　日本大学法科大学院非常勤講師
主　著　『物権法』（日本評論社、2016）
　　　　『担保物権法』（日本評論社、2017）
　　　　『債権総論』（日本評論社、2017）
　　　　『債権各論Ⅰ契約法』（日本評論社、2018）
　　　　『間接被害者の判例総合解説』（信山社、2005）
　　　　『保証人保護の判例総合解説』（信山社、第2版、2005）
　　　　『民法総合3担保物権法』（信山社、第2版、2009）
　　　　『民法総合5契約法』（信山社、2008）
　　　　『民法総合6不法行為法（第3版）』（信山社、2013）
　　　　『コア・テキスト民法Ⅰ（民法総則）』
　　　　『――Ⅳ（債権総論）』（新世社、第2版、2017）
　　　　『コア・テキスト民法Ⅱ（物権法）』『――Ⅴ（契約法）』
　　　　『――Ⅵ（事務管理・不当利得・不法行為）』（新世社、
　　　　第2版、2018）
　　　　『コア・テキスト民法Ⅲ（担保物権法）』（新世社、第2版、
　　　　2019）等。

## 民法総則
みんぽうそうそく

2017年9月15日　第1版第1刷発行
2019年10月5日　第1版第2刷発行

著　者――平野裕之
発行所――株式会社　日本評論社
　　　　〒170-8474　東京都豊島区南大塚3-12-4
　　　　電話　03-3987-8621（販売）-8590（同FAX）-8631（編集）
　　　　振替　00100-3-16
印刷所――平文社
製本所――松岳社
装　丁――大村麻紀子
© Hiroyuki, HIRANO　2017

ISBN978-4-535-52159-9　　　　　　　　　Printed in Japan

[JCOPY]〈(社)出版者著作権管理機構　委託出版物〉
本書の無断複写は著作権法上での例外を除き禁じられています。複写される場合は、そのつど事前に、(社)出版者著作権管理機構（電話 03-5244-5088、FAX 03-5244-5089、e-mail: info@jcopy.or.jp）の許諾を得てください。また、本書を代行業者等の第三者に依頼してスキャニング等の行為によりデジタル化することは、個人の家庭内の利用であっても、一切認められておりません。